ENCICLOPEDIA

CÍCLICO-PEDAGÓGICA

GRADO MEDIO

SALVAT

Presentación

La educación, y en especial el libro escolar, constituyó una de las mayores preocupaciones de la República en su esfuerzo por democratizar el país y convertirlo en una nación moderna. Este libro, reeditado por Salvat Editores, es la última enciclopedia escolar del período histórico regeneracionista que resultó trágicamente truncado por la insurrección franquista, y representa por ello un documento importante sobre aquella época.

Además de los libros de texto por materia, la enciclopedia escolar reunía en un solo volumen todas las asignaturas que el alumno había de cursar en cada grado escolar. En muchos casos, las enciclopedias funcionaban como textos únicos para todos los alumnos del mismo grado, y servían también al maestro como guía organizativa del trabajo escolar. Las series cíclicas, que datan de principios del siglo XX, obtuvieron así un éxito comercial notable, y fueron varias las que sobrepasaron en pocos años los cien mil ejemplares. La "cíclico-pedagógica" editada por la empresa gerundense Dalmáu Carles Pla se imprimió por primera vez en 1935 y logró rápidamente una gran difusión, acorde por otra parte con el gran prestigio de esta editorial.

Fundada en 1904, Dalmáu Carles Pla S.A. se convirtió al cabo de pocos años en una de las editoriales más importantes en el sector del libro escolar, con un elevado volumen de ventas tanto en España como en América latina. Galardonada con varios premios en España, Francia, Ecuador, Argentina y Cuba, su fondo incluía, entre otros, a los principales autores de la Escuela Nueva. La *Enciclopedia cíclico-pedagógica grado medio* se impuso como uno de sus máximos aciertos. Estamos convencidos de que los que se acerquen a ella disfrutarán como nosotros del esfuerzo y del cariño puestos al servicio de su confección.

LOS EDITORES

CURSOS GRADUADOS DE PRIMERA ENSEÑANZA

ENCICLOPEDIA
CICLICO-PEDAGÓGICA

POR

D. JOSÉ DALMÁU CARLES
Profesor Normal,
Ex-Director del Grupo Escolar de Gerona

GRADO MEDIO

NUEVA EDICIÓN

700 GRABADOS

1936
DALMÁU CARLES, PLA, S. A.—EDITORES.—GERONA-MADRID

INTERESANTE

Este libro también se publica distribuído en tomitos, del modo siguiente:

Tomito de *Aritmética* y *Geometría.*
» » *Geografía* e *Historia de España.*
» » *Ciencias, Fisiología, Higiene, Agricultura* e *Industria y Comercio.*
» » *Lengua Castellana.*
» » *Moral Cívica, Derecho* y *Educación Social.*

Talleres Dalmáu Carles, Pla. S. A. — Gerona

NOTAS IMPORTANTES

1.ª Los conocimientos que constituyen el **Grado elemental,** el niño debe estudiarlos en dos años de vida escolar.

2.ª El *primer año,* lo constituye lo impreso con tipo mayor; el *segundo año,* cuanto contiene el libro.

Lengua Castellana (1)

LECCIÓN I

Preliminares

1. **Hablar.** — *Hablar* es expresar lo que pensamos o sentimos por medio de palabras.

2. **Las palabras.** — Las *palabras* son los signos con que expresamos las *ideas.*

3. **Las ideas.** — Se llama *idea* la imagen mental de una cosa.

4. **El idioma.** — El conjunto de palabras y modos de hablar de una nación, forman su *idioma* o *lenguaje;* de manera que hay el idioma *español,* el idioma *francés,* el *inglés,* el *italiano,* etcétera.

5. **Gramática de una lengua.** — La *Gramática* de una lengua enseña a hablarla y escribirla correctamente: *Gramática Castellana* es, pues, el arte de hablar y escribir correctamente la lengua castellana.

6. **Partes de la Gramática.** — La gramática se divide en cuatro partes: *Prosodia, Ortografía, Analogía* y *Sintaxis.* La *Prosodia,* enseña a pronunciar y acentuar bien las palabras; la *Ortografía,* a escribirlas; la *Analogía,* sus propiedades y accidentes, y la *Sintaxis,* a enlazarlas y ordenarlas.

7. **Composición de las palabras.** — Las palabras se componen de sílabas. Toda palabra tiene tantas síla-

---

(1) **Nota importantísima.**—Téngase siempre muy presente que el *estudio de la Gramática es para el lenguaje.* Dése a cada lección el número de sesiones de clase que su desarrollo necesite.

bas, como tiempos se emplean para pronunciarla bien; la palabra *relojería* tiene cinco sílabas: *re-lo-je-rí-a.*

8. **División de las palabras por el número de sílabas.**—Por razón del número de sus sílabas, las palabras se dividen en *monosílabas, bisílabas, trisílabas* y *polisílabas,* según que tengan *una, dos, tres* o *más* sílabas.

9. **Composición de las sílabas.** — Las sílabas se componen de *letras.*

10. **Abecedario castellano.** — El *abecedario* o *alfabeto castellano,* se compone de *veintinueve* letras: *a, b, c, ch, d, e, f, g, h, i, j, k, l, ll, m, n, ñ, o, p, q, r, rr, s, t, u, v, x, y, z.*

11. **Letras vocales y consonantes.** — Las letras vocales son cinco: *a, e, i, o, u;* las demás letras se llaman consonantes: *b, ch, d, f, g,* etcétera.

12. **División de las vocales.** — Las vocales se dividen en *fuertes* y *débiles:* son fuertes, *a, e, o;* débiles, *i, u.*

13. **Diptongo.** — Se llama *diptongo,* a la reunión de dos vocales, una débil y otra fuerte o las dos débiles, en una sílaba, como: *Juan, fuí.*

14. **Triptongo.** — Se llama *triptongo,* a la reunión de tres vocales, dos débiles y una fuerte en medio de ellas, pronunciadas en una sílaba; como en la última sílaba de *di-fe-ren-ciéis.*

Ejercicios del primer año

Ejercicios escritos. — 1.º *Copiar las siguientes oraciones, dividiendo las palabras en sílabas:* El mar ocupa las tres cuartas partes de la superficie de la tierra. — Los jóvenes no deberían olvidar la parábola del hijo pródigo. — Quien da pan a perro ajeno, pierde el pan y pierde el perro. — Nuestros criados no saben Geografía. — La gloria de esta vida es momentánea: la de la otra, sólida y duradera. — El corazón es la última cosa que se desprende de la tierra. — Diana era diosa de la caza.

Modelo: El mar o-cu-pa las tres cuar-tas par-tes, etc.

2.º *Copiar las oraciones siguientes, separando las palabras unas de otras:* Elhombrehanacido paravivir ensociedad.—Aquelaquiennadielegusta, porloregularnogustaanadie. — Unhermanoesunamigo quenosdalanaturaleza yunamigoesunhermanoquenos dalasociedad. — SanMateoescribióelprimer evangelio. — Diosdicealhombreayúdateyteayudaré.

Modelo: El hombre ha nacido para, etc.

Ejercicicio de invención. — *Escribir veinte nombres de cosas materiales.* — *Escribir veinte nombres de cosas abstractas.*

Modelo: *Cosas materiales:* pan, papel, etc. — *Cosas abstractas:* amor, fe, etc.

Ejercicio de conjugación. — Conjugar el verbo *estar.*

Ejercicio de análisis. — *Dios ampara siempre las almas puras.*

Ejercicios del segundo año

Ejercicio escrito. — *Copiar las líneas siguientes, substituyendo los puntos con el artículo correspondiente:*

... piqueta demoledora de ... siglos, ha derruído ... naciones que ... día asombraron ... mundo con ... poderío de su fuerza y su riqueza o con ... esplendores de su arte maravilloso. Atenas, Roma, Bizancio y Babilonia, viven únicamente en ... frías ruinas de sus monumentos y en ... páginas de ... Historia. Su alma, su sangre, sus costumbres, su idioma, sus hombres, han perdido ... vida para siempre, obedeciendo, sin duda, a ... ley inmutable de ... caducidad.

Ejercicios de invención. — 1.º *Copiar las oraciones siguientes, substituyendo los puntos con un adjetivo calificativo que convenga:*

He comprado unos claveles ... — El traje ... de Ernesto es muy ... — La ... suerte de mi abuelo le arruinó. — Los hombres ... prefieren el dinero a la salud. — Un verano muy ... y un invierno muy ... no convienen a las personas ... — No digas que todo tiempo ... fué ... — El ... lirio y la ... rosa perfuman este ambiente. — El soldado ... honra a su patria. — La ... nieve platea aquellas cimas.

2.º *Escribir ocho verbos transitivos o activos. — Escribir seis verbos neutros o intransitivos. — Escribir seis verbos reflexivos. — Escribir seis verbos recíprocos.*

Ejercicio de Lexigrafía.—Buscar, en el Diccionario, la significación de las voces: *lexigrafía — costal — averno — cercenar — embozar — furtivo.*

Ejercicio de análisis lógico y gramatical. — *Roma fué señora del mundo.*

LECCIÓN II

Sílabas y letras. — El acento prosódico

15. **Clases de sílabas.** — Las sílabas pueden ser *puras, directas, inversas* y *mixtas*. Las directas, las inversas y las mixtas, se dividen en *simples* y *dobles.*

16. **Sílaba pura.** — La sílaba es *pura,* cuando consta de una vocal sin consonante alguna que la modifique, como la segunda de la palabra *cri-a-do.*

17. **Sílabas directas.** — Son *directas,* las sílabas que constan de una vocal precedida de una o dos consonantes: si la consonante es una, la sílaba es *directa simple,* como *la, tu;* si las consonantes son dos, es *directa doble,* como *bla, pro.*

18. **Sílabas inversas.** — Son *inversas,* las sílabas que constan de una vocal seguida de una o dos consonantes: si la consonante es una, la sílaba es *inversa simple,* como *el, on;* si las consonantes son dos, es *inversa doble,* como *ins, obs.*

19. **Sílabas mixtas.** — Son *mixtas,* las sílabas que constan de una vocal en medio de dos, tres o cuatro consonantes: si las consonantes son dos, la sílaba es

mixta simple, como *mal, sin;* si las consonantes son tres o cuatro, es *mixta doble*, como *sols, trans.*

20. **Sílaba diptongada o triptongada.** — Es sílaba *diptongada* o *triptongada*, aquella sílaba directa, inversa o mixta que contiene un diptongo o un triptongo, respectivamente, como: *lei, aun, Juan, tuais.*

21. **Letras mayúsculas y minúsculas.** — Son letras *mayúsculas*, las que tienen mayor tamaño y distinta forma que las minúsculas. (Mayúsculas: *A, B, C, D;* minúsculas: *a, b, c, d).*

22. **Acento prosódico.**—*Acento prosódico* es la mayor elevación de voz con que se pronuncia determinada sílaba de una palabra, que se llama sílaba *dominante.* En la palabra *campanario*, la sílaba dominante es *na.*

23. **Las palabras por el acento prosódico.** — Por razón del acento prosódico, las palabras se dividen en *átonas, agudas, llanas* o *graves, esdrújulas* y *esdrujulísimas*, según tengan una sílaba o la sílaba dominante sea la *última*, la *penúltima*, la *antepenúltima* o *preceda* a la antepenúltima. Así: palabra aguda, *entró;* grave, *campana;* esdrújula, *gramática;* esdrujulísima, *contéstesele.*

Ejercicios del primer año

Ejercicios de invención. — 1.º *Escribir diez nombres comunes.* — *Escribir diez nombres propios.*

Modelo. — Nombres comunes: *árbol, río*, etc., etc. — Nombres propios: *Sebastián, París*, etc., etc.

2.º *Copiar las proposiciones siguientes, substituyendo los puntos con el pronombre personal correspondiente:*

... visité a mi primo.	... cumpliréis lo prometido.
... paseaste con Andrés.	... viajarán en automóvil.
... practicando la caridad.	... pasaremos buen verano.
... escribió a su tío.	... cumplirá su deber.
... leerán buenos libros.	... le hallé en casa.

3.º *Copiar las proposiciones siguientes, y acentuar las palabras que lo necesiten, diciendo el por qué.*

Antolin llego tarde. — Melendez entretuvo al medico. — Llegareis a Paris de madrugada. — Unicamente sabras que te interesa. — El procer aquel diome su proteccion. — No estais bien colocados. — Tu y el matematico ocupareis el vigesimoseptimo lugar. — A el y a ese, la fiesta costoles veintiseis duros.

Modelo. — Antolín llegó tarde. — *Antolín* se acentúa por ser palabra aguda acabada en *n.* — *Llegó*, por ser aguda acabada en vocal.

Ejercicio de Lexigrafía. — Buscar, en el Diccionario, la significación de las voces *cafeto* — *centurión* — *voluble* — *lírico* — *coartar* — *eludir.*

Ejercicio de análisis. — *Quien mucho duerme, poco aprende.*

Ejercicios del segundo año

Ejercicio de invención. — *Copiar las oraciones siguientes, poniendo punto y letra mayúscula donde convenga:*

El pájaro voló rápidamente el cielo apareció cubierto de negros nubarrones cuando te sea posible acuérdate de las necesidades ajenas una voluntad enérgica allana las dificultades de la vida la instrucción es un tesoro y el trabajo tiene la llave de él la enfermedad sigue los pasos de los excesos y la miseria los de la holganza mejor se triunfa de una mala costumbre hoy que mañana.

Ejercicio de Ortografía. — *Copiar las siguientes cláusulas, puntuándolas debidamente:*

Mi papá mi mamá mi hermana y yo compraremos libros plumas lápices y papel para mis tíos.—El trabajo dignifica ennoblece y proporciona salud alegría y bienestar. — Los días de la semana son siete lunes martes miércoles jueves viernes sábado y domingo.—Recoge lo tuyo mas nada digas.—Cuando puedas dedícate a tus negocios pero no olvides que tu madre tu padre y tus hermanitos tienen necesidad de ti. — Si el tiempo lo permite pasaremos el verano en una playa.

Ejercicio de composición. — *Carta de un joven ausente a su padre, felicitándole en el día de su fiesta onomástica.*

Ejercicio de conjugación. — Conjugar el verbo *nevar.*

Ejercicio de análisis lógico y gramatical. — *El reino de Italia está situado en el sur de Europa.*

LECCIÓN III

La oración gramatical. — Naturaleza de las palabras

24. **Oración gramatical.** — Se llama *oración* gramatical o *proposición,* la palabra o palabras con que expresamos un juicio o pensamiento, como: *Trabajaré.* — *El aire es pesado.*

25. **Partes de la oración.** — Hay nueve clases de palabras, que se llaman partes de la oración: *nombre* o *substantivo, pronombre, adjetivo, artículo, verbo, adverbio, preposición, conjunción* e *interjección.* Unas son *variables* y otras, *invariables.*

26. **Partes variables.** — Son partes *variables* de la oración, las que *tienen accidentes,* esto es, las que experimentan variaciones o cambios, y son: nombre, pronombre, adjetivo, artículo y verbo.

27. **Partes invariables.** — Son partes *invariables,* las que *no tienen accidentes,* esto es, no experimentan variación en sus letras, y son: adverbio, preposición, conjunción e interjección.

28. **Las palabras por su naturaleza.** — Según su

naturaleza, las palabras se dividen en *primitivas* y *derivadas, simples* y *compuestas*.

29. **Palabras primitivas.** — Son palabras *primitivas,* las que no se originan de otra voz castellana, como: *casa, libro*.

30. **Palabras derivadas.** — Son palabras *derivadas*, las que se originan de otra voz castellana, como: *casero, casita, casucha, caserío,* que se derivan de la palabra *casa; librito, librazo, librote, librería,* que se originan de la palabra *libro*.

31. **Palabras simples.** — Son *simples*, las palabras que constan de un solo vocablo, como: *boca, manga, tragar, luz, poner*.

32. **Palabras compuestas.** — Son *compuestas*, las palabras formadas por la unión de dos o más vocablos, como: *bocamanga, tragaluz, anteponer*.

Ejercicios del primer año

Ejercicios de invención. — 1.º *Copiar las proposiciones que se dirán, substituyendo los puntos con la palabra que convenga:*

1. *bacía — vacía — sebo — cebo — abrazar — abrasar.*
2. *brasero — bracero — casar — cazar — losa — loza.*

1.—Esa botella está ...	2.—Poned ... a esa tumba.
Compró velas de ...	Ha encendido el ...
El barbero rompió la ...	Irá a ... perdices.
Quiero ... a mi amigo.	Ese ... gana buen jornal.
Pescaba con buen ...	Hay platos de fina ...
La hoguera pudo ... la casa.	José se va a ... con Manuela.

2.º *Copiar las siguientes voces y escribir las palabras que de cada una se deriven:*

Amar	Sombra	Doctor	Valor
Trabajar	Caballo	Igual	Caja
Inventar	Imprimir	Verde	Labrar
Vencer	Fusil	Silla	Gallina
Leer	Retrato	Bárbaro	Mar

Modelo: Derivados de *perro:* perrito, perrazo, perrera, perruno.

Ejercicio escrito. — *Descomponer las palabras compuestas siguientes, en las simples de que constan:*

Descomponer	Incorrecto	Imposible
Quitamanchas	Salvavidas	Ferrocarril
Entreacto	Pelirrubio	Entrecortar
Convivir	Matamoros	Carricoche
Alicaído	Pierniquebrado	Correvedile

Modelo: *Contravenir*: de *contra* y *venir*.

Ejercicio de conjugación. — Conjugar el verbo *andar*.

Ejercicio de análisis. — *Nadie saldrá hoy para Madrid.*

Ejercicios del segundo año

Ejercicio de recitación. — *Aprender y recitar la poesía siguiente:*

Cuentan de un sabio que un día,
Tan pobre y mísero estaba
Que sólo se sustentaba
De unas hierbas que cogía.
¿Habrá otro, entre sí decía,
Más pobre y triste que yo?
Y cuando el rostro volvió,
Halló la respuesta, viendo
Que otro sabio iba cogiendo
Las hojas que él arrojó.

Ejercicio analítico.—¿Qué se dice de cierto sabio?—¿Qué se preguntaba el sabio a sí mismo?—¿Se convenció el sabio de que no era el más desgraciado de los hombres? — ¿Por qué se convenció? — ¿Quién era más desgraciado que él? — ¿Por qué lo era? — ¿Qué *moraleja* se deduce de estos versos? — ¿Qué significa la palabra *mísero?* — ¿Y la palabra *arrojar?*

Ejercicio de composición. — *Escribir un* CUENTO *cuyo asunto sea lo que se nos dice en la poesía anterior.*

Ejercicio de invención. —*Formar seis oraciones, poniendo en cada una la palabra* GERONA *en caso distinto.*

Ejercicio de Lexigrafía. — Buscar, en el Diccionario, la significación de las palabras siguientes:

aerolito — égida — escueto — abigarrado — desollado — colegir.

Ejercicio de análisis lógico y gramatical. — *Seis lobos hambrientos, destrozaron un rebaño numeroso.*

LECCIÓN IV

De Ortografía

33. **Qué palabras agudas se acentúan.** — Se acentúan las palabras *agudas* de más de una sílaba, si acaban en *vocal* o en las consonantes *n* o *s,* como: *café, balcón, Tomás.*

34. **Qué palabras llanas se acentúan.** — Se acentúan las palabras *llanas* acabadas en consonante que no sea *n* o *s,* como: *árbol, albéitar, arcángel, huésped.*

35. **Acentuación de las palabras esdrújulas y esdrujulísimas.** — Las palabras esdrújulas y esdrujulísimas, se acentúan todas, como: *Córdoba, adviérteselo.*

36. **Los monosílabos verbales.** — Los monosílabos verbales terminados en dos vocales, se acentúan todos, como: *dió, vió, fué, fuí, lió.*

37. **Las palabras compuestas.** — En las palabras compuestas, las voces simples que las forman siguen la misma regla que cuando van solas, como: *bocamanga, guardacantón, vigésimoséptimo.*

38. **Encuentro de una vocal débil y una fuerte.** — Si hay encuentro de una vocal débil y una fuerte que no formen diptongo y el acento prosódico carga sobre la débil, ésta se acentúa, como: *María, tía, país, recibías, exceptúan.*

39. **Palabras que unas veces se acentúan y otras no.** — Las palabras que unas veces se acentúan y otras no, son: *que, como, quien, cuan, cuanto, cuando, donde, cual — de — se — este, esta, estos, estas — ese, esa, esos, esas — aquel, aquella, aquellos, aquellas — solo — mas — el — mi, tu — si — aun.*

Que, como, quien, cuan, cuanto; cuando, donde y *cual*, se acentúan cuando se pronuncian con énfasis, como **¡Qué** *dolor!* — **¿Cuánto** *ganas?* — *¿Sabes* **dónde** *se esconde?* — *Veamos* **cómo** *te arreglarás.*

De se acentúa cuando es tiempo del verbo *dar*, como: **Dé** *limosna al pobre.*

Se se acentúa cuando es tiempo de los verbos *ser* y *saber*, como: **Sé** *bueno.* — *No lo* **sé.**

Este, ese, aquel y sus accidentes, se acentúan cuando son pronombres demostrativos, como: **Éste** *lo sabe.* — *Esto es para* **ésas.** — **Aquéllos** *lo dirán.*

Solo se acentúa, cuando es adverbio, como: **Sólo** *trabajo dos días por semana.*

Mas se acentúa cuando es adverbio, como: *Cuanto* **más** *gana,* **más** *ahorra.*

El se acentúa cuando es pronombre, como: *Este regalo es para* **él.**

Mi y *tu* se acentúan cuando son pronombres, como: *Eso es para* **mí.** — **Tú** *lo dirás.*

Si se acentúa siempre menos cuando es conjunción condicional, como: **Si** *trabajas, ganarás.*

Aun no se acentúa cuando va delante del verbo, y se acentúa cuando va después de él, como: **Aun** *no lo sé.* — *No lo sé* **aún.**

Ejercicios del primer año

Ejercicio de inteligencia.—*Copiar los nombres siguientes, diciendo de cada uno de ellos si representa idea de orden material o de orden abstracto.*

Voluntad	**Fe**	**Banqueta**	**Lisonja**	**Decalitro**
Azucarillo	**Amargura**	**Papelera**	**Inquietud**	**Felicidad**
Temor	**Pañuelo**	**Rosal**	**Barquilla**	**Consecuencia**
Envidia	**Abnegación**	**Centinela**	**Acebuche**	**Guardafreno**
Cortaplumas	**Rencor**	**Conveniencia**	**Amor**	

MODELO: *Cepillo*, idea material. — *Confianza*, idea abstracta, etcétera.

LA MONA

Subió una mona a un nogal
Y, cogiendo una nuez verde,
En la cáscara la muerde,
Con que le supo muy mal.
Arrojóla el animal,
Y se quedó sin comer.
Así suele suceder
A quien su empresa abandona,
Porque halla, como la mona,
Al principio qué vencer.

SAMANIEGO.

Ejercicio analítico. — ¿Qué es una mona? — ¿Qué se dice que hizo la mona? — ¿Para qué subió a un nogal? — ¿Qué hizo subida al nogal? — ¿Qué impresión recibió la mona? — ¿Qué hizo entonces la mona? — ¿Reflexionó bien el animal? — ¿Por qué no? — ¿A quién podemos comparar la mona de la fábula? — ¿Qué lección enseña la fábula?

Ejercicio de composición. — *Poner en prosa la fábula anterior.*

Ejercicio de Lexigrafía. — Buscar en el Diccionario, la significación de: *efigie — chiribitil — sintético — abúlico — loar — encubrir.*

Ejercicio de análisis. — *La viejecita leonesa os dió consejos.*

Ejercicios del segundo año

Ejercicios de invención.—1.º *Copiar las oraciones siguientes, substituyendo los puntos por un adjetivo conveniente:*

La hormiga es ... El corderillo es ... El perro es ... La víbora es ... El pedernal es ... El camello es ... El cristal es ... La abeja es ... El gusano de seda es ... El desierto es ... Las enfermedades son ... El conejo es un animal ... Los peces son animales ... El que se embriaga es un hombre ... El oro es un metal ... El granito es ... La guerra es ... Quien guarda para la vejez es ... El asno es un animal ... El que padece con las desgracias ajenas es ...

2.º *Substituir, por el adjetivo que convenga, las palabras escritas con letra cursiva:*

La bandera *de España.* — La guerra *en el mar.* — El azul *del cielo.* — El amor *del hermano.* — La brisa *de la mañana.* — El candor *de los niños.* — La protección *del padre.* — La clemencia *del rey.* — El palacio *del Obispo.* — Una palabra *de rencor.* — Un consejo *de amistad.* — La honra *de la nación.* — La voluntad *de Dios.* — La señora *que protege.* — Cien españoles *que emigran.*

Ejercicio de Ortografía. — *Puntuar debidamente las cláusulas siguientes:*

El sol la luna las estrellas los animales las plantas los mares todo todo nos habla de la sabiduría del Creador.—Muy señor mío cuando anteayer recibí su carta última inmediatamente me puse en relación con el abogado el procurador y los dos testigos de quienes usted me habla.—Tú eres Antonio un niño aplicado muy aplicado pero tienes un carácter reprensible faltas a menudo a tus padres a tus superiores y a tus amigos.

Ejercicio de composición. — *Carta a un amigo dándole una noticia que, seguramente, habrá de complacerle.*

Ejercicio de conjugación. — Conjugar el verbo *Compadecer.*

Ejercicio de análisis lógico y gramatical. — *La bondadosa Enriqueta ayer escribió a Teodoro.*

LECCIÓN V

El nombre o substantivo

40. **El nombre.** — *Nombre* o *substantivo* es toda palabra que designa persona, animal o cosa, como: *Fernando, elefante, pantalón.*

41. **División del nombre.** — El nombre se divide en *común* y *propio.*

42. **Nombre común.**—Nombre *común* es el que conviene a todos los seres de una misma clase o especie, como: *hombre, torre, amapola, compasión.*

43. **Nombre propio.** — Nombre *propio* es el que se da a un solo ser, para distinguirlo de los demás de su clase o especie, como: *Manuel, Córdoba, Guadalquivir.*

44. **División del nombre común.** — El nombre común se divide en *aumentativo, diminutivo, gentilicio, patronímico, colectivo* y *despectivo.*

45. **Nombres aumentativos.** — Son nombres *aumentativos* los que designan un ser de mayor tamaño que el primitivo de que se derivan, como: *hombrón, mujerona, animalote, perrazo.* Las terminaciones más usuales de los aumentativos son: *on, ona, azo, aza; ote, ota.*

46. **Nombres diminutivos.**—Son nombres *diminutivos* los que designan un ser de menor tamaño que el primitivo de que se derivan, como: *hombrecico, hombrecillo, hombrecito, hombrezuelo.* Las terminaciones más usuales de los diminutivos son *ico, ica, ito, ita; uelo, uela.*

47. **Nombres gentilicios.** — Son substantivos *gentilicios,* los derivados del nombre que toma una nación, comarca o pueblo, como: *español, gallego, madrileño.*

48. **Nombres patronímicos.** — Son substantivos *patronímicos,* los derivados del nombre de los padres, como: *Fernández* (hijo de Fernando), *Pérez* (hijo de Pedro).

49. **Nombres colectivos.** — Son nombres *colectivos* los que, estando en singular, designan conjunto o pluralidad, como: *rebaño, pinar, cañaveral, ejército.*

50. **Nombres despectivos.** — Son nombres *despectivos,* los que expresan la idea del derivado unida a la de menosprecio, como: *poetastro, libraco, mujerzuela.*

Ejercicios del primer año

Ejercicios de invención. — 1.º *Dígase el nombre que se da a la persona que usa los instrumentos siguientes:*

¿La espada? — ¿El violín? — ¿El cañón? — ¿La escopeta? — ¿El yunque? — ¿La mitra? — ¿Los pinceles? — ¿El arado? — ¿La lezna? — ¿La azuela? — ¿La navaja? — ¿El tintero, la pluma y el papel? — ¿La lanceta? — ¿Las redes? — ¿El anzuelo y el cebo? — ¿La aguja y el dedal? — ¿La batuta? — ¿La sartén? — ¿El hisopo? — ¿La brújula?

2.º *Dígase el caso gramatical en que se hallan usados los nombres empleados en las siguientes oraciones:*

El perro muerde al gato.—El traje de Juan es costoso.—Antonio compró un pantalón.—En el África hay salvajes. — ¡Oh Dios!—No olvides, hermano, que hay providencia.—En Jerez, hay vino riquísimo.—La música es un arte bella. — Bajo nuestros pies, la tierra ardía. — Escribí larga carta a Cipriano. — Las flores de Valencia son muchas y hermosas.

Ejercicio de composición. — *D. Emilio Sánchez, paga, hoy, a D. Tomás Regúlez, quinientas pesetas que le debía por saldo de cuentas.* — *Extender el correspondiente recibo.*

Ejercicio de conjugación. — Conjugar el verbo *Deshacer.*

Ejercicio de análisis. — *Fernández vendió, ayer, un anteojo mejor que el tuyo.*

Ejercicios del segundo año

Ejercicios de invención. — 1.º 1. Formar dos oraciones segundas de verbo substantivo.—2. Formar dos oraciones primeras de verbo substantivo. — 3. Formar dos oraciones segundas de verbo activo o transitivo. — 4. Formar dos oraciones segundas de verbo activo o transitivo.—5. Formar dos oraciones segundas de verbo neutro o intransitivo. — 6. Formar dos oraciones primeras de verbo neutro o intransitivo. — 7. Formar dos oraciones de verbo reflexivo.—8. Formar dos oraciones de verbo recíproco.

2.º 1. Formar dos oraciones de verbo impersonal o unipersonal. — 2. Formar dos oraciones de verbo bipersonal. — 3. Formar dos oraciones primeras de pasiva. — 4. Formar dos oraciones segundas de pasiva. — 5. Formar dos oraciones primeras de verbo activo y ponerlas en pasiva. — 6. Formar dos oraciones primeras de pasiva y ponerlas en activa.

Ejercicio de composición. — Escribir una composición cuyo asunto sea *El estío y el invierno.*

(RESUMEN. — Aspecto de la naturaleza durante el estío. — La temperatura, el día, el cielo, las aves, las plantas, las flores. — Los ardores del sol. — El placer de las sombras. — Las noches del estío. — Aspecto de la naturaleza durante el invierno. — La temperatura, los días, el cielo, las aves, las heladas, la nieve, los vientos, las tempestades, las plantas. — Los tibios rayos del sol. — Al calor de la lumbre).

Ejercicio de Lexigrafía. — Buscar, en el Diccionario, la significación de las palabras: *abulia* — *versículo* — *patético* — *liviano* — *aguijonear* — *roborar.*

Ejercicio de análisis lógico y gramatical. — *El general que llega, viene victorioso de la guerra.*

LECCIÓN VI

Accidentes del nombre. — El género

51. **Qué accidentes tiene el nombre.** — El nombre tiene tres accidentes: *género, número* y *caso.*

52. **El género.** — Género es el accidente gramatical que indica el *sexo* de las personas, de los animales y el que se atribuye a las cosas.

53. **Cuántos son los géneros.** — Los géneros son seis: *masculino, femenino, neutro, epiceno, común* y *ambiguo;* pero pueden reducirse a tres: masculino, femenino y neutro.

54. **Nombres de género masculino.** — Son de género *masculino,* los nombres de varones, animales machos y de seres inanimados a los que puede anteponerse el artículo *el,* como: *Ramón, caballo, el peral.*

55. **Nombres de género femenino.** — Son de género *femenino,* los nombres de mujeres, animales hembras y de seres inanimados a los que puede anteponerse el artículo *la,* como: *Ramona, yegua, la camisa.*

56. **Nombres de género neutro.** — Se llaman de género *neutro*, los nombres de adjetivos substantivados que llevan antepuesto el artículo *lo*, como: *lo bueno, lo útil, lo malo.*

57. **Nombres de género epiceno.** — Se llaman de **género** *epiceno*, los nombres de animales que, con una misma **determinación** y artículo, designan los dos sexos, como: *el ratón, la mosca, el lagarto, la codorniz.*

58. **Nombres de género común.** — Se llaman de género *común*, los nombres de personas que, con una misma terminación y diferente artículo, designan los dos sexos, como: *el testigo* y *la testigo, el mártir* y *la mártir.*

59. **Nombres de género ambiguo.** — Se llaman de género *ambiguo*, los nombres de cosas inanimadas que unas veces se consideran de género masculino y otras, de género femenino, como: *el mar* o *la mar, el calor* o *la calor.*

60. **Cómo se designa en los nombres el cambio de género.** — El cambio de género se designa, generalmente, en los nombres, de tres maneras: variando de palabra, como: *hombre, mujer; caballo, yegua; buey, vaca;* añadiendo una *a* al masculino, si éste termina en consonante, como: *león, leona; marqués, marquesa;* y si el masculino termina en vocal, cambiando esta vocal en *a*, como: *hijo, hija; perro, perra.*

Ejercicios del primer año

Ejercicios de invención. — 1.º *Copiar las proposiciones que se dirán, substituyendo los puntos con la palabra que convenga:*

1. *hierro — yerro — consejo — concejo — siervo — ciervo.*
2. *recavar — recabar — haya — aya — hasta — asta.*

1.—Has cometido un grave ...
Mañana se reunirá el ...
Es una bola de ...
Pueden darte un buen ...
Cazaron un hermoso ...
Es fiel ... de Jesús.

2.—Cortó una frondosa ...
Llegó ... aquí.
Quiere ... su huerto.
Ha fallecido mi buena ...
Es buey de buena ...
Quiere ... el permiso.

2.º *Copiar las siguientes frases, substituyendo los puntos con la palabra conveniente:*

1. *balido — culebreo — murmurio — croar — centelleo — retumbar.*
2. *gorgeo — tañido — aleteo — chasquido — arrullo — graznido.*

1.—El ... de la fuente.
El ... de la rana.
El ... del trueno.
El ... de la serpiente.
El ... de las estrellas.
El ... de la oveja.

2.—El ... de las mariposas.
El ... de la tórtola.
El ... del látigo.
El ... del ruiseñor.
El ... del cuervo.
El ... de la campana.

Ejercicio de composición. — El Agua. — (*Resumen:* Necesidad del agua para la vida de los animales y de las plantas. — Otras necesidades que el agua realiza. — Estados en que se presenta. — El agua de lluvia. — Los mares, los ríos, las fuentes, los pozos. — La evaporación del agua. — Las nubes).

Ejercicio de Lexigrafía.—Buscar, en el Diccionario, la significación de las palabras: *bardal — toba — orondo — lueñe — aboyar — subvertir.*

Ejercicio de análisis. — *Es varón de costumbres óptimas y come a la francesa.*

Ejercicios del segundo año

Ejercicios de invención. — 1.º Formar dos oraciones de infinitivo primeras de verbo substantivo.—Idem dos oraciones de infinitivo segundas de verbo substantivo.—Idem dos oraciones de infinitivo primeras de verbo transitivo.—Idem dos oraciones de infinitivo segundas de verbo transitivo. —Idem dos oraciones de infinitivo primeras de verbo intransitivo.—Idem dos oraciones de infinitivo segundas de verbo intransitivo.—Idem dos oraciones de infinitivo de verbo reflexivo.—Idem dos oraciones de infinitivo de verbo recíproco.—Idem dos oraciones de infinitivo primeras de pasiva. —Idem dos oraciones de infinitivo segundas de pasiva.

2.º *Explicar el sentido de los siguientes refranes:*

Quien a hierro mata, a hierro muere.—Dime con quien andas, y te diré quien eres.—De tal palo, tal astilla.—Quien con lobos se junta, a aúllar se enseña.—Quien a buen árbol se arrima, buena sombra le cobija.—Una mano lava la otra y ambas, la cara.—Dineros de sacristán, cantando se vienen y cantando se van.—Hombre prevenido, vale por dos.

Ejercicio de composición. — **El pan.** — (*Resumen:* Qué es el pan. — Época de la siembra del trigo. — Cuidados que requieren las plantas. — La siega. — La trilla. — La limpia. — El granero. — La molienda.— El amasijo. — La cocción).

Ejercicio de conjugación. — Conjugar el verbo *Reconstituir.*

Ejercicio de análisis lógico y gramatical. — *Tan pronto puedas, recuerda al médico lo que prometió formalmente.*

LECCIÓN VII

Accidentes del nombre. — El número y el caso

61. **El número.** — *Número* es el accidente gramatical que indica si se habla de un solo ser o de más de uno. Los números son dos: *singular* y *plural.* El nombre está en singular, cuando designa un solo ser, como: *árbol, rosa;* y está en plural cuando designa dos o más seres, como: *árboles, rosas.*

62. **Cómo se forma el plural.** — Si el nombre acaba en *vocal* o en *e acentuada,* forma, generalmente, el plural, añadiendo una *s* al singular, como: de *hombre, hombres;* de *casa, casas;* de *café, cafés;* de *bebé, bebés.* Si el nombre acaba en *consonante* o en otra *vocal acentuada,* forma, casi siempre, el plural, con la sílaba *es,* como: de *árbol, árboles;* de *cañón, cañones;* de *alhelí, alhelíes;* de *jabalí, jabalíes.*

Si el nombre acaba en *z* o en *c,* tomando la terminación *es,* como: de *cruz, cruces;* de *pez, peces.*

63. **Particularidades.**—Hay nombres que no varían al pasar del singular al plural, y se pluralizan con el artículo, como: *el viernes, los viernes; el quitamanchas, los quitamanchas.*

Hay nombres que sólo se usan en plural, como: *exequias, albricias, trébedes.*

Hay otros que sólo se usan en singular, como: *honradez, salvación.*

64. **Declinación.** — Se llama *declinación*, el conjunto de *casos* en que una palabra puede hallarse en la oración.

65. **Caso gramatical.** — Se llama *caso* gramatical, la diferente situación que en la oración puede tener una palabra respecto de otra. Los casos son seis: *nominativo, genitivo, acusativo, dativo, vocativo* y *ablativo.*

66. **Significación de los casos.** — El *nominativo* designa el sujeto de la acción del verbo, como: **Dios** *es sapientísimo;* **Enrique** *estudia.*

El nominativo es el *sujeto* de la oración.

El *genitivo* designa propiedad y origen como: *La casa* **de mi hermano.** — *Vino* **de Valencia** (esto es, *valenciano).* — *Pasas* **de Málaga** (esto es, *malagueñas).*

El genitivo es un *complemento determinativo,* y siempre lleva la preposición *de.*

El *acusativo* es el término en que recae o que recibe la acción del verbo, como: *Yo amo* **a Dios.** — *Antonio vendió* **sus fincas.**

El *dativo* expresa la dirección o el fin de la acción del verbo, como: *Escribí una carta* **a mamá.** *Estudia* **para médico.**

El *vocativo* es la persona o cosa que invocamos o a quien mandamos, como: **¡Oh primavera!** *tú devuelves la vida.* — *Acércate,* **hermano mío,** *pues quiero hablarte.*

El vocativo también se llama *apóstrofe.*

El *ablativo* expresa lugar, tiempo, compañía, instrumento, afirmación, modo u otra circunstancia, como: *Partiré* **muy pronto.** — *Le hirió* **con la espada.**

El ablativo también se llama *complemento circunstancial.*

67. **Complementos de las palabras substantivas.** — Los nombres pueden llevar dos clases de complementos: *determinativos* y *explicativos.*

El *determinativo* distingue a un nombre entre los demás de su especie, y no puede suprimirse sin perjudicar el sentido de la oración, como: *El vino* **de Jerez** *es riquísimo.* — *El niño* **estudioso** *es amado.*

El *explicativo* expresa una circunstancia inherente o inseparable, del nombre, y puede suprimirse de la oración, como: *Jerusalén,* **la ciudad tan amada de Jesús,** *fué destruída por Tito.* — *La* **blanca** *nieve cubre la llanura.*

Ejercicios del primer año

Ejercicio de invención.—*Copiar las proposiciones que se dirán, substituyendo los puntos con la palabra correspondiente:*

1. *bello — vello — billar — villar — tasa — taza.*
2. *laso — lazo — grabar — gravar — revelar — rebelar.*

1. — El juego de ...... es higiénico. — Admiro ese ...... paisaje. — Debes poner ...... a tus gastos. — Nació en un pobre ...... montañés. — Le sirvieron una ...... de café. — Tanto ...... afea su rostro.

2. — Sabe ...... en madera. — El pobre enfermo quedó ...... — Os voy a ...... un secreto. — Arregla el ...... de tu corbata. — Vióse obligado a ...... su hacienda. — Se quiere ...... contra mi autoridad.

Ejercicio de composición. — El perro. — (*Resumen:* Qué animal es el perro. — Su docilidad, fidelidad e inteligencia. — Su alimentación. — Sus clases. — Utilidades que presta al hombre. — El perro de caza. — Razas notables, como, por ejemplo, los de San Bernardo, Terranova, etcétera).

Ejercicio de conjugación. — Conjugar el verbo *reconvenir.*

Ejercicio de análisis.—*¡Ah! Es un hombre de antecedentes pésimos.*

Ejercicios del segundo año

Ejercicios de invención. — *Explicar el sentido de los siguientes refranes:*

A cada puerco le llega su San Martín. — A Dios rogando y con el mazo dando. — A cada pájaro le gusta su nido. — A enemigo que huye, puente de plata. — Antes que te cases, mira lo que haces. — A padre ganador, hijo gastador. — A palabras necias, oídos sordos. — A puerta cerrada, el diablo se vuelve.

Ejercicio de composición. — Carta a un señor amigo de la familia, dándole sentido pésame por el fallecimiento de su anciano padre y ofreciéndole la casa del que escribe, para pasar una temporada.

Ejercicio de Lexigrafía.—Buscar, en el Diccionario, la significación de las voces: *espadaña — penumbra — rapaz — venteril — abocinar — encorvar.*

Ejercicio de análisis lógico y gramatical. — *Si eres dichoso, débelo a la educación que recibiste.*

LECCIÓN VIII

De Ortografía

68. **Uso de las letras mayúsculas.** — Se escriben con *letra mayúscula:*

1.º El principio de todo escrito y después de punto final.

2.º Los nombres propios, como *Pirineos, Madrid, Fernández, Pedro.*

3.º Los nombres y atributos divinos, como: *Dios, Jesús,* el *Salvador.*

4.º Los sobrenombres o apodos, como: el *Cid,* el *Gran Capitán.*

5.º Muchas abreviaciones, como: *V.* (usted), *V. S.* (usía), *S. M.* (su Majestad).

6.º Después de la salutación de una carta, como: *Querida mamá: Recibí su carta de ayer.*

7.º Después del punto de interrogación o de admiración, como: — *¿Quién llama? — Es el cartero.*

8.º Los nombres de corporaciones o sociedades: *La Diputación. — Sociedad la Gran Peña.*

9.º Los títulos de dignidad que substituyen al nombre propio, como: — El *Rey,* el *Papa,* el *Gobernador.*

10.º Los títulos de las obras literarias, como: *Don Quijote de la Mancha. Historia del Perú. La Perfecta Casada.*

69. **Las palabras derivadas.** — Las palabras *derivadas* se escriben como las primitivas correspondientes; así, si *hombre* se escribe con *h* y con *b,* también llevarán estas letras *hombrazo, hombrecillo,* etcétera.

70. **Uso de la letra b.**—Se escribirá **b** en los casos siguientes:

1.º Los verbos acabados en *bir,* como *recibir,* menos *vivir, hervir* y *servir.*

2.º Antes de *l* y *r,* como *blanco, broma.*

3.º Antes de *u,* como: *buzo,* menos *vuestro, vulgo, párvulo, vuelta, vuelo, válvula, avutarda, vuelco, vulnerar* y algunas más.

4.º Las sílabas *ab, ob, sub,* en principio de palabra, como: *absolver, observar, subcabo,* menos *óptica, optar, óptimo, apto.*

5.º En final de palabra, como: *querub,* menos *galop, salep, crup.*

6.º En las terminaciones *aba, abas, ábamos, abais, aban,* del pretérito imperfecto de indicativo de los verbos de la primera conjugación, como: *cantaba, amabas,* etc.

7.º En las palabras que, además llevan *h,* como: *habitante, haber,* menos *vehículo, vaho, vihuela, vahido, vehemencia, huevo.*

8.º Después de *m,* como: *también.*

9.º En las palabras que empiecen por *bibli, riba* y *ribe,* como: *biblioteca, ribazo, ribete.*

10.º En las terminaciones *bilidad, bundo, sílabo* y *árabe,* como: *estabilidad, furibundo, trisílabo, mozárabe,* menos *movilidad.*

Ejercicios del primer año

Ejercicios de Ortografía. — *Copiar las siguientes proposiciones, poniendo con letra mayúscula las palabras que deben llevarla:*
El inglés recorrió sierra nevada; pasó por el guadalquivir; se propuso conocer las lagunas de ruidera, y hubo de partir para su escocia sin poner un pie en la mancha — El supremo hacedor es omnipotente: ¿quién lo puede dudar? — Para aquél que todo lo puede, sería cosa facilísima destruír el vesubio, dar atmósfera a la luna y apagar el sol — Usted, vuecencia, el capitán general y el obispo visitarán a su alteza real — Querido amigo: ¿cómo has sabido la enfermedad del gobernador y el viaje del ministro? — Los jefes y oficiales del regimiento de asia fueron obsequiados por la junta directiva del casino español de castellón de la plana — El bibliotecario del ateneo barcelonés ha adquirido los libros siguientes: el sabor de la tierruca y sotileza, de pereda: gloria y fortunata y jacinta, de pérez galdós; el sombrero de tres picos, de alarcón, y la hermana de la caridad, de castelar.

Ejercicios de invención.—1. Escribir dos oraciones de verbo substantivo.—2. Idem dos oraciones de verbo transitivo o activo.—3. Idem dos oraciones de verbo neutro o intransitivo.—4. Idem dos oraciones de verbo reflexivo.—5. Idem dos oraciones de verbo recíproco.—6. Idem dos oraciones de verbo substantivo que consten de sujeto, verbo y atributo.—7. Idem dos oraciones de verbo transitivo que consten de sujeto, verbo y complemento directo.—8. Idem dos oraciones de verbo transitivo que consten de sujeto, verbo, complemento directo y complemento indirecto.

Ejercicio de Lexigrafía.—Buscar, en el Diccionario, el significado de las voces: *arráez—arambel—contrastar—medrar—angosto—estático.*

Ejercicio de análisis. — *¡Dios de bondad! Pruébame como a Job, aunque no haya en mí resignación tan máxima.*

Ejercicios del segundo año

Ejercicios de invención. — 1. *Aplicar a los siguientes nombres un complemento determinativo en substitución de los puntos:*

Cuatro melocotones ...	La Virgen de ...	Mis trajes ...
El soldado ...	Un caballo ...	Tus fincas ...
Un juez ...	Unos estudiantes ...	Su sombrero ...
Las rosas ...	El vino de ...	Vuestros parientes

2. *Aplicar a los siguientes nombres un complemento explicativo en substitución de los puntos:*

La ... luna	La ... Dolores	Vuestros ... tíos
Los ... rayos del sol	Mi ... hermano	Un ... incendio
El ... Mediterráneo	Las ... guerras	El ... lirio
Mis ... padres	El ... destino	Una ... primavera

Ejercicio de recitación.
Cuento

Admiróse un portugués
Al ver que, en su tierna infancia,
Todos los niños, en Francia,
Saben hablar en francés.
Arte diabólico es
Dijo, torciendo el mostacho;
Pues para hablar en gabacho,
Un fidalgo, en Portugal,
Llega a viejo y lo habla mal,
Y aquí lo parla un muchacho.

Ejercicio analítico. — ¿De qué se admiró un portugués? — ¿Cuándo o por qué? — ¿Es natural que en Francia, los niños hablen en francés? — ¿Qué demostró el portugués, con su extrañeza? — ¿Qué dijo? — ¿Con qué otras palabras demostró su asombro? — ¿Cómo las dijo? — ¿Qué es un *fidalgo?*

Ejercicio de composición. — *Escribir en prosa el cuento anterior.*

Ejercicio de conjugación. — Conjugar el verbo *amanecer.*

Ejercicio de análisis lógico y gramatical. — *Porque ansía vivir tranquilo, anhela la vida del campo.*

LECCIÓN IX

El Pronombre. — Pronombres personales y demostrativos

71. **Pronombre.** — *Pronombre,* es toda palabra que substituye al nombre y evita su repetición.

72. **División del pronombre.** — Hay cinco especies de pronombres: *personales, demostrativos, posesivos, relativos* e *indeterminados* o *indefinidos.*

73. **Pronombres personales.** — Pronombres *personales,* son los que se ponen en lugar de nombres de persona o de cosas que se personifican.

74. **Personas gramaticales.** — Las personas en gramática, son tres: la *primera,* que es la que habla, como **yo** *escribo;* la *segunda,* que es aquélla a quien se habla, como **tú** *escribes;* la *tercera,* que es la persona o cosa de que se habla, como **él** *escribe.*

75. **Formas de los pronombres personales.** — Los pronombres personales tienen las siguientes formas: para la primera persona, *yo, mí, me, conmigo,* en singular; *nosotros, nosotras, nos,* en plural; para la segunda persona, *tú, ti, te, contigo,* en singular; *os, vos, vosotros* y *vosotras* en plural; para la tercera persona, *él, ella, ello; le, la, lo; se, sí, consigo,* en singular; *ellos, ellas; les, las, los; se, sí, consigo,* en plural.

76. **Pronombres demostrativos.** — Son pronombres *demostrativos,* los que se ponen en lugar de una persona o cosa e indican el lugar que ésta ocupa con respecto al que habla, y son *éste, ése, aquél,* con sus accidentes.

77. **Formas de los pronombres demostrativos.** — Las *formas* de los pronombres demostrativos son: *éste, ése, aquél,* para el masculino singular; *ésta, ésa, aquélla,* para el femenino singular; *éstos, ésos, aquéllos,* para el masculino plural; *éstas, ésas, aquéllas,* para el femenino plural; *esto, eso, aquello,* para el neutro.

78. **Significación de los pronombres demostrativos.**—Los pronombres demostrativos significan: *éste, ésta, éstos, éstas, esto,* la persona o cosa que está más cerca del que habla que del que escucha; *ése, ésa, ésos, ésas, eso,* la persona o cosa que está más cerca del que escucha que del que habla; *aquél, aquélla, aquéllos, aquéllas, aquello,* la persona o cosa que dista igualmente del que habla que del que escucha.

79. **Pronombres demostrativos compuestos.** — Cuando las palabras *éste* y *ése* preceden del adjetivo *otro,* pueden formar con él una sola voz, resultando las palabras *estotro, esotro; estotra, esotra; estotros, esotros; estotras, esotras.*

Ejercicios del primer año

Ejercicios de invención. — 1.º 1. Escribir una oración que conste de sujeto elíptico o callado, verbo transitivo, complemento directo y ablativo de condición.—2. Escribir una oración que conste de sujeto expreso, verbo neutro o intransitivo y ablativo de causa.—3. Escribir una oración, que conste de sujeto expreso, verbo transitivo, dativo de fin y ablativo de tiempo.—4. Escribir una oración que conste de sujeto elíptico o callado, verbo reflexivo, ablativo de afirmación y ablativo de instrumento.—5. Escribir dos oraciones de verbo unipersonal o impersonal.—6. Escribir dos oraciones de verbo bipersonal.

2.º *Copiar las siguientes proposiciones substituyendo los puntos con el pronombre personal correspondiente:*

... vais a paseo y ... se dirige al templo. — Lo que ... place no ... saben ni ... ni ... — Tu padre ... escribirá, y ... deberéis contestar ... — A caballo regalado no ... mires el diente. — Nadie ... motejará de avaros, ya que tanto ... favorecéis. — ... quieren ocupar ... en algo; mas no hallan medio. — ... que ... no podréis poseer dejad ... correr. — El tiempo que se ... va ahora, no ... recuperaréis. — Dad a Dios ... que es de Dios y al césar ... que es del césar.

Ejercicio de composición.—El Árbol.—*(Resumen:* Ser vegetal. — Clases de árboles (frutales, silvestres, de adorno).—El árbol frutal.—Los frutos.—El árbol silvestre (madera, carbón, cortezas).—El árbol para los pájaros.—Las hojas, las flores.—Belleza del arbolado y su utilidad).

Ejercicios de conjugación. — Conjugar el verbo *rejuvenecer.*

Ejercicio de análisis. — *El primer obstáculo que el mocetón halló le hizo vacilar, pues no contaba con las dificultades.*

Ejercicios del segundo año

Ejercicio de Ortografía. — *Copiar las siguientes proposiciones, corrigiendo las faltas de Ortografía y composición que se hallasen:*

Aperciviose de que hallava a un homvre morivundo.—**La olla herbia a mas no poder.**—En la Biblioteca aquella no **hay livros de Filosofía.—Es una bulgaridad asegurar que el buelo de los pajaros no puede imitarse bien.—El guarda varros de ese automobil costome cuatro cientas pesetas. —El reciennacido se llamara Alvaro.—Obtó por estudiar la Obtica antes que la Química.—El queruvín anunció el viático. — Esa havitación es insana. — El rovusto caballo no tenia mobilidad.—Cuando entravais bosotros, llego buestro padre nos dio el semi círculo y el besa la mano del conductor del ferro carril. — El tambor y la bihuela están nuebecitos.**

Ejercicio de invención. — *Copiar los siguientes nombres y poner a cada uno de ellos el derivado despectivo que le convenga, en vez de los puntos que le acompañan:*

1. — *hominicaco - papelucho - libraco - caballejo - casucha.*
2. — *santurrón - estudiantuelo - mujerzuela - candilejo - pajarraco.*
3. — *cafetucho - camastro - tenducha - poetastro - medicucho.*

1. —	2. —	3. —
De libro, ...	De mujer, ...	De tienda, ...
De casa, ...	De pájaro, ...	De médico, ...
De hombre, ..	De estudiante, ...	De café, ...
De caballo, ...	De santo, ...	De poeta, ...
De papel, ...	De candil, ...	De cama, ...

Ejercicio de composición.—Las hormigas.—*(Resumen:* Qué son las hormigas.—Dónde viven.—Cómo viven. — **Un hormiguero. — De qué se alimentan.** — Cómo recogen su alimento. — **Dónde lo conservan. — Auxilio** que se prestan las de un mismo hormiguero. — **Sus luchas con las de otro hormiguero.** — La hormiga da un gran ejemplo al hombre).

Ejercicio de Lexigrafía.—Buscar, en el Diccionario, la **significación** de las palabras: *zaragüelles — candil — hocino — esotérico — ingerir — entumecer.*

Ejercicio de análisis lógico y gramatical. — *Sé tan pródigo como quieras: pero acuérdate de tus padres.*

LECCIÓN X

Pronombres posesivos, relativos e indefinidos

80. **Pronombres posesivos.** — Pronombres *posesivos* son los que indican *posesión* o *pertenencia* de una persona o cosa, y son: *mío, tuyo, suyo, nuestro, vuestro; mía, tuya, suya, nuestra, vuestra; míos, tuyos, suyos, nuestros, vuestros; mías, tuyas, suyas, nuestras, vuestras.*

81. **División de los pronombres posesivos.** — Los posesivos *mío, nuestro* y sus accidentes, son de primera persona; *tuyo, vuestro* y sus accidentes, son de segunda persona; *suyo* y sus accidentes, son de tercera persona.

82. **Significación.** — *Mío* equivale al genitivo *de mí; tuyo,* al genitivo *de ti; suyo,* al genitivo *de sí.*

83. **Conversión de los posesivos.** — Cuando las palabras *mío, tuyo, suyo* y sus accidentes se anteponen a un nombre, pierden la última sílaba y se convierten en *mi, tu, su,* en singular y *mis, tus, sus,* en plural. Entonces siempre son *adjetivos posesivos,* como: *mi casa* o la *casa mía;* cuando son pronombres, les precede un artículo, como: *Tengo el mío; tú posees la tuya, y él recibirá los suyos.*

84. **Pronombres relativos.** — Pronombres *relativos* son los que hacen referencia a persona o cosa de que, generalmente, se ha hablado ya, que se llama *antecedente,* y son *que, cual, quien* y *cuyo.*

85. **Accidentes de los pronombres relativos.** — El pronombre *que* es invariable en género y número; *cual* y *quien* son invariables en cuanto al género, y sus plurales son *cuales* y *quienes;* el *cuyo* tiene dos terminaciones genéricas y dos numéricas, como: *cuyo, cuyas, cuyos, cuyas.*

Que, cual y *cuyo,* pueden referirse a personas y a cosas; pero el relativo *quien,* sólo a personas. El *cuyo* y sus accidentes, siempre envuelven, además, la idea de posesión o pertenencia.

86. **Pronombres indefinidos.** — Pronombres *indefinidos* o *indeterminados,* son los que indican de un modo *vago* o *general* las personas o cosas a que se refieren, y son: *alguien, ninguno, nadie, tal, cual, cualquiera, quienquiera, todo, cada, otro, uno, se,* etcétera.

Cualquiera y *quienquiera* hacen sus plurales *cualesquiera* y *quienesquiera.*

Ejercicios del primer año

Ejercicios de invención. — 1.º *Copiar los siguientes refranes, substituyendo los puntos por el pronombre que convenga y explicar, después, la significación de cada uno:*

1. Dios ... cría y ... juntan. — 2. Donde ... dan ... toman. — 3. Dime con ... paces y no, de ... naces. — 4. De los escarmentados, ... hacen los avisados. — 5. Al ... madruga, Dios ... ayuda. — 6. Consulta ... con la almohada. — 7. Del agua mansa, ... libre Dios. — 6. El ... juega no duerme. — 9. Cría cuervos y ... sacarán los ojos. — 10. De cobardes ... hay escrito.

2. *Dígase la cualidad principal que ha de tener cada uno de los siguientes seres:*

¿Un cuchillo?
¿Un perro?
¿Un libro?
¿Un canario?
¿Una regla?
¿Un vestido?
¿Un buen poeta?
¿Los hongos que se han de comer?
¿Un juez?
¿Un médico?
¿Una carretera?
¿Un aeroplano?
¿Un estudiante?
¿Un empleado?
¿Un buen cristal?
¿El agua que se ha de beber?
¿Un militar?
¿Una campana?
¿El sereno?
¿Un billete de banco?
¿Una fruta para ser comida?
¿Un buen clown?
¿Un reloj de confianza?

Ejercicio de composición. — UNA ESQUELA. — *La niña Adela invita a su amiga Encarnación a pasar la fiesta del jueves por la tarde en el jardín de su casa. Redactar la esquela.*

Ejercicio de Lexigrafía.—Buscar, en el Diccionario, la significación de las palabras siguientes: *fiordo* — *donaire* — *selvoso* — *andino* — *relegar* — *requerir.*

Ejercicio de análisis. — *Vuestra aspiración suprema debe ser ésa, porque el mundo es así.*

Ejercicios del segundo año

Ejercicios de invención. — 1. Escribir cinco oraciones, empleando, cada vez, la palabra *se* en función distinta, a saber: *primera*, como pronombre personal; *segunda*, como pronombre indefinido; *tercera*, como tiempo del verbo *saber*; *cuarta*, como tiempo del verbo *ser*; *quinta*, acompañando a un verbo transitivo para formar una oración de pasiva.

2. Escribir cuatro oraciones, empleando, cada vez, la palabra *si* en función distinta, a saber: *primera*, como pronombre personal; *segunda*, como adverbio de afirmación; *tercera*, como substantivo; *cuarta*, como conjunción condicional.

3. Escribir dos oraciones, empleando, cada vez, la palabra *este* en función distinta, a saber: *primera*, como pronombre demostrativo; *segunda*, como adjetivo demostrativo.

4. Escribir dos cláusulas *monomembres*. — Escribir dos cláusulas *bimembres*. — Escribir dos cláusulas *trimembres*.

Ejercicio de composición. — EL ALUMBRADO. — (*Resumen:* En los tiempos primitivos, el hombre encendía el fuego frotando, rápidamente, un tronco seco con otro.—La yesca y el pedernal.—Las teas.—El candil.—El quinqué de petróleo.—Las velas.—El gas del alumbrado.-La electricidad).

Ejercicio de conjugación. — Conjugar el verbo *abastecer.*

Ejercicio de análisis lógico y gramatical. — *Tu más mínimo encargo, ha sido cumplido por él; luego no digas que no te considera.*

LECCIÓN XI

De Ortografía

87. **Uso de la letra c.** — Se escribirá *c:*

1.° En las sílabas *ca, co, cu,* como: *casita, coro, cuñado.*

2.° En final de palabra, como: *vivac, Enoc, Isaac.*

3.° Antes de *t* y *c,* como: *actor, occipital.*

4.° Antes de *l* y *r,* como: *clavo, cromo.* Las voces exóticas se escriben con *k,* como: *kilo, kábila, kaleidoscopio, kalmuco,* etcétera.

5.° En las sílabas *ce* y *ci,* como: *cero, cítara,* menos *zipizape, cizaña, zenit, Ezequiel, zenobio, Zenón* y pocas más.

88. **Uso de la d.** — Las sílabas inversas *ad, ed, id, od, ud,* se escriben con *d* y no con *t,* menos en *atleta, atlántico, logaritmo, zenit, atmósfera, aritmética, ritmo, paquebot* y pocas más.

89. **Uso de la h.** — Se escribirá *h:*

1.° En las palabras que empiezan por *er,* como: *Herminia,* menos: *Ernesto, erguir, ermita, errar* (cuando significa *equivocar*) y pocas más.

2.° En las palabras que empiezan por *ip,* como: *Hipólito, hipérbole, hipócrita,* menos *ipecacuana.*

3.° En las voces que empiezan por *i* siguiendo *dr,* como: *hidrógeno.*

4.° En las que empiezan por *om, on* y *osp,* como *hombre, honra, hospital;* menos *ombligo, ómnibus, onza, once, ontología* y alguna otra poco usada.

5.° En las que principian por *ie,* como *hiena, hielo,* menos *yermo, yema, yegua, yesca, yelmo, yeso* y alguna otra poco usada.

6.° En las que en catalán y castellano antiguo empiezan por *f,* como *harina, horno, hijo, hacer, hablar,* menos *agujero, asco, obscuro, estiércol, alambre* y pocas más.

7.° En las que empiezan por *orr,* y después de *l, n, x,* como *horror, alhaja, anhelo, exhorto.*

8.° Algunas veces se escribe *h,* entre dos vocales no diptongadas, como *dehesa, cahiz, mohina,* etc.

9.° En las que llevan *h,* en la lengua antigua de que se derivan, como *habitación, hábito.*

10.° Antes de *ue,* como *huerto.*

Ejercicios del primer año

Ejercicio de Ortografía. — *Copiar las siguientes proposiciones, corrigiendo las faltas de Ortografía que se hallaren:*

Erminia, Ernesto y Ermenegildo an vendido a Ernando su ermosa abitación.—El frac es una prenda elegantísima.—El agtuario cayó de espalda y se fracturó el ueso ogcipital.—La onestidad es santa: la ipocresía, repugnante.—La navaja está enmoecida.—La yegua es la embra del caballo. — Artóse de decir que moriría maometano.—Quedó erido y falleció en el ospital.—El araposo mendigo no quiso ospedarse sin que el idalgo le enseñara la ucha.—Aquello resultó una orrible ecatombe.—El maldito truán urtó ogaño todas las zanaorias.—Ostigaron el urón y hecharon a perder el ormiguero.—Eriberto comió ongos venenosos.—Es un hombre bienablado, pero se las hecha de sabiondo.—El eraldo quedó elado.—¡ Ba!, deja las abichuelas de oy y acuérdate de los coetes de hayer.

Ejercicio de recitación.—

EL ROPAVEJERO

El pobre tío Perico
Va sus zuecos arrastrando,
Y su carrito guiando,
Tirado por un borrico.
Grita en las encrucijadas:
"¡ Compro pieles de conejo,
Trapos, huesos, hierro viejo
Mendrugos, ropas usadas!".
Mi madre, con gran empeño,
Nuestros desechos le vende,
Y me dice: "Juan, aprende:
No existe ahorro pequeño".

FÉLIX FLORIÁN.

Ejercicio analítico. — ¿A quién se llama ropavejero? — ¿Cómo se llamaba el ropavejero de nuestra fábula? — ¿Qué hacía y qué guiaba? — ¿Dónde gritaba? — ¿Qué gritaba? — ¿Qué es una encrucijada? — ¿Por qué gritaba en las encrucijadas? — ¿Aprovechaba la madre los servicios del ropavejero? — ¿Cómo los aprovechaba? — ¿Cuantas cosas se proponía la buena madre, al vender las cosas inservibles de la casa? — ¿Qué se proponía al llamar la atención de su hijo? — ¿Qué lección nos da la fábula esta?

Ejercicio de composición. — *Escribir en prosa la poesía anterior.*

Ejercicio de conjugación. — Conjugar el verbo *ruborizarse.*

Ejercicio de análisis. — *Te darán de lo bueno lo mejor, si entras primero que Benítez.*

Ejercicios del segundo año

Ejercicio de Ortografía. — *Copiar las siguientes cláusulas puntuándolas debidamente:*

Quería Marcela interrumpirle y él puesto ya de pie con definitiva resolución agotadas las últimas palabras que se le ocurrían le estrechó la mano y le dijo jamás jamás aunque me lo pidieras por favor podría complacerte — El vecindario compungido se unía en el dolor de la temprana muerte y censuraba con rencorosa indignación al infame hermano de la señorita avisado por la mañana del estado gravísimo de la enferma — No te detengas Pablo que llegarás felizmente al fin aunque parezca que se amontonen las dificultades los recelos y los rencores — Glorias honores riquezas bienandanzas cuanto hace la vida placentera todo se deja en este mundo sólo nos llevamos a la vida perdurable el merecimiento de nuestras acciones — El padre leía la madre bordaba Luisillo daba fin a sus deberes escolares y Encarnación dibujaba todo ofrecía la hermosa impresión de una familia laboriosa.

Ejercicio de invención. — *Copiar tres veces la siguiente cláusula compuesta, substituyendo cada vez el nexo o medio de régimen con otro equivalente:*

Estos son los hermosos tejidos que expone la fabricación inglesa; *pero* opino que ninguno de ellos es superior a los de la elaboración española.

Ejercicio de composición. — La Patria.—*(Resumen:* Nuestro cielo, nuestro sol, nuestros campos y montañas, nuestra provincia, nuestro pueblo, nuestro templo, el camposanto de nuestros ascendientes, nuestra lengua, nuestras amistades — La añoranza del ausente — La instrucción que recibimos, la seguridad de nuestra vida, etc. — Es nuestra segunda madre — Se lo debemos todo, incluso nuestra vida).

Ejercicio de Lexigrafía.—Buscar, en el Diccionario, la significación de las voces: *señuelo — donaire — reincidente — cerúleo — deambular — soslayar.*

Ejercicio de análisis lógico y gramatical.—*El penúltimo automóvil llegó averiado: sin embargo, acreditó el nombre de su constructor.*

LECCIÓN XII

El adjetivo

90. **Qué es adjetivo.**—Es *adjetivo* toda palabra que modifica a un substantivo calificándolo o determinándolo.

91. **División del adjetivo.** — Hay dos clases de adjetivos: *calificativos* y *determinativos.*

92. **Adjetivo calificativo.** — Adjetivo *calificativo* es el que expresa una cualidad del nombre a que se refiere, como: *Esta casa es* **nueva.**

93. **Los adjetivos por su terminación.** — Hay adjetivos de dos terminaciones genéricas, una para el masculino y otra para el femenino, como: *bueno, buena; blanco, blanca,* y adjetivos de una sola terminación, como: *alegre, hipócrita.*

Los adjetivos de una sola terminación acaban en *a,* como *idólatra;* en *e,* como *suave;* en *i,* como *cursi;* en *l,* como *débil;* en *s,* como *cortés;* en *r,* como *superior;* en *n,* como *ruin;* en *z,* como *veloz.*

94. **Plural de los adjetivos.** — En general, los adjetivos se pluralizan como los nombres, esto es: si acaban en vocal no acentuada, añadiendo una *s,* como: de *blanco, blancos;* de *buena, buenas;* si terminan en consonante o vocal acentuada, con la sílaba *es,* como: de *hábil, hábiles;* de *baladí, baladíes;* si terminan en *z,* la cambian en *c,* y añaden la sílaba *es,* como, *precoz, precoces.*

95. **Grados de significación de los adjetivos.** — Los adjetivos calificativos modifican a los nombres en tres *grados* distintos, que se llaman *positivo, comparativo* y *superlativo.*

96. **El grado positivo.** — El adjetivo calificativo está en grado *positivo,* cuando expresa, simplemente, la cualidad, como: *jardín* **ameno;** *paño* **fino.**

97. **El grado comparativo.** — El adjetivo calificativo está en grado *comparativo,* cuando la cualidad se

compara con otra, v. g.; *tan* **alto** *como; más* **alto** *que; menos* **alto** *que.*

El comparativo puede ser de *igualdad*, de *superioridad* y de *inferioridad*. El de igualdad se forma anteponiendo al adjetivo la palabra *tan* y posponiéndole la palabra *como*, v. g.: *Esta pera es* **tan madura como** *aquélla*. El de superioridad se forma anteponiendo al adjetivo la palabra *más* y posponiéndole la palabra *que*, v. g.: *Esta pera* es **más madura que** *aquélla*. El de inferioridad, anteponiendo al adjetivo la palabra *menos* y posponiéndole la palabra *que* v. g.: *Esta pera es* **menos madura que** *aquélla*.

98. **El grado superlativo.** — El adjetivo calificativo está en grado *superlativo*, cuando expresa la cualidad en la mayor intensidad, como: *este libro es* **interesantísimo.**

El adjetivo se pone en grado superlativo, haciéndolo acabar en *ísimo* o anteponiéndole el adverbio *muy*, como: *Este clavel es* **encarnadísimo,** o bien *Este clavel es* **muy encarnado.**

Hay adjetivos que forman el superlativo con la terminación *érrimo*, como: de *pobre*, **paupérrimo**; de *libre*, **libérrimo.**

99. **Comparativos y superlativos irregulares.**—Los adjetivos *bueno, malo, alto, bajo, grande* y *pequeño*, pueden formar el comparativo y el superlativo cambiando de palabra, así:

Positivo	*Comparativo*	*Superlativo*
Bueno	**Mejor**	**Óptimo**
Malo	**Peor**	**Pésimo**
Alto	**Superior**	**Supremo**
Bajo	**Inferior**	**Ínfimo**
Grande	**Mayor**	**Máximo**
Pequeño	**Menor**	**Mínimo**

Ejercicios del primer año

Ejercicios de invención. — 1.° *Copiar las frases siguientes, substituyendo los puntos por el femenino de los adjetivos masculinos:*

— Un hombre valeroso y una mujer ... —Un poeta inspirado y una poetisa ...
— Un cabrito manso y una cabra ... —Un juez severo y una profesora ...
— El valor probado y la virtud ... —El milano volador y la golondrina ...
— Un jardín ameno y una pradera ... —El clavel encarnado y la dalia ...
— Un señor caritativo y una señora ... —El cristal limpio y el agua ...

2.° *Formar el plural de los siguientes adjetivos:*

Dócil. — Hermoso. — Prudente. — Ruín. — Amable. — Frágil — Cortés. — Hipócrita. — Fiel. — Débil. — Atroz. — Precoz. — Furiosa. — Inferior. — Veloz. — Protector. — Generosa. — Locuaz. — Burlón. — Entrometida. — Superior. — Infiel. — Precavido. — Pertinaz. — Voraz. — Elocuente. — Incivil. — Incapaz. — Real.

3.° *Formar el superlativo de los siguientes adjetivos:*

Fuerte. — Oculto. — Rico. — Necio. — Atrevido. — Capaz. — Sincero. — Sabio. — Torpe. — Azul. — Amable. — Ruín. — Astuto. — Dé-

bil. — Feroz. — Pobre. — Acre. — Libre. — Abundante. — **Frágil. — Voraz. — Incrédulo. — Servidor. — Integro. — Humilde. — Pulcro.**

Ejercicios de composición.—*Carta a un amigo ausente, notificándole una desgracia experimentada por un compañero amigo de ambos.*

Ejercicio de Lexigrafía.—Buscar, en el Diccionario, la significación de las palabras: *Oligarquía.* — *Sigilo.* — *Torvo.* — *Ulterior.* — *Involucrar.* — *Repercutir.*

Ejercicio de análisis. — *Ahorra cuanto puedas y gasta sólo lo necesario, como aconseja Franklin.*

Ejercicios del segundo año

Ejercicios de invención. — 1.° *Formar el comparativo de igualdad, el de superioridad y el de inferioridad, de cada uno de los siguientes adjetivos:*

Mi jardín es ... grande ... el del Duque. — Esta plaza resulta ... espaciosa ... la de mi pueblo. — Tus caballos son ... ligeros ... los de Fernando. — Los vinos de Málaga parecen ... saludables ... los de Jerez.

Modelo: Comp. de igualdad: El mirlo es *tan voraz como* el tordo.— Comp. de superioridad: El mirlo es *más voraz que* el tordo. — Comp. de inferioridad: El mirlo es *menos voraz que el tordo.* — Etcétera.

2.° *Substituir las líneas de puntos por el adjetivo comparativo correspondiente:*

Tu casa es más buena o ... que la mía. — Mi reloj es más pequeño o ... que el de nuestro amigo. — Los tigres son más malos o ... que los chacales. — La torre del Alcázar es más alta o ... que la iglesia. — La plaza de tu pueblo es más grande o ... que la del mío. — Este nogal es más bajo o ... que aquel olmo.

3.° *Substituír las líneas de puntos con el adjetivo superlativo correspondiente:*

Tu dedal es muy pequeño o ... — Estas frutas son bonísimas u ... — Este camello es muy grande o ... — Os darán uvas malísimas o ... — Dios es el ser más alto o ... — Has comprado las joyas al precio más bajo o...

Ejercicio de composición. — *Hacer la descripción de una feria.*

Ejercicio de conjugación. — Conjugar el verbo *alborear.*

Ejercicio de análisis lógico y gramatical. — *O lee o escribe o dibuja: nunca le hallarás perdiendo el tiempo.*

LECCIÓN XIII

Adjetivos determinativos

100. **Adjetivos determinativos.** — Adjetivos *determinativos* son los que modifican a un nombre, expresando algo de él que no es cualidad.

101. **División.** — Los adjetivos determinativos se dividen en *demostrativos, posesivos, numerales* e *indefinidos.*

102. **Adjetivos demostrativos.** — Adjetivos *demostrativos* son los que determinan la significación del nombre, añadiéndole una idea de *lugar,* y son: *este, esta, estos, estas; ese, esa, esos, esas; aquel, aquella, aquellos, aquellas.*

103. **Uso de los adjetivos demostrativos.** — *Este* y sus accidentes, demuestran la persona o cosa que está más cerca del que habla que del que escucha; *ese* y sus accidentes, la persona o cosa que está más cerca del que escucha que del que habla; *aquel* y sus accidentes, la persona o cosa que dista igualmente del que habla que del que escucha.

104. **Adjetivos posesivos.** — Adjetivos *posesivos* son los que determinan la significación del nombre, añadiéndole idea de *posesión*, y son: *mío, mía, míos, mías; nuestro, nuestra, nuestros, nuestras; tuyo, tuya, tuyos, tuyas; vuestro, vuestra, vuestros, vuestras; suyo, suya, suyos, suyas.*

Cuando los posesivos *mío, tuyo, suyo* y sus femeninos y plurales se anteponen a un nombre, pierden la última sílaba y se convierten en *mi, tu, su,* en singular y en *mis, tus, sus,* en plural, como: *La casa* **mía,** o **mi** *casa.*

105. **Adjetivos numerales.** — Adjetivos *numerales* son los que determinan la significación del nombre, añadiéndole la idea de número, como: *veinte, segundo, mitad.*

106. **División.** — Los adjetivos numerales se dividen en *cardinales, ordinales, partitivos* y *proporcionales.*

Son cardinales los que sirven para contar, como: *uno, dos, ocho, cuarenta,* etc.

Son ordinales los que expresan el orden con que se colocan las cosas o suceden los hechos, como: *primero, segundo, tercero, cuarto,* etc.

Son partitivos los que expresan fracciones de las cosas, como: *compró* **medio** *litro de vino; tomó la* **cuarta** *parte de un Kilogramo.*

Son proporcionales, *duplo, quíntuplo, óctuplo,* etc.

107. **Adjetivos indefinidos.** — Son adjetivos *indefinidos* los que determinan la significación del nombre de una manera vaga o general, como: **Algunos** *libros;* **ninguna** *mujer;* **todo** *caballo.*

Los principales adjetivos indefinidos son: *alguno, ninguno, todo, cierto, cada, cualquiera, varios, demás, tanto, cuanto,* etc.

Ejercicios del primer año

Ejercicios de invención. — I. *Hallar un adjetivo de significación contraria a la que expresa cada uno de los siguientes:*

Útil — bueno — negro — capaz — cobarde — sabio — alegre — corto — pobre — inculto — estrecho — civil — intolerante — frío — bajo — enemigo — monótono — maduro — seco — sucio — prosaico — virtuoso — hablador — incorrecto — afinado — descreído — irreverente — contento — soberbio.

2. *Substituír los puntos con el nombre del árbol que da los frutos siguientes:*

Pera es el fruto ...	Limón es el fruto ...
Aceituna es el fruto ...	Avellana es el fruto ...
Bellota es el fruto ...	Dátil es el fruto ...
Uva es el fruto ...	Membrillo es el fruto ...
Higo es el fruto ...	Piñón es el fruto ...
Naranja es el fruto ...	Melocotón es el fruto ...
Ciruela es el fruto ...	Granada es el fruto ...
Albaricoque es el fruto ...	Cereza es el fruto ...

MODELO. — Pera es el fruto del peral. Etc.

3. *Dígase de qué acción es resultado cada uno de los siguientes nombres:*

Martillazo	Disminución	Castigo	Nivelación
Puñetazo	Pintura	Premio	Partida
Sablazo	Yuntura	Herida	Llegada
Aumento	Advertencia	Cochura	Amonestación.

MODELO. — *Martillazo.* Resultado de golpear con el martillo. Etc.

Ejercicio de composición. — El año. — (*Resumen:* Qué es el año — Sus meses — Cuántos días tiene — Sus estaciones — Qué ofrece cada estación).

Ejercicio de conjugación. — Conjugar el verbo *contradecir.*

Ejercicio de análisis. — *Algunos podrán aprovecharse de mucho o poco y, quizás, de nada.*

Ejercicios del segundo año

Ejercicio de invención. — 1. *Copiar los siguientes nombres y decir de donde procede cada uno:*

Marfil	Aceite	Tocino	Perla
Vino	Azúcar	Cera	Queso
Miel	Hulla	Concha	Nácar
Corcho	Sal	Carbón	Lluvia

MODELO. — El *marfil* procede de los colmillos del elefante. Etc.

2. *De palabra o por escrito, formar el grado positivo de los superlativos siguientes:*

Amabilísimo	Máximo	Pésimo	Óptimo
Paupérrimo	Acérrimo	Libérrimo	Celebérrimo
Azuladísimo	Mínimo	Supremo	Infimo
Integérrimo	Agobiadísimo	Ubérrimo	Pulquérrimo

3. *Antepóngase al nombre* **manzana** *la palabra que exprese lo que se pide:*

Un adjetivo posesivo — Un adjetivo numeral ordinal — Un adjetivo indefinido — Un adjetivo numeral cardinal — Un adjetivo numeral partitivo — Un artículo indeterminado — Un artículo determinado — Un adjetivo demostrativo — Un adjetivo calificativo en grado positivo. — Un adjetivo calificativo en grado superlativo.

Ejercicio de composición.—Pensar y escribir un cuento, del que pueda deducirse la siguiente moraleja: *Quien siembra vientos, recoge tempestades.*—(Resumen: Ramón tenía trece años; siempre fué irrespetuoso, desaplicado, desagradecido, procaz, irreverente, indomable, desconsiderado. — Por último, dejándose llevar de malos compañeros, llegó a ser ladrón.—Sus locuras y maldades pusieron a su mamá al borde del sepulcro.—Perdió el cariño de sus padres y maestros, y fué encerrado en una casa de corrección).

Ejercicio de Lexigrafía. — Buscar, en el Diccionario, la significación de las siguientes voces: *gerifalte — arrecife — turgente — sórdido — fosilizarse — incidir.*

Ejercicio de análisis lógico y gramatical.—*Ora piensa, ora aconseja: vive entregado a sí mismo y a los demás.*

LECCIÓN XIV

De Ortografía

108. **Uso de la *g*.** — Se escribirá **g**:

1.º Antes de *m*, como *enigma*, menos en *dracma* y *bracmán*.

2.º Antes de *n*, como *magnitud*, menos *tecnología*, *pirotecnia*, *zootecnia*, y pocas más.

3.º En los verbos terminados en *igerar*, *ger* y *gir*, como *refrigerar*, *proteger*, *corregir*, menos *desquijerar*, *tejer*, *crujir* y *brujir*.

4.º En *gen* y *geo* en principio de palabra, como *gente*, *geografía*.

5.º En las terminaciones siguientes: *ginoso*, como *ferruginoso*, (menos *aguajinoso)*; *gésimo*, como *vigésimo*; *gestión*, como *digestión*; *gismo*, como *silogismo*, (menos *espejismo* y *salvajismo)*; *genario*, como *sexagenario*; *gía*, como *pedagogía*.

6.º En las terminaciones *géneo*, como *heterogéneo*; *gente*, como *refulgente*; *agio*, como *plagio*; *genio*, como *ingenio*; *gioso*, como *contagioso*; *ágico*, como *trágico*; *gélico*, como *angélico*; *ginal*, como *virginal*.

7.º En las terminaciones *gional*, como *regional*; *gético*, como *apologético*; *ógica*, como *lógica*; *giénico*, como *higiénico*; *gírico*, como *panegírico*; *gionario*, como *legionario*; *gesimal*, como *vigesimal*.

8.º En las terminaciones *gencia*, como *agencia*; *gio*, como *elogio*; *gia*, como *magia*, etc.

109. **Uso de la j.** — Se escribirá **j**:

1.º En los tiempos de los verbos que no tienen *g* ni *j* en su infinitivo, como *dije*, *dijera*, *dijeron*, *dijesen*, del verbo *decir*.

2.º La sílaba *je*, en final de nombre, como *salvaje*, menos *faringe*, *esfinge*, *laringe*, *paragoge*, *metagoge* y pocas más.

3.º En la terminación *jería*, como *relojería*.

4.º En las palabras que empiezan por *aje* y *eje*, como *ajedrez*, *ejemplo*; menos *agente*.

5.º En los verbos terminados en *jear*, como *ojear*, *flojear*.

Ejercicios del primer año

Ejercicios orales (Repaso). — 1.º 1. ¿A qué se llama idioma de una nación? — 2. ¿Qué es la gramática de una lengua? — 3. ¿Gramática castellana? — 4. ¿En cuántas partes se divide la Gramática? — 5. ¿De que trata cada parte de la Gramática? — 6. ¿Letras vocales? — 7. ¿Diptongo? — 8. ¿Triptongo?

2.º — 1. ¿Cómo se conocen las sílabas que tiene una palabra? — 2. ¿Clases de sílabas? — 3. ¿Sílaba diptongada o triptongada? — 4. Díganse palabras en que haya alguna sílaba diptongada. — 5. Palabras en que haya alguna sílaba triptongada. — 6. ¿Acento prosódico? — 7. División de las palabras por razón del acento prosódico. — 8. Díganse palabras *agudas*, *llanas*, *esdrújulas* y *esdrujulísimas*.

3.º — 1. ¿Oración gramatical? — 2. ¿Partes de la oración? — 3. ¿Partes *variables* e *invariables*? — 4. ¿En qué consiste esta condición? — 5. ¿Palabras primitivas? — 6. ¿Palabras derivadas? — 7. Díganse palabras primitivas y derivadas. — 8. ¿Palabras simples y compuestas? — 9. Díganse palabras simples y compuestas.

4.º — 1. ¿Qué palabras agudas se acentúan?—2. ¿Qué palabras llanas? —3. ¿Qué palabras esdrújulas y esdrujulísimas?—4. ¿Qué monosílabos se acentúan siempre?—5. ¿Cómo se acentúan las palabras compuestas?—6. ¿Cómo se acentúan aquellas palabras en que hay encuentro de una vocal débil y una fuerte o las dos débiles y no forman una misma sílaba?

Ejercicios del segundo año

Ejercicios orales (Repaso). — 1.º 1. ¿Por qué es necesario conocer la gramática de una lengua? — 2. ¿En qué partes se divide la Gramática? — 3. ¿De qué se ocupa cada parte? — 4. ¿Letras vocales y consonantes? — 5. ¿El alfabeto castellano y letras de que se compone? Decirlas. — 6. ¿Clases de vocales? — 7. ¿Pueden formar diptongo dos vocales cualesquiera? ¿Y triptongo? — 8. Díganse palabras en que haya sílabas diptongadas y triptongadas.

2.º — 1. ¿Cuántas sílabas tiene la palabra *caballería?* ¿Por qué? — 2. ¿Cuántas sílabas tiene la palabra *homogéneo?* ¿Por qué? — 3. ¿Y la voz *Juan?* ¿Y la voz *Luis?* ¿Por qué? — 4. ¿Qué diferencia hay entre el acento prosódico y el acento ortográfico? — 5. ¿Qué palabras resultan, según sea la sílaba dominante? — 6. Díganse palabras agudas, llanas, esdrújulas y esdrujulísimas.

3.º — 1. Formar dos pensamientos, y comunicarlos de palabra: ¿qué hemos formado?—2. ¿Cuántas palabras necesitamos para expresar un pensamiento completo?—3. Expresar un pensamiento completo con una, con dos, con tres, con cuatro y con más palabras. — 4. ¿Cuántas son las partes de la oración?—5. Según su naturaleza, las palabras pueden reducirse a cuatro clases: *substantivas*, *modificativas*, *conexivas* y *afectivas:* ¿cuántas partes de la oración expresan ideas de substancia? ¿cuántas, idea de modificación? ¿cuántas son conexivas? ¿cuántas, afectivas? — 6. La voz *aviador* ¿es primitiva o derivada? ¿Por qué? ¿Y la palabra *copiador?* ¿por qué? ¿Y la voz *sangre?* ¿por qué? — 7. Fórmense palabras compuestas y dígase la naturaleza de sus elementos componentes.

4.º — 1. ¿Deben llevar acento ortográfico las voces *tenue*, *óseo* y *cráneo?* ¿Por qué?—2. ¿Acentuaremos las voces *país*, *maíz* y *falúa?* ¿Por qué?—3. ¿Se acentúa la palabra *nervio?* ¿Por qué?—4. ¿Deben acentuarse las palabras *cahiz* y *mohino?* ¿por qué?—5. ¿Y las palabras *criado*, *fluido*, *oír* y *recluído?* ¿por qué razón?—6. Acentuaremos la voz *trigésimoséptimo?* ¿por qué? — 7. ¿Acentuaremos las voces *arcabuz*, *huír*, *Juan*, *síncope*, *mástiles* y *cerúleo?* ¿Por qué razón?—8. ¿Acentuaremos las voces *costóme*, *encontréles*, *vióse*, *fué* y *dió?* ¿por qué razón?

LECCIÓN XV

El artículo

110. **Qué es artículo.** — *Artículo* es una palabra que se antepone al nombre para anunciar su género y número, o para indicar si es conocido o desconocido de nosotros.

El artículo también puede anteponerse a otras palabras que hacen, en la oración, el oficio de nombres, como: Tengo **el** *no casi seguro; voy a ver si me darán* **el sí.**

111. **División del artículo.** — El artículo se divide en *determinado* e *indeterminado.*

112. **Artículos determinados.**—Los artículos *determinados* se anteponen a nombres conocidos, y son: en singular, *el* para el masculino, *la* para el femenino, y *lo,* para el neutro; en plural, *los* para el masculino y *las* para el femenino, como: **el** *hermano,* **la** *hermana;* **lo** *bueno;* **los** *hermanos,* **las** *hermanas.*

113. **Artículos indeterminados.** — Los artículos indeterminados se anteponen a nombres desconocidos o que se toman con cierta vaguedad, y son: en singular, *un* para el masculino y *una* para el femenino; en plural, *unos* para el masculino y *unas* para el femenino, como: **un** *árbol,* **unos** *árboles;* **una** *sortija,* **unas** *sortijas.*

114. **Cambio de artículo.**—Por razón de eufonía, el artículo *el* se antepone a los nombres femeninos que empiezan por *a* o *ha* si sobre estas vocales carga el acento prosódico, y así decimos: **el** *alma,* **el** *hacha,* **el** *águila,* y no: **la** *alma,* **la** *hacha,* **la** *águila.*

Se exceptúan de esta regla los nombres de mujer; así decimos: La *Ángela os lo dirá.*

115. **Contracciones del artículo.** — Cuando el artículo *el* va precedido de las preposiciones *a* o *de,* las dos palabras se juntan por razón de eufonía formando *al* y *del,* como: *Saludé* **al** *tío de Eugenio,* y no, *Saludé* **a el** *tío de Eugenio.* — *Vimos el nido* **del** *pájaro,* y no, *Vimos el nido* **de el** *pájaro.*

Ejercicios del primer año

Ejercicios orales.—(Repaso). 1.º — 1. ¿Qué voces son nombres o substantivos?—2. ¿División del nombre?—3. ¿Qué nombres se llaman comunes y cuáles, propios?—4. ¿Nombres aumentativos y diminutivos?—5. ¿Cuáles son las terminaciones más comunes de los nombres aumentativos y de los diminutivos?—6. ¿Qué accidentes tiene el nombre?—7. ¿Nombres masculinos, femeninos y neutros?—8. ¿El accidente del número en los nombres?—9. ¿Formación del plural?—10. ¿Nombres que no varían al pasar del singular al plural?—11. ¿Nombres que sólo se usan en plural?

2.º — 1. ¿En qué caso se escribirá letra mayúscula? Ejemplos de cada caso. — 2. ¿Cómo se escriben las voces derivadas? Ejemplos varios.

3.º — 1. ¿Qué palabras son pronombres?—2. ¿División del pronombre? 3. ¿Pronombres personales?—4. ¿Cuántas son las personas gramaticales? —5. ¿Cuántos son los pronombres personales?—6. ¿Formas que toma el *yo?*—7. ¿Accidentes de *mí, me* y *conmigo?*—8. ¿Formas que toma el pronombre *tú?* — 9. ¿Accidentes de *te, ti* y *contigo?*—10. ¿Formas que toma el pronombre *él?* — 11. ¿Accidentes de *se, sí* y *consigo?*

4.º — 1. ¿Qué pronombres se llaman demostrativos?—2. ¿Qué voces lo son?—3. ¿Accidentes del pronombre *éste?*—4. ¿Cuándo se usan *éste* y sus accidentes? Ejemplos varios.—5. ¿Accidentes del pronombre *ése?* — 6. ¿Cuándo se usan *ése* y sus accidentes. Ejemplos varios.—7. ¿Accidentes del pronombre *aquél?*—8. ¿Cuándo se usan *aquél* y sus accidentes? Ejemplos varios.

Ejercicios del segundo año

Ejercicios orales.—(Repaso). 1.° — 1. Hay voces que unas veces se acentúan y otras, no: ¿qué voces son éstas?—2. ¿Cuándo llevan acento ortográfico las palabras *que, como, quien, cuan, cuanto, cuando, donde* y *cual?* Díganse ejemplos varios.—3. ¿Cuándo se acentúa la palabra *de?* ¿Cuándo, no? Ejemplos.—4. ¿Cuándo se acentúa la palabra *se?* ¿Cuándo, no? Ejemplos.

2.° — 1. ¿Cuándo se acentúan las palabras *ese, este, aquel* y sus accidentes de género y número? ¿Cuándo, no? Ejemplos varios.—2. ¿Cuándo lleva acento la palabra *solo?* ¿Cuándo, no? Ejemplos.—3. ¿Cuándo debe acentuarse la palabra *mas?* ¿Cuándo, no? Pónganse ejemplos.—4. ¿Cuándo se acentúa la palabra *el?* ¿Cuándo, no?—Ejemplos.—5. ¿Cuándo se acentúa la palabra *mi?* ¿Cuándo, no? Ejemplos.—6. ¿Cuándo acentuaremos la voz *tu?* ¿Cuándo, no? Ejemplos.—7. ¿Cuándo daremos acento ortográfico a la palabra *mi?* ¿Cuándo, no? Ejemplos.—8. ¿Cuándo se acentuará la palabra *aun?* ¿Cuándo, no? Ejemplos.

3.° — 1. El nombre y sus clases.—2. Nombres comunes, propios, aumentativos, diminutivos, gentilicios, patronímicos, colectivos y despectivos. Ejemplos varios de todos.—3. ¿Accidentes del nombre?—4. ¿Género masculino, femenino, neutro, epiceno, común y ambiguo?—5. ¿Accidente de número en los nombres?—6. Nombres que no varían al pasar del singular al plural y nombres que sólo se usan en plural.

4.° — 1. ¿El accidente de *caso* en los nombres?—2. ¿Cuántos son los casos?—3. ¿Significación de cada caso?—4. Poner los nombres *corazón* y *amigo* en todos los casos.—5. ¿Complementos de las palabras substantivas? Ejemplos varios de determinativos y explicativos.—6. Uso de las letras mayúsculas.—7. Uso de la letra *b*.—8. ¿El pronombre?—9. Los pronombres personales, sus formas y accidentes.—10. ¿Formas y uso de los pronombres demostrativos? — 11. ¿Pronombres demostrativos compuestos?

LECCIÓN XVI

El verbo

116. Qué es verbo. — ***Verbo*** **es toda palabra que expresa la existencia de los seres, la existencia y el estado o una acción de ellos.**

En la oración *Antonio será virtuoso,* la palabra *será* es verbo, porque expresa la *existencia* de un ser que se llama *Antonio.* En la oración *El caballo está cansado,* la palabra *está* es verbo, porque expresa la existencia del ser *caballo* y, además, dice su estado. En la oración *El milano vuela,* la palabra *vuela* es verbo, porque expresa la existencia del ser *milano* y, además, dice la acción que hace.

117. División del verbo. — Los verbos se dividen en ***substantivos*** y ***atributivos.***

Son **substantivos** los que expresan, solamente, la existencia de los seres o la existencia y el estado de los mismos, y son *ser* y *estar*. Son verbos *atributivos* todos los demás.

El verbo *ser* se emplea para atribuir a los seres estados habituales, como: *El azúcar es dulce,* y *estar,* para atribuírles estados transitorios, como: *El almendro está florido.*

118. **División de los verbos atributivos.** — Los verbos atributivos se subdividen en *activos* o *transitivos*, *neutros* o *intransitivos*, *reflexivos* y *recíprocos*.

119. **Verbos activos o transitivos.** — Verbo *activo* o *transitivo*, es aquél cuya acción *pasa* a una persona o cosa distinta del que la ejecuta, como: *leer, escribir, contar.*

120. **Verbos neutros o intransitivos.**—Verbo *neutro* o *intransitivo*, es aquél cuya acción *queda* en el mismo ser que los ejecuta, como: *nacer, morir, caer.*

121. **Verbos reflexivos.** — Verbos *reflexivos* son aquéllos cuya acción es recibida por el mismo ser que la ejecuta, como: *lavarse, vestirse, desvelarse.*

122. **Verbos recíprocos.** — Verbos *recíprocos* son aquéllos cuya acción se verifica entre dos o más seres que se corresponden mutuamente, por lo que sólo se conjugan en plural, como: *yo* y *Antonio nos escribimos.*

123. **Verbos pronominales.** — Los verbos reflexivos y recíprocos se llaman verbos *pronominales*, porque siempre se usan con el auxilio de los pronombres *me, te, se* en singular, y *nos, os, se,* en plural.

Ejercicios del primer año

Ejercicios orales. — (Repaso). 1.° —1. ¿Pronombres posesivos?—2. ¿Pronombres relativos?—3. ¿Accidentes de los pronombres relativos? — 4. ¿Pronombres indefinidos?—5. ¿Usos de la letra *c?*—6. ¿Uso de la letra *d?*—7. ¿Algunos casos en que se debe escribir la letra *h?*

2.° — 1. ¿El adjetivo?—2. ¿División del adjetivo? — 3. ¿El adjetivo calificativo?—4. ¿Los adjetivos por su terminación genérica?—5. ¿Grados de significación de los adjetivos calificativos?—6. ¿Comparativos y superlativos irregulares?

3.° — 1. ¿Adjetivos determinativos?—2. ¿Clases de adjetivos determinativos? — 3. ¿Adjetivos demostrativos? — 4. ¿Adjetivos posesivos?—5. ¿Adjetivos numerales?—6. ¿Adjetivos indefinidos?

4.° — 1. ¿El artículo?—2. ¿División del artículo?—3. ¿Artículos determinados?—4. ¿Artículos indeterminados?—5. ¿Algunos usos de la letra *g?*

Ejercicios del segundo año

Ejercicios orales. — (Repaso). 1.° —1. ¿Pronombres posesivos?—2. ¿Cómo se dividen los pronombres posesivos?—3. ¿Su significación—4. ¿Conversión de las palabras *mío, tuyo, suyo?* ¿Qué función desempeñan entonces estas palabras?—5. ¿Pronombres relativos? — ¿Sus accidentes? —6. ¿Uso de los pronombres relativos?—7. ¿Pronombres indefinidos?— 8. ¿Plurales de *cualquiera* y *quienquiera?*—9. ¿Uso de la letra *c?*

2.°—1. ¿Uso de las letras *d* y *h?*—2. ¿El adjetivo? ¿Su división?—3. ¿El adjetivo calificativo?—4. ¿Adjetivos de dos terminaciones genéricas y de una sola terminación?—5. ¿Cómo se forma el plural de los adjetivos?

— 6. ¿Grados de significación de los adjetivos?—7. ¿División del comparativo?—8. ¿Cómo se forman el comparativo y el superlativo?—9. ¿Adjetivos que forman el comparativo y el superlativo cambiando de palabra?
3.º — 1. ¿Adjetivos determinados?—2. ¿Cómo se dividen?—3. ¿Adjetivos demostrativos y su uso?—4. ¿Adjetivos posesivos?—5. ¿Conversión de algunos adjetivos posesivos?—6. ¿Adjetivos numerales y su división? —7. ¿Adjetivos indefinidos?—8. ¿Principales adjetivos indefinidos?
4.º — 1. ¿Usos de letra *g*?—2. ¿Usos de la letra *j*?—3. ¿El artículo? —4. ¿Su división? — 5. ¿Artículos determinados e indeterminados?—6. ¿Formas de los artículos determinados e indeterminados? — 7. ¿Cuándo se emplea un artículo masculino delante de un nombre femenino? — 8. ¿Contracciones del artículo?

LECCIÓN XVII

Verbos auxiliares, impersonales y bipersonales

124. **Verbos auxiliares.** — Verbos *auxiliares* son los que sirven de auxilio para la formación de los tiempos compuestos de todos los verbos, y son *haber* y *ser*, como: *Yo* **he** *partido. El* **habrá sido** *bondadoso* (1).

El verbo *haber* sirve para formar los tiempos compuestos de todos los verbos en su *forma activa*, y el verbo *ser*, para formar la *voz pasiva*.

125. **Verbos impersonales.** — Son verbos *impersonales* o *unipersonales*, los que expresan acciones propias de la naturaleza, como *tronar, llover, alborear, amanecer*, etc.

También los verbos se consideran como impersonales, aunque no lo sean, cuando los empleamos en esta forma: *Es temprano — Habrá dificultades — Es necesario estudiar — Hace buen tiempo — Conviene aplicarse*, y además, cuando el pronombre indeterminado *se* se emplea en substitución del sujeto desconocido que hace la acción, como: *En la plaza* **se** *miente.* — **Se** *reza poco.* — **Se** *cuentan muchas cosas*, etc.

126. **Verbos bipersonales.** — Verbos *bipersonales* son aquellos cuyas acciones son propias de los animales irracionales, como: *ladrar, mujir, cacarear, rebuznar*, etcétera.

127. **Uso de la letra m.** — Se escribirá **m**:
1.º Antes de *b*, como *temblar, cambio.*
2.º Antes de *n*, como *omnímodo, omnipotente.*
3.º Antes de *p*, como *siempre, amputar.*

128. **Uso de la letra n.** — Se escribirá **n**:
1.º Antes de *m*, como *inmóvil, enmaderar.*
2.º Antes de *v*, como *envoltorio, inválido.*
3.º Antes de *f*, como *enfado, infeliz.*

(1) Véase al final de la asignatura, Lecciones A y B.

Ejercicios del primer año

Ejercicios de observación.—1.º *Copiar las siguientes proposiciones, subrayando con* **una línea** *los verbos transitivos y* **con dos,** *los intransitivos:*

1. Joaquín dibuja un paisaje.—2. El niño lee con dificultad y escribe con bastante embarazo.—3. El albañil cayó del andamio, no se hizo daño y atropelló a un transeúnte.—4. La niña ha nacido a las dos de la madrugada y ha muerto tres horas después.—5. El anciano sufre muchos dolores reumáticos, y, sin embargo, vive feliz.—6. La morsa nada con dificultad y la golondrina vuela con rapidez extraordinaria. — 7. Quien a hierro mata a hierro muere.—8. Salió de su casa, paseó y entró en el restaurán.—9. Anda con gran pena.—10. No padezcas más.—11. Vuelve pronto y nada digas.—12. Va a París; partirá en el exprés, y regresará cuando le avisen.

2.º —*Copiar las proposiciones siguientes, subrayando con* **una línea** *los verbos reflexivos y* **con dos,** *los recíprocos:*

1. Los pastores de D. Julián y los de D. José se apedrearon bárbaramente; sin embargo no se ha roto la amistad de ambos hacendados.—2. La señorita se peina al levantarse.—3. Rompióse la cuerda.—4. Herminia y Adela se escriben a menudo.—5. Acuéstate temprano y levántate al salir el sol.—6. El gato y el perro se mordieron con furor.—7. Amaos con desinterés.—8. Nos apercibimos de lo que sucedía, cuando notamos que uno y otro se aborrecían.—9. Lávate con jabón y vayámonos pronto. —10. Su amistad es tanta que se tutean entre sí.—11. Si os vais pronto, llegaréis a tiempo.—12. Hay que conformarse, amigo mío.

Ejercicio de composición. — *Carta a un amigo, muy querido, invitándole a pasar el verano en nuestra compañía.*

Ejercicio de Lexigrafía.—Buscar, en el Diccionario, la significación de las voces: *jerife - litigio - prolijo - anonadado - aludir - eludir.*

Ejercicio de análisis. — *El polaco recibió siete u ocho cartas; mas, ninguna de las que esperaba.*

Ejercicios del segundo año

Ejercicios de invención.—1.º — 1. Escribir dos oraciones primeras de verbo substantivo.—2. Escribir dos oraciones segundas de verbo substantivo.—3. Idem dos oraciones primeras de verbo activo o transitivo.—4. Idem dos oraciones segundas de verbo activo o transitivo. — 5. Idem dos oraciones primeras de verbo neutro o intransitivo.—6. Idem dos oraciones segundas de verbo neutro o intransitivo. — 7. Idem dos oraciones de verbo reflexivo. — 8. Idem dos oraciones de verbo recíproco.

2.º — *De palabra o por escrito, dígase lo opuesto o contrario de:*

La noche	La diligencia	La fertilidad	La libertad
El septentrión	El odio	La virtud	La injusticia
La tristeza	La usura	El desorden	El poniente
El dolor	El comprar	El silencio	El huracán
La humildad	La fealdad	La enfermedad	El frío
La pobreza	La aplicación	El olvido	La sabiduría

Ejercicio de composición. — *El valor de la honradez.* — (Resumen: El joven Ramón era un pobre carpintero.—Era trabajador, honrado y bueno.—El dueño del taller se había hecho rico, no tenía hijos y apreciaba a Ramón por sus excelentes condiciones.—Nombro a Ramón encargado de su taller, pagándole buen jornal.—Un día el dueño quiso retirarse del oficio y propuso a Ramón que le comprara el negocio.—Ramón era pobre.—El dueño le dió el taller diciendo a Ramón que su honradez era una fortuna y que le pagaría cuando tuviese dinero.—Ramón también se enriqueció con las ganancias de su taller).

Ejercicio de conjugación. — Conjugar el verbo *arrepentirse.*

Ejercicio de análisis lógico y gramatical. — *Vestir al desnudo es hacer una obra de caridad, recomendada por Jesucristo.*

LECCIÓN XVIII

Complementos del verbo. — La voz pasiva

129. **Los complementos del verbo.** — El verbo puede llevar tres complementos: el *directo*, el *indirecto* y el *circunstancial.*

130. **Complemento directo.** — Complemento *directo* o *acusativo*, es la persona o cosa en que recae o que recibe la acción del verbo transitivo, como: *Amo a* **mis padres.** *Compro* **una joya.**

131. **Complemento indirecto.** — Complemento *indirecto* o *dativo*, es la persona o cosa a que se dirige la acción del verbo o que expresa el fin de esta acción, como: *Escribí a* **mi hermano.** *Estudia* **para médico.**

132. **Complemento circunstancial.** — Complemento *circunstancial* o *ablativo*, es el miembro de la oración que dice cualquiera otra circunstancia no expresada por el acusativo o el dativo, como: *Partiré* **mañana.** *Habla el francés* **correctamente.**

Hay, por tanto, complementos circunstanciales o ablativos de ***tiempo,*** **de** ***lugar,*** **de** ***modo,*** **de** ***causa,*** **de** ***condición,*** **de** ***compañía,*** **de** ***instrumento,*** **de** ***materia,*** **de** ***origen*** **o** ***procedencia,*** **de** ***afirmación,*** **de** ***negación,*** **de** ***duda,*** **etc.**

133. **El atributo.** — Se llama *atributo* o *predicado*, el miembro que expresa lo que se afirma o niega del sujeto, v. g.: *Dios es* **justo.** *El caballo está* **cansado.**

134. La voz pasiva. — La ***voz pasiva*** **de los verbos activos o transitivos, se forma con el tiempo correspondiente del verbo** ***ser*** **y el** ***participio pasivo*** **del verbo que se conjuga, como:** Yo **soy amado** ***por papá.*** **— Tú eres amado** ***por papá.*** **— Él es amado** ***por papá,*** **etc.**

135. Conjugar el verbo Amar en la voz pasiva. (Véase al final de la asignatura, ***Lección F).***

Ejercicios del primer año

Ejercicios de observación. — *Copiar las oraciones siguientes, subrayando con* **una línea** *los complementos directos o acusativos y,* **con dos,** *los indirectos o dativos:*

1.º — 1. Martínez vendió un hermoso canario.—2. Don Marcelo escribió una larga carta a su abogado.—3. El niño tiró una piedra a un pájaro.—4. Enrique irá a París.—5. Se aplica para ser hombre de provecho.—6. Compró al tendero un rico queso de Holanda.—7. Adquirió el cuadro a fin de regalarlo a su mamá.—8. Arreglad todo eso.—9. Se dirigió hacia poniente.—10. El ejército se dirigió contra la plaza sitiada.—11. Ama la virtud y aborrece el vicio.—12. Tócalo y mírame bien.—13. Yo no le ví. — 14. No dije una palabra a tus parientes.

2.° — *Copiar las oraciones siguientes, subrayando con* **una línea** *los atributos y,* **con dos,** *los ablativos o complementos circunstanciales:*

1. El joven es muy estudioso.—La niña permanece en su puesto.—3. Cuando pueda, cumpliré lo prometido.—4. Vive delicado, porque el clima no le sienta bien.—5. Querer es poder.—6. Si eres trabajador, serás apreciado.—7. Indudablemente, lo cortó con un gran cuchillo.—8. Eso no puede ser.—9. Jamás se olvidará aquí lo que has sido.—10. Habla acertadamente y tal vez, con toda la razón.—11. Paseó con su hermano por los jardines del Retiro.—12. Cayó herido y nadie, allá, lo advirtió.

Ejercicio de composición. — **Mi maestro.** (Composición diciendo todo lo que el niño opine de su profesor).

Ejercicio de conjugación. — Conjugar el verbo reflexivo *peinarse.*

Ejercicio de análisi. — *¡Ay de mí! ¿Quién sabe si mi dolencia podrá curarse?*

Ejercicios del segundo año

Ejercicio de invención. — 1.° De palabra o por escrito, conjugar los tiempos siguientes del verbo **respetar** en voz pasiva: *Presente de indicativo, presente de subjuntivo,* el *modo imperativo, pretérito anterior, pretérito imperfecto de subjuntivo* y *futuro perfecto del mismo modo.*

2.° De palabra o por escrito, conjugar los siguientes tiempos del verbo **obedecer** en voz pasiva: *pretérito indefinido, modo potencial simple* y *compuesto, futuro imperfecto* y *pretérito pluscuamperfecto de indicativo* y *futuro imperfecto de subjuntivo.*

3.° *Copiar y completar las siguientes proposiciones, substituyendo los puntos con la palabra conveniente:*

1. *Hipódromo - hórreo - herejía - astillero - cuartel - cantera.*
2. *Redil - botín - clínica - lagar - ensenada - tejar.*
3. *Laboratorio - picadero - silo - hato - herboristería - sendero.*

1.—El sitio donde se construyen embarcaciones, se llama ... El sitio de donde se saca la piedra para labrar, se llama ... El lugar destinado para carreras de caballos, se llama ... Lo contrario de las enseñanzas de la Iglesia, se llama ... El edificio destinado para alojamiento de tropa, se llama ... El granero o lugar donde se depositan los granos y semillas, se llama ...

2.—El departamento donde los médicos estudian y curan las enfermedades, se llama ... El estanque pequeño en que se pisa la uva para obtener el mosto, se llama ... El conjunto de cosas cogidas por los soldados al enemigo, se llama ... El sitio donde se fabrican tejas y ladrillos, se llama ... El cercado o corral para guardar el ganado, se llama ... El recodo que forma el mar entrando en la tierra, se llama ...

3.—El lugar donde se adiestran los caballos y se enseña a montarlos, se llama ... La porción de ganado, cabras, ovejas, carneros, etc., se llama ... La casa donde se venden hierbas medicinales, se llama ... El lugar en que los farmacéuticos hacen las medicinas, se llama ... El lugar subterráneo y seco donde se guardan granos y semillas, se llama ...

Ejercicio de composición.—LA TABERNA. (*Resumen.*—Que se vende en las tabernas.—La gente que se reune y visita las tabernas.—La taberna y el vicio.—Las bebidas alcohólicas.—Cómo deben considerarse las tabernas.—Que deben inspirarnos las tabernas.—Consejos).

Ejercicio de análisis. — *¡Ah! eso es horroroso: no obstante, hemos de sufrirlo con resignación.*

LECCIÓN XIX

Accidentes del verbo

136. **Qué accidentes tiene el verbo.** — El verbo tiene cuatro accidentes: *modos, tiempos, números* y *personas.*

137. **Los modos.** — El accidente de *modo,* consiste en las diferentes maneras de expresar la significación del verbo. Los modos son cinco: *infinitivo, indicativo, potencial, subjuntivo* e *imperativo.*

El infinitivo expresa la acción en *abstracto,* esto es, sin idea de tiempo, número ni persona.

El indicativo expresa una acción *real,* esto es, que se ejecuta, se ha ejecutado o se ejecutará.

El potencial expresa una acción *condicionada* a la acción de otro verbo.

El subjuntivo expresa una acción *posible* o *subordinada* a la de otro verbo.

El imperativo expresa una acción *mandada* o *rogada.*

138. **El tiempo.** — El accidente de *tiempo* denota la época o el momento en que se verifica la acción. Los tiempos fundamentales son tres: el *presente,* el *pretérito* o *pasado* y el *futuro* o *venidero,* como: *estudio, estudié, estudiaré.*

Los presentes son tres: el del *modo indicativo,* el del *modo subjuntivo* y el *modo imperativo.*

Los pretéritos son cinco: el *perfecto,* el *imperfecto,* el *pluscuamperfecto,* el *indefinido* y el *anterior.*

Los futuros son dos: el *imperfecto* y el *perfecto.*

Los tiempos pueden ser *simples* y *compuestos.* Son simples cuando la significación del verbo se expresa en una sola palabra, como *partí,* y compuestos, cuando se expresa con dos o más palabras, como: *he partido, había de partir.* (1)

139. **El número.** — El accidente de *número* expresa si la acción se refiere a uno o más sujetos. Los números son dos: *singular* y *plural.* El verbo está en número singular, cuando la acción se refiere a un solo sujeto, como: *dibujo,* y en plural, cuando se refiere a dos o más sujetos, como: *nosotros dibujamos.*

140. **La persona.**—El accidente de *persona* expresa

---

(1) Conviene mucho que los niños aprendan bien las *terminaciones* con que se forman los *tiempos simples* de los verbos de cada una de las tres conjugaciones. Para ello, véase la *Lección G,* al final de la asignatura.

si el sujeto a que la acción se refiere es la *primera persona* o la que habla; si es la *segunda persona* o aquélla a quien se habla; si es la *tercera persona* o aquélla o la cosa de que se habla.

Ejercicios del primer año

Ejercicios de invención. — 1.º *Hallar el verbo contrario de cada uno de los siguientes:*

Componer	Esperar	Manchar	Descender	Afirmar
Cargar	Enfadarse	Ganar	Saber	Importar
Pagar	Enfermar	Dañar	Asentir	Negar
Desnudarse	Ir	Ordenar	Conocer	Defender

2.º — *Decir los verbos derivados de los siguientes adjetivos:*

Ridículo	Natural	Transparente	Dulce
Abusivo	Viejo	Oculto	Líquido
Blanco	Verde	Hermoso	Aromático
Ofensivo	Feo	Alabado	Integro
Obscuro	Redondo	Suave	Amable

Modelo. De agrio, *agriar;* etc.

3.º — *Poner a cada uno de los siguientes verbos un sujeto en singular un acusativo en plural:*

Comprar	Adquirir	Despreciar	Corregir
Vender	Componer	Comprender	Abreviar
Estudiar	Alabar	Sumar	Encender
Hallar	Descender	Servir	Elegir

Ejercicio de Lexigrafía. — Buscar, en el Diccionario, qué significan las siguientes voces: *tremedal - zenobio - colegir - litigar - mellizo - oneroso.*

Ejercicio de análisis. — *Voló hacia poniente y pronto desapareció entre las nubes.*

Ejercicios del segundo año

Ejercicios de invención. — 1.º *Poner a cada uno de los siguientes verbos, un sujeto, un acusativo y un dativo.*

Escribir	Entregar	Comprar	Encender
Estudiar	Vender	Enredar	Cepillar
Rezar	Leer	Ganar	Decir
Alegrar	Comunicar	Ocultar	Tolerar

Modelo. — *Enrique* amarga *la vida a su papá,* etc.

2.º *Poner a cada uno de los verbos siguientes, un sujeto y un atributo.*

Ser	Sentirse	Levantarse	Ponerse
Estar	Estar	Vivir	Salir
Morir	Venir	Andar	Llegar
Permanecer	Quedar	Ser	Ir

Modelo: *El verano* es *caluroso.* — *La infeliz* huyó *desesperada.*

Ejercicio de composición. — Aplicaciones del agua.—*(Resumen:* beber, regar, guisar, fabricar cosas distintas, lavar, refrescar, limpiar, navegar, etc., etc. Imposibilidad de vivir sin ella).

Ejercicio de Lexigrafía.—Buscar, en el Diccionario, la significación de las voces: *alocución - elocución - alazán - apócrifo - presagiar - desentumecer.*

Ejercicio de análisis lógico y gramatical. — *¡Alma de cántaro! ¿Cuándo tendrás sentido común?*

LECCIÓN XX

La Conjugación

141. **Conjugar un verbo.** — *Conjugar* un verbo es decirlo en sus diferentes *modos, tiempos, números* y *personas.*

142. **Conjugaciones.** — En la lengua castellana, los verbos se clasifican en tres **conjugaciones.** Son de la *primera* conjugación, los verbos cuyo presente de infinitivo termina en *ar,* como: *amar, cantar, recitar.* Son de la *segunda* conjugación, los verbos cuyo presente de infinitivo termina en *er,* como: *temer, saber, leer.* Son de la *tercera* conjugación, los verbos cuyo presente de infinitivo termina en *ir,* como: *partir, recibir, salir.*

Las letras *ar, er, ir,* son las **terminaciones.**

143. **Letras radicales.** — Son letras *radicales* de un verbo, las letras que quedan del presente de infinitivo, quitando las terminaciones *ar, er, ir,* como de *amar,* **am**; de *temer,* **tem**; de *partir,* **part.**

144. **Los verbos por su conjugación.** — Por su conjugación, los verbos se dividen en *regulares, irregulares, unipersonales, bipersonales* y *defectivos.*

145. **Verbos regulares.** — Son verbos *regulares* los que en todos sus tiempos y personas conservan sus letras radicales y las terminaciones propias de la conjugación a que pertenecen (1), como: *amar, temer, partir.*

146. **Verbos irregulares.** — Son verbos *irregulares* los que en su conjugación alteran ora las letras radicales, ora las terminaciones, ora radicales y terminaciones de la conjugación regular a que pertenecen, como: *contar, saber, pedir.*

147. **Verbos unipersonales.** — Los verbos *unipersonales* se conjugan solamente en el infinitivo y en la tercera persona del singular de cada tiempo, como: *tronar, llover, relampaguear, amanecer,* etc.

148. **Verbos bipersonales.** — Los verbos *bipersonales* se conjugan solamente en el infinitivo y en la tercera persona del singular y tercera del plural de cada tiempo, como: *El buey* **muge,** *los bueyes* **mugen**; *el caballo* **relinchó,** *los caballos* **relincharon.**

149. **Verbos defectivos.** — Son verbos *defectivos,* aquéllos que carecen de algunos tiempos y personas, como: *soler, yacer, placer, abolir, empedernir,* etc.

---

(1) Véase al final de la asignatura, *Lección G,* las terminaciones para formar los tiempos simples de cada una de las tres conjugaciones.

Ejercicios del primer año

Ejercicios de invención. — 1.º *A cada uno de los verbos siguientes, hallarle otro de significación contraria:*

Desafinar	Morir	Amamantar	Empedrar	Edificar
Enfriar	Acusar	Velar	Gananciar	Enriquecerse
Salvarse	Olvidar	Castigar	Equivocar	Ayunar
Orientar	Meter	Obedecer	Avanzar	Llenar

2.º *Explicar la significación de cada uno de los siguientes modismos:*

Ir de capa caída.	Ser el non plus ultra.	Estar con ojo avizor.
Estar de plantón.	Ganarse la vida.	Freírsela a alguno.
Estar a la quinta pregunta.	Estar en Babia.	Dar gato por liebre.
Estar a partir un piñón.	Estar muy quemado.	Comer de gorra.

Ejercicio de recitación. — *Aprender de memoria y recitar la siguiente poesía:*

La abeja y la mariposa

Si hoy hace bueno, decía
Una linda mariposa,
Volaré de rosa en rosa
Y alegre pasaré el día.
Mas la abeja diligente
Decía: Si hoy hace bueno,
Dejaré mi panal lleno,
Labrando miel excelente.
Haced, niños estudiosos,
Cual la abeja laboriosa:
Dejad que a la mariposa
Imiten los perezosos.—Félix Florián

Ejercicio analítico. — ¿De qué sujetos se habla en esta fábula? — ¿Cuál de los dos sujetos tenía más juicio? — ¿Por qué? — ¿En quién pensaba, solamente, la mariposa? ¿Era egoísta? — La abeja ¿era egoísta? ¿Por qué? — ¿La mariposa era laboriosa? — ¿Por qué no lo era? — ¿En qué se parecen la mariposa y el perezoso? — ¿En qué se parecen la abeja y el niño estudioso?

Ejercicio de composición. — *Poner en prosa la poesía anterior.*

Ejercicio de conjugación. — Conjugar el verbo *llover.*

Ejercicio de análisis. — *Obedeceré al hermano de Ramírez, pero que no sea muy exigente.*

Ejercicios del segundo año

Ejercicios de invención. — 1.º *Hallar un verbo de significación contraria a cada uno de los siguientes:*

Amanecer	Retener	Amainar	Peinarse
Libertar	Individualizar	Amargar	Torcer
Estropear	Vigorizar	Enflaquecer	Enmudecer
Apesadumbrarse	Ensoberbecer	Rejuvenecerse	Blanquear
Ablandar	Facilitar	Alentar	Robustecer

2.º *Poner a cada uno de los siguientes verbos un* **sujeto** *y un* **ablativo** *de la naturaleza que se dirá:*

1. Al verbo *naufragar*, un ablativo de causa.—2. Al verbo *pasear*, un ablativo de compañía.—3. Al verbo *herir*, un ablativo de instrumento.—4. Al verbo *hablar*, un ablativo de modo.—5. Al verbo *premiar*, un ablativo de condición.—6. Al verbo *partir*, un ablativo de tiempo.—7. Al verbo *estar*, un ablativo de lugar. — 8. Al verbo *recibir*, un ablativo de afirmación.—9. Al verbo *andar*, un ablativo de modo.—10. Al verbo *defraudar*, un ablativo de negación.—11. Al verbo *vender*, un ablativo de duda.

Ejercicio de composición.—El reloj.—(*Resumen:* Máquina: medir el tiempo.—Partes: esfera blanca, con las horas en números romanos; las manecillas y qué marca cada una; la máquina; la caja; el péndulo y su ruido.—La cuerda.—La campana.—Utilidades que presta.—Clases de relojes).

Ejercicio de conjugación. — Conjugar el verbo *conducir.*

Ejercicio de análisis lógico y gramatical. — *Ellas tomarán en eso una parte mínima: pero, ¿qué os importa a vosotros?*

LECCIÓN XXI

Verbos irregulares

150. **Verbos irregulares.** — Verbos *irregulares* son aquéllos que, en su conjugación, alteran las letras radicales, las terminaciones propias de la conjugación regular a que pertenecen o ambas cosas a la vez, como: de *caber,* **cupe;** de *acertar,* **acierto;** de *ir,* **fué.**

151. **Clases de verbos irregulares.** — Los verbos irregulares se dividen en dos grupos: verbos de *irregularidad común* y verbos de *irregularidad propia.* Son de irregularidad común, aquéllos que tienen las mismas irregularidades que otros, y de irregularidad propia, cuando las irregularidades de un verbo no las tiene otro.

Para facilitar la conjugación de verbos irregulares conviene saber que hay *tiempos primitivos* o *fundamentales* y *tiempos derivados,* a saber:

TIEMPOS PRIMITIVOS	TIEMPOS DERIVADOS
Presente de indicativo. . .	Presente de subjuntivo Imperativo
Pretérito indefinido . . .	Pretérito imperfecto de subjuntivo Futuro imperfecto de subjuntivo
Fut.º imperf.º de indicativo.	Potencial simple.

Si un verbo es irregular en el **presente de indicativo,** tiene las mismas irregularidades en el *presente de subjuntivo* y en el *imperativo,* es decir, en sus tiempos derivados, como **almorzar.**

Si el verbo es irregular en el **pretérito indefinido,** tiene las mismas irregularidades en el *pretérito imperfecto* de subjuntivo y en el *futuro imperfecto* del mismo modo, es decir, en sus tiempos derivados, como **conducir.**

Si el verbo es irregular en el **futuro imperfecto de indicativo,** tiene las mismas irregularidades en el *potencial simple,* como **saber.**

152. **Irregularidades aparentes.** — Algunos verbos regulares experimentan un cambio de letras al final de sus radicales, para conservar la pronunciación del infinitivo o porque lo exige la ortografía. Tales alteraciones no constituyen irregularidad. Por ejemplo:

Los terminados en *zar,* como *cazar,* cambian la *z* radical en *c,* como *cacé.*

Los terminados en *gar,* como *cargar,* admiten una *u* después de la *g radical,* como *cargué.*

Los terminados en *car,* como *tocar,* cambian la *c* radical, en *qu,* como *toqué.*

153. **Clases de verbos irregulares.**—Los verbos **irregulares** de la lengua castellana, pueden reducirse a *seis clases*, formándose cada una de ellas de los que tienen unas mismas irregularidades.

Ejercicios del primer año

Ejercicios de invención. — 1.º *Copiar las proposiciones siguientes, poniendo los verbos en el tiempo que les corresponda:*

1. Colón *descubrir* el Nuevo Mundo.—2. Ahora *recordar* lo que ayer *olvidar*.—3. Quien bien *amar*, bien *castigar*.—4. Ahora yo ya *tener* todo lo que ellos *necesitar* mañana.—5. Si tú *pagar* los favores recibidos, *ser* un ciudadano digno.—6. Dentro de pocos días, Don Pedro *partir* para el extranjero, y esta noche *estar* aquí para que vosotros le *encargar* cuanto *querer*.—7. Que *obedecer* ella enseguida.—8. Si *tener* dinero, *comprar* el sombrero de moda.—9. No *suceder* esta desgracia, si *cumplir* las órdenes que yo *dar* oportunamente.—10. A quien *madrugar*, Dios *ayudar*.

2.º *Decir, por escrito, lo que puede hacerse con cada uno de los objetos siguientes:*

Una escopeta	Un anteojo	Una cuerda	Una llave
Un reloj	Un metro	Una ganzúa	Un transportador
Un martillo	Unas tenazas	Un anzuelo	Un lápiz
Un bastón	Un palo	Una balanza	Una navaja
Un termómetro	Una lancha	Un tirabuzón	Una escoba

Modelo. — Con una *escopeta, se puede cazar.* Etc.

Ejercicio de composición. — Historia de un grano de trigo. — (*Resumen:* Labranza del terreno.—La siembra.—La germinación y el nacimiento.—Quitar las malas hierbas.—El crecimiento.—La madurez.—La siega.—La trilla.—La limpia.—El granero.—El molino harinero.—La panadería.—El pan como alimento).

Ejercicio de Lexigrafía.—Buscar, en el Diccionario, la significación de las palabras: *indumento - edil - albo - sibarita - remedar - elucidar.*

Ejercicio de análisis. — *Porque te empeñas en ello, presto verás cuanto os conceden.*

Ejercicios del segundo año

Ejercicios de invención. — 1.º *Completar, por escrito, los refranes siguientes:*

El hombre propone y ...	Tales padres, ...
A falta de pan, ...	A Dios rogando, ...
De tal palo, ...	A cada puerco, ...
En país de ciegos, ...	En boca cerrada, ...
Quien bien ama, ...	Al que madruga, ...
A río revuelto, ...	Juego de manos, ...
Cuando el río suena, ...	Quien mucho abarca, ...

2.º *Decir, de palabra o por escrito, de qué nos servimos para:*

Segar las mieses.—Saber el Santo del día. — Hilvanar la ropa.—Pesar las cosas. — Apagar la sed.—Comunicarnos con rapidez.—Guiar una embarcación.—Buscar la dirección del Norte.—Cortar los árboles.—Obtener la cera.—Guardar a los malos.—Perseguir a los malhechores.

Modelo: Para *segar las mieses*, nos servimos de la hoz y de la guadaña.

Ejercicio de composición. — Un mercado. — (*Resumen:* Quiénes van a un mercado. — Compradores y vendedores. — Cosas que se compran y venden. — Duración del mercado. — Qué ganancias reporta un mercado. — Conveniencia de los mercados).

Ejercicio de Lexigrafía. — Buscar, en el Diccionario, la significación de las voces: *cetrería - otero - fúlgido - adocenado - colmar - asir.*

Ejercicio de análisis lógico y gramatical. — *Se dice que hay alguien que ignora eso, y más vale así.*

LECCIÓN XXII

Verbos de irregularidad común

154. **Verbos de irregularidad común de la *primera clase*.** — Son verbos de irregularidad común de la *primera clase*, los de la primera y segunda conjugación que, teniendo una **o** en la penúltima sílaba, la cambian en el diptongo **ue** en las tres personas del singular y la última del plural de los tres presentes: indicativo, subjuntivo e imperativo, como: *contar, almorzar, volver, hollar, desollar, morder, recordar, rogar, trocar, apostar, envolver, doler, tostar,* etc.

155. Conjugación de los tiempos irregulares del verbo **contar**:

Presente de indicativo		Presente de subjuntivo		Imperativo
cuento	contamos	*cuente*	contemos		contemos nos.
cuentas	contáis	*cuentes*	contéis	*cuenta* tú	contad vos.
cuenta	*cuentan*	*cuente*	*cuenten*	*cuente* él	*cuenten* ellos.

156. **Verbos de irregularidad común de la *segunda clase*.** — Son verbos de irregularidad común de la *segunda clase*, los de la primera y segunda conjugación que, teniendo una e en la penúltima sílaba, admiten una i antes de ella en las tres personas del singular y la última del plural de los tres presentes: indicativo, subjuntivo e imperativo, como: *acertar, concertar, encender, entender, alentar, enmendar, calentar, perder, tender, arrendar, ascender, descender, cerrar,* etc.

157. Conjugación de los tiempos irregulares del verbo acertar:

Presente de indicativo		Presente de subjuntivo	
acierto	acertamos	*acierte*	acertemos
aciertas	acertáis	*aciertes*	acertéis
acierta	*aciertan*	*acierte*	*acierten*

Imperativo

	acertemos nos.
acierta tú	acertad vos.
acierte él	*acierten* ellos.

158. **Verbos de irregularidad común de la *tercera clase*.**—Son verbos de irregularidad común de la *tercera clase*, los de la tercera conjugación que, teniendo una e en la penúltima sílaba, la cambian en i en las tres personas del singular y la última del plural del presente de indicativo, en todas las del presente de subjuntivo, y en todas las del imperativo menos en la segunda del plural;

en la tercera persona del singular y la tercera del plural del pretérito indefinido y en sus tiempos derivados, eso es, el pretérito imperfecto y futuro imperfecto de subjuntivo y en el gerundio, como: *servir, reír, freír, pedir, concebir, impedir, ceñir, teñir, elegir, seguir,* etc.

159. Conjugación de los tiempos irregulares del verbo **servir:**

PRESENTE DE INDICATIVO		PRESENTE DE SUBJUNTIVO		IMPERATIVO	
sirvo	servimos	*sirva*	*sirvamos*		*sirvamos* nos.
sirves	servís	*sirvas*	*sirváis*	*sirve* tú	servid vos.
sirve	*sirven*	*sirva*	*sirvan*	*sirva* él	*sirvan* ellos.

PRETÉRITO INDEFINIDO		PRETÉRITO IMPERFECTO DE SUBJUNTIVO	
serví	servimos	sirviera o sirviese	*sirviéramos* o *sirviésemos*
serviste	servisteis	*sirvieras* o *sirvieses*	*sirvierais* o *sirvieseis*
sirvió	*sirvieron*	*sirviera* o *sirviese*	*sirvieran* o *sirviesen*

FUTURO IMPERFECTO DE SUBJUNTIVO		GERUNDIO
sirviere	*sirviéremos*	
sirvieres	*sirviereis*	*sirviendo*
sirviere	*sirvieren*	

Ejercicios del primer año

Ejercicios orales. — Conjugar el modo infinitivo y los tiempos simples de los verbos *almorzar, desollar, envolver* y *morder.*

Ejercicio de invención. — *Escribir dos objetos que a cada uno convenga una de las siguientes cualidades:*

Líquidos	Duros	Encarnados	Cilíndricos
Olorosos	Blandos	Brillantes	Verdes
Fríos	Cuadrados	Frágiles	Pesados
Caros	Blancos	Dulces	Ligeros

MODELO. — El *agua* y el *aceite* son objetos líquidos.

Ejercicio de composición. — Los ojos. — *(Resumen:* Los ojos son los órganos de ...... — Qué conocimientos dan al hombre. — Su necesidad. — Al que le falta un ojo se le llama ...... — Al que le faltan los dos. — La ceguera).

Ejercicio de Lexigrafía.—Buscar, en el Diccionario, la significación de las voces: *almáciga - paradigma - réprobo - proscrito - remecer - inducir.*

Ejercicio de análisis. — *Para que jamás sepas lo cierto, se ha quemado cuanto podía revelarlo.*

Ejercicios del segundo año

Ejercicios orales. — Conjugar el modo infinitivo y los tiempos simples de los verbos *hollar, doler, alentar* y *descender.*

Ejercicio de invención. — *Poner en voz activa las siguientes oraciones pasivas:*

1. El niño fué reprendido severamente por el preceptor.—2. Los brotes tiernos de los olivos fueron destruídos por las cabras.—3. Los niños buenos y aplicados son muy queridos de sus padres.—4. Ya se han firmado las paces por los representantes de los beligerantes. — 5. Las personas

irrespetuosas son aborrecidas de todos. — 6. En todo tiempo, los mentirosos han sido despreciados. — 7. Aníbal fué derrotado por los romanos en la batalla de Zama. — 8. Los árboles se talaron a la madrugada. — 9. El ganado se apacentó enseguida. — 10. Los caballos se adiestraron por los picadores.

Ejercicio de composición. — Carta a un amigo que ha cumplido catorce años y va a dejar la escuela, hablándole de la necesidad de aprender un oficio y de la conveniencia de pensar en la elección del mismo.

Ejercicio de Lexigrafía. — Buscar, en el Diccionario, qué significan las palabras: *palafreno* - *arcano* - *homónimo* - *homófono* - *empecer* - *dilucidar*.

Ejercicio de análisis lógico y gramatical. — *Piensa en lo que puede sucederte; si bien, no te acobardes nunca.*

LECCIÓN XXIII

Verbos de irregularidad común (continuación)

160. **Verbos de irregularidad común de la *cuarta clase.*** — Son verbos de irregularidad común de la *cuarta clase,* los de la tercera conjugación que, teniendo una **e** en la penúltima sílaba, unas veces admiten una **i** antes de ella y otras veces la cambian en **i.** Admiten una **i** antes de la **e,** en las tres personas del singular y la última del plural de los tres presentes, indicativo, subjuntivo e imperativo, y la cambian en **i,** en la primera y segunda personas del plural del presente de subjuntivo, en la primera del plural del imperativo, en la tercera persona del singular y tercera del plural del pretérito indefinido y en sus tiempos derivados, esto es, pretérito imperfecto y futuro imperfecto de subjuntivo y en el gerundio, tales como: *sentir, asentir, consentir, disentir, divertir, advertir, pervertir, convertir, herir, hervir, mentir, desmentir, requerir, diferir, preferir,* etc.

161. Conjugación de los tiempos irregulares del verbo **sentir:**

Presente de indicativo		Presente de subjuntivo		Imperativo	
siento	sentimos	*sienta*	*sintamos*		*sintamos* nos.
sientes	sentís	*sientas*	*sintáis*	*siente* tú	sentid vos.
siente	*sienten*	*sienta*	*sientan*	*sienta* él	*sientan* ellos.

Pretérito indefinido		Pretérito imperfecto de subjuntivo	
sentí	sentimos	*sintiera* o *sintiese*	*sintiéramos* o *sintiésemos*
sentiste	sentisteis	*sintieras* o *sintieses*	*sintierais* o *sintieseis*
sintió	*sintieron*	*sintiera* o *sintiese*	*sintieran* o *sintiesen*

Futuro imperfecto de subjuntivo		Gerundio
sintiere	*sintiéremos*	
sintieres	*sintiereis*	*sintiendo*
sintiere	*sintieren*	

162. Verbos de irregularidad común de la *quinta clase*. — Son verbos de irregularidad común de la *quinta clase*, los terminados en *acer, ecer, ocer* y *ucir*, menos *hacer, cocer, mecer, empecer* y *remecer*, los cuales admiten una **z** antes de la **c** radical en la primera persona del singular de presente de indicativo, en todas las del presente de subjuntivo, en la tercera del singular y primera y tercera del plural del imperativo. Los terminados en *ducir*, además de esta irregularidad, tienen la de cambiar la **c** en **j** en todo el pretérito indefinido y en sus tiempos derivados, esto es, pretérito imperfecto y futuro imperfecto del modo subjuntivo, tales como: *conocer, abastecer, desobedecer, complacer, inducir, prevalecer, escarnecer, traducir, reducir, introducir*, etc.

163. Conjugación de los tiempos irregulares de los verbos conocer y traducir.

Presente de indicativo		Presente de subjuntivo	
conozco	conocemos	*conozca*	*conozcamos*
conoces	conocéis	*conozcas*	*conozcais*
conoce	conocen	*conozca*	*conozcan*

Imperativo

	conozcamos nosotros
conoce tú	*conoced* vosotros
conozca él	*conozcan* ellos

Pretérito indefinido		Futuro imperfecto de subjuntivo	
traduje	*tradujimos*	*tradujere*	*tradujéremos*
tradujiste	*tradujisteis*	*tradujeres*	*tradujereis*
tradujo	*tradujeron*	*tradujere*	*tradujeren*

Pretérito imperfecto de subjuntivo

tradujera o *tradujese*	*tradujéramos* o *tradujésemos*
tradujeras o *tradujeses*	*tradujerais* o *tradujeseis*
tradujera o *tradujese*	*tradujeran* o *tradujesen*

Ejercicios del primer año

Ejercicios orales. — Conjugar el modo infinitivo y los tiempos simples de los verbos *cerrar, arrendar, teñir* y *freír*.

Ejercicio de invención. — *Copiar las proposiciones siguientes, poniendo los verbos en el tiempo que les corresponda:*

1. El capitán del buque *mandar* enseguida que se *preparar* los botes, y se *acudir* rápidamente a la salvación de los náufragos.—2. El que *faltar* a lo prometido, *ser* castigado severamente.—3. De cobardes nada *haber escribir*.—4. Donde no *haber* harina, todo *ser* mohina.—5. Donde las *dar*, las *tomar*.—6. El que malas mañas *haber*, tarde o nunca las *perder*.—7. Si *resultar* cierta la noticia, tú *perder* todo el prestigio.—8. Donde fuego se *hacer*, humo *salir*. — 9. Desnudo *nacer*, desnudo me *hallar*, ni *perder* ni *ganar*.—10. Donde *haber* gana, *haber* maña.

Ejercicio de composición. — LAS MANOS.—*(Resumen:* Qué son las manos. — Para qué nos sirven.—Desgracia del que las ha perdido.—Al que le falta un brazo se le llama ... — ¿Superioridad de la mano derecha sobre la izquierda? — Al que ha educado la mano izquierda más que la derecha se le llama ... — Al que ha educado igualmente ambas manos, se le llama ... — Conveniencia de educar ambas manos por igual).

Ejercicio de Lexigrafía.—Buscar, en el Diccionario, la significación de las voces: *cuita* - *rabí* - *angosto* - *apuesto* - *prevalecer* - *alucinar.*

Ejercicio de análisis. — *Todo ser mortal tiene siempre la existencia efímera.*

Ejercicios del segundo año

Ejercicios orales. — Conjugar el modo infinitivo y los tiempos simples de los verbos *pedir, elegir, reducir* y *desobedecer.*

Ejercicio de invención. — *Poner un sujeto y un atributo compuestos, a cada uno de los verbos:*

Ser	Vivir	Estar	Ser
Estar	Permanecer	Seguir	Ir
Ascender	Retirarse	Sentirse	Llegar
Moverse	Partir	Volver	Caer

MODELO. — *El duque y la duquesa* son *buenos y caritativos.* Etc.

Ejercicio de composición.—LA ELECCIÓN DE AMIGOS. — *(Resumen:* Ernesto era bueno y aplicado, etc.—Trabó amistad con Julián, que era todo lo contrario.—Avisaron a Ernesto que aquella amistad no le convenía.—No supo prescindir de Julián.—Julián le aconsejó cosas malas y Ernesto fué débil.—Poco a poco va pervirtiéndose y acaba como Julián. —El pesar de la familia.—Cómo deben elegirse los amigos).

Ejercicio de Lexigrafía.—Buscar, en el Diccionario, el significado de las palabras: *bocana* - *mensaje* - *leve* - *bizarro* - *precaverse* - *requerir.*

Ejercicio de análisis lógico y gramatical. — *Llegó tarde, visitó a sus amigos y partió desconsolado y triste para su pueblo.*

LECCIÓN XXIV

Verbos de irregularidad común y propia. De Ortografía

(continuación)

164. Verbos de irregularidad común de la *sexta clase.* — Son verbos de irregularidad común de la *sexta clase,* los de la tercera conjugación terminados en *uír,* exceptuando *inmiscuír,* los cuales admiten una y después de la **u** radical en las tres personas del singular y la última del plural del presente de indicativo, en todas las del presente de subjuntivo y en todas las del imperativo menos en la segunda del plural; en la tercera persona del singular y tercera del plural del pretérito indefinido y en sus tiempos derivados del subjuntivo, esto es, pretérito imperfecto y futuro imperfecto y en el gerundio, como *huír, influír, atribuír, concluír, distribuír, disminuír, contribuír,* etc.

165. Conjugación de los tiempos irregulares del verbo **huír.**

PRESENTE DE INDICATIVO		PRESENTE DE SUBJUNTIVO		IMPERATIVO	
huyo	huímos	*huya*	*huyamos*	*huye* tú	*huyamos* nos.
huyes	huís	*huyas*	*huyáis*	*huya* él	huíd vos.
huye	*huyen*	*huya*	*huyan*		*huyan* ellos.

PRETÉRITO INDEFINIDO		PRETÉRITO IMPERFECTO DE SUBJUNTIVO	
huí	huimos	*huyera* o *huyese*	*huyéramos* o *huyésemos*
huiste	huisteis	*huyeras* o *huyeses*	*huyerais* o *huyeseis*
huyó	*huyeron*	*huyera* o *huyese*	*huyeran* o *huyesen*

FUTURO IMPERFECTO DE SUBJUNTIVO		GERUNDIO
huyere	*huyéremos*	
huyeres	*huyereis*	*huyendo*
huyere	*huyeren*	

166. **Verbos de irregularidad propia.** — Son verbos de irregularidad propia, aquéllos cuyas irregularidades no las tiene otro verbo.

Los verbos de irregularidad propia o **especial de la lengua castellana, son los siguientes:**

De la primera conjugación: ***estar, andar, jugar*** **y** ***dar.***

De la segunda conjugación: ***hacer, satisfacer, poder, caber, caer, haber, poner, querer, saber, ser, tener, ver, traer, yacer*** **y** ***valer.***

De la tercera conjugación: ***asir, decir, adquirir, ir, oir, salir, erguir, venir*** **y** ***dormir.***

---

167. **Uso de la letra x.** — Se escribirá *x:*

1.° En final de palabra, como: *Félix, fénix, tórax.*

2.° Entre dos vocales, como *examen, exótico, eximio.*

3.° Antes de *p*, como, *exposición, experto, experiencia.*

4.° Antes de *a*, como: *extranjero, extraordinario, Extremadura.*

5.° Antes de *c*, como: *excelente, excelso, exceder.*

Ejercicios del primer año

Ejercicios orales. — Conjugar el modo infinitivo y los tiempos simples de los verbos ***divertir, preferir, escarnecer*** y ***reducir.***

Ejercicio de invención. — ***Copiar las proposiciones siguientes, substituyendo los puntos con el verbo conveniente:***

1. La gramática de una lengua ... a hablarla y escribirla correctamente.—2. Los españoles ... a los franceses en la batalla de Almansa.—3. Sin la vigilancia de la autoridad, los malhechores ... dueños del mundo.—4. Quien mucho ... poco ... — 5. El hombre que no ... la historia del país en que ..., siempre ... un extranjero en su patria.—6. La guerra ... el azote más grande que puede ... a una nación.—7. Si ... la ley de Dios, ... en el cielo la justicia que no ... en la tierra.—8. Nuestro padre y nuestra madre ... los seres a quienes más ... después de Dios.—9. ... el bien sin ... a quien.—10. Quien lengua ... a Roma va.

Ejercicio de recitación. — *Aprender de memoria y recitar la siguiente poesía:*

El nido

Mira ese árbol que, a los cielos,
Las ramas eleva erguido:
En ellas columpia un nido
En que duermen tres polluelos.
Ese nido es un hogar;
No lo rompas, no lo hieras:
Sé bueno, y deja a las fieras
El vil placer de matar.

JUAN DE DIOS PEZA

Ejercicio analítico.—¿Qué había en el árbol? — ¿Qué significa la palabra *columpiar?*—¿Qué había en el nido?—¿A qué se compara un nido?—¿Deben destruírse los nidos?—¿A qué se parece el que destruye un nido?—¿Por qué?—¿A quiénes se causa daño al destruír un nido?—Los padres de los pájaros ¿sienten amor para con sus hijos? — ¿Cómo lo demuestran?

Ejercicio de composición. — UN NIDO. — Describir lo que es un nido, diciendo la obligación que tenemos de protegerlo.

Ejercicio de análisis. — *El reverendísimo prelado bendijo al pueblo y partió para Roma.*

Ejercicios del segundo año

Ejercicios orales. — Conjugar el modo infinitivo y los tiempos simples de los verbos *introducir, atribuír,* y *andar.*

Ejercicio de invención. — *Copiar los nombres siguientes y hallar de cada uno: un aumentativo, un diminutivo y un despectivo:*

Mujer	Cama	Poeta	Tienda
Hombre	Santo	Libro	Caballo
Médico	Papel	Pájaro	Casa

Ejercicio de composición.-UNA TEMPESTAD.-(Escribir la descripción).

Ejercicio de Lexigrafía.—Buscar, en el Diccionario, la significación de las voces: *Oligarquía, imbornal, incinerar, medrar, tutelar, intonso.*

Ejercicio de análisis lógico y gramatical. — *El penúltimo en entrar fué el último en salir, y ¡ay de él si fué vigilado por los porteros!*

LECCIÓN XXV

El participio y el gerundio. — De Ortografía

168. **El participio.**—El *participio* es una de las formas simples del modo infinitivo, que se llama así porque participa de la índole del verbo y de la del adjetivo. Se divide en *activo* y *pasivo.*

169. **Participio activo.** — El participio activo termina en *ante,* si es de un verbo de la primera conjugación, y en *ente* o *iente,* si es de un verbo de la segunda o tercera, v. g.: de *amar,* **amante;** de *recurrir,* **recurrente;** de *escribir,* **escribiente.**

Muchos verbos *carecen* de participio activo.

170. **Participio pasivo.** — El participio pasivo termina en *ado,* si es de un verbo de la primera conjugación, y en *ido,* si es de un verbo de la segunda o tercera, v. g.: de *amar,* **amado**; de *tener,* **tenido**; de *vivir,* **vivido.**

171. **Participios pasivos irregulares.** — Hay participios pasivos *irregulares;* sus terminaciones son, por lo general, *cho, so, to,* como: de *decir,* **dicho;** de *imprimir,* **impreso;** de *romper,* **roto.**

Hay verbos que tienen dos participios pasivos, uno regular y otro irregular, tales como: de *romper,* **rompido y roto;** de *atender,* **atendido y atento;** de *freír,* **freído y frito;** de *prender,* **prendido y preso.**

Cuando un verbo tiene dos participios pasivos, suele emplearse, casi siempre, el irregular cuando funciona como *adjetivo,* y el regular, para formar los tiempos compuestos, v. g.: *Comieron todo el pescado* **frito.** *Ya han* **freído** *el pescado. Hallamos ese cristal* **roto.** *Tú has* **rompido** *el cristal.*

172. **El gerundio.**—El *gerundio* es una de las formas simples del modo infinitivo. Los gerundios de los verbos de la primera conjugación terminan en *ando,* como: de *cantar,* **cantando,** y los de los verbos de la segunda y tercera, terminan en *endo* o *iendo,* como: de *tañer,* **tañendo;** de *ceder,* **cediendo;** de *partir,* **partiendo.**

El gerundio tiene, de ordinario, la significación del adverbio, como: *Habla* **ceceando,** es decir, cómo habla.

---

173. **Uso de las letras r y rr.** — Una sola *r* suena fuerte o doble:

1.° En principio de palabra, como *radical, redoma.*

2.° Después de las consonantes *n, s* y *l,* como: *Enrique, Israel, alrededor.*

Se escribe rr entre dos vocales para producir el sonido fuerte, como: *correa, aburrir,* etc.

Ejercicios del primer año

Ejercicios orales. — Conjugar el modo infinitivo y los tiempos simples de los verbos *influir, distribuir, estar* y *andar.*

Ejercicio de invención. — *De palabra o por escrito, substituir el infinitivo de los verbos con el participio correspondiente.*

1. Quien socorra al necesitado, será por él *bendecir.*—2. El pan que has *comer* toda tu vida, ha *ser ganar* por tus padres.—3. El traidor siempre ha *ser despreciar* de las personas *honrar.*—4. El *amar* de la verdad no es amigo del mentiroso.—5. El joven *cantar* fué muy *aplaudir* por la concurrencia.—6. *Descubrir* el engaño, la broma fué *celebrar* por todos.—7. *Durar* más de una hora, estuve *pender* de los labios del orador.—8. ¿Ya has *escribir* las cartas?—9. Hemos *echar* las cartas al correo.—10. Se han *romper* nuestras amistades, y los libros ya están *imprimir.*

Ejercicio de composición.—Saber leer —(*Resumen:* El único medio de instruírse sin maestro.—Aprender lo que saben y han sabido los demás.—La alegría de la vida.—No hallarse nunca solo. —Conocer la historia de los hombres y de los pueblos.—Viajar sin salir de casa.—Lo que pasa y ha pasado en el mundo.—No ser esclavo de la ignorancia).

Ejercicio de Lexigrafía.—Buscar, en el Diccionario, la significación de las voces: *escopo, escofina, excluir, abastecer, efímero, perplejo.*

Ejercicio de análisis. — *¡Bah! Deja a ése, y sígueme, que ya tendrás amigos mejores*

Ejercicios del segundo año

Ejercicios orales. — Conjugar el modo infinitivo y los tiempos simples de los verbos *hacer, satisfacer, poder* y *caber.*

Ejercicio de invención. — *De palabra o por escrito, substituir los puntos con el participio conveniente:*

1. A caballo ... no le mires la dentadura. — 2. La telegrafía sin hilos fué ... por Marconi. — 3. Si vas por lana, puedes salir ... — 4. El soldado ... a sus jefes, no pisa el calabozo.—5. El primer homicida fué ... por Dios. — 6. No es médico todavía, porque quedó ... en los exámenes. — 7. El almendro fué ... de melocotonero. — 8. El irrespetuoso criado fué ... por otro — 9. El niño que escucha ... aprende mucho más que el ... — 10. Por orden de la autoridad, el cadáver todavía está ...

Ejercicio de composición.—Los LIBROS.—(*Resumen:* Utilidad de los libros —Qué he aprendido en los libros.—El recreo más agradable.—Obligaciones que imponen a su dueño.—El mejor amigo.—Clases de libros).

Ejercicio de **Lexigrafía.**—Buscar, en el Diccionario, la significación de las palabras: *Baal, esquema, arbitrar, fenecer, genuino, inmarcesible.*

Ejercicio de análisis lógico y gramatical. — *Quien siembra vientos recoge, a menudo, tempestades.*

LECCIÓN XXVI

El adverbio

174. **Adverbio.**—*Adverbio* es toda palabra que modifica la significación del verbo, del adjetivo y, a veces, de otro adverbio, v. g.: *canta* **regularmente;** *es* **poco** *feliz; escribe* **muy** *bien.*

175. **Clases de adverbios.**—Hay adverbios de *lugar,* de *tiempo,* de *cantidad,* de *modo,* de *orden,* de *comparación,* de *afirmación,* de *negación* y de *duda.*

176. **Adverbios de lugar.**—Son adverbios de lugar: *Aquí, acá, ahí, allí, allá, acullá, cerca, lejos, dentro, fuera, arriba, abajo, debajo, delante, detrás,* etc.

177. **Adverbios de tiempo.**—Son adverbios de tiempo: *hoy, ayer, anteayer, mañana, aún, entonces, antes, después, tarde, temprano, siempre, nunca, jamás, ya,* etc.

178. **Adverbios de cantidad.** — Son adverbios de cantidad: *mucho, poco, harto, bastante, casi, algo, muy,* etcétera.

179. **Adverbios de modo.** — Son adverbios de modo: *bien, mal, quedo, recio, despacio, así, duro, alto, bajo, adrede, pésimamente, buenamente, malamente,* etc.

180. **Adverbios de orden.** — Son adverbios de orden: *primeramente, últimamente, finalmente,* etc.

181. **Adverbios de comparación.** — Son adverbios de comparación: *tan, más, menos, mejor, peor,* etc.

182. **Adverbios de afirmación.** — Son adverbios de afirmación: *sí, cierto, ciertamente, también, efectivamente, indudablemente, innegablemente,* etc.

183. **Adverbios de negación.** — Son adverbios de negación: *no, nunca, jamás, tampoco, nada,* etc.

184. **Adverbios de duda.** — Son adverbios de duda: *acaso, quizá* o *quizás,* etc.

185. **Adverbios compuestos.** — Son *adverbios compuestos,* los formados por dos o más palabras, v. g.: *tal vez, en efecto, sin duda, en un santiamén, entre dos luces,* etc.

186. **Modos adverbiales.** — Se llaman *modos adverbiales,* los adverbios de modo expresados con dos o más palabras, v. g.: *a pie juntillas, a oscuras, a diestro y siniestro, a la francesa, a troche y moche, a tontas y a locas, por fas o por nefas, sin más ni más, a hurtadillas, a escape,* etc.

Ejercicios del primer año

Ejercicios orales. — Conjugar el modo infinitivo y los tiempos simples de los verbos: *dar, hacer, satisfacer* y *poder.*

Ejercicio de invención. — *De palabra o por escrito, decir la significación de los siguientes adverbios:*

Mañana	No	Adrede	Más
Así	Cierto	Tan	Peor
Debajo	Aún	Quedo	Ahí
Quizás	Acullá	Primeramente	Siempre
Indudablemente	Sí	Detrás	Jamás

Modelo. — *Encima,* significa lugar, etc.

Ejercicio de composición. — Saber leer. — *(Resumen:* No poder olvidar lo que convenga recordar. — Comunicarnos con los ausentes. — Hablar sin testigos con otro. — Guardar fielmente el pensamiento. — Poder obrar después de muertos. — Poseer los pensamientos de otro. — Ordenar, mandar, preguntar, responder, sin hablar una palabra. — Esclavitud en que vive el que no sabe leer).

Ejercicio de Lexigrafía.—Buscar, en el Diccionario, la significación de las voces: *escopa, talud, escarnecer, repercutir, impertérrito, insólito.*

Ejercicio de análisis. — *Tampoco nos quedaremos dentro: saldremos a hurtadillas.*

Ejercicios del segundo año

Ejercicios orales. — Conjugar el modo infinitivo y los tiempos simples de los verbos *caer, haber, poner* y *querer.*

Ejercicio de invención. — *Explicar la significación de los siguientes modos adverbiales:*

1. A la chita callando. — 2. Entre dos aguas.—3. A pie juntillas.—4. A oscuras.—5. A diestro y siniestro.—6. A la francesa.—7. A troche y moche.—8. A tontas y a locas.—9. Por fas o por nefas.—10. De buenas a primeras.—11. Sin más ni más.—12. A escape.

MODELO: *A la chita callando.* Con gran silencio, sin hacerlo notar, etc.

Ejercicio de composición.—EL DICCIONARIO.—(*Resumen:* Qué es el Diccionario de una lengua.—Su utilidad.—Recurrir a él con frecuencia.—El Diccionario de una lengua extranjera.—Un buen diccionario de nuestra lengua.—Efectos de no poseer un diccionario de nuestra lengua).

Ejercicio de Lexigrafía.—Buscar, en el Diccionario, la significación de: *apósito, isografía, isócrono, imperioso, amplificar, impeler.*

Ejercicio de análisis lógico y gramatical.—*A sabiendas lo hizo mal, y su reprensible atrevimiento fué duramente castigado.*

LECCIÓN XXVII

La preposición. — De Ortografía

187. **Preposición.** — *Preposición* es la parte de la oración que *principalmente* enlaza dos palabras o dos oraciones entre sí e indica la dependencia que entre ellas existe, como: *escribo* **a** *mamá.*

188. **Clases de preposiciones.** — Las preposiciones se dividen en *propias* o *separables* e *impropias* o *inseparables.*

Las propias o separables tienen valor gramatical por sí solas; las inseparables o impropias, no; sólo se usan en la formación de palabras compuestas.

189. **Preposiciones propias.** — Las preposiciones propias de la lengua castellana, son las siguientes:

a	con	en	para	so
ante	contra	entre	por	sobre
bajo	de	hacia	según	tras
cabe	desde	hasta	sin	

190. **Preposiciones inseparables.** — Las preposiciones impropias más empleadas son: *ab, abs, des, dis, per, pre, pro, ultra, ci, cis, co, archi, vice, deca, hecto, kilo, miria, deci, centi, mili,* etc.

191. **Expresión prepositiva.** — *Expresión prepositiva* es la reunión de dos o más palabras que, juntas hacen el oficio de una preposición, v. g.: *para con, antes de, en cuanto a, fuera de,* etc.

---

192. **Uso de la letra y.** — Se escribirá **y**:

1.º En final de palabra, precedida de vocal que recibe el acento prosódico, como: *Rey, Paraguay, Godoy.*

2.º Cuando es conjunción, o va sola, como *pan* y *vino; habla* y *pasea.*

3.° En las sílabas *ya, ye, yi, yo, yu,* como: ***saya, bayeta, rayita, cayó, yute.***

193. **Excepción de algunas palabras derivadas.** — Las palabras *derivadas* se escriben como las primitivas; así, si ***hombre*** se escribe con *h* y con *b,* también llevará estas letras el derivado *hombrecillo.* Se exceptúan de esta ley las palabras derivadas que cambian en *o* el diptongo ***ue*** de su primitiva, como: de ***huérfano, orfandad;*** de ***hueco, oquedad;*** de ***huevo, oval, ovario, ovoide;*** de ***hueso, osamenta,*** etc. Se exceptúa ***hortelano,*** derivado de ***huerta.***

Ejercicios del primer año

Ejercicios orales. — (Repaso). — 1.° — 1. ¿Qué es verbo? — 2. ¿División del verbo? — 3. ¿División de los verbos atributivos? — 4. ¿Verbos activos o transitivos? —5. ¿Verbos neutros o intransitivos? — 6. ¿Verbos reflexivos? — 7. ¿Verbos recíprocos? — 8. ¿Verbos auxiliares? — 9. ¿Verbos impersonales? — 10. ¿Verbos bipersonales?

2.° 1. ¿Los complementos del verbo? — 2. ¿Complemento directo? — 3. ¿Complemento indirecto? — 4. ¿Complemento circunstancial? — 5. ¿Atributo?

3.° 1. ¿Accidentes del verbo? — 2. ¿El accidente de modo? — 3. ¿El accidente de tiempo? — 4. ¿El accidente de número? — 5. ¿El accidente de persona? — 6. ¿Conjugar un verbo? — 7. ¿Cuántas son las conjugaciones? — 8. ¿Letras radicales y letras terminaciones?

4.° 1. ¿Los verbos por su conjugación? — 2. ¿Verbos regulares? — 3. ¿Verbos irregulares? — 4. ¿Clases de verbos irregulares? — 5. ¿Irregularidades aparentes?

5.° Conjugar el modo infinitivo y los tiempos simples de los verbos *caber, caer, haber* y *poner.*

Ejercicios del segundo año

Ejercicios orales. — (Repaso). — 1.° — 1. ¿El verbo? — 2. ¿Su división? — 3. ¿Empleo de los verbos *ser* y *estar?* — 4. ¿División de los verbos atributivos? — 5. ¿Verbos pronominales? — 6. ¿Verbos auxiliares? — 7. ¿Para qué sirven los verbos *ser* y *estar?*

2.° 1. ¿Verbos impersonales? — 2. ¿Cuándo se consideran impersonales verbos que no lo son? — 3. ¿Verbos bipersonales? — 4. ¿Usos de la letra *m?* — 5. ¿Usos de la letra *n?*

3.° 1. ¿Qué complementos lleva el verbo? — 3. ¿Diferentes clases de complementos circunstanciales?—4. ¿El atributo?—5. ¿La voz pasiva?

4.° 1. ¿Accidentes del verbo? — 2. ¿Modos, tiempos, números y personas? — 3. ¿Conjugar un verbo?—4. ¿Cuántas son las conjugaciones? — 5. ¿Letras radicales y terminaciones? — 6. ¿Los verbos por su conjugación? — 7. ¿Verbos regulares, irregulares, unipersonales y defectivos? — 8. ¿Clases de verbos irregulares? — 8. ¿Tiempos primitivos y derivados? — 10. ¿Qué auxilio presta su conocimiento? — 11. ¿Irregularidades aparentes? — 12. ¿Clases de verbos irregulares?

5.° Conjugar el modo infinitivo y los tiempos simples de los verbos *saber, tener* y *ver.*

LECCIÓN XXVIII

La conjunción

194. **Qué es conjunción.**—*Conjunción* es la palabra que sirve para enlazar *principalmente* oraciones y a veces, palabras, entre sí, expresando la relación que entre ellas existe, como: *No pudo salir* **porque** *le detuvieron. Antonio* y *Agustín vieron el fenómeno.*

195. **Clases de conjunciones.** — Las conjunciones se dividen en *copulativas, disyuntivas, adversativas, condicionales, causales, temporales, continuativas, comparativas, finales* e *ilativas.*

196. **Conjunciones copulativas.** — Las conjunciones *copulativas* enlazan oraciones y palabras, y son: *y, e, ni, que, sino,* v. g.: *Creemos* **que** *se hará justicia. Antonio* y *Andrés, hallaron una joya.*

La conjunción *y* se convierte en *e*, cuando la palabra siguiente empieza con *i* o con *hi*, v. g.: *Padre* e *hijo pasean.*

No se verifica esta substitución cuando la palabra siguiente empieza por *hie*, y en principio de pregunta, como: *plomo* y *hierro.* ¿Y *Inés?* ¿Y *Ignacio?*

197. **Conjunciones disyuntivas.** — Las conjunciones *disyuntivas* enlazan dos oraciones entre las que existe relación de disyunción o alternativa, y son: *o, u, ya, ora, bien,* como: *Trabajarás* **o** *te despedirán.* — **Ya** *ríe,* **ya** *llora.*

La conjunción *o* se convierte en *u*, cuando la palabra siguiente empieza con *o* con *ho*, como: *Le dieron diez* **u** *once pesetas.*

198. **Conjunciones adversativas.** — Las conjunciones *adversativas* enlazan dos oraciones entre las que existe relación de oposición o contrariedad, y son *mas, pero, aunque, sin embargo, no obstante,* como: *Lo sé,* **pero** *quiero callar.*

199. **Conjunciones condicionales.** — Las conjunciones *condicionales,* las que enlazan dos oraciones entre las que existe relación de condición, y son: *si, como, con tal que, dado que, ya que, siempre que, en caso de que,* v. g.: *Te lo darán* **si** *lo mereces.*

200. **Conjunciones** causales. — Las conjunciones *causales* enlazan dos oraciones entre las que existe relación de causa, razón o motivo, y son: *que, porque, pues, puesto que, a causa de, supuesto que,* v. g.: *Le prendieron* **porque** *robó.*

201. **Conjunciones temporales.** — Las conjunciones *temporales* enlazan dos oraciones entre las que existe relación de tiem-

po y son: *cuando, en seguida que, tan pronto como, mientras que,* etc., v. g.: *Pedro llegó* **cuando** *tú escribías.*

202. **Conjunciones continuativas.** — Las conjunciones *continuativas* sirven para continuar o apoyar un razonamiento, y son: *pues, por último, así que, así pues,* como: *Todo os lo hemos dicho ya;* **así pues,** *nos marchamos.*

203. **Conjunciones comparativas.** — Las conjunciones *comparativas,* enlazan dos oraciones que se comparan entre sí, y son: *como, así, así como,* v. g.: *La primavera es alegre,* **así como** *el invierno es triste.*

204. **Conjunciones finales.** — Las conjunciones *finales* enlazan dos oraciones entre las que existe relación de fin u objeto, y son: *para que, a fin de que, con objeto de,* v. g.: *Se arrepintieron,* **a fin de que** *no aparecieran duros de corazón.*

205. **Conjunciones ilativas.** — Las conjunciones *ilativas* enlazan dos oraciones entre las que existe relación de consecuencia o deducción, y son: *luego, pues, por consiguiente, con que, por lo tanto, así que, ahora bien,* v. g.: *El tiempo está lluvioso,* **luego** *llevaremos paraguas.*

Ejercicios del primer año

Ejercicios orales. — (REPASO). — 1.° — 1. ¿Verbos de irregularidad común de la *primera clase?* Díganse algunos. — 2. ¿Verbos de irregularidad común de la *segunda clase?* Díganse algunos.

2.° 1. ¿Verbos de irregularidad común de la *tercera clase?* Díganse algunos. — 2. ¿Verbos de irregularidad común de la *cuarta clase?* Díganse algunos.

3.° 1. ¿Verbos de irregularidad común de la *quinta clase?* Díganse algunos. — 2. ¿Verbos de irregularidad común de la *sexta clase?* Díganse algunos. — 3. ¿Uso de la letra *x?*

4.° Conjugar el modo infinitivo y los tiempos simples de los verbos *querer, saber, ser* y *tener.*

Ejercicios del primer año

Ejercicios orales. — (REPASO). — 1.° — 1. ¿Verbos de irregularidad común de la *primera clase?* Díganse muchos. — 2. ¿Verbos de irregularidad común de la *segunda clase?* Díganse muchos.

2.° 1. ¿Verbos de irregularidad común de la *tercera clase?* Díganse muchos. — 2. ¿Verbos de irregularidad común de la *cuarta clase?* Díganse muchos.

3.° 1. ¿Verbos de irregularidad común de la *quinta clase?* Díganse muchos. — 2. ¿Verbos de irregularidad común de la *sexta clase?* Díganse muchos. — 3. ¿Verbos de irregularidad propia de cada una de las tres conjugaciones? — 4. ¿Cuándo se escribirá *x?*

4.° Conjugar el modo infinitivo y los tiempos simples de los verbos *traer, yacer, valer* y *asir.*

LECCIÓN XXIX

La interjección. — De Ortografía

206. **Qué es interjección.** — *Interjección* es toda palabra que expresa afectos vehementes del alma, como: dolor, alegría, tristeza, sorpresa, miedo, terror, desprecio, ira, etc.

Las interjecciones más en uso son: *¡ah!*, *¡ay!*, *¡oh!*, *¡eh!*, *¡uf!*, *¡ojalá!*, *¡ba!*, *¡cáspita!*, *¡hola!*, *¡ca!*, *¡ea!*, *¡quiá!*, *¡huy!*, etc., y las expresiones *¡viva!*, *¡muera!*, *¡bravo!*, *¡fuego!*, *¡diablo!*, *¡diantre!*, etc., etc.

207. **Frase interjectiva.** — *Frase interjectiva* es la reunión de dos o más palabras que equivalen a una interjección, como:

¡Ay de mí!, *¡Válgame Dios!*, *¡Truenos y rayos!*, *¡Alma de cántaro!*, *¡Dios de bondad!*, etc.

Las interjecciones y las frases interjectivas van siempre entre signos de admiración.

---

208. Uso de la letra v. — **Se escribirá *v* en los casos siguientes:**

1.° En los adjetivos terminados en *avo, evo, ivo*, como: *octavo, longevo, depresivo.*

2.° En casi todos los nombres terminados en *eva, evo*, como: *esteva, relevo*, menos *falleba, prueba, acebo, sebo* y *cebo.*

3.° Después de las letras *b, d* y *n*, como: *subvenir, advocación, envase.*

4.° Después de *cla*, como: *clavija, clavetear.*

5.° Después de *al, el, il, ol*, como: *salvar, selva, Silvio, absolver.*

6.° Después de la sílaba *di*, como *divergencia*, menos *dibujar.*

7.° Después de las sílabas *pre* y *pro*, como: *prevenir, provocar*, menos *preboste, prebenda, probidad* y *probar.*

8.° En las palabras que empiezan por *n*, como *nave*, menos *nube* y *nabo.*

9.° En las palabras que empiezan por *ll*, como *llover.*

10.° En los verbos que, no teniendo *b* o *v* en su infinitivo, la necesitan en alguno de sus tiempos, como, de estar, *estuve, estuviera, estuviese, estuviere.*

Ejercicios del primer año

Ejercicios orales. — (Repaso). — 1.° — 1. ¿El participio? — 2. ¿Cómo se divide el participio? — 3. ¿Participio activo? — 4. ¿Participio pasivo? — 5. ¿El gerundio?

2.° 1. ¿El adverbio? — 2. ¿Clases de adverbios? — 3. ¿Adverbios de lugar? — 4. ¿Adverbios de tiempo? — 5. ¿Adverbios de cantidad? — 6. ¿Adverbios de modo?

3.º 1. ¿Adverbios de orden? — 2. ¿Adverbios de comparación? — 3. ¿Adverbios de afirmación? — 4. ¿Adverbios de negación? — 5. ¿Adverbios de duda? — 6. ¿La preposición? — 7. ¿Clases de preposiciones? — 8. ¿Preposiciones propias? — 9. ¿Preposiciones impropias?

4.º Conjugar el modo infinitivo y los tiempos simples de los verbos *ver, traer, yacer* y *valer*.

Ejercicios del segundo año

Ejercicios orales.—(Repaso). 1.º—1. ¿El participio?—2. ¿Sus clases?—3. ¿Terminaciones de los activos y de los pasivos?—4. ¿Participios pasivos irregulares?—5. ¿Verbos que tienen dos participios? ¿Cómo se usan? — 6. ¿El gerundio? — 7. ¿Usos de las letras *r* y *rr*?

2.º 1. ¿El adverbio? — 2. ¿Clases de adverbios? — 3. ¿Adverbios de lugar, de tiempo, de cantidad y modo?

3.º 1. ¿Adverbios de orden, de comparación, de afirmación, de negación y de duda?—2. ¿Adverbios compuestos?—3. ¿Modos adverbiales?—4. ¿La preposición?—5. ¿Preposiciones propias?—6. ¿Palabras que son preposiciones propias?—7. ¿Preposiciones impropias?—Díganse preposiciones impropias.—8. ¿Expresión prepositiva?—9. ¿Usos de la letra *y*?—10. ¿Excepción ortográfica de algunas palabras derivadas?

4.º Conjugar el modo infinitivo y los tiempos simples de los verbos *decir, adquirir, ir* y *oír*.

LECCIÓN XXX

Figuras de dicción

209. **Figuras de dicción.** — *Figuras de dicción* son licencias autorizadas por el uso, para alterar la forma de las palabras. Estas figuras reciben el nombre común de *metaplasmos*.

210. **Clases de figuras.** — Hay figuras de dicción por *aumento de letras*, por *disminución de letras*, por *permutación de letras* y por *contracción* de ellas.

211. **Figuras por aumento de letras.** — Por aumento de letras, resultan tres figuras, cuyos nombres son: *prótesis, epéntesis* y *paragoge*.

Resulta la figura *prótesis*, si el aumento de letras se hace al principio de la palabra, como: **asentarse,** por *sentarse;* **atambor,** por *tambor*.

Resulta la figura *epéntesis*, cuando el aumento de letras se hace en medio de la palabra, como: **corónica,** por *crónica;* **Ingalaterra,** por *Inglaterra*.

Resulta la figura *paragoge*, cuando el aumento de letras se hace al final de la palabra, como: **felice,** por *feliz;* **infelice,** por *infeliz*.

212. **Figuras por disminución de letras.** — Por disminución de letras, resultan las tres figuras siguientes: *aféresis, síncopa* y *apócope.*

Resulta la figura *aféresis,* cuando la disminución se verifica en principio de palabra, como: norabuena, por *enhorabuena;* **noramala** por *enhoramala.*

Resulta la figura *síncopa,* **si la disminución se hace en medio de la palabra, como: Navidad, por** *Natividad;* **hidalgo, por** *hijodalgo.*

Resulta la figura *apócope* **cuando la disminución se verifica al final de la palabra, como: san, por** *santo;* **algún, por** *alguno.*

213. **Figura por permutación de letras.** — **Por** *permutación* **de letras resulta la figura** *metátesis,* **como perlado, por** *prelado.*

214. **Figura por contracción de letras.** — **Por contracción de letras, resulta la figura** *sinalefa,* **que consiste en suprimir la vocal con que termina una palabra o con que empieza la siguiente, formando, de dos palabras, una sola, como: al por** *a el;* **del, por** *de el;* **esotro, por** *ese otro.*

Ejercicios del primer año

Ejercicios orales. (Repaso).—1.º — 1. ¿Qué es conjunción? — 2. ¿Clases de conjunciones? — 3. ¿Conjunciones copulativas? — 4. ¿Conjunciones disyuntivas?

2.º 1. ¿Conjunciones adversativas? — 2. ¿Conjunciones condicionales? — 3. ¿La interjección? — 4. ¿Frase interjectiva?

3.º Conjugar el modo infinitivo y los tiempos simples de los verbos *asir, decir, adquirir* e *ir.*

Ejercicio de composición. — *Pocos días antes de Navidad, un hijo ausente escribe una carta a sus padres, deseándoles toda suerte de venturas y un año nuevo próspero y feliz.* — Redactar la carta de referencia.

Ejercicios del segundo año

Ejercicios orales. (Repaso).—1.º — 1. ¿La conjunción? — 2. ¿Clases de conjunciones? — 3. ¿Conjunciones copulativas? — 4. ¿Conjunciones disyuntivas? — 5. ¿Cuándo la *y* es substituída por la *e*? ¿Cuándo no lo es?

2.º 1. ¿Conjunciones adversativas?—2. ¿Conjunciones condicionales? — 3. ¿Conjunciones causales? — 4. ¿Conjunciones temporales? — 5. ¿Conjunciones continuativas?

3.º 1. ¿Conjunciones comparativas? — 2. ¿Conjunciones finales? — 3. ¿Conjunciones ilativas? — 4. ¿Qué es interjección? — 5. ¿Interjecciones más usadas? — 6. ¿Frase interjectiva? — Díganse las frases interjectivas más en uso.

4.º ¿Cuándo se escribirá la letra *v*?

5.º Conjugar el modo infinitivo y los tiempos simples de los verbos *salir, erguir, venir* y *dormir.*

LECCIÓN XXXI

La oración, considerada desde el punto de vista gramatical

215. **Oración gramatical.** — *Oración* gramatical es la expresión de un pensamiento por medio de una o más palabras, como: *Escribo. Mañana Antonio partirá.*

Se estudia la oración desde el punto de vista gramatical, cuando se la considera por la naturaleza de su verbo y por el número y clase de los miembros que la constituyen.

216. **Miembros de la oración.**—Los miembros de la oración gramatical son: el *sujeto,* el *verbo,* el *atributo,* el *acusativo* o *complemento directo,* el *dativo* o *complemento indirecto* y el *ablativo* o *complemento circunstancial.*

Sujeto es el ser de que se afirma o niega algo o al que se atribuye la acción del verbo, como: **Dios** *existe.*

Verbo es el miembro que une el sujeto con el atributo, o el miembro que afirma un hecho, como: *El caballo* **está** *cansado.*

Atributo es el miembro que expresa lo que se afirma o niega del sujeto, como: *España ha sido* **poderosa.**

El *acusativo* o *complemento directo,* es el miembro en que recae directamente la acción del verbo, como: *Ernesto vendió* **su casa.**

El *dativo* o *complemento directo,* es el miembro a que se dirige la acción del verbo o que expresa el fin de esta acción, como *Escribo* **a** Juan. *Estudia* **para médico.**

El *ablativo* o *complemento circunstancial,* es el miembro que expresa lugar, tiempo, modo, compañía, causa, instrumento, afirmación, origen, etc., etc., como: *Vive* **aquí. Mañana** *llegará. Ella cose* **bien.** *Paseo* **con mi hermano.**

217. **Cómo pueden ser los miembros de las oraciones.**—Todos los miembros de la oración gramatical pueden ser *simples* y *compuestos, incomplejos* y *complejos.*

Son *simples,* cuando constan de una sola parte, como: **El niño** *dibuja* (sujeto simple).

Son *compuestos,* cuando constan de más de una parte, como: *Compré* **lápices, plumas** *y* **papel.** (Acusativo compuesto).

Son *incomplejos,* cuando no llevan determinativos ni explicativos, como: **La cabra, el cordero** *y* **la oveja** *pacen* **en el prado** (sujeto y ablativo incomplejos).

Son *complejos,* cuando llevan algún determinativo o explicativo, y cuando los forma una oración, como: **El hermano de Andrés** *ha regalado una* **fragante rosa.** (sujeto y acusativo complejos). **Vivir en el campo** *es muy saludable* (sujeto complejo).

El verbo es *complejo* cuando lleva algún complemento, acusativo, dativo o ablativo, e *incomplejo,* cuando no lleva ninguno.

218. Oraciones gramaticales por la naturaleza de su verbo. — Las oraciones, según su verbo, pueden ser: de *verbo substantivo,* de *verbo activo* o *transitivo,* de *verbo intransitivo* o *neutro,* de *verbo reflexivo,* de *verbo recíproco,* de *verbo impersonal,* de *pasiva,* de *infinitivo,* de *participio* y de *gerundio.*

Oraciones de verbo *substantivo,* son aquéllas cuyo verbo es de esta clase. Se dividen en *primeras* y *segundas:* primeras, cuando llevan atributo, como: *La azucena* es olorosa; segundas cuando no llevan atributo, como: *El caballo está en la cuadra.*

Oraciones de verbo *activo* o *transitivo,* son aquéllas cuyo verbo es de esta clase. Se dividen en *primeras* y *segundas;* primeras, cuando llevan acusativo, como: *Antonio alquiló* un hotel; segundas, cuando no llevan acusativo, como: *Luis escribe.*

Son oraciones de verbo *intransitivo* o *neutro,* aquéllas cuyo verbo es de esta clase. Se dividen en *primeras* y *segundas:* primeras cuando llevan atributo, como: *El enfermo descansa* sosegado; *segundas,* cuando no llevan atributo, como: *El rey ha llegado.*

Son oraciones de *pasiva,* aquéllas cuyo verbo está en esta voz. bo *impersonal,* aquéllas cuyo verbo es, respectivamente, de esta clase, como: *Yo me lavo. José y Tomás se escriben. Ahora relampaguea.*

Son oraciones de *pasiva,* aquéllos cuyo verbo está en esta voz. Se dividen en *primeras* y *segundas:* son primeras, cuando llevan un ablativo agente unido por las preposiciones *de* o *por,* como: *Los buenos alumnos son queridos* de su maestro, o por su maestro; segundas, cuando les falta dicho ablativo, como: *Los buenos alumnos son queridos.*

Se llaman oraciones de *infinito,* las que constan de dos verbos, *determinante* y *determinado,* y éste en presente de infinitivo. Estas oraciones toman el nombre del verbo determinado, y así hay: oraciones de infinitivo primeras y segundas de verbo substantivo, primeras y segundas de verbo transitivo, primeras y segundas de verbo intransitivo, primeras y segundas de pasiva, de verbo reflexivo, etc., como: *Yo* quiero ser *pintor. María* ansiaba poseer *la joya. El pequeñín* quiso ser *besado por su mamá,* etc.

Oraciones de *participio* y oraciones de *gerundio,* son aquéllas cuyo verbo está en estas formas simples del modo infinitivo, como: **Concluído** *el trabajo...* **Arando** *un labrador...*

Las oraciones de participio y de gerundio, deben transformarse poniendo su verbo en modo personal. Transformaríamos las anteriores, diciendo: ***Luego que hubimos concluído el trabajo... Cuando araba un labrador...***

Ejercicios del primer año

Ejercicios orales. — Conjugar el modo infinitivo y los tiempos simples de los verbos *oír, salir* y *erguir*.

Ejercicios de invención. — 1.º *Copiar las oraciones siguientes y hallar otra, para cada una, que tenga sentido contrario:*

1. Los niños aplicados, son el placer de su maestro.
2. El soldado valiente, es honra de su patria.
3. El agua potable, cuece bien las legumbres y disuelve bien el jabón.
4. El hombre que goza de salud, posee una gran fortuna.
5. El que ahorra, se prepara una vejez tranquila.
6. La limpieza es fuente abundosa de salud.
7. Si quieres ser querido y considerado, sé bueno y trabajador.
8. Quién mal anda, mal acaba.

Modelo. — Los niños aplicados son el placer de su maestro. — *Los niños desaplicados son el dolor de su maestro.*

2.º *Copiar las proposiciones que se dirán, substituyendo los puntos con la preposición correspondiente:*

1. El acusado compareció ... el juez. — 2. ... buenas ... primeras, le faltó ... palabra y ... obra. — 3. Dios está ... el cielo ... la tierra y ... todo lugar. — 4. Le hirió ... la espada. — 5. El infeliz niño quedó ... padre y ... madre. — 6. ... el placer, viene el dolor. — 7. El ejército se dirigió ... la plaza sitiada. — 8. ... ellos dicen, habrá dificultades. — 9. Se estrelló ... la pared. — 10. El dinero robado quedó ... la mesa del tribunal, y el reo fué puesto ... la custodia del carcelero. — 11. Tenemos deberes ... Dios, ... la sociedad y ... nosotros mismos.

Ejercicio de composición. — Descripción de una iglesia. — *(Resumen:* La casa de Dios. — El edificio, el ábside, el campanario, las campanas, el reloj. — Interior: capillas, altares, altar mayor, presbiterio, púlpito, confesonario, pila bautismal, sacristía, bancos, sillas, etc. — Sacerdote, sacristán y acólito. — La santa misa).

Ejercicios del segundo año

Ejercicios orales. — Conjugar el modo infinitivo y los tiempos simples de los verbos *desdecirse, nevar* y *soler* (defectivo).

Ejercicios de invención. — 1.º *De palabra o por escrito, substituír los puntos con la preposición correspondiente:*

1. Besé la mano ... papá. — 2. Descubrióse ... pasar la bandera del regimiento. — 3. Me coloqué ... él, para verle mejor. — 4. El jardín ... tu casa es espacioso. — 5. Lo untaron ... aceite. — 6. ... estos pecados hay algunas virtudes. — 7. ¿Sabes los deberes que tienes ... tus profesores? — 8. Le espero ... las dos ... la tarde. — 9. Quedé ... Juan y Luisa. — 10. El aeroplano voló ... poniente. — 11. Tú lo sabes todo ... ellos dicen. — 12. ... pretexto ... escribir, pidió papel. — 13. ... la cruz está el diablo.

2.º *De palabra o por escrito, substituír los puntos con la conjunción que convenga:*

1. No pediré favor ... justicia.—2. Enrique ... Hilario quedaron enterados.—3. Ganó siete ... ocho premios.—4. ... se desespera ... se resigna.—5. Lo saben todo; ... guardarán el secreto.—6. Te darán buen salario ... lo merezcas.—7. Ganó el pleito ... tenía razón.—8. El arenal es

extenso ... el bosque está cercano.—9. Irás a París ... conozcas la sede de la moda.—10. Te ha escrito varias cartas ... no digas que te olvida.—11. Está libre del servicio militar ... es corto de talla.—12. Te corregirás ... serás despedido. — 13. ... eres terco, peor para tí.

Ejercicio de composición.—La recompensa. — (*Resumen:* Los hermanos Ernesto y Celestina quedaron huérfanos cuando tenían pocos años. **—Su abuela, pobre, los recogió.—Trabajó lo indecible para darles pan.—Los niños fueron buenos y aplicados.—Aprendieron oficio.—Vivieron siempre para su abuelita.—La abuela cayó enferma y quedó inútil para todo trabajo.—Sus nietos sólo pensaron en darle bienestar.—Un hermano de la abuela vino de América solo y rico.—Prendado de aquellos jóvenes, les nombró sus herederos**).

LECCIÓN XXXII

La oración, considerada desde el punto de vista lógico

219. **La oración, lógicamente.**—*La oración se estudia desde el punto de vista lógico, cuando se la considera según la importancia de su función en la* **cláusula.**

Por esta razón, las oraciones pueden ser *principales* y *secundarias.*

220. **Oración principal.** — Oración *principal* es la que entraña un pensamiento completo.

Las oraciones principales pueden ser: *principales absolutas* y *principales relativas.*

221. **Oración principal absoluta.** — La oración es *principal absoluta,* cuando entraña un pensamiento completo por sí sola, como: *Jesucristo redimió el género humano.*

222. **Oración principal relativa.** — La oración es *principal relativa,* cuando entraña un pensamiento completo, pero que depende de alguna principal absoluta, como: *El Ministro es justo en sus disposiciones,* **pero muchos opinan lo contrario.**

223. **Oraciones secundarias.** — Son oraciones *secundarias,* las que no entrañan un pensamiento completo. Se subdividen en *complementarias, incidentales, sujetivas* y *atributivas.*

Las complementarias pueden ser: *complementarias de verbo* y *complementarias de nombre.*

Son complementarias de verbo, las que forman todo el complemento de un verbo, es decir: *todo un acusativo, todo un dativo* o *todo un ablativo,* como: *Ellos dicen* **que no saben nada.** — *Estudia* **para ser médico.** — *Lloverá* **cuando Dios quiera.**

Las complementarias de nombre, forman el complemento determinativo de un nombre, como: *leo la novela* **que me recomendaste.**

Las oraciones incidentales son oraciones *explicativas:* pueden ser *incidentales de verbo* e *incidentales de nombre,* así: incidental del verbo: *Jesús,* **como sabemos todos,** *nació en Belén;* incidental de nombre: *Las Américas,* **que fueron descubiertas por Colón,** *constituyen el Nuevo Continente.*

Se llaman *oraciones sujetivas,* las que constituyen *todo el sujeto* de una proposición cualquiera, como: **Consolar al triste** *es obra de caridad.*

Son *oraciones atributivas,* las que constituyen *todo el atributo* de una proposición cualquiera, como: *Hablar es* **manifestar nuestros pensaientos por medio de palabras.**

- **Oraciones**
  - **Principales**
    - **Absolutas**
    - **Relativas**
  - **Secundarias**
    - **Complementarias**
      - **De nombre**
      - **De verbo**
    - **Incidentales**
      - **De nombre**
      - **De verbo**
    - **Sujetivas**
    - **Atributivas**

224. **Cláusula y sus clases.** — *Cláusula* es toda oración o conjunto de oraciones, en que se encierra la expresión de un pensamiento completo.

Las cláusulas pueden ser: *simples* o *monomembres* y *compuestas* o *polimembres,* y unas y otras, *incomplejas* y *complejas.*

Cláusula *simple* o *monomembre,* es la que consta de una sola oración principal; y es *compuesta* o *polimembre,* la que consta de dos o más oraciones principales.

La cláusula es *incompleja,* cuando la oración u oraciones principales que la forman, no llevan ninguna oración complementaria o incidental.

La cláusula es *compleja,* cuando la oración u oraciones principales que la forman, llevan alguna oración complementaria o incidental.

225. **Miembro de una cláusula.** — Son miembros de una cláusula, las oraciones principales que la forman.

Ejercicios del primer año

Ejercicios orales. — Conjugar el modo infinitivo y los tiempos simples de los verbos *venir, dormir, anochecer* y *relinchar.*

Ejercicios de invención.-1.° *Establecer las siguientes comparaciones:* 1. Antonio es alto como ... — 2. Emilio es más testarudo que ... — 3. Aquel muchacho es ágil como ... — 4. Tu hermano se mostró valiente como ... — 5. Victoriano es más hablador que ... — 6. El niño estuvo prudente como ... — 7. Piensa y discurre como ... 8. Eso es más duro que ... —9. Estaba alegre como ... — 10. El senegalés aquel fué feroz como ... —11. La habitación quedó obscura como ...—12. Le verás manso como ...

Modelo. — Antonio es alto como *una torre.*

2.° *Escribir las cláusulas siguientes:*

1. Una cláusula simple e incompleja. — 2. Una cláusula compuesta e incompleja. — 3. Una cláusula simple y compleja. — 4. Una cláusula compuesta y compleja.

3.° *De palabra o por escrito, formar las oraciones siguientes:*

1. Dos oraciones empleando verbos impersonales. — 2. Dos oraciones empleando verbos unipersonales. — 3. Dos oraciones empleando verbos bipersonales. — 4. Dos oraciones empleando verbos de irregularidad común. — 5. Dos oraciones empleando otros tantos verbos que tengan las mismas irregularidades que el verbo *contar.*

Ejercicio de Lexigrafía.—Buscar, en el Diccionario, la significación de las voces: *talayot, venia, pertinaz, arcaico, compeler, adecentar.*

Ejercicio de análisis. — *¡Quién sabe! Tal vez posea lo pésimo; pero él cree que es lo mejor.*

Ejercicios del segundo año

Ejercicios orales. — Conjugar el modo infinitivo y los tiempos simples de los verbos *abolir, empedernir* y *garantir* (defectivos).

Ejercicios de invención.—1.° *Copiar las proposiciones siguientes, substituyendo los puntos con la interjección o frase interjectiva conveniente:*

1. ¡ ... ! Este olor es pestilente.—2. ¡ ! ¿Cuándo has llegado, chico?—3. ¡ ... ! ¡Qué pena me ha dado!—4. ¡ ... ! ¡Cuán triste es ver la muerte de un padre!—5. Alejaos de ahí ¡ ... !—6. Yo no creía que hubiese perdido tanto ¡ ... !—7. ¡ ... ! ¡No hagáis ruído, que despertaría!—8. ¡ ... ! me has pinchado de veras.—9. ¡ ... ! no seas atrevido.—10. ¡ ... ! ¡un joven a los veinte años que no sepa ganarse el pan!

2.° *De palabra o por escrito, decir la diferencia de significación entre las siguientes frases:*

1. Es un hombre *bueno* y Es un *buen hombre.* — 2. Tengo un *simple* libro y Debe de ser un muchacho *simple.* — 3. Nos resulta un *pobre* hombre y Resulta un hombre *pobre.* — 4. Juan tiene *mala cabeza* y Juan tiene *mala la cabeza.* — 5. La lección *cojea* mucho y *Cojea* de la pierna derecha. — 6. Poseo un *sencillo* cortaplumas y Es un cortaplumas *sencillo.* — 7. *Malo* está el asunto y Juan está *malo.*

Ejercicio de recitación. — *Aprender de memoria y recitar la poesía siguiente:*

LA VIDA ES SUEÑO

Sueña el rico en su riqueza,
Que más cuidados le ofrece;
Sueña el pobre que padece
Su miseria y su pobreza;
Sueña el que a medrar empieza;
Sueña el que afana y pretende;
Sueña el que agravia y ofende;
Y en el mundo, en conclusión,
Todos sueñan lo que son,
Aunque ninguno lo entiende.

Calderón de la Barca

Ejercicio de composición. — *Poner en prosa la poesía anterior.*

Ejercicio de análisis lógico y gramatical. — *¡Caramba! eso es irritante, pues no se concibe atrevimiento tanto.*

LECCIÓN XXXIII

La Sintaxis. — De Ortografía

226. **La sintaxis.** — *Sintaxis* es la parte de la Gramática que enseña la dependencia y el orden de colocación de las palabras en la oración y la dependencia y el orden de colocación de las oraciones en la cláusula.

227. **División de la sintaxis.** — La sintaxis se divide en *regular* y *figurada.*

228. **Sintaxis regular.** — La sintaxis *regular* exige que en la oración no falten ni sobren palabras y que cada una ocupe el lugar que le corresponda, a fin de que los pensamientos se expresen con claridad.

229. **Sintaxis figurada.** — La sintaxis *figurada* enseña a construír las oraciones y las cláusulas añadiendo, quitando o alterando el orden de las palabras y de las oraciones, a fin de que los pensamientos se expresen con elegancia, vigor, armonía y naturalidad.

Generalmente, se habla y escribe siguiendo las leyes de la sintaxis figurada.

230. **Partes de la sintaxis.** — La sintaxis se divide en tres partes: *concordancia, régimen* y *construcción.*

---

231. **La diéresis.** — La *diéresis* o *crema* consiste en dos puntos que se ponen sobre la *u,* para indicar que esta vocal debe pronunciarse, como *agüero, agüita.* En poesía, cuando conviene dividir un diptongo en dos sílabas, se pone sobre la primera vocal.

232. **El guión menor.** — El *guión menor* es la rayita que se emplea para separar entre sí las sílabas de una palabra, especialmente cuando ésta no cabe toda en el renglón, como: *ca-balle-ro.*

233. **El guión mayor.** — El *guión mayor* es la raya que se emplea en los diálogos, para indicar el cambio de interlocutor, como: *¿Quién llama? — Es el cartero.*

234. **El guión doble.** — El *guión doble* (=) se emplea en las copias, para indicar que lo que sigue va, en el original, al principio del renglón siguiente.

235. **La interrogación.** — La *interrogación* se escribe al principio y al fin de lo que debe leerse en tono de pregunta, v. g.: *¿Por quién preguntáis?*

236. **La admiración.** — La *admiración* se escribe al principio y al fin de lo que debe leerse expresando dolor, alegría, tristeza, sorpresa, rencor, miedo, etc., como: *¡Dios mío!*

237. **Los puntos suspensivos.** — Se emplean los *puntos suspensivos* cuando se calla algo que se da por sobrentendido, como: *De tal palo... Los meses del año son doce: enero, febrero, marzo...*

238. **El paréntesis.** — Se emplea el *paréntesis* para encerrar palabras y oraciones que aclaran el sentido de la cláusula, como: *El general Prim (nació en Reus, Cataluña) fué gran patriota, soldado valeroso y diplomático notable.*

239. **El subrayado.** — Se subrayan las palabras para llamar la atención del lector. En lo impreso se ponen con letra diferente.

240. **Las comillas.** — Las *comillas* (“ ”) se ponen al principio y al final de lo que se copia o pertenece a otro autor.

241. **El asterisco.** — El *asterisco* (*) se emplea para hacer llamada o nota, cita o explicación que, precedida de igual signo, suele ponerse al pie de la plana o página. A veces, en lugar del asterisco se emplean letras o números.

Ejercicios del primer año

Ejercicios de reflexión. — 1.º *Distinguir, en cada una de las siguientes oraciones, el sujeto, el verbo, el atributo y los complementos.*

1. Mi amigo está enfermo. — 2. La flor del nardo es olorosa. — 3. La pelota está en el tejado. — 4. Manuel ha vendido su reloj. — 5. Hermenegildo escribió a su tío. — 6. Tú vendrás mañana. — 7. Querer es poder. — 8. Pepe y Juanito estudian para saber. — 9. Periquillo irá a Valencia. — 10. Él lo vió. — 11. Tú la hallarás. — 12. Quizás ella me lo comunicará. — 13. Ya viene Juan.

Modelo. — Mi amigo (sujeto) está (verbo) enfermo (atributo).

2. *Distinguir, en cada una de las oraciones siguientes, el sujeto, el acusativo, el dativo y el ablativo:*

1. Antonio ayer compró lápices a Joaquín.—2. En octubre, ambas jóvenes fueron a Madrid con su tío.—3. El jefe del taller te pagará los jornales que pides.—4. Cuando vuelvas, tú y nosotros invitaremos al capitán para obsequiarle.—5. Porque es de justicia, pronto el juez decretará tu libertad.—6. Escribí una esquela a Sebastián, para anunciarle tu próximo viaje.—7. Los mineros sacan la hulla del interior de la tierra.—8. Enrique habla el francés como su maestro.—9. Nadie te dirá lo que te conviene.—10. Apresúrate mucho.—11. Estoy sin novedad.—12. Cuéntaselo pronto.

Ejercicio de composición.—En la plaza.—*Hacer la descripción de la plaza del pueblo o de cualquier plaza de una villa o ciudad.* — (*Resumen:* Extensión.—Calles que a la plaza desembocan.—Las tiendas.—Fuente pública si la hay.—La plaza en los días de fiesta y de mercado o de feria.—Quiénes se reúnen en ella de ordinario.—La plaza en días de fiesta mayor.—Hechos notables que en la plaza se hayan desarrollado).

Ejercicio de Lexigrafía.—Buscar, en el Diccionario, la significación de las palabras: *apoteosis - sinopsis - épico - irrefutable - dilapidar - infligir.*

Ejercicio de análisis. — *Ni esto ni aquello, pues la cosa no puede quedar así.*

Ejercicios del segundo año

Ejercicio de invención. — 1.º Escribir *seis* verbos que tengan las mismas irregularidades que *defender* y decir en qué consisten estas irregularidades.

2.º *Escribir las oraciones de infinitivo que se dirán:*

1. Dos de verbo substantivo.—2. Dos de verbo activo o transitivo.—3. Dos de verbo neutro o intransitivo. — 4. Dos de verbo reflexivo.—5. Dos de verbo recíproco.—6. Dos primeras de pasiva.—7. Dos segundas de pasiva.—8. Dos de verbo impersonal.—9. Dos de verbo bipersonal.

3.º *Poner a los nombres siguientes un complemento explicativo y un complemento determinativo:*

Cristal	Luna	Abuelo
Marmol	Miel	Rayos
Vino	Enfermedad	Desierto
Rosa	Tigre	Maestro

MODELO. — El *transparente* cristal *de roca*.

Ejercicio de composición. — EL JUGADOR.—(*Resumen:* El vicio de jugar. — El jugador pierde: dinero, salud, tranquilidad, alegría, amor de padres, esposa, hijos y amigos. — Desesperación del jugador. — Su envidia y odios. — Hogar del jugador. — El vicio. — Robo. — Pobreza. —Dónde se encuentran la alegria, la salud, la tranquilidad, el bienestar).

Ejercicio de análisis lógico y gramatical.—*Quien no desea, aguarda la muerte: vivir es desear noblemente.*

LECCIÓN XXXIV

La concordancia

242. **Concordancia.** — *Concordancia* es la conformidad de accidentes gramaticales entre dos o más palabras.

243. **Clases de concordancia.**—Pueden considerarse dos clases de concordancia: *concordancia de miembros* y *concordancia de partes de miembro.*

244. **Concordancia de miembros.**—La concordancia de miembros se establece entre el *sujeto* y el *verbo* y entre el *sujeto* y el *atributo,* cuando éste es un adjetivo.

245. **Concordancia de sujeto y verbo.**—En la concordancia de sujeto y verbo, conviene saber:

1.º El verbo concuerda con el sujeto en número y persona, como: *Yo escribo, tú escribes, él escribe, nosotros escribimos, vosotros escribís, ellos escriben.*

2.º Cuando el sujeto es un tratamiento de cortesía, el verbo se pone en tercera persona como: *Usted es justo.*

3.º Cuando el sujeto es compuesto, el verbo se pone en plural, como: *Pedro y Vicente* **pasean.**

En cuanto a la persona, el verbo se pone en primera, si alguna de las partes del sujeto está en primera persona; en segunda, si alguna de las partes del sujeto está en segunda y ninguna en primera, y en tercera, si ninguna de las partes está en segunda ni en primera, como: *Tú y yo* **partiremos.** *El y vosotros* **cobraréis.** *Santiago y José* **son** *obedientes.*

246. **Concordancia de sujeto con atributo.** — El atributo concuerda con el sujeto en género y número, como: *Ramón* **es honrado.** — *Leonor* **es buena.** — *Vosotras sois* **aplicadas.**

Cuando el sujeto es compuesto, el atributo se pone siempre en plural.

Si las partes del sujeto son de distinto género, el atributo se pone en masculino, como: *El* **caballo** *y la* **yegua** *están* **cansados.** *Los* **caballos** *y las* **yeguas** *están* **cansados.**

247. **Concordancia de partes de miembro.** — La concordancia de partes de miembro, se establece entre *el artículo y el nombre,* entre el *adjetivo* y el *nombre* y entre *el pronombre relativo* y su *antecedente.*

El artículo toma el género y el número del nombre y del pronombre a que se junta, como: **el** *niño,* **la** *niña,* **los** *padres,* **las** *madres,* **lo** *bueno,* **el** *tuyo,* **la** *mía,* **el** *nuestro,* **las** *vuestras.*

El adjetivo toma el género y el número del nombre y del pronombre a que modifica, como: *libro* **hermoso,** *casa* **buena,** *ríos* **caudalosos,** *los* **míos encarnados,** *las* **tuyas blancas,** *los* **vuestros malos.**

El pronombre relativo toma el género y el número de su antecedente, como: *La* **casa** *de la* **cual** *me hablas...* *Los* **jóvenes** *a* **quienes tratamos...** *La* **madre cuya** *hija la quiere...* *Los hermanos* **cuyos amigos...**

Ejercicios del primer año

Ejercicio de reflexión. — *Distinguir, en cada una de las siguientes oraciones, el acusativo, el dativo y el ablativo, explicando la naturaleza de este:*

1. La niña compró estampas al librero, porque le parecieron hermosas.—2. Daniel y su hermana ayer visitaron a sus abuelos para darles una buena noticia.—3. Mahón y Cartagena poseen puertos magníficos.—4. Si vienes conmigo conocerás el Museo, a fin de que puedas visitarlo cuando quieras.—5. Pepe y Nicolás han estudiado siempre con gran aplicación.—6. El cochero hoy le ha herido con el látigo.—7. Indudablemente, él y ella vendieron ayer cuantos muebles poseían.—8. Ramón vive en París desde el mes pasado.—9. Arréglatelo como puedas.—10. Quizás Antonio habrá ahorrado dinero para su vejez.

Modelo. — La niña (sujeto) compró (verbo) estampas (acusativo) al librero (dativo) porque le parecieron hermosas (ablativo de causa).

Ejercicio de invención. — *Completar las siguientes proposiciones:*

1. Las abejas fabrican su panal para ... — 2. Los toros se sirven de los cuernos para ... — 3. Las arañas tejen su tela para ... — 4. Los barcos se sirven de las velas para ... — 5. Se ponen herraduras al caballo para ... — 6. Los globos se elevan en el espacio porque ... — 7. El corcho flota en el agua porque ... — 8. Hacemos la señal de la cruz para ... — 9. El sol sale y se pone todos los días porque ... — 10. Las gallinas incuban sus huevos para ... — 11. El sueño sirve para ... — 12. El calzado sirve para ...

Modelo. — Las abejas fabrican su panal para *depositar la miel que elaboran.*

Ejercicio de composición. — *Escribir doce acciones buenas que puede hacer un niño.*

Modelo. — Aconsejar a un compañero que sea aplicado.

Ejercicio de Lexigrafía. — Buscar, en el Diccionario, la significación de las siguientes voces: *talismán, arcaísmo, pusilánime, incoherente, sobreseer, raer.*

Ejercicio de análisis. — *Vos llegáis oportunamente: sin embargo, hay que pensar cómo se arregla eso.*

Ejercicios del segundo año

Ejercicios de invención.—1.° Escribir *seis* verbos que tengan las mismas irregularidades que *pedir*, y decir en qué consisten estas irregularidades.

2.° *Copiar las proposiciones siguientes substituyendo la palabra escrita con letra bastardilla con una preposición y un nombre convenientes:*
1. Ella andaba *lentamente.* — 2. Francisco obró *irreflexivamente.* — 3. Le atropellaron *atrozmente.* — 4. La joya fué *imperfectamente* imitada. — 5. *Sobradamente* lo saben todos. — 6. El muchacho partió *ligeramente.* — 7. Trabajó *infatigablemente.* — 8. Estefanía quiere *locamente* a su mamá. — 9. Copió la lámina *perfectamente.* — 10. Supo argumentar *sabiamente.* — 11. Siempre se ha colocado *afortunadamente.* — 12. Su amigo obró *lealmente.*

MODELO. — Ella andaba *con lentitud.*

Ejercicio de composición. — *En nombre de los padres, de la familia y en el propio, carta de pésame a un señor amigo, que ha tenido la desgracia de perder a uno de sus hijos.*

Ejercicio de Lexigrafía.-Buscar, en el Diccionario, el significado de las palabras: *toxina, galicismo, furtivo, incongruente, rehabilitar, desvirtuar.*

Ejercicio de análisis lógico y gramatical. — *Como te apresures, llegarás a tiempo: probablemente le alcanzarás.*

LECCIÓN XXXV

Del régimen

248. **El régimen.** — *Régimen* es la dependencia de unas oraciones respecto de otras oraciones y la de unas palabras respecto de otras palabras.

249. **Clases de régimen.** — Deben estudiarse tres clases de régimen.

Régimen de oraciones, régimen de miembros y *régimen de partes de miembro.*

250. **Régimen de oraciones.** — La oración principal absoluta rige a la principal relativa que depende de ella, como: *Yo te lo diré todo;* **pero debes guardar el secreto más absoluto.**

La absoluta se llama oración *regente;* la relativa, oración *regida.*

Los medios de régimen son, en este caso, generalmente, las conjunciones *adversativas (más, pero, aunque, sin embargo, no obstante)* y las *ilativas (luego, pues, de consiguiente, con que, por tanto).*

Las oraciones principales (absolutas y relativas) y las complementarias, rigen a las oraciones incidentales de su verbo, como: *El paciente Job,* **como dice la santa Biblia,** *fué modelo de virtudes y santidad. Cuando puedas escribir,* **y esperamos que será pronto,** *nos escribirás las bellezas que París encierra.*

(La oración regente es la complementaria. *Cuando puedas escribir*, y la regida, la incidental, *y esperamos que será pronto)*.

Los medios de régimen son en este caso, generalmente, las conjunciones, las preposiciones y los adverbios.

251. **Régimen de miembros.** — El verbo rige a sus complementos: hay, pues, *régimen de verbo y acusativo, régimen de verbo y dativo* y *régimen de verbo y ablativo.*

252. Régimen de verbo y acusativo.— Si el acusativo puede ejecutar la acción del verbo, el régimen se verifica mediante la preposición a, v. g.: *Yo respeto* **a** *mi profesor.*

Cuando en la oración hay un dativo que lleva la preposición a, el acusativo no la lleva aunque pueda ejecutar la acción del verbo, como: *El general pidió* **veinte soldados** *al coronel.*

Tampoco el acusativo lleva la preposición a, cuando tiene carácter indeterminado, aunque pueda ejecutar la acción del verbo, como: *Busco criados diligentes.*

Si el acusativo no puede ejecutar la acción del verbo, el régimen se verifica sin nexo alguno, como: *He probado* **aquella manzana.**

En algunos casos, aunque rarísimos, el acusativo lleva la preposición a, aunque no pueda ejecutar la acción del verbo, como: *El diámetro* divide **a la circunferencia** *en dos partes iguales.*

Cuando el acusativo es un nombre propio geográfico, unas veces lleva artículo y otras no. Si lleva artículo, el régimen se verifica sin preposición, como: *Pasé* **el río Guadalquivir. Si no lleva artículo, el acusativo toma la preposición a, como:** *Asdrúbal fundó* **a Cartagena.**

Cuando el acusativo es otro verbo en infinitivo, el régimen se verifica, generalmente, sin nexo alguno, como: *Pepe quiere* **salir.**

Cuando el acusativo es otro verbo que no está en presente de infinitivo, el régimen se verifica, por lo general, por medio de la conjunción copulativa que, como: *Creo* **que** *llegará.*

253. Régimen de verbo y dativo. — El verbo rige al dativo, generalmente, por medio de las preposiciones *a, para, contra, hacia* **y** *sobre* **o de una conjunción final, como:** *Voy* **a** *Madrid.* — *Estudia* **para médico.** — *Partió* **hacia** *oriente.* — *Se anuncia este preparado* **a fin de que** *sea conocido.*

254. Régimen de verbo y ablativo. — El ablativo es el miembro más libre de la oración: el verbo rige a él por medio de las conjunciones, de las preposiciones, de los adverbios y sin nexo alguno, como: *Le despidieron* **porque** *sabía pocas matemáticas.* — *Viste a la española.* — *Iré* **cuando** *tú lo pidas.* — *Le conocerás pronto.*

255. **Régimen de partes de miembro.** — El régimen de partes de miembro se establece:

1.º Entre el nombre o el pronombre y su complemento nombre (determinativo o explicativo), como: *La casa* de mi primo. — *Casa* con balcones. — *Calle* sin aceras. — *El tabaco*, de América, *puede ser perjudicial.*

2.º Entre el nombre o el pronombre y su complemento oración (determinativa o explicativa), como: *El potro* que compró Antolín, *es de origen andaluz.* — *Un caballo*, que no siempre es el mismo, *recorre la distancia en dos horas.*

3.º Entre el adjetivo y el verbo que le complementa, como: *Ágil* para correr.

4.º Entre el adjetivo y el nombre que le complementa, como: *Color azul* de Prusia.

Ejercicios del primer año

Ejercicio de reflexión. — *De palabra o por escrito, decir la persona, el número, el tiempo y el modo de los siguientes verbos:*

Callé	Ven	Autorizamos	Beberías
Advirtió	Calla	Cantáis	Consolaré
Levanté	Vendremos	Retuviera	Fuí
Acércate	Vayan	Cállese	Diga

Modelo. — *Callé.* — Primera persona del singular del pretérito indefinido del modo indicativo del verbo *callar.*

Ejercicio de invención. — *Copiar las siguientes oraciones, corrigiendo las preposiciones que se hallaren mal empleadas:*

1. Tus abuelitos te darán muchos consejos. — 2. Voy a por barquillos, y os invitaré a todos. — 3. Haremos un viaje con aeroplano. — 4. Llegaréis a Madrid con el exprés de la mañana. — 5. Llamado por el juez, se presentó con él. — 6. Pagamos las avellanas a setenta céntimos por kilo. — 7. Mañana consultaremos la cuestión con el abogado. — 8. Lo compraron en cuatro pesetas. — 9. El ciclista se estrelló con la pared. — 10. Voy con el coche a la feria. — 11. El mes próximo iré en Madrid. — 12. Por pretexto de estar enfermo, no asistió en la clase. — 13. Mañana parto por Londres. — 14. Adjunta a ésta, recibirá ... — 15. La cuenta se encerró a 30 de enero de ... — 16. Partió con dirección a Francia. — 17. Adjunta con la presente remito a V ...

Ejercicio de composición. — *Escribir diez cosas que no debe hacer el niño que ame a sus padres y se respete a sí mismo.*

Modelo. — Faltar, a sabiendas, a la verdad.

Ejercicio de Lexigrafía.—Buscar, en el Diccionario, la significación de las siguientes voces: *neologismo - epigastrio - vilipendiar - retrotraer - infalible - efeméride.*

Ejercicio de análisis. — *El infeliz andaba lentamente y hablaba sin ton ni son.*

Ejercicios del segundo año

Ejercicios de invención. — 1.º *Explicar, de palabra o por escrito, la significación de los siguientes modismos:*

1. Buscar una aguja en un pajar.—2. No ver una viga en el ojo propio y ver una paja en el ajeno.—3. Andarse por las ramas.—4. Descubrir el pastel.—5. Caer en la red.—6. Estar fuera de quicio.—7. Estar con el pie en el estribo.—8. Tomarle a uno el pelo.—9. Cantar la palinodia.—10. Seguir la corriente.—11. Ir viento en popa.—12. Hacer las paces.

2.° *De palabra o por escrito, explicar la significación de los siguientes refranes:*

1. En perro flaco, todo son pulgas.—2. Al que se hace miel, moscas le comen.—3. A hierro candente, batir de repente.—4. De los escarmentados, salen los avisados.—5. El que tiene boca, se equivoca.—6. Donde las dan, las toman.—7. Gato escaldado, del agua fría huye.—8. Zapatero, a tus zapatos.—9. Peseta ahorrada, peseta ganada.—10. Lo que puedas hacer hoy, no lo dejes para mañana.—11. Tanto va el cántaro a la fuente, que, al fin, se rompe.—12. A falta de pan, buenas son tortas.

Ejercicio de composición. — La Navidad. — (*Resumen:* Qué conmemora la fiesta de Navidad. — Nacimiento de Jesús. — Los ángeles, los pastores, los Reyes Magos. — Los belenes. — Quién es Jesús. — Su infancia. — Por qué vino al mundo. — Ingratitud de los hombres. — La nochebuena. — La Misa del Gallo).

Ejercicio de Lexigrafía.—Buscar, en el Diccionario, la significación de las palabras: *epiciclo — nostalgia — impersonalizar — repeler — desnaturalizado — híbrido.*

Ejercicio de análisis lógico y gramatical. — *Habló con dignidad, obró con energía, marchóse y jamás se ha sabido su paradero.*

LECCIÓN XXXVI

De la construcción

256. **Construcción.** — *Construcción* es la parte de la Sintaxis que trata del orden de colocación de las oraciones en la cláusula y de las palabras en la oración.

257. **Clases de construcción.**—Pueden establecerse tres clases de construcción: *construcción de cláusulas, construcción de oraciones* y *construcción de miembros.*

258. **Construcción de cláusulas.** — La construcción de una *cláusula compuesta es* **regular,** cuando la oración u oraciones principales absolutas preceden a la principal o principales relativas, como: **la salud es un tesoro y todos debemos conservarla;** *no obstante, hay hombres irreflexivos que comprometen la suya cada día.*

Si la oración u oraciones principales relativas preceden a la principal o principales absolutas, la construcción de la cláusula compuesta es **figurada,** como: **A pesar de que los médicos le habían aconsejado que no estudiase,** *Antonio se entregó a los libros con vocación irresistible.*

259. **Construcciones forzosas.**—Una cláusula compuesta tiene *construcción forzosa:*

1.° *Cuando entre sus miembros hay relación de tiempo.*

2.° *Cuando entre sus miembros hay relación de categoría.*

3.° *Cuando concurren un ablativo o un dativo comunes a todos los miembros de la cláusula compuesta.*

Cuando entre los miembros de una cláusula compuesta hay *relación de tiempo,* los miembros se colocan por el orden con que los hechos se han ejecutado, se ejecutan o se ejecutarán, v. g.: *El cardenal llegó a las diez; visitó al Arzobispo de Toledo, y salió en seguida para Roma. Jugó ayer, juega hoy y jugará toda su vida.*

Cuando entre los miembros hay *relación de categoría,* se colocan dichos miembros de mayor categoría a categoría menor, o viceversa, v. g.: *El rey y la reina están aterrados; los ministros no aciertan a obrar; muchos oradores arengan a las masas, y el pueblo arde en sed de venganza.*

Cuando concurren un ablativo o un dativo comunes a todos los miembros de la cláusula, aquél se pone en primer término, como: **En la primavera,** *los pájaros cantan; los árboles florecen, y los insectos pululan por doquiera.* **Para que veas mi interés en el asunto,** *telegrafiaré a nuestro diputado y veré al Gobernador.*

260. **Construcción de oraciones.** — Una oración está en *construcción figurada,* cuando se comete en ella alguna de las figuras: *hipérbaton, elipsis, pleonasmo, silepsis* o *traslación.*

La figura *hipérbaton* consiste en alterar el *orden regular* de los miembros de la oración, que es el siguiente: sujeto, verbo, atributo, dativo y ablativo, o sujeto, verbo, acusativo, dativo y ablativo, como: Mañana *yo partiré.*

La figura *elipsis* consiste en suprimir las palabras no indispensables, como: *Juego de manos, juego de villanos.*

La figura *pleonasmo* consiste en el empleo de palabras que no son necesarias; pero que dan a la oración vigor, energía, claridad, como: *Lo ví* **por mis propios ojos.**

La figura *silepsis* consiste en faltar a las leyes de la concordancia, como: *Vuecencia es caritativo.*

La figura *traslación* consiste en poner el verbo en tiempo que no le corresponde, como: *Mañana* voy *a Madrid,* en vez de decir iré.

261. **Construcción de miembros.** — En la construcción de miembros, conviene saber:

1.° Los complementos determinativos van, generalmente, después del nombre, y los explicativos, antes de él, como: *Una rosa* blanca. — *Una* fragante *rosa.*

2.° Si concurren dos *determinativos adjetivos,* generalmente van los dos después del nombre, como: *La joven* alta y rubia *que allá ves...;* pero, a veces, por elegancia, se antepone uno de los adjetivos al nombre, como: *Las* primeras *flores* abrileñas.

3.° Si concurren un *determinativo adjetivo* y un *determina-*

tivo nombre, ambos van detrás de la palabra substantiva a que se refieren, y el adjetivo, en primer término, como: *El perro* negro de Juan...

4.° Si concurren tres determinativos, un *adjetivo,* un *nombre* y una *oración determinada,* los tres van después del nombre, y la oración, en último término, como: *El perro* **negro de Juan que vimos ayer...**

5.° Cuando uno de los pronombres *me* y *te* van con el pronombre *se,* éste siempre se les antepone, como: **Se me** *quemó la capa.* — **Se te** *cayó el sombrero.*

6.° El pronombre relativo se coloca, ordinariamente, después de su antecedente, como: *El libro* **que** *compré...;* sin embargo, a veces se antepone, v. g.: **¿Qué** *libro compraste?*

262. **Construcción forzosa de un miembro compuesto.**—Si entre las partes de un miembro compuesto hay relación de categoría, las partes se colocan de categoría superior a inferior o viceversa, y si hay relación de tiempo, por el orden con que los hechos han sucedido, suceden o sucederán, como: *Los abuelos, el padre, la madre y los hijos partieron.* — *Le he visto anteayer, ayer y hoy.*

Ejercicios del primer año

Ejercicios orales. (Repaso). — 1.° — 1. ¿Figuras de dicción? — 2. ¿Clases de figuras? — 3. ¿Figuras por aumento de letras?

2.° 1. ¿La oración gramatical?—2. ¿Sus miembros?—3. ¿El sujeto? —4. ¿El verbo?—5. ¿El atributo?—6. ¿El acusativo?—7. ¿El dativo? 8. ¿El ablativo?—9. ¿Cómo pueden ser los miembros?

3.° 1. ¿La oración lógicamente considerada?—2. ¿Oración principal? —3. ¿Oración principal absoluta?—4. ¿Oración principal relativa?

4.° 1. ¿Oraciones secundarias? — 2. ¿Cómo pueden ser las secundarias?—3. ¿Oración complementaria de verbo?—4. ¿Oración complementaria de nombre?—5. ¿Las oraciones incidentales?—6. ¿Oración incidental de verbo?—7. ¿Oración incidental de nombre?—8. ¿Oraciones sujetivas?—9. ¿Oraciones atributivas?

Ejercicios del segundo año

Ejercicios orales. (Repaso). — 1.° — 1. ¿Figuras de dicción y sus clases?—2. ¿Figuras por aumento de letras?—3. ¿Figuras por disminución de letras?—4. ¿Figura por permutación de letras?—5. ¿Figura por contracción de letras?

2.° 1. ¿Oración gramatical?—2. ¿Qué se estudia en la oración cuando se la considera desde el punto de vista gramatical?—3. ¿Miembros de una oración?—4. ¿Cómo pueden ser los miembros?—5. ¿División de las oraciones gramaticales?—6. Explicación de cada clase. Ejemplos.

3.° 1. ¿Cuándo la oración gramatical se estudia desde el punto de vista lógico?—2. Oraciones principales y su división. Ejemplos.—3. ¿Oraciones secundarias?—4. ¿Cómo se dividen las oraciones secundarias?—5. ¿Oraciones complementarias y sus clases?—6. ¿Oraciones incidentales y sus clases?—7. ¿Oraciones sujetivas?—8. ¿Oraciones atributivas?

4.° 1. ¿Cuadro sinóptico de las oraciones consideradas desde el punto de vista lógico?—2. ¿Cláusula y sus clases? Ejemplos. — 3. ¿Miembros de una cláusula?

LECCIÓN XXXVII

Formas del pronombre personal de tercera persona en acusativo y dativo. — Sinónimos y homónimos. — De ortografía

263. **Formas del pronombre *él* en acusativo y dativo.** —Las formas del pronombre **él** en *acusativo,* son las siguientes:

En *masculino singular,* se emplea la forma **lo** para representar, indistintamente, persona o cosa, como: Hablando de un hombre: *Ayer* **lo** *ví.* Hablando de un bastón: *Ayer* **lo** *compré.*

La forma **le** se emplea sólo para representar persona, y resulta más elegante que la forma **lo.** Hablando de un joven: *Anteayer* **le** *conocí.*

En *femenino singular,* se emplea la forma **la** para representar persona y cosa, como: Refiriéndonos a una señora: *Hoy* **la** *he visto.* Hablando de una silla: *Ayer* **la** *compré.*

Sus plurales son, respectivamente, **los, les** y **las,** y tienen igual uso:

En dativo:

En *dativo,* se emplea la forma **le,** en singular, para ambos géneros, y **les,** en plural, también para ambos géneros, como: Refiriéndonos a un hombre o una mujer: **Le** *escribí una carta.* Refiriéndose a varios hombres o mujeres: **Les** *escribí una carta.*

264. **Palabras sinónimas.**—Son palabras *sinónimas,* aquéllas que expresan una misma idea fundamental, es decir, que tienen igual o parecida significación, como: *nombrar* y *llamar, amor* y *cariño, suma* y *adición,* etc.

265. **Palabras homónimas.** — Son palabras *homónimas,* las que tienen idéntica pronunciación y, a veces, la misma ortografía, pero de significación distinta, como: *amo* (nombre) y *amo* (verbo), *espiar* y *expiar, masa* y *maza,* etc.

266. **Empleo de la coma.** — Se empleará la *coma* **(,) en los casos siguientes:**

1.° Para separar unos de otros los miembros cortos de una cláusula compuesta, si no van unidos por las conjunciones *y, ni, o,* v. g.: *Nublóse el cielo, se obscu-*

reció la tierra, brillaron los relámpagos, retumbó el trueno y pronto estalló la tempestad.

2.° Para separar las partes de un miembro compuesto de una oración, si no van unidas por las conjunciones *y, ni, o,* v. g.: *Papá, mamá, mi hermana y yo visitamos París, Bruselas, Berna y Roma.*

3.° Para separar la oración principal relativa corta, de la principal absoluta que la precede, v. g.: *La vida del cuerpo es transitoria, mas la del alma es eterna.*

4.° Cuando lo exige la claridad de la oración, v. g.: *El vivir, mal te puede aprovechar si no eres virtuoso.*

5.° Para aislar el vocativo o apóstrofe, como: *Precisa,* amigos míos, *que vayamos.*

6.° Para aislar las oraciones incidentales o explicativas, como: *El buen Jesús,* como sabe todo el mundo, *nació en Belén.*

7.° Para aislar las expresiones *es decir, esto es, de manera, en fin, por último, sin embargo, no obstante,* etc., como: *Por San Juan,* esto es, *en 24 de junio, obsequiaremos a papá.* — *El cielo está despejado;* no obstante, *me llevo el paraguas.*

8.° Al final del dativo o ablativo de dos o más vocablos, que se antepone al verbo, como: Si quieres ser docto, *estudia y observa.* — Para que no lo ignores, *te lo diré.* — Llegado el mes de junio, *los segadores preparan la hoz.*

9.° Para indicar el lugar de la oración donde se suprime el verbo por elipsis, como: *El perro es animal, y el roble, un vegetal.*

10.° Cuando conviene hacer una leve pausa para tomar aliento, v. g.: *El muchacho que no hace caso de los consejos y advertencias de sus padres y maestros, un día se arrepentirá inútilmente de su proceder.*

11. Cuando debería ponerse *punto y coma,* y se rebaja la pausa por haber conjunción copulativa, como: *El granizo destruye las cosechas; atropella los árboles frutales, y acaba con la vida de no pocos pajarillos.*

Ejercicios del primer año

Ejercicios orales. — (Repaso). — 1.° 1. ¿La sintaxis?—2. ¿Cómo se divide?—3. ¿Sintaxis regular?—4. ¿Sintaxis figurada?—5. ¿Partes de la sintaxis?

2.° 1. ¿Concordancia?—2. ¿Clases de concordancia?—3. ¿Concordancia de sujeto y verbo? Casos y ejemplos.

3.° 1. ¿Qué es régimen?—2. ¿Clases de régimen?—3. ¿Régimen de oraciones?—4. ¿Régimen de miembros?

4.° 1. ¿Qué es construcción?—2. ¿Clases de construcción?—3. ¿Construcción de cláusulas?—4. ¿Casos de construcción forzosa?

5.° 1. ¿Formas en acusativo y dativo del pronombre personal de tercera persona? Ejemplos.—2. ¿Palabras sinónimas?—3. ¿Palabras homónimas? Ejemplos.

Ejercicios del segundo año

Ejercicios orales.—(REPASO).—1.º—1. ¿La sintaxis y su división?—2. ¿Partes de la sintaxis?—3. ¿La diéresis?—4. ¿El guión menor?—5. ¿El guión mayor?—6. ¿El guión doble?—7. ¿La interrogación?—8. ¿La admiración?—9. ¿Los puntos suspensivos?—10. ¿El paréntesis?—11. ¿El subrayado?—12. ¿Las comillas?—13. ¿El asterisco?

2.º 1. ¿Concordancia y sus clases?—2. ¿Concordancia de sujeto y verbo?—3. ¿Concordancia de sujeto con atributo?—4. ¿Concordancia de partes de miembro?

3.º 1. ¿El régimen y sus clases?—2. ¿Régimen de oraciones?—3. ¿Régimen de miembros?—4. ¿Régimen de verbo y acusativo?—5. ¿Régimen de verbo y dativo?—6. ¿Régimen de verbo y ablativo?—7. ¿Régimen de partes de miembro?

4.º 1. ¿Construcción y sus clases?—2. ¿Construcción de cláusulas?—3. ¿Construcciones forzosas?—4. ¿Construcción de oraciones?—5. ¿Construcción de miembros?—6. ¿Construcción forzosa de un miembro compuesto?

5.º 1. ¿Formas del pronombre personal de tercera persona en acusativo y dativo?—2. ¿Palabras sinónimas? Ejemplos.—3. ¿Palabras homónimas? Ejemplos.—4. ¿Empleo de la coma?—Ejemplos.

LECCIÓN XXXVIII

De Ortografía

267. **Empleo del punto y coma.** — **Emplearemos el *punto y coma* (;) en los casos siguientes:**

1.º Para separar los miembros de alguna extensión de una cláusula compuesta, v. g.: ***Colón acudió a los Reyes Católicos pidiéndoles su apoyo; la gran Isabel comprendió que el genovés no era un loco visionario; se hallaron los medios necesarios, y el insigne navegante descubrió un mundo ignorado.***

2.º Para separar los miembros cortos de una cláusula compuesta, si alguno de ellos lleva coma, v. g.: ***Cuando reciba tu telegrama, contestaré; arreglaré mis asuntos; visitaré al cónsul, y partiré para Alemania.***

3.º Para separar la oración principal relativa de alguna extensión, de la principal absoluta que la precede, como: ***El tiempo no es muy bueno; sin embargo, creo que no deben preocuparnos las consecuencias que el viaje pueda tener.***

4.º Para separar los miembros consecutivos de una oración principal, que sean de una misma naturaleza y de mucha extensión, v. g.: *Cuando el general observó que sus tropas desfallecían en toda la línea de combate; cuando se convenció de que su derrota era segura, ordenó que el ejército se replegara.*

268. **Empleo de los dos puntos.** — Se emplean los *dos puntos* (:) en los siguientes casos:

1.° Después del vocativo con que es costumbre llamar la atención, v. g.: *Mi querido Ramón: Acabo de recibir tu carta.*

2.° Después de las palabras *Certifico* y *Expone*, empleadas en las *certificaciones* y *solicitudes*.

3.° Después de una oración, cuando le sigue su desarrollo, como: *Los días de la semana son siete: lunes, martes, miércoles...*

4.° Después de una cláusula u oración, cuando le sigue otra que es su consecuencia o resumen, como: *Cualquiera que sea capaz de mentir, es indigno de ser contado entre los hombres: si mientes, hijo mío, no cuentes con el cariño de tu padre.*

5.° Cuando se van a citar palabras de otro, como: *Jesucristo dijo a sus apóstoles: "Dejad que los niños se acerquen a mí".*

269. **El punto final.** — 1.° El *punto final* se emplea para cerrar una cláusula. Si lo que sigue a la cláusula cerrada está íntimamente relacionado con ella, se escribe a *punto* y *seguido*; si no lo está, a *punto* y *aparte*.

2.° También se emplea el punto final en ciertas abreviaturas, como: *Sr. D. Felipe Cuesta.* — *V. M. y S. A. son caritativos.*

Ejercicios del primer año

Ejercicio oral. (REPASO).—Díganse los usos principales del punto y coma.

Ejercicios escritos. — 1.° *Copiar las siguientes proposiciones, corrigiendo las formas del pronombre personal de tercera persona que se hallasen mal empleadas.*

1. ¿Has visto a Dolores?—Sí, ayer le ví.—2. ¿Has comprado el caballo?—Le acabo de comprar hace una hora.—3. ¿Has escrito a mamá?—La escribí ayer y le conté muchas cosas.—4. ¿Conoces a Sofía y a su hermana?—No la conozco todavía.—5. Al Presidente de la Sala y al Fiscal los han dirigido una instancia—6. ¿Has visitado a Don Manuel?—¿Lo visité anteayer.—7. ¿Has adquirido los pavos para Navidad?—Sí, les compré anoche.—8. A la Directora y a la Secretaría, las recomendé la instancia de Leonor.—9. A la Baronesa, la envié ayer nuestros recuerdos.—10. ¿El niño no siente añoranzas?—No, porque lo distraigo con mis cuentos.—11. ¿Merceditas está en tu casa?—No, se le llevó mi cuñada.—12. ¿Te acuerdas del famoso pianista?—Lo tengo fijo en la memoria.

2.° *Copiar y puntuar, debidamente, las siguientes proposicioness*

1. Papá mamá y mi hermano se hallan de viaje.—2. En Francia en Italia en Inglaterra en Bélgica y en Austria hallé varios españoles.—3. Perico quiso pelotas aleluyas un caballo de cartón una bicicleta y un tambor.—4. A semejanza de una cabrita retozona la niña corre salta juega y se divierte constantemente.—5. Dios nuestro Señor es infinitamente sabio bueno amoroso y clemente.—6. A tí a él a nosotros a vosotros y a Enrique nos obsequiarán con una gira campestre.

Ejercicios del segundo año

Ejercicios orales. (REPASO). — 1. ¿Principales casos en que debe emplearse el *punto y coma?* — 2. ¿Principales casos en que deben emplearse los *dos puntos?* — 3. ¿Uso del *punto final?*

Ejercicios escritos. — 1.° *Puntuar, debidamente, las siguientes proposiciones:*

1. Cuanto vosotros pidáis amigos míos os será servido sin demora. — 2. El café el azúcar el cacao el tabaco y no pocas maderas finas son pro-

ductos exóticos que ya apreciaron nuestros abuelos y nuestros padres que apreciamos nosotros y que estimarán las generaciones venideras.—3. Muebles joyas alhajas cuadros preciosidades mil y cuantas comodidades puedas desear lo hallarás en aquella rica suntuosa y caritativa casa.—4. El niño estudia la niña dibuja el padre lee el periódico y la mamá borda un pañuelo.—5. Es preciso niño que te apliques.—6. Antonio yo confío en tu bondad en tu educación y en tu buen criterio.—7. Despejad la habitación señores.

2.° 1. Escribió Fray Luis de León publiquen Señor los cielos vuestra grandeza las estrellas vuestro resplandor las flores vuestra hermosura la tierra vuestra providencia la mar y sus ondas vuestra majestad.—2. Respeta y considera a las Autoridades mas no seas jamás en ningún caso su adulador.—3. Mañana si Dios quiere habremos concluído esta labor empezaremos la otra veremos si el trabajo resultará remunerado y continuaremos o no en esta casa según convenga.—4. Más aprecia el hombre pensador la virtud que la riqueza pero el avaro el tonto el irreflexivo y el vicioso opinan de otra manera contraria a la ley de Dios.—5. Se fijaban en todo en todo en los jardines en los parques en los palacios en los museos y hasta esto es lo más raro en el vestir de los ricos de los trabajadores y de los mendigos.—6. Enrique no escucha con deleite la música de los grandes maestros y en cambio se muere por la de las zarzuelillas de poca monta con tal que sean alegres no se hizo la miel para la boca del asno.—7. Toda guerra debería empezar por lo que acaba la paz.—8. Las penas no matan no sin embargo son el tormento mayor de la vida como ha dicho un pensador.

LECCIÓN XXXIX

La composición

270. **Principales clases de composición.**—Los principales géneros de composición son tres: la *narración*, la *descripción* y la *carta.*

271. **La narración.**—Consiste la *narración* en referir un hecho o un acontecimiento cualquiera, como, por ejemplo, *contar una historieta, referir una excursión o un viaje*, etc.

La narración debe ser *clara*, esto es, que sea fácilmente comprendida por los que la leen o escuchan, para lo cual se emplearán frases cortas y correctas.

Debe ser *breve*, esto es, escrita sin rodeos y que no contenga más que las palabras necesarias.

Debe ser *interesante*, o lo que es lo mismo, tener forma agradable, para que produzca, en los oyentes o lectores, la impresión de que asisten a lo narrado.

272. **La descripción.** — La *descripción* podría decirse que debe ser algo parecido a la pintura de un objeto por medio de palabras; deben enumerarse las partes del objeto descrito, sus dimensiones, color, para qué sirve y cuantas particularidades en él concurran, como *descripción de un reloj de sol, descripción de un pararrayos*, etc., etc.

273. **Una carta.** — La *carta* es una conversación

por escrito entre dos personas, que no pueden comunicarse por medio de la palabra hablada.

El modo de escribir una carta debe variar en gran manera: depende del objeto que se propone quien la escribe y de las relaciones que existan entre el que la envía y el que la recibe.

Se escriben cartas de *felicitación*, de *pésame*, de *enhorabuena*, de *despedida*, de *comercio*, etc., etc.

Las cartas cortas reciben el nombre de *esquelas* o *billetes*, y, generalmente, lo son las que se escriben a personas que residen en la misma población.

Las cartas se empiezan escribiendo el nombre de la persona a quien van dirigidas; después, en otro renglón, el nombre de la población en que reside dicha persona; luego, el nombre de la población, día, mes y año en que la carta se escribe.

El cuerpo de la carta se escribe dos o tres líneas más abajo, y empieza con la salutación correspondiente: *Muy Sr. mío, Distinguido Sr., Querido papá, Estimado hermano, Amigo mío*, etc., etc., seguidamente, el *texto* o contenido.

El texto de la carta debe ser *claro, breve, expresivo, respetuoso*, diciendo lo que el que escribe se propone, sin rodeos y palabras rebuscadas.

La carta se concluye con otra salutación: *Queda de V. Afmo. S. S. Q. S. M. B., Reciba un abrazo de su hijo que no le olvida, siempre tu mejor amigo*, etc., etc. Finalmente, la firma y rúbrica.

Manera de llenar el sobre.

Madrid

Sello

Sr. D. Pedro Jiménez Mayor.

Cervantes-24-2.º

Alcalá de Henares

LECCIÓN XL

Errores que resultan de escribir unidas o separadas algunas palabras

SUELE ESCRIBIRSE	DEBE ESCRIBIRSE
Veinte y uno	Veintiuno
Veinte y dos (etcétera). .	Veintidós
Diez millonésima . . .	Diezmillonésima
Cien millonésima (etc.). .	Cienmillonésima
Apesar de	A pesar de
Asícomo.	Así como
Amenudo	A menudo
Aveces	A veces
Apropósito	A propósito
Exprofeso	Ex profeso
Enseguida	En seguida
Enfín	En fin
Enmedio	En medio
Sinembargo	Sin embargo
Porsupuesto.	Por supuesto
Recienacido	Recién nacido
Puesque.	Pues que
Endonde.	En donde
Adhoc	Ad hoc
Deseguida	De seguida
A penas	Apenas
Al rededor	Alrededor
Ante ayer	Anteayer
Ante anoche	Anteanoche
Aún que	Aunque

Errores por razón del acento

SUELE ESCRIBIRSE	DEBE ESCRIBIRSE
Cónclave	Conclave
Cólega	Colega
Périto	Perito
Epígrama	Epigrama
Telégrama	Telegrama
Intérvalo	Intervalo

Errores por aumento o disminución de letras

SUELE ESCRIBIRSE	DEBE ESCRIBIRSE
Probalidad	Probabilidad
Ferros carriles	Ferrocarriles
Amastes, temistes, partistes	Amaste, temiste, partiste.

LECCIÓN A

CONJUGACIÓN DEL VERBO HABER

MODO INFINITIVO

Formas simples

Infinitivo o voz radical .	haber
Gerundio	habiendo
Participio pasivo. . . .	habido
Participio activo	habiente

Formas compuestas

Pretérito	haber habido
Futuro	haber de haber
Gerundio de pret.º	habiendo habido
Gerundio de fut.º	habiendo de haber

MODO INDICATIVO

PRESENTE		Pret.º perfecto
Yo . . .	he	he habido
Tú . . .	has	has habido
El . . .	ha	ha habido
Nosotros	hemos o habemos	hemos habido
Vosotros	habéis	habéis habido
Ellos . .	han	han habido

Pret.º imperfecto	Pretérito pluscuamperfecto	Pret.º indefinido
había	había habido	hube
habías	habías habido	hubiste
había	había habido	hubo
habíamos	habíamos habido	hubimos
habíais	habíais habido	hubisteis
habían	habían habido	hubieron

Pretérito anterior	Futuro imperfecto	Futuro perfecto
hube habido	habré	habré habido
hubiste habido	habrás	habrás habido
hubo habido	habrá	habrá habido
hubimos habido	habremos	habremos habido
hubisteis habido	habréis	habréis habido
hubieron habido	habrán	habrán habido

MODO POTENCIAL

Simple o futuro	Compuesto o pretérito
habría	habría habido
habrías	habrías habido
habría	habría habido
habríamos	habríamos habido
habríais	habríais habido
habrían	habrían habido

MODO SUBJUNTIVO

PRSENTE	Pretérito perfecto	Pretérito imperfecto
haya	haya habido	hubiera o hubiese
hayas	hayas habido	hubieras o hubieses
haya	haya habido	hubiera o hubiese
hayamos	hayamos habido	hubiéramos o hubiésemos
hayáis	hayáis habido	hubierais o hubieseis
hayan	hayan habido	hubieran o hubiesen

Pretérito pluscuamperfecto	Futuro imperfecto	Futuro perfecto
hubiera o hubiese habido	hubiere	hubiere habido
hubieras o hubieses habido	hubieres	hubieres habido
hubiera o hubiese habido	hubiere	hubiere habido
hubiéramos o hubiésemos habido	hubiéremos	hubiéremos habido
hubierais o hubieseis habido	hubiereis	hubiereis habido
hubieran o hubiesen habido	hubieren	hubieren habido

MODO IMPERATIVO

PRESENTE

	Hayamos *nosotros*
He *tú*	Habed *vosotros*
Haya *él*	Hayan *ellos*

LECCIÓN B

CONJUGACIÓN DEL VERBO SER

MODO INFINITIVO

Formas simples

Infinitivo o vos radical .	ser
Gerundio	siendo
Participio pasivo. . . .	sido
Participio activo	carece

Formas compuestas

Pretérito	haber sido
Futuro	haber de ser
Gerundio de pret.º	habiendo sido
Gerundio de fut.º .	habiendo de ser

MODO INDICATIVO

PRESENTE

Yo . . . soy
Tú . . . eres
Él . . . es
Nosotros somos
Vosotros sois
Ellos . . son

Pret.º perfecto

he sido
has sido
ha sido
hemos sido
habéis sido
han sido

Pret.º imperfecto

era
eras
era
éramos
erais
eran

Pretérito pluscuamperfecto

había sido
habías sido
había sido
habíamos sido
habíais sido
habían sido

Pret.º indefinido

fuí
fuiste
fué
fuimos
fuisteis
fueron

Pretérito anterior

hube sido
hubiste sido
hubo sido
hubimos sido
hubisteis sido
hubieron sido

Futuro imperfecto

seré
serás
será
seremos
seréis
serán

Futuro perfecto

habría sido
habrías sido
habrá sido
habremos sido
habréis sido
habrán sido

MODO POTENCIAL

Simple o futuro

sería
serías
sería
seríamos
seríais
serían

Compuesto o pretérito

habría sido
habrías sido
habría sido
habríamos sido
habríais sido
habrían sido

MODO SUBJUNTIVO

PRSENTE

sea
seas
sea
seamos
seáis
sean

Pretérito perfecto

haya sido
hayas sido
haya sido
hayamos sido
hayáis sido
hayan sido

Pretérito imperfecto

fuera o fuese
fueras o fueses
fuera o fuese
fuéramos o fuésemos
fuerais o fueseis
fueran o fuesen

Pretérito pluscuamperfecto

hubiera o hubiese sido
hubieras o hubieses sido
hubiera o hubiese sido
hubiéramos o hubiésemos sido
hubierais o hubieseis sido
hubieran o hubiesen sido

Futuro imperfecto

fuere
fueres
fuere
fuéremos
fuereis
fueren

Futuro perfecto

hubiere sido
hubieres sido
hubiere sido
hubiéremos sido
hubiereis sido
hubieren sido

MODO IMPERATIVO

PRESENTE

Sé *tú*
Sea *él*

Seamos *nosotros*
Sed *vosotros*
Sean *ellos*

LECCIÓN C

CONJUGACIÓN DEL VERBO AMAR

(MODELO DE 1.ª CONJUGACIÓN)

MODO INFINITIVO

Formas simples

Infinitivo o voz radical .	am-ar
Gerundio.	am-ando
Participio pasivo . . .	am-ado
Participio activo. . . .	am-ante

Formas compuestas

Pretérito	haber am-ado
Futuro	haber de am-ar
Gerundio de pret.º	habiendo am-ado
Gerundio de fut.º.	habiendo de am-ar

MODO INDICATIVO

	PRESENTE	Pret.º perfecto
Yo . . .	am-o	he am-ado
Tú . . .	am-as	has am-ado
Él. . . .	am-a	ha am-ado
Nosotros.	am-amos	hemos am-ado
Vosotros.	am-áis	habéis am-ado
Ellos. . .	am-an	han am-ado

Pret.º imperfecto	Pretérito pluscuamperfecto	Pret.º indefinido
am-aba	había am-ado	am-é
am-abas	habías am-ado	am-aste
am-aba	había am-ado	am-ó
am-ábamos	habíamos am-ado	am-amos
am-abais	habíais am-ado	am-asteis
am-aban	habían am-ado	am-aron

Pretérito anterior	Futuro imperfecto	Futuro perfecto
hube am-ado	am-aré	habré am-ado
hubiste am-ado	am-arás	habrás am-ado
hubo am-ado	am-ará	habrá am-ado
hubimos am-ado	am-aremos	habremos am-ado
hubisteis am-ado	am-aréis	habréis am-ado
hubieron am-ado	am-arán	habrán am-ado

MODO POTENCIAL

Simple o futuro	Compuesto o pretérito
am-aría	habría am-ado
am-arías	habrías am-ado
am-aría	habría am-ado
am-aríamos	habríamos am-ado
am-aríais	habríais am-ado
am-arían	habrían am-ado

MODO SUBJUNTIVO

PRSENTE	Pretérito perfecto	Pretérito imperfecto
am-e	haya am-ado	am-ara o am-ase
am-es	hayas am-ado	am-aras o am-ases
am-e	haya am-ado	am-ara o am-ase
am-emos	hayamos am-ado	am-áramos o am-ásemos
am-éis	hayáis am-ado	am-arais o am-aseis
am-en	hayan am-ado	am-aran o am-asen

Pretérito pluscuamperfecto	Futuro imperfecto	Futuro perfecto
hubiera o hubiese am-ado	am-are	hubiere am-ado
hubieras o hubieses am-ado	am-ares	hubieres am-ado
hubiera o hubiese am-ado	am-are	hubiere am-ado
hubiéramos o hubiésemos am-ado	am-áremos	hubiéremos am-ado
hubierais o hubieseis am-ado	am-areis	hubiereis am-ado
hubieran o hubiesen am-ado	am-aren	hubieren am-ado

MODO IMPERATIVO

PRESENTE

	Am-emos *nosotros*
Am-a *tú*	Am-ad *vosotros*
Am-e *él*	Am-en *ellos*

LECCIÓN D

CONJUGACIÓN DEL VERBO TEMER

(MODELO DE 2.ª CONJUGACIÓN)

MODO INFINITIVO

Formas simples

Infinitivo o voz radical .	tem-er
Gerundio	tem-iendo
Participio pasivo . . .	tem-ido
Participio activo. . . .	carece

Formas compuestas

Pretérito	haber tem-ido
Futuro	haber de tem-er
Gerundio de pret.º	habiendo tem-ido
Gerundio de fut.º.	habiendo de tem-er

MODO INDICATIVO

PRESENTE

Yo . . .	tem-o
Tú . . .	tem-es
Él . . .	tem-e
Nosotros	tem-emos
Vosotros	tem-éis
Ellos . .	tem-en

Pret.º perfecto

he tem-ido
has tem-ido
ha tem-ido
hemos tem-ido
habéis tem-ido
han tem-ido

Pret.º imperfecto

tem-ía
tem-ías
tem-ía
tem-íamos
tem-íais
tem-ían

Pretérito pluscuamperfecto

había tem-ido
habías tem-ido
había tem-ido
habíamos tem-ido
habíais tem-ido
habían tem-ido

Pret.º indefinido

tem-í
tem-iste
tem-ió
tem-imos
tem-isteis
tem-ieron

Pretérito anterior

hube tem-ido
hubiste tem-ido
hubo tem-ido
hubimos temido
hubisteis tem-ido
hubieron tem-ido

Futuro imperfecto

tem-eré
tem-erás
tem-erá
tem-eremos
tem-eréis
tem-erán

Futuro perfecto

habré tem-ido
habrás tem-ido
habrá tem-ido
habremos tem-ido
habréis tem-ido
habrán tem-ido

MODO POTENCIAL

Simple o futuro

tem-ería
tem-erías
tem-ería
tem-eríamos
tem-eríais
tem-erían

Compuesto o pretérito

habría tem-ido
habrías tem-ido
habría tem-ido
habríamos tem-ido
habríais tem-ido
habrían tem-ido

MODO SUBJUNTIVO

PRSENTE

tem-a
tem-as
tem-a
tem-amos
tem-áis
tem-an

Pretérito perfecto

haya tem-ido
hayas tem-ido
haya tem-ido
hayamos tem-ido
hayáis tem-ido
hayan tem-ido

Pretérito imperfecto

tem-iera o tem-iese
tem-ieras o tem-ieses
tem-iera o tem-iese
tem-iéramos o tem-iésemos
tem-ierais o tem-ieseis
tem-ieran o tem-iesen

Pretérito pluscuamperfecto

hubiera o hubiese tem-ido
hubieras o hubieses tem-ido
hubiera o hubiese tem-ido
hubiéramos o hubiésemos tem-ido
hubierais o hubieseis tem-ido
hubieran o hubiesen tem-ido

Futuro imperfecto

tem-iere
tem-ieres
tem-iere
tem-iéremos
tem-iereis
tem-ieren

Futuro perfecto

hubiere tem-ido
hubieres tem-ido
hubiere tem-ido
hubiéremos tem-ido
hubiereis tem-ido
hubieren tem-ido

MODO IMPERATIVO

PRESENTE

	Tem-amos *nosotros*
Tem-e *tú*	Tem-ed *vosotros*
Tem-a *él*	Tem-an *ellos*

LECCIÓN E

CONJUGACIÓN DEL VERBO PARTIR

(MODELO DS 3.ª CONJUGACIÓN)

MODO INFINITIVO

Formas simples

Infinitivo o voz radical	part-ir
Gerundio	part-iendo
Participio pasivo . . .	part-ido
Participio activo . . .	carece

Formas compuestas

Pretérito	haber part-ido
Futuro	haber de part-ir
Gerundio de pret.º	habiendo part-ido
Gerundio de fut.º	habiendo de part-ir

MODO INDICATIVO

PRESENTE		Pret.º perfecto
Yo . . .	part-o	he part-ido
Tú . . .	part-es	has part-ido
Él . . .	part-e	ha part-ido
Nosotros	part-imos	hemos part-ido
Vosotros	part-ís	habéis part-ido
Ellos . .	part-en	han part-ido

Pret.º imperfecto	Pretérito pluscuamperfecto	Pret.º indefinido
part-ía	había part-ido	part-í
part-ías	habías part-ido	part-iste
part-ía	había part-ido	part-ió
part-íamos	habíamos part-ido	part-imos
part-íais	habíais part-ido	part-isteis
part-ían	habían part-ido	part-ieron

Pretérito anterior	Futuro imperfecto	Futuro perfecto
hube part-ido	part-iré	habré part-ido
hubiste part-ido	part-irás	habrás part-ido
hubo part-ido	part-irá	habrá part-ido
hubimos part-ido	part-iremos	habremos part-ido
hubisteis part-ido	part-iréis	habréis part-ido
hubieron part-ido	part-irán	habrán part-ido

MODO POTENCIAL

Simple o futuro	Compuesto o pretérito
part-iría	habría part-ido
part-irías	habrías part-ido
part-iría	habría part-ido
part-iríamos	habríamos part-ido
part-iríais	habríais part-ido
part-irían	habrían part-ido

MODO SUBJUNTIVO

PRSENTE	Pretérito perfecto	Pretérito imperfecto
part-a	haya part-ido	part-iera o part-iese
part-as	hayas part-ido	part-ieras o part-ieses
part-a	haya part-ido	part-iera o part-iese
part-amos	hayamos part-ido	part-iéramos o part-iésemos
part-áis	hayáis part-ido	part-ierais o part-ieseis
part-an	hayan part-ido	part-ieran o part-iesen

Pretérito pluscuamperfecto	Futuro imperfecto	Futuro perfecto
hubiera o hubiese part-ido	part-iere	hubiere part-ido
hubieras o hubieses part-ido	part-ieres	hubieres part-ido
hubiera o hubiese part-ido	part-iere	hubiere part-ido
hubiéramos o hubiésemos part-ido	part-iéremos	hubiéremos part-ido
hubierais o hubieseis part-ido	part-iereis	hubiereis part-ido
hubieran o hubiesen part-ido	part-ieren	hubieren part-ido

MODO IMPERATIVO

PRESENTE

	Part-amos *nosotros*
Part-e *tú*	Part-id *vosotros*
Part-a *él*	Part-an *ellos*

LECCIÓN F

Conjugación del verbo AMAR en la voz pasiva

MODO INFINITIVO

Presente	ser amado
Gerundio	siendo amado
Participio pasivo	sido amado
Participio activo	carece
Pretérito	haber sido amado
Futuro	haber de ser amado
Gerundio de pretérito . .	habiendo sido amado
Gerundio de futuro . . .	habiendo de ser amado

MODO INDICATIVO

Presente

Singular		*Plural*	
Yo	soy amado	*Nosotros*	somos amados
Tú	eres amado	*Vosotros*	sois amados
Él	es amado	*Ellos*	son amados

Pretérito perfecto

Yo	he sido amado	*Nosotros*	hemos sido amados
Tú	has sido amado	*Vosotros*	habeis sido amados
Él	ha sido amado	*Ellos*	han sido amados

Pretérito imperfecto

Yo	era amado	*Nosotros*	éramos amados
Tú	eras amado	*Vosotros*	erais amados
Él	era amado	*Ellos*	eran amados

Pretérito pluscuamperfecto

Yo	había sido amado	*Nosotros*	habíamos sido amados
Tú	habías sido amado	*Vosotros*	habíais sido amados
Él	había sido amado	*Ellos*	habían sido amados

Pretérito indefinido

Yo	fuí amado	*Nosotros*	fuimos amados
Tú	fuíste amado	*Vosotros*	fuisteis amados
Él	fué amado	*Ellos*	fueron amados

Pretérito anterior

Yo	hube sido amado	*Nosotros*	hubimos sido amados
Tú	hubiste sido amado	*Vosotros*	hubisteis sido amados
Él	hubo sido amado	*Ellos*	hubieron sido amados

Futuro imperfecto

Yo	seré amado	*Nosotros*	seremos amados
Tú	serás amado	*Vosotros*	seréis amados
Él	será amado	*Ellos*	serán amados

Futuro perfecto

Yo	habré sido amado	*Nosotros*	habremos sido amados
Tú	habrás sido amado	*Vosotros*	habréis sido amados
Él	habrá sido amado	*Ellos*	habrán sido amados

Modo potencial

Simple o futuro

Singular		*Plural*	
Yo	sería amado	*Nosotros*	seríamos amados
Tú	serías amado	*Vosotros*	seríais amados
Él	sería amado	*Ellos*	serían amados

Compuesto o pretérito

Yo	habría sido amado	*Nosotros*	habríamos sido amados
Tú	habrías sido amado	*Vosotros*	habríais sido amados
Él	habría sido amado	*Ellos*	habrían sido amados

Modo subjuntivo

Presente

Yo	sea amado	*Nosotros*	seamos amados
Tú	seas amado	*Vosotros*	seáis amados
Él	sea amado	*Ellos*	sean amados

Pretérito perfecto

Yo	haya sido amado	*Nosotros*	hayamos sido amados
Tú	hayas sido amado	*Vosotros*	hayáis sido amados
Él	haya sido amado	*Ellos*	hayan sido amados

Pretérito imperfecto

Yo	fuera o fuese amado	*Nosotros*	fuéramos o fuésemos amados
Tú	fueras o fueses amado	*Vosotros*	fuerais o fueseis amados
Él	fuera o fuese amado	*Ellos*	fueran o fuesen amados

Pretérito pluscuamperfecto

Yo	hubiera o hubiese sido amado	*Nos.*	hubiéramos o hubiésemos sido amados
Tú	hubieras o hubieses sido amado	*Vos.*	hubierais o hubieseis sido amados
Él	hubiera o hubiese sido amado	*Ellos*	hubieran o hubiesen sido amados

Futuro imperfecto

Yo	fuere amado	*Nosotros*	fuéremos amados
Tú	fueres amado	*Vosotros*	fuereis amados
Él	fuere amado	*Ellos*	fueren amados

Futuro perfecto

Yo	hubiere sido amado	*Nosotros*	hubiéremos sido amados
Tú	hubieres sido amado	*Vosotros*	hubiereis sido amados
Él	hubiere sido amado	*Ellos*	hubieren sido amados

Modo imperativo

	Seamos *nosotros* amados
Se *tú* amado	Sed *vosotros* amados
Sea *él* amado	Sean *ellos* amados

Lección G

Terminaciones de los verbos regulares, para a formación de los tiempos simples de cada una de las tres conjugaciones

Modo indicativo

Presente

1.ª conjugación	— o	as	a	—	amos	áis	an
2.ª conjugación	— o	es	e	—	emos	éis	en
3.ª conjugación	— o	es	e	—	imos	ís	en

Pretérito imperfecto

1.ª conjugación	— aba	abas	aba	—	ábamos	abais	aban
2.ª conjugación	— ía	ías	ía	—	íamos	íais	ían
3.ª conjugación	— ía	ías	ía	—	íamos	íais	ían

Pretérito indefinido

1.ª conjugación	— é	aste	ó	—	amos	asteis	aron
2.ª conjugación	— í	iste	ió	—	imos	isteis	ieron
3.ª conjugación	— í	iste	ió	—	imos	isteis	ieron

Futuro imperfecto

1.ª conjugación	— aré	arás	ará	—	aremos	aréis	arán
2.ª conjugación	— eré	erás	erá	—	eremos	eréis	erán
3.ª conjugación	— iré	irás	irá	—	iremos	iréis	irán

Modo potencial

Simple o futuro

1.ª conjugación	aría	arías	aría	—	aríamos	aríais	arían
2.ª conjugación	— ería	erías	ería	—	eríamos	eríais	erían
3.ª conjugación	— iría	irías	iría	—	iríamos	iríais	irían

Modo subjuntivo

Presente

1.ª conjugación	— e	es	e	—	emos	éis	en
2.ª conjugación	— a	as	a	—	amos	áis	an
3.ª conjugación	— a	as	a	—	amos	áis	an

Pretérito imperfecto

1.ª conjugación	— ara o ase,	aras o ases,	ara o ase
2.ª conjugación	— iera o iese,	ieras o ieses,	iera o iese
3.ª conjugación	— iera o iese,	ieras o ieses,	iera o iese
	áramos o ásemos,	arais o aseis,	aran o asen.
	iéramos o iésemos,	ierais o ieseis,	ieran o iesen.
	iéramos o iésemos,	ierais o ieseis,	ieran o iesen.

Futuro imperfecto

1.ª conjugación	— are	ares	are	—	áremos	areis	aren
2.ª conjugación	— iere	ieres	iere	—	iéremos	iereis	ieren
3.ª conjugación	— iere	ieres	iere	—	iéremos	iereis	ieren

Modo imperativo

1.ª conjugación	a	e	—	emos	ad	en
2.ª conjugación	e	a	—	amos	ed	an
3.ª conjugación	e	a	—	amos	id	an

Análisis lógico y gramatical de una cláusula

(MODELO DEL QUE DEBEN PRACTICAR LOS ALUMNOS DEL GRADO MEDIO)

Cláusula. — *El trabajo, como dice un pensador, es fuente de salud moral y física; de consiguiente, debemos ver en él la solución del problema de la vida.*

La cláusula que antecede es compuesta y compleja: compuesta, por ser bimembre, esto es, consta de dos oraciones que entrañan un pensamiento completo, y compleja, porque contiene otra oración que no lo entraña.

El primer miembro es: *El trabajo es fuente de salud moral y física.* Entraña una oración que, lógicamente considerada, es principal absoluta, y, considerada gramaticalmente, primera de verbo substantivo, cuyos miembros son: sujeto, *El trabajo;* verbo, *es;* atributo, *fuente de salud moral y física.* El sujeto y el verbo son simples e incomplejos; el atributo, simple y complejo, pues la parte principal, *fuente*, lleva el determinativo *de salud moral y física*, complejo a su vez, porque *salud* lleva los determinativos *moral y física.*

El segundo miembro de la cláusula es: *debemos ver en él la solución del problema de la vida.* Entraña una oración que, lógicamente, es de infinitivo primera de verbo transitivo. Sus miembros son: sujeto elíptico, *nosotros;* verbo, *debemos ver;* acusativo, *la solución del problema de la vida;* ablativo de lugar, *en él.* El sujeto es simple e incomplejo; el verbo, compuesto y complejo; el acusativo, simple y complejo, pues la parte principal *solución* lleva el determinativo *del problema de la vida*, complejo a su vez, porque *problema* lleva el determinativo *de la vida;* el ablativo *en él* es simple e incomplejo. Las palabras *dice un pensador*, forman una oración que, lógicamente considerada, es incidental del verbo y del atributo de la principal absoluta, y, gramaticalmente hablando, segunda de verbo transitivo, cuyos miembros son: sujeto, *un pensador;* verbo, *dice;* ambos, *simples e incomplejos.*

Las conjunciones *como* y *de consiguiente*, son dos nexos: el primero une la oración incidental con la principal absoluta, y el segundo une la principal absoluta con la principal relativa, expresando relación de consecuencia o deducción.

ANÁLISIS SINTÁCTICO

Concordancias. — De sujeto con verbo: entre un *pensador* y *dice*, entre *El trabajo* y *es* y entre *nosotros* y *debemos*. De artículo con nombre: entre *El* y *trabajo, un* y *pensador, la* y *solución, el* y *problema, la* y *vida.* De nombre y adjetivo: entre *salud* y los adjetivos *moral* y *física.*

Régimen: De oraciones. — La oración principal absoluta rige a la principal relativa, por medio de la conjunción ilativa *de consiguiente;* la oración principal absoluta rige a su incidental, por medio de la conjunción continuativa *como.* De miembros: el verbo *debemos ver* rige a su acusativo la *fuente* etcétera, sin nexo alguno, y a su ablativo *en él,* por medio de la preposición *en.* De partes de miembro: el nombre *fuente* rige a su determinativo *de salud,* mediante la preposición *de;* el nombre *solución* rige a su determinativo *del problema,* por medio de la preposición *de;* el nombre *problema* rige a su determinativo *de la vida,* por la preposición *de.*

Construcción. — La construcción de la cláusula es regular, porque la oración principal absoluta precede a la relativa. De oraciones: la construcción de la oración principal absoluta es regular, porque no se comete en ella ninguna de las figuras hipérbaton, elipsis, pleonasmo, silepsis o traslación; la de la principal relativa es figurada, porque hay elipsis de sujeto e hipérbaton de ablativo, pues éste se antepone al sujeto, dando lugar a la figura hipérbaton.

Puntuación.—Hay *coma* en las palabras *trabajo* y *pensador,* para aislar la oración incidental del verbo; hay *punto* y *coma* después de la palabra *física,* para separar la oración principal relativa de la absoluta; hay *coma* después de la palabra *consiguiente,* para aislar la conjunción compuesta, y se pone *punto final* después de la palabra *vida,* para cerrar la cláusula.

Análisis de las palabras

Por Analogía. El. — Artículo determinante, masculino singular (Dígase el por qué).

Por Prosodia. — Palabra monosílaba; sílaba inversa simple; palabra átona (Dígase por qué).

Por Ortografía. — Se escribe con letra mayúscula, por ser la palabra inicial de la cláusula; no se acentúa porque es artículo; se acentuaría si fuese pronombre.

Por Lexigrafía. — Puede ser pronombre personal de tercera persona y tener la acepción substantiva, común a todas las palabras.

Por Analogía, trabajo.—Nombre común, simple, primitivo, masculino (Dígase por qué).

Por Prosodia. — Palabra trisílaba: la primera sílaba, directa doble; la segunda y tercera, directas simples; palabra grave (Dígase por qué).

Por Ortografía. — Se escribe con *b,* por el uso; no se acentúa, por ser grave acabada en vocal.

Por Lexigrafía. — Puede ser tiempo del verbo *trabajar.*

Siguiendo la misma pauta, se analizan las demás palabras de la cláusula.

Aritmética

LECCIÓN I (1)

Preliminares

1. **Cantidad.** — *Cantidad* es todo lo que puede representarse por números exacta o aproximadamente.

2. **Unidad.** — *Unidad* es el *uno* de todas las cosas.

3. **Qué es número.** — *Número* es el resultado de comparar la unidad con la cantidad.

4. **Qué es Aritmética.** — *Aritmética* es la ciencia que trata de los números.

5. **Cómo se divide el número.** — El número se divide en *entero, quebrado* y *mixto; abstracto* y *concreto; homogéneo* y *heterogéneo; incomplejo* y *complejo; dígito* y *polidígito.*

6. **Número entero.** — Número *entero* es el formado por una unidad, o por la reunión de varias unidades.

7. **Número quebrado.** — Número *quebrado* es el formado por una parte de la unidad, o por la reunión de varias partes iguales de la unidad.

8. **Número mixto.** — Número *mixto* es el que está formado por un entero y un quebrado.

9. **Número abstracto.** — Llamamos número *abstracto* al que no dice la especie de sus unidades.

10. **Número concreto.**—Número *concreto* es el que dice la especie de sus unidades.

11. **Números homogéneos.** — Números *homogéneos* son los concretos que se refieren a una misma especie de unidades.

---

(1) El texto, hasta la *Lección XII* se reduce al resumen o *recuerdo* del *Grado Elemental.* La materia correspondiente al *Grado Medio* empieza en la *Lección XIII.*

12. **Números heterogéneos.** — Números *heterogéneos* son los concretos que expresan unidades de distinta especie.

13. **Número incomplejo.** — Número *incomplejo* es el concreto que expresa una sola especie de unidades.

14. **Número complejo.** — Número *complejo* es el concreto que consta de dos o más clases de unidades de diferente especie, pero que se refieren a una misma medida.

15. **Número dígito.** — Número *dígito* es el que se representa por una sola cifra.

16. **Número polidígito.** — Número *polidígito* es el que se representa por dos o más cifras.

LECCIÓN II

Numeración hablada

17. **Numeración y cómo se divide.** — *Numeración* es la parte de la Aritmética que enseña a expresar y representar los números. Se divide en *hablada* y *escrita.*

18. **Numeración hablada.**—La numeración *hablada* nos enseña a expresar los números por medio de palabras.

19. **Numeración escrita.** — La numeración *escrita* nos enseña a representar los números por medio de signos, llamados cifras o guarismos.

20. **Base de un sistema de numeración.** — *Base* de un sistema de numeración, es el número de cifras que en él se emplean. Nuestro sistema es el *décuplo* o *decimal,* y se llama así porque su base es *diez.*

21. **Cómo se expresan los números.** — Para expresar los números nos valemos de las palabras siguientes: *uno, dos, tres, cuatro, cinco, seis, siete, ocho, nueve, diez, veinte, treinta, cuarenta, cincuenta, sesenta, setenta, ochenta, noventa, ciento; mil, millón, billón, trillón,* etc.

22. **Decena.** — Una *decena* es la reunión de diez unidades.

23. **Centena.** — Una *centena* es la reunión de cien unidades, o diez decenas.

24. **Millar.** — Un *mil* o *millar,* es la reunión de mil unidades, o diez centenas.

25. **Millón.**—Un *millón* es la reunión de mil millares.

26. **Billón.** — Un *billón* es la reunión de un millón de millones.

27. **Trillón.** — Un *trillón* es la reunión de un millón de billones.

28. **Diferentes órdenes de unidades.** — De lo que llevamos dicho, se deduce que hay diferentes órdenes de unidades, a saber.

Unidades, decenas, centenas.

Unidades de millar, decenas de millar, centenas de millar.

Unidades de millón, decenas de millón, centenas de millón.

Unidades de millar de millón, decenas de millar de millón, centenas de millar de millón.

Unidades de billón, decenas de billón, centenas de billón.

Unidades de millar de billón, decenas de millar de billón, centenas de millar de billón.

Unidades de trillón, decenas de trillón, centenas de trillón. Y así sucesivamente.

29. **Relación que existe entre las diferentes unidades de nuestro sistema de numeración.** — Es la siguiente: diez unidades de un orden cualquiera, forman una unidad del orden inmediato superior.

LECCIÓN III

Numeración escrita. — Numeración romana

30. **Signos con que se representan los números.** — Los nueve números: uno, dos, tres, cuatro, cinco, seis, siete, ocho, nueve, se representan, respectivamente, por estos signos: 1, 2, 3, 4, 5, 6, 7, 8, 9, que se llaman cifras o guarismos.

31. **Cifras significativas y no significativas.** — Cifras *significativas* son los nueve números dígitos: 1, 2, 3, 4, 5, 6, 7, 8, 9. Sólo hay una cifra *no significativa,* que es el *cero,* y se representa por este signo: 0.

32. **Cómo se representan las decenas, centenas, millares, etc.** — Las *decenas* se representan colocándolas

a la izquierda de las unidades simples, o de primer orden; las *centenas*, colocándolas a la izquierda de las decenas; las *millares*, colocándolos a la izquierda de las centenas; las *decenas de millar*, colocándolas a la izquierda de los millares, y así, sucesivamente.

33. **Cómo se escribe un número cualquiera.** — Para *escribir un número cualquiera*, se escriben, de izquierda a derecha, las unidades de sus diferentes órdenes, principiando por las de orden superior. Si un orden carece de unidades, se pone en su lugar el cero.

34. **Cómo se lee un número cualquiera.**—Para *leer un número* cualquiera, se dividen sus cifras en grupos de a seis, empezando por la derecha. A la izquierda y un poco más abajo del primer grupo, se escriben un 1 de tamaño inferior, que representa los millones; en la parte baja del segundo, un 2, que representa los billones; en la del tercero, un 3, que representa los trillones; y así, sucesivamente. Luego, cada grupo de a seis cifras se divide en dos grupos de a tres, por medio de una coma, que representa los millares respectivos, y se lee de izquierda a derecha, dando a cada guarismo el nombre correspondiente.

35. **Diferentes valores de cada cifra.** — Cada cifra tiene, en el número, dos valores: uno llamado *absoluto*, que es el que tiene por su figura, y otro llamado *relativo*, que es el que le corresponde por el lugar que ocupa.

36. **Cifras de la numeración romana.** — Las cifras empleadas en la numeración romana son:

las letras	I	V	X	L	C	D	M
que representan	1	5	10	50	100	500	1000

37. **Reglas para escribir y leer números romanos.** — Las reglas que no debemos olvidar para escribir y leer números romanos, son las siguientes:

1.ª Si a la derecha de una cifra se pone otra igual o menor, el valor de la primera queda aumentado en el valor de la segunda.

2.ª Si a la izquierda de una cifra se escribe otra menor, el valor de la primera queda disminuído en el de la segunda.

3.ª En ningún número, por regla general, se pone una misma cifra cuatro veces seguidas.

4.ª Las unidades simples se transforman en unidades de millar, poniendo una raya horizontal encima del número o números que las expresan.

5.ª Si entre dos cifras cualesquiera existe otra de menos valor, se combina con la siguiente para disminuirla.

LECCIÓN IV

Suma o adición

38. **Qué es sumar.** — *Sumar* es reunir dos o más números homogéneos en uno solo.

39. **Datos y resultados de la adición.** — Los datos de la operación de sumar se llaman *sumandos,* y el resultado se llama *suma* o *total.*

40. **Signo de la adición.** — El signo de la operación de sumar es una cruz, que se lee *más* (+).

41. **Cómo se indica que dos o más números han de sumarse.** — Para indicar que dos o más números han de sumarse, se escriben unos a continuación de otros separados por el signo más.

42. **Casos que pueden presentarse en el sumar y cómo se resuelven.** — En la adición, pueden presentarse dos casos: 1.° *Que todos los sumandos tengan una sola cifra.* 2.° *Que alguno o algunos de los sumandos tengan más de una cifra.*

Si los sumandos tienen todos una sola cifra, se escriben unos después de otros, separados por el signo más; a continuación, el signo igual, y luego, el resultado.

Si los sumandos tienen varias cifras, se escriben unos debajo de otros, de modo que se correspondan las unidades de los diferentes órdenes, colocando el signo a la izquierda de cada uno, menos a la del primero.

Se traza una raya por debajo, y se suman primero las unidades, luego las decenas, después las centenas etcétera, escribiendo las sumas debajo de las unidades respectivas.

Si la suma de las unidades de alguna decena, se suma con las decenas, y se escriben por suma las unidades sobrantes; si la suma de las decenas da alguna centena, se suma con las centenas, y se escriben las decenas sobrantes, y así, sucesivamente.

43. **Prueba.** — La prueba del sumar, se hace volviendo a sumar de abajo para arriba, si antes hemos sumado de arriba para abajo. Si no hay error, las dos sumas son iguales.

LECCIÓN V

Resta o substracción

44. **Qué es resta o substracción.** — *Resta* o *substracción*, es una operación que tiene por objeto quitar un número de otro, o bien: conociendo una suma y uno de los dos sumandos que la forman, hallar el otro sumando.

45. **Datos y resultados de la substracción.** — Los datos de la operación de restar se llaman *minuendo* y *substraendo,* y el resultado, *resto, exceso* o *diferencia.*

46. **Qué es el minuendo.** — El *minuendo* es el número mayor, o la suma conocida.

47. **Substraendo.** — El *substraendo* es el número menor, o el sumando conocido.

48. **Resto.** — *Resto* es el resultado de la operación de restar o el sumando desconocido.

49. **Signo de la substracción.** — El signo de la operación de restar, es una raya horizontal que se lee *menos* (—).

50. **Cómo se indica la substracción.**—Para indicar que dos números han de restarse, se escribe primero el mayor y luego el menor, separados por el signo menos.

51. **Casos que pueden presentarse en el restar.** — En la operación de restar, pueden presentarse dos casos: 1.º *Los dos números tienen una sola cifra.* 2.º *Uno o los dos números tienen más de una cifra.*

52. **Cómo se resuelven.**—Cuando minuendo y substraendo tienen una sola cifra, primero se escribe el minuendo, luego el signo menos, a continuación el substraendo, después el signo igual y, seguidamente, el resultado.

En los demás casos, primero escribimos el minuendo y debajo el substraendo con el signo menos, de modo que se correspondan las unidades de los diferentes órdenes.

Se traza una raya por debajo; de las unidades del minuendo, se quitan las del substraendo, y se escribe el resto, y se hace lo mismo con las decenas, centenas, millares, etc.

Puede suceder que una cifra del substraendo sea mayor que su respectiva del minuendo.

En este caso, se añaden a la cifra del minuendo diez unidades, y se halla el resto; y al restar la cifra inmediata superior del substraendo de su respectiva del minuendo, se añade una unidad a la del substraendo.

De este modo, añadimos a minuendo y substraendo un mismo número; y el resto no altera.

53. **Prueba.** — Para hacer la prueba de la operación de restar, se suma el substraendo con el resto, y, si en la operación no hay error, resulta el minuendo.

LECCIÓN VI

Multiplicación

54. **Qué es multiplicar.** — *Multiplicar* es hacer un número tantas veces mayor como unidades tiene otro, y también: dados dos números, hallar un tercero, que sea, con respecto a uno de ellos, lo que es el otro con respecto de la unidad.

55. **Datos y resultado de la multiplicación.** — Los datos de la multiplicación toman el nombre general de *factores,* y el particular de *multiplicando* y *multiplicador.* El resultado de esta operación se llama *producto.*

56. **Multiplicando.** — *Multiplicando,* es el número que se multiplica.

57. **Multiplicador.** — *Multiplicador,* es el número por el cual se multiplica el multiplicando.

58. **Signo de la multiplicación.** — El signo de la operación de multiplicar, consiste en una cruz inclinada (×) o en un punto (.). Ambos signos se leen *multiplicado por.*

59. **Cómo se indica que dos o más números han de multiplicarse.** — Para indicar que dos o más números se multiplican, se escriben unos a continuación de otros, separados por el signo. Así: 8×4; $3 \times 12 \times 580$; etcétera, o bien: $8 \cdot 4$; $3 \cdot 12 \cdot 580$; etc.

60. **Casos de multiplicar.** — En la multiplicación, pueden ocurrir *tres casos:*

TABLA DE MULTIPLICAR

0	por	0	es	0
0	”	1	”	0
0	”	2	”	0
0	”	3	”	0
0	”	4	”	0
0	”	5	”	0
0	”	6	”	0
0	”	7	”	0
0	”	8	”	0
0	”	9	”	0
0	”	10	”	0
0	”	11	”	0
0	”	12	”	0

1	por	0	es	0
1	”	1	”	1
1	”	2	son	2
1	”	3	”	3
1	”	4	”	4
1	”	5	”	5
1	”	6	”	6
1	”	7	”	7
1	”	8	”	8
1	”	9	”	9
1	”	10	”	10
1	”	11	”	11
1	”	12	”	12

2	por	0	es	0
2	”	1	son	2
2	”	2	”	4
2	”	3	”	6
2	”	4	”	8
2	”	5	”	10
2	”	6	”	12
2	”	7	”	14
2	”	8	”	16
2	”	9	”	18
2	”	10	”	20
2	”	11	”	22
2	”	12	”	24

3	por	0	es	0
3	”	1	son	3
3	”	2	”	6
3	”	3	”	9
3	por	4	son	12
3	”	5	”	15
3	”	6	”	18
3	”	7	”	21
3	”	8	”	24
3	”	9	”	27
3	”	10	”	30
3	”	11	”	33
3	”	12	”	36

4	por	0	es	0
4	”	1	son	4
4	”	2	”	8
4	”	3	”	12
4	”	4	”	16
4	”	5	”	20
4	”	6	”	24
4	”	7	”	28
4	”	8	”	32
4	”	9	”	36
4	”	10	”	40
4	”	11	”	44
4	”	12	”	48

5	por	0	es	0
5	”	1	son	5
5	”	2	”	10
5	”	3	”	15
5	”	4	”	20
5	”	5	”	25
5	”	6	”	30
5	”	7	”	35
5	”	8	”	40
5	”	9	”	45
5	”	10	”	50
5	”	11	”	55
5	”	12	”	60

6	por	0	es	0
6	”	1	son	6
6	”	2	”	12
6	”	3	”	18
6	”	4	”	24
6	”	5	”	30
6	”	6	”	36
6	”	7	”	42
6	”	8	”	48
6	por	9	son	54
6	”	10	”	60
6	”	11	”	66
6	”	12	”	72

7	por	0	es	0
7	”	1	son	7
7	”	2	”	14
7	”	3	”	21
7	”	4	”	28
7	”	5	”	35
7	”	6	”	42
7	”	7	”	49
7	”	8	”	56
7	”	9	”	63
7	”	10	”	70
7	”	11	”	77
7	”	12	”	84

8	por	0	es	0
8	”	1	son	8
8	”	2	”	16
8	”	3	”	24
8	”	4	”	32
8	”	5	”	40
8	”	6	”	48
8	”	7	”	56
8	”	8	”	64
8	”	9	”	72
8	”	10	”	80
8	”	11	”	88
8	”	12	”	96

9	por	0	es	0
9	”	1	son	9
9	”	2	”	18
9	”	3	”	27
9	”	4	”	36
9	”	5	”	45
9	”	6	”	54
9	”	7	”	63
9	”	8	”	72
9	”	9	”	81
9	”	10	”	90
9	”	11	”	99
9	”	12	”	108

1.° Multiplicar un número de una sola cifra por otro de una sola cifra.

2.° Multiplicar un número de varias cifras por otro de una sola cifra.

3.° Multiplicar un número de varias cifras por otro de varias cifras.

LECCIÓN VII

Sobre la multiplicación

61. **Resolución del primer caso.**—Para multiplicar un número de una cifra por otro también de una cifra, se escriben multiplicando y multiplicador separados por el signo; a continuación, se pone el signo igual y luego, el resultado, que se conoce por la tabla de multiplicar.

62. **Resolución del segundo caso.** — Para multiplicar un número de varias cifras por otro de una sola cifra, se multiplica cada cifra del multiplicando por la cifra del multiplicador, empezando por las unidades simples. Las decenas de cada producto se agregan al producto parcial siguiente, escribiendo solamente las unidades.

63. **Resolución del tercer caso.** — Para multiplicar un número de varias cifras por otro también de varias cifras, se multiplica cada cifra del multiplicando por la cifra del multiplicador, y se suman los productos parciales, teniendo presente que cada uno de ellos es del orden de la cifra del multiplicador que lo produce.

64. **Prueba de la multiplicación.** — La prueba de la operación de multiplicar se hace tomando el multiplicando por multiplicador, y éste, por multiplicando.

65. **El orden de los factores ¿altera el producto?**— El orden de los factores no altera el producto; razón por la cual, para abreviar la operación, tomaremos siempre por multiplicador el factor de menos cifras.

66. **Casos abreviados y su resolución.** — Los principales casos de la multiplicación abreviada son:

1.° Cuando uno de los factores es la unidad seguida de ceros.
de ceros.

2.° Cuando un factor, o los dos, terminan en ceros.

3.° Cuando el multiplicador tiene ceros intermedios.

Cuando uno de los factores es la unidad seguida de ceros, el producto se halla escribiendo a la derecha del otro factor los ceros que llevan la unidad.

Cuando un factor, o los dos, terminan en ceros, se verifica la multiplicación prescindiendo de los ceros, y a la derecha del producto total, se escriben tantos ceros como hay en ambos factores.

Cuando el multiplicador tiene ceros intermedios, se verifica la multiplicación prescindiendo de ellos, y escribiendo la primera cifra de la derecha de cada producto parcial debajo del orden correspondiente.

67. **Usos de la multiplicación.** — Todos los usos de la multiplicación pueden reducirse a uno solo, esto es, a la definición de la operación de multiplicar: Hacer un número tantas veces mayor como unidades tiene otro.

68. **Duplo de un número, triplo, cuádruplo, quíntuplo, séxtuplo, etc.**

Duplo de un número, es el producto de multiplicarlo por 2.

Triplo, es el producto de multiplicarlo por 3.

Cuádruplo, quíntuplo, séxtuplo, séptuplo, etc., es el resultado de multiplicarlo por 4, 5, 6, 7, respectivamente.

LECCIÓN VIII

División

69. **Qué es dividir.** — *Dividir* es hacer un número tantas veces menor como unidades tiene otro, y también: hallar el factor desconocido que, junto con otro conocido, forman un producto dado.

70. **Términos de la división y resultado.** — Los términos de la operación de dividir se llaman *dividendo* y *divisor,* y el resultado se denomina *cociente.*

71. **Qué es el dividendo.** — *Dividendo* es el producto dado.

72. **Divisor.** — *Divisor* es el factor conocido.

73. **Cociente.** — *Cociente* es el factor desconocido.

74. **Signo de la operación.** — El signo de la operación de dividir consiste en dos puntos (:) o en una rayita horizontal (—), que se leen *dividido por.*

75. **Cómo se indica la división de dos números.** — Para indicar que un número se ha de dividir por otro, se escribe el dividendo y, a continuación, el divisor, separados por el signo.

76. **División exacta e inexacta.** — La división se llama *exacta,* cuando es posible hallar un número entero que, multiplicado por el divisor, dé el dividendo, e *inexacta,* en el caso contrario.

77. **Qué indica el cociente de una división exacta y qué, el de una inexacta.** — El cociente de una división exacta, indica el *número exacto de veces* que el divisor está contenido en el dividendo. El cociente de una división inexacta indica el *mayor número de veces* que el divisor está contenido en el dividendo. Este mayor número de veces se llama *cociente entero.*

78. **Residuo de la división inexacta.** — En la división inexacta, se llama *residuo* el exceso de dividendo sobre el producto del divisor por el cociente entero. El residuo ha de ser siempre menor que el divisor.

79. **Prueba de la división.** — Para hacer la prueba de la división, se multiplica el cociente por el divisor; se añade el residuo si lo hay, y si en la operación no hay error, resulta el dividendo.

80. **Casos de la división.** — En la división pueden ocurrir tres casos, a saber:

1.° Dividir un número de una sola cifra por otro también de una sola cifra.

2.° Dividir un número de dos o más cifras por otro de una sola cifra.

3.° Dividir un número de varias cifras por otro de varias cifras.

81. **Resolución del primer caso.** — Para dividir un número de una sola cifra por otro de una sola cifra, basta saber de memoria la tabla de dividir, o solamente la de multiplicar.

82. **Resolución del segundo caso.**—Para dividir un número de varias cifras por otro de una sola cifra, se toma la parte del dividendo indicada por el divisor; es decir, que, si éste es 2, tomaremos la mitad; si es 3, el tercio, etc.

LECCIÓN IX

Sobre la división

83. **Resolución del tercer caso.** — Para dividir un número de varias cifras por otro de varias cifras, se toman de la izquierda del dividendo tantas cifras como tiene el divisor, o una más, si el número que resultare del primer grupo fuese menor que el divisor.

Se divide mentalmente la primera o dos primeras cifras de la izquierda de dicho grupo, por la primera cifra de la izquierda del divisor.

Si el resto es igual o mayor que el cociente, éste es bueno; si es menor, se imagina a su derecha la cifra siguiente de dicho primer grupo, y se multiplica el cociente por la segunda cifra del divisor.

Este producto será o no mayor que el número formado por el resto y la cifra imaginada a su derecha. En el primer caso, el cociente es mayor que el verdadero, y se irá rebajando de unidad en unidad hasta llegar a un producto que no sea mayor que dicho número.

Si el producto no es mayor, se resta, y si el resto es igual o mayor que la cifra que se tantea, ésta es buena; si no, se imagina a su derecha la cifra siguiente del grupo y se continúa del mismo modo, hasta obtener un resto igual o mayor que la cifra que se comprueba, en cual caso ésta es buena, o un producto mayor que el número formado por el resto y la cifra ideada a su derecha, y entonces la cifra es demasiado grande.

Se multiplica luego el divisor por el cociente, y el producto se resta del primer dividendo parcial.

Se baja a la derecha del resto la cifra inmediata del dividendo, y se continúa del mismo modo la operación hasta haber bajado todas las cifras.

Cuando un dividendo parcial sea menor que el divisor, es prueba de que el cociente carece de unidades de aquel orden; por lo que se pone cero en el cociente, y se baja a la derecha de dicho número la cifra siguiente del dividendo.

84. **Casos abreviados de la división.** — Los principales casos en que puede abreviarse la división son dos:

1.° *Cuando el dividendo y divisor terminan en ceros.*

2.° *Cuando el divisor es la unidad seguida de ceros.*

85. **Resolución del primer caso.** — Cuando el dividendo y divisor terminan en ceros, se tacha igual número de ceros de ambos términos, y se verifica la operación con las notas restantes.

86. **Resolución del segundo caso.** — Cuando el divisor es la unidad seguida de ceros, se separan, con una coma, de derecha a izquierda del dividendo, tantas notas como ceros lleva el divisor. El número que queda a la derecha de la coma es el residuo de la división, y el que queda a la izquierda es el cociente de la misma.

87. **Usos de la división.** — Los usos de la división se reducen siempre a la definición de dividir: *Hacer un número tantas veces menor como unidades tiene otro* o *hallar las veces que un número contiene a otro.*

LECCIÓN X

Divisibilidad

88. **Cuando un número es divisible por otro.** — Un número es divisible por otro, cuando es *múltiplo de este otro.*

89. **Cuando un número es múltiplo de otro.** — Un número es múltiplo de otro, cuando *contiene* a este otro un número exacto de veces.

90. **Número submúltiplo, factor o divisor.** — Un número es submúltiplo, factor o divisor de otro, cuando *está contenido* en este otro un número exacto de veces.

91. **Número par y número impar.** — Número par es todo entero múltiplo de 2, y número impar, todo entero que no es múltiplo de 2. Los números pares de una cifra son: 2, 4, 6, 8, y los impares, 1, 3, 5, 7 y 9.

92. **Reglas prácticas.** — 1.ª Un número es divisible por 2, cuando termina en cero o cifra par.

2.ª Un número es divisible por 3, cuando la suma de los valores absolutos de sus cifras es un múltiplo de 3.

3.ª Un número es divisible por 4, cuando sus dos últimas cifras son ceros o forman un múltiplo de 4.

4.ª Un número es divisible por 5, cuando su última cifra es cero o cinco.

5.ª Un número es divisible por 6, cuando tiene mitad y tercio a la vez.

6.ª Un número es divisible por 8, cuando sus tres últimas cifras son ceros o forman un múltiplo de 8.

7.ª Un número es divisible por 9, cuando la suma de los valores absolutos de sus cifras es un múltiplo de 9.

8.ª Un número es divisible por 10, por 100, por 1,000, por 10,000, etc., cuando termina en un cero, en dos, en tres, en cuatro, etc., respectivamente.

LECCIÓN XI

Quebrados o números decimales

93. **Qué son números decimales.** — Números o quebrados decimales, son los que constan de una o varias de las partes que resultan, cuando la unidad entera se divide en 10, 100, 1,000, 10,000, 100,000, etc., partes iguales.

Si una unidad entera se divide en diez partes iguales, estas partes se llaman *décimas;* si se divide en 100, se llaman *centésimas;* si en 1,000, *milésimas;* si en 10,000, *diezmilésimas;* si en 100,000, *cienmilésimas;* si en 1.000,000, *millonésimas,* etcétera.

De aquí se deduce que una unidad entera tiene diez décimas, cien centésimas, mil milésimas, diez mil diezmilésimas, cien mil cienmilésimas, un millón de millonésimas, etc.

94. **Valor de las décimas, centésimas, milésimas, diezmilésimas, etc.** — Una décima vale 10 centésimas; una centésima vale 10 milésimas; una milésima vale 10 diezmilésimas; una diezmilésima vale 10 cienmilésimas; una cienmilésima vale 10 millonésimas; etcétera.

95. **Relación que existe entre los diferentes órdenes decimales.** — La relación que existe entre los diferentes órdenes decimales, es la misma que existe entre los enteros, es decir, diez unidades de un orden cualquiera forman una unidad de la especie superior.

96. **Cómo se escriben los números decimales.**—Los decimales se escriben a continuación de los enteros, se-

parándolos por medio de una coma, que se coloca en la parte superior de la derecha de las unidades simples. Si el número carece de enteros, en su lugar se escribe la cifra cero.

97. **Lugar que ocupan los órdenes decimales.** — El lugar que ocupa cada uno de los órdenes decimales, es el siguiente: las décimas, el primer lugar a continuación de los enteros; las centésimas, el segundo; las milésimas, el tercero; las diezmilésimas, el cuarto; las cienmilésimas, el quinto; las millonésimas, el sexto, y así, sucesivamente. Los lugares correspondientes a órdenes que carecen de unidades, se ocupan con ceros.

98. **Cómo se leen los decimales.** — Los decimales se leen como si fuesen enteros, dando a la última cifra la denominación correspondiente.

LECCIÓN XII

Sobre los números decimales

99. **Qué le sucederá a un número decimal añadiendo o quitando ceros de su derecha.** — Un número decimal, si se le añaden o quitan ceros de su derecha, no sufre alteración.

100. **Cómo se suman los decimales.** — Los números decimales se suman como los enteros, procurando que las comas, las décimas, centésimas, etc., vengan en columna.

101. **Cómo se restan los decimales.** — Los decimales se restan como si fuesen enteros, procurando que las comas, las décimas, centésimas, etc., vengan en columna.

102. **Cómo se multiplican los decimales.** — Los decimales se multiplican como si fuesen enteros, separando de derecha a izquierda del producto total, tantas notas como cifras decimales haya en ambos factores. Si no hay bastantes cifras, se suplen con ceros.

103. **Cómo se multiplica un número decimal por la unidad seguida de ceros.**—Para multiplicar un número decimal por la unidad seguida de ceros, se corre la coma hacia la derecha tantos lugares como ceros lleva la unidad. Si no hay bastantes cifras, se suplen con ceros.

104. Cómo se dividen los decimales. — Los decimales se dividen como los enteros, igualando antes con ceros, si no lo están, las cifras decimales del dividendo y del divisor. Si la división no es exacta, hallado el cociente entero, se pone el signo decimal en el cociente, y se continúa la operación añadiendo un cero al residuo para hallar las décimas del cociente; otro cero, para las centésimas; otro, para las milésimas, y así sucesivamente.

105. Cómo se divide un número decimal por la unidad seguida de ceros. — Para dividir un número decimal por la unidad seguida de ceros, se corre la coma hacia la izquierda tantas notas como ceros lleva la unidad. Si no hay bastantes notas, se suplen con ceros.

106. Cómo se divide un número entero por la unidad seguida de ceros. — Para dividir un entero por la unidad seguida de ceros, se separan con una coma, de derecha a izquierda, tantas notas como ceros lleva la unidad. Si no hay bastantes cifras, se suplen con ceros.

Problemas sobre números decimales

I (1)

28. Un esterero compró 12'75 quintales métricos de esparto por 65'75 pesetas; 14 quintales métricos por 56'125 pesetas; 126'759 quintales métricos por 378 pesetas; 99'95 quintales métricos por 246'28467 pesetas; 3 quintales métricos por 9 pesetas, y 0'75 quintales métricos por 4'20 pesetas. ¿Cuántos quintales métricos de esparto compró y cuánto gastó? — R. 1.º *Compró 257'209 quintales de esparto;* 2.º *Gastó* 754'35967 *pesetas.*

29. En el sorteo de mozos para el reemplazo de 1920, correspondieron: tres décimas de soldado a una aldea; cinco décimas a otra; siete décimas a otra, y a otra, tanto como a la segunda. ¿Con cuántos soldados contribuyeron las cuatro aldeas? — R. *Con 2 soldados.*

30. Un jugador perdió, en 4 jugadas, las cantidades siguientes: la 1.ª, 9456'25 pesetas; la 2.ª, doble cantidad que la 1.ª; la 3.ª, 456 pesetas, y tres veces esta cantidad, la 4.ª vez. ¿Cuánto perdió en todo? — R. 30,192'75 *pesetas.*

31. Un capitalista, al fallecer, dejó la fortuna siguiente: en metálico, 42,098'25 pesetas; en fincas, 128,596 pesetas; en títulos de la Deuda, tanto como en metálico y en fincas, y en joyas y mobiliario, 10,480'75 pesetas. ¿A cuánto ascendía la mencionada fortuna? — R. *A* 351,869'25 *pesetas.*

---

(1) El número de orden de estos problemas es el que conservan en el *Libro del Maestro,* Soluciones Analíticas, donde aparecen con sus resultados y soluciones razonadas.

32. La compra de un buque ascendió a 124,850'75 pesetas, debiendo, además, abonar el comprador, las cantidades siguientes: por gastos de escritura, 124'85 pesetas; por varias reparaciones que hizo en seguida, 1,256'75 pesetas, y 530 pesetas al corredor por cuya mediación hizo la compra. ¿Cuál fué el valor del buque? — R. 126,762'35 *pesetas.*

II

43. El mismo comerciante del problema anterior, ha comprado géneros por valor de 9,350'75 pesetas y los ha vendido perdiendo 48 pesetas. ¿En cuánto los ha vendido? — R. *En* 9,302'75 *pesetas.*

44. Una señora ha empleado: en percal, 18'25 pesetas; en tela, 26 pesetas, y 0'95 pesetas en hilo. Paga la cuenta entregando un billete de Banco de a 50 pesetas. ¿Cuánto le han de devolver? — R. 4'80 *pesetas.*

45. Un obrero, en 4 semanas, ha ganado: la 1.ª, 25'75 pesetas; la 2.ª, 28'15 pesetas; la 3.ª, 35 pesetas, y 26'05 pesetas la 4.ª. Durante este tiempo, ha gastado, en manutención, 48'75 pesetas: en gastos menores, 12 pesetas, y 15 pesetas en el alquiler de la casa. ¿Cuánto ha ahorrado?—R. 39'20 *pesetas.*

46. Un banquero tenía en caja 156,490'75 pesetas en metálico; 36,480 pesetas en billetes de Banco, y cobró letras por valor de pesetas, 20,486'95. El mismo día entregó a varios clientes, 40,560'20 pesetas; 300 pesetas a su señora, para gastos de familia, y 14,650'95 pesetas para atender al pago de cinco letras. ¿Cuánto le quedó en caja? — R. 157,946'55 *pesetas.*

47. Un tejedor hace, en 1 día, 4'25 metros de cierta tela, y recibe 8'65 pesetas por su trabajo. Otro tejedor hace, en igual cantidad de tiempo, 5'905 metros, y percibe 10 pesetas. Se pregunta: cuánto tejió el segundo más que el primero y cuánto ganó más que él. — R. *Tejió* 1'655 *metros, y ganó* 1'35 *pesetas más.*

48. Un taponero, en una semana, hizo los tapones siguientes: el lunes, 850; el martes, 1,400; el miércoles, 200; el jueves, 755; el viernes, 1,500, y el sábado, 1,250, cobrando 25'05 pesetas por su trabajo. Otro taponero hizo, en la misma semana: el lunes, 1,000 tapones; el martes, 1,500; el miércoles, 1,250; el jueves, 2,100; el viernes, 3,050, y el sábado, 900, recibiendo 36'75 pesetas. Dígase cuál de los dos hizo más tapones y cuántos hizo y cuánto ganó el segundo más que el primero. — R. *El* 2.º *hizo más que el* 1.º 3,845 *tapones, y ganó* 11'70 *pesetas más.*

49. Una fuente, en tres días, ha llenado su depósito, habiendo manado 120'500 litros el primer día; 154'85 litros el día segundo, y 90 litros el tercer día. Otra fuente llena también, en 3 días, su depósito, dando 160'250 litros el primer día; 240 litros el día segundo, y 86 litros el día tercero. ¿Qué diferencia existe entre la capacidad de ambos depósitos? — R. *El* 2.º *contiene más que el* 1.º, 120'900 *litros.*

III

70 Para solemnizar la apertura de un establecimiento de drogas al por mayor y menor, el dueño acordó distribuir 1'25 kilogramos de arroz y 0'50 kilogramos de carne a cada pobre. Habiendo socorrido a 100 pobres, ¿cuánto gastó de cada cosa? — R. 125 *kilogramos de arroz y* 50 *kilogramos de carne.*

71. El Director de un colegio de internos, ha comprado 89'50 hectolitros de vino a 25 pesetas uno, y 40 serones de carbón a 2'50 pesetas uno. ¿Cuánto ha desembolsado? — R. 2,337'50 *pesetas.*

72. Pagando las baldosas a 100 pesetas el ciento, ¿cuánto valdrán 24'5 millares? — R. 24,500 *pesetas.*

73. Un carbonero tenía en almacén, 1,250 serones de carbón de a 1'50 quintales métricos cada uno; compró en 1.º de enero, 800 serones de igual peso, y en 25 de marzo, adquirió 530 serones de a 1'25 quintales métricos cada uno. Al cabo de un mes, vendió 159 quintales métricos a 6'25 pesetas uno y 930 quintales ídem a 6'50 pesetas ídem. ¿Cuántos quintales métricos de carbón le quedaron y cuánto cobró por lo vendido? — R. *Le quedaron* 2,648'50 *quintales métricos, y cobró* 7,038'75 *pesetas.*

74. Los talleres de fundición de los señores Planas, Flaquer y C.ª, de Gerona, gastan diariamente 20 quintales métricos y medio de carbón mineral, que compran a 2'50 pesetas el quintal métrico. ¿Cuánto gastan, por dicho concepto en 1 día, en 1 semana, en 1 mes de 25 días de trabajo y en 1 año? — Resultado: 1.º, 51'25 *ptas.;* 2.º, 307'70 *ptas.;* 3.º, 1,281'25 *ptas.;* 4.º, 15,375 *pesetas.*

75. Los señores Salvadó y Rahola, de Barcelona, encargaron a la fábrica de blusas de Isidro Mató y C.ª, de Gerona, 20 docenas y media de blusas azules, a 5'25 pesetas la pieza; 6 docenas ídem, hilo superior, a 7'45 pesetas ídem, y 9 docenas y media ídem, clase extra, a 8'05 pesetas ídem. Al cabo de un mes, la casa de Barcelona había realizado los géneros mencionados a los siguientes precios: las blusas azules, a 80'75 pesetas la docena; las de hilo superior, a 104'25 pesetas la docena, y la clase extra, a 106'05 pesetas ídem. ¿Cuál fué el beneficio líquido realizado, habiendo satisfecho 20 pesetas por diferentes gastos? — R. 522'75 *pesetas.*

76. ¿Cuál será el valor de 28 gruesas y media de cajas de cerillas finas, 1.ª clase, a 0'50 pesetas la docena, corriendo a cargo del comprador los gastos de remisión, que importan 2 pesetas y 30 céntimos? — R. 173'30 *pesetas.*

IV

92. En 30 días, se han quemado 420 hectolitros de carbón cok. Este combustible se paga a 3'50 pesetas los 100 kilogramos, y 1 hectolitro pesa 45 kilos. Según esto, ¿cuánto vendrá a gastarse durante el primer trimestre de un año bisiesto? — R. 2,006'55 *pesetas.*

93. Un tendero tiene vino de 4 clases: 6 hectolitros, 25 litros de a 0'20 pesetas el litro; 32 decalitros, de a 0'30 pesetas el litro; 2 hectolitros, 7 litros, de a 0'15 pesetas ídem y 350 litros, de a 0'18 pesetas ídem. Lo mezcla todo. ¿A cuánto deberá vender el litro de mezcla, queriendo realizar un beneficio de 80'75 pesetas? — R. *A* 0'26 *pesetas.*

94. Mezclando 9 decalitros y 6 litros de vino valenciano, con 7 decalitros y medio de vino de Jerez, ¿qué cantidad de vino de cada clase contendrá el litro de mezcla? — R. 0'561 *litros de vino de Valencia y* 0'439 *litros de vino de Jerez.*

95. Se ha vendido carbón por valor de 7,070'94 pesetas, siendo 9 pesetas el precio de los 100 kilogramos. ¿Cuántos metros cúbicos de madera se han necesitado para obtener el carbon vendido, sabiendo que cada metro cúbico de madera produce 0'385 metros cúbicos de carbón, y que el peso de 1 metro cúbico de carbón es 241 kilogramos? — R. 846'753 *metros cúbicos de madera.*

96. Un vendedor de frutas compra las granadas a 10'75 pesetas el ciento, y las manzanas, a 8'20 pesetas el millar; vende las granadas a 15 céntimos de peseta cada una, y las manzanas, a 25 céntimos de ídem la docena. ¿Cuántas manzanas y granadas ha vendido en un día, sacando 4'80 pesetas de ganancia

por el primer concepto y, 2'60 por el segundo? — R. 112 *granadas y 206 manzanas.*

97. Un cortante quiere emplear 1,183'75 pesetas en cabritos y corderos, deseando adquirir igual número de unos que de otros. Siendo 8 y 12'25 pesetas respectivamente, el precio medio de cada cabeza de dichas dos clases de ganado, ¿cuántas reses de cada clase podrá comprar? — R. 58 *reses y le sobrarán* 9'25 *pesetas.*

98. Repártanse 110,005'50 pesetas entre dos personas, de modo que la 1.ª reciba tantas piezas de a 5 pesetas como la 2.ª de a 0'50 de ídem. ¿Cuántas monedas recibirán? — R. 20,001 *monedas.*

LECCIÓN XIII

Quebrados comunes

107. **Qué es un número quebrado.** — Número *quebrado* es el que consta de una o varias unidades fraccionarias.

108. **Unidad fraccionaria.** — Unidad *fraccionaria* es cada una de las partes que resultan, cuando se divide la unidad entera en cualquier número de partes iguales.

Si la unidad entera se divide en dos partes iguales, estas partes se llaman *medios* o *mitades.*

Si se divide en 3 partes iguales, se llaman *tercios;* si en 4, *cuartos;* si en 5, *quintos;* si en 6, *sextos;* si en 7, *séptimos;* si en 8, *octavos;* si en 9, *novenos;* si en 10, *décimos.*

Si se divide en más de diez partes iguales, se designan con el nombre de su número respectivo, añadiéndole la terminación **avos.** Así, la dividimos en 11, 12, 15, 340, etcétera, partes iguales, se llamarán *onceavos, doceavos, quinceavos, trescientos cuarentavos,* etc.

De esto se deduce que una unidad entera tiene:

2 mitades, 3 tercios, 4 cuartos, 5 quintos, 11 onceavos, 15 quinceavos, etc.

109. **Términos del quebrado.**—Todo quebrado consta de dos términos: *numerador* y *denominador.* El denominador indica las partes iguales en que se ha dividido la unidad, y el numerador, el número de partes que se toman.

110. **Cómo se escribe un quebrado.** — Los quebrados se *escriben* poniendo el numerador encima de una raya y el denominador, debajo.

Así: $\frac{2}{4}$, $\frac{5}{9}$, $\frac{7}{7}$, $\frac{2}{19}$, $\frac{29}{426}$, etc.

111. Cómo se lee un quebrado. — Para leer un quebrado se enuncia el numerador como entero y el denominador, como numeral partitivo. Así:

$\frac{1}{2}$ se leerá *una mitad;* $\frac{3}{4}$ se leerá *tres cuartos.*

112. Clases de quebrados. — **Hay tres clases de quebrados:**
1.ª Quebrados *que valen menos de una unidad,* los cuales tienen el numerador menor que el denominador, como:

$$\frac{1}{2}, \frac{3}{5}, \frac{2}{9}, \frac{15}{34}.$$

2.ª Quebrados *que valen una unidad,* los cuales tienen el numerador igual al denominador, como:

$$\frac{3}{3}, \frac{7}{7}, \frac{4}{4}, \frac{20}{20}, \frac{360}{360}.$$

3.ª Quebrados *que valen más de una unidad,* los cuales tienen el numerador mayor que el denominador, v. gr.:

$$\frac{3}{2}, \frac{5}{3}, \frac{26}{12}, \frac{20}{12}, \frac{320}{159}.$$

Los de la primera clase se llaman *propios,* y los de la segunda y tercera, *impropios.*

113. Número mixto.—Número *mixto* es el que consta de un entero y un quebrado, v. g.: $2\frac{3}{5}$, $4\frac{5}{9}$, $20\frac{36}{40}$

LECCIÓN XIV

Sobre los quebrados

114. Reducción de un mixto a quebrado. — Para *reducir un mixto a un quebrado,* se multiplica el entero por el denominador; al producto se añade el numerador, y se pone por denominador a esta suma el denominador del quebrado.

EJEMPLO: $3\frac{2}{5} = \frac{3 \times 5 + 2}{5} = \frac{17}{5}; 4\frac{6}{9} = \frac{4 \times 9 + 6}{9} = \frac{42}{9};$

115. Reducción de un quebrado común a decimal, o valuar un quebrado. — Para *reducir un quebrado común a decimal, o valuar un quebrado,* se divide el numerador por el denominador, y se tiene la parte entera; **para hallar** la parte decimal, se continúa la división **añadiendo cada vez un *cero al residuo.*** Un quebrado. **pues, no es más que una división indicada.**

EJEMPLOS:

$$\frac{3}{5} = \begin{array}{l|l} 30 & 5 \\ \cline{2-2} 0 & 0'6 \end{array} = 0'06; \qquad \frac{7}{9} = \begin{array}{l|l} 70 & 9 \\ \cline{2-2} 70 & 0'777 \\ 70 & \\ 7 & \end{array} = 0'777.$$

Observaciones. — 1.ª El cociente completo de toda división inexacta, se compone del *cociente entero y un quebrado* cuyo numerador es el residuo y cuyo denominador es el divisor. Este quebrado se llama *quebrado complementario del cociente.* Así, en la división inexacta 12: 7, cuyo cociente entero es 1 y 5 el residuo, el cociente completo será $1\frac{5}{7}$.

2.ª Todo entero puede ponerse en forma de quebrado, dándole por denominador la unidad. Así, los números 6, 9 y 24, puestos en forma de quebrado, serán $\frac{6}{1}$, $\frac{9}{1}$, $\frac{24}{1}$.

116. Cómo se multiplica un quebrado por un número entero. — Para *multiplicar un quebrado por un número entero,* se multiplica el numerador por el entero, y por denominador se pone el mismo.

EJEMPLOS: $\frac{3}{4} \times 8 = \frac{3 \times 8}{4} = \frac{24}{4}$; $\frac{5}{6} \times 2 = \frac{5 \times 2}{6} = \frac{10}{6}$.

117. Cómo se divide un quebrado por un divisor de su numerador. — Para *dividir un quebrado por un factor de su numerador,* se divide el numerador por este factor, y por denominador se pone el mismo.

EJEMPLOS: $\frac{8}{12} : 4 = \frac{8 : 4}{12} = \frac{2}{12}$; $\frac{9}{14} : 3 = \frac{9 : 3}{14} = \frac{3}{14}$.

118. Cómo se divide un quebrado por un entero que no es divisor de su numerador. — Para *dividir un quebrado por un entero que no es divisor de su numerador,* se multiplica el denominador por este entero, y por numerador se pone el mismo.

EJEMPLOS: $\frac{3}{4} : 6 = \frac{3}{4 \times 6} = \frac{3}{24}$; $\frac{4}{7} : 5 = \frac{4}{7 \times 5} = \frac{4}{35}$.

119. Cómo se multiplica un quebrado por un factor de su denominador. — Para *multiplicar un quebrado por un factor de su denominador, se divide el denominador* por este factor, y por numerador se deja el mismo.

EJEMPLOS: $\frac{3}{6} \times 2 = \frac{3}{6 : 2} = \frac{3}{3}$; $\frac{5}{12} \times 4 = \frac{5}{12 : 4} = \frac{5}{3}$.

120. **Qué le sucede al quebrado multiplicando o partiendo sus dos términos por un mismo número.** — Si los dos términos de un quebrado se multiplican o parten por un mismo número, el quebrado no altera.

LECCIÓN XV

Sobre los quebrados

121. **Reducción de quebrados a un común denominador y cómo se verifica.** — Reducir quebrados a un común denominador, es transformarlos en otros equivalentes cuyos denominadores sean iguales. Para ello se multiplican los dos términos de cada quebrado por el producto de los denominadores de los demás.

Reducir a un común denominador los quebrados siguientes:

$$\frac{3}{4}, \frac{1}{2}, \frac{2}{5}, \frac{7}{9}.$$

Indicando las multiplicaciones, tenemos: $\frac{3\times2\times5\times9}{4\times2\times5\times9}, \frac{1\times4\times5\times9}{2\times4\times5\times9}, \frac{2\times4\times2\times9}{5\times4\times2\times9}, \frac{7\times4\times2\times5}{9\times4\times2\times5}$; y verificándolas, resulta: $\frac{270}{360}, \frac{180}{360}, \frac{144}{360}, \frac{280}{360}$, que son los quebrados que se buscan. Esto se funda en que, si los dos términos de un quebrado se multiplican por un mismo número, el quebrado no altera.

De consiguiente, cuando tengamos dos o más quebrados cuyos denominadores sean distintos y queramos saber cual es el mayor, los reduciremos a un común denominador, y el que tenga el mayor numerador será el mayor quebrado.

122. **Simplificación de quebrados y cómo se verifica.** — Simplificar un quebrado, es transformarlo en otro equivalente cuyos términos sean menores. Para ello, se dividen numerador y denominador por los factores que les sean comunes.

EJEMPLOS: $\frac{4}{12} = \frac{1}{3}$. Resultado de partir los dos términos del quebrado por su mayor divisor común, que es 4.

123. **Quebrado irreducible.** — Quebrado irreducible, es el que tiene menores términos que todos sus equivalentes, o bien, el que no se puede simplificar; v. g.:

$$\frac{3}{5}, \frac{1}{2}, \frac{3}{7}, \frac{12}{25}.$$

124. Sumar quebrados. — En la suma de quebrados, pueden ocurrir dos casos: 1.° *Que los quebrados tengan un mismo denominador.* 2.° *Que los quebrados no tengan un mismo denominador.*

Si tienen un mismo denominador, se suman los numeradores, y a la suma se le pone el denominador común. Si no tienen un mismo denominador, se reducen a él, y este caso se resuelve como el anterior.

Antes de reducirlos a un común denominador, conviene simplificarlos lo posible.

EJEMPLOS: 1.° $\frac{3}{4} + \frac{1}{4} + \frac{2}{4} = \frac{3+1+2}{4} = \frac{6}{4}$.

2.° $\frac{1}{2} + \frac{3}{5} + \frac{4}{7} = \frac{35}{70} + \frac{42}{70} + \frac{40}{70} = \frac{35+42+40}{70} = \frac{117}{70}$.

125. Sumar números mixtos. — Para sumar números mixtos, se transforman en quebrados, y la operación queda reducida a una suma de quebrados. También puede resolverse sumando separadamente los enteros y los quebrados, y la suma de estas dos sumas parciales dará la total.

EJEMPLOS: $2\frac{3}{5} + 4\frac{1}{2} = \frac{13}{5} + \frac{9}{2} = \frac{26}{10} + \frac{45}{10} = \frac{71}{10} = 7\frac{1}{10}$, suma total. O bien: $\frac{3}{5} + \frac{1}{2} = \frac{6}{10} + \frac{5}{10} = \frac{11}{10} = 1\frac{1}{10}$, luego, añadiendo a la suma de los quebrados la de los enteros, será: $2 + 4 + 1\frac{1}{10} = 7\frac{1}{10}$, suma total.

126. Substracción de quebrados. — En la resta de quebrados, pueden ocurrir dos casos: 1.° *Que los quebrados tengan un mismo denominador.* 2.° *Que los quebrados no tengan un mismo denominador.*

Si tienen un mismo denominador, se restan los numeradores, y a la resta se pone el denominador común.

Si no tienen iguales los denominadores, se reducen a denominador común, y este caso se convierte al anterior.

EJEMPLOS: 1.° $\frac{6}{9} - \frac{3}{9} = \frac{6-3}{9} = \frac{3}{9}$.

2.° $\frac{4}{7} - \frac{2}{9} = \frac{36}{63} - \frac{14}{63} = \frac{36-14}{63} = \frac{22}{63}$.

127. Restar números mixtos. — Para restar números mixtos, se reducen éstos a quebrados, y se restan los dos quebrados equivalentes.

EJEMPLOS: $2\frac{3}{4} - 1\frac{5}{8} = \frac{11}{4} - \frac{13}{1} = \frac{88}{32} - \frac{52}{32} = \frac{88-52}{32} = \frac{36}{32}$.

LECCIÓN XVI

Sobre los quebrados

128. **Multiplicación de quebrados.** — Para multiplicar dos o más quebrados, se multiplican entre sí los numeradores y los denominadores: el primer producto es el numerador, y el segundo, es el denominador del quebrado producto.

Antes de proceder a la multiplicación, conviene simplificarlos todo lo posible.

EJEMPLOS: 1.° $\frac{3}{12} \times \frac{5}{6} = \frac{3 \times 5}{12 \times 6} = \frac{15}{72} = \frac{5}{24}$.

129. **Quebrado de quebrado.** — *Quebrado de quebrado,* es el producto de multiplicar dos quebrados entre sí; v. gr.:

$$\frac{3}{5} \text{ de } \frac{2}{8} = \frac{2}{8} \times \frac{3}{5} = \frac{2 \times 3}{8 \times 5} = \frac{6}{40} = \frac{3}{20}.$$

130. **Multiplicar números mixtos.** — Para multiplicar números mixtos, se reducen a quebrados, y la operación queda convertida en una multiplicación de quebrados.

131. **División de quebrados.** — Para dividir un quebrado por otro, se multiplica el numerador del dividendo por el denominador del divisor, y el denominador del dividendo por el numerador del divisor: el primer producto es el numerador del cociente y el segundo, el denominador.

EJEMPLOS: $\frac{5}{8} : \frac{2}{9} = \frac{5 \times 9}{8 \times 2} = \frac{45}{16}$.

132. **Dividir números mixtos.** — Para dividir números mixtos, se reducen los mixtos a quebrados, y luego se parten los dos quebrados entre sí.

133. **Reducción de un quebrado a decimal.** — Para reducir un quebrado común a fracción decimal equivalente, se divide el numerador por el denominador, y se tiene la parte entera. Para hallar la parte decimal, se continúa la división, añadiendo un cero a cada residuo.

134. **Fracciones decimales que pueden obtenerse.** — Al reducir un quebrado común a fracción decimal equivalente, pueden obtenerse dos clases de fracciones: *exactas* y *periódicas.*

135. **Fracción exacta.** — Fracción *exacta,* es la que tiene un número limitado de cifras, v. g.: 0'75, 0'15, 3'50, etcétera.

136. Fracción periódica. — Fracción *periódica* es la que tiene un grupo de cifras, llamado *período*, que se repite periódica e indefinidamente. Estas fracciones pueden ser *periódicas puras* y *periódicas mixtas.* Son puras cuando el período empieza en las décimas, y mixtas, cuando no.

Fracciones periódicas puras: 0'252525...; 6'77777...; 0'125125...
» » mixtas: 0'762222...; 4'128363636...

Problemas sobre quebrados comunes

I

44. Tres amigos, Luis, Mariano y Enrique, reunieron las cantidades que sus familias les regalaron el día de Navidad; el 1.° recibió 6/8 de peseta; el 2.°, 7/8 de ídem, y 3/8 el 3.° ¿Cuánto sumaban los tres juntos? — Resultado: 2 *pesetas.*

45. Un cosechero de vinos vendió 2/5 de Hl. a uno; 1/5 de Hl. a otro; igual cantidad a un tercero, y 3/5 de Hl. a una 4.ª persona. ¿Qué cantidad de vino vendió? — R. 1 2/5 *Hls.*

46. El que comprase 3/8 de metro, 5/6 de ídem, 3/4 de ídem y 6/14 de ídem, ¿cuánto tendría reuniendo las 4 cantidades mencionadas? — Resultado: 2 65/168 *metros.*

47. Los gastos diarios de un caballero son como sigue: para el almuerzo, 1/8 de duro; para la comida, 3/7 de ídem; para la cena, 5/9 de ídem; para carfé, 3/10 de ídem, y 2/14 para otros gastillos. ¿Cuánto gasta diariamente? — R. 1 1391/2520 *duros.*

48. Para el traje de un colegial, se han necesitado las siguientes cantidades de paño azul: para el pantalón, 7/9 de metro; para la americana, 19/20 de ídem; para el chaleco, 1/3 de ídem, y 3 3/4 de ídem para abrigo y gorra. ¿Qué cantidad de paño se ha empleado? — R. 5'811 *metros.*

49. Un agricultor vendió: 6 3/8 hectolitros de trigo candeal; 3 3/9 ídem de trigo chamorro; 20 2/7 ídem más de la 1.ª clase y 60/95 ídem ídem de la 2.ª ¿Cuántos hectolitros vendió? — R. 30 1997/3192 *Hls.*

50. Un vendedor de telas, durante los ocho días de ferias de 1920 de la inmortal Gerona, vendió: el primer día, 32 m. y 3/4; el 2.°, 63 metros: el 3.°, 15 m. y 3/18; el 4.°, 128 m.; el 5.°, 24/48 m.; el 6.°, 15 y 1/2 ídem: el 7.°, 33 m. y 7/8, y 27 ídem el día último. ¿Cuántos metros vendió en todo? — R. 315 19/24 *metros.*

51. Un comerciante ha vendido una pieza de pana a cuatro personas: la 1.ª ha tomado 20 y 3/9 metros; la 2.ª, 35 metros; la 3.ª, 12 y 1/15 metros, y la 4.ª, 14 metros. ¿Qué longitud tenía la pieza? — R. 81 2/5 *metros.*

52. Para la construcción de un entoldado de forma circular, se han necesitado 450 m. y 3/5 de ídem de tela blanca de 1'25 m. ancho; 150 m. ídem de color amarillo de 1'50 m. ídem; otros tantos y 36/45 ídem de ídem color rojo de la misma anchura, y 200 7/8 ídem ídem color azul de 1'60 metros de ancho. ¿Cuántos metros de tela se han necesitado? — R. 952 11/40.

53. Dos poblaciones, A y F, están unidas por un ferrocarril que tiene 4 estaciones intermedias; B, C, D y E. Desde el pueblo A al pueblo B, median 14 3/9 kilómetros; desde el B al C, 26 ídem; desde el pueblo C al D, 12 24/55 ídem; D dista de E tanto como B dista de A, y E se halla de F a igual distancia que C de B. Determínese la longitud de la mencionada vía férrea. — R. 93 16/165 *Km.*

II

56. Tenía 6/8 de tonelada métrica, de estaño, y vendí 5/8 de tonelada. ¿Qué cantidad de estaño me quedó? — R. 0'125 de *t. m.*

57. Tenía 36/45 quintales m. de plomo y 7/9 de Hl. de vino, y entregué 28/45 quintales ídem del plomo mencionado y los 2/9 del vino antedicho. ¿Qué me quedó? — R. 8/45 *qq. de plomo y* 5/9 *de Hl. de vino.*

58. Un señor muy económico compró 7/12 de m. de terciopelo para que el sastre le confeccionara un chaleco, y para lo que, únicamente, necesitó el industrial 3/9 de m. ¿Qué cantidad de terciopelo le devolvió el sastre? — Resultado: 1/4 *de m.*

59. Un tejedor debía hacer los 7/8 de un trabajo, y únicamente hizo los 3/4. ¿Qué parte del citado trabajo quedó por hacer? — R. 1/8.

60. Un antojadizo bebedor había consumido los 5/8 de 1 litro de vino, y en 5 minutos, bebió hasta los 23/25 del mencionado litro. ¿Qué cantidad de vino consumió en el referido tiempo? — R. 59/200 *de litro.*

61. El que tuviese 75/90 de peseta, y desease reunir 8/9 de ídem, ¿cuánto le faltaría? — R. 1/18 *de peseta.*

62. ¿Con qué número debe sumarse el quebrado 1/5 para obtener de suma 11/12? — R. *Con* 43/60.

63. De un atún que pesaba 52 3/4 kilos, se vendieron 34 1/2 kilos. Dígase el peso de la parte que quedó. — R. 18 1/4 *kilos.*

64. Una joya de plata y oro pesa 3 hectogramos. ¿Qué cantidad de plata hay, pesando 7/12 de hectogramo el oro en ella empleado? — R. 2 5/12 *Hg. plata.*

65. Un fundidor gana 36 7/8 pesetas cada semana, y gasta 29 5/12 ídem ídem. ¿Cuánto economiza por semana? — R. 7 11/24 *pesetas.*

66. Recibí de un deudor 124 3/4 de pesetas a cuenta de las 350 1/8 que me debía. ¿Cuánto me debe aún? — R. 225 3/8 *pesetas.*

67. De una pieza de paño cuyo tiro es 45 7/9 metros, se han cortado 32 metros, y de otra de percal que mide 60 m. se han vendido 40 3/12 metros. ¿Cuánto ha quedado en cada pieza? — R. *En la primera,* 13 7/9 *metros; en la* 2.ª, 19 3/4 *metros.*

III

71. En 7/8 de duro, ¿cuántas pesetas hay? — R. 4'375 *pesetas.*

72. ¿Cuántos litros componen 15/17 de Dl.? — R. 8'823 *litros.*

73. ¿Cuántos Kgs. componen 25/40 de tonelada métrica? — R. 625 *kilogramos.*

74. ¿Cuánto cobraré por la venta de 3/4 de quintal m. de un género, a 2/5 de peseta el quintal? — R. 0'30 *de peseta.*

75. Juan tenía 3/4 de Hl. de aceite, y dió los 5/6 a su amigo Joaquín. ¿Cuánto aceite recibió? — R. 0'625 *de Hl.*

76. ¿Qué peso representan los 7/12 de 5/8 de quintal métrico? — Resultado: 0'364 *de quintal m.*

77. En un depósito hay 2/3 de Hl. de aguardiente superior, y se han vendido los 4/7 del líquido contenido. ¿Qué cantidad de aguardiente se ha vendido? — R. 0'380 *de hectolitro.*

78. ¿Qué valor tendrían 15/26 Hl. a 1/8 de peseta el Hl.? — Resultado: 0'072 *de peseta.*

79. Determínese el valor de 8/9 de Dm., a 1/4 de peseta el decámetro. — R. 2/9 *de peseta.*

80. ¿Cuánto deberé abonar por la adquisición de 9/16 de litro de vino tinto, a 3/4 de peseta el litro? — R. 0'421 *pesetas.*

81. La venta de 7 5/9 Hl. de garbanzos a 18 3/4 pesetas el hectolitro, ¿cuánto importará? — R. 141'666 *pesetas.*

82. Un fondista ha comprado 9 kilogramos de carne de ternera a 1 1/2 pesetas el kilogramo, y 6 3/5 ídem de cordero a 2 ídem, ídem. ¿Cuánto ha gastado? — R. 26'70 *pesetas.*

83. El que vendiese los 3/4 de los 8/9 de un Dl. de vino, a 9/12 pesetas el Dl., ¿cuánto cobraría? — R. 0'50 *de peseta.*

84. De un cerdo que pesaba 106 1/2 kilos se vendieron los 5/6 a 1 3/4 pesetas el kilo, y el sobrante, a 1 7/8 pesetas el ídem. Hállese su valor. — R. 188'593 *pesetas.*

85. Pagando el Kg. de cacao a 5 3/4 pesetas y el Kg. de café a 2 3/5 pesetas, ¿cuál será el valor total de 8 kgs. de cacao y 4 3/7 kilogramos de café? — R. 57'51 *pesetas.*

IV

91. Se han comprado 3/8 de Hg. de azafrán por 7/9 de peseta. ¿A cuánto resulta el Hg.? — R. *A* 2'074 *pesetas.*

92. Cinco niños han de repartirse 11/12 de peseta: ¿cuánto corresponderá a cada uno? — R. 0'183 *de peseta.*

93. Tres niños y dos niñas han de repartirse, en partes iguales, 8/9 de peseta que han recibido en premio de su aplicación. ¿Qué parte corresponderá a cada uno? — R. 0'177 *de peseta.*

94. La compra de 3/4 de Kg. de cierto género, importó 9/11 de peseta. ¿Cuál es, según esto, el precio de 1 Kg.? — R. 1'0909 *pesetas.*

95. Por la venta de 3/9 de litro de cierto elixir, se han cobrado 5/7 de peseta. ¿A cuánto resulta el litro? — R. 2'142 *pesetas.*

96. Habiendo satisfecho 26 3/4 pesetas por 12 Kg. de turrón, ¿a cuánto resulta el kilo? — R. *A* 2'229 *pesetas.*

97. Si 1 dm. de paño vale 1/4 de peseta, ¿cuántos dms. se comprarán con 25/26 de peseta? — R. 3'84 *decímetros.*

98. Siendo 2/26 de peseta el precio de 1 gramo de anilina, ¿qué cantidad de anilina se podrá adquirir con 7/8 de peseta? — R. 11'375 *gramos.*

99. Pagando 45/63 de peseta por 6/13 de metro de cinta ancha, novedad, ¿cuál es el precio de 1 metro? — R. 1'547 *pesetas.*

100. Deseando emplear 740 pesetas en vino de Alella de a 3/4 de peseta el litro, ¿cuántos litros se adquirirán? — R. 986'666 *litros.*

101. Un vendedor de huevos cobró 728 pesetas por cierta partida que había realizado a 3/5 de peseta la docena. ¿Cuántos huevos había vendido? — R. 14,560 *huevos.*

102. Un obrero puede hacer cierto trabajo en 2 días, y otro puede hacerlo en 3 días. ¿Qué tiempo necesitarán los dos obreros trabajando juntos? — Resultado: 1'2 *días.*

103. Un obrero hace cierto trabajo en 3 días, y otro, en 4 días. ¿Qué fracción de dicho trabajo harán juntos en 3/5 de día? — R. 0'35 *del trabajo.*

104. Cierto empresario se comprometió a construir la carretera que debía unir dos pueblos de importancia, por 24,500 pesetas; mas dicho contrato quedó sin efecto mediante convenio, al haber construído los 5/9 de la mencionada carretera. ¿Cuánto debió recibir el empresario? — R. 13,611'111 *pesetas.*

105. Para hacer un trabajo, se prometen a un obrero 64 3/8 pesetas; mas si dicho obrero hace solamente los 7/17 del mencionado trabajo, ¿cuánto debe recibir? — R. 37'552 *pesetas.*

LECCIÓN XVII

Números denominados

137. **Números denominados.** — Números *denominados* son los *complejos* que representan medidas de los sistemas anteriores al métrico decimal. Así: 2 quintales, 3 arrobas, 5 libras y 9 onzas; 1 pipa, 2 cargas, 3 mallales, 5 porrones y 2 patricones; etc.

138. **Operaciones que con estos números pueden efectuarse.** — Los números complejos pueden *sumarse, restarse, multiplicarse* y *dividirse.*

139. **Método más rápido para sumar, restar, multiplicar y dividir los números denominados.** — El método más rápido y sencillo para sumar, restar, multiplicar y dividir los números denominados (sobre todo para multiplicarlos y dividirlos), *consiste en reducirlos a incomplejos, y operar con ellos según las reglas dadas para los decimales.*

140. **Cómo se reduce un denominado a incomplejo de una especie dada.** — Para reducir un número denominado a incomplejo de una especie dada, se practica lo siguiente:

1.º *Las unidades superiores a la dada,* si las hay, se reducen a unidades de esta especie.

2.º *Las unidades inferiores a la dada* se reducen todas a la última especie, y se dividen por las unidades de esta especie contenidas en una unidad de la superior dada. El cociente es la fracción decimal equivalente.

3.º Se escribe la parte decimal a la derecha de la parte entera.

EJEMPLO: *¿A cuántos quintales y fracción equivalen 3 qq., 2 arrobas, 5 libras y 9 onzas, peso catalán?*

Resolución: La especie dada es el quintal, y no hay en el problema unidades superiores a ella.

Reduzcamos a la última especie las unidades inferiores a la dada:

```
        2 arrobas, 5 libras y 9 onzas.
  ×    26 libras.
  ----------------
       57 libras.
  ×    12 onzas.
  ----------------
       123
       57
  ----------------
       693 onzas,
```

que se dividen por las onzas que tiene el quintal, esto es, la unidad dada. El quintal catalán tiene 1,248 onzas.

```
6,930   | 1,248
0 6900    0'555 qq.
 06600
  0360
```

De modo, pues, que las 2 arrobas, 5 libras y 9 onzas equivalen a 0'555 quintales. Juntemos, ahora, la parte decimal a la entera, 3 qq., y tendremos que el denominado del problema propuesto equivale a 3'555 quintales.

141. Suma y resta. — **Para sumar y restar números denominados, puede procederse por el método de complejos, empleando, quizá, menos tiempo que en la resolución del problema por el método de reducción.**

Para sumarlos, se colocan unos debajo de otros, de modo que se correspondan las unidades de igual denominación. Se traza una raya debajo del último sumando, y, empezando por la derecha, se suman las unidades de igual denominación que hay en todos los sumandos. De la suma de cada denominación, se sacan las unidades de la denominación superior inmediata para agregarlas a ella, y se escriben las unidades sobrantes debajo de la raya, o cero en el caso de no quedar ninguna.

EJEMPLO: *Tengo 8 qq., 3 arrobas, 6 libras, 2 onzas, peso catalán; quiero comprar 26 qq., 2 arrobas, 3 libras y 10 onzas, y recibiré por otro conducto, 9 qq. y 15 libras. ¿Cuánto tendré?*

```
                 Resolución:                       Por reducción     Valuación del resultado

     8 qq.  3 arrobas, 6 libras,  2 onzas =  8'8092 qq,      44'4902 qq.
  + 26  »   2    »     3   »     10   »   = 26'5368  »     ×     4 arrobas
  +  9  »   0    »    15   »      0   »   =  9'1442  »     -----------------
  -------------------------------------------------------    1'9608 arrobas
    44 qq.  1 arroba, 25 libras,  0 onzas = 44'4902 qq.     ×    26 libras
                                                            -----------------
                                                              57648
                                                             19216
                                                            -----------------
                                                             24'9808 libras
                                                            ×    12 onzas
                                                            -----------------
                                                              19616
                                                              9808
                                                            -----------------
                                                             11'7696 onzas.
```

Para restarlos, se escribe el substraendo debajo del minuendo, de modo que se correspondan las unidades de igual denominación; se traza una raya debajo del substraendo, y, empezando por la derecha, se restan las unidades de cada denominación del substraendo de sus respectivas del minuendo, escribiendo los restos debajo de la raya. Si alguna denominación del substraendo tuviese más unidades que su respectiva del minuendo, se agrega al minuendo una unidad de la denominación inmediata superior descompuesta en unidades de la denominación que se resta, y al restar la denominación inmediata superior del substraendo, se le añade una unidad.

EJEMPLO: *Si de 46 duros, 3 pesetas, 2 reales, quito 9 duros, 2 pesetas, 3 reales, ¿ cuánto me quedará ?*

Resolución:	Por reducción	Valuación del resultado
46 duros, 3 ptas., 2 reales =	46'70 duros	37'15 duros
— 9 » 2 » 3 » =	— 9'55 »	× 5 ptas.
37 duros, 0 ptas., 3 reales =	37'15 duros	0'75 ptas.
		× 4 reales
		3'00 reales.

142. Multiplicar y dividir. — Para multiplicarlos y dividirlos, el método más rápido y sencillo consiste en reducirlos a incomplejos, y proceder luego como en la multiplicación y división de enteros o decimales.

Ejemplo de multiplicar: *¿ Cuánto valen 4 qq., 3 arrobas, 9 libras de corcho, a 6 duros, 4 pesetas, 2 reales el quintal, peso catalán ?*

Resolución:		
	4 qq., 3 arrobas, 9 libras =	4'836 qq.
	× 6 duros, 4 ptas., 2 reales =	× 6'9 duros.
		43524
		29016
		33'3684 duros.
		× 5 ptas.
		1'8420 ptas.

Valen 33 duros, 1'84 pesetas.

Ejemplo de dividir: *Pagando el quintal castellano de cierto género a 6 duros, 14 reales, ¿ qué cantidad se podrá comprar con 850 duros, 3 ptas., 1 real ?*

Resolución:

850 duros, 3 ptas., 1 real / 6 ds., 14 rs. =	85 0'6, 5, duros.	/ 6'70 duros.
	18 0 6	126'962 qq.
	4 6,6 5	× 4 arrobas
	6 4,5 0	3'848 arrobas
	4 2,0 0	× 25 libras
	1 8,0 0	4240
	4 6 0	1696
		21'200 libras
		× 16 onzas
		1200
		200
		3'200

Se podrán comprar 126 qq., 3 arrobas, 21 libras, 3'20 onzas.

Problemas sobre números denominados

I

1. Pónganse bajo la forma decimal de quintal, los complejos siguientes:

1.º 6 quintales, 3 arrobas, 9 libras, 2 onzas, peso catalán. — Resultado: 6'838 *quintales catalanes.*

3.º 46 quintales, 20 libras, 11 onzas y 3/9, peso catalán. — R. 46'201 *quintales catalanes.*

4.º 120 quintales, 45 onzas y 1/2 peso castellano. — R. 120'028 *quintales castellanos.*

2. Redúzcanse a duros y fracción los complejos siguientes:

1.º 26 duros, 4 pesetas, 3'25 reales. — R. 26'962 *duros.*

3.º 3 pesetas, 3 reales y 2/5. — R. 0'77 *duros.*

5.º 6 onzas de oro, 4 pesetas, 1 real y 3/8. — R. 96'868 *duros.*

3. Pónganse bajo la forma decimal de pipa, los complejos siguientes:

1.º 4 pipas, 2 cargas, 3 mallales, 5 porrones, 2 patricones, medidas de Gerona. — R. 4'604 *pipas.*

4.º 3 cargas, 6 mallales, 5'25 patricones, medidas de ídem. — Resultado: 0'940 *pipas.*

5.º 27 mallales, 15 porrones y 3/5 ídem, medidas de ídem. — Resultado: 0'874 *pipas.*

4. Redúzcanse a canas y fracción de ídem, los complejos siguientes:

1.º 64 canas, 3 palmos, 2 cuartos, medida catalana. — R. 64'437 *canas.*

3.º 128 canas, 12 cuartos, medida catalana. — R. 128'375.

4.º 9 palmos, 1 cuarto, medida catalana. — R. 1'156 *canas.*

5. Transfórmense en cuarteras y fracción de ídem, los complejos siguientes:

1.º 20 cuarteras, 3 cuartanes, 2 mesurones, 1 picotín, medidas de Gerona. R. 20'854 *cuarteras.*

3.º 2 cuartanes, 5 mesurones, medidas de Gerona. — R. 0'708 *cuarteras.*

4.º 5 cuarteras, 14 picotines, medidas de Gerona. — R. 5'291 *cuarteras.*

6. Pónganse bajo la forma decimal de año, los complejos siguientes:

1.º 26 años, 3 meses, 2 días, 9 horas, 7 minutos.—R. 26'253 *años.*

2.º 5 años, 9 días, 23 horas, 43 minutos. — R. 5'027 *años.*

3.º 4 siglos, 20 meses, 14 días, 15 horas. — R. 401'696 *años.*

5.º 32 meses, 2 semanas, 5 días, 30'50 minutos. — R. 2'665 *años.*

7. Háganse las siguientes reducciones:

2.ª 9 duros, 2 pesetas, 2'13 reales, a pesetas y fracción de ídem. — Resultado: 47'532 *pesetas.*

3.ª 20 quintales, 5 y 1/2 libras, peso castellano, a arrobas y fracción de ídem. — R. 80'220 *arrobas.*

4.ª 14 libras, peso castellano, a fracción de quintal. — R. 0'14 *quintales castellanos.*

5.ª 11'85 reales a fracción de duro. — R. 0'592 *duros.*

7.ª 76'885 reales, a fracción de pieza de oro de a 10 duros. — R. 0'384 *pieza de a 10 duros.*

8.ª 14 reales a fracción de duro. — R. 0'7 *duros.*

10.ª 4 pesetas a fracción de onza de oro. — R. 0'05 *onza de oro.*

11.ª 6 pesetas, 3'75 reales, a fracción de moneda de oro de a 20 duros. — R. 0'069 *pieza de a 20 duros.*

12.ª 20 varas y 18 pulgadas a varas y fracción. — R. 20'50 *varas.*

15.ª 20 quintales, 2 libras y 8 3/8 onzas, peso castellano, a arrobas y fracción. — R. 80'100 *arrobas.*

16.ª 7 toesas, 1 vara, 2 pies y 25 líneas, a varas y fracción. — Resultado: 15'724 *varas.*

17.ª 7'95 reales, a fracción decimal de duro. — R. 0'397 *duros.*

II

8. Un almacenista de corchos tiene las existencias siguientes, peso catalán: 40 quintales, 3 arrobas, 7 libras, de *trefino;* 128 quintales, 2 arrobas, 5 libras de *modelo;* 340 quintales, 1 arroba de *segunda,* y 2,500 quintales de *regular.* ¿Cuántos quintales tiene en todo? — R. 3,009'615 *quintales.*

9. Un agricultor gerundense ha recolectado: 60 cuarteras, 3 cuartanes, 5 mesurones de trigo candeal; 45 cuarteras, 2 cuartanes de cebada; 15 cuarteras, 1 cuartán, 2 mesurones de avena, y 62 cuarteras, 4 mesurones de mijo. ¿Cuántas cuarteras de grano ha recolectado? — R. 183'957 *cuarteras.*

10. La fortuna de un caballero es como sigue: en efectivo, 42,500 duros, 4 pesetas, 3 reales; en fincas rústicas, 180,000 duros, 18 3/4 reales; en ídem urbanas, 40,156 duros, 3 pesetas, 1 real; en papel del Estado, 60,570 duros; en mobiliario, 5,700 duros, 1 peseta, 3 reales, y le deben 1,250 duros, 1 peseta, 3 3/5 reales. ¿Cuánto suma la fortuna del mentado caballero? — Resultado: 330,179'267 *duros.*

11. Un vendedor de cintas tiene una pieza que mide 40 canas, 3 palmos, 2 cuartos; otra, cuyo tiro es 28 canas y 7 palmos; otra, igual a la primera; otra, de 35 canas, 3 cuartos, y otra, cuyo tiro es 60 canas, 4 palmos y 3 cuartos. ¿Cuántas canas, palmos y cuartos de cinta, medidas catalanas, posee el mencionado individuo? — R. 205'435 *canas.*

13. El dueño de una carbonería catalana vendió 7 quintales, 2 arrobas, 14 libras de carbón de encina superior por 8 duros, 15 reales, y 12 quintales, 29 libras de carbón de alcornoque por 12 duros, 3 pesetas. Al día siguiente, realizó 30 quintales, 3 arrobas de la 1.ª clase por 180 pesetas, 2 reales, y 36 arrobas, 20 libras de la 2.ª por 46 pesetas, 3 reales. ¿Qué cantidad de carbón vendió de cada clase y cuánto cobró? — R. *Vendió* 38 *quintales,* 1 *arroba,* 14 *libras de carbón de encina, y* 21 *quintales,* 1 *arroba,* 23 *libras de alcornoque. Cobró* 66 *duros,* 4 *pesetas.*

III

14. Tenía 450 duros, 3 pesetas, 2 reales, y gasté 56 duros, 2 pesetas, 3 reales. ¿Cuánto me quedó? — R. 394 *duros y* 3 *reales.*

15. De un depósito que contenía 3 pipas, 2 cargas, 5 mallales, 7 porrones, 3 patricones de vino, medidas de Gerona, se han vendido 1 pipa, 3 cargas, 10

porrones, 3 patricones. ¿Cuánto ha quedado en él? — R. 1 *pipa*, 3 *cargas*, 4 *mallales*, 13 *porrones*, o *patricones*.

16. Un padre, al fallecer, legó a sus dos hijos 42,560 duros, 3 pesetas, 2 reales, de cuya cantidad corresponden 18,653 duros, 4 pesetas y 1/2 al hijo menor. ¿Cuánto heredó el mayor? — R. 23,906 *duros*, 4 *pesetas*.

17. Un tratante en cereales ha adquirido 146 cuarteras, 3 quartanes y 1/2 de maíz, y necesita 350 cuarteras, 20 picotines, medidas de Gerona, por haberse comprometido a facilitar esta partida a un comisionista de Valencia, en el término de cuatro días. ¿Qué cantidad de maíz le falta comprar? — R. 203 *cuarteras*, 2 *cuartanes*, 1 *mesurón*.

18. En la caja de cierto banquero, hay en metálico 36,590 duros, 3 pesetas, 2 reales, y en el día de hoy se cobrarán letras por valor de 2,560 duros, 14 reales, y se pagarán otras por valor de 4,690 duros, 3 pesetas y 3/4. ¿Qué cantidad habrá en dicha caja al cerrar las operaciones de hoy? — R. 34,460 *duros*, 3 *pesetas*, 1 *real*.

19. Un comerciante de Barcelona ha recibido de Nueva York un cargamento de algodón en rama, consistente en 4,520 quintales, 3 arrobas, 6 libras, peso catalán, y en el acto ha vendido las tres partidas siguientes: a un comisionista de Zaragoza, 630 quintales y 1/2; a un fabricante de tejidos de Mataró, 1.346 quintales, 2 arrobas, 20 libras, 6 onzas, y a otro fabricante de Manresa, 90 quintales, 3 arrobas, 15 libras. ¿Qué cantidad de algodón le ha quedado? — R. 2,452 *quintales*, 2 *arrobas*, 22 *libras* y 6 *onzas*.

20. En un almacén hay 460 barriles de a 3 cargas, 5 porrones cada uno, petróleo, medidas catalanas, distribuído de la siguiente manera: 420 cargas, 3 mallales y 1/2 refinado extra superior; 526 cargas, 22 porrones, refinado superior, y el sobrante, no refinado. ¿Qué existencia hay de esta última clase? — R. 451 *cargas*, 2 *mallales*, 14 *porrones*.

IV

21. ¿Cuánto valen 209 quintales, 3 arrobas, 5 libras, 3 onzas, peso catalán, de cierta mercadería, a 49 duros, 2 pesetas, 3 reales el quintal? — Resultado: 10,395 *duros*, 2 *pesetas*, 3'80 *reales*.

22. En febrero último, compré 2 piezas de franela, de a 20 canas, 3 palmos y 1/2 cada una, a 3 pesetas, 2 reales 3/4 la cana, y 3 piezas de a 35 canas, 7 palmos cada una, a 2'75 pesetas la cana. ¿Cuánto pagué? — Resultado: 446'67 *pesetas*.

24. Averígüese el valor de 29,450 tapones *puntiagudos*, a 40 duros, 2 pesetas, 3 1/2 reales la bala. — R. 39 *duros*, 4'14 *pesetas*.

25. ¿Cuál es el valor de 6 balas y 9,850 tapones *trefinos gruesos*, a 12 duros, 4'25 pesetas mil? — R. 2,439 *duros*, 2'86 *pesetas*.

26. Si un quintal catalán de bacalao de Islandia vale 6 duros, 14 reales, ¿cuál será el valor de 60 quintales, 24 libras, habiendo satisfecho, además, el comprador 14'75 pesetas por gastos de transporte? — R. 2,032'45 *pesetas*.

27. La fábrica de cerillas de Valencia *El Globo*, ha remitido a su corresponsal en Barcelona, 2,500 gruesas y 7 docenas de cajas de 1.ª clase, a 3 pesetas, 2 reales y cuartillo la gruesa. ¿Cuál es el valor de la mencionada remesa? — R. 8,907'07 *pesetas*.

28. Un electricista ha comprado 3 arrobas, 5 libras y 5 onzas, peso castellano, de sal amoníaco, a 18 duros, 4 pesetas y 1/2 el quintal. ¿Qué cantidad ha satisfecho? — R. 75'88 *pesetas*.

30. Siendo 5 duros, 3'25 pesetas el precio de 1 quintal castellano de harina blanca, clase extra, ¿cuánto importará la venta de 40 sacos, de peso cada uno 1 quintal, 2 arrobas, 15'50 libras? — R. 1,850'15 *pesetas.*

31. Pagando el millar de ladrillos a 2 duros, 1 peseta, 3 reales y cuartillo, ¿cuánto desembolsaré por la compra de 46,580 ladrillos? — R. 550'20 *pesetas.*

33. Pagando las habas a 10 pesetas, 2 reales y cuartillo la cuartera de Gerona, ¿cuál será el valor de 3 cuartanes, 2 y 1/2 picotines?—R. 8'47 *pesetas.*

34. Un pescador ha comprado una pieza de cuerda cuya longitud es 70 varas, 2 pies, 9 pulgadas, a 0'75 pesetas la vara. ¿Cuánto ha debido abonar? — R. 53'18 *pesetas.*

35. Un cordelero, en ocho días, hiló 240 canas, 2 palmos y 1/2 de cuerda. ¿Cuánto hilarían, en el mismo tiempo, 14 cordeleros igualmente hábiles? — R. 3,364 *canas,* 2'94 *palmos.*

36. Un tejedor, en 1 día, tejió 6 canas, 3 1/2 palmos de cierta tela. ¿Qué cantidad harían 8 tejedores igualmente hábiles, en 20 días? — R. 1,029 *canas, 7 palmos y* 1'44 *cuartos.*

37. Un tendero ha comprado en la fábrica de papel *La Gerundense,* 46 resmas, 9 manos, 3 cuadernillos de papel de empaquetar, a 4 duros, 4 pesetas, 3 reales, 20 maravedises la bala. ¿Cuánto debe pagar? — R. 23 *duros,* 0'71 *pesetas.*

V

46. Cinco individuos han de repartirse 3 onzas de oro, 15 duros, 3 pesetas, 3 reales. ¿Cuánto recibirá cada uno? — R. 12 *duros,* 3'75 *pesetas.*

47. Siete faquines han de almacenar por partes iguales, 2,800 quintales, 3 arrobas, 6 libras de corcho, peso catalán, ¿Cuánto tendrá que almacenar cada uno? — R. 400 *quintales,* 11'96 *libras.*

50. Cuatro labradores, por 6 jornales cada uno, han cobrado 70 pesetas, 3'25 reales. ¿Cuánto ganaba diariamente cada labrador? — Resultado: 2'95 *pesetas.*

51. Pagando los huevos a 1 peseta, 2 reales y cuartillo la docena ¿cuánto vale un par de huevos? — R. 0'26 *pesetas.*

52. Un panadero compró 20 sacos de harina, de a 6 arrobas, 14 libras, 10 onzas, peso catalán, cada uno, por 160 duros, 3'80 pesetas. ¿A cuánto pagó el quintal? — R. *A* 24'47 *pesetas.*

53. Siendo 1'50 pesetas el precio de 1 libra de chocolate, clase superior, ¿cuántas libras se comprarán con 9 duros, 4 pesetas y 5/6? — Resultado: 33'22 *libras.*

54. Pagando el vino de Alella a 14 pesetas, 3 reales el mallal de Gerona, ¿a cuánto resulta el porrón? — R. *A* 0'92 *pesetas.*

55. Si 1 arroba catalana de azúcar blanco vale 9 pesetas, 2 reales, ¿a cuánto resulta la libra? — R. *A* 0'365 *pesetas.*

57. Un alpargatero ha empleado 450 duros, 15 reales, en cáñamo de Bolonia, que ha pagado a 30'75 pesetas el quintal. ¿Cuántos quintales ha comprado? — R. 73 *quintales,* 1 *arroba,* 4 *libras y* 4 *onzas.*

60. Si 1 libra de tabaco picado, peso catalán, vale 24 reales, ¿cuántas arrobas podrán comprarse con 40 duros, 3 1/2 pesetas? — R. 1 *arroba,* 7 *libras y* 10 *onzas.*

61. Siendo 6'25 pesetas el precio de un mallal gerundense de vino de Valencia, ¿qué cantidad de vino podrá adquirirse con 150 duros, 3 pesetas, 3 reales? — R. 120 *mallales, 9 porrones, 2 patricones.*

62. Consumiendo una fragua 1 quintal, 2 arrobas, 6 1/2 libras de carbón mineral cada día, ¿cuántas semanas de a 6 días de trabajo cada una podrá funcionar con 150 quintales, 2 arrobas, 20 libras de carbón, peso castellano? — R. 16 *semanas.*

63. Los 100 palomos de que consta un palomar, consumen diariamente 1'50 picotines de vezas. ¿Cuántos meses podrán comer con 20 cuarteras, 3 cuartanes, 2 mesurones de vezas, medidas de Gerona que ha comprado su dueño? — R. 22 *meses y* 6 *días.*

64. Con el producto líquido de la venta de 40 quintales, 2 arrobas, 9 libras de corcho de África, a 20 pesetas, 2 reales el quintal, peso catalán, he adquirido arroz de Valencia, que he pagado a 4 duros, 2 pesetas, 3 reales el quintal. ¿Qué cantidad de arroz he comprado? — R. 36 *quintales,* 2 *arrobas,* 7 *libras y* 4 *onzas.*

68. He remitido a mi corresponsal en Tarragona una letra de 2,480'75 pesetas para que satisfaga a Ros, de aquella plaza, por mi cuenta, 45 duros, 14 reales, y emplee el líquido del modo siguiente: los 3/8 en esparto pleita verde de 18'50 reales el fardo: la 1/2 del sobrante, en vino de a 4'25 pesetas el mallal, y el resto, en habichuelas de a 16 pesetas, 2 reales la cuartera gerundense. ¿Cuánto recibirá de cada cosa? — R. *Recibirá:* 1.º, 182'61 *fardos de esparto;* 2.º, 165 *mallales,* 9 *porrones y* 2 *patricones de vino;* 3.º, 42 *cuarteras,* 2 *cuartanes,* 3 *mesurones y* 1'48 *picotines de habichuelas.*

LECCIÓN XVIII

Sistema métrico decimal

143. Sistema métrico decimal. — *Sistema métrico decimal* es el conjunto de pesas, medidas y monedas que tienen su origen en el metro. Este sistema es el único legal en España y varias naciones de Europa y América.

144. Por qué este sistema se llama métrico decimal.—Este sistema se llama *métrico,* porque su base es el metro, y *decimal,* porque sus órdenes de unidades siguen la misma relación que las del sistema décuplo.

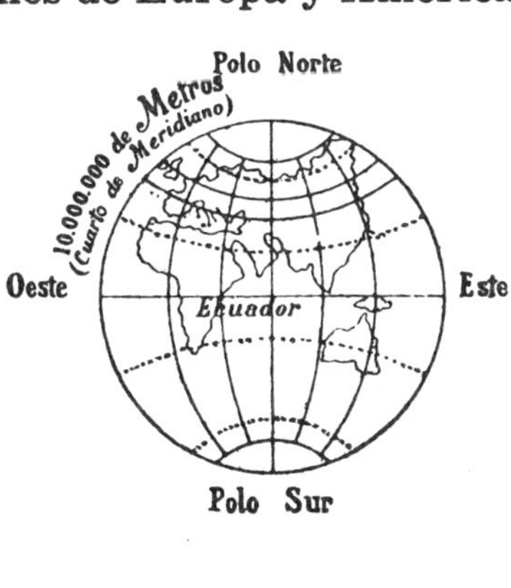

145. Qué es el metro. — **El *metro* es la diezmillonésima parte de un cuadrante de**

meridiano terrestre, comprendido entre el polo Norte y el Ecuador (1).

146. **Diferentes medidas métricas y unidad principal de cada una.** — Hay seis clases de medidas métricas, a saber: de *longitud*, de *superficie*, de *volumen*, de *capacidad*, de *peso* y de *moneda*.

La unidad de las de longitud es el *metro;* de las de superficie, el *metro cuadrado;* de las de volumen, el *metro cúbico;* de las de capacidad, el *litro;* de las de peso, el *gramo;* de las de moneda, la *peseta*.

147. **Múltiplos y submúltiplos.** — Además de la unidad principal de cada clase de medidas, hay unas mayores llamadas *múltiplos,* y otras menores llamadas *submúltiplos*.

148. **Cómo se forman los múltiplos.** — Los *múltiplos* se forman, menos en la moneda, anteponiendo a las unidades principales las palabras griegas: *Deca, Hecto, Kilo, Miria.*

Deca	significa	diez,	y ocupa	el lugar	de las	decenas
Hecto	"	ciento,	"	"	"	centenas
Kilo	"	mil,	"	"		los millares
Miria	"	diez mil	"	"		las decenas de millar.

149. **Cómo se forman los submúltiplos.** — Los submúltiplos se forman anteponiendo a las unidades principales las palabras latinas *deci, centi* y *mili.*

Deci significa la décima parte.

Centi significa la centésima parte.

Mili significa la milésima parte.

LECCIÓN XIX

Medidas de longitud

150. **Medidas de longitud.** — Las medidas de *longitud* sirven para apreciar lo largo de las cosas, v. g., lo largo de una calle, de una pieza de tela, lo alto de una pared, etc. Su unidad principal es el *metro.*

---

(1) Mediciones muy exactas hechas recientemente, han demostrado que el cuadrante de meridiano mide 10.002,008 metros actuales; por lo cual debemos decir que el metro es, aproximadamente, la diezmillonésima parte del cuadrante de meridiano.

La medida material llamada metro, consiste en una regla de madera con extremos metálicos, dividida por medio de rayitas o surcos, en decímetros, centímetros y milímetros. Los albañiles, carpinteros, cerrajeros, etcétera, suelen usar un metro de madera o de metal, que se dobla, por cada decímetro. Los agrimensores usan una cinta y una cadena de 10 ó 20 metros.

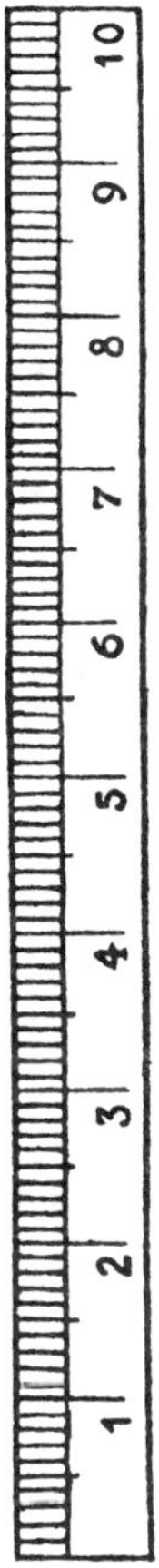

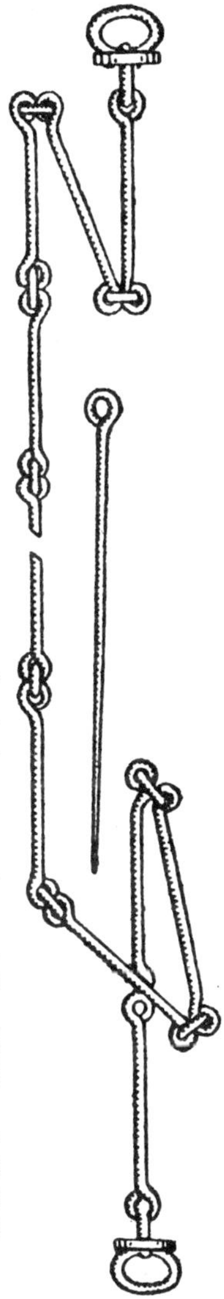

151. **Múltiplos y submúltiplos del metro.** — Los múltiplos del *metro* son:

El *decámetro,* que vale 10 metros.

El *hectómetro,* que vale 100 metros o 10 decámetros.

El *kilómetro,* que vale 1,000 metros o 10 hectómetros.

El *miriámetro,* que vale 10,000 metros o 10 kilómetros.

Los submúltiplos son:

El *decímetro,* que vale 10 centímetros, o la décima parte del m.

El *centímetro,* que vale 10 milímetros, o la centésima parte del metro.

El *milímetro,* que es la milésima parte del metro.

El miriámetro y el kilómetro sirven para medir grandes longitudes, y se llaman medidas itinerarias.

Las medidas métricas de longitud han substituído a la cana, al palmo, al cuarto, a la vara, al pie, etc.

152. **Relación entre las medidas métricas de longitud y las del sistema antiguo de la misma clase.** — La relación que existe entre las medidas métricas de longitud y las antiguas, es como sigue:

La cana de Gerona equivale a 1'559 metros.

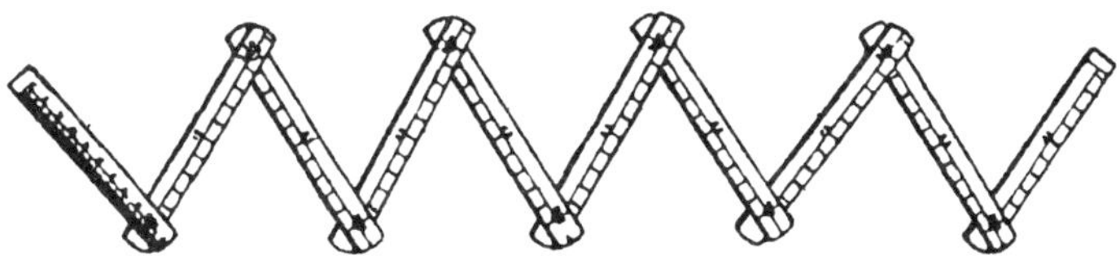

La cana de Barcelona equivale a 1'555 metros.
La vara de Castilla equivale a 0'836 metros aproximadamente.
15 pasos ordinarios equivalen a 1 decámetro (1).

....

....

....

LECCIÓN XX

Medidas de superficie

153. **Medidas de superficie.** — Medidas de *superficie* son las que sirven para apreciar la extensión en el sentido de su largo y de su ancho. La unidad principal es el *metro cuadrado.*

Las medidas de superficie se dividen en tres clases: medidas de *superficie propiamente dichas,* medidas *agrarias* y medidas *topográficas.*

154. **Medidas de superficie propiamente dichas.** — Las medidas de *superficie propiamente dichas,* sirven para apreciar pequeñas extensiones superficiales, v. g.: la superficie de un lienzo, de una pizarra, de un salón, de la cara de una pared, etc. Su unidad es el *metro cuadrado.*

155. **Metro cuadrado.**—*Metro cuadrado* es un cuadrado que tiene un metro, o 10 decímetros, de lado. El metro cuadrado, como unidad de las medidas de superficie propiamente dichas, no tiene múltiplos. Sus múltiplos se aplican a las medidas agrarias y a las topográficas.

156. **Múltiplos y divisores del metro cuadrado.** — Los múltiplos del metro cuadrado son los siguientes:

El *decámetro cuadrado,* que tiene 100 metros cuadrados.

El *hectómetro cuadrado,* que tiene 100 decámetros cuadrados, o 10,000 metros cuadrados.

---

(1) Los Sres. Profesores podrán escribir, en las rayas en blanco que dejamos, las equivalencias de las medidas antiguas de la provincia respectiva, por ser las que tendrán mayor interés para sus discípulos.

Dada la aplicación que aun tiene, por desgracia, el sistema antiguo, de pesas y medidas, consideramos conveniente que los niños aprendan de memoria algunas equivalencias de las medidas y pesas usadas en su provincia. No extrañe, pues, si ahí repetimos algunas equivalencias de las dadas en la parte correspondiente. Son las que confiamos a la memoria de nuestros discípulos.

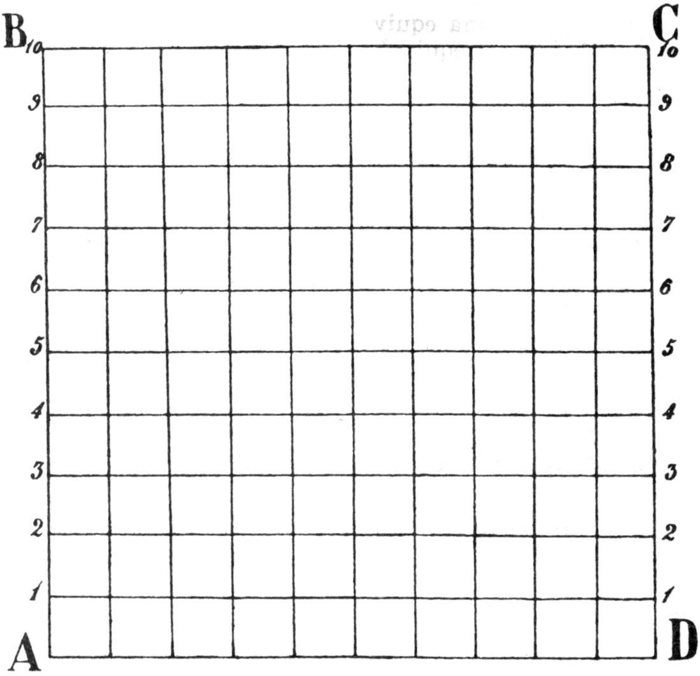

Metro cuadrado

El *kilómetro* cuadrado, que tiene 100 hectómetros cuadrados, o 1.000,000 de metros cuadrados.

El *miriámetro cuadrado,* que tiene 100 kilómetros cuadrados, o 100.000,000 de metros cuadrados.

Los submúltiplos o divisores son:

El *centímetro cuadrado,* que tiene 100 milímetros cuadrados, o la *centésima* parte del metro cuadrado.

El *decímetro cuadrado,* que tiene 100 centímetros cuadrados, o la *diezmilésima* parte del metro cuadrado.

El *milímetro cuadrado,* que es la *millonésima* parte del metro cuadrado.

Obsérvese que cada unidad cuadrada tiene tantas unidades cuadradas de su orden inferior inmediato, como unidades simples resultan de multiplicar entre sí, las unidades lineales del mismo orden de los dos lados que determinan el largo y ancho del cuadrado.

157. **Medidas agrarias.** — Las medidas de superficie llamadas *agrarias,* sirven para medir superficies de alguna extensión, tales como bosques, campos, prados, arenales, viñedos, etc. Su unidad principal es el *área.*

158. **Qué es el área.** — El área es un decámetro cuadrado: tiene, pues, 100 metros cuadrados.

159. **Múltiplos y divisores del área.** — El área tiene un múltiplo, que es

La *hectárea*, que equivale a 100 áreas, o a 1 hectómetro cuadrado.

El área tiene un submúltiplo o divisor, que es

La *centiárea*, que es la centésima parte del área, o un metro cuadrado.

Se consideran, además, como divisores o submúltiplos del área, todas las restantes medidas de superficie propiamente dichas, esto es: el decímetro cuadrado, el centímetro cuadrado y el milímetro cuadrado.

160. **Medidas topográficas.** — Medidas *topográficas* son las que sirven para apreciar grandes extensiones superficiales, tales como la extensión de un pueblo, de una provincia, de una nación, de un continente, del mundo entero. Su unidad principal es el *kilómetro cuadrado,* que tiene 1.000,000 de metros cuadrados.

161. **Múltiplos y submúltiplos del kilómetro cuadrado.**—El *kilómetro cuadrado* tiene un múltiplo, que es

El *miriámetro cuadrado,* que tiene 100 kilómetros cuadrados, o 100.000,000 de metros cuadrados.

Se consideran como submúltiplos del kilómetro cuadrado, todas las medidas agrarias y las de superficie propiamente dichas.

162. **Relación entre las medidas de superficie métricas y las antiguas de la misma clase.** — La relación entre las medidas cuadradas antiguas y las modernas, es como sigue:

La cana cuadrada de Gerona tiene 2'43 metros cuadrados, aproximadamente.

La vesana de Gerona, de 900 canas cuadradas, tiene 21'8743 áreas, aproximadamente.

La vara cuadrada de Castilla tiene 0'6687 metros cuadrados, aproximadamente.

LECCIÓN XXI

Medidas de volumen y capacidad

163. **Medidas de volumen.** — Medidas de *volumen* son las que sirven para apreciar la extensión considerada en sus tres dimensiones de largo, ancho y altura. Por medio de ellas, determinamos, pues, la solidez de los cuerpos, esto es, el espacio que ocupan.

La unidad de estas medidas es el *metro cúbico.*

El metro cúbico puede representarse por un dado cuyo lado tenga 1 metro de longitud, es decir, un dado, que mida 1 metro de largo, 1 metro de oncho y 1 metro de alto.

164. **Múltiplos y divisores.** — Aunque el metro cúbico tiene múltiplos, el decámetro cúbico, el hectómetro cúbico, el kilómetro cúbico y el miriámetro cúbico, no se admiten en la práctica.

Sus divisores son:

El *decímetro cúbico,* que es la *milésima* parte del metro cúbico; el *centímetro cúbico,* que es la *milésima* parte del decímetro cúbico, y el *milímetro cúbico,* que es la *milésima* parte del centímetro cúbico.

Las medidas métricas de volumen han venido a sustituir a la cana cúbica, al palmo cúbico, a la vara cúbica, al pie cúbico, etc., etc.

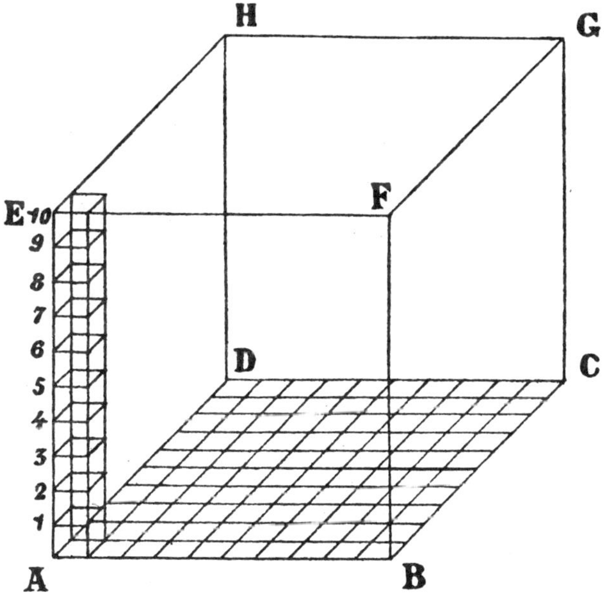

Metro cúbico

165. **Relación entre las medidas cúbicas antiguas y las modernas de igual clase.** —La relación que existe entre las medidas cúbicas antiguas y las modernas, es la siguiente:

1 cana cúbica de Gerona = 3'789119 metros cúbicos, aproximadamente.

1 vara cúbica = 0'584077 metros cúbicos, aproximadamente.

166. Medidas de capacidad. — Las medidas de *capacidad* sirven para medir áridos y líquidos. La unidad principal es el *litro*.

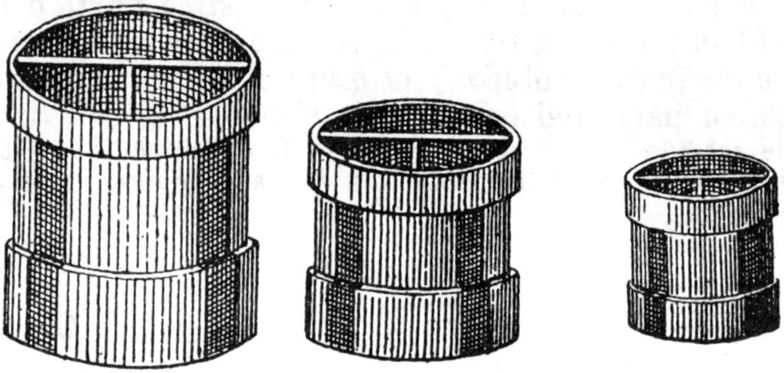

Hectolitro — Medio hectolitro — Doble decalitro

Decalitro — 1/2 decalitro — Doble litro — Litro — 1/2 litro — 1/4 litro — Doble decil. — Decil.

167. Qué es el litro. — El *litro* es la capacidad de un decímetro cúbico.

Las medidas de capacidad para granos se construyen de madera, y las para líquidos, de metal.

168. Múltiplos y submúltiplos del litro.—Los múltiplos del litro son:

El *decalitro* que vale 10 litros.
El *hectolitro* que vale 100 " o 10 decalitros.
El *kilolitro* que vale 1,000 " o 10 hectolitros.
El *mirialitro* que vale 10,000 " pero no se usa.

Los submúltiplos o divisores del litro son:

El *decilitro,* que vale 10 centilitros, o la décima parte del litro.

El *centilitro,* que vale 10 mililitros, o la centésima parte del litro.

El *mililitro,* que es la milésima parte del litro.

Las medidas métricas de capacidad, han substituído a la cuartera, al cuartán al mesurón, a la pipa, carga, mallal, porrón, etc.

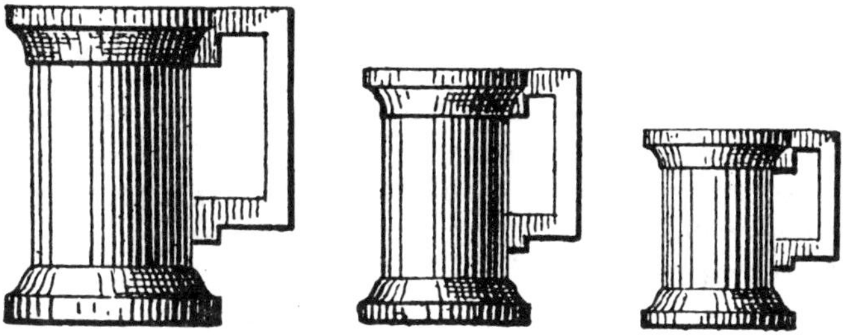

Doble litro — Litro — Medio litro

Doble decilitro — Decilitro — 1/2 decilitro — Doble centilitro — Centilitro

169. Relación entre las medidas de capacidad métricas, y las antiguas de la misma clase. — La relación que existe entre las medidas de capacidad métricas y las antiguas, es como sigue:

Para granos:

La cuartera de Gerona equivale a 72'32 litros.

Un cuartán de Gerona equivale a 10'08 litros.

La cuartera de Barcelona equivale a 69'518 litros, pero en el comercio se dan 70 u 80 litros por cuartera.

Para líquidos:

El mallal de Gerona para vinos y licores, equivale a 15'48 litros (1).

El barrilón de Barcelona equivale a 30'35 litros.

El mallal para aceite, en Gerona equivale a 13'03 litros.

El cuartán para aceite en Barcelona equivale a 4'15 litros.

LECCIÓN XXII

Medidas de peso. — Monedas

170. **Medidas de peso.** — Medidas de *peso* son las que sirven para hallar el peso de los cuerpos. Su unidad principal es el *gramo.*

---

(1) En la práctica se dan 16 litros por mallal.

171. Qué es el gramo. — El *gramo* es el peso que tiene, en el vacío, un centímetro cúbico de agua pura o destilada, a la temperatura de 4 grados del termómetro centígrado.

De lo que se deduce que 1 litro de agua, en iguales condiciones, pesará 1 kilogramo.

Por ser el gramo un peso tan pequeño, se ha adoptado como unidad usual el kilogramo, llamándole vulgarmente, *kilo*.

172. Múltiplos y submúltiplos del gramo. — Los múltiplos del gramo son:

El *decagramo*,	que vale	10 gramos.		
El *hectogramo*,	» »	100	» o	10 Dg.
El *kilogramo*,	» »	1,000	» o	10 Hg.
El *quintal métrico*,	» »	100,000	» o	100 Kg.
La *tonelada métrica*,	» »	1.000,000	» o	10 quintales métricos.

El *miriagramo*, generalmente no se usa.

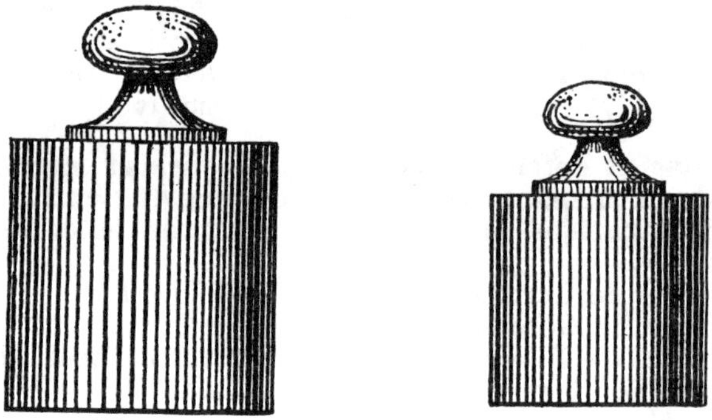

1 kilogramo — 500 gramos

200 gramos — 100 gramos — 50 gramos — 20 gramos

10 gramos — 5 gramos — 2 gramos — 1 gramo

El gramo y sus divisores se emplean para pesar substancias medicinales, piedras preciosas y metales de gran valor. El kilogramo se toma como unidad en las transacciones al por menor. El quintal métrico y la tonelada métrica, para pesar carbón, hierro, piedra, etc.

Los *submúltiplos* son:

El *decigramo,* que vale 10 centigramos, o la décima parte del gramo.

El *centigramo,* que vale 10 miligramos, o la centésima parte del gramo.

El *miligramo,* que es la milésima parte del gramo.

173. **Relación entre las medidas de peso métricas y las antiguas de la misma clase.** — La relación entre las medídas ponderales métricas y las antiguas, es la siguiente:

1 quintal catalán equivale a 41'6 kilogramos.

1 quintal castellano equivale a 46 kilogramos aproximadamente.

2'5 libras catalanas equivalen a 1 kilogramo.

1 libra catalana equivale a 400 gramos.

1 onza catalana equivale a 33'33 gramos.

174. **Monetarias.** — Las monedas sirven para apreciar los valores de las cosas. La unidad monetaria es la *peseta,* cuyo peso es de 5 gramos.

175. **Clases de monedas.** — En España y en las principales naciones, hay tres clases de moneda: de oro, plata y bronce. En nuestra nación ha de haber las de oro siguientes: de a 100 pesetas, de a 50 ptas., de a 25 ptas., de a 20 ptas., de a 10 ptas., y de a 5 ptas. De plata: de a 5 pesetas, de a 2 ptas., de a 1 pta., de a media peseta y de a 25 céntimos de peseta. De bronce: de a 10 céntimos, de a 5 céntimos, de a 2 céntimos y de a 1 céntimo.

Las monedas no se componen de un solo metal: al oro y a la plata se les añade el cobre para darles mayor dureza. Las de bronce son un compuesto de cobre, estaño y zinc. El metal que se les añade se llama *liga.*

176. **Ley de la moneda.** — Llamamos *ley de la moneda* a la proporción en que entran el metal puro y el de liga. La ley de las monedas de oro y de las de plata de a 5 ptas., es 900 milésimas; la de las demás monedas de plata es 835 milésimas, y la de las de bronce, de 950 milésimas de cobre, 40 milésimas de estaño y 10 de zinc.

Esto quiere decir que de cada mil partes en que podemos suponer dividida una moneda hay 900 de oro o plata puros y 100 partes de cobre; en las demás de plata, que contienen 835 partes de plata pura y 165 de cobre, y así sucesivamente en las de bronce.

177. **Talla de las monedas.** — *Talla* de las monedas es el peso que tiene un número determinado de ellas. La talla de las monedas de oro es la siguiente: 31 en kilo de las de a 100 pesetas; 62, de las de a 50 pesetas; 155, de las de a 20; 310, de las de a 10, y 620 de las de a 5 pesetas.

La talla de las de plata es como sigue: 40 en kilo de las de a 5 ptas.; 100, de las de a 2 ptas.; 200, de las de a 1 pta.; 400, de las de a 0'50 ptas., y 1,000 de las de a 0'20 pesetas.

178. **Relaciones de las medidas cúbicas con las de capacidad y peso.** — Si el litro es la capacidad de 1 decímetro cúbico, y el decímetro cúbico de agua pesa 1 kilogramo, estas relaciones serán como sigue:

1 *kilolitro* igual a 1 *metro cúbico*, y pesa 1,000 *kilogramos*.

1 *hectolitro* igual a 100 *decímetros cúbicos*, y pesa 100 *kilogramos*.

1 *decalitro* igual a 10 *decímetros cúbicos*, y pesa 10 *kilogramos*.

1 *decilitro* igual a 100 *centímetros cúbicos*, y pesa 100 *gramos*.

1 *centilitro* igual a 10 *centímetros cúbicos*, y pesa 10 *gramos*.

1 *mililitro* igual a 1 *centímetro cúbico*, y pesa un *gramo*.

Entiéndase que el volumen medido es de agua pura.

LECCIÓN XXIII

Escritura de números métricos

REDUCCIÓN DE COMPLEJOS MÉTRICOS A INCOMPLEJOS DE UNA ESPECIE DETERMINADA

179. **Cómo se escriben los números métricos.** — La escritura de los números métricos se abrevia del modo siguiente:

1.° Las unidades principales, con su letra inicial. Así: 1 metro, 2 litros, 3 gramos, 4 áreas, se escribirán: 1 m., 2 l., 3 g., 4 a.

2.° Las unidades cuadradas y cúbicas se indican escribiendo un 2 para las primeras y un 3 para las segundas en la parte superior de la derecha de la letra que las representan. Así, 6 metros cuadrados y 3 metros cúbicos, se escribirán en esta forma: 6 $m.^2$ y 3 $m.^3$.

3.° Los múltiplos y los submúltiplos se escriben con dos letras: la inicial del múltiplo o submúltiplo y la inicial de la unidad principal a la que el múltiplo o submúltiplo se refiera; advirtiendo que la unidad del múltiplo se escribe mayúscula.

V. gr.: 24 miriámetros, 3 kilómetros, 9 hectómetros, 5 decámetros, 3 metros, 5 decímetros, 3 centímetros y 2 milímetros, se escribirán: 24 Mm., 3 Km., 9 Hm., 5 Dm., 3 m., 5 dm., 3 cm. y 2 mm. Etc.

180. **Cómo se reduce un complejo métrico a incomplejo de una especie determinada.** — Para reducir un complejo métrico a incomplejo de una especie determinada, hay que tener en cuenta lo siguiente:

1.° Las medidas de longitud, capacidad y peso, siguen el orden decimal. (Menos en las de peso si se pasa del quintal métrico al Kg., que siguen el centesimal, porque 1 quintal m. tiene 100 Kg.).

2.° Las medidas de superficie, siguen el orden centesimal.

3.° Las de volumen, el milesimal.

Luego un número de unidades de orden cualquiera que no llegue a componer una unidad de la especie superior, se representa con una sola cifra en las de longitud, peso y capacidad; con dos, en las de superficie, y con tres, en las de volumen.

Se escriben, empezando por la superior, las unidades de cada especie del complejo, de modo que cada una esté a la derecha de su superior inmediata, ocupando con los ceros necesarios los lugares correspondientes a las órdenes que carecen de unidades, y escribiendo el signo decimal en la parte superior de la derecha de la cifra en que terminen los enteros, si la especie de unidades que ha de referirse el incomplejo que se desea no es la última de las que forman el complejo dado.

Los lugares correspondientes a órdenes que carecen de unidades, se ocupan con un cero si el complejo es de longitud, peso o capacidad (menos al pasar del quintal métrico al Kg.); con dos, si es de superficie, y con tres, si es de volumen.

Ejemplos: 1.° ¿Cuántos m. hay en 26 Km., 8 Dm. y 5 m.?
Resolución: 26085 metros.

2.° Reducir a Hl.: 5 l, 6 dl. y 5 cl.
Resolución: 0'0565 Hl.

3.° ¿Cuántos m.^{2} hay en 26 Km.^{2}, 7 Ha., 25 m.^{2}, 16 dm.^{2} y 2 mm.^{2}?
Resolución: 26070002516 0002 m.^{2}

4.° Reducir a m.^{3} y fracción: 36 m.^{3} y 128 cm.^{3}
Resolución: 36'000128 m.^{3}

181. **Cómo se leen los números métricos incomplejos.** — Los números métricos incomplejos se leen de dos maneras: como números decimales, o descomponiéndolos mentalmente en unidades de sus diferentes órdenes, y dando a cada uno la denominación correspondiente.

Así, 2562'25 l., se leerá: 2,562 litros, 25 centésimas, o bien: 2 K., 5 Hl., 6 Dl., 2 l., 2 dl. y 5 cl.

LECCIÓN XXIV

Números métricos. — Continuación

182. **Reducción de números incomplejos métricos a unidades de especie inferior o superior.** — Para ello, debe tenerse presente el orden o relación que guardan entre sí las medidas a que los números se refieren.

Si la reducción va de especie superior a inferior, la operación es de multiplicar, y la reducción se verificará añadiendo a la derecha del número los ceros necesarios si es entero, o haciendo correr el signo decimal hacia la derecha los lugares convenientes, si es decimal.

Si la reducción va de especie inferior a superior, la operación es de dividir, y la reducción se verificará separando a derecha e izquierda del número, las notas decimales correspondientes si es entero, o haciendo correr el signo decimal hacia la izquierda los lugares necesarios, si es decimal.

Véanse los ejemplos siguientes:

EJEMPLOS: 1.° Reducir 246'256 m. a centímetros.

Como 1 m. tiene 100 centímetros, tendremos que:

246'256 m. = 246'256 × 100 = 24625'6 centímetros.

2.° Reducir 467'5089693 Dm.^{2} a cm.^{2}

Como que las unidades superficiales decrecen de 100 en 100, multiplicando los Dm.^{2} por 100, serán m.^{2}; multiplicando los m.^{2} por 100, serán dm.^{2}, y multiplicando los dm.^{2} por 100, serán cm.^{2}; pero multiplicar 3 veces por 100 es multiplicar por 1.000,000; luego:

467'5089693 Dm.^{2} = 467'5089693 × 1.000,000 = 467508969'3 cm.^{2}

3.° Reducir 7489'762 gramos a Kg.

Dividiendo 3 veces por 10, o por 1,000 serán Kg., luego

7489'762 gramos = 7489'762 : 1,000 = 7'489,762 Kg.

4.° Reducir 27059369'27 cm.^{3} a m.^{3}

Las medidas de volumen crecen de 1,000 en 1,000; luego dividiendo los cm.^{3} dos veces por 1.000 o por 1.000,000, resultarán m.^{3} luego:

27059369'27 cm.^{3} = 27059369'27 : 1.000,000 = 27'05936927 m.^{3}

183. **Sumar y restar.** — Para sumar y restar los complejos métricos, el método más rápido y sencillo consiste en reducirlos a incomplejos de una especie cualquiera, y proceder luego como en la suma y resta

de enteros y decimales. También puede seguirse el método empleado en la suma y resta de números denominados.

Véanse los siguientes

EJEMPLOS: 1.° Compré 40 Hl., 3 Dl., 25 cl. de vino a uno, 6 Kl., 20 Dl., 4 l., 6 dl. a otro, y 9 Dl., 3 dl., a un tercero. ¿ Qué cantidad de vino tuve ?

Resolución :

Por el método de complejos		Por reducción a incomplejos
4 Kl., 0 Hl., 3 Dl., 0 l., 2 dl., 5 cl.	=	40'3025 Hl.
+ 6 » 2 » 0 » 4 » 6 » 0 »	= +	62'046 »
+ 0 » 0 » 9 » 0 » 3 » 0 »	= +	0'903 »
10 Kl., 3 Hl., 2 Dl., 5 l., 1 dl., 5 cl.	=	103'2515 Hl.

2.° Tenía un campo de 42 Ha., 6 a., 20 ca., y destiné 5 Ha., 26 ca., para jardín y huerta. ¿ A cuánto quedó reducido el terreno destinado a operaciones de labranza ?

Resolución :

Por complejos		Por reducción
42 Ha., 6 a., 20 ca,,	=	42'0620 Ha.
— 5 » 0 » 26 »	= —	5'0026 »
37 Ha., 5 a., 94 ca.,	=	37'0594 Ha.

184. **Multiplicar y dividir. — Para multiplicar y dividir números complejos métricos, el método más rápido y sencillo es el de *reducción a incomplejos.***

1.° ¿ Cuánto valen 4639 m.³, 42 cm.³, de piedra, a razón de 22 pesetas, 3 reales el m.³ ?

Resolución :

4639 m.³	42 cm.³ =		4639'000042 m.³
× 22 ptas.	3 rs. =		× 22'76 ptas.
			231 95000210
			3247 3000294
			9278 000084
			92780 00084
		Valen.	105537'25095550 ptas.

2.° Se han comprado 18 Hm., 3 Dm., 45 cm., de cierta cuerda por 226 pesetas 3 reales. ¿ A cuánto sale el Dm. ?

Resolución :

226 ptas., 3 rs. / 183 Dm., 45 cm. = 226'750 ptas. / 183'045 Dm.

```
226'750 ptas.  | 183'045 Dm.
043 7050       | 1'238 ptas.
07 09600
1 604650
140290
```

Sale a 1'238 ptas. el Dm.

Ejercicios y problemas correspondientes a los números métrico-decimales

I

1. Dígase qué significan las abreviaciones siguientes:
1.ª 8 Mm., 9 Km., 7 Hm., 2 Dm., 3 m., 5 Dm., 2 cm. y 3 mm.
2.ª 20 T. m., 8 qq. m., 7 Kg., 9 Hg., 5 Dg., 4 g., 8 dg., 9 cg y 1 mg.
3.ª 60 Ml., 5 Kl., 2 Hl., 1 Dl., 3 l., 28 dl., 7 cl., y 6 ml.
4.ª Mm.², 70 Km.², 6 Hm.², 13 Dm.², 9 m.², 15 dm.², 3 cm.², 55 mm.²
5. 14 Ha., 9 a., 6 ca.
6. 428 m.³, 12 dm.³ y 975 mm.³

2. Redúzcase a metros y fracción de ídem el complejo siguiente: 6 Mm., 9 Km., 5 Hm., 3 Dm., 3 m., 8 dm., 7 cm. y 2 mm.

3. Hágase lo propio con el siguiente: 20 Mm., 5 Hm., 3 Dm., 9 cm. y 3 mm.

4. Reducir a Dm. y fracción el complejo: 9 Km., 3 Dm., 6 m., 95 mm.

6. Póngase bajo la forma decimal de Hm., Dm., cm., dm. y Mm., el complejo siguiente: 65 Mm., 75 Dm., 9 dm. y 26 mm.

10. Póngase bajo la forma decimal de Kg. el complejo siguiente: 80 T. m., 6 qq. m., 35 Kg., 9 Hg., 5 Dg., 3 g., 8 dg., 1 cg. y 2 mg.

12. Redúzcanse a T. m., Kg., Dg., y m.: 26 qq. m., 25 Dg., 9 cg. y 6 mg.

13. Idem a mg., g., Hg., Kg., qq. m. y T. m.: 48 Kg., 2 Dg., 38 cg. y 6 mg.

15. Idem bajo la forma decimal de cg., Dg., qq. m. y T. m., el complejo siguiente: 2,460 Kg., 6 g., 25 dg., 40 cg. y 38 m.
dl., 2 cl. y 4 ml.

17. Idem a Hl. y fracción, el complejo: 30 Kl., 9 Dl., 6 dl. y 4 ml.

20. Idem a Kl., l., Hl., dl. y ml.: 120 l., 45 cl. y 25 ml.

22. Reducir a m.² y fracción de ídem: 46 Mm.², 28 Km.², 16 Hm.², 55 Dm.², 27 m.², 29 dm.², 57 cm.² y 33 mm.²

23. Póngase bajo la forma decimal de Dm.² el complejo siguiente: 54 Mm.² 7 Hm.², 9 Dm.², 8 m.², 7 dm.², 6 cm.² y 2 mm.²

26. Redúzcase a Dm.², dm.², mm.², Hm.², Mm.², el siguiente complejo: 1,384 m.², 7 dm.² y 248 mm.²

28. Póngase bajo la forma decimal de Mm.², Km.², cm.², mm.² y Dm.²: 2,846 m.²

29. Reducir a Ha., a, y ca., 49 Ha., 6 a. y 25 ca.

32. Idem a ca, Dm..², Hm.², cm.², m.² y mm.², el siguiente: 145 kilómetros cuadrados, 36 Ha., 9 a. y 1,946 mm.²

34. Póngase bajo la forma decimal de m.³, el complejo siguiente: 9,428 m.³, 296 dm.³, 257 cm.³ y 234 mm.³

35. Idem bajo la forma decimal de dm.³, el siguiente: 8,543 m.³, 64 dm.³, 36 cm.³ y 18 mm.³

37. Reducir a Dm.^{3}, cm.^{3} y mm.^{3}, el siguiente: 39 m.^{3}, 7 cm.^{3} y 459 mm.^{3}

38. Idem a mm.^{3}, dm.^{3}, m.^{3} y Dm.^{3} el siguiente: 38 Dm.^{3} 8,427 decímetros cúbicos y 12,490 mm.^{3}

39. Idem a m.^{3}, cm.^{3} y Dm.^{3}: 1,289'640 dm.^{3}

II

40. El empresario de una red telegráfica, en 4 meses que duraron los trabajos de instalación, tendió las cantidades de alambre siguientes: el primer mes, 4 Mm., 9 Hm., 28 m.; el 2.º, 50 Km., 27 Dm., 3 m., 45 cm.; el 3.º, 6 Mm., 28 Km., 3 Hm., 7 m., 2 dm., 25 mm., y el 4.º, 4,380 metros y medio. ¿Cuál es la longitud total del alambre empleado? — R. 18 *Mm.*, 3 *Km.*, 8 *Hm.*, 8 *Dm.*, 9 *m.*, 1 *dm.*, 7 *cm. y* 5 *mm.*

41. En un almacén de harinas, hay las siguientes existencias: de 1.ª clase, 20 T. m., 7 qq. mm., 9 Kg., 3 Dg. y 25 cg.: de 2.ª clase, 483 qq. m., 26 Hg., 9 g., 3 dg., 9 cg. y 7 mg.; de 3.ª clase, 240 Kg., 37 1/2 Dg., y de 4.ª clase, 37,860 Dg., 9 g., 7 cg. y 1/2. Dígase la cantidad total de harina que hay en el almacén de referencia. — R. 69 *T. m.*, 6 *qq. m.*, 30 *Kg.*, 6 *Hg.*, 2 *Dg.*, 3 *g.*, 7 *dg.*, 2 *cg. y* 2 *mg.*

43. En un molino harinero se ha molido el trigo siguiente durante el pasado mes: la 1.ª semana, 460 Hl., 36 l. y 1/2; la 2.ª, 60 Kl., 9 Dl., 8 l., 7 dl., 5 cl. y 1/2; la 3.ª, 485,300 l., 35 cl. y la 4.ª semana 150 Kl., 60 l. Averígüese el total del trigo molido durante el tiempo mencionado. — R. 7,414 *Hl.*, 9 *Dl.*, 5 *l.*, 6 *dl. y* 5 *ml.*

44. El terreno que constituye una heredad, puede clasificarse de la manera siguiente: 20 Km.^{2}, 7 Hm.^{2}, 45 m.^{2}, 39 dm.^{2} de arbolado; 5 Mm.^{2}, 896 Dm.^{2}, 675 m.^{2} de cultivo, y 35 Ha., 7 a. y 43 ca. de prado y arenal. ¿Qué area tiene dicha heredad? — R. 520 *Km.*^{2}, 51 *Hm.*^{2}, 10 *Dm.*^{2}, 63 *m.*^{2} *y* 39 *dm.*^{2}

45. Cierto agricultor posee un campo cuya superficie es 6 Ha., 95 a., 7 m.^{2} y ha adquirido una extensión de tierra contigua que mide 36 Dm.^{2}, 28 ca. y 248 cm.^{2} ¿Qué área tiene actualmente el campo de su propiedad? — Resultado: 7 *Ha.*, 31 *a.*, 35 *ca.*, 2 *dm.*^{2} *y* 48 *cm.*^{2}

46. Un cantero posee 456 m.^{3}, 58 dm.^{3} y 2,480 mm.^{3} de piedra labrada, y ha vendido 78 m.^{3} y 1/2 a un albañil, y 48,650 m.^{3}, 860 dm.^{3}, 2,870 mm.^{3} a un maestro de obras. ¿Qué cantidad de piedra tenía antes de verificar estas dos ventas? — R. 49,185 *m.*^{3}, 418 *dm.*^{3}, 5 *cm.*^{3} *y* 350 *mm.*^{3}

III

47. De un montón de hierro viejo cuyo peso era 70 T. m., 6 qq. m., 7 Kg., 89 gr., se han vendido 9 qq. m., 2,456 Kg. y 1/2. ¿Qué cantidad de hierro ha quedado por vender? — R. 67 *T m.*, 2 *qq. m.*, 50 *Kg.*, 5 *Hg.*, 8 *Dg. y* 9 *g.*

48. La longitud de una vía férrea en proyecto es de 75 Mm., 8 Km., 36 Dm., 25 cm., de los que se han construído ya 12 Km., 6 Hm., 37 m. y 1/2. ¿Qué longitud tiene la parte por construir? — R. 745 *Km.*, 7 *Hm.*, 2 *Dm.*, 2 *m.*, 7 *dm. y* 5 *cm.*

50. Un depósito contiene 36 Hl., 7 Dl., 2 l., 35 cl. de agua, y, al echarle 228 l. y 1/2, ha quedado completamente lleno. Por un accidente casual, ha caído en él una piedra, cuyo volumen es 7 dm.^{3} 38 cm.^{3} ¿Qué cantidad de agua ha quedado en el depósito? — R. 38 *Hl.*, 9 *Dl.*, 3 *l.*, 8 *dl.*, 1 *cl. y* 2 *ml.*

52. De un campo que mide 2 Ha., 20 a., 7 ca., y 48 dm.^{2} se ha vendido

una porción de forma rectangular cuyas dimensiones son 56 m., 35 cm. de largo y 28 m. y 1/2 de ancho. ¿Cuál es el área del terreno que ha quedado? — R. 2 *Ha.*, 4 *a.*, 1 *ca.*, 50 *dm.*^{2} *y* 50 *cm.*^{2}

53. Un cantero tiene 2,450 m.^{3}, 120 dm.^{3} y 40 cm.^{3} de piedra, y ha destinado 650 m.^{3}, 4,280 cm.^{3} para la edificación de una casa. ¿Qué cantidad de piedra le quedará? — R. 1,800 *m.*^{3}, 115 *dm.*^{3} *y* 760 *cm.*^{3}

55. En cierta bodega, hay un depósito lleno de aceite, cuyas dimensiones interiores son: altura 1 m., 45 cm., largo, 0'90 m. y ancho, 0'65 m. Se ha sacado de él una cantidad de aceite tal, que el nivel del líquido ha bajado 0'56 m. ¿Qué cantidad de aceite ha quedado en el depósito? — R. 520 *l.*, 6 *dl. y* 5 *cl.*

IV

57. ¿Cuánto cobraré por la venta de 4 piezas de tela de a 2 Dm., 7 metros, 45 cm. cada una, a 2,25 pesetas el metro? — R. 247'05 *pesetas.*

58. Vendiendo el Kg. de ternera a 2'25 pesetas, ¿cuánto cobrará un ganadero por la venta de una res cuyo peso es 2 qq. m., 75 kg., 9 Dg., 25 cg.? — R. 618'95 *pesetas.*

59. El administrador de un hospital ha adquirido 36 Hl., 45 litros y 1/2 de garbanzos, a 19'75 pesetas el Hl. y 96 Hl, 3 Dl., 6 l., 38 cl., de habichuelas, a 14'25 pesetas el Hl. ¿Cuánto ha tenido que desembolsar?—R. 2,093'17 *pesetas.*

60. Pagando el m.^{2} a 12'75 pesetas, ¿cuánto importará la compra de un solar que mide 2 Dm.^{2}, 46 ca. y 25 cm.^{2}? — R. 3,136'53 *pesetas.*

61. Un terreno arbolado de forma rectangular, cuyas dimensiones son 839 m., 45 cm. de largo y 436 m. y 1/2 de ancho se ha comprado a 134'75 pesetas el área. ¿Cuál ha sido su valor? — R. 493,750'84 *pesetas.*

62. Vendiendo un farmacéutico el agua destilada a 0'05 pesetas el Kg., ¿cuánto recibirá por la venta de la que llena un depósito que mide 1,25 m. de alto, 0'90 m. de largo y 0'45 m. de ancho? — R. 253'12 *pesetas.*

63. Un ebanista ha comprado 45 m.^{3}, 856 dm.^{3} y 1/2 de madera de caoba a 28'50 pesetas el m.^{3} ¿Cuánto ha gastado? — R. 1,306'91 *pesetas.*

64. Se ha dividido una propiedad en 7 partes iguales, siendo la superficie de cada una 17 áreas, 2 m.^{2} y 385 cm.^{2} Dígase el área de dicha propiedad antes de practicar la mencionada división. — R. 1 *Ha.*, 19 *a.*, 14 *ca.*, 26 *dm.*^{2} *y* 95 *cm.*^{2}

65. Pagando los 100 Kg. de una mercadería a 29'50 ptas., ¿cuánto deberé abonar por la compra de 76 T. m., 9 qq. m., 46 Kg., 36 gr.? — Resultado: 22,699'08 *pesetas.*

66. Un tendero compró una caja de jabón de peso 246 Kg., 7 Dg. a 0'9375 pesetas el Kg., y lo vendió a 1'05 pesetas el ídem. ¿Qué beneficio realizó? — R. 27'68 *pesetas.*

67. Una planchadora ha comprado 156 Kg., 3 Hg., 25 g. de carbón mineral a razón de 20'75 pesetas la T. m. y 47 Kg. y 1/2 de almidón, a 62'25 pesetas el qq. m. ¿Cuánto ha pagado? — R. 32'80 *pesetas.*

68. Si un Kg. de agua de mar contuviese 5 Dg. de sal, ¿qué cantidad de sal habría, aproximadamente, en 47 Hl., 5 Dl., 9 l., 36 cl., de dicha agua? — R. 237 *Kg.*, 9 *Hg.*, 6 *Dg. y* 8 *g. de sal.*

69. Hay que empapelar las 4 paredes laterales de un salón, cuyas dimensiones son: 18 m. 35 cm. de largo, 12 m. y 1/2 de ancho, y 5'25 metros de altura. Pagando el papel a 0'6875 pesetas el m.^{2} ¿cuál será el coste del papel empleado? — R. 222'698 *pesetas.*

70. Las cuatro paredes de un salón que mide 9 m., 45 cm., de largo; 7 m. y 1/2 de ancho, y 4'75 m. de altura, han de empapelarse empleando papel de 0'95 m. de ancho y cuyo precio es 1'3125 pesetas m. ¿Cuánto importará la compra del papel necesario? — R. 222'47 *pesetas.*

71. Si en el salón que se menciona en el problema anterior hubiese dos puertas de 2'95 m. de alto y 1'15 m. de ancho cada una, y 3 ventanas de 1'45 m. de alto y 0'85 m. de ancho cada una, ¿cuál sería el coste del papel empleado? — R. 208 *pesetas.*

72. Un salón que mide 23 m. 45 cm. de largo por 18 m. y 1/2 de ancho, ha de ser enladrillado con ladrillos que miden 1 dm. y 1/2 de largo por 0'08 m. de ancho. Pagando los mencionados ladrillos a 36'85 pesetas el millar, ¿cuánto costará la compra de los mismos? — R. 1,332'24 *pesetas.*

V

73. Pagando el q. m. de madera a 0'50 pesetas, ¿a cuánto resulta el Kg. y a cuánto, el Dg.? — R. 1.º, *a* 0'065 *ptas.* 2.º, *no tiene valor apreciable.*

74. Si un Kl. de ron superior vale 203'50 pesetas, ¿cuál será el valor de 1 Hl., de 1 Dl., de 1 l. y 1 cl.? — R. 1.º, 20'35 *ptas.;* 2.º, 2'035 *pesetas;* 3.º, 0'2035 *ptas.;* 4.º, *no tiene valor apreciable.*

75. Pagando la Ha. de cierto terreno a 4,253'75 pesetas, ¿a cuánto resultaría el $Dm.^2$, el a. y la ca.? — R. 1.º, 42'5375 *ptas.;* 2.º, *igualmente;* 3.º, 0'425 *pesetas.*

76. Un andarín gana 612'50 pesetas por cada Km. que recorre. Según esto, ¿cuánto vendrá a ganar por cada Hm., Mm. y m. recorridos? — Resultado: 1.º, 61'25 *ptas.;* 2.º, 6,125 *ptas.;* A.º, 0'6125 *pesetas.*

77. Vendiendo el $m.^3$ de piedra a 8'25 pesetas, dígase a cuánto resulta el $dm.^3$, el $cm.^3$ y el $Dm.^3$ — R. 1.º y 2.º, *no son valores apreciables;* 3.º, 8,250 *pesetas.*

78. En 4 meses, un niño ha crecido 4 cm., 8 mm. ¿Cuánto ha crecido cada día? — R. 4 *décimas de milímetro.*

79. En 1920, un agricultor recolectó 120 Hl., 4 Dl., 3 l. de trigo, y en 1921, recolectó 602 Hl., 1 Dl. y 5 l. ¿Cuántas veces la cosecha del último año ha sido mayor que la del anterior? — R. 5 *veces.*

81. El caño de una fuente, en 1 minuto, da 26 1/2 litros de agua. ¿Qué tiempo necesitará para llenar un pilón, cuyas dimensiones son 3 metros, 45 cm. de largo; 0'90 m. de ancho y 1 m., 25 cm. de profundidad? — Resultado: 2 *horas,* 26 *minutos y* 27 *segundos.*

82. Un posadero compró 6 Hl., 9 l., 35 cl. de vino tinto de Tarragona y 124 Dl., 45 cl. de vino del Ampurdán, realizándolo todo, al por menor, en 1 mes y 45 días. ¿Qué cantidad de líquido vino a vender diariamente? — Resultado: 24'66 *litros.*

83. Se han comprado 3 piezas de franela de a 20 m., 45 cm. cada una, por 304 pesetas y 5/8 de ídem. ¿A cuánto resulta el metro? — R. *A* 4'965 *ptas.*

84. Un montón de ladrillos puestos uno encima del otro, ocupa un espacio de 45 y 1/2 m. de largo; 6 m., 20 cm. de ancho y 2 m., 5 cm. de altura. ¿Cuántos ladrillos hay en el montón de referencia, si cada 8 ladrillos ocupan un espacio de 4 dm., 7 cm. de alto; 2 dm. de ancho, y 25 de profundidad? — R. 196,869 *ladrillos.*

85. Un comerciante en granos ha vendido, a 14'75 pesetas la cuartera de 80 litros, el trigo contenido en un depósito de madera que mide 4 m., 95 cm. de largo; 2 1/2 m. de ancho, y 3 m., 25 cm. de altura. ¿Cuánto ha cobrado? — R. 7,415'326 *pesetas.*

87. Plantando los árboles a razón de 26 por cada espacio de 6'27 metros de largo por 2 metros de ancho, ¿cuántos árboles tendrá un vergel de 4 Ha., 26 a. y 9 m.²? — R. 88'344 *árboles.*

89. Pagando el doble Dl. de garbanzos a 8 pesetas, ¿a cómo resulta el Hl., el l. y el Kl.? — R. 1.º, *a* 40 *pesetas;* 2.º, *a* 0'40 *ptas.;* 3.º, *a* 400 *pesetas.*

90. He vendido 3 botas de vino, de 1 Hl., 45 l. cada una, a 3'25 pesetas el Dl., y el dinero cobrado lo he invertido en palo campeche de a 14'562 pesetas el quintal métrico. ¿Qué cantidad he podido adquirir? — R. 9 *qq. m.*, 70 *Kg.*, 8 *Hg.*, 4 *Dg. y* 8 *g.*

91. Se han invertido 1,049 pesetas en la compra de 49 qq. m., 32 Kg. y 3/4 de ídem de harina, satisfaciéndo, además, 14 pesetas por transporte y 13'50 pesetas al corredor por cuya mediación se hizo la compra. ¿A cuánto resulta el Kg.? — R. *A* 0'22 *pesetas el Kg.*

92. Si 1 litro de aguardiente vale 0'75 pesetas, ¿cuántas botas de 1 doble Dl. cada una se podrán llenar con el vino obtenido, empleando 100 billetes de banco de a 50 pesetas cada uno, en la expresada mercancía? — R. 333 *botas, y sobrarán* 6'66 *litros.*

LECCIÓN XXV

Potencias de los números

185. **Potencia de un número.** — Llamamos *potencia* de un número, al resultado que se obtiene multiplicándolo por sí mismo una o varias veces.

186. **Cómo se indican las potencias.** — Para indicar que un número ha de elevarse a una potencia dada, se escribe, en la parte superior de su derecha, un número, llamado *exponente,* que, con sus unidades, indica las veces que el número dado ha de tomarse por factor.

Así $128^2 = 128 \times 128$; $43^3 = 43 \times 43 \times 43$; $9^5 = 9 \times 9 \times 9 \times 9 \times 9$ etc.

Si el número que ha de elevarse a una potencia es un quebrado, se escribe dentro de un paréntesis; para hallar la potencia, se elevan sus dos términos a la potencia dada.

Así: $\left(\frac{5}{6}\right)^4 = \frac{5}{6} \times \frac{5}{6} \times \frac{5}{6} \times \frac{5}{6} = \frac{5 \times 5 \times 5 \times 5}{6 \times 6 \times 6 \times 6} = \frac{5^4}{6^4}$

187. **Base de una potencia.** — *Base* de una potencia es el número que a ella ha de elevarse. Así, en la potencia 8^2, la base es 8.

188. **Grado.** — *Grado* de una potencia, es el número de unidades de su exponente.

Así, las potencias 6^3, 24^2, 9^4, son: la primera, de tercer grado; la segunda, de segundo, y la tercera, de cuarto. La primera potencia de un número es el mismo número.

189. **Nombre de las potencias.** — Las potencias se llaman *segundas, terceras, cuartas, quintas*, etc., según que su exponente sea 2, 3, 4, 5, etc. La segunda potencia también se llama *cuadrado*, y la tercera, *cubo*.

190. **Cuadrado y cubo de un número.** — *Cuadrado* de un número, es el resultado de tomarlo dos veces por factor, y *cubo* de un número es el resultado de tomarlo por factor tres veces.

Así: $4^2 = 4 \times 4 = 16$; $5^3 = 5 \times 5 \times 5 = 125$.

191. **Cómo se eleva un número a una potencia dada.** — Basta tomarlo tantas veces por factor como unidades tiene su exponente.

EJEMPLOS:

1.° $5^4 = 5 \times 5 \times 5 \times 5 = 625$.

2.° $0'12^3 = 0'12 \times 0'12 \times 0'12 = 0'001728$.

3.° $\left(\frac{3}{4}\right)^2 = \frac{3}{4} \times \frac{3}{4} = \frac{3 \times 3}{4 \times 4} = \frac{3^2}{4^2} = \frac{9}{16}$.

4.° $\left(2\frac{3}{5}\right)^2 = \left(\frac{13}{5}\right)^2 = \frac{13}{5} \times \frac{13}{5} = \frac{13 \times 13}{5 \times 5} = \frac{13^2}{5^2} = \frac{169}{25}$.

LECCIÓN XXVI

Raíz cuadrada

192. **Raíz de un número.** — *Raíz* de un número es otro número que, multiplicado por sí mismo una o más veces, produce el número propuesto.

193. **División de las raíces.** — Las raíces se dividen en *segundas*, o *cuadradas, terceras* o *cúbicas, cuartas, quintas*, etc.

La primera raíz de un número es el mismo número.

194. **Cómo se indican las raíces.**—Para indicar que se ha de extraer la raíz de un número, se escribe dicho número debajo de la rama horizontal del signo radical ($\sqrt{\ }$) y en la abertura de éste, el número que indica el grado de la raíz. Dicho número se llama índice de la raíz, y en la cuadrada, generalmente, se suprime.

195. **Raíz cuadrada de un número.** — *Raíz cuadrada* de un número es otro número que, tomado dos veces por factor, produce dicho número. Así la raíz cuadrada de 4 es 2; la de 16 es 4; la de 25 es 5; etc.

196. **Cuántos casos pueden presentarse en la extracción de la raíz cuadrada de los números enteros.** — En la extracción de la raíz cuadrada de los números enteros, pueden ocurrir dos casos: 1.° *Que el número del cual se ha de extraer la raíz, sea menor que 100.* 2.° *Que dicho número sea mayor de 100.*

197. **Cómo se resuelve el primer caso.** — Para extraer la raíz cuadrada entera de un número entero menor que 100, basta saber de memoria los cuadrados de los diez primeros números. Los números que los producen son las raíces respectivas. Dichos cuadrados son:

Cuadrados	0	1	4	9	16	25	36	49	64	81	100
Raíces	0	1	2	3	4	5	6	7	8	9	10

De consiguiente, si el número del cual ha de extraerse la raíz es uno de los cuadrados perfectos mencionados, su raíz cuadrada será uno de los diez primeros números; pero si el número no es cuadrado perfecto, su raíz cuadrada será la del mayor cuadrado entero contenido en dicho número, y la diferencia entre el número y el cuadrado de su raíz es el residuo de la raíz.

Así, la raíz cuadrada de 25 es 5; la de 81 es 9; la de 100 es 10; la de 40 es 6, la de 32 es 5, la de 98 es 9; etc. Las tres primeras se llaman raíces exactas y las otras tres, inexactas.

LECCIÓN XXVII

Raíz cuadrada de un número mayor que 100

198. **Regla para extraer la raíz cuadrada entera de un número mayor que 100.**—Para extraer la raíz cuadrada entera de un número entero mayor que 100, se divide el número en grupos de a dos cifras, empezando por la derecha; se extrae la raíz cuadrada del primer grupo de la izquierda, y se tiene la primera cifra de la raíz; se eleva esta cifra al cuadrado, y este cuadrado se resta del primer grupo de la izquierda.

A la derecha del resto, se baja el grupo siguiente; se separa con un punto la primera cifra de la derecha, y el número que queda a la izquierda se divide por el duplo de la primera cifra de la raíz.

El cociente hallado será la segunda cifra de la raíz, o un número mayor que ella.

Para comprobar si dicho cociente es la segunda cifra de la raíz, se eleva al cuadrado el número formado por la primera cifra de la raíz y dicho cociente; y, si este cuadrado puede restarse del número formado por los dos primeros grupos de la izquierda del número propuesto, el cociente hallado es la segunda cifra de la raíz; mas si dicho cuadrado es mayor que el número formado por las dos primeras secciones, el cociente hallado es mayor que la segunda cifra de la raíz, en cuyo caso, dicho cociente se disminuye en una unidad, y la nueva cifra se comprueba del mismo modo.

Halladas las cifras primera y segunda de la raíz, se resta su cuadrado del número formado por las dos primeras secciones de la izquierda del número propuesto.

A la derecha del resto, se baja el grupo siguiente; se separa con un punto la primera cifra de la derecha, y el número que queda a la izquierda se divide por el duplo del número formado por las dos primeras cifras de la raíz.

El cociente hallado será la tercera cifra de la raíz o un número mayor que ella, lo que se comprueba como anteriormente; y así continuamos hasta haber bajado todas las secciones, haber hallado la última cifra de la raíz y el residuo correspondiente, si la raíz es inexacta.

199. **Aproximación de una raíz inexacta.** — **Si la raíz cuadrada de un número entero no es exacta, después de hallada la entera y el residuo correspondiente, se añaden a la derecha del número cuya raíz se extrae, tantos grupos de a dos ceros como notas decimales se quiere aproximar la raíz.**

Hecho esto se continúa la operación como en el caso anterior, y luego se separan, de derecha a izquierda de la raíz hallada, tantas cifras para decimales como grupos de a dos ceros se hayan añadido.

EJEMPLO: *Extraer la raíz cuadrada de 245, aproximada hasta las centésimas, si no la tiene exacta.*

Disposición:

```
          √ 2 45.00 00     | 15'65
            — 1            |---------------------------------------
            14.5           | 14  / 2          |   17   |   16
            — 225          |       7          | × 17   | × 16
            0200.0         |                  |  119   |   96
            — 24336        |                  |  17    |  16
            001640.0       |                  |  289   |  256
            — 2449225      |                  |   15
Residuo     0000775        |                  | × 15
                           |                  |   75
                           |                  |  15
                           |                  |  225
                           |---------------------------------------
                           | 200  / 30        |   156
                           |        6         | × 156
                           |                  |   936
                           |                  |  780
                           |                  | 156
                           |                  | 24336
                           |---------------------------------------
                           | 1640 / 312       |    1565
                           |        5         |  × 1565
                           |                  |    7825
                           |                  |   9390
                           |                  |  7825
                           |                  | 1565
                           |                  | 2449225
```

200. Cómo se extrae la raíz cuadrada de un número decimal. — Para extraer la raíz cuadrada de un número decimal, se procede como si fuese entero, añadiendo antes a su derecha los ceros necesarios, hasta formar, con las notas decimales que ya existan, tantos grupos de a dos cifras como notas decimales haya de tener la raíz.

LECCIÓN XXVIII

Raíz cúbica

201. **Raíz cúbica de un número.** — *Raíz cúbica* de un número es otro número que, multiplicado tres veces por sí mismo, o tomado tres veces por factor, produce dicho número. Así, la raíz cúbica de 8 es 2; la de 27 es 3; la de 125 es 5.

202. **Casos que pueden presentarse en la extracción de la raíz cúbica de los números enteros.** — En la extracción de la raíz cúbica de los números enteros,

pueden ocurrir dos casos: 1.° *Que el número del cual se ha de extraer la raíz sea menor que 1,000.* 2.° *Que dicho número sea mayor que 1,000.*

203. **Cómo se resuelve el primer caso.** — Para extraer la raíz cúbica de un número entero menor que 1,000, basta saber de memoria los cubos de los diez primeros números.

Los números que los producen son sus raíces respectivas. Dichos cubos son:

Cubos	0	1	8	27	64	125	216	343	512	729	1000
Raíces	0	1	2	3	4	5	6	7	8	9	10

De consiguiente, si el número del cual ha de extraerse la raíz cúbica es uno de los cubos perfectos mencionados, su raíz cúbica es uno de los diez primeros números; pero si el número no es cubo perfecto, su raíz cúbica es la del mayor cubo contenido en él; y la diferencia entre el número y el cubo de su raíz es el residuo de la raíz.

Así, la raíz cúbica de 8 es 2; la de 125 es 5; la de 343 es 7; la de 400 es 7; la de 158 es 5; la de 873 es 9, etc. Las tres primeras se llaman exactas y las otras, inexactas

204. **Regla para extraer la raíz cúbica de un número entero mayor que 1,000.** — Para extraer la raíz cúbica entera de un número entero mayor que 1,000, se divide dicho número en grupos de a tres cifras empezando por la derecha; se extrae la raíz cúbica entera del primer grupo de la izquierda, y se tiene la primera cifra de la raíz; se eleva esta cifra al cubo, y este cubo se resta del primer grupo de la izquierda.

A la derecha del resto, se baja el grupo siguiente; se separan con un punto las dos primeras cifras de la derecha, y el número que queda a la izquierda se divide por el triplo del cuadrado de la primera cifra de la raíz.

El cociente hallado será la segunda cifra de la raíz, o un número mayor que ella.

Para comprobar si dicho cociente es la segunda cifra de la raíz, se eleva al cubo el número formado por la primera cifra de la raíz y dicho cociente; y si este cubo puede restarse del número formado por los dos primeros grupos de la izquierda del número propuesto, el cociente hallado es la segunda cifra de la raíz; mas si dicho cubo es mayor que el número formado por las dos primeras secciones, el cociente hallado es mayor que la segunda cifra de la raíz, en cuyo caso dicho cociente se disminuye en una unidad, y la nueva cifra se comprueba del mismo modo.

Halladas la primera y la segunda cifras de la raíz, se resta su cubo del número formado por las dos primeras secciones de la izquierda del número propuesto.

A la derecha del resto, se baja el grupo siguiente; se separan, con un punto, las dos primeras cifras de la derecha, y el número que queda a la izquierda se divide por el triplo del cuadrado de las dos primeras cifras de la raíz.

El cociente hallado será la tercera cifra de la raíz o un número mayor que ella, lo que se comprueba como anteriormente.

Y así continuamos hasta haber bajado todas las secciones, haber hallado la última cifra de la raíz y el residuo correspondiente, si la raíz es inexacta.

205. **Aproximación de una raíz inexacta.** — Si la raíz cúbica de un número entero no es exacta, después de hallada la entera y el residuo correspondiente, se añaden a la derecha del número cuya raíz se extrae, tantos grupos de a tres ceros como notas decimales queramos aproximar la raíz.

Hecho esto, se continúa la operación como en el caso anterior, y luego se separan, de derecha a izquierda de la raíz hallada, tantas cifras para decimales como grupos de a tres ceros se hayan añadido.

EJEMPLO: *Extraer la raíz cúbica de 9,615, aproximada hasta las centésimas si no la tiene exacta.*

Disposición:

$\sqrt[3]{9{,}615{,}000{,}000}$ 21'26

— 8

16,15

— 9261

03540 00

— 9528128

00868720.00

— 9609256376

Residuo 0005743624

16 / 12
1

3540 1323
2

868720 / 134832
6

21
× 21
21
42
441
× 21
441
882
9261

441
× 3
1323

212
× 212
424
212
424
44944
× 212
89888
44944
89888
9528128

44944
× 3
134832

2126
× 2126
12756
4252
2126
4252
4519876
× 2126
27119256
9039752
4519876
9039752
9609256376

206. **Cómo se extrae la raíz cúbica de un número decimal.** — Para extraer la raíz cúbica de un número decimal, se procede como si fuese entero, añadiendo antes a su derecha los ceros necesarios hasta formar, con las notas decimales que ya existan, tantos grupos de a tres cifras, como notas decimales queremos aproximar la raíz.

LECCIÓN XXIX

Razones geométricas

207. **Qué es razón geométrica.** — *Razón geométrica,* o por cociente, de dos números, es el resultado de compararlos entre sí dividiendo el uno por el otro.

208. **Términos de la razón y resultado.** — Los dos números que se comparan se llaman, en general, *términos de la razón,* y también se distinguen con el nombre particular de *antecedente* el uno y *consecuente* el otro. El resultado de la comparación se llama *exponente de la razón,* o solamente, *razón.*

209. **Cómo se escribe una razón.** — Para escribir una razón, se pone el antecedente y, a continuación, el consecuente, separados por medio de dos puntos (:) que se leen *es a:* seguidamente se escribe el signo de igualdad y luego, el resultado.

Así: $8 : 4 = 2$; $75 : 25 = 3$; $0'25 : 0'75 = 0'333$; $\frac{3}{4} : \frac{7}{9} = \frac{27}{28}$ etcétera.

210. **Igualdad de dos o más razones.**—Se dice que dos o más razones son iguales, cuando dan iguales exponentes.

211. **Analogía entre razón, división y quebrado.** — Una razón viene a ser una división y un quebrado: de modo, pues, que tienen igual significación las palabras siguientes:

Antecedente, dividendo y numerador.
Consecuente, divisor y denominador.
Exponente, cociente y quebrado.

212. **Principal propiedad de las razones geométricas.** — Es la siguiente:

Una razón *no altera,* multiplicando o partiendo ambos términos por un mismo número.

213. **Consecuencias que se deducen de esta propiedad.** — De no alterarse una razón cuando sus dos tér-

minos se multiplican o parten por un mismo número, se sacan las consecuencias siguientes:

1.ª *Pueden obtenerse razones iguales a una dada,* multiplicando o partiendo sus dos términos por un mismo número.

Sea la razón dada 12 : 6 = 2.

Multiplicando por 3, tendremos: 36 : 18 = 2
Partiendo por 3, " 4 : 2 = 2

2.ª *Puede simplificarse una razón dada,* para lo cual se parten ambos términos por los factores que les sean comunes.

Simplifiquemos la razón . . . . . 1242 : 96,
Sacando la 1/2 tendremos . . . . 621 : 48,
Sacando de ésta el 1/3, tendremos. . 207 : 16, razón irreducible e igual a la dada 1242 : 96.

Una razón es irreducible, cuando ambos términos son números primos entre sí.

LECCIÓN XXX

Proporciones geométricas

214. **Qué es proporción geométrica.** — *Proporción geométrica* o *equicociente,* es la igualdad de dos razones geométricas.

215. **Cómo se escribe una proporción geométrica.**— Para escribir una proporción geométrica se ponen las dos razones iguales una a continuación de otra separadas por medio de cuatro puntos (::) que se leen *como.*

Así, si con las dos razones iguales 8 : 4 y 12 : 6 queremos formar una proporción, las escribiremos en esta forma: 8 : 4 :: 12 : 6.

216. **Términos de toda proporción.** — En toda proporción, entran cuatro términos: el primero y cuarto se llaman *extremos,* y el segundo y tercero, *medios.*

217. **Propiedad fundamental de las proporciones geométricas.** — La propiedad fundamental de las proporciones geométricas es la siguiente: *El producto de los términos extremos es igual al producto de los términos medios.*

Sea la proporción: 5 : 7 :: 10 : 14.

Producto de extremos $5 \times 14 = 70$.
Idem de medios $7 \times 10 = 70$.

218. **Consecuencia que se deduce de la propiedad fundamental de las proporciones geométricas.** — De

la propiedad fundamental de las proporciones geométricas, se deduce que:

Dados tres términos de una proporción, se puede hallar el cuarto.

Si el término incógnito es un extremo, se multiplican los dos medios, y el producto se divide por el extremo conocido.

Si el término incógnito es un medio, se multiplican los dos extremos, y el producto se divide por el medio conocido.

EJEMPLOS. — *Sea la proporción:* 9 : 6 :: 18 : 12.

Supongamos desconocido el extremo 12, y llamémosle x; tendremos según la regla:

$$9 \times x = 6 \times 18;$$

$$\text{Luego } x = \frac{6 \times 18}{9} = \frac{108}{9} = 12.$$

Supongamos desconocido el medio 18, y llamémosle x; tendremos, según la regla:

$$9 \times 12 = 6 \times x,$$

$$\text{luego } x = \frac{9 \times 12}{6} = \frac{108}{6} = 18.$$

219. **Cómo se simplifican las proporciones.** — Para simplificar una proporción, se toman un *extremo* y un *medio*, y *se dividen por los factores que les sean comunes.*

Sea la proporción: 48 : 12 : : 96 : 24.

Sacando	el $^1/_3$ de 48 y 12,	tenemos:	16 : 4 : : 96 : 24
»	el $^1/_4$ de 4 y 24,	»	16 : 1 : : 96 : 6
»	el $^1/_8$ de 16 y 96,	»	2 : 1 : : 12 : 6
»	el $^1/_6$ de 12 y 6,	»	2 : 1 : : 2 : 1
»	la $^1/_2$ de 2 y 2,	»	1 : 1 : : 1 : 1, proporción irreducible.

LECCIÓN XXXI

Regla de tres

220. **Regla de tres.** — *Regla de tres* es la que nos enseña a resolver los problemas que dependen de una o más proporciones.

221. **Cómo se divide.** — La regla de tres se divide en *simple* y *compuesta.* Es simple cuando el problema depende de una proporción, y compuesta, cuando el problema depende de dos o más proporciones.

222. **Supuesto y pregunta, cantidades principales y relativas.** — En toda regla de tres, hay que distinguir *supuesto* y *pregunta, cantidades principales* y *cantidades relativas.*

El *supuesto* es la parte *conocida* de la cuestión.

La *pregunta* es la parte *desconocida* de la cuestión.

Cantidades principales son dos o más términos *homogéneos y conocidos,* uno del supuesto y otro de la pregunta.

EJEMPLO. — *Si 20 hombres, para hacer un trabajo, emplean 40 días ¿cuántos días emplearán 8 hombres?*

El supuesto lo componen 20 hombres y cuarenta días, por ser la parte conocida del problema. Constituyen la pregunta 8 hombres y x días, llamando así al número de días que dichos hombres emplearían.

Son cantidades principales 20 hombres y 8 hombres, por ser los dos términos homogéneos y conocidos, uno del supuesto y otro de la pregunta. Son cantidades relativas 40 días y x días, por ser los dos términos homogéneos, uno conocido del supuesto y otro desconocido de la pregunta.

En las reglas de tres simples, sólo hay, evidentemente, dos cantidades principales; en las compuestas, cuatro o más.

Cantidades relativas son dos términos *homogéneos,* uno *conocido* del supuesto y otro *desconocido* de la pregunta.

223. **División de las reglas de tres simples.** — Las reglas de tres simples se dividen en *directas* e *inversas.* Son directas cuando van de *más* a *más* o de *menos* a *menos,* e inversas, cuando van de *más* a *menos* o de *menos* a *más.*

224. **Cómo se resuelven las reglas de tres directas.** — Las reglas de tres directas se resuelven escribiendo primero el supuesto y la pregunta, de modo que se correspondan, unas debajo de otras, las cantidades principales y las relativas, y formando la siguiente proporción:

Cantidad principal del supuesto es a cantidad principal de la pregunta, como la cantidad relativa del supuesto es a la cantidad relativa de la pregunta.

EJEMPLOS: 1.° — *Si 20 qq. m. de cierto género han costado 120 pesetas, ¿cuál será el valor de 9 quintales métricos?*

PLANTEO

Supuesto	20 qq. m. . . .	120 pesetas.
Pregunta	9 qq. m. . . .	x pesetas.

$20 : 9 :: 120 : x;\quad x = 54$ pesetas.

Si 20 qq. m. valen 120 pesetas, 9 qq. m., que son *menos* que 20, valdrán también *menos* ptas. que 120. Es decir, la comparación va de *menos* a *menos:* luego los cuatro números concretos *están relacionados en proporción directa.*

2.° *Se sabe que, con 415 pesetas, se compraron 26 hectolitros: ¿cuántos hectolitros se comprarán con 2480?*

PLANTEO

Supuesto	415 pesetas	26 hectolitros.
Pregunta	2,480 "	x "

415 : 2480 :: 26 : x; $x =$ 155'37 hectolitros.

Si con 415 pesetas compro 26 hectolitros, con 2,480 pesetas, que son *más* que 415, compraré *más* hectolitros que 26. Es decir, la comparación va de *más* a *más:* luego los cuatro números concretos *están relacionados en proporción directa.*

225. Cómo se resuelven las reglas de tres inversas. — Las reglas de tres inversas se resuelven planteando primero el supuesto y la pregunta, de modo que se correspondan unas debajo de otras las cantidades principales y las relativas, y formando la siguiente proporción:

Cantidad principal de la pregunta es a cantidad principal del supuesto, como la cantidad relativa del supuesto es a la cantidad relativa de la pregunta.

EJEMPLOS: 1.° *4 hombres necesitaron 20 días para hacer un trabajo. ¿Cuántos días emplearían 10 hombres para hacer otro tanto?*

PLANTEO

Supuesto	4 hombres	20 días.
Pregunta	10 hombres	x "

10 : 4 : 20 : x; $x =$ 8 días.

Si 4 hombres necesitaron emplear 20 días, 10 hombres, que son *más*, para hacer lo mismo, emplearían *menos* días. Es decir, la comparación va de *más* a *menos:* luego los cuatro números concretos *están relacionados en proporción inversa.*

2.° *En el supuesto de que 18 zapadores necesitan 30 días para abrir un foso, ¿cuántos días necesitarán 12 zapadores?*

PLANTEO

Supuesto	18 zapadores	30 días
Pregunta	12 zapadores	x "

12 : 18 :: 30 : x; $x =$ 45 días.

Si 18 zapadores emplean 30 días, 12 zapadores, que son *menos*, para hacer lo mismo, emplearán *más* días. Es decir, la comparación va de *menos* a *más:* luego los cuatro números concretos *están relacionados en proporción inversa.*

LECCIÓN XXXII

Regla de tres compuesta

226. Cómo se resuelven las reglas de tres compuestas. — Para resolver las reglas de tres compuestas, se escriben el supuesto y la pregunta, de modo que cada cantidad principal del supuesto se corresponda con su homogénea de la pregunta, y en último término, la relativa del supuesto correspondiéndose con la relativa de la pregunta.

Comparando, ordenadamente, cada dos cantidades principales homogéneas con las relativas de la cuestión, *se descompone la regla compuesta en tantas reglas de tres simples como pares de cantidades principales hay en el problema,* resultando, por lo mismo, igual número de proporciones. Estas proporciones tienen todas la segunda razón común; *ésta se escribe una sola vez frente a una llave que encierra las razones primeras,* y luego se forma la siguiente proporción:

Producto de antecedentes es a producto de consecuentes, como el antecedente de la razón común es a su consecuente, o sea x.

Esta proporción se simplifica si se puede. Adviértase que estas reglas de tres simples no son las en que, lógicamente, se descompone la compuesta. Con este mecanismo, se obtiene, empero, un procedimiento facilísimo para calcular siempre el valor de la incógnita. (Véase nuestra *Aritmética Razonada,* n.º 321).

Las diferentes reglas de tres simples en que se descompone una compuesta, pueden ser todas directas, todas inversas, o unas directas y otras inversas.

EJEMPLO.—*Se sabe que 26 hombres, en 3 días, trabajando 9 horas cada día, hicieron 720 metros de un tejido. Esto supuesto, véase cuántos metros del mismo tejido harían 14 hombres, en 6 días, trabajando 8 horas cada día.*

PLANTEO

Supuesto. .	26 hombres. . .	3 días. .	9 horas. .	720 metros
Pregunta. .	14 hombres. . .	6 días. .	8 horas. .	x »

$$\left.\begin{array}{r} 26 : 14 \\ 3 : 6 \\ 9 : 8 \end{array}\right\} :: 720 : x$$

$$26 \times 3 \times 9 : 14 \times 6 \times 8 :: 720 : x; \quad x = 689'23 \text{ metros.}$$

Simplificando las razones tendríamos:

$$\left.\begin{array}{r} 13 : 14 \\ 1 : 1 \\ 1 : 8 \end{array}\right\} :: 80 : x$$

$$13 \times 1 \times 1 : 14 \times 1 \times 8 :: 80 : x; \quad x = 689'23 \text{ m.}$$

Expliquemos la resolución. Comparemos las dos primeras cantidades principales, 26 hombres y 14 hombres, con las relativas, 720 metros y x metros. Si 26 hombres, en *cierto número* de días, trabajando *cierto número* de horas cada día, hacen 720 metros, 14 hombres, en los *mismos días,* y trabajando diariamente *iguales horas,* harán *menos* metros: va, pues, de *menos* a *menos;* luego es directa.

Tendremos, pues: $26 : 14 :: 720 : x$

Comparemos las dos cantidades principales siguientes, 3 días y 6 días, con las relativas, 720 metros y x metros. Si *unos hombres,* en 3 días, trabajando *cierto número* de horas cada día, hacen 720 metros; *los mismos hombres*, en 6 días, trabajando las *mismas horas* cada día, harán *más* metros: va pues, de *más* a *más;* luego es directa.

Tendremos, pues: 3 : 6 :: 720 : x

Comparemos las dos cantidades principales siguientes, 9 horas y 8 horas, con las relativas, 720 metros y x metros. Si *unos hombres*, en *cierto número* de días, trabajando 9 horas cada día, han hecho 720 metros; los *mismos hombres*, en los *mismos días*, trabajando 8 horas cada día, harán *menos metros;* va, pues, de *menos* a *menos;* luego es directa.

Tendremos, pues: 9 : 8 :: 720 x

El problema se descompone, pues, en estas tres proporciones:

1.ª 26 : 14 :: 720 : x
2.ª 3 : 6 :: 720 : x
3.ª 9 : 8 :: 720 : x

Pero, como hemos dicho en la regla, sólo escribimos la razón común una vez en esta forma:

$$\left.\begin{matrix} 26 : 14 \\ 3 : 6 \\ 9 : 8 \end{matrix}\right\} :: 720 : x$$

Y luego, conforme a la regla:

$$26 \times 3 \times 9 : 14 \times 6 \times 8 :: 720 : x$$

Problemas de regla de tres simple

1. Veinte tejedores, en cierto número de días, hicieron 450 metros de paño. ¿Cuántos metros del mismo paño tejerán, en igual tiempo, 35 tejedores igualmente hábiles? — R. 787'50 *metros.*

2. La compra de 450 Kg. de cierto género importó 2,500 pesetas. ¿Cuántos kilogramos del mismo género se comprarían con 34,850 pesetas? — Resultado: 6,691'2 *kilogramos.*

3. Una fuente, en 26 horas, da 45,860 litros de agua: ¿qué cantidad de agua da cada 14 horas? — R. 24,693'846 *litros.*

4. ¿Cuántos palomos podrán comprarse con 39 pesetas, pagándolos a 2'25 pesetas el par? — R. 34 *palomos.*

5. Un cortante, vendiendo diariamente 80 1/2 Kg. de carne, saca una ganancia de 9'25 pesetas. ¿Qué cantidad de carne debería cada día vender para ganar 11'75 pesetas? — R. 102'256 *kilogramos.*

6. Cuatro impresores, en 9 días compusieron 46 páginas de cierta obra: ¿cuántos impresores serán necesarios para componer, en igual tiempo, 120 páginas? — R. 11 *impresores.*

7. Un andarín ha recorrido 420 Kms., en 2 días y 5 horas. ¿Qué distancia vino a recorrer cada 6 horas? — R. 47'547 *kilómetros.*

8. El alumbrado de un café ha importado, en un mes, 228'75 pesetas. ¿Cuánto gastará el cafetero, mensualmente, suprimiendo 4 de los 35 mecheros que ha venido encendiendo diariamente? — R. 202'60 *pesetas.*

9. Se han pagado 7'45 pesetas por una cantidad de cal cuyo peso es 12,420 *Kg.* ¿A cuánto resulta el quinal métrico? — R. *A* 0'06 *pesetas.*

10. En una fortaleza hay 4,500 hombres, los que tienen víveres para 4 1/2 meses. Si la guarnición mencionada disminuyera en 500 plazas, ¿para cuánto tiempo tendrían víveres? — R. *Para* 5'06 *meses.*

11. Catorce carpinteros necesitaron trabajar 7 días para entarimar la planta baja de un almacén; para hacer el mismo trabajo en 4 1/2 días, ¿cuántos carpinteros se hubieran necesitado? — R. 22 *carpinteros.*

12. Se sabe que 13 albañiles emplearon 120 días en la edificación de una quinta. ¿Cuántos días hubieran necesitado 9 albañiles? — R. 173'33 *días.*

13. Para enladrillar un salón, se necesitan 850 ladrillos cuyos largo y ancho son 18 y 12 centímetros, respectivamente. ¿Cuántos ladrillos de igual largo serían necesarios si tuviesen de ancho 14 centímetros? — Resultado: 729 *ladrillos.*

14. Marchando con una velocidad media de 40 Km. por hora, un vapor ha necesitado 9 días, 14 horas para salvar la distancia que media entre dos puertos. ¿Cuántos días emplearía otro vapor navegando con una velocidad de 47 Km. por hora? — R. 8'15 *días.*

15. Con cierta cantidad de hilo, se han tejido 420 pañuelos de 0'45 m. de largo, por 0'32 m. de ancho. ¿Cuántos pañuelos hubieran podido obtenerse, dándoles igual longitud y reduciendo su ancho a 0'28 m.? — R. 480 *pañuelos.*

16. Nueve zapadores han necesitado 24 días para abrir un foso. Dígase cuántos zapadores serían necesarios para abrir otro foso igual empleando los mismos días, siendo la resistencia del terreno doble que la del foso anterior. — Resultado: 18 *zapadores.*

17. Para esterar un salón, se necesitan, 40 metros de una estera cuyo ancho es de 0'65 m. Si esta dimensión fuese de 0'55 m., ¿cuántos metros de dicha estera se necesitarían? — R. 47'27 *metros.*

18. Disponiendo los soldados a 1 metro de separación uno de otro, se necesitan 850 para cubrir cierta distancia. En el supuesto de que se aumentara en 0'05 m. la distancia que les separa, ¿cuántos soldados serían necesarios? — Resultado: 809 *soldados.*

19. Los 14 hombres que tripulan un buque de vela tienen víveres para 49 días; en el caso de que el viaje durase 10 días más, ¿a qué parte de la que toman tendrían que reducir la ración diaria?—R. *A los* 0'83 *de la que toman.*

20. Para hacer los 5/6 de un trabajo, un obrero emplea 26 días trabajando 9 horas cada día. ¿Qué parte del mismo trabajo puede hacer en 18 días, trabajando igual número de horas cada día? — R. *Los* 15/26 = 0'576 *del trabajo.*

Problemas de regla de tres compuesta

1. Ocho albañiles, en 6 días, trabajando 9 horas cada día han levantado una pared. ¿Cuántas horas diarias hubieran tenido que trabajar 5 albañiles para hacer lo mismo en 10 días? — R. 8'64 *horas.*

2. Se necesitan 4 Hl. de habas para mantener 12 caballos durante 45 días. ¿Qué cantidad de habas se necesitará para mantener 7 caballos durante 80 días? — R. 4'148 *Hl. de habas.*

3. Doce obreros, en 9 días, trabajando 7 horas cada día, han ganado 640 pesetas. Esto supuesto, ¿cuánto ganarán 25 obreros, en 15 días, trabajando 6 horas cada día? — R. 1,904'76 *pesetas.*

4. Un maizal de 23'5 áreas ha sido segado por 4 hombres, en 5 días, trabajando 10 horas cada día. ¿Cuántas horas diarias deberían trabajar 6 segadores igualmente diestros, para segar otro maizal doble que el primero en 8 días? — R. 8'33 *horas.*

5. Cuatro mineros, en 9 días, trabajando 8 horas cada día, abrieron un pozo de 18 m. 45 cm. de profundidad. ¿Cuántos mineros serían necesarios para abrir un pozo de 15'5 metros, trabajando 5 horas cada día durante 6 días, tratándose de un terreno de triple resistencia que el anterior? — Resultado: 25 *mineros.*

6. Se sabe que 150 zapadores, trabajando 10 horas diarias, emplearon 14 días para abrir un foso de 200 m. de largo, 2'25 m. de ancho y 3 m. de profundidad. ¿Cuántos días de 8 horas de trabajo cada uno necesitarán 2 brigadas de a 58 hombres cada una, para abrir otro foso de 320 metros de largo, 2 m. de ancho y 2 m. 75 cm. de profundidad? — R. 29'50 *metros.*

7. Suponiendo que 12 tejedores, en 15 días, ocupándose 11 horas cada día, terminaron una pieza de 90 m. de largo y 1 m., 25 cm. de ancho, ¿qué largo tendría otra pieza, tejida por 10 obreros igualmente hábiles que los anteriores, trabajando 8 horas cada día durante 9 días, en el supuesto de que esta segunda pieza tuviese 1'60 metros de ancho? — R. 25'568 *m. de longitud.*

9. Seis piezas de franela de 60 metros de largo y 0'90 metros de ancho, han costado 1,080 pesetas. ¿Cuál será el valor de 8 piezas de la misma tela cuyo largo es 90 metros, siendo 1'25 metros su anchura? — R. 3,000 *pesetas.*

10. Ocho carros, tirado cada uno por 3 caballerías, han empleado 6 días de 10 horas de trabajo cada día, para transportar 24,500 $m.^3$ de piedra a 2 Km. de distancia. Esto supuesto, ¿cuántos carros, tirado cada uno por 2 caballerías, se necesitarían para transportar 18,500 $m.^3$ de piedra a 1,600 metros de distancia, trabajando 9 días y 7 horas cada día? — R. 7 *carros.*

12. Un buque tripulado por 14 marineros y llevando 9 pasajeros emprende un viaje de 45 días. Al cabo de 20 días de navegación, recibe 4 individuos procedentes de otro buque naufragado, y a consecuencia de un temporal, ha de navegar 12 días más de los calculados. ¿Qué ración diaria pueden tomar? — Resultado: *Los* 0'57 *de la ración anterior.*

LECCIÓN XXXIII

Interés

227. Objeto de la regla de interés. — La regla de *interés* tiene por objeto determinar la ganancia que produce un capital prestado, bajo la condición de que cien unidades de dinero produzcan al prestador cierto beneficio en un tiempo determinado. La ganancia mencionada se llama *interés* del capital.

228. Tanto por ciento o rédito. — *Tanto por ciento* o *rédito* es la cantidad que producen 100 unidades de dinero en un tiempo determinado.

Aunque el tiempo a que el interés se refiere es, generalmente, 1 año, puede también referirse al mes, al trimestre, al día y a cualquiera otra unidad de tiempo determinada, en cuyo caso se distingue con los nombres de interés mensual, etc.

229. Cuando el interés se llama simple. — El interés se llama *simple* cuando, al fin de cada año, el prestador retira los intereses producidos por el capital.

230. **Interés compuesto.**—El interés se llama *compuesto*, cuando, al fin de cada año, se agregan al capital los intereses producidos por éste en el año anterior.

231. **Casos que pueden presentarse en las cuestiones de interés simple y su resolución.**—En las cuestiones de interés simple, pueden presentarse dos casos:

1.° *El tiempo del problema es un año.*—2.° *El tiempo del problema es mayor o menor que un año.*

Cuando el tiempo es un año, pueden ofrecerse tres cuestiones:

1.ª *Hallar el interés.* — 2.ª *Hallar el capital.* — 3.ª *Hallar el rédito o tanto por 100.*

Estos tres problemas se resuelven por medio de la siguiente proporción:

100 : al capital : : el tanto por 100 : interés.

Cuando el tiempo es mayor o menor que 1 año pueden presentarse cuatro cuestiones:

1.ª *Hallar el interés.* — 2.ª *Hallar el capital.* — 3.ª *Hallar el rédito o tanto por 100.*—4.ª *Hallar el tiempo.*

Estos problemas se resuelven del modo siguiente:

1.° Cuando el tiempo se expresa en días, por medio de esta proporción:

100 × 365 : capital × el tiempo : : el tanto por ciento: interés.

2.° Cuando el tiempo se expresa en meses:

100 × 12 : capital × el tiempo : : el tanto por ciento: interés.

3.° Cuando el tiempo es un número exacto de años:

100 × 1 : capital × el tiempo : : el tanto por 100 : interés.

232. **Resolución de las cuestiones sobre interés compuesto.** — Cuando se trata de determinar a cuánto asciende un capital con sus intereses compuestos al cabo de un determinado número de años, se forman tantas reglas de tres simples como años se dan, teniendo en cuenta que:

El capital que produce interés durante el primer año, es el que se prestó.

El capital del segundo año, es el del primero más sus intereses.

El capital del tercer año, es el del segundo más sus intereses.

Y así, sucesivamente.

Problemas de interés simple

I

1. ¿Qué interés producirán en un año 800 pesetas, puestas al 6 por 100? — Resultado: 48 *pesetas.*

2. Determínese el rédito anual de 24,500 pesetas, al 8 por 100 de interés. — Resultado: 1,960 *pesetas.*

3. Cierto individuo prestó 60,000 pesetas al 9 por 100 anual. ¿Qué beneficio obtuvo al cabo de 12 meses? — Resultado: 5,400 *pesetas.*

5. ¿Qué capital ha de imponerse al 7 por 100 anual, para obtener 63 pesetas de intereses al cabo de 12 meses? — Resultado: 900 *pesetas.*

6. Averígüese el capital que debería imponerse al 6 1/2 por 100 anual, para obtener 1,599 pesetas de interés al cabo de 12 meses. — Resultado: 24,600 *pesetas.*

7. ¿Qué capital se necesita prestar al 5 3/4 por 100, para proporcionarse una renta anual de 1,725 pesetas? — Resultado: 30,000 *pesetas.*

9. ¿A qué tanto por 100 anual deberán colocarse 900 pesetas para obtener, en un año, 54 pesetas de interés? — Resultado: *Al* 6 *por* 100.

10. ¿A qué tanto por 100 anual deberían imponerse 90,000 pesetas para producir, en 365 días, 4,275 pesetas de interés? — R. *Al* 4 3/4 *por* 100.

12. Cierto propietario vendió un terreno arbolado por 2,434 pesetas, de cuyo importe recibió el correspondiente pagaré, y 1 año después recibió la indicada cantidad y 133'87 pesetas en concepto de intereses. ¿Qué tanto por 100 anual le produjo su capital? — Resultado: *El* 5 1/2 *por* 100.

II

13. El que prestase 36,500 pesetas por 3 años, al 8 por 100 anual, ¿qué interés recibiría al cabo de dicho tiempo? — Resultado: 8,760 *pesetas.*

14. Determínese el beneficio producido por 3,103 pesetas, en medio año, al 5 por 100 de interés anual. — Resultado: 77'575 *pesetas.*

16. Se han recibido 6,000 pesetas en concepto del interés simple de 5 años, correspondiente a un capital impuesto al 6 por 100 durante el expresado tiempo. ¿Cuál es este capital? — Resultado: 20,000 *pesetas.*

17. Para proporcionarme una renta anual de 2,500 pesetas, ¿qué capital he de colocar al 1/2 por 100 mensual? — Resultado: 41,666'66 *pesetas.*

18. Un caballero quiso asegurar a su esposa una renta diaria de 6 pesetas, y al efecto, impuso el capital correspondiente al 4 y 3/4 por 100 anual. ¿Qué capital empleó? — R. 46,105'26 *pesetas.*

19. Un prestamista colocó 8,500 pesetas, y al cabo de 3 años, los intereses simples obtenidos ascendían a 1,785 pesetas. ¿A qué tanto por 100 prestó su capital? — R. *Al* 7 *por* 100 *anual.*

21. Deseando obtener cada semestre 124 ptas. de beneficio, ¿a qué interés por 100 anual deberé colocar 6,200 pesetas? — R. *Al* 4 *por* 100.

22. Para redimir un censo anual de 147'1575 ptas. cuya capitalización se ha convenido al 3 1/2 por 100, ¿qué capital se necesita?—R. 4,204'50 *pesetas.*

23. La redención de un censo anual, capitalizado al 3 1/2 por 100, ha importado 4,204'50 pesetas. ¿De cuánto era dicho censo?—R. *De* 147'1575 *ptas.*

25. ¿Qué renta diaria obtendríamos prestando 18,500 pesetas al 6 y 7/8 por 100 anual? — R. 3'48 *pesetas.*

III

26. ¿Qué interés producirán 4,620 pesetas, impuestas al 6 por 100 anual durante 5 meses? — R. 115'50 *ptas.*

27. El que prestase, por 160 días, 2,360 pesetas al 4 y 1/2 por 100 anual, ¿qué beneficio obtendría? — R. 46'55 *ptas.*

28. Averígüese el rédito producido por 7,283'50 pesetas, prestadas por 6 1/2 meses al 9 1/4 por 100 al año. — R. 364'90 *ptas.*

30. Se han impuesto 42,800 pesetas al interés simple de 5 por 100 anual durante tres años, 4 meses y 25 días. Determínese el beneficio que se obtendrá al finalizar dicho tiempo. — R. 7270'13 *ptas.*

31. ¿Qué cantidad deberá prestarse al 6 por 100 anual, para obtener 301'5 pesetas de interés al cabo de 4 meses y medio? — R. 13,400 *ptas.*

32. Cierto sujeto, al cabo de 120 días de haber prestado una suma al 7 por 100 anual, cobró los intereses correspondientes, que importaron 218'63 pesetas. ¿Cuál era la cantidad prestada? — R. 9,500 *pesetas.*

33. Para obtener 1,739'589 pesetas de beneficio al cabo de 8 meses y 9 días, ¿qué suma se deberá colocar al 8 y 1/2 por 100 anual? — Resultado: 29,589'04 *pesetas.*

34. ¿A qué tanto por 100 anual deberán imponerse 900 pesetas para producir al cabo de 3 años y 45 días, 168'6575 pesetas de interés? — Resultado: *Al* 6 *por* 100.

35. Determínese el tanto por 100 anual a que deberían colocarse 6,980 pesetas para obtener, al cabo de 9 meses, 235'575 pesetas de interés?—Resultado: *Al* 4 1/2 *por* 100.

36. Colocáronse a interés 3,680 pesetas durante 126 días, y el prestador obtuvo un beneficio de 114'332 pesetas. Dígase el tanto por 100 de interés. — Resultado: *Al* 9 *por* 100 *anual.*

37. Prestáronse 800 pesetas al 6 por 100 al año, y al cabo de cierto tiempo, el prestador recibió 24 pesetas de interés. ¿Por cuánto tiempo se hizo el préstamo? — R. *Por* 6 *meses.*

38. Cierto individuo impuso 30,000 pesetas al 8 1/2 por 100, y al cabo de cierto tiempo recibió 1,718'63 pesetas. ¿Por qué tiempo hizo el préstamo? — Resultado: *Por* 8 *meses y* 3 *días.*

39. ¿Cuánto tiempo deberían permanecer impuestas al 6 por 100 anual 23,100 pesetas, para obtener 752'50 pesetas de interés? — R. 198 *días.*

LECCIÓN XXXIV

Descuento

233. **Qué se entiende por descuento.** — Se entiende por *descuento,* la cantidad que se rebaja de un capital que quiere cobrarse antes de su vencimiento.

234. **Objeto de la regla de descuento.** — La regla de descuento tiene por objeto enseñarnos a determinar la cantidad que se rebaja del citado capital.

Las operaciones de descuento versan, generalmente, sobre los documentos de giro: letras, pagarés, etc.

La cantidad consignada en una letra o pagaré se llama *valor nominal*, y la diferencia entre el valor nominal y el descuento se llama *valor efectivo.*

235. Resolución de los problemas de descuento. — Se halla el interés del capital que se descuenta, en el tiempo que falta para su vencimiento, y luego se resta este interés del capital mencionado.

EJEMPLO. — *¿Cuál será el valor efectivo de una letra de 800 pesetas, cuyo plazo es un año, negociada al 6 % anual?*

$$100 : 800 :: 6 : x = 48 \text{ pesetas}$$

Luego:

Valor nominal de la letra	800 pesetas
Descuento.	48 pesetas
	752 pesetas

Problemas de descuento

1. Tengo un pagaré de 800 pesetas que vence al cabo de 1 año, y quiero negociarlo al 6 por 100 de interés. ¿Cuánto recibiré? — R. 752 *pesetas.*

2. Descontando, a razón del 9 por 100 anual, una letra de cambio de 4,500 pesetas, cuyo plazo es 1 año, determínese la cantidad en metálico que recibirá el tenedor. — R. 4,095 *pesetas.*

3. He tomado a Ruíz un pagaré de 24,000 ptas., a 12 meses, al 12 por 100 de descuento. ¿Cuánto debo entregarle? — R. 21,120 *pesetas.*

10. Negociando al interés del 6 por 100 anual una l/ de 950 pesetas que vence al cabo de 4 meses, ¿qué cantidad recibirá el tenedor? — R. 931 *ptas.*

11. Vendí una partida de géneros que importaron 24,500 pesetas, y recibí en pago una l/ de su valor, a 60 días fecha, que negocié al 12 por 100. ¿Cuánto recibí? — R. *Recibí* 24,016'72 *pesetas.*

12. Desconté al interés mensual de 2/5 por 100, un pagaré de 496'70 pesetas que vencía al cabo de 3 meses y 26 días. ¿Qué cantidad cobré? — Resultado: 489'123 *pesetas.*

13. Vendí a López y C.ª 124 Hl. 45 l. de vino a 3'75 pesetas el doble Dl., y recibí en pago una letra de su valor, a 30 días fecha, que negocié al 1 por 100 mensual, al cabo de 8 días de haberla recibido. ¿Qué líquido me produjo la venta mencionada? — R. 2,316'56 *pesetas.*

27. Hállese el descuento que corresponde a cada una de las facturas siguientes:

1.ª	De	2,500	pesetas al	1		por 100	R.	25	pesetas
2.ª	»	5,400	»	2		»	R.	108	»
3.ª	»	620	»	3		»	R.	18'60	»
4.ª	»	560	»	4		»	R.	22'40	»
5.ª	»	4,300	»	5	7/8	»	R.	252'625	»
6.ª	»	1,262'75	»	6	1/2	»	R.	82'07	»
7.ª	»	4,497'875	»	7	2/3	»	R.	344'53	»
8.ª	»	12,846'50	»	8	3/9	»	R.	1,070'11	»
9.ª	»	4,579'7863	»	9	1/5	»	R.	421'34	»
10.ª	»	880	»	10		»	R.	88	»
11.ª	»	4,678	»	5		»	R.	233'90	»
12.ª	»	9,986'25	»	6		»	R.	599'17	»
13.ª	»	9,000	»	12		»	R.	1,080	»
14.ª	»	20,000	»	15	1/2	»	R.	3,100	»

LECCIÓN XXXV

Repartimientos proporcionales

236. **División de un número en partes proporcionales a otros números dados.** — *Repartir un número en partes proporcionales a otros números dados,* es dividir dicho número en tantas partes como números se dan, de modo que la razón de la primera parte a la segunda, sea igual a la razón del primer número al segundo; que la razón de la parte segunda a la tercera, sea igual a la razón del segundo número al tercero, y así, sucesivamente.

237. **Cómo se divide un número en partes proporcionales a otros números dados.** — Para dividir un número en partes proporcionales a otros números dados, se forman tantas reglas de tres simples como números se dan, diciendo en cada una de ellas:

Supuesto. Si a la suma de los números corresponden tantas unidades.
Pregunta. A uno de los números, cuántas unidades corresponderán.

EJEMPLO:

Repartir el número 200 en tres partes proporcionales a los números 2, 3 y 5.

RESOLUCIÓN

Las tres partes del número 200 han de ser proporcionales a 2, 3 y 5. Sumando estos números, tenemos que $2 + 3 + 5 = 10$.

Diremos ahora:

Para la 1.ª parte:

S. Si a 10 corresponden 200,
P. a 2 corresponderán x

$10 : 2 :: 200 : x$ $x = 40$, parte primera

Para la 2.ª parte:

S. Si a 10 corresponden 200,
P. a 3 corresponderán x

$10 : 3 :: 200 : x$ $x = 60$, parte segunda.

Para la 3.ª parte:

S. Si a 10 corresponden 200,
P. a 5 corresponderán x

$10 : 5 :: 200 : x$ $x = 100$, parte tercera.

Comprobación:

Parte 1.ª	40
» 2.ª	60
» 3.ª	160
Suma igual al número dado	200

NOTA IMPORTANTE. — *Cuando no se dan los números a que las partes han de ser proporcionales, se toman números arbitrarios que satisfagan las condiciones del problema, y se procede como en el caso anterior.*

Problemas sobre repartimientos proporcionales

1. Divídase el número 1200 en partes proporcionales a los números 2, 3 y 5. — Resultado: *Parte* 1.ª, 240; 2.ª, 360; 3.ª, 600.

2. Si el número 8700 se divide en partes proporcionales a 8, 12, 9 y 16, ¿qué resultados se obtendrán? — R. 1.ª, 1546'667; 2.ª, 2320; 3.ª, 1740; 4.ª, 3093'333.

3. Tres individuos han de repartirse 24560 pesetas de modo que, cuantas veces tome el 1.º 5 pesetas, el 2.º tome 4 y 3, el 3.º ¿Cuánto recibirá cada uno?—R. *El* 1.º, 10233'33 *pesetas; el* 2.º, 8186'67 *pesetas, y el* 3.º 6140 *ptas.*

4. Repártase el número 7500 en partes proporcionales a 1/2, 1/4, 1/3 y 1/5. — R. *Parte* 1.ª, 2922'077; 2.ª, 1461'038; 3.ª, 1948'051, *y* 4.ª, 1168'831.

5. Dividir el número 6420 en partes proporcionales a los números 2/3, 3/5 y 1/2. — *Parte* 1.ª, 2422'641; 2.ª, 2180'377; 3.ª, 1816'981.

7. Cuatro obreros han recibido 650 pesetas por un trabajo: el 1.º ha hecho los 2/8; el 2.º, 1/3; el 3.º, los 2/7, y el 4.º, el resto. ¿Cuánto corresponde a cada uno?—R. *Al* 1.º, 162'50 *ptas.; al* 2.º, 216'666 *ptas.; al* 3.º, 185'714 *pesetas, y al* 4.º, 85'119 *pesetas.*

8. Una fuente tiene 4 caños iguales, los cuales han manado 12600 litros. El 1.º ha estado abierto 1 hora y 20 minutos; el 2.º, 90 minutos; el 3.º, 1 hora y 15 minutos, y el 4.º, 1 hora y 3/4. ¿Cuántos litros ha manado cada caño? — Resultado: *El primer caño ha dado* 2880 *litros; el* 2.º, 3240 *litros; el* 3.º, 2700 *litros, y el* 4.º, 3780 *litros.*

9. Se han entregado 240 pesetas a 2 obreros que han hecho un trabajo. El 1.º se ha ocupado en él 8 horas diarias durante 5 días, y el 2.º, 9 horas diarias durante 3 días. ¿Cuánto corresponde a cada uno? — R. *Corresponde: al* 1.º, 143'28 *pesetas; al* 2.º, 96'71 *pesetas.*

10. Un padre reparte su fortuna entre sus hijos de la manera siguiente: al 1.º, 18000 pesetas; al 2.º, 15000 pesetas, y 12800 pesetas al 3.º Los tres han de asegurar a un tío imposibilitado una renta diaria de 7 pesetas. ¿Con qué cantidad anual ha de contribuír cada uno? — *El hijo* 1.º, *con* 1004'14 *pesetas; el* 2.º, *con* 836'79 *pesetas, y el* 3.º, *con* 714'06 *pesetas.*

11. Distribúyanse 45000 pesetas entre una mujer, 2 niñas y 1 niño, de modo que cada niña reciba doble que el niño y la mujer tanto como el niño y una niña. — *R. Recibirán: la mujer,* 16875 *pesetas; cada niña,* 11250 *pesetas; el niño,* 5625 *pesetas.*

12. Repártanse 19500 pesetas entre tres personas, de modo que la 1.ª reciba doble que la 2.ª, y ésta triple que la 3.ª ¿Cuánto recibirá cada una? — Resultado: *Recibirán: la* 1.ª *persona,* 11700 *pesetas; la* 2.ª, 5850 *pesetas; la* 3.ª, 1950 *pesetas.*

15. Repártanse 15600 pesetas entre 4 personas, de modo que la 1.ª tenga 1/5 más que la 2.ª; ésta, 1/4 más que la 3.ª, y ésta doble que la 4.ª ¿Cuánto cobrará cada una? — R. *La* 1.ª, 5505'882 *pesetas; la* 2.ª, 4588'235 *pesetas; la* 3.ª, 3670'588 *pesetas; la* 4.ª, 1835'294 *pesetas.*

LECCIÓN XXXVI

Compañía

238. **Regla de compañía.**—Regla de *compañía* es la que tiene por objeto hacer la repartición proporcional de los beneficios o pérdidas habidos en un negocio, entre los individuos que han intervenido en él con sus capitales.

239. **Resolución de los problemas de compañía.** — Los problemas de compañía se resuelven admitiendo tres casos:

1.° Que los capitales sean *distintos* y los *tiempos iguales.*

2.° Que los capitales sean *iguales* y los *tiempos distintos.*

3.° Que los capitales y los tiempos sean *distintos.*

Estos casos se resuelven distribuyendo la ganancia o la pérdida social del modo siguiente:

Cuando son iguales los tiempos, en partes proporcionales a los capitales.

Cuando son iguales los capitales, en partes proporcionales a los tiempos.

Cuando capitales y tiempos son distintos, en partes proporcionales a los productos de los capitales por los tiempos respectivos.

Problemas de compañía

I

1. Tres individuos juntaron sus capitales para la explotación de un negocio. El 1.° contribuyó con 5,000 pesetas; el 2.°, con 8,200 pesetas, y con 10,000 pesetas el 3.° Ganaron 12,500 pesetas. ¿Cuánto correspondió a cada uno? — R. *Al* 1.°, 2,693'965 *ptas.; al* 2.°, 4,418'108 *pesetas; al* 3.°, 5,387'931 *ptas.*

2. Asociáronse cuatro amigos para establecer una casa de comisiones. El 1.° contribuyó a la formación del capital social con 3,000 pesetas; el 2.°, con 2,500 pesetas; el 3.°, con 1,360 pesetas, y el 4.°, con 943 pesetas. En 1 año, perdieron 2,800 pesetas. ¿Cuánto correspondió? a cada uno? — Resultado: *Al* 1.°, 1,076'509 *ptas.; al* 2.°, 897'090 *ptas.; al* 3.°, 488'017 *pesetas; al* 4.°, 338'382 *pesetas.*

3. Tres individuos han puesto en un fondo común: el 1.°, 4,600 pesetas; el 2.°, 5,906 pesetas y el 3.°, 3,350 pesetas. Después de varias compras y ventas, hallan una ganancia de 6,500 pesetas. ¿Qué parte corresponde a cada uno? — R. *Al* 1.°, 2,157'909 *ptas.; al* 2.°, 2,770'568 *pesetas; al* 3.°, 1,571'521 *pesetas.*

4. Juan, Antonio y Luis reunieron 42,600 pesetas: el 1.° puso el tercio de esta cantidad; el 2.°, los 2/5, y el resto el 3.° Al cabo de 2 años su capital ascendía a 50,000 pesetas. ¿Cuánto había ganado cada uno? — R. *El* 1.°, 2,466'66 *ptas.; el* 2.°, 2,960 *ptas.; el* 3.°, 1,973'33 *pesetas.*

5. Dos sujetos compraron una finca por 48,500 pesetas, y cuatro meses después la vendieron por 46,125 pesetas. El 1.° había interesado 25,000 pesetas y el 2.°, lo demás. ¿Cuánto perdió cada uno? — R. *El* 1.°, 1224'23 *pesetas; el* 2.°, 1,150'77 *pesetas.*

6. Cuatro comerciantes compraron un buque por la suma de 90,000 pesetas. Al cabo de cierto tiempo, procedieron a su venta, ganando: el 1.°, 3,500 ptas.; el 2.°, 4,000; el 3.°, 4,200 y 4,800 el 4.° ¿Con qué cantidad intervino cada uno en la compra del buque? — R. *El* 1.°, *con* 19,090'909 *ptas.; el* 2.°, *con* 21,818'182 *ptas.; el* 3.°, *con* 22,909'091 *ptas.; el* 4.°, *con* 26,181'818 *pesetas.*

7. Rodríguez y Lorente, comerciantes, emprendieron un negocio para cuya realización necesitaron reunir 10,000 pesetas, obteniendo, al fin, el 1.°, un beneficio de 2,160 pesetas, y el 2.°, de 1,440 pesetas. ¿Qué cantidad puso cada uno? — R. *El* 1.°, 6,000 *ptas., y el* 2.°, 4,000 *pesetas.*

8. Asociáronse tres individuos, y al cabo de cierto tiempo, el 1.°, que había puesto 5,000 pesetas en el fondo social, retiró una ganancia de 3,333'333 pesetas, y el 2.°, obtuvo, por el mismo concepto, 3,066'667 pesetas. Siendo 12,600 pesetas el capital social, averígüese el capital del 2.° y la ganancia del 3.°, sabiendo que éste intervino en el negocio con 3,000 pesetas. — R. *Capital del* 2.°, 4,600 *ptas.; ganancia del* 3.°, 2,000 *pesetas.*

II

9. Cierto individuo empezó la explotación de un negocio con 1,250 pesetas de capital; medio año después, unióseле un sobrino suyo con 2,300 pestas y 4 meses después, juntóseles un tercero con 1,000 pesetas. Al cabo de 14 meses el balance social dió un beneficio de 1,870 pesetas. ¿Qué ganancia correspondió a cada uno?—R. *Al* 1.°, 820'17 *ptas.; al* 2.°, 862'35 *ptas.; al* 3.°, 187'46 *ptas.*

10. Cuatro individuos hicieron un fondo común: el 1.° puso 4,500 pesetas durante 2 años; el 2.°, 3,250 ptas. durante 1 año y 8 meses; el 3.°, 2,000 pesetas, durante 1 año y 4 meses, y el 4.°, 1,500 ptas., durante 10 meses. Después de verificar varias compras y ventas, hallaron un beneficio de 4,000 ptas. ¿Cuánto correspondió a cada uno?—R. *Al* 1.°, 1,963'63 *ptas.; al* 2.°, 1,181'81 *pesetas; al* 3.°, 581'81 *ptas.; al* 4.°, 272'72 *pesetas.*

11. Un comerciante empleó 4,500 ptas. en un negocio de exportación de frutos secos. Transcurridos 8 meses, otro comerciante interesó 3,000 pesetas en el negocio, y 5 meses después, un tercer comerciante asocióse a ellos aportando 2,600 ptas. Al cabo de un año y 10 meses, el balance social arrojó una pérdida de 650 pesetas. ¿Qué parte correspondió a cada uno? — R. *Al* 1.°, 391'424 *pesetas; al* 2.°, 166'058 *ptas.; al* 3.°, 92'518 *pesetas.*

12. Tres albañiles convinieron tomar a destajo la construcción de una casita, para lo cual aportaron: 2,000 ptas. el 1.°, 1,900 pesetas el 2.° y 1,400 pesetas el 3.° Agotáronse los fondos 5 semanas después, y el 1.° desembolsó 400 pesetas; el 2.°, 300, y 500 el 3.° Diez semanas después de empezada la obra, dieron por terminada su misión, recibiendo 8,600 pesetas. ¿Qué parte correspondió a cada uno? — R. *Al* 1.°, 3,206'78 *ptas.; el* 2.°, 2,988'14 *ptas.; al* 3.°, 2,405'08 *pesetas.*

LECCIÓN XXXVII

Conjunta

240. **Regla conjunta.** — *Regla conjunta* es la que tiene por objeto determinar la equivalencia que existe entre las cantidades que no tienen entre sí relación inmediata, valiéndose de otras cantidades que tienen relación inmediata con ambas.

241. **Qué hay que distinguir en todo problema de conjunta.** — En todo problema de conjunta, hay que distinguir: la *cantidad buscada,* la *cantidad propuesta* y las *relaciones.*

Entendemos por cantidad *buscada,* la que nos proponemos determinar.

Cantidad *propuesta,* es la que se da como principal en el problema, y es equivalente a la buscada.

Las *relaciones* son las igualdades por medio de las cuales hallamos la *buscada.*

242. **Su resolución.** — Para resolver un problema de conjunta, se practica lo siguiente:

1.° Se designan las tres partes esenciales en esta forma:

B. (buscada) . . . R. (relaciones) . . . P. (propuesta).

2.° Debajo de la buscada, se escribe la letra x, y debajo la propuesta, la cantidad que se da como tal en el problema.

3.° Se escriben las igualdades necesarias debajo de la R., siendo conveniente tomar como primera, la buscada (x) = la propuesta.

4.° El primer miembro de cada igualdad ha de ser de la misma especie que el segundo miembro de la igualdad anterior, hasta hallar una igualdad cuyo segundo miembro sea de la misma especie que el primer miembro de la igualdad primera.

5.° Se multiplican entre sí los términos de la columna en que no está la incógnita; se hace lo propio con los términos de la otra columna, y se divide el primer producto por el segundo: el cociente es la cantidad buscada.

Antes de verificar las multiplicaciones, se simplifica si se puede, partiendo sucesivamente un término cualquiera de la 1.ª columna y otro cualquiera de la 2.ª, por los factores que les sean comunes.

EJEMPLO. — *¿Cuántos reis tiene 1 peseta, suponiendo que 19 duros equivalen a 100 francos; que 480 francos equivalen a 19 libras esterlinas, y que 1 libra esterlina equivale a 4608 reis?*

RESOLUCIÓN:

B . . . . R . . . . P

x reis 1 pta.

x reis	= 1 pta.
5 ptas.	= 1 duro.
19 duros	= 100 francos.
480 francos	= 19 libras esterlinas.
1 libra esterlina	= 4608 reis.

$$x = \frac{100 \times 19 \times 4608}{5 \times 19 \times 480} = \frac{8755200}{45600} = \frac{87552}{456} = \frac{29184}{152} = \frac{14592}{76} =$$

$$= \frac{7296}{38} = \frac{3648}{19} = 192 \text{ reis.}$$

Problemas de conjunta

1. ¿Cuántos duros valen 46 qq. m. de cierto género, a razón de 25 reales los 30 kg.? — R. 191 *duros y* 3'33 *pesetas.*

2. Pagando el algodón en rama a 7 duros los 100 kg., ¿cuántas pesetas deberá desembolsar un fabricante por la compra de 120 balas, de 1 q. y 3 arrobas peso catalán, cada una? — R. 3,057'60 *ptas.*

3. Si 3 libras, moneda catalana, equivalen a 8 ptas., ¿a cuántos reales equivaldrán 4,500 libras? — R. *A* 48,000 *reales.*

4. He comprado 470 qq. 3 arrobas de azufre, peso catalán,, a razón de 18'75 pesetas el quintal castellano. ¿A cuánto resulta el kilogramo? — R. *A razón de* 0'407 *ptas.*

5. Si 22 pies ingleses equivalen a 24 pies españoles, ¿a cuántos de éstos equivaldrán 450 de los primeros? — R. *A* 490'91 *pies españoles.*

6. Si 4 libras catalanas de cierta droga valen 160 reales, ¿cuánto valdrán 100 kg., sabiendo que 1 quintal catalán equivale a 41'6 kilogramos?—R. 10,000 *reales.*

7. Suponiendo que una libra esterlina equivale a 25 francos, y 5 francos a 19 reales, ¿cuántos duros serán 860 libras esterlinas? — Resultado: 4,085 *duros.*

8. Sabiendo que 15 libras catalanas equivalen a 8 duros y que 1 franco equivale a 0'95 pesetas, ¿qué relación existe entre el franco y la libra catalana? — R. 2'807 *francos* = 1 *libra catalana.*

9. Sabiendo que cada 16 durillos de aumento equivalen a 17 duros, y que 3 libras catalanas equivalen a 8 pesetas, hállese la relación que existe entre la libra catalana y el durillo de aumento. — R. 1'992 *libras catalanas* = 1 *durillo de aumento.*

10. Sabiendo que el ducado de Castilla equivale a 11 reales vellón, y que el franco equivale a 0'95 pesetas, determínese la relación que existe entre el franco y el ducado. — R. 2'89 *francos* = 1 *ducado de Castilla.*

LECCIÓN XXXVIII

Aligación

243. **Regla de aligación.** — Regla de *aligación*, es la que nos enseña a resolver los problemas relativos a *mezclas* y *aleaciones*.

244. **Precio de una substancia.** — Precio de una substancia es el valor de una unidad.

245. **Precio de una mezcla.** — Precio de una mezcla, o precio medio, es el cociente de dividir la suma de los valores de las cantidades mezcladas por la suma de estas cantidades.

246. **Cómo se divide la regla de aligación.** — La regla de aligación se divide en *media* y *alternada*.

247. **Aligación media.** — Son problemas de aligación *media* aquéllos en que se busca el precio medio de una mezcla.

248. **Aligación alternada.** — Son de aligación alternada aquellos problemas en que, siendo conocido el precio medio, se desea averiguar alguna o algunas de las cantidades que han de entrar en la mezcla.

249. **Cómo se resuelven los problemas de aligación media.** — Para resolver los problemas de aligación media *se multiplican las cantidades mezcladas por sus precios respectivos; se suman estos productos, y se divide la suma por la de las unidades que componen la mezcla. El cociente que se obtiene es el precio medio.*

EJEMPLO: *Si mezclamos 40 Hl. de vino de a 30 ptas. el Hl., con 22 Hl. de a 36 ptas. y 12 de a 42 ptas., ¿a cómo resulta el Hl. de mezcla?*

RESOLUCIÓN:

40	Hl.	×	30	ptas. . . . . . . =	1200
22	»	×	36	» . . . . . . =	792
12	»	×	42	» . . . . . . =	504
74	Hl. de mezcla				2496 ptas., valor de la mezcla.

2496 : 74 = 33'73 ptas., precio medio buscado

Comprobación:

74 Hl. × 33'73 ptas., valor igual al de la mezcla.

250. **Prueba de todo problema de aligación.** — **La prueba** de cualquier problema de aligación, se funda en la **condición** esencial de toda mezcla. El valor total de las cantidades mezcladas, a razón de sus precios respectivos, es igual al valor de la suma de las unidades mezcladas, a razón del precio medio.

LECCIÓN XXXIX

Aligación alternada

251. **Casos principales que ofrece la aligación alternada.** — La aligación alternada ofrece tres casos principales, a saber:

1.º Conociendo el precio medio y los precios de las especies, hallar la relación en que debe hacerse la mezcla.

2.º Conociendo el precio medio, los precios de las especies y la cantidad de una o varias especies, determinar la cantidad que debe tomarse de cada una de las otras especies.

3.º Conociendo el precio medio, los precios de las especies y la suma de unidades mezcladas, determinar la cantidad que debe tomarse de cada una de las especies.

252. **Resolución del primer caso.** — Para determinar la relación en que debe hacerse una mezcla, se escriben los precios de las especies en columna y de mayor a menor; se encierran con una llave, frente de la cual se escribe el precio medio; se toman dos precios, uno mayor que el medio y otro menor; se resta cada uno con el medio, y las diferencias se escriben invertidas. Estas diferencias indican la relación en que debe hacerse la mezcla.

EJEMPLO. — *Un tabernero tiene vino de a 28 ptas. el Hl., de a 26, de a 20 y de a 15 ptas. ídem, y quiere proporcionarse una quinta clase cuyo precio sea 22 pesetas el Hl. Determínese la relación de la mezcla.*

RESOLUCIÓN:

28 ptas.		7	
26 »			2
	22 ptas.		
20 »			4
15 »		6	

Por cada 7 Hl. de la 1.ª clase, tomará 6 de la 4.ª, y por cada 2 Hl. de la 2.ª, tomará 4 de la 3.ª.

Comprobación:

7 Hl. × 28 ptas.	. . . . . . =	196 ptas.
2 » × 26 »	. . . . . . =	52 »
4 » × 20 »	. . . . . . =	80 »
6 » × 15 »	. . . . . . =	90 »
19 Hl. de mezcla, a × 22 ptas. precio medio.		418 ptas ; valor de las especies antes de mezclarse.
38		
38		
valen 418 ptas.; valor de la mezcla.		

253. **Resolución del segundo caso.** — Puede suceder: 1.º Que se conozca la cantidad de una especie. 2.º Que se conozca la cantidad de cada una de dos o más especies.

Primero: Cuando se conocen el precio medio, los precios de las especies y la cantidad de una especie, se determina la cantidad que debe tomarse de cada una de las otras especies, averiguando primero la relación de la mezcla, y formando para cada especie cuya cantidad es desconocida, la siguiente proporción:

Cantidad conocida o determinada : la cantidad que se busca : : la diferencia que tiene a su derecha la cantidad conocida : la diferencia que tiene a su derecha la cantidad que se busca.

EJEMPLO:

Con trigo de a 24 ptas. el Hl., de a 22, de a 21 y de a 18 ptas. íd., queremos mezclar 45 Hl. de trigo a 15 ptas.; ¿qué cantidad debemos tomar de cada una de las otras especies, para que podamos vender la mezcla a 19 ptas. el Hl.?

Llamemos x, y, z y u, respectivamente, al número de Hl. que deberemos tomar de cada una de las especies cuya cantidad es desconocida, y averigüemos la relación en que deberá hacerse la mezcla.

x Hl. de a 24 ptas.		4		
y » » 22 »			1	
z » » 21 »	19 ptas.			4
u » » 18 »			3	
45 » » 15 »		5		2

Para la 1.ª especie: $45 : x :: 7 : 4$.	Luego $x =$	25'714 Hl.
Para la 2.ª especie: $45 : y :: 7 : 1$.	Luego $y =$	6'428 »
Para la 3.ª especie: $45 : z :: 7 : 4$.	Luego $z =$	25'714 »
Para la 4.ª especie: $45 : u :: 7 : 3$.	Luego $u =$	19'287 »
Cantidad dada para la 5.ª especie.		45 »

De modo, pues, que deberán tomarse; 25'714 Hl. de la 1.ª clase y otros tantos de la 3.ª; 6'428 Hl. de la 2.ª y 19'287 de la 4.ª clase, para mezclar con los 45 Hl. de la 5.ª clase.

Comprobación:

1.ª clase.	25'714 Hl.	× 24 ptas.	= 617'136 ptas.
2.ª »	6'428 »	× 22 »	= 141'416 »
3.ª »	25'714 »	× 21 »	= 539'999 »
4.ª »	19'287 »	× 18 »	= 347'166 »
5.ª »	45 »	× 15 »	= 675 »
	122'143 Hl. de mezcla.		2320'717 ptas., valor de las especies antes de mezclarse.
a ×	19 ptas., precio medio,		
	1099297		
	122143		
	valen 2320'717 ptas., valor de la mezcla.		

Segundo: Cuando se conoce la cantidad de cada una de dos o más especies, la cuestión se convierte al primer caso hallando el precio medio de las especies cuyas cantidades son conocidas, y sumando estas cantidades. Esta suma y su precio forman, pues, una sola especie de cantidad conocida.

Ejemplo. — *¿Cuántos quintales m. de harina de a 25 ptas. uno deben mezclarse con 6 qq. m. de a 20 ptas. y 19 qq. m. de a 18 ptas., deseando vender la mezcla a 22 pesetas el quintal métrico?*

Hallemos, primero, el precio medio de las dos especies que tienen cantidad conocida:

6 qq.	× 20 ptas.	=	120 ptas.
19 »	× 18 »	=	342 »
25			462 ptas.

462 : 25 = 18'48 ptas., precio medio

Ambas especies se reducen, pues, a la siguiente: *25 qq. m. de harina de a 18'48 pesetas uno.*

El problema queda, por consiguiente, reducido al primer caso:

x qq. de a 25 ptas.		. . . . . .	3'52
	22		
2 » » a 18'48 »		. . . . . .	3

Luego, según el caso primero

25 : x : : 3 : 3'52 x = 29'333 qq. m.

Deberán mezclarse 29'333 quintales m. de a 25 ptas. uno.

Comprobación:

29'333 qq. × 25 ptas.	. . . . .	= 733'325 ptas.	
6 » × 20 »	. . . . .	= 120 »	
19 » × 18 »	. . . . .	= 342 »	
54'333 qq. m. de mezcla.		1195'325 ptas. valor de las especies antes de mezclarse	
a × 22 ptas. precio medio.			
108'666			
1096'66			
valen 1195'326 ptas. valor de la mezcla.			

254. **Resolución del tercer caso.** — Cuando se conocen el precio medio, los precios de las especies y la suma de las unidades mezcladas, se determina la cantidad que debe tomarse de cada especie, hallando primero la relación de la mezcla y dividiendo la suma de las unidades mezcladas en partes proporcionales a las diferencias obtenidas.

Ejemplo.—*Un tratante en harinas tiene de tres clases, cuyos precios son 40, 37 y 32 ptas. el quintal métrico, y necesita 100 quintales métricos de una cuarta clase, cuyo precio sea 35 ptas. el quintal m. Deseando proporcionarse la cantidad mencionada con las tres clases indicadas, ¿qué cantidad de cada especie deberá tomar?*

Resolución:

Llamemos x, z y u, respectivamente, a las cantidades que debemos tomar de cada una de las especies, y hallemos la relación de la mezcla:

x qq. m. de 40 ptas.		 3		
z qq. m. de 37 ptas.	35 ptas.	. . . .		3
u qq. m. de 32 ptas.		 5	. .	2

Suma de especies: $x + z + u = 100$ qq. m. Suma de diferencias: $3 + 3 + 7 = 13$ qq. m.

Dividamos 100 qq. m. en partes proporcionales a las diferencias: 3, 3 y 7.

Para la 1.ª especie:

S. Si a 13 unidades corresponden 100 qq. m.
P. a 3 unidades corresponderán x qq. m.

$$13 : 3 :: 100 : x$$

$$x = \frac{100 \times 3}{13} = \frac{300}{13} = 23'0769 \text{ qq. m. de la 1.ª especie.}$$

Para la 2.ª especie:

S. Si a 13 unidades corresponden 100 qq. m.
P. a 3 unidades corresponderán z qq. m.

$$13 : 3 :: 100 : z$$

$$z = \frac{110 \times 3}{13} = \frac{300}{13} = 23'0769 \text{ qq. m. de la 2.ª especie.}$$

Para la 3.ª especie:

S. Si a 13 unidades corresponden 100 qq. m.
P. a 7 unidades corresponderán u qq. m.

$$13 : 7 :: 100 : u$$

$$u = \frac{100 \times 7}{13} = \frac{700}{13} = 53'8462 \text{ qq. m. de la 3.ª especie.}$$

Comprobación:

1.ª clase.	23'0769 qq. m.	× 40 ptas.	=	923'076 ptas.
2.ª »	23'0769 qq. m.	× 37 »	=	853'845 »
3.ª »	53'9462 qq. m.	× 32 »	=	1723'079 »
Suma dada.	100'0000 qq. m. de mezcla,			3500'000 ptas., valor de las especies antes de mezclarse.
a	35 ptas., precio medio,			
valen . . .	3500 ptas., valor de la mezcla.			

Problemas de aligación

I

1. Un tratante en vinos tiene 7 Hl. de a 60 pesetas uno; 26 hectolitros de 48'50 ptas. ídem; 32 Hl. de a 48 ptas. ídem, y 2 Hl. de a 40 pesetas. Si mezcla estas cantidades, ¿cuál es el valor de 1 Hl. de la clase que resulta? — Resultado: *Su valor es* 49'21 *pesetas.*

4. Mezclando 850 litros de ron de 32º con 70 litros de 26º, ¿de cuántos grados saldrá la mezcla? — R. *Saldrá de* 31 *grados.*

5. Un cocinero mezcla 32 litros de agua a la temperatura de cero grados, con 56 litros de 80º y 44 litros de 65º. ¿Qué temperatura tiene el agua que resulta? — R. *Su temperatura es* 55 *grados.*

7. Se han fundido 2 lingotes de oro; el 1.º pesa 3 kgs., 45 gramos, y su

ley es 800 milésimas; el 2.º pesa 1 kg., 20 gr., y es a la ley de 670 milésimas, ¿Cuál es la ley de aleación? — R. *Es 767 milésimas.*

8. Fundiendo 45 1/2 Hg. de oro puro y 30 gr. de cobre, ¿a qué ley resulta la aleación? — R. *A la ley 993 milésimas.*

II

9. Uno tiene aguardiente de 4 clases: de a 6 ptas. el Dl., de a 4 pesetas ídem, de a 3 ptas. ídem y de a 2'50. ¿En qué relación deberá hacerse su mezcla, deseando vender la clase que se obtenga a 3 1/2 pesetas el Dl.? — Resultado: *En la siguiente: por cada 1 Dl. de a 6 ptas., 2'50 Dl. de a 2'50 ptas.; por cada 1/2 Dl. de a 4 ptas., 1/2 Dl. de a 3 ptas.*

11. Deseando obtener vino de a 60 pesetas el Hl. con vino de a 80, de a 72, de a 58, de a 56 y de a 55, ¿en qué relación deberá hacerse la mezcla de las cinco clases mencionadas? — R. *Podrá hacerse en la siguiente relación: 5 Hl. de la 1.ª, clase y 20 Hl. de la 5.ª clase, con 4 hectolitros de la 2.ª y 12 de la 4.ª clase, con 2 Hl de la 1.ª clase y 20 de la clase 3.ª.*

12. Dada la relación obtenida en el anterior problema, hallar 6 distintas relaciones.

13. Un platero necesita oro de 22 quilates, y sólo tiene de 18, de 23 y de 23 y 1/2. ¿En qué relación deberá alear estas tres clases? — Resultado: *Por cada 4 unidades de peso del oro de 23'5 quilates, 1'5 unidades del de 18 quilates, y por cada 4 unidades de peso del oro de 23 quilates, 1 unidad de 18 quilates.*

14. Un tendero quiere proporcionarse arroz de a 0'50 pesetas el kg., con arroz de 4 distintas clases, cuyos precios son: 0'70 pesetas, 0'55 pesetas, 0'45 pesetas y 0'30 ptas. el kg. ¿En qué relación deberá mezclar las cuatro clases mencionadas? — R. 20 *kg. de la 1.ª clase, 5 íd. de la 2.ª, 5 íd. de la 3.ª y 20 ídem de la 4.ª.*

III

15. Un comerciante en cereales tiene maíz de a 14 ptas. el hectolitro y 20 Hl. de a 11 pesetas. ¿Cuántos Hl. de la 1.ª clase deberá mezclar con los 20 de la segunda, a fin de vender el Hl. de mezcla a 13 pesetas? — Resultado: 40 *hectolitros.*

16. El comerciante que se menciona en el anterior problema, tiene 40 Hl. de trigo de a 14 pesetas uno, y quiere mezclarlos con trigo de a 16 pesetas y de a 18'50 pesetas. ¿Cuántos Hl. de cada una de estas dos últimas clases deberá tomar deseando vender a 15'50 pesetas el Hl. de mezcla? — Resultado: 17'14 *Hl. de cada clase.*

18. ¿Cuántos litros de aguardiente de 32° deberán mezclarse con 120 litros de 24° para obtener aguardiente de 26°? — R. 40 *litros.*

19. ¿Cuántos litros de agua deberán añadirse a 800 litros de vino a 0'75 pesetas uno, para vender la mezcla a 0'50 ptas. el litro? — Resultado: 400 *litros de agua.*

20. Un tratante en aceites tiene existencias de a 5, 6, 9 y 12 ptas. el Dl. ¿Cuántos Dl. de cada una de estas cuatro clases deberá mezclar con 1600 litros de otra clase cuyo precio es 12'5 pesetas el Dl., a fin de que el aceite de mezcla le resulte a 7 pesetas el Dl.? — R. 80 *Dl. de la 2.ª clase, 160 ídem de la 3.ª, 400 íd. de la 4.ª y 600 ídem de la 5.ª.*

22. Un almacenista tiene maíz de a 16 ptas. el Hl., de a 14 pesetas, de a 12 pesetas y de a 11 pesetas, y quiere proporcionarse maíz de a 15 pesetas el Hl., tomando 30 Hl. de la 3.ª clase y 20 Hl. de la 4.ª ¿Cuántos Hl. de la 1.ª clase y cuántos de la 2.ª entrarán en esta mezcla? — R. *Entraron 220 Hl. de la clase 1.ª y 50 Hl. de la 2.ª.*

IV

23. ¿Cuántos quintales m. de harina de a 20 pesetas y de a 16 pesetas deberán tomarse para obtener 60 quintales m. de a 17'75 ptas.? — Resultado: *26'25 quintales m. de la clase de a 20 ptas. y 33'75 quintales m. de la de a 16 pesetas.*

24. Un platero tiene oro de tres clases: de 750 milésimas, de 800 milésimas y de 900 milésimas. ¿Cuántos gramos de cada clase deberá tomar para que le resulte un lingote de 40 grs., a la ley de 850 milésimas? — Resultado: *24 gr. oro a la ley de 900 milésimas y 8 gr. del de cada una de las otras dos clases.*

25. Piden a un tabernero 100 Dl. de vino de a 4 ptas. el Dl., y sólo tiene de a 3'50 ptas., de a 4'75 ptas., de a 5'25 pesetas y de a 6 pesetas. ¿Cuántos Dl. deberá tomar de cada clase, para obtener los 100 Dl. mencionados? — R. 9'09 *Dl. de cada una de las 3 primeras clases y 72'73 Dl. de la 4.ª.*

26. Se quieren obtener 640 litros de alcohol de 20º, con alcohol de 18º y de 30. ¿Cuántos litros de cada clase deben entrar en la mezcla? — Resultado: 694'44 *litros de la 1.ª clase y 533'33 litros de cada una de las otras dos clases.*

27. Un almacenista de vinos ha vendido 1250 litros por 625 pesetas, cuyo género se ha proporcionado con vino de a 0'30 pesetas, de a 0'45 ptas. y de a 0'60 ptas. el litro. ¿Cuántos litros ha necesitado de cada clase? — Resultado: 694'44 *litros de la 1.ª clase y 277'78 litros de cada una de las otras dos clases.*

28. Un pirotécnico ha de entregar 40 kg. de pólvora, cuyo valor es 120 pesetas. Teniendo solamente pólvora de a 2'50 ptas. el kg. y de a 3'75 pesetas ídem, ¿cuántos kgs. tomará de cada clase? — R. 16 *kilogramos de la clase de a 3'75 ptas. y 24 kg. de la clase de a 2'50 pesetas.*

V

33. He comprado 20 qq. m., 30 kg. de azúcar a 24'50 pesetas el qq. m., y 16 qq. m., 9 kg. de azúcar a 5'75 ptas. cada 25 kgs. ¿A cuánto resulta el kg. de mezcla? — R. *A 24 ptas. el kg.*

34. Si al vender mezclados los géneros que se detallan en el problema anterior, quisiéramos obtener un beneficio de 20 por 100, ¿a cuánto tendríamos que vender el qq. m.? — R. *A 28'60 pesetas.*

35. Tengo algarrobas de 8 ptas. el qq. m., de a 2'25 ptas. los 25 kilos y de a 6'50 ptas. el qq. m. ¿En qué relación deberían mezclarse dichas tres clases, para obtener una cuarta clase de a 7'50 pesetas el qq. m.? — Resultado: *1 qq. m. de a 9 ptas., 1 qq. m. de a 8 ptas. y 2 qq. m. de a 6'50 ptas.*

36. El latón se compone de 33 partes de zinc y 67 de cobre. ¿Qué cantidad de cobre y de zinc habrá en 28 kilogramos de latón? — Resultado: *Habrá 18'76 kgs. de cobre y 9'24 de zinc.*

37. Se tienen 250 litros de vino de Málaga que valen 500 pesetas. ¿Qué cantidad de agua se deberá añadir para vender la mezcla a 1'50 pesetas el litro y ganar 80 ptas.? — R. 136'66 *litros de agua.*

38. Se ha mezclado cacao de a 7 ptas. el kilo con cacao de a 4 pesetas, obteniendo 80 kgs. cuyo valor es 400 ptas. ¿Cuántos kgs. han entrado de cada clase? — R. *De la 1.ª clase, 26'667 kgs.; de la 2.ª, 53'333 kgs.*

40. Tengo dos lingotes de oro, uno puro y otro de 20 quilates. Se ha he-

cho una aleación en la proporción de 4 : 7 ¿cuál es la ley de oro que resulta? — R. 21'454 *quilates.*

41. Cierto individuo posee un lingote de oro de 850 milésimas, que pesa 45 gramos. ¿Qué cantidad de cobre deberá añadir para rebajarlo a la ley de 760 milésimas? — R. 5'329 *gramos de cobre.*

42. Con 20 Hl. de trigo de a 18 pesetas uno, se han de mezclar 10 Hl. de otra clase para vender la mezcla a 16 ptas. ¿De qué precio serán los 10 Hl. que hay que añadir a los 20 de la clase 1.ª? — R. *De a 12 ptas. el Hl.*

43. Se tienen 30 litros de agua a la temperatura de 60°, y se quieren 42 litros a la temperatura de 50°. Determínese la temperatura del agua que se le ha de añadir. — R. 25 *grados.*

44. Un almacenista de harinas ha de servir un pedido de 2,300 kilogramos a 17 pesetas el quintal castellano, y sólo tiene 20 quintales castellanos de a 20 pesetas. ¿De qué precio deberán ser los quintales que habrá de adquirir para mezclar con los 20 mencionados? — R. *Deberán ser de a 15 ptas. cada uno.*

48. Para obtener la clase superior del lacre encarnado, se necesitan: goma laca de primera, 8 partes; trementina de Venecia, 2 partes; bermellón, 6 partes. ¿Cuánto ha entrado de cada materia en la elaboración de 64 Hg. de lacre? — R. 32 *hectogramos de goma laca,* 8 *Hg. de trementina y* 24 *Hg. de bermellón.*

LECCIÓN XL

Peso específico

255. Definición. — Se llama *peso específico,* o *densidad,* de un cuerpo, el número que expresa las veces que el peso de este cuerpo contiene al de un volumen igual de agua, a la temperatura de 4 grados del termómetro centígrado.

O de otro modo: Densidad de un cuerpo, es el cociente del peso de este cuerpo por el peso de un volumen igual de agua pura.

Si decimos, por ejemplo, que la densidad de un cuerpo es 15'709 significamos que este cuerpo pesa 15'709 veces más que un volumen igual de agua. Así, siendo la densidad del níquel 8'279, un decímetro cúbico de este metal pesará 8'279 kilogramos, porque 1 dm.^{3} de agua pesa 1 kg.; 1 cm.^{3} de níquel, pesará 8'279 gramos, porque 1 cm.^{3} de agua pesa 1 gramo, y 1 mm.^{3} del mismo metal pesará 8'279 mg., porque 1 mm.^{3} de agua pesa 1 mg.

EJEMPLO: *Siendo la densidad del hierro fundido* 7'207, *hallar el peso de una barra de hierro fundido cuyo volumen es* 5 *dm.^{3}*

Solución: Un dm.^{3} de hierro fundido pesa 7'207 kg.; luego 5 dm.^{3} pesarán 5 veces más, esto es: 7'207 × 5 = 36'035 kgs.

De lo que deducimos, pues, la siguiente

256. Regla para hallar el peso de un cuerpo. — El peso de un cuerpo es igual al producto de su densidad por su volumen.

Naturalmente, pues, que si el volumen se expresa en m.^{3} el peso se obtiene en toneladas métricas; si el volumen se expresa en dm.^{3}, el peso se obtiene en kg., y si el volumen se da en cm.^{3}, el peso se obtiene en gramos.

257. Fórmulas para determinar el peso, el volumen y la densidad. — Si el peso de un cuerpo es igual al producto de su densidad por su volumen, llamando P al peso de un cuerpo, V a su volumen y D a su densidad, tendremos que $P = D \times V$.

De cuya igualdad, se deducen estas otras dos:

$$V = \frac{P}{D} \text{ y } D = \frac{P}{V}.$$

Es decir que:

1.º Para hallar el volumen de un cuerpo, se divide su peso por su densidad.

El volumen se obtiene en metros cúb., si el peso se da en toneladas métricas; en dm.^{3}, si el peso se expresa en kgs., y en cm.^{3}, si el peso se expresa en gramos.

2.º Para hallar la densidad de un cuerpo, se divide su peso por su volumen.

Ejemplos: 1.º *El volumen de un prisma de latón es 14 dms.^{3}, siendo la densidad de este metal 8'395: ¿qué peso tiene?*

Sabemos que $P = D \times V$; luego, sustituyendo D y V por sus valores respectivos, tendremos:

$P = 8'395 \times 14 = 117'53$, y como el dm.^{3}, corresponde al kg., el peso será 117'53 kg.

2.º *El peso de 1 dm.^{3} de madera de pino es 0'667 kgs., ¿qué volumen tendrán 42,500 toneladas métricas de dicha madera?*

Sabemos que $V = \frac{P}{D}$; luego sustituyendo P y D por sus valores respectivos, tendremos:

$$V = \frac{42500}{0'657} = 64687'975,$$ y como la tonelada m. corresponde al m.^{3}, el volumen será 64687'975 metros cúbicos.

3.º *¿Cuál será el peso específico o densidad de la plata pura fundida, sabiendo que un lingote de dicho metal cuyo volumen es 3 dm.^{3} pesa 31'4229 kgs.?*

Sabemos que $D = \frac{P}{V}$; fuego sustituyendo P y V por sus valores respectivos, tendremos:

$$D = \frac{31'4229}{3} = 10'4743,$$ densidad de la plata fundida.

Peso específico de algunos cuerpos

CUERPOS	Peso de 1 decímetro cúbico en kilogramos	CUERPOS	Peso de 1 decímetro cúbico en kilogramos
Aceite de almendras dulces	0'917000	Diamante (d. m.)	3'515000
Aceite de ballena	0'928300	Estaño	7'291400
" de nueces	0'922700	Granito (piedra)	2'716500
" de oliva	0'915800	Hielo	0'930000
Alcohol puro	0'793000	Hierro fundido	7'207000
Acero batido sin templar	7'840400	Id. forjado	7'788000
Acero batido y templado	7'818000	Leche de vaca	1'032400
Acero sin batir ni templar	7'833100	Latón	8'395000
Antimonio fundido	6'712000	Madera de encina	0'850000
Agua destilada	1'000000	Id. de pino	0'657000
" de mar	1'026300	Id. de caoba	1'060000
Aire atmosférico	0'001293	Id. de roble seco	0'740000
Arcilla	1'930000	Marfil	1'917000
Arena	1'343000	Mármol de Carrara	2'716800
Avena (1) (*)	0'478000	Mercurio	13'598000
Azúcar	1'606000	Níquel	8'279000
Azufre nativo	2'033000	Oro puro fundido	19'258100
Bronce (dens. media)	8'838000	Plata pura fundida	10'474300
Cal viva (*)	0'840000	Platino batido	23'000000
Carbón vegetal	0'250000	Plomo	11'352300
Carbón de piedra (hulla)	0'329200	Porcelana	2'242000
Cera blanca	0'968600	Piedra calcárea	2'077000
Cobre fundido	8'788000	Id. basáltica (d. m.)	2'600000
Cristal común	2'488000	Piedra de yeso	2'167900
Id. de roca	2'683000	Pórfiido rojo	2'765000
		Petróleo	0'847000
		Vidrio de botellas	2'732500
		Id. de vidrieras	2'642300
		Vino (dens. media)	0'993000
		Zinc fundido	6'861000

(1) Los artículos que llevan esta señal (*), se calculan medidos con el hectolitro.

Geometría

LECCIÓN I

Preliminares

1. **Cuerpo geométrico.** — Todo lo que ocupa lugar en el espacio, es un *cuerpo.*

2. **Dimensiones de los cuerpos.**—Todos los cuerpos por pequeños que sean tienen tres dimensiones: *longitud, latitud* y *altura, grueso* o *profundidad.*

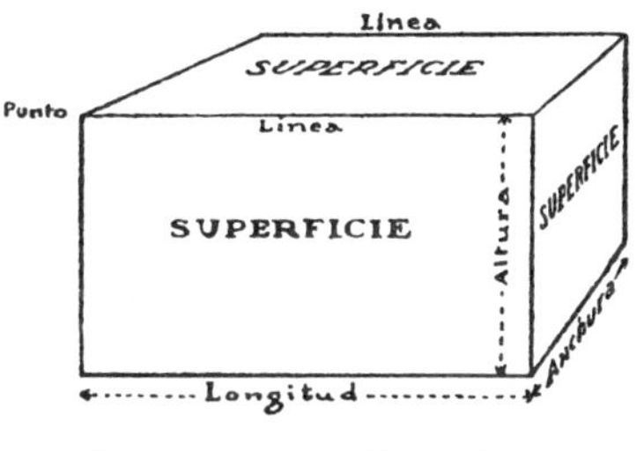

El cuerpo y sus dimensiones

Longitud de un cuerpo es lo que éste tiene de largo.

Latitud, es lo que tiene de ancho.

Altura, es lo que tiene de alto, grueso o profundo.

Todos los cuerpos, por pequeños que sean, tienen estas tres dimensiones.

3. **Geometría.**—*Geometría* es la ciencia que trata de la *extensión,* que es una porción cualquiera del espacio.

4. **Cómo se considera la extensión.** — La extensión se considera en *una, dos* y *tres* dimensiones.

La extensión considerada en una sola dimensión, longitud, se llama **línea.**

La extensión considerada en dos dimensiones, longitud y latitud, se llama **superficie.**

La extensión considerada en tres dimensiones, longitud, latitud y profundidad, se llama **volumen.**

5. **Punto geométrico.** — *Punto geométrico* es el extremo de una línea o la cortadura de dos líneas.

6. **Figura geométrica.** — Se llama *figura geométrica,* la representación de una o más líneas, superficies o volúmenes, como: *el grabado anterior, un polígono, un par de rectas paralelas,* etc.

Las figuras geométricas, pueden ser *iguales*, *semejantes*, *equivalentes* y *simétricas*.

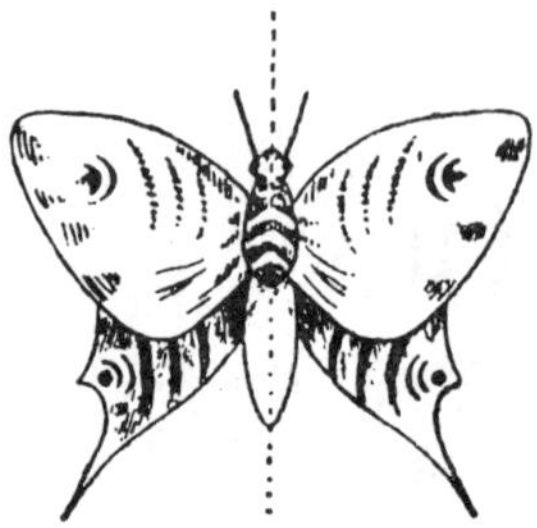

Las alas de las mariposas son simétricas

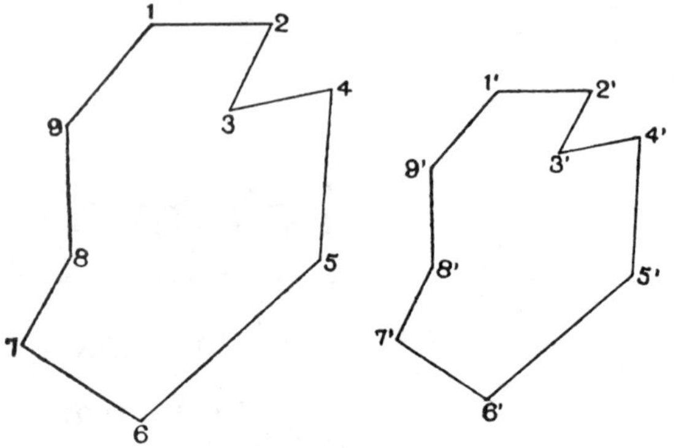

Figuras semejantes

Son *iguales* cuando, superpuestas, coinciden.

Son *semejantes*, cuando tienen *igual figura y diferente extensión.*

Son *equivalentes*, cuando tienen *distinta figura* e *igual extensión.*

Son *simétricas*, cuando tienen sus partes, respectivamente, iguales, pero colocadas en orden inverso.

LECCIÓN II

De las líneas

7. La línea. — Toda línea puede considerarse formada por una sucesión de puntos.

8. Las líneas por su forma. — Según su forma, la línea puede ser *recta, curva, mixta, quebrada, ondulada* y *espiral.*

Línea *recta*

Es *recta,* cuando todos sus puntos siguen una misma dirección. La línea recta señala la distancia más corta entre dos puntos.

Una porción limitada de recta, se llama *segmento rectilíneo.*

Línea *curva*

Es *curva,* cuando todos sus puntos cambian continuamente de dirección.

Una porción limitada de curva, recibe el nombre de *arco.*

Línea *mixta*

Es *mixta,* cuando consta de recta y curva.

Es *quebrada,* cuando consta de varias rectas que siguen direcciones distintas.

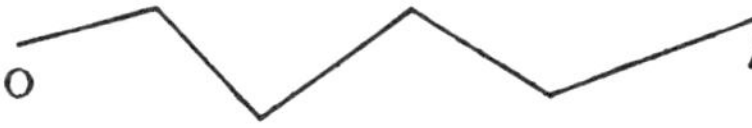

Línea *quebrada*

Es *ondulada,* cuando consta de varias curvas que siguen direcciones distintas.

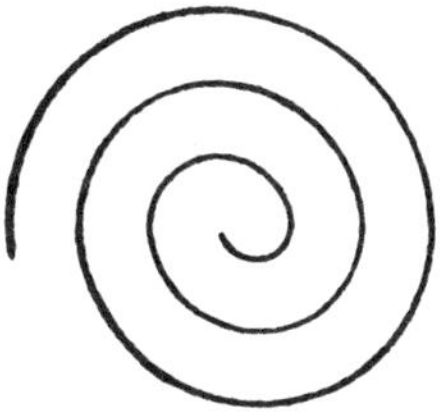

Línea *espiral*

Línea *ondulada*

Es *espiral* cuando, saliendo de un punto, va dando vueltas sobre sí misma.

9. **La recta en el espacio.** — Según su posición en el espacio, las líneas rectas pueden ser: *verticales, horizontales* e *inclinadas.*

Recta *vertical,* es la que va de arriba a abajo sin ladearse.

Recta vertical

En las artes, las rectas verticales, se llaman *líneas de aplomo.*

Recta *horizontal,* es la que va de izquierda a derecha sin inclinarse a ningún lado.

Recta horizontal

En las artes, las reglas horizontales, se llaman *líneas de nivel.*

El agua en estado de reposo, toma la dirección horizontal.

Recta *inclinada,* es la que no es horizontal ni vertical.

Recta inclinada

10. **La plomada.** — La *plomada* consiste en un hilo que suspende un cuerpo pesado, y sirve para determinar rectas verticales.

11. **Rectas secantes.** — Son rectas *secantes,* aquéllas que se cortan.

Las rectas A B y C D son paralelas

12. **Rectas paralelas.**—Son rectas *paralelas,* aquéllas que, situadas en un mismo plano, no se encuentran aunque se prolonguen, por guardar igual distancia entre sí.

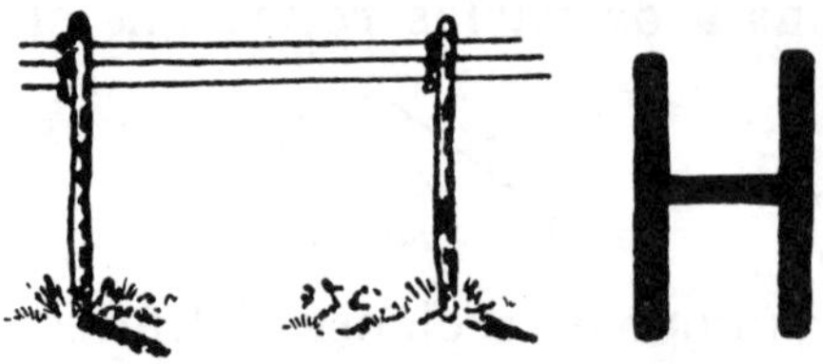

Los hilos del telégrafo son paralelos y también lo son los palos verticales de la H

13. **Rectas convergentes y divergentes.**—Dos rectas, que, situadas en el

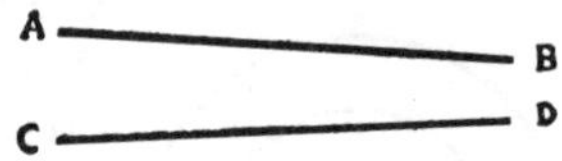

Rectas convergentes y divergentes

mismo plano, no son paralelas, son *convergentes* por el lado que se acercan, y *divergentes*, por el que se separan.

14. **Rectas perpendiculares.**—Una recta es *perpendicular* a otra, cuando cae sobre ella sin inclinarse más a un lado que a otro.

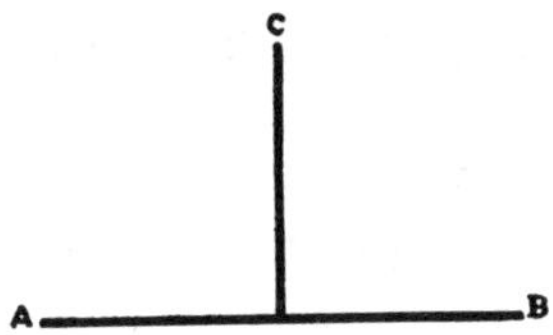

Rectas perpendiculares

Si una recta es perpendicular a otra, ésta es perpendicular a la primera.

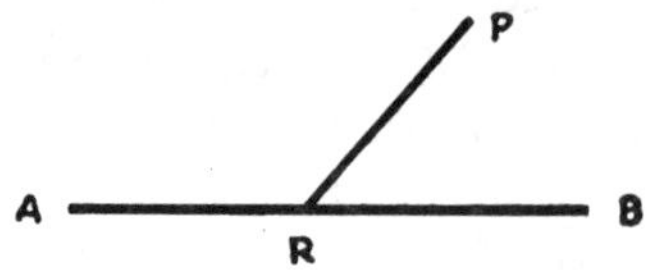

Rectas oblicuas

15. **Rectas oblicuas.** — Una recta es *oblicua* a otra, cuando cae sobre ella inclinándose a un lado o a otro.

LECCIÓN III

De los ángulos

16. **Ángulo.** — *Ángulo* es la abertura de dos rectas que se cortan.

Las rectas que forman el ángulo se llaman *lados*, y el punto en que se cortan se llama *vértice*.

Para leer un ángulo, se leen las tres letras nombrando por segunda la del vértice; si el ángulo va solo, basta leer la letra de su vértice.

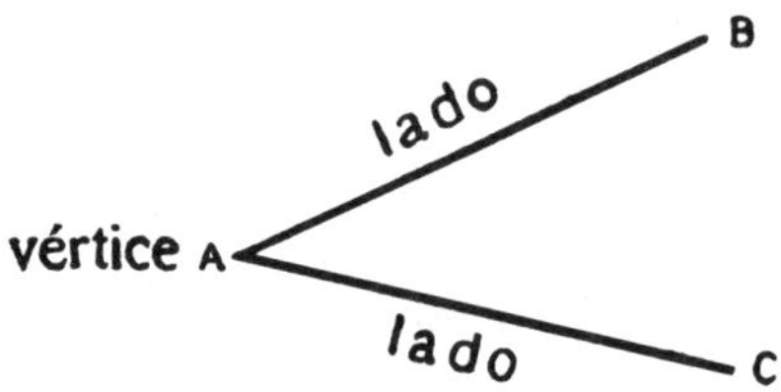

La abertura que forman las rectas A B y A C al cortarse en el punto A, es un ángulo

17. **Magnitud de un ángulo.** — La magnitud de un ángulo no depende de la longitud de sus lados, sino, de su mayor o menor abertura.

18. **Bisectriz de un ángulo.** — *Bisectriz* de un ángulo, es la recta que lo divide en dos partes iguales.

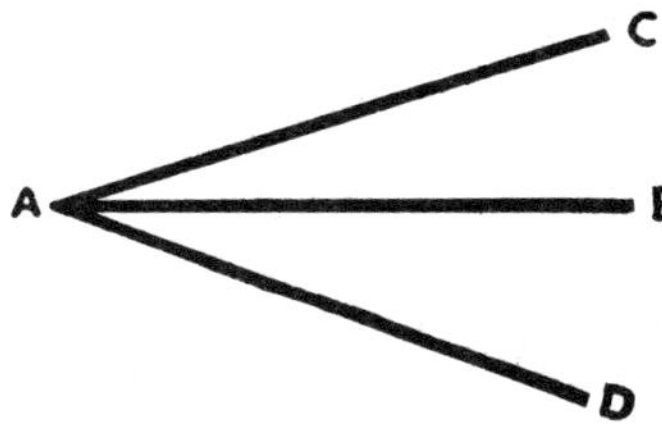

La recta A B es bisectriz del ángulo C A D

19. **Los ángulos por su magnitud.**—Según su *magnitud,* los ángulos se dividen en *rectos, agudos* y *obtusos.*

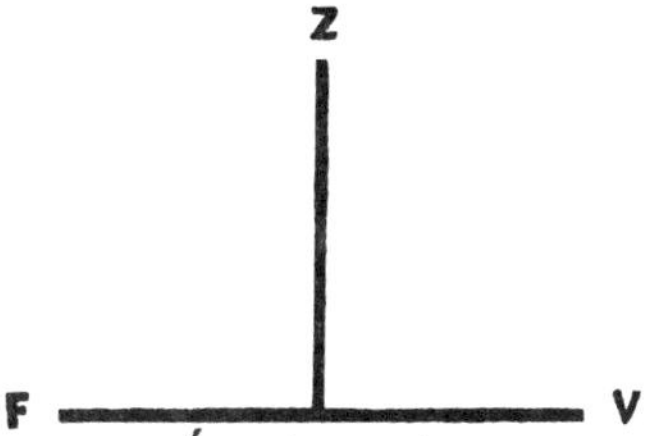

Ángulos rectos

Ángulos *rectos,* son los formados por dos rectas perpendiculares entre sí.

Todos los ángulos rectos son iguales.

Ángulo *agudo,* es el que tiene *menor abertura* que el recto.

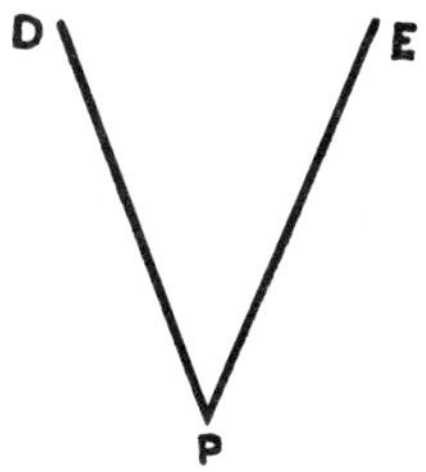

Ángulo *agudo*

Ángulo *obtuso,* es el que tiene *mayor abertura* que el recto.

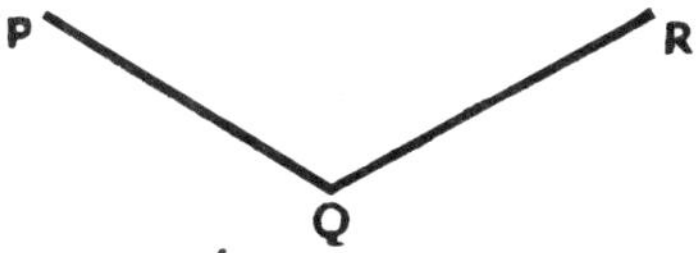

Ángulo *obtuso*

Dos ángulos son iguales cuando, superpuestos, coinciden.

Cuando dos rectas oblicuas se cortan, forman un ángulo agudo u obtuso.

20. **Ángulos adyacentes.** — Ángulos *adyacentes* son los que tienen un lado común y los otros dos, en línea recta.

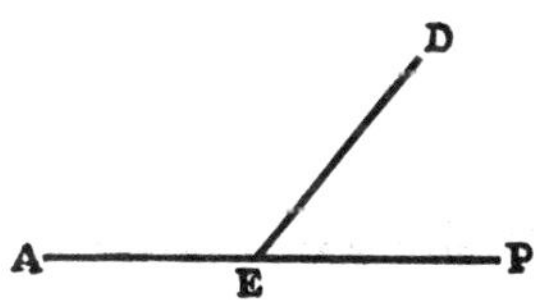

Angulos *adyacentes*

21. **Ángulos opuestos por el vértice** — Ángulo *opuesto a otro por el vértice,* es el que resulta prolongando por el vértice los lados del ángulo primero.

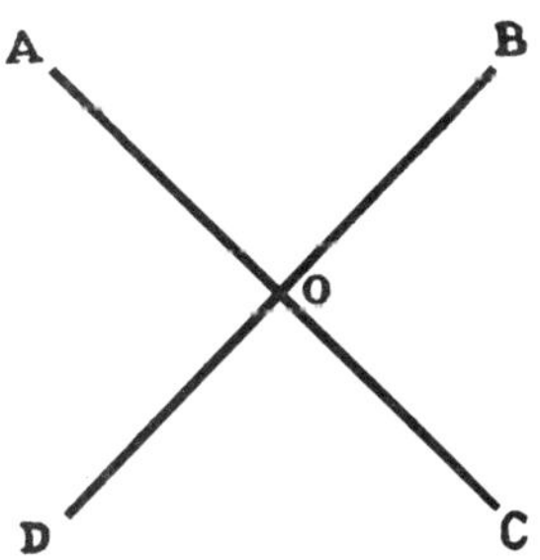

El ángulo A O B es opuesto por el vértice al D O C

22. **Ángulos complementarios.** — Dos ángulos son *complementarios,* cuando, sumados o juntos, valen un recto.

23. **Ángulos suplementarios.**— Dos ángulos son *suplementarios* cuando, juntos o sumados, valen dos rectos.

24. **Consecuencias.** — 1.ª Dos ángulos adyacentes, *son suplementarios.*

2.ª Los ángulos que tienen el mismo complemento o el mismo suplemento, son *iguales.*

3.ª Dos ángulos opuestos por el vértice, son *iguales.*

4.ª La suma de todos los ángulos formados por un punto hacia el mismo lado de una recta, *es igual a dos rectos.*

5.ª La suma de todos los ángulos formados alrededor de un punto, *es igual a cuatro ángulos rectos.*

LECCIÓN IV

Más sobre los ángulos

25. **Ángulos formados por una secante que corta a dos rectas.** — Cuando una secante corta a dos rectas, resultan los ángulos siguientes: *internos, externos, alternos* y *correspondientes.*

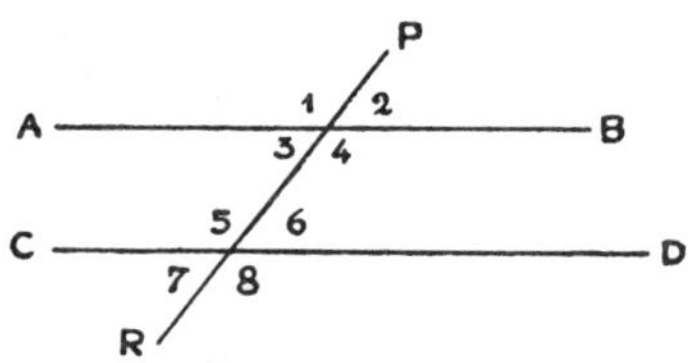

Ángulos *internos,* son los que se forman dentro de las rectas (3, 4, 5 y 6).

Ángulos *externos,* son los que se forman fuera de las rectas (1, 2, 7 y 8).

Ángulos *alternos,* son un par de ángulos no adyacentes formados a uno y otro lado de la secante.

Según su posición, pueden ser *alternos internos* y *alternos externos,* según se formen dentro o fuera de las rectas. (Alternos internos: 3 y 6; 5 y 4); (alternos externos: 1 y 8; 7 y 2).

Ángulos *correspondientes,* son los no adyacentes, uno interno y otro externo, formados a un mismo lado de la secante (2 y 6; 4 y 8; 3 y 7; 1 y 5).

26. **Circunferencia.** — *Circunferencia* es una línea curva cerrada y plana, cuyos puntos equidistan de otro interior, llamado *centro.*

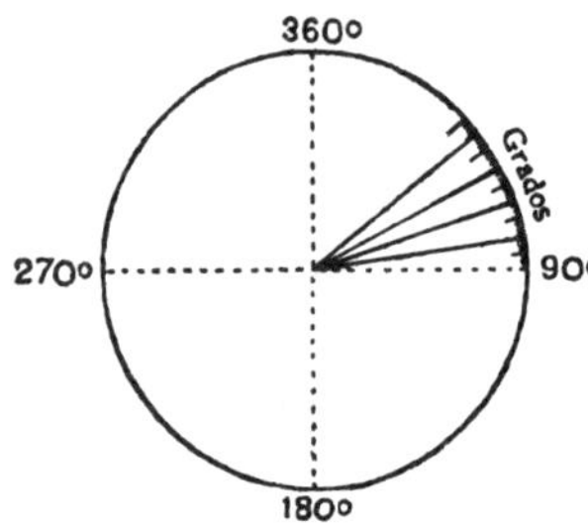

Grados en que se divide la circunferencia

La circunferencia se considera dividida en 360 partes iguales, llamadas *grados.*

Una *semicircunferencia* mide, pues, 180 grados, y el arco cuarta parte de la misma, o *cuadrante,* mide 90 grados.

Todos los ángulos rectos miden, por tanto, 90 grados. Los grados se indican escribiendo un cero pequeño en la parte superior de la derecha de la cifra o cifras que los expresan. (8° — 25° — 160°).

27. **Medida de un ángulo.**—La *medida de un ángulo* es el número de grados que mide el arco comprendido entre sus lados, descrito con una abertura cualquiera de compás, haciendo centro en el vértice del ángulo.

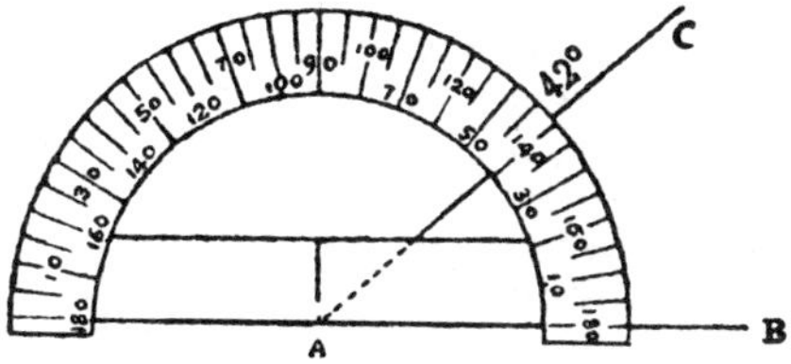

Medida del ángulo C A B: 42°

Los ángulos se miden con el *semicírculo graduado o transportador.*

Ejercicios y problemas gráficos

1. Hacer ver que la línea recta es la distancia más corta que hay entre dos puntos.
2. Hacer ver que de un punto a otro sólo puede trazarse una recta, pero varias curvas.
3. Trazar, a ojo, rectas de longitud dada, y comprobar después, su longitud con el metro.
4. Levantar una perpendicular en el extremo de una recta por medio de la escuadra.
5. Levantar una perpendicular en el extremo de una recta sirviéndose del compás.
6. Sirviéndose del compás, levantar una perpendicular en un punto cualquiera de una recta.
7. Sirviéndose del compás, dividir una recta en dos partes iguales y levantar una perpendicular en su punto medio.
8. Trazar rectas paralelas sirviéndose de la escuadra.
9. Levantar una perpendicular a una recta, sirviéndose del transportador.

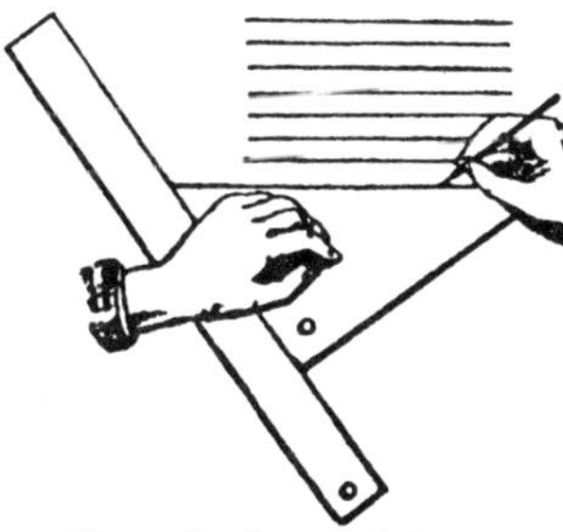

Trazado de paralelas con la escuadra

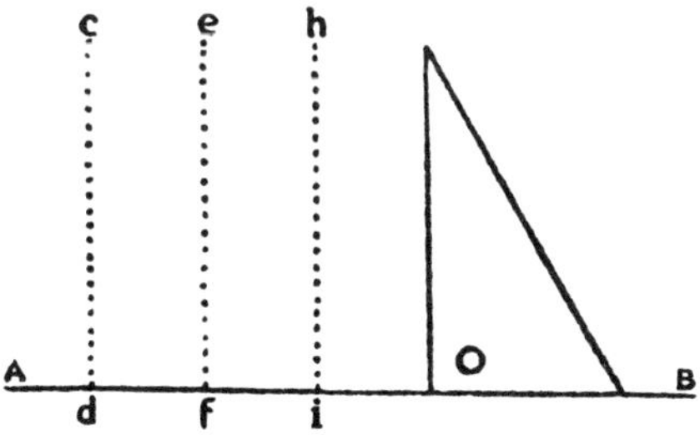

Trazado de perpendiculares con la escuadra

10. Trazado de paralelas con el transportador.
11. Trazado de paralelas con el compás.
12. Medir ángulos con el transportador.
13. Trazar, a ojo, ángulos de un determinado número de grados, y comprobarlo luego con el transportador.
14. Trazar ángulos de un número de grados determinado.
15. Trazar la bisectriz de un ángulo.
16. Trazar un ángulo igual a otro.
17. Trazar un ángulo igual a la suma de otros ángulos.
18. Trazar un ángulo igual a la diferencia de otros dos dados.
19. Dado un ángulo agudo, trazarle otro ángulo que sea su complemento.
20. Dado un ángulo, trazarle otro que sea su suplemento.
21. La medida de un ángulo es 45 grados: ¿cuántos grados medirá su complemento?
22. Si el ángulo complemento de otro mide 30 grados, ¿qué medida tendrá dicho ángulo?
23. La medida de un ángulo es 60 grados: ¿cuánto medirá su suplemento?

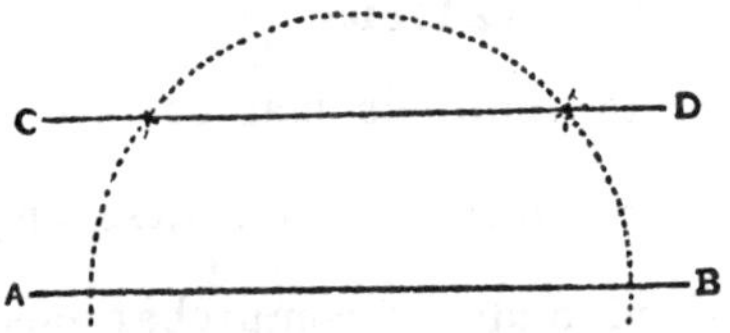

Trazado de paralelas con el compás

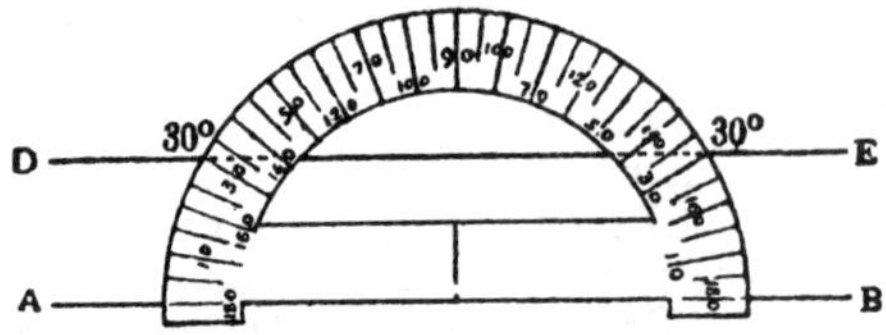

Trazado de paralelas con el transportador

24. Si el ángulo suplemento de otro mide 106 grados, ¿cuánto medirá dicho ángulo?
25. Hacer ver que si desde un punto dado fuera de una recta, se trazan a esa recta una perpendicular y dos o más oblicuas, la perpendicular es más corta que las oblicuas.
26. Hacer ver que, desde un mismo punto, dos oblicuas iguales se apartan igualmente del pie de la perpendicular.

LECCIÓN V

De los polígonos

28. **Idea del polígono.** — *Polígono* (1) es toda superficie plana limitada por líneas rectas.

29. **Lados y vértices.** — Las rectas que limitan el polígono, se llaman *lados,* y los puntos en que éstos se cortan, *vértices.*

30. **Contorno y perímetro.** — *Contorno* de un polí-

(1) De las palabras griegas *polys,* muchos, y *gonos,* ángulo: *muchos ángulos*

gono es el conjunto de sus lados, y *perímetro,* la medida del contorno.

31. **Ángulos de un polígono.** — Son ángulos de un polígono, los formados por dos lados consecutivos del mismo.

32. **Diagonal.** — *Diagonal* de un polígono es la recta que une dos vértices no consecutivos.

33. **Polígono regular e irregular.** — Polígono *regular* es el que tiene sus lados y ángulos iguales, e *irregular,* el que los tiene desiguales.

34. **Centro.** — *Centro* de un polígono regular es el punto equidistante de sus lados y de sus vértices.

35. **Apotema.**—*Apotema* de un polígono regular, es la perpendicular trazada desde el centro a uno de sus lados.

Todas las apotemas de un mismo polígono regular, son iguales.

36. **Radio.** — Son *radios* de un polígono regular, las rectas trazadas desde el centro a los vértices.

En un polígono regular, todos los radios son iguales.

37. **Ángulo central.** — *Ángulos centrales* de un polígono regular, son los formados por los radios del mismo, en el centro del polígono.

La medida de un ángulo central, es el cociente de dividir 360 grados por el número de ángulos centrales.

38. **Ángulo exterior.** — *Ángulo exterior* de un polígono, es el que está formado por uno de sus lados y la prolongación del contiguo.

39. **Clases de polígonos.** — Si el polígono tiene tres lados, se llama *triángulo;* si tiene cuatro, *cuadrilátero;* si tiene cinco, *pentágono;* si tiene seis, *exágono;* si tiene siete, *heptágono;* si tiene ocho, *octógono;* si tiene nueve, *eneágono;* si tiene diez, *decágono;* si tiene doce, *dodecágono,* etc.

40. **Descomposición de un polígono.** — Si desde uno de los vértices de un polígono, se trazan todas las diagonales posibles, el polígono queda descompuesto en tantos triángulos como lados tiene menos dos.

De ahí que el número de grados que miden todos los ángulos de un polígono, sea tantas veces dos rectos o 180 grados, como lados tiene el polígono menos dos.

LECCIÓN VI

Triángulos

41. **Triángulos.** — Se llama *triángulo,* el polígono cerrado por tres lados.

En todo triángulo hay, por tanto, tres lados y tres ángulos.

Tres rectas cualesquiera no pueden formar triángulo, porque *un lado cualquiera de todo triángulo es menor que la suma de los otros dos y mayor que su diferencia.*

42. **Base.** — *Base* de un triángulo o de un polígono cualquiera, es el lado sobre el cual parece que descansa la figura.

43. **Altura.** — Altura de un triángulo, es la perpendicular bajada a la base o a su prolongación, desde el vértice del ángulo opuesto a ella.

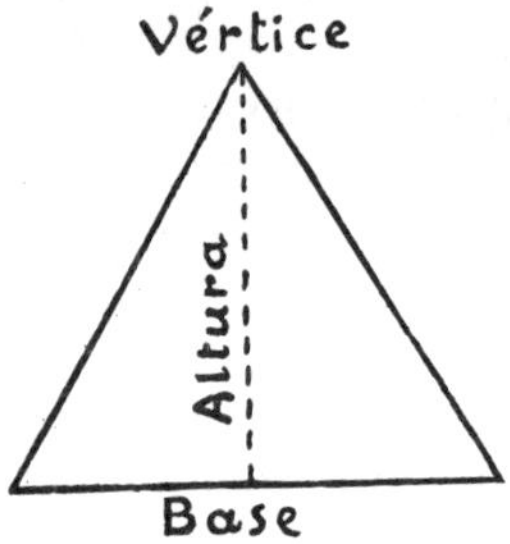

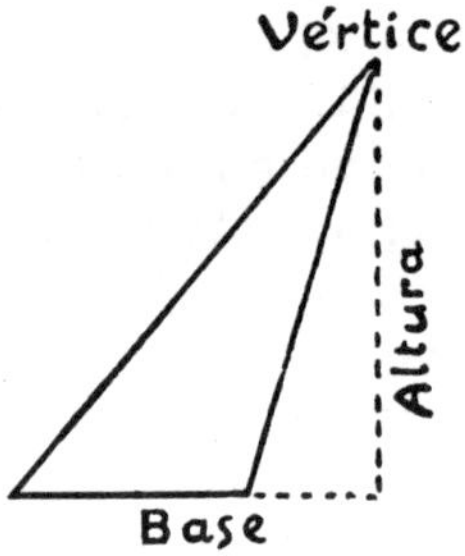

44. **El triángulo según sus lados.** — Por razón de sus lados, el triángulo puede ser: *equilátero, isósceles* y *escaleno.*

El triángulo es *equilátero,* cuando tiene los tres lados iguales.

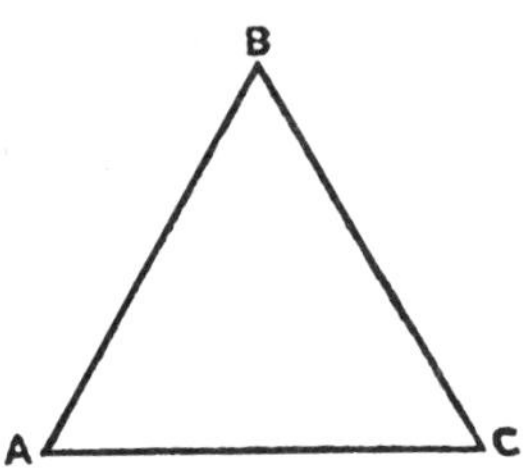

Triángulo equilátero

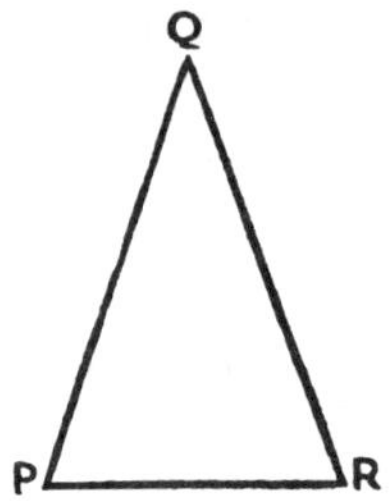

Triángulo isósceles

Triángulo escaleno

Es *isósceles,* cuando tiene dos lados iguales.

Es *escaleno,* cuando tiene los tres lados desiguales.

45. **El triángulo según sus ángulos.** — Por razón de sus ángulos, el triángulo puede ser: *rectángulo, acutángulo* y *obtusángulo.*

El triángulo es *rectángulo,* cuando tiene un ángulo recto.

Es *acutángulo,* si sus tres ángulos son agudos.

Es *obtusángulo,* si tiene un ángulo obtuso.

46. **Hipotenusa y catetos.** — En el triángulo rec-

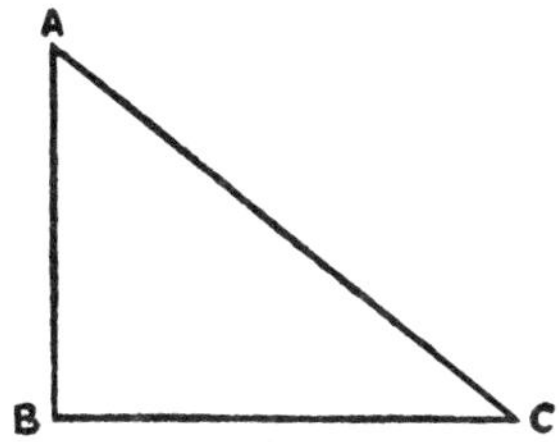

Triángulo rectángulo

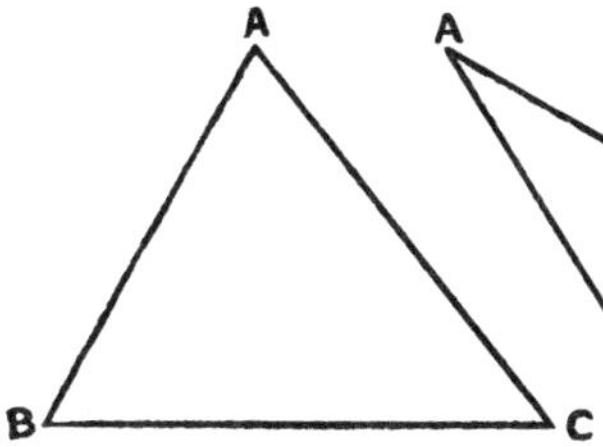

Triángulo acutángulo

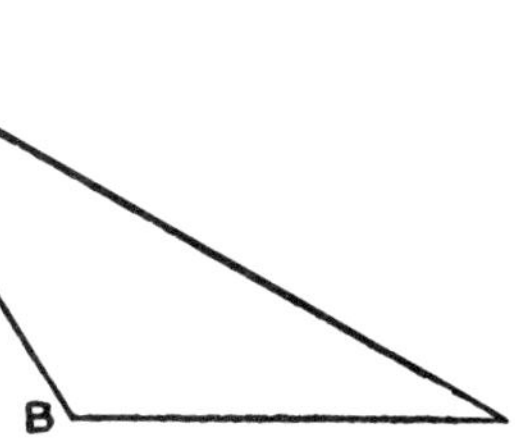

Triángulo obtusángulo

tángulo, el lado opuesto al ángulo recto se llama *hipotenusa,* y los lados que forman dicho ángulo, *catetos.*

47. **Valor de los tres ángulos de un triángulo.** — La suma de los tres ángulos de un triángulo es igual a dos ángulos rectos o 180 grados.

En todo triángulo, a lados iguales se oponen ángulos iguales, y viceversa; luego cada ángulo de triángulo equilátero mide 60 grados.

48. **Igualdad de triángulos.** — Dos triángulos son iguales en los casos siguientes:

1.º Si tienen los tres lados respectivamente iguales.

2.º Si tienen, respectivamente, dos lados iguales e igual el ángulo que forman estos dos lados.

3.º Si tienen un lado igual, adyacentes a ángulos respectivamente iguales.

LECCIÓN VII

Cuadriláteros

49. **Cuadrilátero.**—*Cuadrilátero* es el polígono que tiene *cuatro lados.*

50. **División de los cuadriláteros.**—Hay tres clases de cuadriláteros: *paralelogramos, trapecios,* y *trapezoides.*

Los *paralelogramos* tienen sus ángulos opuestos iguales y sus lados opuestos iguales y paralelos.

Los *trapecios* tienen sólo dos lados paralelos, que se llaman *bases.*

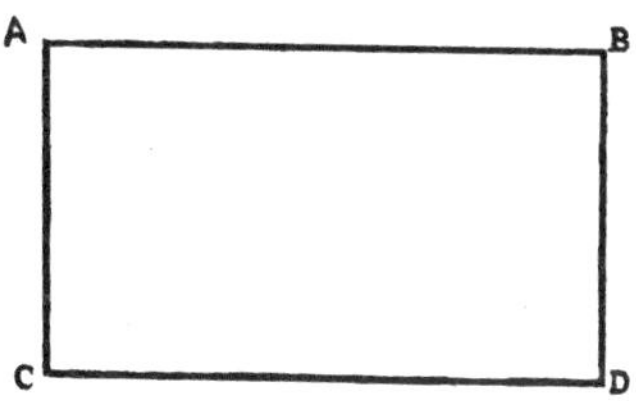

Paralelogramo

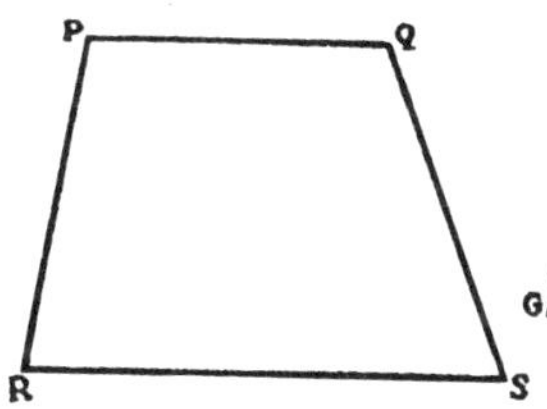

Trapecio

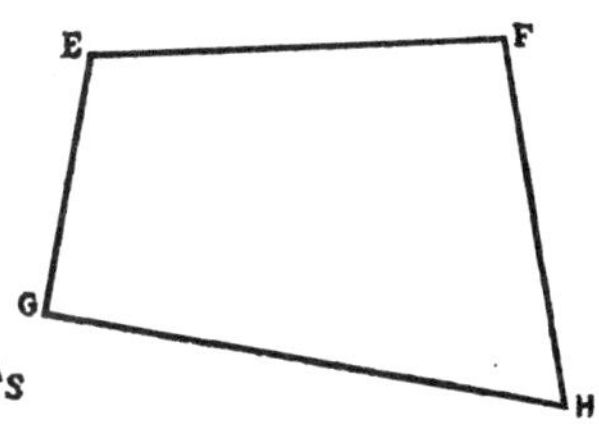

Trapezoide

Los trapecios, pueden ser, *rectángulos e isósceles.*

Trapecio rectángulo es el que tiene dos ángulos rectos.

Trapecio isósceles es el que tiene iguales los lados no paralelos.

Los *trapezoides* no tienen lados paralelos.

51. **Clases de paralelogramos.**— Hay cuatro clases de paralelogramos: *cuadrado, rectángulo,* o *cuadrilongo, rombo* y *romboide.*

El *cuadrado* tiene sus cuatro lados iguales y sus ángulos rectos.

Cuadrado

El *rectángulo* tiene los lados consecutivos desiguales y sus ángulos rectos.

Rectángulo

El *rombo* tiene sus cuatro lados iguales y los ángulos consecutivos desiguales (pero iguales dos a dos).

El *romboide* tiene los lados y ángulos consecutivos desiguales (pero iguales dos a dos).

Romboide

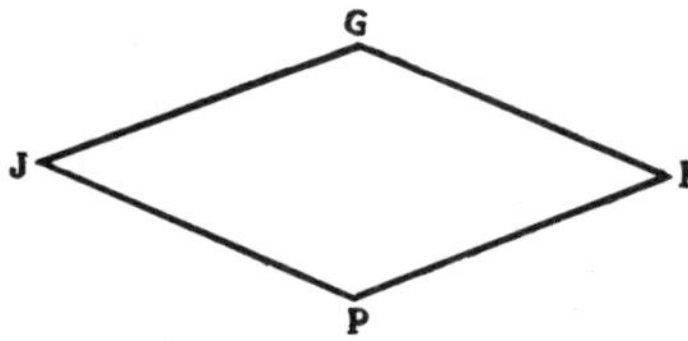

Rombo

52. **Base y altura.** — *Base* de un paralelogramo es uno cualquiera de sus lados, y *altura,* la perpendicular trazada a la base desde un punto del lado opuesto a ella.

53. **Valor de los ángulos de un cuadrilátero.** — La suma de los cuatro ángulos de un cuadrilátero cualquiera, es igual a cuatro ángulos rectos o 360 grados.

Esto es evidente, porque, trazando al cuadrilátero una diagonal, aquél queda descompuesto en dos triángulos, y ya se sabe que la suma de los tres ángulos de un triángulo es igual a dos rectos o 180 grados.

54. **Las diagonales de los paralelogramos.**—Las *diagonales de todo paralelogramo* se cortan siempre por mitad; pero, además,

las *diagonales del cuadrado* son iguales y perpendiculares entre sí;

las *diagonales del rectángulo* son iguales y oblicuas;

las *diagonales del rombo* son desiguales y perpendiculares entre sí;

las *diagonales del romboide* son desiguales y oblicuas.

Ejercicios y problemas gráficos

1. Con el auxilio de la regla y el compás, construír varios triángulos equiláteros.
2. Sirviéndose de la regla y el compás, construír varios triángulos isósceles.
3. Construír varios triángulos escalenos.
4. Construír tres triángulos equiláteros cuyos lados midan, respectivamente, 10, 15 y 24 centímetros.
5. Construír tres triángulos isósceles tales, que los dos lados iguales midan, respectivamente, 6, 9 y 20 centímetros.
6. Construír un triángulo rectángulo cuyos catetos midan, respectivamente, 25 y 20 centímetros.
7. Construír un triángulo equilátero cuyo perímetro sea 30 centímetros.
8. Construír un triángulo isósceles que tenga 50 centímetros de perímetro.
9. Dados dos lados y el ángulo comprendido, construír el triángulo.
10. Dado un lado y dos ángulos adyacentes a él, construír el triángulo.
11. Construír un triángulo rectángulo, con un cateto de 15 centímetros y otro de 25.
12. Construír un triángulo rectángulo, con un cateto de 14 centímetros y una hipotenusa de 22 cm.
13. Construír un cuadrado de 6 cm. de lado.
14. Construír un rectángulo de 6 cm. de base y 4 cm. de altura.
15. Construír un rombo de 5 cm. de lado.
16. Construír un romboide, cuyos lados contiguos midan 6 y 3 centímetros respectivamente.
17. *Dividir una recta en cinco partes iguales.*

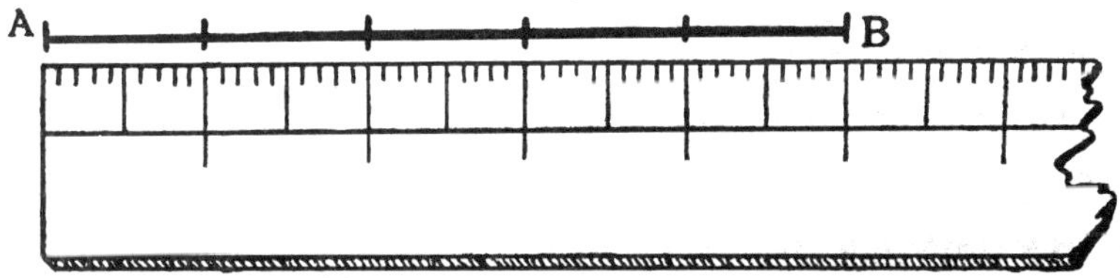

(Procedimiento general: Tómese un doble decímetro graduado en milímetros: llévese sobre la recta dada, y véase el número de milímetros que mide dicha recta; divídase este número de milímetros en 2, 3, 4, etc., partes iguales, y cada una de estas partes será la *mitad*, el *tercio*, el *cuarto*, etc., de la longitud de la recta dada. Así, en el grabado, la recta A B, mide 50 milímetros; la *quinta* parte de 50 es 10 milímetros. Señálese con un punto, en la recta, cada 10 milímetros, y se tendrá la recta dividida en *cinco* partes iguales).

18. Construír un pentágono regular de 4 cm. de lado.

19. Construír un exágono regular.
20. Hallar el centro de un exágono regular.
21. *Construcción de estrellas poligonales.*

Véase un ejemplo: 1.º Trácense dos circunferencias concéntricas.

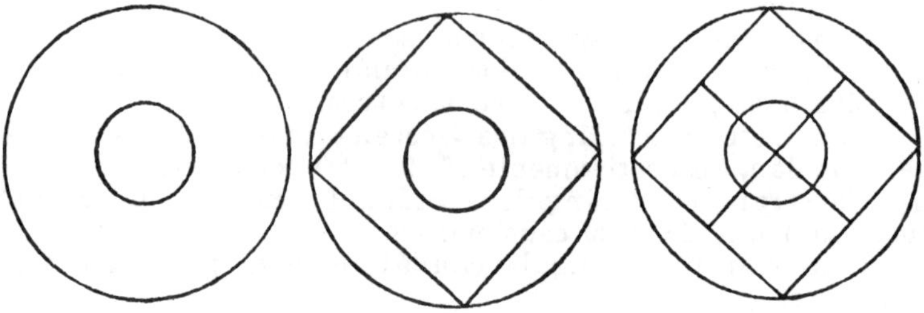

2.º Inscríbase, en la mayor, un polígono de tantos lados como puntas tendrá la estrella, 4 en este caso.

3.º Trácense las apotemas del polígono inscripto.

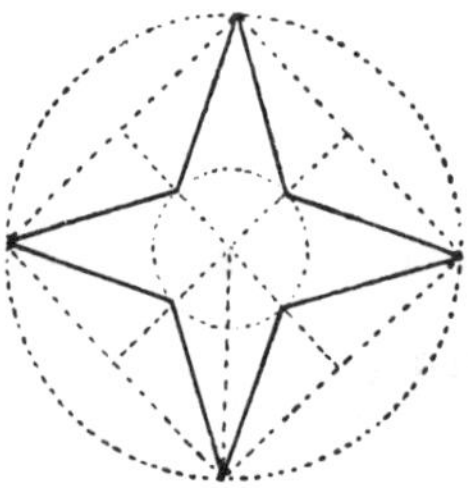

22. ***Construcción de un polígono regular de cualquier número de lados.***

Procedimiento general: Se trazan una circunferencia y uno de sus diámetros, A B. Se divide éste en tantes partes iguales como lados ha de tener el polígono, y haciendo centro en cada uno de los extremos del diámetro, con un radio igual a éste, se trazan dos arcos que se corten en un punto, P. Se traza una recta que una este punto con el segundo punto de división del diámetro, prolongando esta recta hasta que vuelva a cortar la circunferencia en R. Este punto de intersección, R, se une con el extremo más próximo del diámetro A B; esta recta A R, aplicada consecutivamente, como cuerda de la circunferencia, tantas veces como lados ha de tener el polígono — 5 en este caso — nos dará el polígono deseado.

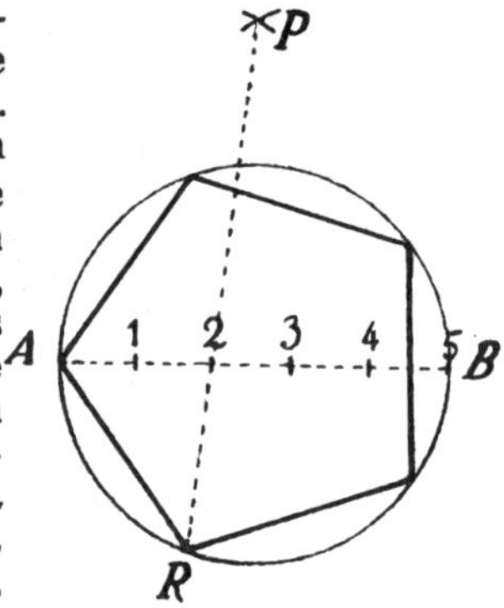

23. Construír un heptágono regular.
24. Construír un octógono regular.
25. Construír un decágono regular.

LECCIÓN VIII

La circunferencia

55. **Circunferencia.** — *Circunferencia* es una línea curva, cerrada y plana, cuyos puntos equidistan de otro interior llamado *centro.*

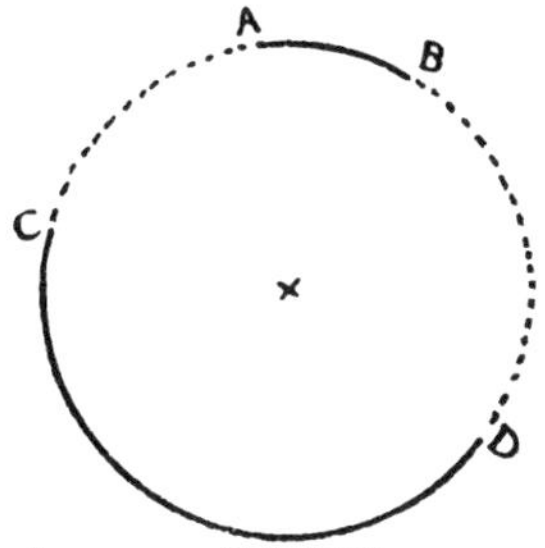

La curva C A B D es una circunferencia; A B y C D son arcos

56. **Círculo y semicírculo.** — *Círculo* es la superficie plana limitada por la circunferencia.

La mitad de un círculo se llama *semicírculo.*

57. **División de la circunferencia.**—La circunferencia se considera dividida en 360 partes iguales, llamadas *grados* (°) ; cada grado, en 60 partes iguales llamadas *minutos* (') ; cada minuto, en 60 partes iguales llamadas *segundos* (").

58. **Circunferencias concéntricas y excéntricas.** — Dos circunferencias son *concéntricas* cuando tienen un mismo centro, y *excéntricas,* cuando lo tienen distinto.

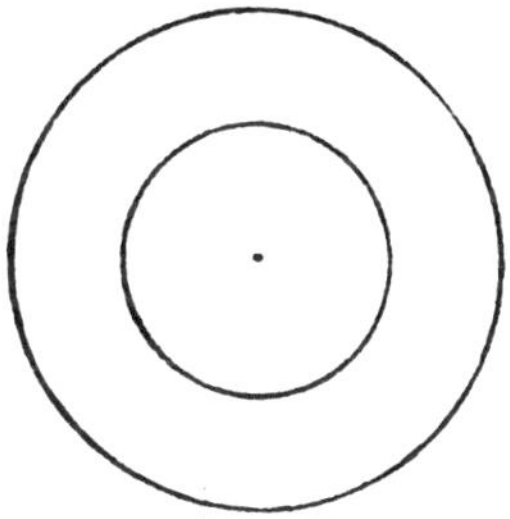
Circunferencias cencéntricas

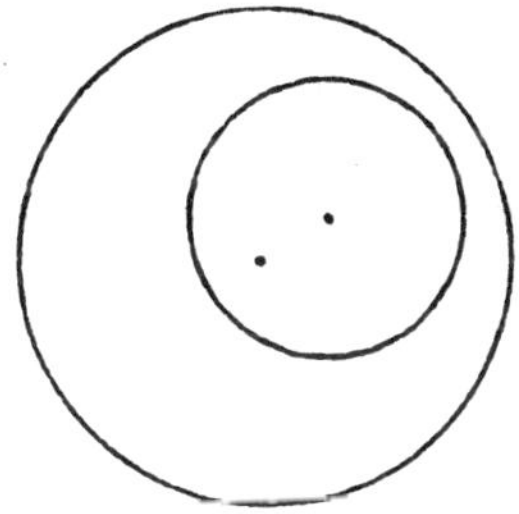
Circunferencias excéntricas

59. **Circunferencias secantes y tangentes.** — Circunferencias *secantes* son las que se cortan en dos puntos, y *tangentes,* las que se tocan en un solo punto.

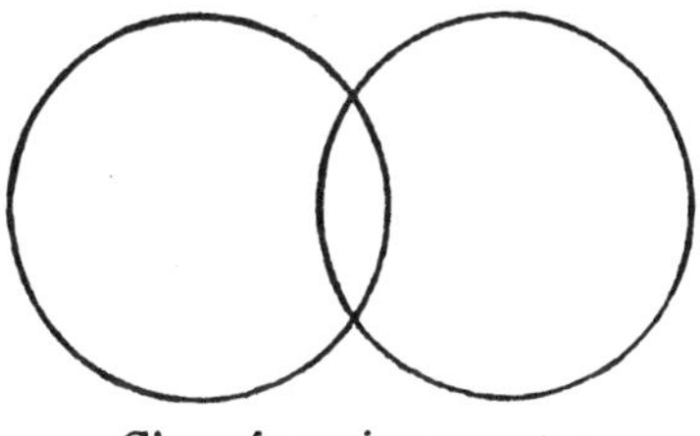
Circunferencias secantes

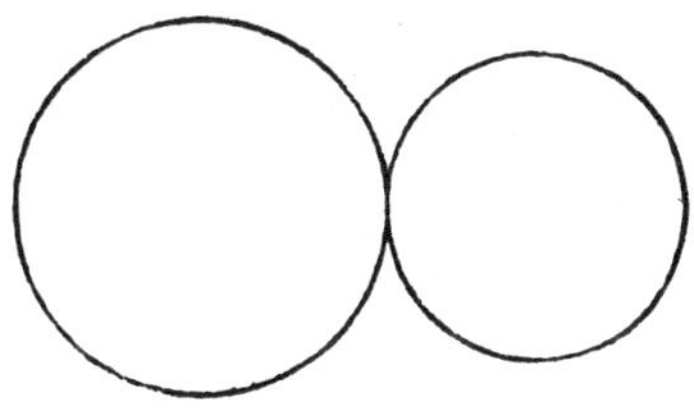
Circunferencias tangentes

60. **Corona circular.** — *Corona circular* o *anillo*, es la porción de círculo comprendido entre dos circunferencias concéntricas.

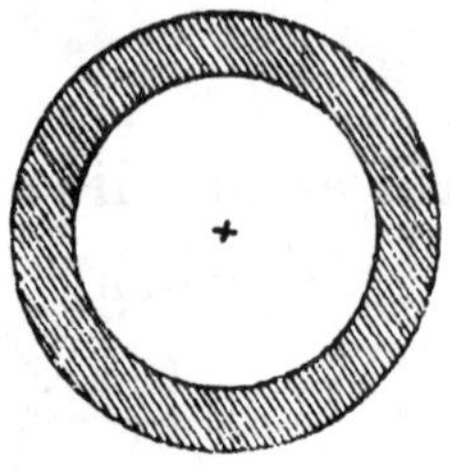

La porción de círculo comprendida entre la circunferencia mayor y la menor, es una *corona circular*

61. **Radio.**—*Radio* es la recta que une el centro con la circunferencia.

Todos los radios de un mismo círculo son iguales.

62. **Cuerda** — *Cuerda* es la recta que une dos puntos de la circunferencia.

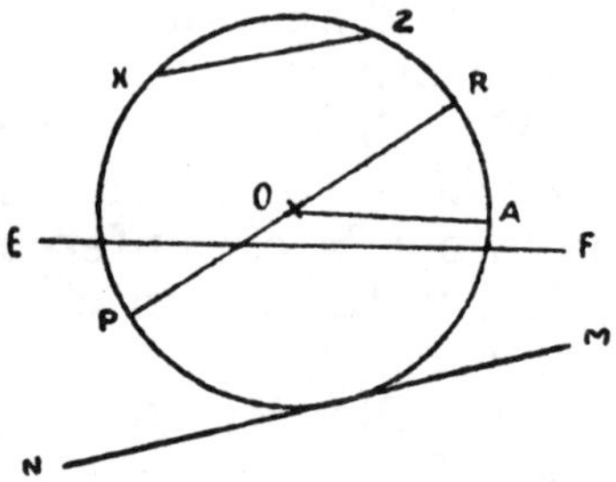

O A, es un radio; P R, es un diámetro; X Z, es una cuerda; E F, es una secante; N M, es una tangente

63. **Diámetro.** — *Diámetro* es la cuerda que pasa por el centro de la circunferencia.

El diámetro es, pues, igual al duplo del radio: por lo tanto, todos los diámetros de un mismo círculo son iguales.

64. **Secante.** — *Secante* es la recta que corta a la circunferencia en dos puntos.

65. **Tangente.** — *Tangente* es la recta exterior a la circunferencia, que toca a ésta en un punto llamado *punto de tangencia.*

La tangente es perpendicular al radio dirigido al punto de contacto.

66. **Sagita.** — *Sagita* es la perpendicular levantada en medio de una cuerda y que termina en el arco correspondiente a esta cuerda.

LECCIÓN IX

Más sobre la circunferencia y el círculo

67. **Rectificar una circunferencia.**—*Rectificar* una circunferencia es hallar la longitud de la misma, como si fuese una línea recta. Para ello, se multiplica el número 3'1416, llamado π (léase *pi)* por el duplo del radio.

Si se divide la longitud de una circunferencia cualquiera por la longitud de su diámetro, el cociente siempre es el mismo: 3'1416. Llamando C a la circunferencia; *r* al radio, y representando por π el número 3'1416, tendremos la igualdad siguiente: $\frac{C}{2r} = \pi$; y como que el dividendo es igual al producto del divisor por el cociente, resulta que $C = \pi \times 2\,r = 2\,\pi\,r$, porque el orden de los factores no altera el producto. De la igualdad anterior se deduce que $r = \frac{C}{2\pi}$.

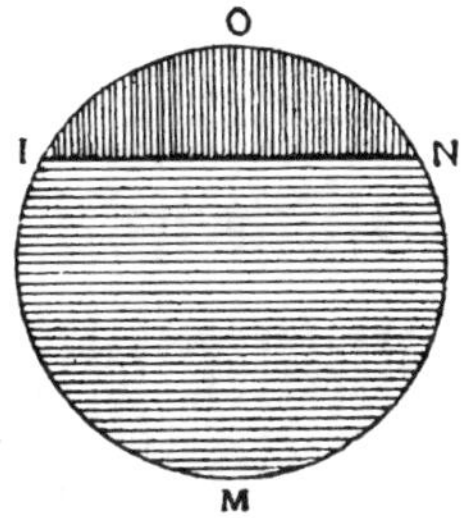

La porción N I O, es un *segmento;* la porción I N M, otro *segmento*

68. **Segmento.** — *Segmento* es la porción de círculo comprendido entre una cuerda y su arco. Se llama *segmento mayor* el que comprende el centro del círculo, y *segmento menor,* el que no lo comprende.

69. **Sector.** — *Sector* es la porción de círculo comprendido entre dos radios y el arco limitado por ellos.

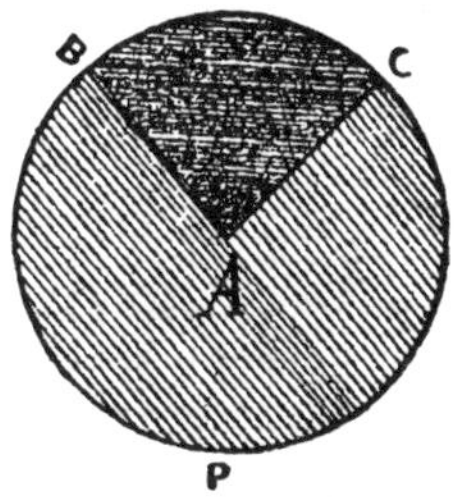

La porción del círculo A B C, es un *sector;* la porción B A C P, otro *sector*

70. **Propiedad de las rectas en el círculo.** — Es conveniente saber que en un mismo círculo o en círculos iguales:

1.º Si dos cuerdas son iguales, equidistan del centro del círculo.

2.º Si dos cuerdas son desiguales, la mayor dista del centro menos que la menor.

3.º Si dos arcos son iguales, sus cuerdas también lo son.

4.º Si dos arcos son desiguales, el mayor arco tiene mayor cuerda.

5.º Los arcos de una misma circunferencia comprendidos entre cuerdas paralelas, son iguales entre sí.

Ejercicios y problemas gráficos

1. Trazar circunferencias a ojo y a pulso.
2. Dada una circunferencia, trazar radios, diámetros, cuerdas, tangentes, secantes y sagitas.
3. Dada una circunferencia, trazar cuerdas y radios a fin de adquirir idea verdadera de los segmentos y de los sectores.
4. Trazar circunferencias con el compás y dividirlas, a ojo y a pulso, en partes iguales.
5. Trazar una circunferencia con el compás y marcar en ella arcos de 30, 45, 60, 75, 90, 100, 180, 200, etc., grados.
6. *Hallar el centro de una circunferencia.*

Procedimiento general: Tómense en ella tres puntos cuales-

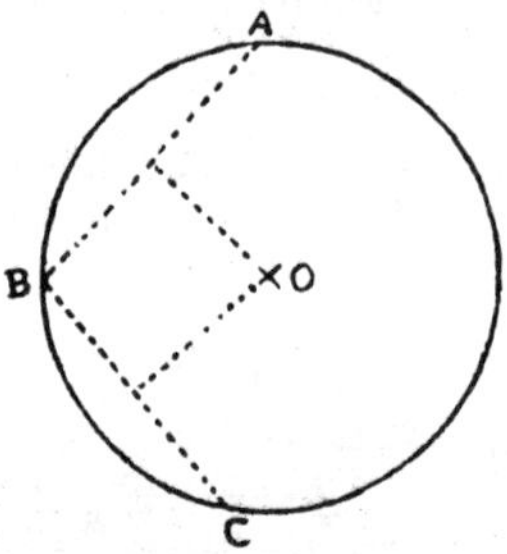

quiera, A, B, G; únanse por medio de dos rectas, A B y B G; levántense perpendiculares en los puntos medios de dichas rectas, y el punto O, donde concurren las perpendiculares, es el centro buscado.

7. Hallar la longitud de una circunferencia dada.

8. ¿Qué longitud tendrá una circunferencia cuyo radio mide 2'45 metros?

9. Dividir una circunferencia en cuatro partes iguales.

10. *Dividir una circunferencia en tres partes iguales.*

Traza un diámetro (A B). Desde un extremo de él (B) y con una abertura de compás igual al radio, describe un arco que corte a la circunferencia en ambos lados (C, D). — Los extremos del arco y el otro extremo del diámetro marcan tres porciones iguales de la circunferencia.

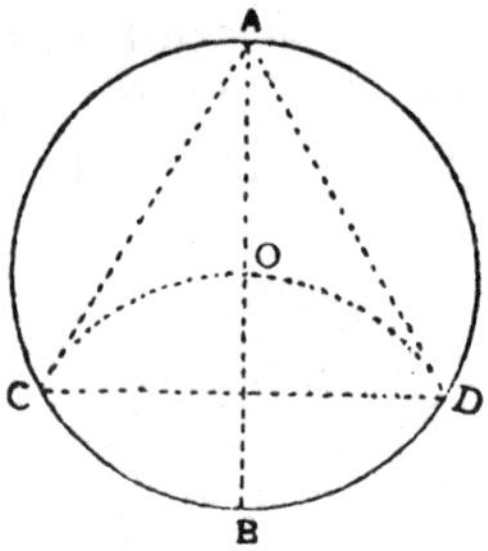

Los arcos CA, AD y DBC son iguales entre sí

11. *Dividir una circunferencia en seis partes iguales.*

Coge, con el compás, la longitud del radio, y llévala seis veces sobre la circunferencia.

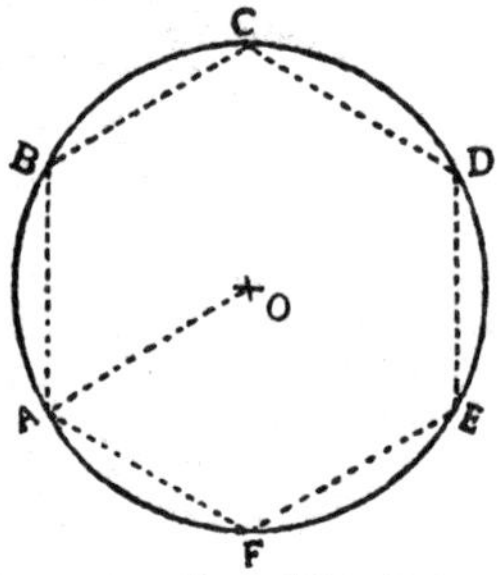

Los arcos B C, C D, D E, E F, F A y A B, son iguales entre sí

12. Trazar dos circunferencias secantes.

13. Trazar dos circunferencias tangentes exteriormente.

14. Trazar dos circunferencias tangentes interiormente.

15. *Hallar la longitud de un arco.*

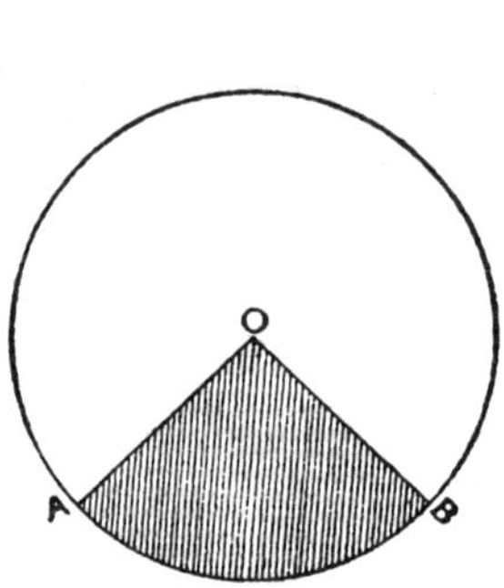

Sea el arco A B. Hállese, primero, la longitud de toda la circunferencia y sea, supongamos, 20 centímetros; véanse, después, los grados que comprende dicho arco, por ejemplo, 80°, y diremos: Si a 360° corresponde una longitud de 20 cm., a 1.° corresponderá una longitud de $\frac{360}{20}$ centímetros, y a 80, corresponderá una longitud de $\frac{20 \times 80}{360} = 4'444$ cm.

16. *Dividir una circunferencia en cualquier número de partes iguales.*

Supongamos que la circunferencia se ha de dividir en 9 partes iguales. La novena parte de 360° son 40°. Tómese el transportador; póngase su centro en el de la circunferencia, y márquense, sucesivamente ángulos de 40°, como indica la figura. El problema quedará, así, fácilmente resuelto.

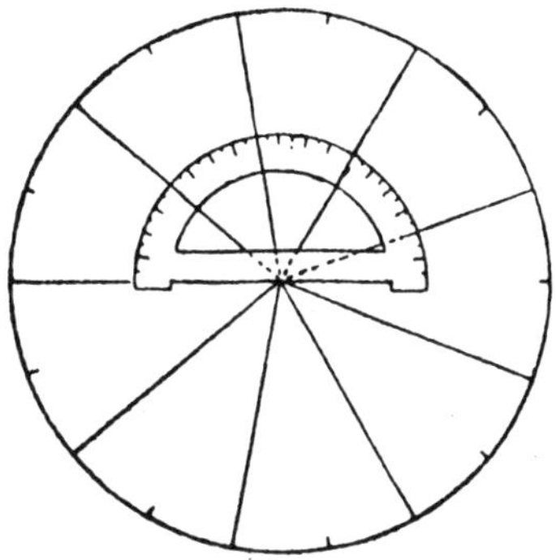

17. *Trazar una tangente a una circunferencia dada.*

Trácese un radio que pase por el punto de tangencia, y trácesele una perpendicular en dicho punto.

18. *Desde un punto exterior a una circunferencia, trazar una tangente a la misma.*

Supongamos que sea la circunrerencia cuyo centro es O y el punto exterior dado, A. Únase el punto A con el punto O, tómese el punto medio B, y, con el radio B A o bien B O, trácese la circunferencia cuyo centro es B. Las rectas que unan los puntos de intersección C y D. con el punto A, serán las tangentes pedidas.

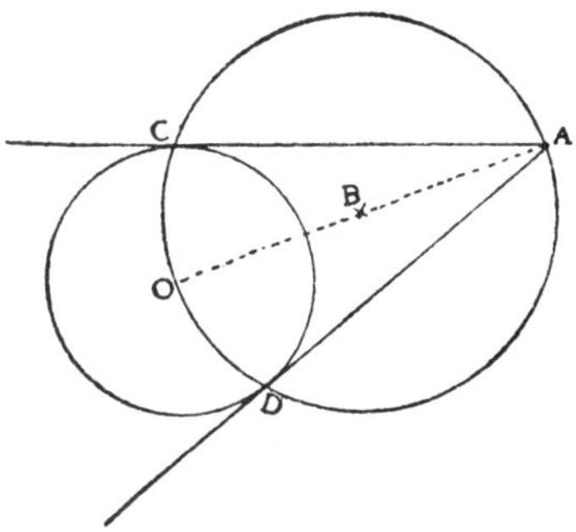

19. *A una circunferencia dada, trazarle, 3, 6, 8, etc., circunferencias tangentes interiores y que pasen por el centro.*

Divídase la circunferencia en tantas partes iguales como tangentes interiores se pidan; trácense radios a los puntos de división, y trácense las circunferencias tangentes, haciendo centro en el punto medio de cada uno de estos radios.

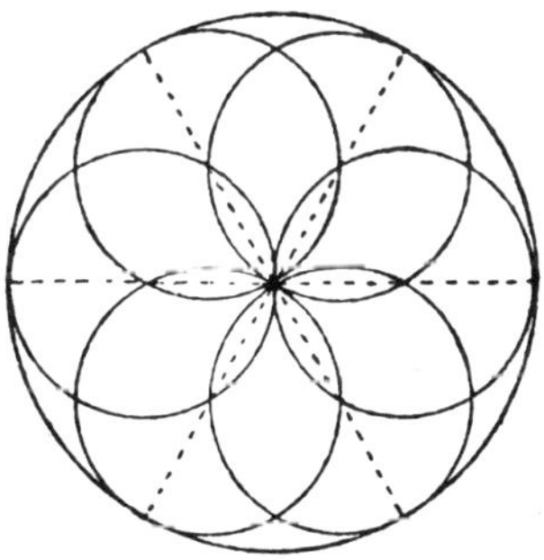

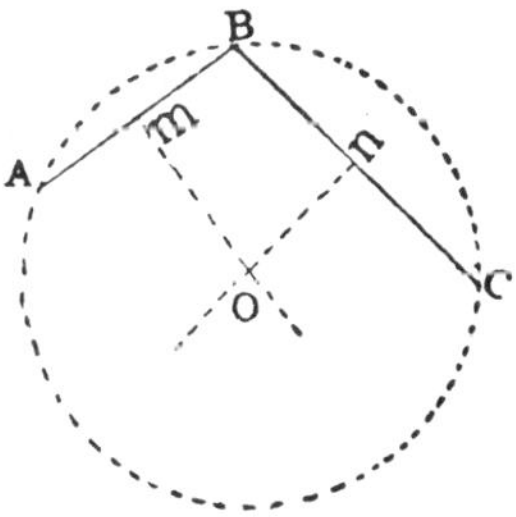

20. *Trazar una circunferencia que pase por tres puntos dados que no estén en línea recta.*

Sean dichos puntos A B C. Se unen por medio de dos rectas, A B y B C; se levantan las perpendiculares *m o* y *n o* en los puntos medios de dichas rectas, y el punto *o* de intersección será el centro de la circunferencia pedida.

LECCIÓN X

Espiral. — Elipse. — Óvalo. — Ovoide

71. **Espiral.** — *Espiral* es una curva abierta, sin fin, que se aleja cada vez más de su centro a medida que aumentan sus vueltas.

72. **Trazado de una espiral.** — Para construír una espiral de *dos centros,* se traza una recta indefinida (A B) ; se toman dos puntos sobre la misma (O y O') y, haciendo centro en ellos, se van trazando semicircunferencias sucesivas.

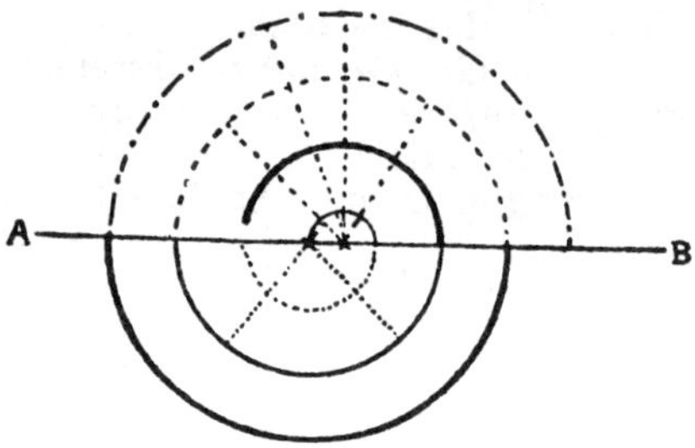

Espiral

73. **La elipse.**—*Elipse* es una curva cerrada y plana, en la que, la suma de las distancias de uno cualquiera de sus puntos a otros dos interiores, llamados *focos,* es siempre la misma.

74. **Eje mayor y menor de la elipse.** — *Eje mayor* y *eje menor* de una elipse, son las dos rectas que determinan, respectivamente, su mayor longitud y anchura.

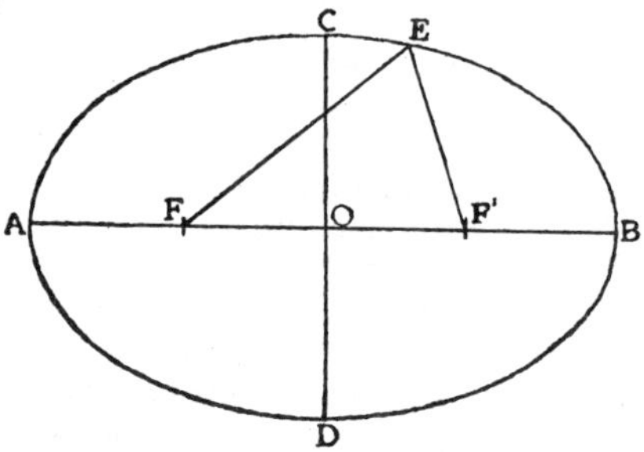

Elipse.— A B es el eje mayor; CD, el eje menor; O, el centro; F F' la distancia focal, y F E y E F', los radios vectores

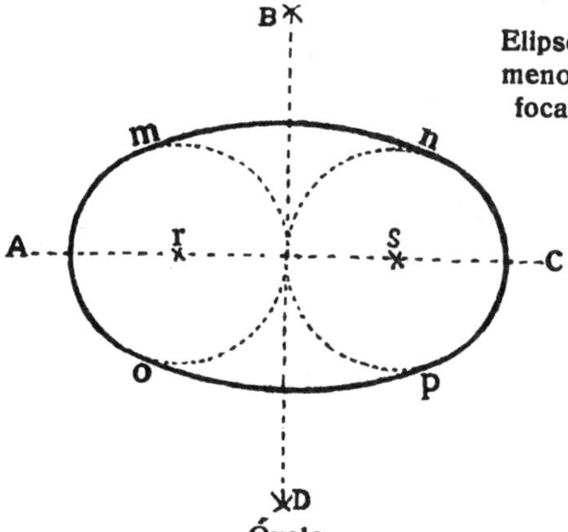

Óvalo

75. **Centro.** — *Centro* de una elipse, es el punto en que se cortan los dos ejes.

76. **Distancia focal.** — *Distancia focal* es la que hay entre los dos focos.

77. **Radios vectores.**

— Son *radios vectores,* las dos rectas que van desde los focos a un mismo punto de la elipse.

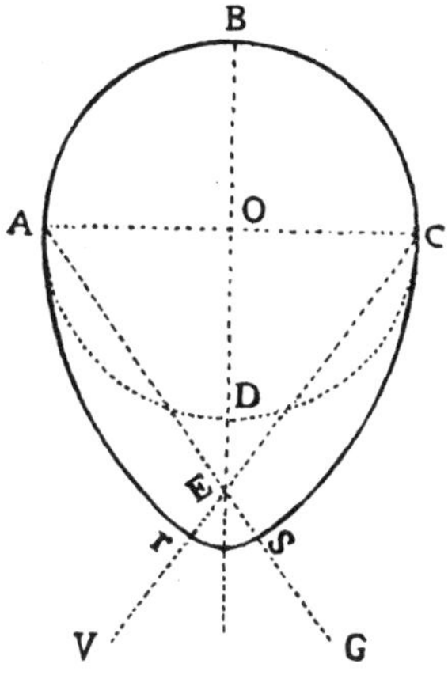

Ovoide

78. **Óvalo.** — *Óvalo* es una curva cerrada y plana, compuesta de cuatro arcos de circunferencia, dos mayores, iguales entre sí y otros dos menores, iguales también entre sí.

m n y *o p* son los arcos mayores; *o m* y *n p,* los menores.

79. **Ovoide.** — *Ovoide* es una curva cerrada, compuesta de cuatro arcos de circunferencia, dos iguales y dos desiguales.

El arco A *r* es igual al arco C *s,* y el arco A B C es desigual al *r s.*

80. **Diferencia entre la elipse y el óvalo.** — Aunque la elipse y el óvalo son curvas parecidas, se diferencian en que el óvalo no encierra la propiedad de tener igual la suma de las longitudes de cada par de radios vectores, y en que la elipse no puede trazarse por medio de arcos de circunferencia.

Ejercicios gráficos

1. *Trazado de una elipse.*

1.º *Por un movimiento continuo.*

Trácese una recta igual al eje mayor que haya de tener la elipse; señálense, arbitrariamente, en dicha recta, dos puntos, que servirán de focos; fíjense, en dichos puntos, los extremos de un hilo igual en longitud al eje adoptado, y trácese con un lápiz o punzón, lo que indica la figura.

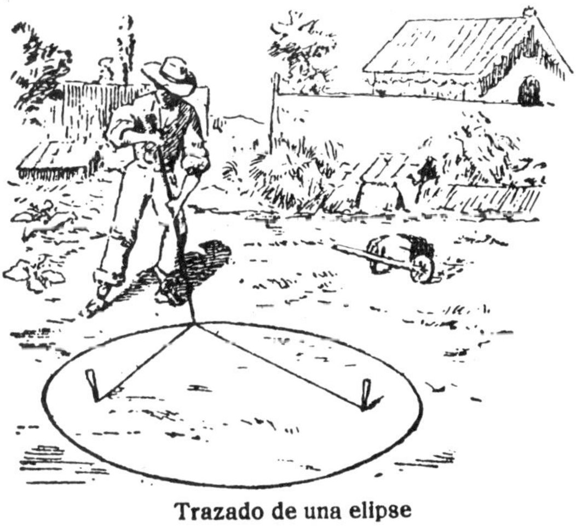
Trazado de una elipse

2.º *Por una serie de puntos.*

Trácense los dos ejes, A A' y B B' que haya de tener la elipse; tómese una tira de papel, y márquense, en ella, dos longitudes, una H M, igual al semieje mayor, y otra, N M, igual al semieje menor. Después, aplíquese la tira de papel del modo que se ve en el dibujo, ha-

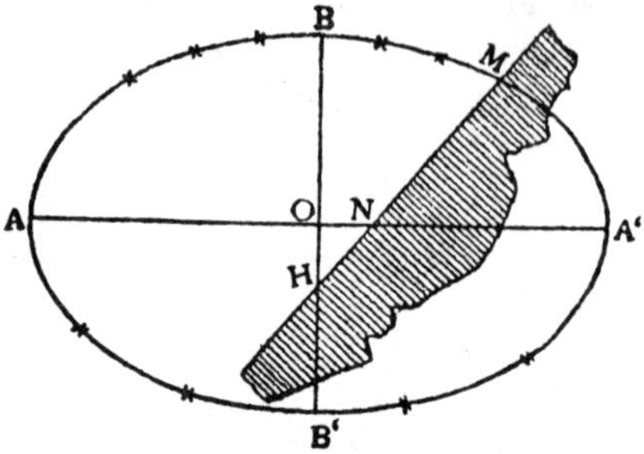

Trazado de una elipse

siendo que el punto H vaya resbalando sobre O B' y el punto N sobre O A'. El otro punto, M, irá marcando puntos que pertenecerán todos a a la elipse.

2. *Trazar un óvalo.*

Trácese una recta, A C; sobre ella, sirviendo de doble diámetro, descríbanse las dos circunferencias tangentes *r*, *s*, de igual radio. Por el punto de tangencia, hágase pasar una perpendicular, B D, a la A C. Con una punta del compás en D, trácese el arco *m n*, y luego, con un radio igual y con la punta en B, descríbase el arco *o p*.

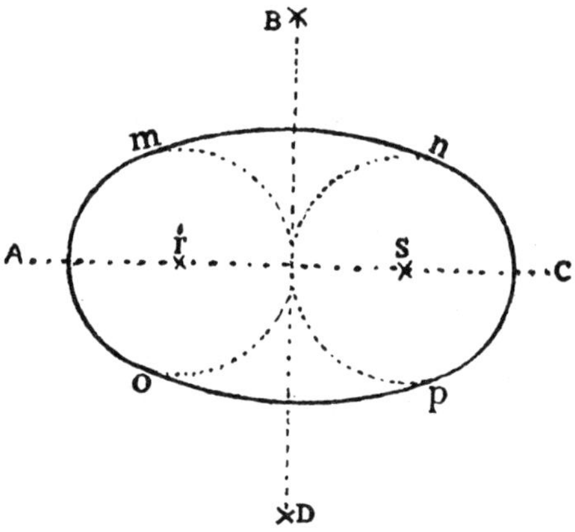

Trazado de un óvalo

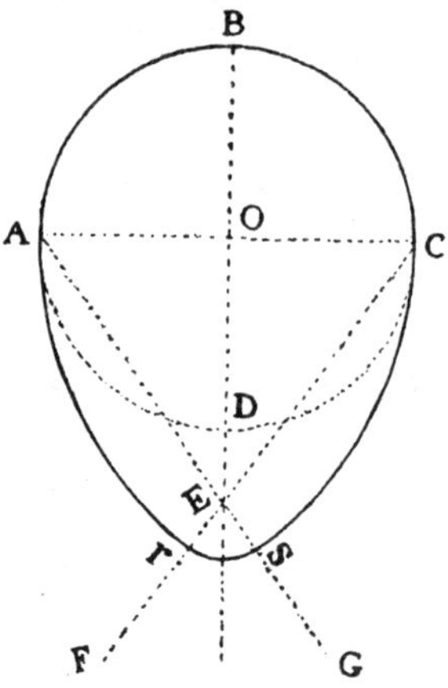

Trazado de un ovoide

3. *Trazar un ovoide.*

Trácese, primero, la circunferencia O; después, los dos diámetros perpendiculares A C y B D, prolongado este último un poco, hasta E. Trácense, luego, las rectas A E G y C E F. — Con centro en A, descríbase el arco *C s*, y con radio igual y con centro en C, el arco *A r*. Por último, con la punta del compás en E, ciérrese la curva con el arquito *rs*.

LECCIÓN XI

Polígonos inscriptos y circunscriptos

81. **Polígono inscripto.** — Polígono *inscripto*, es aquel cuyos lados son cuerdas de una circunferencia.

82. **Polígono circunscripto.** — Polígono *circunscrip-*

to, es aquél cuyos lados son tangentes de una circunferencia.

Todo polígono regular puede inscribirse en un círculo y puede circunscribirse a un círculo.

Si se divide una circunferencia en tres o más partes iguales, las *cuerdas* que unan cada dos puntos de división, formarán un polígono regular inscripto; y si se trazan *tangentes* a la circunferencia en dichos puntos de división, estas tangentes formarán un polígono regular circunscripto.

Polígono regular inscripto

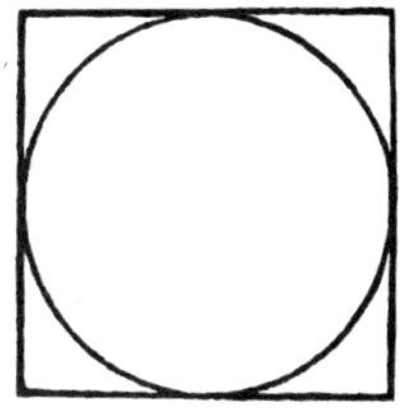

Polígono regular circunscripto

83. **El lado de un exágono regular inscripto en un círculo.** — El lado del exágono regular inscripto en un círculo, es igual al radio de dicho círculo.

Luego, para construír un exágono regular, se traza una circunferencia; se toma con el compás, una longitud igual al radio de dicha circunferencia, y se lleva la abertura sobre la mentada línea curva, que quedará dividida en *seis* partes iguales. Seguidamente, se trazan cuerdas que unan dos puntos de división consecutivos.

84. **Relación entre el círculo y el polígono regular.** —El círculo no es más que un polígono regular de infinito número de lados; luego, lo que en el polígono es *contorno*, en el círculo es *circunferencia*, y lo que en el polígono es *apotema*, en el círculo es *radio*.

Esto se comprende porque, dividiendo en dos partes iguales los arcos correspondientes a los lados de un polígono regular inscripto y trazando cuerdas, resultará otro polígono regular de duplo número de lados que el anterior, y repitiendo varias veces la misma operación, resultarán lados tan pequeños que el contorno del polígono se confundirá con la circunferencia, y su apotema se confundirá con el radio.

85. **Principales arcos empleados en Arquitectura.**— Los arcos más empleados en Arquitectura son: el *carpanel alzado*, el *carpanel rebajado*, el *ojival* y el *rampante*.

Arco carpanel alzado

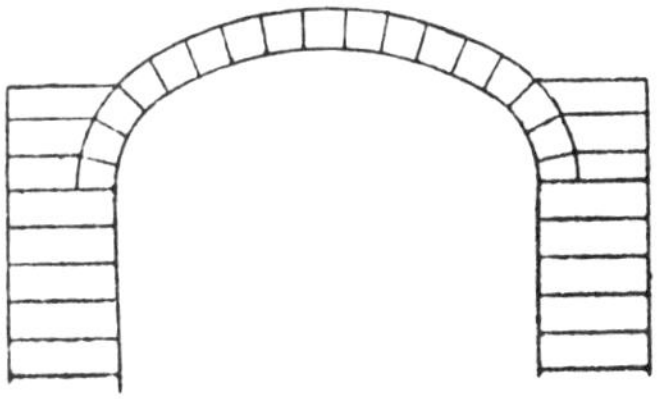

Arco carpanel rebajado

Arco ojival

Arco rampante

LECCIÓN XII

De las superficies

86. **Superficie.** — *Superficie* es la extensión considerada en dos dimensiones, longitud y latitud.

87. **Clases de superficies.** — Las superficies pueden ser: *planas, curvas, mixtas, quebradas* y *sinuosas.*

Plano o *superficie plana,* es aquélla cuyos puntos se adaptan al canto de una regla bien construída.

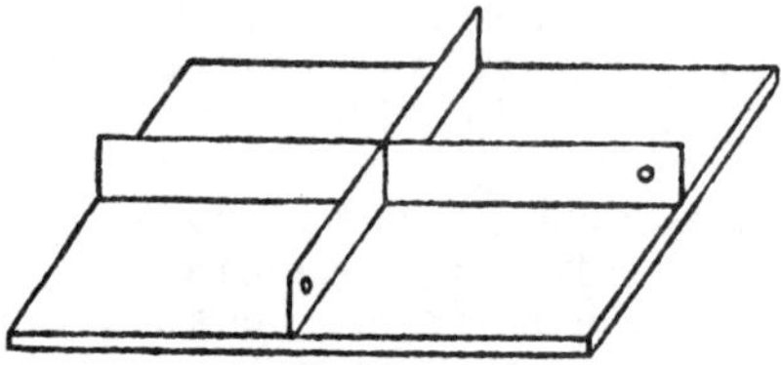

Superficie *plana*

Superficie *curva,* es la que no se adapta bien al canto de una regla bien construída.

Superficie *mixta,* es la compuesta de parte plana y parte curva.

Superficie *curva*

Superficie *quebrada,* es la que consta de superficies planas en direcciones distintas.

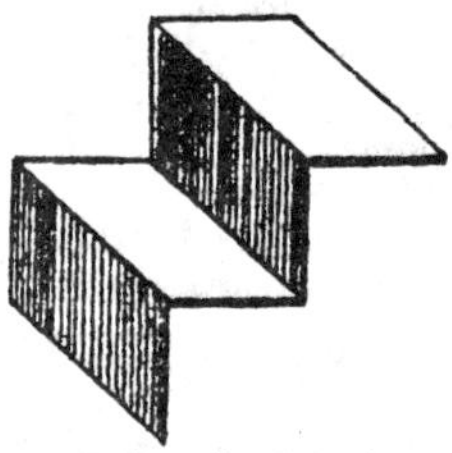

La escalera forma una superficie *quebrada*

Superficie *sinuosa,* es la que tiene superficies curvas en direcciones distintas.

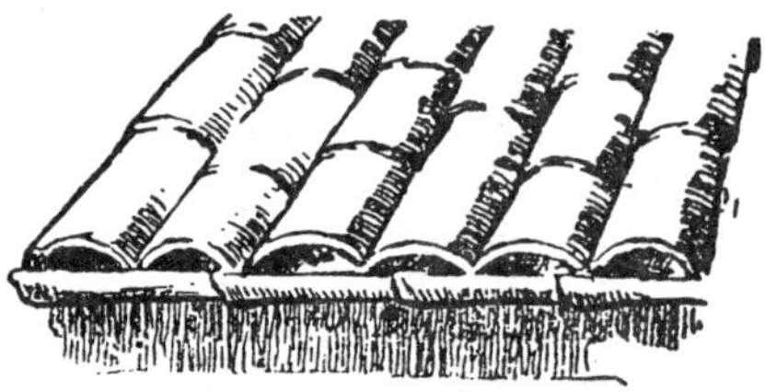

El tejado forma una superficie *sinuosa*

88. **Área de una superficie.** — Área de una superficie es la medida de su extensión.

89. **Medir una superficie.** — *Medir* una superficie es compararla con otra conocida, que se toma como unidad.

La unidad que generalmente se toma para medir las superficies, es el metro cuadrado; pero si las superficies tienen gran extensión, se toma como unidad un múltiplo del metro cuadrado (decámetro cuadrado, hectómetro cuadrado, kilómetro cuadrado, etc.), y si la extensión es pequeña, se toma un submúltiplo del metro cuadrado (decímetro cuadrado, centímetro cuadrado, etc.).

90. **Superficies iguales y equivalentes.** — Dos superficies son *iguales*, cuando sus áreas son iguales y, superpuestas, pueden coincidir, por tener igual figura, y son *equivalentes*, cuando sus áreas son iguales y, superpuestas, no pueden coincidir, por tener diferente figura.

LECCIÓN XIII

Áreas de los paralelogramos

91. **Área del rectángulo.** — El *área del rectángulo* se obtiene multiplicando la longitud de su base por la de su altura.

Si llamamos S al área, b a la base y a a la altura tendremos.

$S = b \times a$, y por tanto, $b = \frac{S}{a}$ y $a = \frac{S}{b}$, cuales fórmulas nos dicen que:

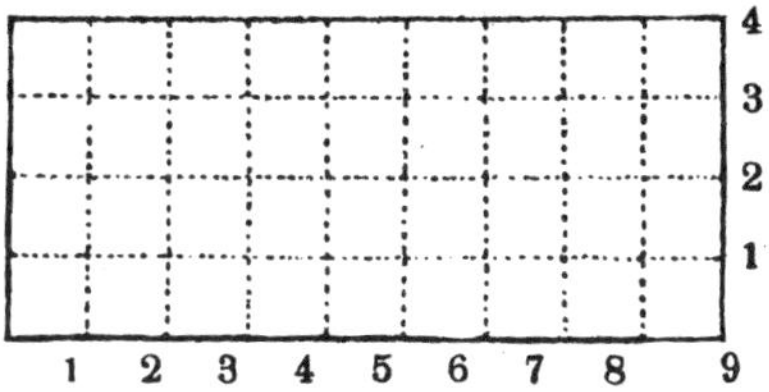

El área de este rectángulo es 9 × 4 = 36 *centímetros cuadrados*

1.º Para hallar la *longitud de la base* de un rectángulo, se divide el área del mismo por su altura.

2.º Para hallar la *longitud de la altura*, se divide el área por la base.

92. **Área del cuadrado.** — El *área de un cuadrado*, se obtiene multiplicando el lado por sí mismo.

Si llamamos S al área y l al lado, tendremos:

$S = l \times l$, o $S = l^2$, y extrayendo la raíz cuadrada de los dos miembros de la igualdad, resulta $\sqrt{S} = l$. Por lo que:

Para hallar la *longitud del lado* de un cuadrado, se extrae la raíz cuadrada de su área.

93. **Áreas del rombo y del romboide.** — Las *áreas del rombo y del romboide*, se obtienen multiplicando su base por su altura.

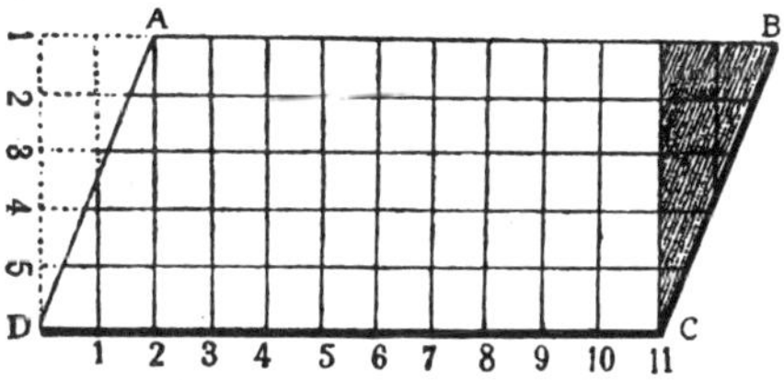

El área de este romboide es 11 × 5 = 55 centímetros cuadrados

Tanto el rombo como el romboide, se reducen a un *rectángulo más un triángulo menos otro triángulo* de igual superficie que el primero.

Si llamamos S al área de un rombo o de un romboide, b a su base y a a su altura, tendremos que $S = b \times a$, $b = \frac{S}{a}$ y $a = \frac{S}{b}$.

94. Área de un paralelogramo. — El *área de cualquier paralelogramo,* se obtiene multiplicando la longitud de su base por la de su altura.

LECCIÓN XIV

Áreas del triángulo, del trapecio y de los polígonos regulares e irregulares

95. Relación del triángulo con el paralelogramo.— Todo triángulo es igual a la mitad de un paralelogramo de igual base y de la misma altura.

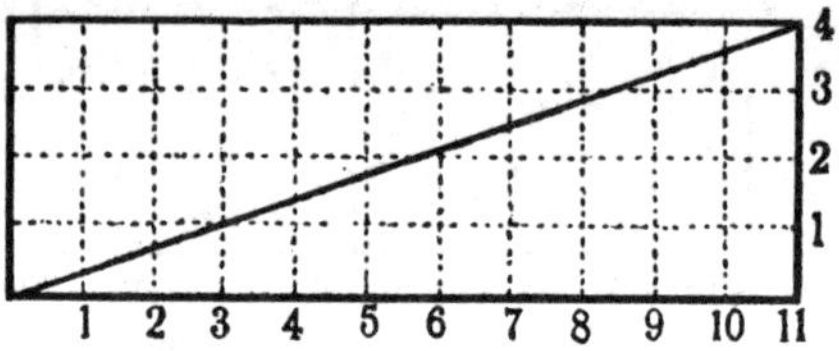

El área de este triángulo es $\frac{11 \times 4}{2} = 22$ cm. cuadrados; o
$11 \times 2 = 22$ » »
$4 \times 5'50 = 22$ » »

96. Área del triángulo. — El *área de un triángulo* se halla multiplicando su base por la mitad de su altura, o la altura por la mitad de la base, o la altura por la base y dividiendo por 2.

Si llamamos S al área, b a la base y a a la altura, tendremos:

$S = \frac{b \times a}{2}$. Multiplicando los dos miembros de la igualdad por 2, resulta $2 \times S = b \times a$, y por lo tanto, $b = \frac{2 \times S}{a}$, y $a = \frac{2 \times S}{b}$.

97. Relación entre los lados del triángulo rectángulo. — En todo triángulo rectángulo, *el cuadrado de la hipotenusa es igual a la suma de los cuadrados de los catetos.*

Si llamamos h a la hipotenusa, a a un cateto y b al otro cateto, tendremos: $h^2 = a^2 + b^2$, y extrayendo la raíz cuadrada de los dos miembros de la igualdad, será $h = \sqrt{a^2 + b^2}$.

De la igualdad primera, se deduce que $a^2 = h^2 - b^2$ y $b^2 = h^2 - a^2$, y extrayendo la raíz cuadrada de los primeros y segundos miembros de estas igualdades, se obtiene: $a = \sqrt{h^2 - b^2}$, y $b = \sqrt{h^2 - a^2}$.

98. Área del trapecio.—El *área del trapecio* se halla multiplicando la semisuma de sus bases por su altura.

Si llamamos S al área; b, a la base superior; b', a la inferior, y a, a la altura, se tendrá: $S = \frac{(b + b') \times a}{2}$. Multiplicando los dos miembros de la igualdad por 2, será: $2 \times S = (b + b') \times a$.

Por lo que: $a = \frac{2 \times S}{b + b'}$; $b + b' = \frac{2 \times S}{a}$; $b = \frac{2 \times S}{a} - b'$; $b' = \frac{2 \times S}{a} - b$.

99. **Área de un polgono regular.** — El *área de un polígono regular,* se calcula multiplicando el perímetro por la mitad de su apotema.

Todo polígono regular es la suma de los **triángulos iguales** en que puede descomponerse, que son tantos como lados tiene. La suma de las bases de estos triángulos forman el perímetro del polígono, y la altura de cada triángulo es la apotema del polígono.

Si llamamos S al área del polígono, p al perímetro y a a la apotema, tendremos $S = p \times \frac{a}{2}$ o bien, $S = \frac{p \times a}{2}$ y también, $2 \times S = p \times a$. Por tanto, $p = \frac{2 \times S}{a}$, y $a = \frac{2\,S}{p}$.

100. **Área del polígono irregular.**—Para hallar el *área de un polígono irregular,* se descompone en triángulos o en triángulos y trapecios, y la suma de las áreas de estos triángulos o de estos triángulos y trapecios, será el área del polígono.

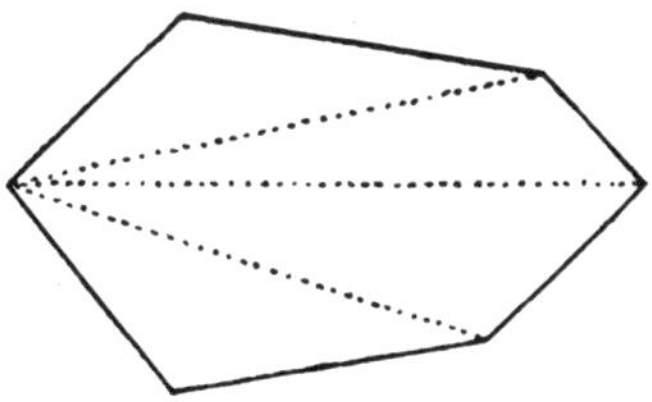

Polígono irregular descompuesto en triángulos

LECCIÓN XV

Área del círculo, del sector, del segmento y de la corona circular

101. **Área del círculo.** — El *área del círculo* se halla multiplicando la longitud de la circunferencia por la mitad del radio.

Sabemos que el círculo no es más que un polígono de infinito número de lados, y que lo que en el polígono es *contorno,* en el círculo es *circunferencia* y lo que en el polígono es *apotema,* en el círculo es *radio.*

Si llamamos S al área del círculo y r, al radio, tendremos que

$$S = 2\,\pi\,r \times \frac{r}{2} = \frac{2\,\pi\,r \times r}{2} = \pi\,r \times r = \pi\,r^2.$$

$$\text{Si } S = \pi\,r^2,\ r^2 = \frac{S}{\pi} \text{ y } r = \sqrt{\frac{S}{\pi}}.$$

102. **Área del sector circular.**—Para hallar el *área de un sector circular,* se multiplica el área del círculo

correspondiente por el número de grados del arco del sector, y el producto se divide por 360

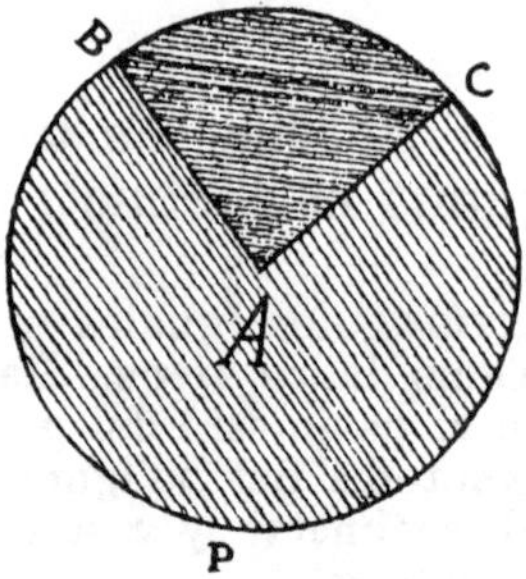

Sea el sector B A C, y llamemos S a su área. Si a 360 grados de arco corresponde de área $\pi\, r^2$, a 1 grado corresponderá de área $\frac{\pi\, r^2}{360}$. y a B C grados de arco corresponderá de área $\frac{\pi\, r^2 \times BC}{360}$; luego, $S = \frac{\pi\, r^2 \times BC}{360}$. Ahora, $360 \times S = \pi\, r^2 \times BC$; luego $r^2 = \frac{360 \times S}{\pi \times BC}$ y $r = \sqrt{\frac{360 \times S}{\pi \times BC}}$.

103. **Área de un segmento.**—El área de un segmento menor que un semicírculo, se halla restando de la del sector la del triángulo rectilíneo formado por los dos radios y la cuerda. Si es mayor que un semicírculo, añadiendo al área del sector la de dicho triángulo.

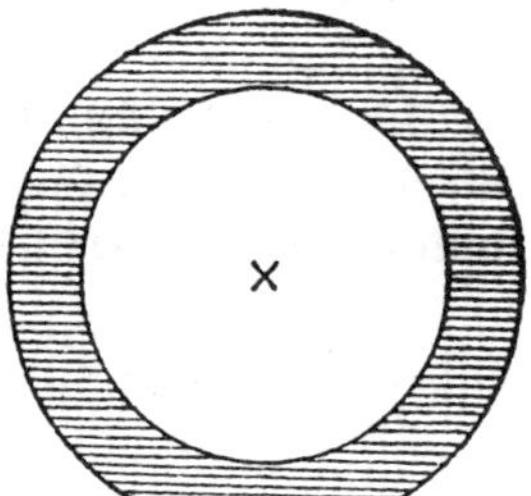

104. **Área de la corona circular.** — El *área de una corona circular*, es igual a la diferencia de las áreas de los dos círculos que lo forman. Luego, para hallarla, se averiguan, separadamente, las de dichos círculos, y se resta una de otra.

Si llamamos S al área de la corona circular; r, al radio del círculo mayor, y r', al radio del menor, tendremos:
$S = \pi\, r^2 - \pi\, r'^2 = (r^2 - r'^2)\,\pi$. Es decir, $S = (r^2 - r'^2) \times \pi$. También resulta que $r^2 - r'^2 = \frac{S}{\pi}$, de donde se desprende que

$$r = \sqrt{\frac{S}{\pi} + r'^2} \text{ y que } r' = \sqrt{r^2 - \frac{S}{\pi}}.$$

LECCIÓN XVI

De los planos. — Ángulos diedros

105. **Plano.**—*Plano* es aquella superficie cuyos puntos coinciden con los de una regla bien construída, y en la cual se pueden trazar rectas en todas direcciones.

106. **Posiciones de un plano.** — Los planos, como las rectas, pueden ser: *verticales, horizontales* e *inclinados*.

107. **Ángulo diedro.**—*Angulo diedro,* es la abertura o separación de dos planos que se cortan.

108. **Caras y aristas de un ángulo diedro.** — *Caras* de un ángulo diedro, son los dos planos que lo forman, y *arista,* la intersección de dichos dos planos.

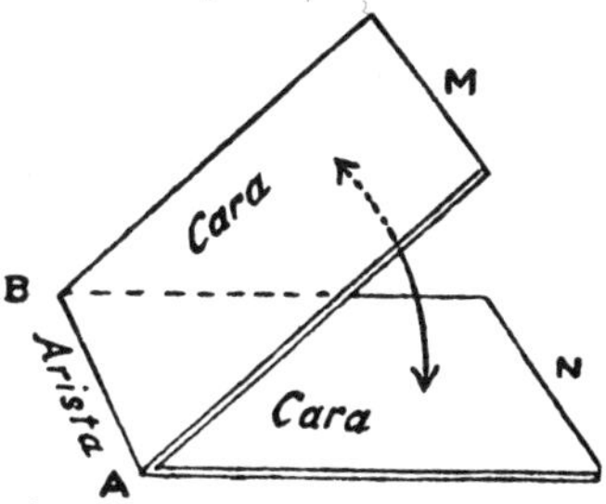

Ángulo diedro A B o M A B N

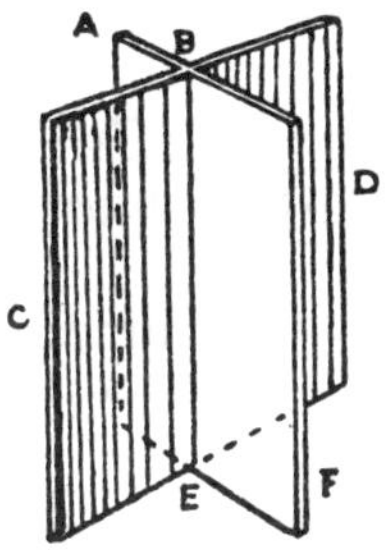

Intersección de dos planos

109. **Designación de un ángulo diedro.** — Para designar un ángulo diedro, se leen las letras de su arista, y también puede hacerse leyendo, entre las de su arista, las de sus caras.

110. **Posiciones relativas de dos planos.** — Dos planos pueden ser entre sí: *perpendiculares* y *oblicuos; paralelos* y *secantes.*

111. **Planos perpendiculares.** — Dos planos son *perpendiculares* entre sí, cuando forman ángulos diedros iguales.

112. **Planos oblicuos.** — Dos planos son *oblicuos* entre sí, cuando forman diedros desiguales.

113. **Planos paralelos.** — Dos planos son *paralelos* cuando, por más que se prolonguen, no pueden encontrarse.

114. **Planos secantes.**—Dos planos son *secantes,* cuando se cortan. En su intersección, forman una recta que pertenece a los dos planos.

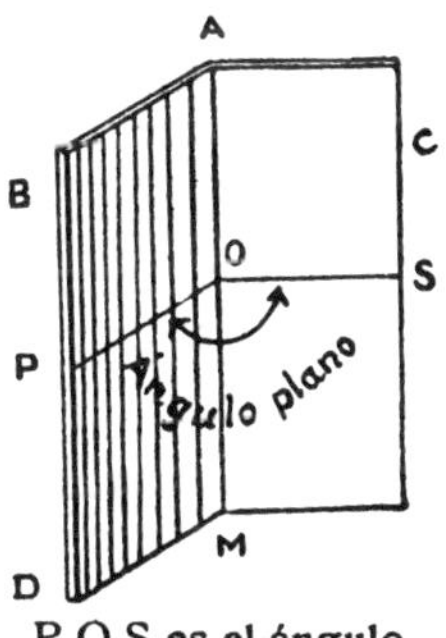

P O S es el ángulo rectilíneo del diedro

115. **Ángulo rectilíneo de un diedro.** — *Ángulo rectilíneo* o *ángulo plano de un diedro,* es el ángulo lineal formado por dos perpendiculares a la arista en un mismo punto de ella y situadas una en cada cara del diedro.

116. ***Medida de un ángulo diedro.*** — La medida del ángulo diedro, es la del ángulo rectilíneo correspondiente.

Los ángulos diedros pueden ser *rectos, agudos* y *obtusos,* según que lo sean sus rectilíneos correspondientes.

LECCIÓN XVII

De los poliedros

117. **Sólido o cuerpo.** — Todo lo que ocupa lugar en el espacio es un *cuerpo* o *sólido.*

La extensión que un cuerpo ocupa en el espacio es su *volumen.*

118. **Cuerpo geométrico.** — Todo cuerpo limitado por superficies de forma geométrica, se llama *cuerpo geométrico.*

119. **Clases de cuerpos geométricos.** — Los principales cuerpos geométricos, son los *poliedros* y los *cuerpos redondos.*

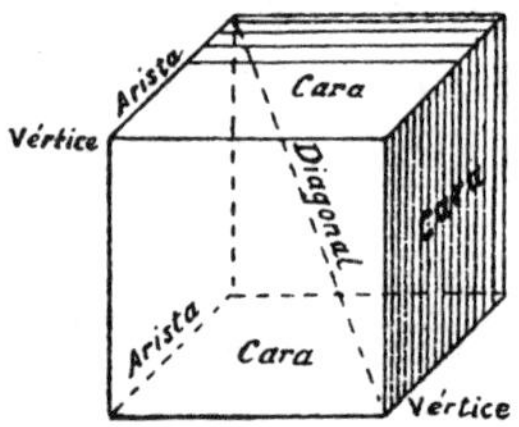

Poliedro

120. **Poliedros.**—Se llaman *poliedros,* los cuerpos limitados por superficies planas, que se llaman *caras* del poliedro. Cada dos caras se cortan en una *arista,* y los puntos en que concurren tres o más aristas, se llaman *vértices* del poliedro.

El menor número de caras que puede tener un poliedro es *cuatro.*

121. **Cuerpos redondos.** — Se llaman *cuerpos redondos,* los limitados, total o parcialmente, por superficies curvas.

122. **Ángulo poliedro o sólido.** — Ángulo *poliedro* o *sólido,* es el espacio comprendido entre tres o más planos que se cortan dos a dos y que tienen un punto común, llamado *vértice.*

123. **Ángulo plano de un poliedro.**— Ángulo plano de un poliedro, es el formado por cada dos aristas situadas en una misma cara.

124. **Caras de un ángulo poliedro.**— Cada uno de los ángulos planos que contribuyen a la formación de un ángulo sólido, se llama *cara del ángulo poliedro.*

Tres es el menor número de ángulos

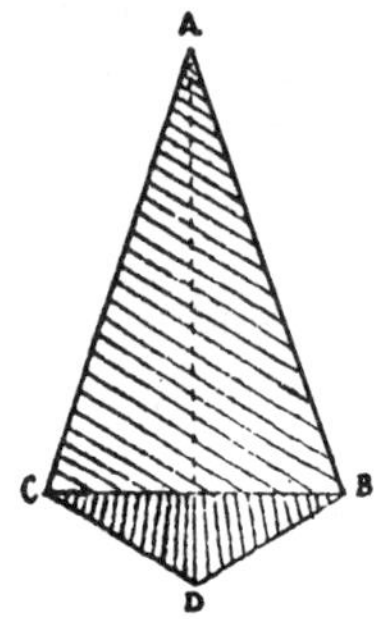

Ángulo poliedro. Tiene su vértice en A y está formado por tres planos: B A C, C A D y D A C. Las aristas son AB, A D y A C. Los ángulos planos que lo forman son B A C, C A D y D A B

planos que pueden concurrir a la formación del ángulo poliedro.

125. **Valor de las caras de un ángulo poliedro.** — El número de grados que reúnen los ángulos planos que concurren a la formación de un ángulo poliedro, ha de ser menor que 360; pues, si llegasen a este número, el *punto vértice* del ángulo poliedro no estaría en una *prominencia* o altura, sino, en un mismo *plano* con todas las caras.

126. **Diagonal de un cuerpo poliedro.**—Se llama *diagonal de un poliedro,* la recta que une dos vértices situados en distinta cara.

LECCIÓN XVIII

Poliedros regulares

127. **División de los poliedros.** — Los poliedros se dividen en *regulares* e *irregulares.*

Son poliedros *regulares,* los que tienen, respectivamente, iguales entre sí sus caras, sus aristas y sus ángulos diedros y poliedros.

Son *irregulares,* los poliedros que no reúnen estas circunstancias.

128. **Poliedros regulares.** — Los poliedros regulares son cinco: el *tetraedro,* el *octaedro,* el *icosaedro,* el *exaedro* o *cubo* y el *dodecaedro.*

Tetraedro Octaedro Icosaedro Exaedro Dodecaedro

Las superficies del tetraedro, del octaedro y del icosaedro, están formadas por triángulos equiláteros iguales entre sí.

La superficie del exaedro, está formada por cuadrados iguales.

La del dodecaedro, lo está por pentágonos regulares e iguales.

129. **Descripción de los poliedros regulares.** — El *tetraedro* es un polígono regular formado por *cuatro* triángulos equiláteros iguales. En cada vértice, se juntan *tres* ángulos planos de triángulo equilátero; tiene *seis* aristas y *cuatro* vértices.

El *octaedro* está formado por *ocho* triángulos equiláteros iguales. En cada vértice se juntan *cuatro* ángulos planos de triángulo equilátero; tiene *doce* aristas y *seis* vértices.

El *icosaedro* está formado por *veinte* triángulos equiláteros iguales. En cada vértice se juntan *cinco* ángulos planos de triángulo equilátero; tiene *treinta* aristas y *doce* vértices.

El *exaedro* está formado por *seis* cuadrados iguales. En cada vértice se juntan *tres* ángulos planos de cuadrado; tiene *doce* aristas y *ocho* vértices.

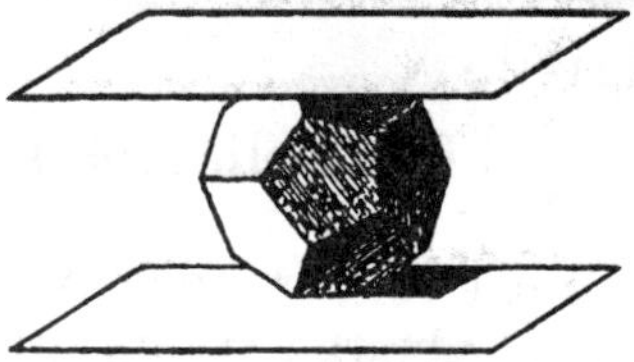

La apotema del dodecaedro, es la mitad de la distancia que media entre ambos planos

El *dodecaedro* está formado por *doce* pentágonos regulares iguales. En cada vértice, se juntan *tres* ángulos planos de pentágono regular; tiene *treinta* aristas y *veinte* vértices.

130. **Apotema de un poliedro regular.** — *Apotema* de un poliedro regular es la distancia de su centro, punto interior equidistante de sus caras, a cada una de estas caras.

LECCIÓN XIX

Suma de los ángulos planos que concurren a la formación de los vértices de cada uno de los poliedros regulares

131. **Número de poliedros regulares.** — No pueden existir más poliedros regulares que los *cinco* que conocemos, porque no es posible reunir en un *punto,* mayor número de ángulos planos de una misma clase de polígonos regulares, sin que juntos sumen 360 o más grados.

132. **Vértices del tetraedro.** — En cada uno de los *cuatro vértices del tetraedro,* se juntan *tres* ángulos planos de triángulo equilátero, y como que cada ángulo de triángulo equilátero mide 60 grados, la suma de las medidas de los tres será $60 \times 3 = 180$ grados, número menor que 360 grados.

133. **Vértices del octaedro.**—En cada uno de los *seis vértices del octaedro,* se juntan *cuatro* ángulos planos de triángulo equilátero, y como que cada uno mide 60 grados, la suma de las medidas de los cuatro será $60 \times 4 = 240$ grados, número menor que 360 grados.

134. **Vértice del icosaedro.** — En cada uno de los *doce vértices del icosaedro,* se juntan *cinco* ángulos planos de triángulo equilátero, y como que cada uno mide 60 grados, la suma de las medidas de los cinco será $60 \times 5 = 300$ grados, número menor que 360 grados.

En un vértice, no pueden juntarse *seis* ángulos planos de triángulo equilátero, pues la suma de sus medidas sería $60 \times 6 = 360$ grados, y si tal sucediera, el *punto vértice* estaría situado en un plano con las caras, y no, en una prominencia o altura.

135. **Vértices del exaedro.** — En cada uno de los *ocho vértices del exaedro,* se juntan *tres* ángulos planos de cuadrado, y como que cada uno mide 90 grados, la suma de las medidas de los tres será $90 \times 3 = 270$ grados, número menor que 360 grados.

En un vértice, no pueden juntarse *cuatro* ángulos planos de cuadrado, pues la suma de sus medidas sería $90 \times 4 = 360$ grados, y el punto y las caras estarían situados en un plano, y no, en una altura.

136. **Vértices del dodecaedro.** — En cada uno de los *veinte vértices del dodecaedro,* se juntan *tres* ángulos planos de pentágono regular, y como que cada uno mide 108 grados, la suma de las medidas de los tres será $108 \times 3 = 324$ grados, número menor que 360 grados.

En un vértice, no pueden juntarse *cuatro* ángulos de pentágono regular, pues la suma de las medidas de los cuatro sería $108 \times 4 = 432$ grados, y el mayor número de grados que pueden medir los ángulos formados alrededor de un punto es 360, y aun así, el punto estaría situado en un plano con las caras, y no, en una altura o prominencia.

Con *tres ángulos de exágono regular,* no puede formarse ángulo poliedro, porque, como que cada uno mide 120 grados, la suma de las medidas de los tres es $120 \times 3 = 360$ grados.

Queda, pues, probado que no pueden construírse más poliedros regulares, que los cinco que conocemos: tetraedro, octaedro, icosaedro, exaedro y dodecaedro.

LECCIÓN XX

Poliedros irregulares. — El prisma

137. **Poliedros irregulares.** — Son poliedros irregulares, aquéllos que no tienen, respectivamente, iguales entre sí las caras y los ángulos diedros y poliedros, siendo los principales los *prismas* y las *pirámides.*

138. **El prisma.** — *Prisma* es un poliedro irregular comprendido entre dos polígonos cualesquiera iguales

y paralelos, llamados *bases*, y por tantos paralelogramos laterales como lados tiene el polígono que forma las bases.

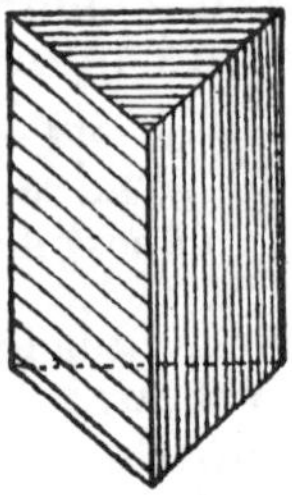

Prisma *recto*

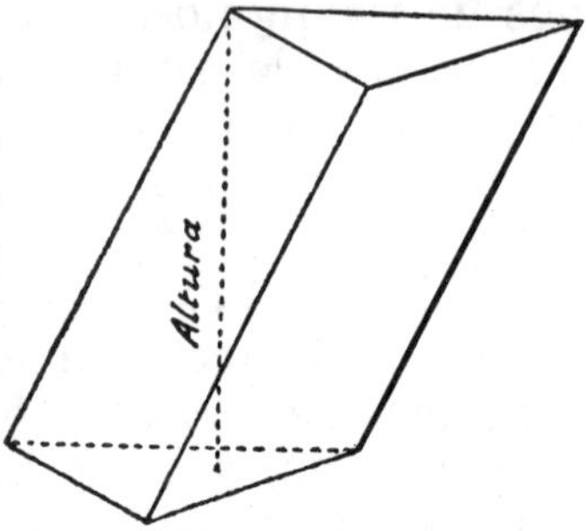

Prisma *oblicuo*

139. **Prisma recto y prisma oblicuo.** —El prisma es *recto*, cuando sus caras y aristas son perpendiculares a las bases, y *oblicuo*, cuando no lo son.

Las caras laterales de un prisma recto, son rectángulos, y las de un prisma oblicuo, son romboides.

140. **Altura de un prisma.**—*Altura* de un prisma, es la perpendicular trazada desde un vértice cualquiera a la base opuesta.

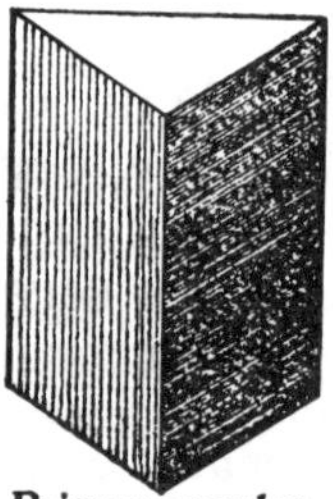

Prisma *regular*

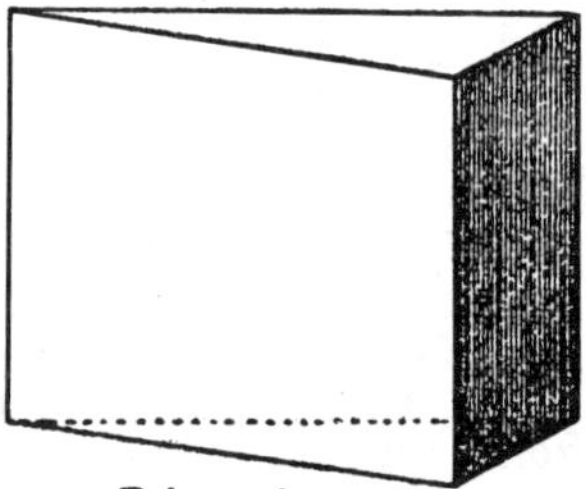

Prisma *irregular*

141. **Clases de prismas.** — Los prismas toman los nombres de los polígonos

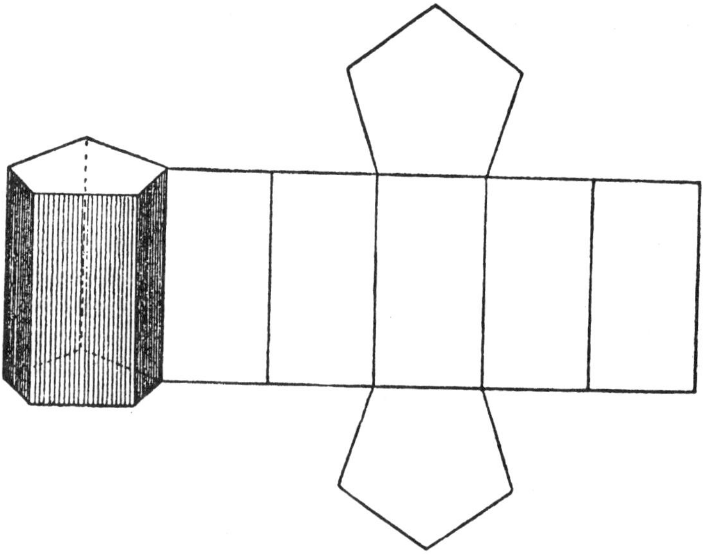

Desarrollo de un prisma

que forman sus bases; hay, pues, prismas *triangulares, cuadrangulares, pentagonales, exagonales,* etc., según sean sus bases, respectivamente, triángulos, cuadriláteros, pentágonos, exágonos, etc.

142. **Prisma regular e irregular.** — El prisma se llama *regular,* cuando es recto y sus bases son polígonos regulares, e *irregular,* cuando es oblicuo o los polígonos de sus bases son irregulares.

143. Desarrollo de un prisma. — *Desarrollar* un poliedro, es abrirlo por sus aristas y extender todas sus caras en un plano.

LECCIÓN XXI

Más sobre el prisma

144. **Paralelepípedo.** — Se llama *paralelepípedo,* el prisma que tiene por bases dos paralelogramos. Sus caras laterales son paralelas dos a dos.

145. **Clases de paralelepípedos.** — Hay paralelepípedos *cuadrangulares, rectangulares, rombales* y *romboidales.*

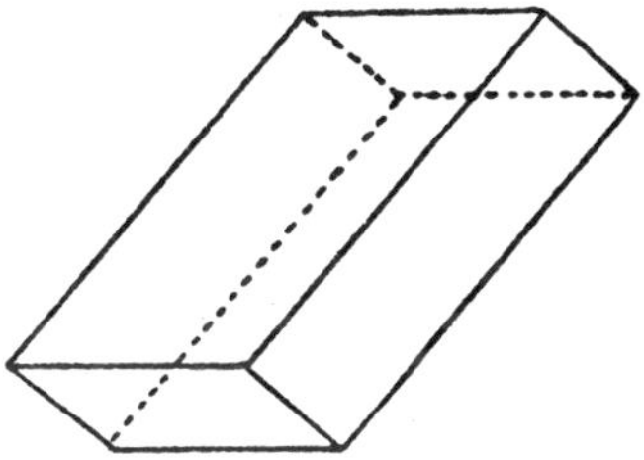

Paralelepípedo

El paralelepípedo se llama *cuadrangular,* cuando sus bases son cuadrados.

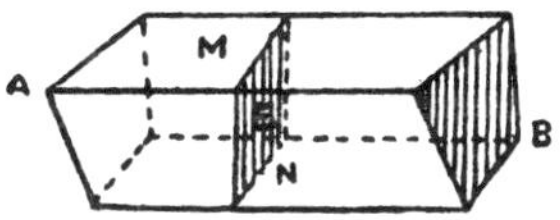

Sección recta de un prisma

Se llama *rectangular,* cuando sus bases son rectángulos.

Se llama *rombal,* cuando sus bases son rombos.

Se llama *romboidal,* cuando sus bases son romboides.

El *exaedro* no es más que un paralelepípedo cuadrangular.

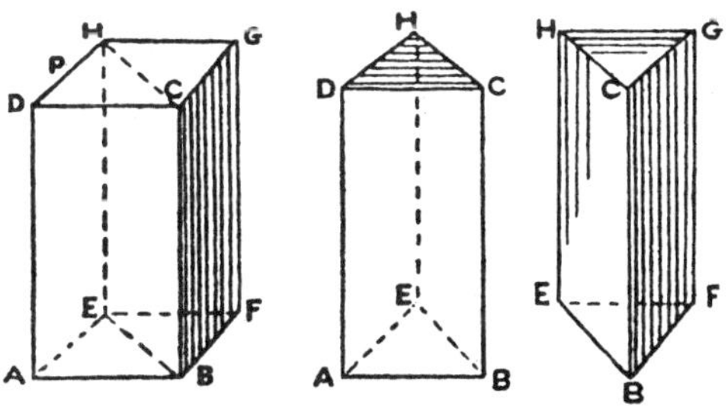

Descomposición de un prisma cuadrangular en dos prismas triangulares

146. **Sección recta de un prisma.** — Se llama *sección recta de un prisma,* el polígono que resulta cortando el prisma por un plano perpendicular a sus aristas laterales.

Todas las secciones rectas de un prisma son iguales entre sí, y si el prisma es oblicuo, son menores que las bases.

147. **Tronco de prisma.**—*Tronco de prisma* o *prisma truncado,* es la porción de prisma comprendida entre una de las bases y un plano que no sea paralelo a ellas.

148. **Descomposición de un prisma.** — Mediante cierto número de cortes o secciones, todo prisma cuadrangular, pentagonal, etc., puede descomponerse en prismas triangulares.

LECCIÓN XXII

Área y volumen del prisma

149. **Área lateral de un prisma recto.** — El *área lateral* de un prisma recto, se halla multiplicando el perímetro de su base por su altura.

Si representamos por S el área lateral, por p el perímetro de la base y por a, la altura del prisma, tendremos $S = p \times a$. De donde se deduce que $p = \frac{S}{a}$ y $a = \frac{S}{p}$.

150. **Área total.** — El *área total* se obtendrá añadiendo a la lateral, el área de los dos polígonos iguales que forman las bases del prisma.

Si representamos por S' el área total; por S, la de las dos bases; por p, el perímetro de la base, y por a, la altura del prisma, tendremos que $S' = S + p \times a$.

151. **Área lateral de un prisma oblicuo.** — El *área lateral* de un prisma oblicuo, se obtiene multiplicando el perímetro de una sección recta por la arista.

152. **Volumen del prisma.**—El *volumen* de un prisma cualesquiera se obtiene multiplicando el área de su base por la altura.

Si representamos por V el volumen del prisma; por b, el área de la base, y por a, la altura, tendremos que $V = b \times a$. Por lo que $b = \frac{V}{a}$ y $a = \frac{V}{b}$.

LECCIÓN XXIII

La pirámide

153. **Pirámide.** — *Pirámide* es un poliedro irregular que tiene por base un polígono cualquiera y por ca-

ras laterales, tantos triángulos como lados tiene el polígono de la base, que se juntan todos en un punto común, llamado *vértice* o *cúspide* de la pirámide.

154. **Altura de una pirámide.**—*Altura* de una pirámide es la perpendicular bajada desde la cúspide a la base.

155. **Clases de pirámides.** — Las pirámides toman el nombre del polígono que forma su base: hay, pues, pirámides *triangulares, cuadrangulares, exagonales,* etc., según que su base sea un triángulo, un cuadrilátero, un pentágono, un exágono, etc., respectivamente. El tetraedro es una pirámide triangular.

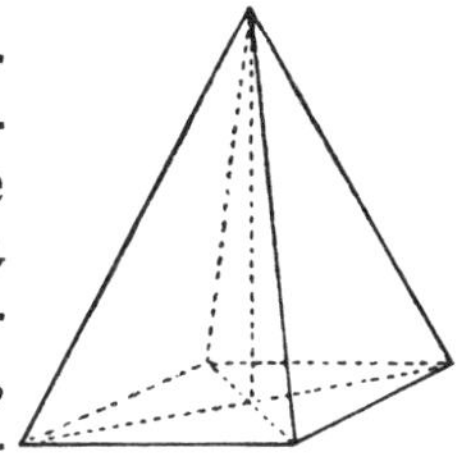

Pirámide *recta*

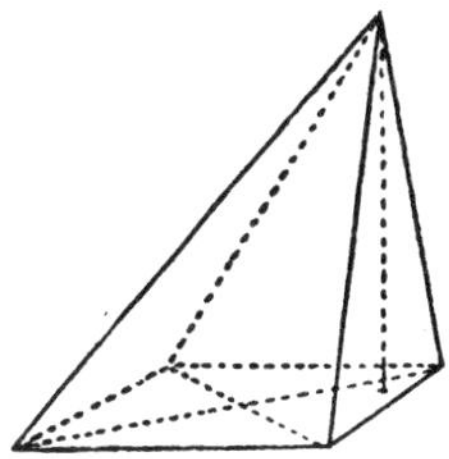

Pirámide *oblicua*

156. **Pirámide recta y oblicua.** — La pirámide es *recta,* cuando su altura cae en el centro de la base, y *oblicua,* en el caso contrario.

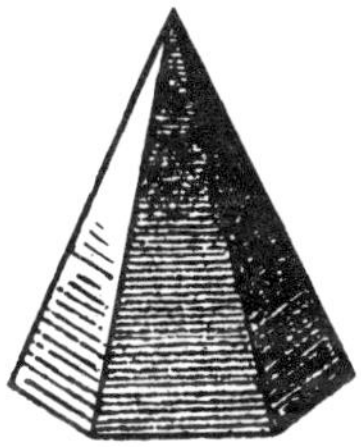

Pirámide pentagonal *regular*

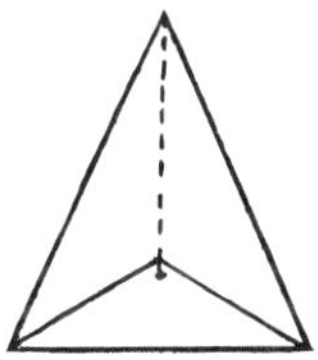

Pirámide triangular *regular*

157. **Pirámide regular e irregular.** — La pirámide es *regular,* cuando es recta y el polígono de su base es regular; *irregular,* si es oblicua o el polígono de su base es irregular.

158. **Apotema de una pirámide regular.** — *Apotema* de una pirámide regular, es la altura de los triángulos laterales.

Pirámides de Egipto

LECCIÓN XXIV

Más sobre la pirámide

159. **Pirámide truncada.**—Pirámide *truncada* o *tronco de pirámide,* es la porción de pirámide comprendida entre la base y un plano que corte a todas las aristas laterales.

Cuando el plano secante es paralelo a la base, las caras laterales del tronco de pirámide son trapecios.

160. **Tronco de pirámide regular.** — El tronco de pirámide se llama *regular,* cuando la pirámide es regular y el plano secante es paralelo a la base.

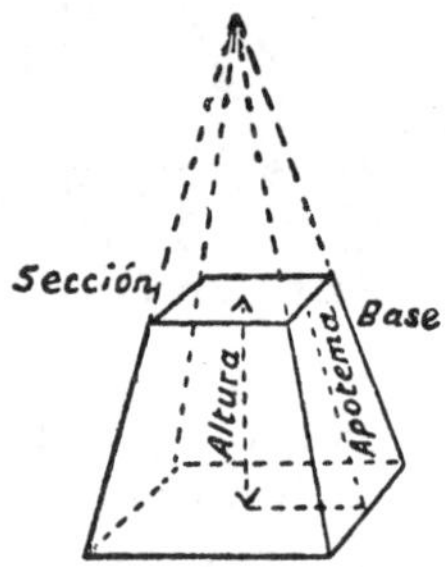

Tronco de pirámide regular

161. **Pirámide deficiente.** — *Pirámide deficiente,* es la porción de pirámide que comprende la cúspide.

162. **Bases de un tronco de pirámide.** —Son *bases de un tronco de pirámide,* la base de la pirámide y el polígono o sección que resulta al cortar todas las aristas por un plano.

163. **Caras laterales de un tronco de pirámide regular.** — Las caras laterales de un tronco de pirámide regular, son trapecios isósceles.

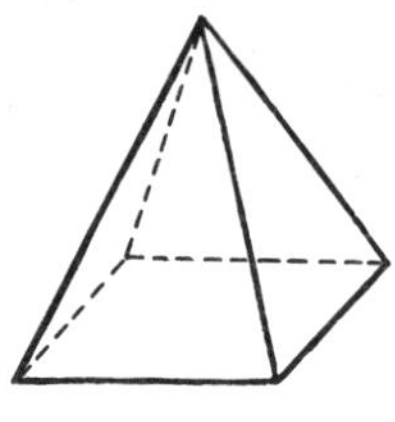
Pirámide

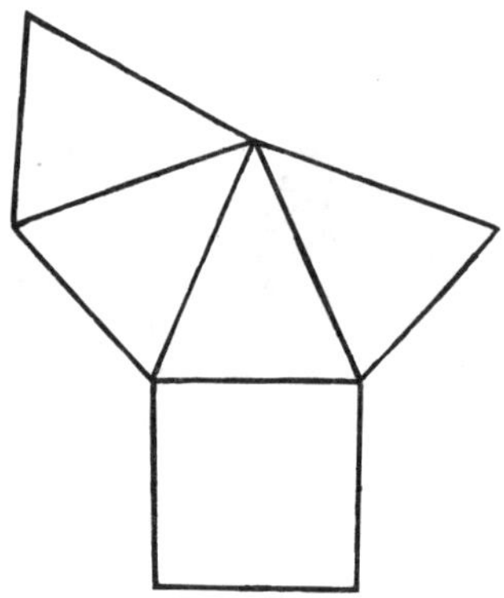
Desarrollo de la pirámide

164. **Apotema de un tronco de pirámide regular.**— *Apotema de un tronco de pirámide regular,* es la altura de los trapecios isósceles laterales.

165. **Altura de un tronco de pirámide regular.** — *Altura* de un tronco de pirámide regular, es la distancia entre ambas bases.

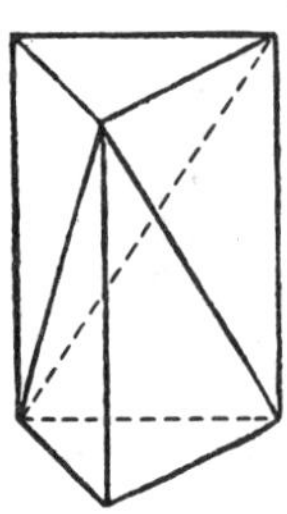
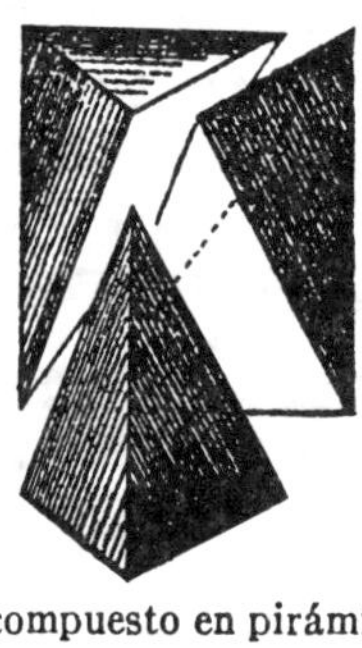
Prisma triangular descompuesto en pirámides

166. **Descomposición de un prisma en pirámides. — Toda pirámide** equivale a la tercera parte de un prisma que tuviese la misma base y la misma altura que la pirámide.

LECCIÓN XXV

Área de la pirámide y del tronco de pirámide

167. **Área lateral y total de la pirámide regular.**— El *área lateral de una pirámide regular,* es la mitad del producto del perímetro de su base por su apotema.

Si representamos por S el área lateral; por p, el perímetro de la base, y por a, la apotema, tendremos $S = \frac{p \times a}{2}$. Luego, $2 \times S = p \times a$, y por tanto, $p = \frac{2 \times S}{a}$ y $a = \frac{2 \times S}{p}$.

El *área total* se obtendrá añadiendo a la lateral la del polígono de la base.

168. **Área total de un tronco de pirámide regular.** — El área lateral de un tronco de pirámide regular, es la mitad del producto de la suma de los perímetros de las dos bases, por su apotema.

Si representamos por S el área lateral; por p, el perímetro de la base superior; por p', el perímetro de la inferior, y por a, la apotema, tendremos que: $S = \frac{(p + p') \times a}{2}$ y por lo mismo, $2 \times S = (p + p') \times a$; de donde se deduce que $p + p' = \frac{2 \times S}{a}$, y por tanto, $p = \frac{2 \times S}{a} - p'$, y $p' = \frac{2 \times S}{a} - p$. Ahora, de la igualdad $2 \times S = (p + p') \times a$, se deduce que $a = \frac{2 \times S}{p + p'}$

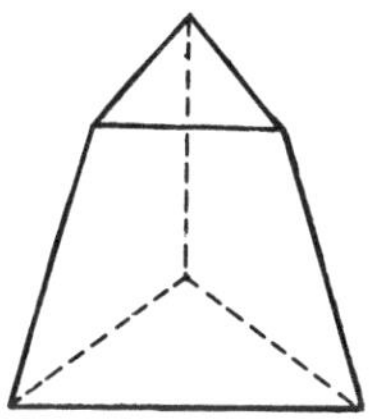

Tronco de pirámide

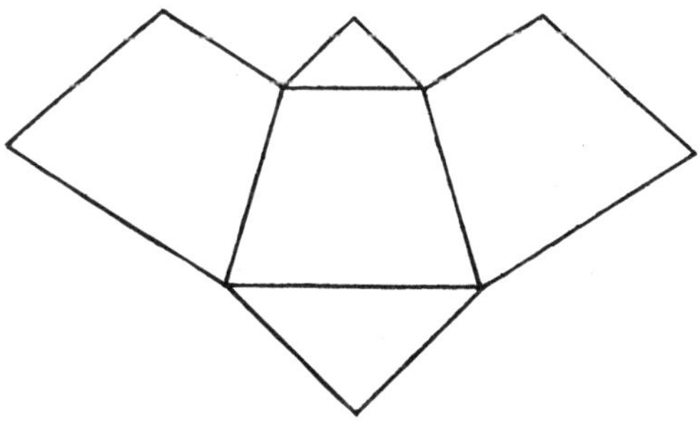

Desarrollo del tronco de pirámide

El *área total* se obtendrá añadiendo a la lateral las áreas de los polígonos de las dos bases.

169. **Área total de una pirámide irregular.** — El *área total de una pirámide irregular,* es la suma de las áreas de los triángulos laterales con la del polígono de la base.

LECCIÓN XXVI

Volumen de la pirámide y del tronco de pirámide

170. **Volumen de una pirámide.** — El *volumen de una pirámide cualquiera,* es el tercio del producto del área de su base por su altura.

Ya sabemos que la pirámide equivale a la tercera parte de un prisma que tenga la misma base y la misma altura que la pirámide. Si representamos por V el volumen de la pirámide, por b, el área de su base, y por a, la altura, tendremos que $V = \frac{b \times a}{3}$; por lo que, $3 \times V = b \times a$, y por lo tanto,

$b = \frac{3 \times V}{a}$, y $a = \frac{3 \times V}{b}$.

171. **Volumen de un tronco de pirámide de bases paralelas.** — El *volumen de un tronco de pirámide de bases paralelas,* es el tercio del producto de la altura multiplicada por la suma de los tres sumandos siguientes: 1.º, el área de la base superior del tronco; 2.º, el área de la base inferior del mismo, y 3.º, una media proporcional a dichas bases.

Si representamos por V el volumen del tronco de pirámide; por a, la altura del mismo; por b, el área de su base superior, y por b', el área de su base inferior, tendremos que

$$V = \frac{a \times (b + b' + \sqrt{b \times b'})}{3}.$$

172. **Media proporcional.** — *Media proporcional* entre dos números, es la raíz cuadrada del producto de dichos números.

Así, si los números son, por ejemplo, 3 y 27, su media proporcional será $\sqrt{3 \times 27} = \sqrt{81} = 9$.

LECCIÓN XXVII

De los cuerpos redondos. — El cilindro

173. **Superficie de revolución.** — Se llama *superficie de revolución,* la engendrada por una línea que gira alrededor de un eje.

174. **Cuerpos de revolución.** — *Cuerpos de revolución,* son los engendrados por una superficie que gira alrededor de un eje.

Los principales sólidos de revolución, que reciben el nombre de *cuerpos redondos,* son el *cilindro,* el *cono* y la *esfera.*

175. **Cilindro.**—*Cilindro de revolución* es el sólido engendrado por la revolución completa de un rectángulo, alrededor de uno de sus lados.

El cilindro debe considerarse como un prisma de infinito número de lados.

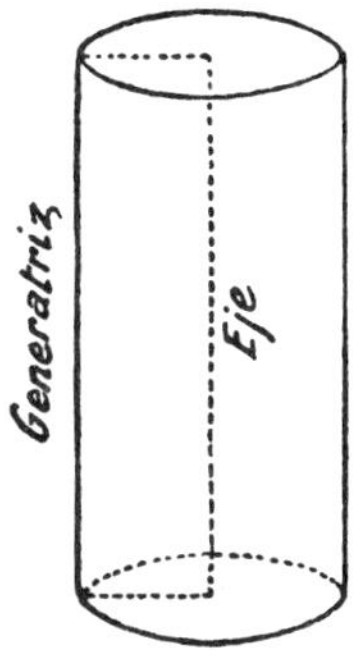

Generación del cilindro

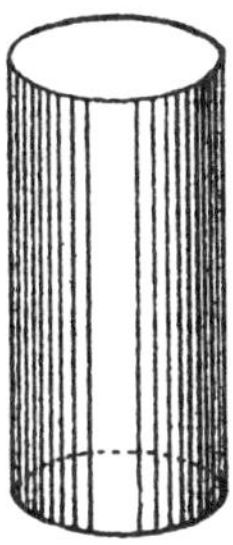
Cilindro *recto*

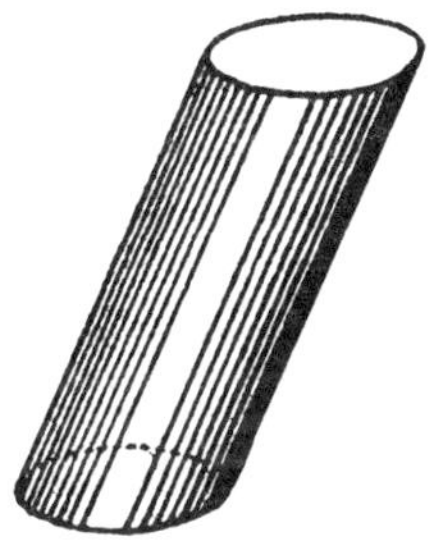
Cilindro *oblicuo*

176. **Eje del cilindro.** — *Eje* del cilindro, es el lado del rectángulo sobre el cual éste gira.

177. **Generatriz.** — *Generatriz* o *lado* del cilindro, es el lado del rectángulo opuesto al eje, que engendra la superficie lateral.

178. **Altura.** — *Altura* del cilindro es la perpendicular bajada desde una base a otra.

179. **Bases del cilindro.** — *Bases* del cilindro son los dos círculos que, al girar, producen los dos lados del rectángulo contiguos al eje.

180. **Cilindros recto y oblicuo.** — El cilindro es *recto,* cuando la generatriz es perpendicular a las bases, y *oblicuo,* en el caso contrario.

LECCIÓN XXVIII

Área y volumen del cilindro

181. **Área lateral y total de un cilindro.** — El *área lateral de un cilindro recto,* se obtiene multiplicando la

longitud de la circunferencia de la base por la altura.

El *área total*, es la suma de la lateral con el área de las dos bases.

Si representamos por S el **área lateral del cilindro recto, por** a, **la altura del mismo, y por** r, **el radio de su base, tendremos** $S = 2\pi r \times a$; **de donde se deduce que** $a = \frac{S}{2\pi r}$, **y que** $r = \frac{S}{2\pi a}$.

Llamando S' al área total y S, a la lateral, resulta que $S' = S + 2\pi r^2$.

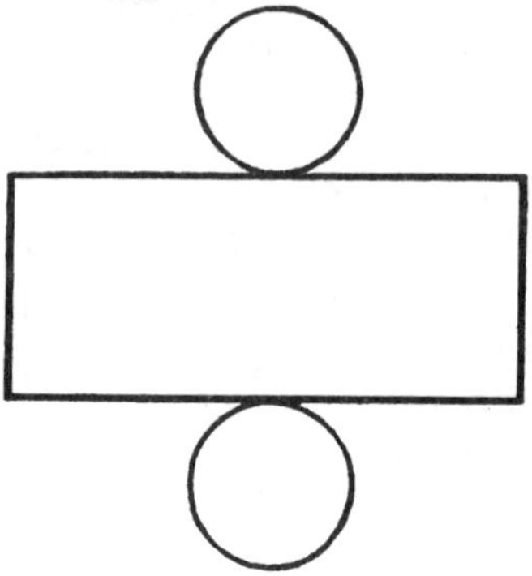

Desarrollo del cilindro

Cilindro

182. **Área lateral del cilindro oblicuo.**— El *área lateral del cilindro oblicuo*, es el producto del perímetro de una sección recta por el lado.

183. **Volumen del cilindro.** — El *volumen de cualquier cilindro se obtiene* multiplicando el área de la base por la altura.

Si representamos por V el volumen del cilindro, por a su altura, y por r, el radio de la base, tendremos $V = \pi r^2 \times a$. De donde resulta que $a = \frac{V}{\pi r^2}$, y que $r^2 = \frac{V}{\pi \times a}$, por tanto, $r = \sqrt{\frac{V}{\pi \times a}}$.

LECCIÓN XXIX

El cono

184. **El cono.**—*Cono de revolución,* es el sólido engendrado por la revolución completa de un triángulo rectángulo alrededor de uno de sus catetos.

El cono puede considerarse como una pirámide de infinito número de caras, cuya base es un círculo.

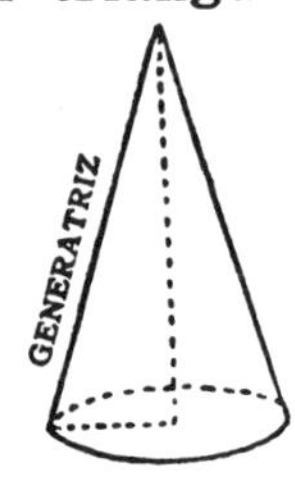

Generación del cono

185. **Eje del cono.** — *Eje* del cono es el cateto alrededor del cual gira el triángulo rectángulo generador.

186. **Base.** — *Base* del cono, es el círculo producido por el cateto contiguo al eje, al girar el triángulo rectángulo.

187. **Vértice del cono.** — Se llama *vértice* o *cúspide* del cono, el extremo del eje opuesto a la base.

188. **Altura del cono.** — *Altura* del cono es la perpendicular bajada desde la *cúspide* a la *base.*

189. **Generatriz.** — *Generatriz* o *lado* del cono, es la hipotenusa del triángulo rectángulo, que engendra la superficie lateral.

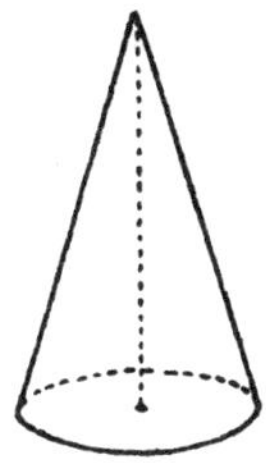

Cono *recto*

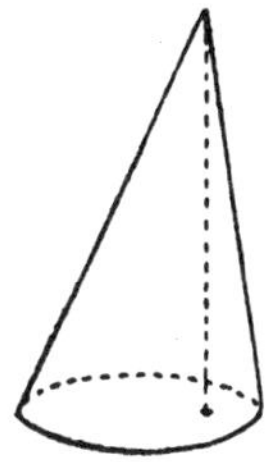

Cono *oblicuo*

190. **Conos recto y oblicuo.** — El cono es *recto,* cuando la altura cae en el centro de la base, y *oblicuo,* en el caso contrario.

LECCIÓN XXX

Área y volumen del cono

191. **Área lateral y total del cono recto.**—El *área lateral de un cono recto,* es la mitad del producto de la longitud de la circunferencia de la base por la generatriz.

El área total, es la suma de la lateral con el área del círculo de la base.

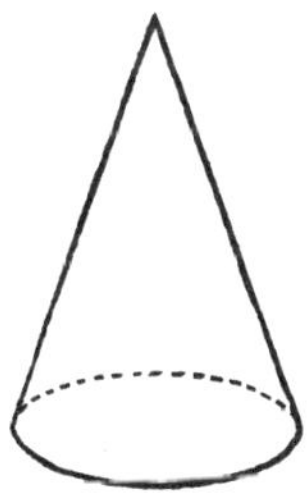

Cono

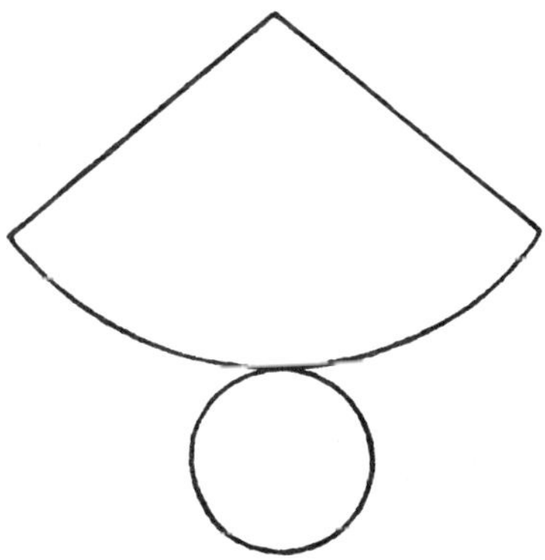

Desarrollo del cono

Si representamos por S el área lateral, por r, el radio de la base y por g, la generatriz tendremos

$S = \frac{2\pi r \times g}{2} = \pi rg$. De donde resulta que $g = \frac{S}{\pi r}$, y $r = \frac{S}{\pi g}$.

Si llamamos S' al área total, tendremos que $S' = S + \pi r^2$.

192. **Volumen del cono.** — El *volumen de un cono cualquiera,* es el tercio del producto del área de su base por su altura.

Si representamos por V el volumen del cono, por r, el radio de la base y por a, su altura tendremos que $V = \frac{\pi r^2 \times a}{3}$. De donde resulta $3 \times V = \pi r^2 \times a$. Por lo que $a = \frac{3 \times V}{\pi r^2}$, y $r^2 = \frac{3 \times V}{\pi \times a}$ y $r = \sqrt{\frac{3 \times V}{\pi \times a}}$.

LECCIÓN XXXI

El tronco de cono

193. **Tronco de cono de bases paralelas.** — *Tronco de cono de bases paralelas,* es la porción de cono comprendida entre la base del mismo y una sección paralela a ella.

La parte de cono que comprende la cúspide, se llama *cono deficiente.*

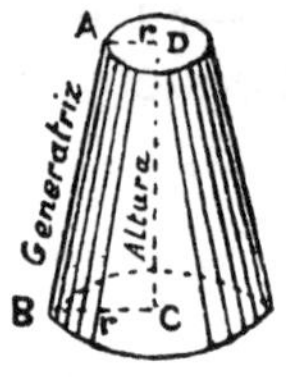

Generación del tronco de cono

194. **Generación del tronco de cono de bases paralelas.** — El *tronco de cono recto de bases paralelas,* puede suponerse engendrado por la revolución completa de un trapecio rectángulo, alrededor del lado perpendicular a las bases.

También puede considerarse como un tronco de pirámide regular de infinito número de caras, cuyas bases son dos círculos.

195. **Área lateral y total de un tronco de cono de bases paralelas.** — El *área lateral de un tronco de cono recto de bases paralelas,* es la mitad del producto de la suma de las longitudes de las circunferencias de las dos bases por la generatriz.

El *área total* es la suma de la lateral con las áreas de los círculos de las dos bases.

Si representamos por S el área lateral; por g, la generatriz y por r y r', respectivamente, los radios de las bases, tendremos: $S = \frac{(2\pi + 2\pi r') \times g}{2} = \frac{2\pi g \times (r + r')}{2} = \pi g (r + r')$. Por lo que, $g = \frac{S}{\pi \times (r + r')}$.

Si representamos el área total por S', tendremos: $S', = S + \pi\, r^2 + \pi\, r'^2$.

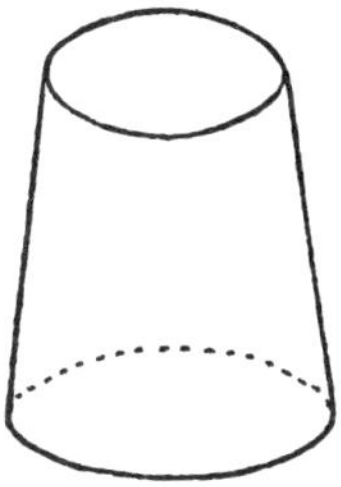

Tronco de cono

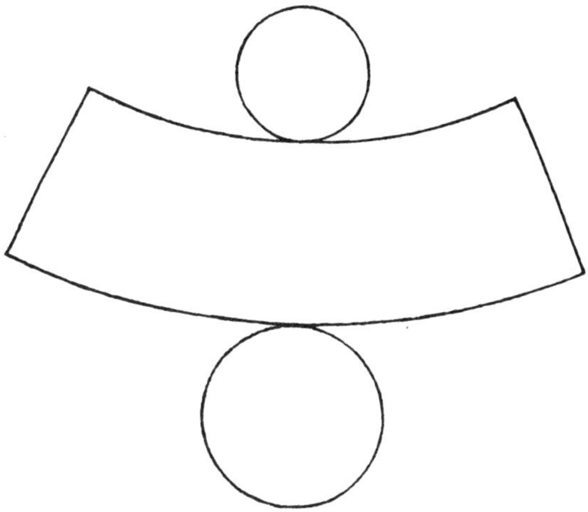

Desarrollo del tronco de cono

196. **Volumen de un tronco de cono.**—El *volumen de un tronco de cono* de bases paralelas, es el producto de los tres factores siguientes: 1.º, π ; 2.º, el tercio de la altura; 3.º, la suma del cuadrado del radio mayor, más el cuadrado del radio menor, más el producto del radio mayor por el menor.

Si representamos por V el volumen del tronco; por a, su altura; el radio mayor, por r, y el radio menor, por r', tendremos:

$$V = \pi \times \frac{a}{3} \times (r^2 + r'^2 + r \times r').$$

LECCIÓN XXXII

La esfera

197. **La esfera.** — La *esfera* es un sólido terminado por una superficie curva convexa, llamada *superficie esférica,* cuyos puntos equidistan de otro interior llamado *centro.*

La esfera puede considerarse engendrada por la revolución completa de un semicírculo que gira alrededor de su diámetro.

198. **Eje de la esfera.** — *Eje* de la esfera es el diámetro del semicírculo generador de este cuerpo redondo. Los extremos del diámetro se llaman *polos.*

199. **Centro.** — *Centro* de la esfera es el centro del semicírculo generador.

Esfera

200. **Radios.** — *Radios* de la esfera, son las rectas que unen el centro con la superficie esférica. Todos los radios de una misma esfera son iguales.

201. **Diámetro.** — *Diámetro* de la esfera es toda recta que, pasando por el centro de ella, une dos puntos de la superficie esférica. Todos los diámetros de una misma esfera son, también, iguales.

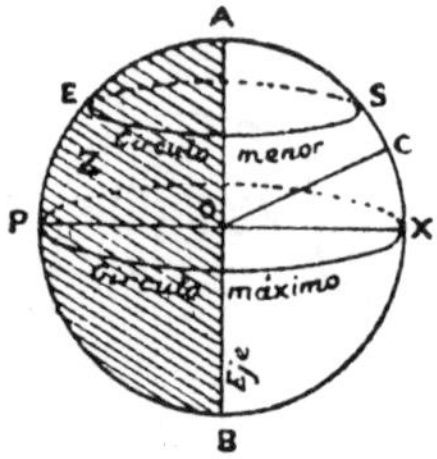

Generación de la esfera.— Z, semicírculo generador; A B, eje diámetro; O, centro de la esfera

202. Círculos de la esfera. — Toda sección plana de la esfera, es un *círculo*. La sección cuyo plano pasa por el centro de la esfera, es un *círculo máximo*, el cual la divide en dos partes iguales, llamadas *hemisferios*.

La sección cuyo plano no pasa por el centro, es un *círculo menor*.

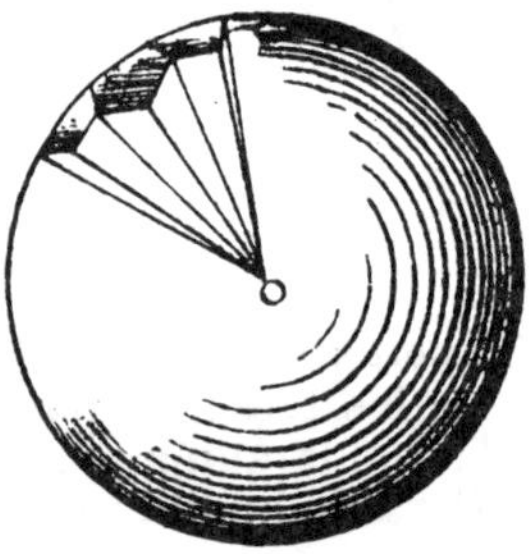

Descomposición de la esfera en pirámides

203. Descomposición de la esfera. — Toda esfera puede suponerse descompuesta en un número infinito de pirámides, cuya altura es el radio de la esfera.

La esfera puede considerarse como un poliedro regular de infinito número de caras.

LECCIÓN XXXIII

Más sobre la esfera

204. **Partes de la superficie esférica.**—En una superficie esférica pueden considerarse la *zona*, el *casquete esférico* y el *huso esférico*.

205. **Zona.** — *Zona esférica* es la porción de superficie esférica comprendida entre dos planos paralelos.

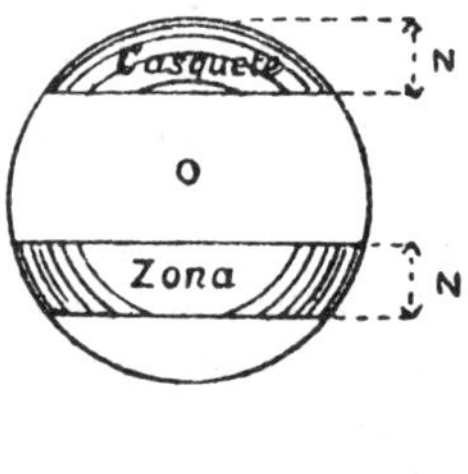

Zona y casquete esféricos

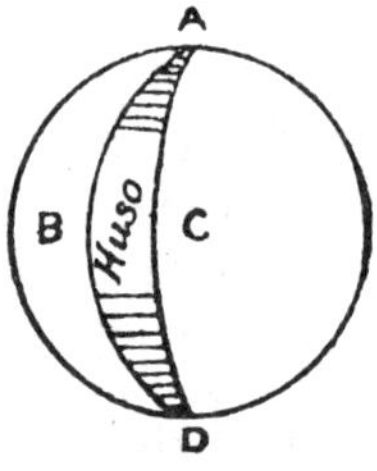

Huso esférico

La distancia entre dos planos es la *altura* de la zona.

206. **Casquete esférico.** — *Casquete esférico* es la zona que tiene tangente a la esfera, uno de los dos planos que la forman.

207. **Huso esférico.** — Se llama *huso esférico,* la porción de superficie esférica comprendida entre dos semicírculos máximos.

208. **Porciones de volumen de una esfera.** — Las porciones principales del volumen de una esfera son el *segmento esférico,* el *sector esférico* y la *cuña esférica.*

209. **Segmento esférico.** — *Segmento esférico* es la porción de volumen de una esfera comprendida entre dos planos secantes paralelos y la zona esférica correspondiente.

210. **Sector esférico.**—*Sector esférico* es la porción de volumen de la esfera formada por un cono cuya cúspide está en el centro de la esfera y cuya base es un casquete esférico.

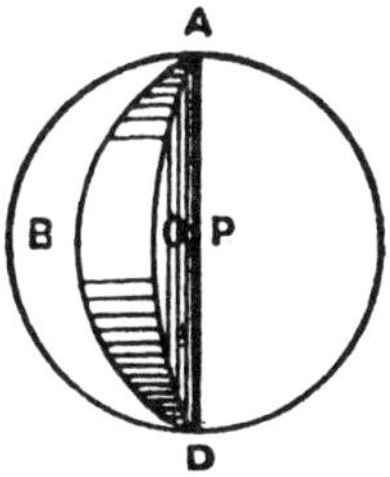

Cuña esférica

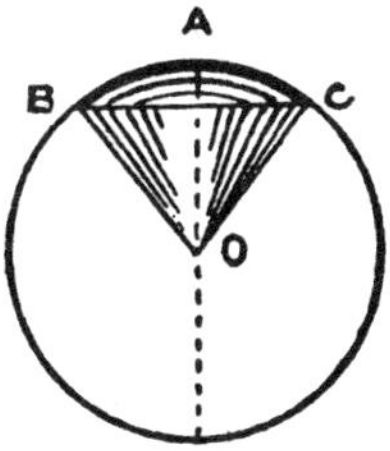

Sector esférico

211. **Cuña esférica.** — *Cuña esférica* es la porción de volumen de una esfera comprendida entre dos semicírculos máximos.

El *ángulo de la cuña esférica,* es el diedro formado por los dos semicírculos máximos.

LECCIÓN XXXIV

Área y volumen de la esfera

212. **Área de la esfera.** — El *área de la esfera,* se obtiene multiplicando la circunferencia de un círculo máximo de la misma por su diámetro.

Si representamos por S el área de la esfera y por r, su radio, tendremos $S = 2\,\pi\,r \times 2\,r = 4\,\pi\,r^2$. De consiguiente, $r^2 = \frac{S}{4\,\pi}$, y $r = \sqrt{\frac{S}{4\,\pi}}$

213. **Calcular el radio.** — Para *determinar la longitud del radio* de una esfera conociendo su área, se divide el área por el producto de multiplicar $4 \times 3'1416$, y se extrae la raíz cuadrada del cociente que se obtenga.

214. Volumen de una esfera. — Para *determinar el volumen de una esfera,* se multiplica el área de la misma por el tercio del radio.

Si llamamos V al volumen de una esfera, y r a su radio, tendremos que $V = 4\pi r^2 \times \frac{r}{3} = \frac{4\pi r^3}{\pi}$.

De consiguiente $3 \times V = 4\pi r^3$. Por lo que, $r^3 = \frac{3 \times V}{4\pi}$ y, por lo mismo, $r = \sqrt[3]{\frac{3 \times V}{4\pi}}$

215. Calcular el radio. — Para *determinar la longitud del radio de una esfera* conociendo su volumen, se divide el triplo de su volumen por el producto de multiplicar 4 × 3'1416, y se extrae la raíz cúbica del cociente que se obtenga.

LECCIÓN XXXV

Área y volumen de las partes de la esfera

216. **Área de la zona y del casquete esféricos.** — El *área de una zona y también la de un casquete esféricos,* es el producto de multiplicar la circunferencia de un círculo máximo de la esfera por la altura de la zona o del casquete.

Si representamos el área por S y por a la altura, tendremos: $S = 2\pi r \times a$. Por lo que $a = \frac{2\pi r}{S}$ y $r = \frac{S}{2\pi a}$.

217. **Área del huso esférico.** — El *área del huso esférico,* es el cociente de dividir por 90, el producto de multiplicar el área de un círculo máximo por el número de grados del ángulo del huso.

Si representamos por S el área del huso, y por g, el número de grados de su ángulo, tendremos $S = \frac{\pi r^2 \times g}{90}$. Por lo que, $90 \times S = \pi r^2 \times g$, y por lo mismo, $g = \frac{90 \times S}{\pi r^2}$, y $r^2 = \frac{90 \times S}{\pi \times g}$, y $r = \sqrt{\frac{90 \times S}{\pi \times g}}$.

218. **Volumen de la cuña esférica.** — El *volumen de una cuña esférica* es el producto de multiplicar el volumen de la esfera por el coociente de dividir por 360 el número de grados del ángulo de la cuña.

Si representamos por V el volumen de la esfera, por r su radio y por g el número de grados del ángulo de la cuña, tendremos:

$$V = \frac{4 \pi r^3}{3} \times \frac{g}{360}$$

219. **Volumen de un sector esférico.** — El *volumen de un sector esférico,* se halla multiplicando por el radio de la esfera, el tercio del área de la zona correspondiente.

Si representamos por V el volumen del sector, por a la altura de la zona y por r el radio de la esfera, será:

$$V = \frac{2 \pi r a}{3} \times r = \frac{2 \pi r a \times r}{3} = \frac{2 \pi r^2 a}{3}$$

220. **Volumen de un segmento esférico.** — Para calcular el *volumen de un segmento esférico* de una sola base, se hallan, ante todo, los volúmenes del sector y del cono correspondientes, y se restan si el segmento es menor que un hemisferio, y si es mayor, se suman los dos volúmenes.

Si el segmento es de dos bases, se hallan, ante todo, los volúmenes de los dos segmentos esféricos correspondientes de una sola base, y se halla la diferencia entre ambos volúmenes.

LECCIÓN XXXVI

Área, volúmenes y desarrollos de los poliedros regulares

221. **Área del tetraedro.** — Para *hallar el área de un tetraedro,* se calcula la de uno de sus triángulos y se multiplica por 4.

222. **Volumen de un tetraedro.**—El *volumen de un tetraedro,* como que es una pirámide regular, se halla multiplicando el área de uno de sus triángulos por el tercio de la altura del sólido.

223. **Desarrollo.**—El tetraedro, *desarrollado,* es un triángulo equilátero de doble base y altura que una de sus caras.

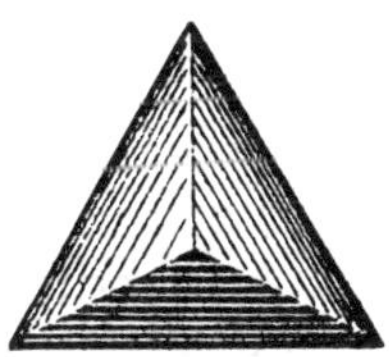

Tetraedro

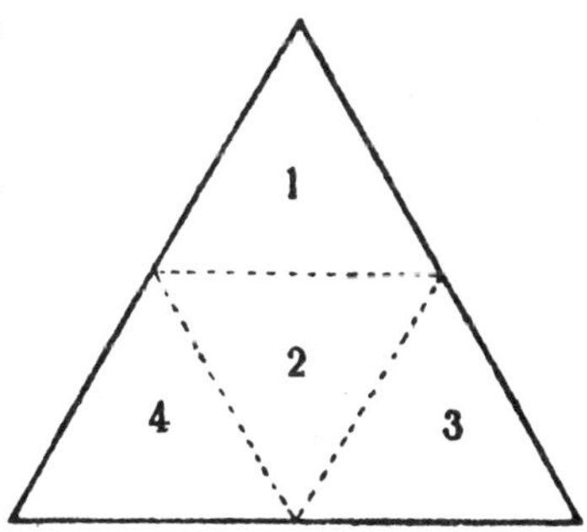

Su desarrollo

224. **Área del octaedro.** — Para *hallar el área de un octaedro,* se calcula la de uno de sus triángulos y se multiplica por 8.

225. **Volumen del octaedro**—El octaedro está for-

mado por *dos* pirámides cuadrangulares regulares e iguales, unidas por sus bases; su volumen será, pues, el duplo del volumen de una de ellas.

Octaedro

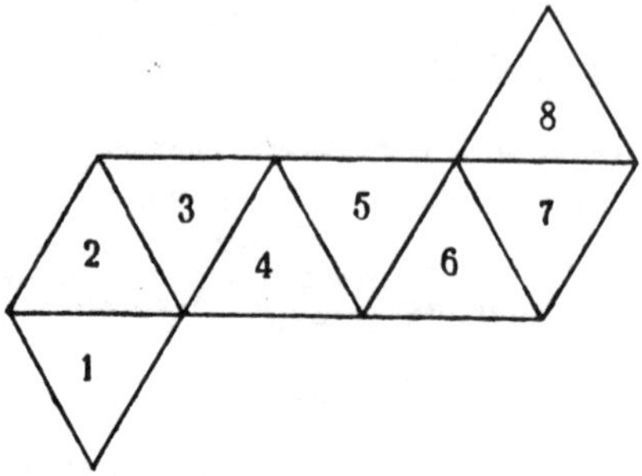

Su desarrollo

226. **Desarrollo.**—El octaedro, *desarrollado,* consta de *ocho* triángulos equiláteros iguales: *seis* de ellos constituyendo un romboide y *dos,* a manera de remates.

227. **Área de un icosaedro.** — Para hallar el *área de un icosaedro,* se calcula la de uno de sus triángulos y se multiplica por 20.

228. **Volumen de un icosaedro.** — El icosaedro debe considerarse formado por *veinte* pirámides triangulares regulares e iguales, unidas por sus cúspides en el centro del sólido; luego, para calcular su volumen, se halla el de una de estas pirámides y se multiplica por 20.

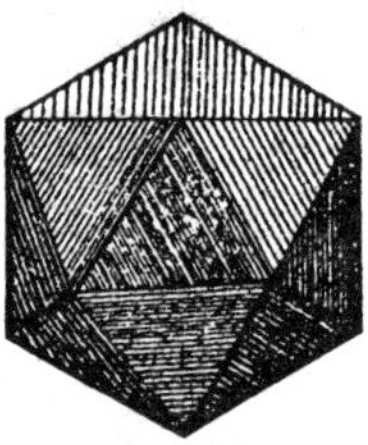

Icosaedro

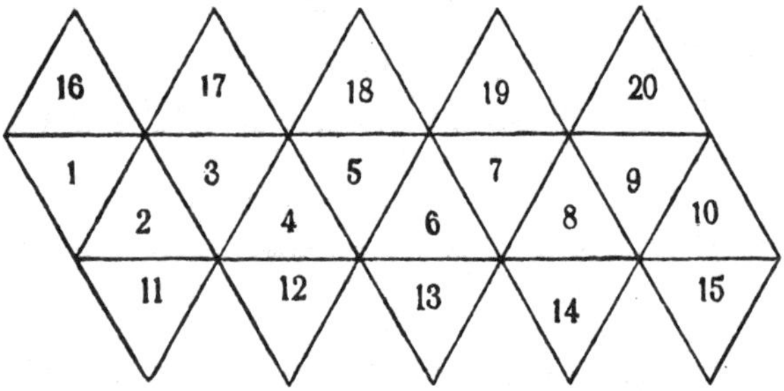

Su desarrollo

229. **Desarrollo.** — El icosaedro, *desarrollado,* se compone de veinte triángulos equiláteros e iguales distribuídos así: *diez* de ellos formando un romboide, y construyendo cada uno de los otros *diez* sobre los *lados* mayores del citado romboide.

LECCIÓN XXXVII

Continuación de la anterior

230. **Área de un exaedro.** — Para hallar el *área de un exaedro,* se calcula la de una de sus caras y se multiplica por 6.

Si llamamos S al área de un exaedro y l al lado, tendremos $S = l \times l \times 6 = l^2 \times 6$. Por lo que, $l^2 = \frac{S}{6}$, y por tanto $l = \sqrt{\frac{S}{6}}$

231. **Volumen de un exaedro.** — El *volumen de un exaedro* se hallará tomando su lado tres veces por factor.

Si representamos por V el volumen de un exaedro y por l, su lado, tendremos $V = l \times l \times l = l^3$; por lo que, $l = \sqrt[3]{V}$

232. **Desarrollo.** — El desarrollo de un exaedro, lo forman *seis* cuadrados iguales: *cuatro* de ellos formando un rectángulo, y *dos* a manera de remates

Exaedro

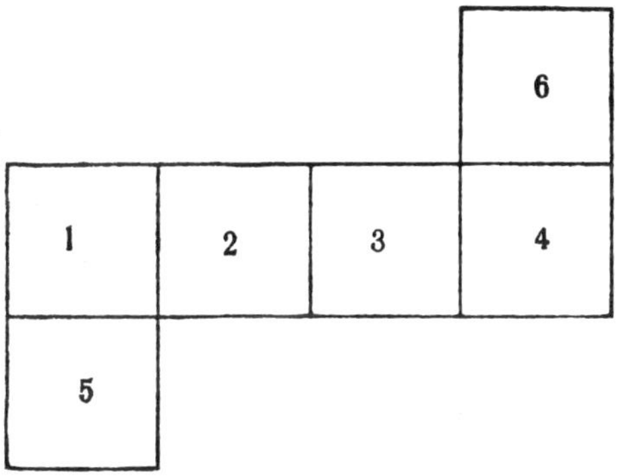

Su desarrollo

233. **Área de un dodecaedro.** — El *área de un dodecaedro,* se obtiene calculando, primero, la de uno de sus pentágonos y multiplicándola por 12.

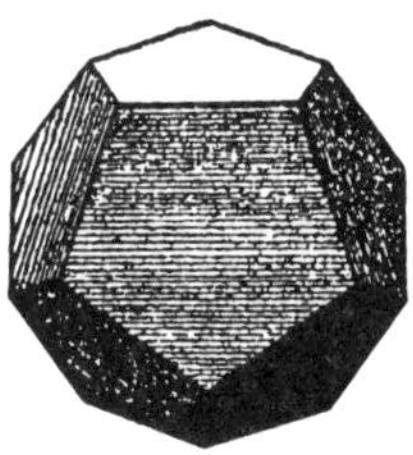

Dodecaedro

234. **Volumen de un dodecaedro.** — El dodecaedro se considera formado por *doce* pirámides pentagonales regulares e iguales, unidas por sus cúspides en el centro del sólido; luego su volumen se obtendrá calculando, primero, el de una de estas pirámides y multiplicándolo por 12.

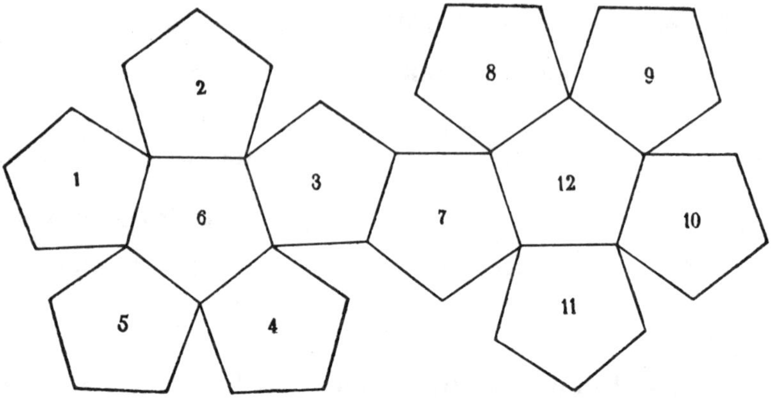

Desarrollo del dodecaedro

235. Desarrollo. — El dodecaedro *desarrollado*, se compone de *doce* pentágonos regulares e iguales, dispuestos en dos grupos de a *seis*, unidos entre sí por el lado común de un pentágono de cada grupo.

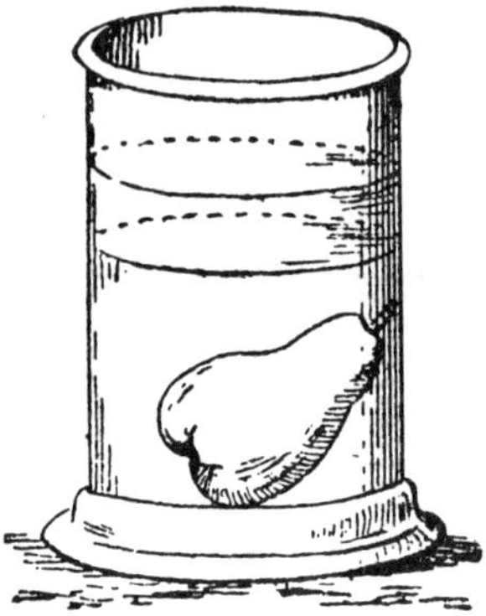

Volumen de un sólido de forma cualquiera

236. Volumen de cualquier cuerpo sólido. — Para hallar el volumen de un poliedro muy irregular o de cualquier otro cuerpo, puede procederse así:

Sumérjase el cuerpo en una vasija completamente llena de agua, y *la cantidad de agua* que el cuerpo desaloje, será el volumen de dicho cuerpo, ***teniendo en cuenta que los litros serán decímetros cúbicos, y los milímetros, centímetros cúbicos.***

LECCIÓN XXXVIII

Aforo de pipas y toneles

237. Determinar la capacidad de un tonel. — Para determinar la capacidad de una pipa, tonel, etc., de mayor anchura por el centro que por los témpanos, se ve, primeramente, la distancia en *decímetros*, desde la boca A, hasta el punto más distante de la misma, B, cuya operación puede practicarse sirviéndose de una regla o bastón a propósito, y el cubo de dicha longitud se multiplica por 0'625. El producto que se obtenga expresará, en litros, la capacidad buscada.

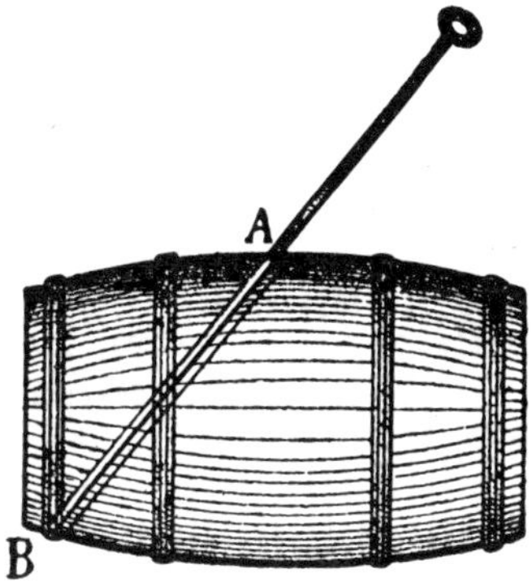

Si representamos por V la capacidad de la pipa y por D la distancia entre A y B, la *fórmula de aforo* será:

$$V = D^3 \times 0'625.$$

Si la forma de las pipas se separase mucho de la ordinaria, habría en el cálculo un error por exceso o por defecto. Sería por exceso si la forma se aproximase a la cilíndrica, y por defecto, si el diámetro de la boca (diámetro mayor o de la barriga) fuese mayor que el que ordinariamente tienen estos avances. En ambos casos los errores pueden corregirse fácilmente, rebajando, en el primer caso, el 1 por ciento de la capacidad obtenida, y añadiéndolo, en el segundo.

EJEMPLO. —*¿ Cuántos litros contiene una pipa de forma ordinaria llena de vino, siendo 12 decímetros y 8 centímetros la distancia comprendida entre la boca de la misma y el vértice del ángulo inferior del témpano ?* (Distancia de A a B, fig. 30).

SOLUCIÓN. Aplicando la *fórmula de aforo,* tendremos:

$$V = 12'8^3 \times 0'625,$$

y por tanto $V = 1310'72$ litros.

Problemas Aritmético-geométricos (1)

1. ¿Cuántos grados mide el arco quinta parte de la circunferencia? ¿Y los arcos tercera, sexta, novena y dozava parte de la misma?—Resultado: 1.°, 72 *grados;* 2.°, 120 *grados;* 3.°, 60 *grados;* 4.°, 40 *grados, y* 5.°, 30 *grados.*

2. ¿Cuántos metros de longitud corresponden a 1 grado de meridiano terrestre? ¿Y a un arco de meridiano de 45 grados? ¿Y a un arco de 60 grados? — R. 1., 111,111'111 *m.;* 2.°, 4.999,999'995 *m.;* 3.°, 6.666,666'66 *m.*

3. Determínese el área de un triángulo cuya base mide 28 metros, siendo la longitud de su altura 9'45 m. — R. 132'30 $m.^2$

---

(1) Para las soluciones razonadas de estos problemas, véase nuestro libro SOLUCIONES ANALÍTICAS, *Libro del Maestro, Problemas Aritmético-geométricos.*

4. Se ha comprado un terreno de forma triangular a razón de 273'50 pesetas el área. La longitud de uno de los lados del polígono que afecta el terreno mencionado, es 245 metros, midiendo 380 metros la distancia entre dicho lado y el vértice del ángulo opuesto. ¿Cuánto ha entregado el comprador? — Resultado: 127,314'25 *pesetas.*

5. El área de un triángulo es 720 m.², siendo 48 metros la longitud de la base. ¿Qué altura tiene? — R. 30 *metros.*

6. Los catetos de un triángulo rectángulo miden, respectivamente, 0'60 y 0'95 metros. Determínese la longitud de la hipotenusa. — R. 1'123 *metros.*

7. La hipotenusa y un cateto de un triángulo rectángulo miden, respectivamente, 23'30 y 12 metros. ¿Qué longitud tiene el otro cateto?—R. 19'97 *m.*

8. La diagonal de un cuadrado tiene 0'40 metros de longitud. Hállese la longitud del lado. — R. 28'28 *centímetros.*

9. La base de un rectángulo mide 5 metros, y su diagonal, 6 metros. ¿Cuánto mide su altura? — R. 3'31 *metros.*

10. La base y el lado contiguo de un triángulo isósceles tienen, respectivamente, de longitud, 0'42 metros y 0'80 metros. Determínese el área. — Resultado: 0'1617 *m.²*

11. Se ha vendido un solar de forma cuadrada, a razón de 0'25 pesetas el decímetro cuadrado. El lado de dicho cuadrado mide 20'35 metros. ¿Cuánto ha entregado el comprador? — R. 10,353'06 *pesetas.*

12. El área de un terreno, cuya figura es un cuadrado, es 20 decámetros cuadrados, 70 m.² y 25 dm² ¿Qué longitud tiene el lado? — R. 45'50 *m.*

13. La diagonal de un cuadrado tiene 8 metros de longitud. ¿Cuál es su área? — R. 32 *m.²*

14. Hay que enladrillar un salón de forma rectangular que mide 20'40 metros de largo por 14'75 metros de ancho, empleando ladrillos de 0'30 m. de largo por 0'20 m. de ancho. ¿Cuántos ladrillos se necesitarán? — R. 5,015 *ladrillos.*

15. El área y la base de un romboide son, respectivamente, 3,200 m.² y 80 metros. ¿Qué altura tiene? — R. 40 *metros.*

16. Hay que enladrillar, con ladrillos cuadrados de 1 decímetro de lado, un salón de forma rombal cuyas diagonales son, respectivamente, 7'20 y 4'50 metros. ¿Cuántos ladrillos se necesitarán? — R. 1,620 *ladrillos.*

17. Determínese el área de un triángulo equilátero cuyo lado mide 60 cm. — R. 1,558'80 *cm.²*

18. Los lados paralelos de un trapecio miden, respectivamente, 0'20 metros y 0'84 metros. Determínese el área de dicha figura, siendo 0'52 m. la distancia entre dichos lados. — R. 27 *dm.², 4 cm.²*

19. El área de un triángulo equilátero es 173'20 cm.² Siendo 17'32 cm. su altura, ¿cuánto mide el lado? — R. 20 *cm.*

20. Siendo 0'58 metros la longitud del radio, determínese cuánto mide la circunferencia correspondiente. — R. 3'644 *m.*

21. El radio de la rueda de un coche mide 0'80 m. Averígüese la distancia recorrida por el vehículo, después de haber dado la rueda 1,250 revoluciones. — R. 6,282'50 *metros.*

22. Siendo 6'40 m. la longitud de una circunferencia, hállese cuánto mide su diámetro. — R. 2'036 *metros.*

23. Cada vez que la rueda de un carruaje da una vuelta completa, el vehículo recorre 5'126 metros. ¿Qué longitud tiene el radio de la rueda mencionada? — R. 0'815 *metros.*

24. Determínese la cantidad de paño empleado en la confección de un tapete cuyo perímetro es un octógono regular, siendo 0'38 metros la longitud del lado y 0'917 m. la distancia entre dos lados paralelos. — R. 69 *dm.*², 69 *cm.*², 20 *mm.*² *de paño.*

25. El área de un dodecágono regular es 1'7904 m.² midiendo el lado 0'40 m. ¿Qué longitud tiene su apotema? — R. 0'746 *m.*

26. Un tablero de forma pentagonal regular tiene 1'305 m.² de área. ¿Cuánto medirá el lado, si su apotema tiene 0'60 m. de longitud? — R. 0'87 *m.*

27. Determínese el área de un círculo cuyo radio mide 1'25 metros. — Resultado: 4'90875 *m.*²

28. La pista de un circo ecuestre tiene de diámetro 20 m. 30 cm.² ¿Cuál es su área? — R. 323'655486 *m.*²

29. Se sabe que el área de un círculo es 28 m.², 27 dm.² y 44 cm. ¿Cuánto mide su radio? — R. 3 *metros.*

30. La superficie de una mesa de forma circular mide 4'523904 m.² Hállese su diámetro. — R. 2'40 *m.*

31. Los radios de dos circunferencias concéntricas son, respectivamente, 0'40 y 0'65 m. ¿Qué área tiene la corona circular correspondiente? — Resultado: 0'824679 *m.*²

32. La pista de un velódromo circular tiene 12 metros de anchura, y el límite exterior de la misma dista 42 metros del centro del velódromo. Hállese el área de la pista mencionada. — R. 2,714'3424 *m.*²

33. Un terreno que afecta la forma de un polígono irregular, se ha descompuesto en cuatro triángulos, 2 trapecios y 1 rectángulo. Determínese su área, teniendo los polígonos componentes las siguientes dimensiones: primer triángulo, 8 m. de base y 10 m. de altura; 2.º triángulo, 6 m. de base y 10 m. de altura; 3.º triángulo, 16 m. de base y 7 m. de altura; 4.º triángulo, 14 m. de base y 5 m. de altura; primer trapecio: base menor, 20 m.; base mayor, 32 m., y altura, 10 metros; segundo trapecio: base menor, 9 m.; base mayor, 16'40 m., y altura, 8 m.; rectángulo: 25'50 m. de base y 5 m. de altura. — R. 6 *a.*, 50 *ca. y* 10 *dm.*²

34. El radio de un sector es 0'80 m., y su arco mide 52º. ¿Qué area tiene? — R. 29 *dm.*², 4 *cm.*²

35. Determínese el área de un sector de 120º, cuyo radio tiene 1'20 m. de longitud. — R. 1 *m.*², 50 *dm.*² *y* 79 *cm.*²

36. Un sector de 80 grados que tiene 1'0053 metros cuadrados de área. Averígüese el área y el radio del círculo correspondiente. — R. 1.º, 4'523850 *m.*²; 2.º, 1'20 *m.*

37. Siendo 2'984547 m.² el área de un sector cuyo radio mide 3 metros, ¿cuántos grados tiene su arco? — R. 38 *grados.*

38. En un círculo cuyo diámetro mide 1'30 m. hay un segmento cuyo arco tiene 88º. ¿Qué área tendrá dicho segmento, siendo la longitud de la cuerda 0'903 m. y 0'183 m. la de la sagita? — R. 0'113607 *m.*²

39. El lado de un cubo mide 1'48 m. ¿Qué área tiene dicho cuerpo? — R. 13'1424 *m.*²

40. El área de un cubo o exaedro es 37 m.² Hállese la longitud de la arista. — R. 2'48 *m.*

41. Hállese el área de un icosaedro cuyo lado mide 0'40 metros, siendo 0'35 m. la altura de sus triángulos. — R. 1'40 *m.*^{2}

42. Determínese el área de un dodecaedro cuyas caras tienen 0'60 metros de lado, midiendo su apotema 0'41 m. — R. 7'38 *m.*^{2}

43. Determínese el área total de un prisma pentagonal regular, cuyas dimensiones son las siguientes: altura de sus aristas, 1'40 m.; lado de la base, 0'25 m.; apotema, 0'172 m. — R. 1 *m.*^{2}, 96 *dm.*^{2}, 50 *cm.*^{2}

44. ¿Qué cantidad de terciopelo se necesitará para cubrir una columna prismática octogonal regular, siendo 2'40 m. la altura de sus caras y 0'40 m. la longitud del lado de la base? — R. 7 *m.*^{2} *y* 68 *dm.*^{2}

45. El área lateral de una columna prismática exagonal regular es 8'64 m.^{2}, siendo 0'30 m. el lado del polígono de la base. Hállese la altura.—R. 4'80 *m.*

46. Para cubrir de hoja de lata las caras laterales de un depósito de madera que afecta la forma de un paralelepípedo cuadrangular regular se han necesitado 5'3760 m.^{2} de hoja de lata. Siendo 2'24 m. la altura de dicho depósito, ¿cuál es la longitud del lado de la base? — R. 0'60 *m.*

47. ¿Cuántos metros de papel de 0'60 m. de ancho se necesitan para empapelar las paredes de una sala cuadrada, de 8'40 m. de lado por 5'25 de altura? — R. 294 *metros de papel.*

48. Si el salón que se menciona en el problema anterior tuviese una puerta de 3 m. de altura por 1'25 m. de ancho y una ventana de 1'80 m. de altura por 0'90 m. de ancho, ¿cuántos m. del citado papel se necesitarían? — Resultado: 285'05 *metros de papel.*

49. Hállese el área total de una pirámide cuadrangular regular, siendo 0'90 m. la altura de sus triángulos y 0'27 m. la longitud del lado de la base. — Resultado: 55 *dm.*^{2} *y* 89 *cm.*^{2}

50. Se quiere cubrir con azulejos cuadrados de color, de 0'08 metros de lado, el tejadillo de una torre mirador. Dicho tejadillo afecta la forma piramidal, y su base es un exágono regular cuyo lado mide 0'70 m. Siendo 2'40 m. la altura de las caras, ¿cuántos azulejos se necesitarán? — R. 788 *azulejos.*

51. El área lateral de una pirámide pentagonal regular es 1'7850 m.^{2}, y la altura de sus caras, 1'70 m. ¿Qué longitud tiene el lado de la base? — Resultado: 0'42 *m.*

52. Se sabe que el área lateral de una pirámide octogonal regular es 6 m.^{2}, y 0'60 m. el lado de la base. Hállese la altura de sus caras. — R. 2'50 *m.*^{2}

53. La altura de un cilindro es 2'35 m. y el radio del círculo de su base, 0'46. Determínese el área lateral. — R. 6'792139 m.^{2}

54. ¿Qué área total tendrá un cilindro circular recto de 0'90 m. de lado, siendo 0'33 m. el radio de su base? — R. 2'550350 *m.*^{2}

55. Para construír una chimenea cilíndrica de 8 m. de altura y 0'65 m. de diámetro, quieren emplearse planchas metálicas rectangulares de 0'80 m. de largo por 0'32 de ancho. ¿Cuántas planchas se necesitarán? — R. 64 *planchas.*

56. En un salón hay 2 columnas cilíndricas de 8'25 m. de altura y 0'38 m. de diámetro, las cuales han de cubrirse de terciopelo granate. ¿Qué cantidad de terciopelo se necesitará? — R. 19'697832 *m.*^{2}

57. ¿Qué longitud tiene el radio de un cilindro cuya altura es 2'40 m., siendo el área lateral del mismo 4'523904 m.^{2}? — R. 0'30 *m.*

58. El área lateral y el radio de una columna cilíndrica son, respectivamente, 7'539840 m.^{2} y 0'20 m. ¿Qué altura tiene? — R. 6 *metros.*

59. La generatriz y el radio de la base de un cono circular recto son 1'50 m. y 0'32 m., respectivamente. Hállese el área lateral. — R. 1'507968 *m.*^{2}

60. ¿Qué cantidad de hoja de lata se necesitará para construír una vasija de forma cónica con la tapadera correspondiente, siendo 0'75 m. la longitud del lado, y 0'30 m. la del diámetro de la base? — R. 0'424116 *m.*^{2} *de hoja de lata.*

61. Qué longitud ha de tener el lado o generatriz de un cono circular recto, para que su superficie lateral sea 11'309760 m.^{2}, y 0'90 m. el radio de la base? — R. 4 *metros.*

62. Determinar la longitud que ha de tener el radio de la base de un cono, siendo 3'769920 m.^{2} su área lateral, y 3 m. la longitud de la generatriz. — Resultado: 0'40 *m.*

63. Hallar el área lateral de un tronco de pirámide octogonal regular de bases paralelas, cuyas dimensiones son las siguientes: lado de la base superior, 0'28 m.; ídem de la inferior, 0'42 m.; altura de los trapecios, 0'88 m. — Resultado: 2'4640 *m.*^{2}

64. Las caras y bases de una peana que afecta la forma de un tronco de pirámide exagonal regular, han de cubrirse de cierta tela. El lado superior de las caras mide 0'15 m.; el lado inferior, 0'36 m., y la altura de cada cara es 0'60 m.; siendo 0'13 metros y 0'312 las apotemas de ambas bases, superior e inferior, respectivamente. ¿Qué cantidad de tela se necesitará? — Resultado: 1'31346 *m.*^{2} *de tela.*

65. Para que el área lateral de un tronco de pirámide pentagonal regular de bases paralelas sea 13'76 m.^{2}, siendo 0'86 m. y 1'90 m., respectivamente, los lados superior e inferior de las caras laterales, ¿qué altura deben éstas tener? — R. 1'994 *m.*

66. ¿Cuál será el área lateral de un tronco de cono de bases paralelas, siendo 0'85 m. la longitud del lado y 0'24 m. y 0'66 metros, respectivamente, los radios de sus bases? — R. 2'403324 *m.*^{2}

67. ¿Qué cantidad de zinc se necesitará para construír una vasija con tapadera que tenga la forma de un tronco de cono, siendo 0'58 m. la longitud del lado, y 0'44 m. y 0'70 m. los radios de las bases superior e inferior, respectivamente? — R. 4'224822 *m.*^{2} *de zinc.*

68. ¿Qué longitud debe tener el lado de un tronco de cono circular recto cuya área lateral es 3'675672 m.^{2}, para que los diámetros de sus bases sean 0'60 m. en la superior y 0'96 m. de la inferior? — R. 1'50 *m.*

69. Determínese el área de una esfera cuyo radio mide 0'38 m. — Resultado: 1'814588 *m.*^{2}

70. Puesta una esfera entre dos planos paralelos, la distancia entre ambos planos es 0'96 m. Hállese el área de dicha esfera. — R. 2'895298 *m.*^{2}

71. Para que el área de una esfera sea 50'2656 m.^{2}, ¿qué longitud ha de tener su radio? — R. 2 *m.*

72. Considerando el globo terrestre como una esfera cuyo diámetro es 12,736 km., ¿cuántos km.^{2} mide toda la tierra? — R. 509.585,414 *kilómetros cuadrados.*

73. Hay que cubrir con láminas de oro de 0'20 m. de largo por 0'12 m. de ancho, una semiesfera de 0'40 m. de diámetro que sirve de peana a una Virgen. ¿Cuántas de dichas láminas se necesitarán? — R. 11 *láminas.*

74. Determínese el área de un tetraedro cuya arista mide 0'25 m., siendo 0'22 la altura de sus caras. — R. 11 *dm.*^{2}

75. ¿Qué volumen tiene un cubo cuyo lado o arista mide 2'40 m.? — Resultado: 13 *m.*³, 824 *dm.*³

76. El volumen de un cubo es 140 m.³, 608 dm.³ ¿Cuál es su altura? — R. 5'20 *m.*

77. ¿Qué profundidad debe tener un depósito de forma cúbica, capaz de contener 1,000 litros de agua? — R. 1 *m.*
¿Y para contener 3,000 litros de igual líquido? — R. 1'442 *m.*

78. ¿Cuál será el volumen de un prisma exagonal regular cuya altura es 0'54 m., siendo 0'138 m. la longitud del lado de la base y 0'12 m. la de su apotema? — R. 26 *dm.*³, 805 *cm.*³ *y* 600 *mm.*³

79. Una columna prismática pentagonal regular cuyo volumen es 6'277500 metros cúbicos, tiene 0'37 m. de apotema. ¿Cuál es su altura, midiendo 0'54 m. el lado de la base? — R. 12'56 *m.*

80. Hállese el área de la base de un paralelepípedo rectangular de 2'40 m. de altura, siendo su volumen 0'174720 m.³ — R. 0'0728 *m.*³
Y si un lado de la base de dicho prisma mide 0'26 m., ¿qué longitud tendrá el lado contiguo? — R. 0'28 *m.*

81. Se ha abierto una zanja de 15'20 m. de largo, 4 m. de ancho y 2 m. de profundidad. ¿Cuántos m.³ de tierra se han sacado? — R. 121'600 *m.*³

82. Se ha levantado una pila de ladrillos de forma prismática, con ladrillos prismáticos también, de 0'30 m. de largo, 0'16 m. de ancho y 0'06 metros de espesor. La base de dicha pila es un rectángulo de 4'20 metros de largo por 1'35 m. de ancho. ¿Cuántos ladrillos contiene, siendo la altura 2'60 m.? — R. 5,118 *ladrillos.*

83. ¿Qué cantidad de agua cabe en un depósito cuyo interior tiene la forma de un paralelepípedo rectangular cuyas dimensiones son: largo, 4 m.; ancho, 1'80 m.; profundidad, 2 metros? — R. 14,400 *litros de agua.*

84. ¿Qué profundidad debe darse a un aljibe rectangular de 6 metros de largo por 3 m. de ancho, debiendo contener 45,000 litros de agua?—R. 2'50 *m.*

85. Hállese el volumen de una pirámide exagonal regular de 6 m. de altura, siendo 0'40 m. la longitud del lado de la base y 0'36 metros la de su apotema. — R. 864 *dm.*³

86. ¿Qué cantidad de mármol contiene una pirámide cuadrangular de 4 m. de altura, siendo 0'80 metros la longitud del lado de la base? — Resultado: 853 *dm.*³, 333 *cm.*³

87. ¿Qué altura debe tener una pirámide cuya base es un triángulo equilátero de 0'80 m. de lado y 0'70 m. de altura, siendo el volumen de la misma 861 decímetros cúbicos? — R. 9'225 *m.*

88. Determínese el volumen de un cilindro de 2'48 m. de altura, siendo 0'80 m. el diámetro de su base. — R. 1'246586 *m.*³

89. ¿Qué altura debe tener un cilindro de 0'40 m. de radio, para que su volumen sea 955 dm.³, 46 cm.³, 400 mm.³? — R. 1'90 *m.*

90. Averiguar el diámetro que debe tener un cilindro recto de 3'10 m. de altura, para que su volumen sea 0'363168960 m.³ — R. 0'38 *metros.*

91. En un pozo circular de 1'80 m. de diámetro, el agua se eleva 5'40 m. del fondo. ¿Qué cantidad de agua contiene? — R. 13,741'3584 *litros.*

92. ¿Cuántos metros cúbicos de arena se necesitarán para rellenar un pozo circular de 2'12 m. de diámetro y 9 m. de profundidad? — R. 31'769115 *m.*³ *de arena.*

93. Hallar el volumen del hierro que contiene un tubo de este metal de

12 m. de longitud, cuyo diámetro interior es o'30 metros, midiendo o'04 m. su espesor. — R. 512 *dm.*^{3}, 709 *cm.*^{3}, 120 *mm.*^{3} *de hierro.*

94. Determínese el volumen de un cono recto cuya altura es o'45 m., siendo 1'60 m. la longitud del diámetro de su base. — R. 2'982425600 *m.*^{3}

95. Para que un depósito de forma cónica pueda contener 22 litros, 6 dl., 1 cl., 9 ml., de agua, ¿qué profundidad debe tener, siendo el diámetro de su boca circular 0,12 m.? — R. 6 *m.*

96. Siendo 9 m. la altura de un cono, ¿qué radio debe tener su base circular para que el volumen sea 1'046360720 m.^{3}? — R. o'33 *m.*

97. Las dimensiones de un tronco de pirámide exagonal regular de bases paralelas, son las siguientes: altura, 6 m.; lado de la base menor, o'52 m.; apotema de la misma, o'45 m.; lado de la base mayor, o'82 m.; apotema de la misma, o'71 metros. Hállese su volumen. — R. 7'111 *metros cúbicos.*

98. Un tronco de cono de bases paralelas tiene las siguientes dimensiones: diámetro de la base menor, o'80 m.; diámetro de la mayor, 1'40 m.; altura del tronco, 2'49 m. ¿Cuál es su volumen? — R. 2'4250001040 *m.*^{3}

99. ¿Qué volumen tiene una esfera de o'40 m. de radio? — Resultado: o'2680832 *m.*^{3}

100. Puesta una esfera entre dos planos paralelos, la distancia entre ambos planos es 1'40 m. Hállese su volumen. — R. 1'4367584 *m.*^{3}

101. E diámetro interior de una esfera de latón, hueca, que tiene de espesor, o'06 m., mide o'40 m. ¿Qué volumen de latón contiene dicha esfera? — R. 40 *dm.*^{3}, 111 *cm.*^{3}, 948 *mm.*^{3}

102. Para que el volumen de una esfera sea 113 dm.^{3}, 97 cm.^{3}, 600 mm.^{3}, ¿qué longitud debe tener el radio de la misma? — R. o'30 *m.*

103. Determínese el volumen de un octaedro cuya arista tiene de longitud o'18 m., siendo o'254 m. la distancia entre dos vértices opuestos. — Resultado: 2 *dm.*^{3}, 743 *cm.*^{3}, 200 *mm.*^{3}

104. Colocado un icosaedro entre dos planos paralelos que se apoyen respectivamente, en dos caras paralelas de dicho sólido, la distancia entre ambos planos es o'42 m. Hállese el volumen del sólido mencionado, siendo, respectivamente, o'28 m. y o'25 metros el lado y altura de sus caras. — Resultado: 38 *dm.*^{3}, 800 *cm.*^{3}

105. La distancia entre cada dos caras paralelas de un dodecaedro es o'22 m., y el lado y la apotema miden, respectivamente, o'10 m. y o'06 m. ¿Cuál es su volumen? — R. 6 *dm.*^{3}, 600 *cm.*^{3}

LECCIÓN XXXIX

Escalas, su construcción y aplicación

238. Escala de proporción. — Se llama escala de proporción, o, simplemente, *escala,* una línea dividida en partes iguales, representando cada una de ellas la longitud que se le quiere atribuír.

La construcción de escalas se funda en la proporcionalidad de las líneas, de manera que la figura que representa un objeto, ha de estar en relación con la escala, como lo estaría el mismo objeto con la medida.

239. **Objeto de las escalas.**—Por medio de las escalas, conociendo las dimensiones de una gran figura sobre el terreno, por ejemplo, podemos construír, sobre el papel, otra figura *semejante* a la primera.

Estas representaciones *reducidas* son absolutamente necesarias, por cuanto la magnitud de las figuras raras veces permitiría su representación real sobre el papel.

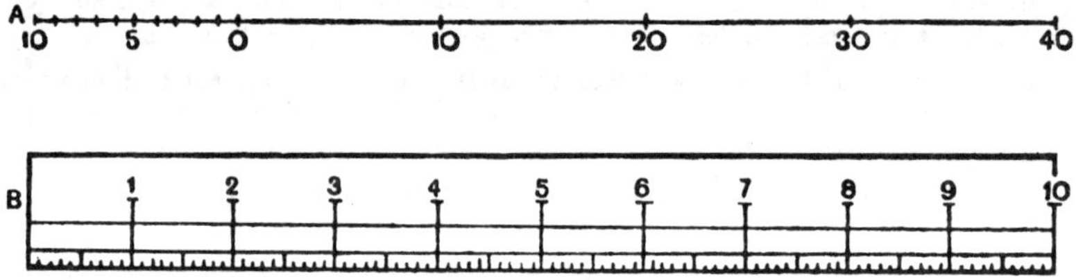

Escalas

La escala A representa una longitud de 50 metros, o 5 decámetros, en la cual el decámetro primero está dividido de metro en metro.

La escala B representa una longitud de 100 metros, o 1 hectómetro, dividido en decámetros, medios decámetros y metros.

240. **Relación de longitudes.** — En la construcción de escalas, conviene establecer una relación conocida entre las longitudes representadas en ella y las longitudes reales.

Así, si la escala B representa una longitud de 100 metros, sus magnitudes lineales estarán reducidas a *una milésima parte,* porque 1 centímetro de ella representa un decámetro, y 1 milímetro, representa 1 metro. La escala, pues, está en la relación de *uno por mil,* lo cual se expresa así:

$$\frac{1}{1000}$$

LECCIÓN XL

Continuación de la anterior

241. Construcción de la escala de 1.000 partes. — Para construír la escala de 1.000 partes, trazaremos 11 líneas horizontales que dejen las diez distancias 1, 2, 3..., 10, iguales entre sí, aunque de una longitud arbitraria.

Dividiremos la horizontal superior en partes iguales que representen 100 metros cada una, y por los puntos de división trazaremos las perpendiculares 100, 200, 300..., 1000. Dividiremos luego el primer hectómetro de la horizontal superior e inferior en diez partes iguales, que representarán 10 metros cada una, y se tirará una recta oblicua que una el 9.° punto de la división superior con el 10.° de la inferior; otra que una el 8.° superior con el 9.° inferior, y así, sucesivamente, hasta que se una el *cero* superior con el 1.° inferior, con lo cual quedará construída la escala.

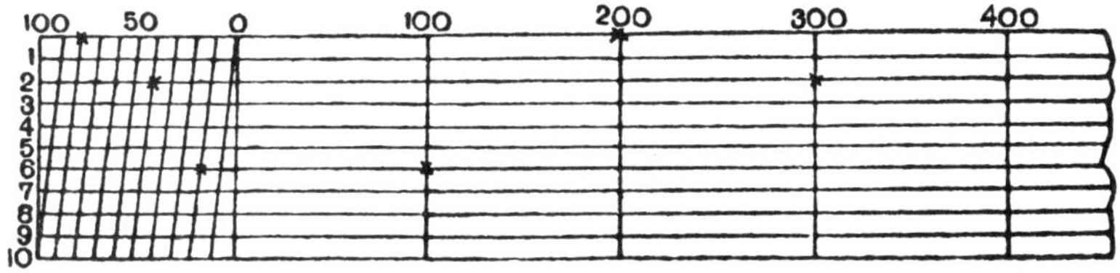

Escala de 1000 partes

Es evidente, según hemos dicho antes, que podría construírse esta escala haciendo que sus magnitudes guarden relación con la medida real.

Para servirse de esta escala, es menester observar que las *centenas* se cuentan desde la vertical *cero* a la derecha; las *decenas,* desde dicha vertical a la izquierda, y las *unidades,* en el punto que indican los números desde 1 hacia abajo.

Así, entre las dos estrellas de la línea superior, hay 280 partes; la distancia marcada por las dos estrellas de la horizontal 2, es de 342 partes, y la señalada por las de la horizontal 6, es de 116 partes.

Geografía

LECCIÓN I

Nuestro mundo

1. **La Tierra.** — Nosotros vivimos en la *Tierra.*

El mundo en que vivimos, o la Tierra, es un cuerpo redondo parecido a una naranja inmensa, que se mueve con velocidades muy grandes en el espacio infinito.

2. **Partes de la Tierra.**—La Tierra se compone de parte *sólida,* como las piedras; parte *líquida,* como los mares, y parte *gaseosa,* como el aire que respiramos.

Prueba de la redondez de la Tierra

3. **La Tierra es redonda.** — Prueba que la tierra es redonda:

1.° Porque, al alejarse un buque de la costa, parece que se va hundiendo en el agua.

2.° Porque, en los eclipses de luna, se ve que la sombra de la Tierra es circular.

3.° Porque, al dar la vuelta al mundo, se regresa al punto de partida sin variar de dirección.

4. **Distancia del Sol.** — La Tierra dista del Sol unos *148 millones* de kilómetros.

5. **Radio de la Tierra.** — La longitud del radio de la Tierra es de *6,366* kilómetros.

6. **Superficie de la Tierra.**—La superficie de la Tierra es de unos *510 millones* de kilómetros cuadrados.

7. **Volumen de la Tierra.** — El volumen de la tierra es de más de *un billón* de kilómetros cúbicos.

8. **Población terrestre.** — La tierra está poblada por unos *2,000 millones* de habitantes.

9. **La Geografía.** — *Geografía* es la ciencia que estudia la Tierra.

10. **División de la Geografía.** — La Geografía se divide en *astronómica, física* y *política.*

La Geografía astronómica estudia la Tierra considerándola como un cuerpo celeste.

La física estudia la manera de ser de la Tierra, su figura, dimensiones, división y fenómenos que se verifican en sus partes.

La política o descriptiva estudia la Tierra como morada del género humano, las divisiones que los hombres han hecho de ella, su gobierno, religión, costumbres, industria, comercio, etc.

Ejercicio del primer año. — En el croquis de la sala de la clase, señalar los objetos situados al norte, sur, este y oeste, y con una cruz, el lugar que ocupa la mesa del niño que hace el trabajo.

Ejercicio práctico del segundo año.—Trazar el plano de la clase a escala de $\frac{1}{100}$. Señalar en él, con una cruz, el sitio que ocupa el niño autor del trabajo.

LECCIÓN II

GEOGRAFÍA ASTRONÓMICA

El Universo

11. **El Universo.**—*Universo* es el conjunto de todo lo que existe.

Forma el Universo la infinidad de cuerpos esparcidos por la inmensidad del espacio, que llamamos *firmamento* o *cielo.*

12. **Los Astros.**—Son *astros* los cuerpos luminosos que vemos en el firmamento.

13. **División de los astros.** — Los astros se dividen en *estrellas fijas* o *soles* y *estrellas errantes.*

14. **Estrellas fijas.** — Son *estrellas fijas* o *soles,* aquellos astros que vemos conservan siempre igual distancia entre sí.

Los soles parecen inmóviles en el espacio y tienen luz propia, acompañada de cierto centelleo más o menos vivo.

15. **Estrellas errantes.**—Se llaman *estrellas errantes,* aquellos astros que no conservan siempre igual distancia entre sí; son *opacos;* reflejan la luz que reciben del Sol, y giran alrededor de él, cruzando el cielo en todas direcciones.

16. **Clases de estrellas errantes.** — Las estrellas errantes son de tres clases: los *planetas,* los *satélites* y los *cometas.*

17. **Las constelaciones.** — Las *constelaciones* son grupos de estrellas fijas, de configuración invariable y

distinta. Las principales constelaciones son: la *Osa Mayor* o *Carro;* la *Osa Menor,* que contiene la *estrella polar* y las *Pléyades.*

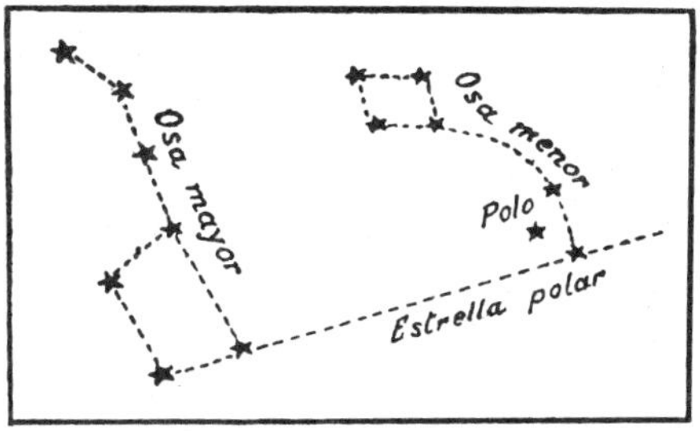

Osa mayor y Osa menor

18. **Tamaño, distancia y número de las estrellas.** — Las estrellas parecen, a simple vista, muy pequeñas, a causa de la enorme distancia, que es tan grande, que la luz de la más próxima tarda unos *cuatro años y medio* en llegar a la Tierra, y las de algunas otras tardan *centenares de años.*

Por razón de su brillo, las estrellas se han dividido en magnitudes de: 1.ª, 2.ª, 3.ª, 4.ª, 5.ª, etc., magnitud.

Se calcula que existen más de 150 millones de estrellas.

19. **La estrella polar.** — Esta estrella se llama así, por hallarse cerca del polo Norte de la Tierra. Es fácil distinguirla: colóquese el hombro derecho hacia donde sale el Sol, y mirando al cielo, se la ve con vivo centelleo, inmóvil, en línea recta con las dos estrellas que vienen a formar las ruedas traseras del *Carro.*

Ejercicio práctico del primer año. — Croquis de la sala de clase: situar la mesa del maestro.

Ejercicio práctico del segundo año. — En el plano de la clase, escala de $\frac{1}{100}$ situar la mesa del primer niño de la clase y la del último.

LECCIÓN III

El sistema planetario

20. **Sistema planetario.** — Nuestro *sistema planetario* o *solar,* lo forman el Sol y los ocho grandes planetas que giran a su alrededor: *Mercurio, Venus,* la *Tierra, Marte, Júpiter, Saturno, Urano* y *Neptuno.*

Tales son los planetas, citados por orden de proximidad al Sol, Mercurio, Venus, la Tierra y Marte son los más pequeños; Júpiter, Saturno, Urano y Neptuno son mucho mayores y distan más del Sol. Entre Marte y Júpiter, hay muchos planetas pequeños llamados *asteroides.*

21. **Órbita de un planeta.** — *Órbita* de un planeta es el camino que sigue al girar alrededor del Sol. La órbita de la Tierra se llama *eclíptica.*

22. **Movimiento de los planetas.** — Todos los planetas tienen dos movimientos: el de *rotación,* sobre su *eje,* y el de *traslación,* alrededor del Sol.

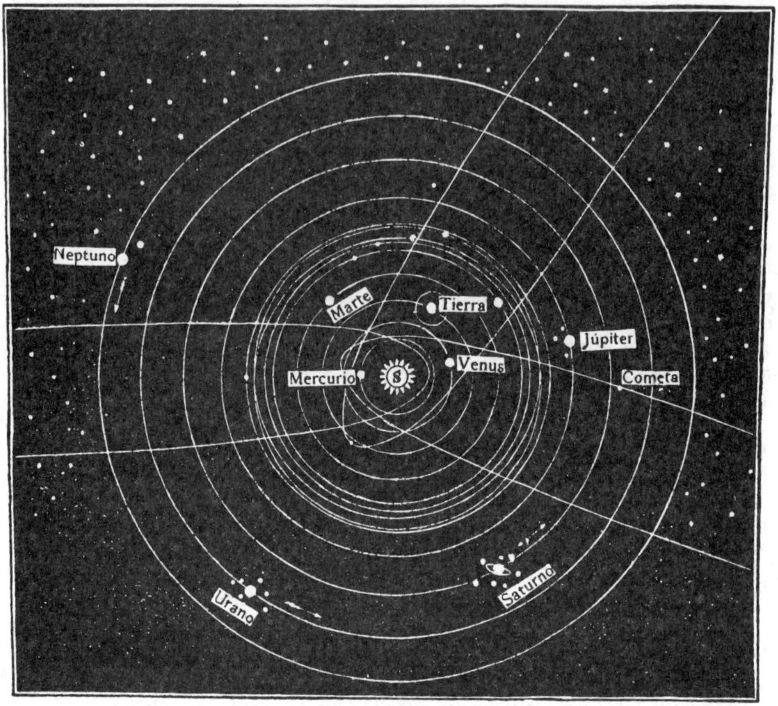

Sistema planetario

23. **Los satélites.** — Los *satélites* son otros astros mucho más pequeños que los planetas, que giran alrededor de éstos, acompañándolos en su viaje alrededor del Sol. Los satélites no tienen luz propia; si brillan, es porque reflejan la luz del Sol, como pudiera reflejarlo un gran espejo.

24. **Número de satélites.** — Se conocen los satélites siguientes: la Tierra tiene uno, que es la *Luna;* Marte, tiene dos; Júpiter, ocho; Saturno, diez; Urano, seis, y Neptuno, uno.

Los satélites de Júpiter tienen gran importancia en la historia de la ciencia, porque sirvieron para medir la velocidad de la luz, que es de 314,000 kilómetros por segundo.

Saturno tiene, además, un gran anillo que le rodea y que se divide en otros tres, dos de ellos luminosos y otro obscuro, que es el más próximo al planeta. El anillo exterior tiene un diámetro de 273,000 kilómetros.

25. **Los cometas.** — Los *cometas* son astros que giran alrededor del Sol, trazando órbitas muy grandes, y

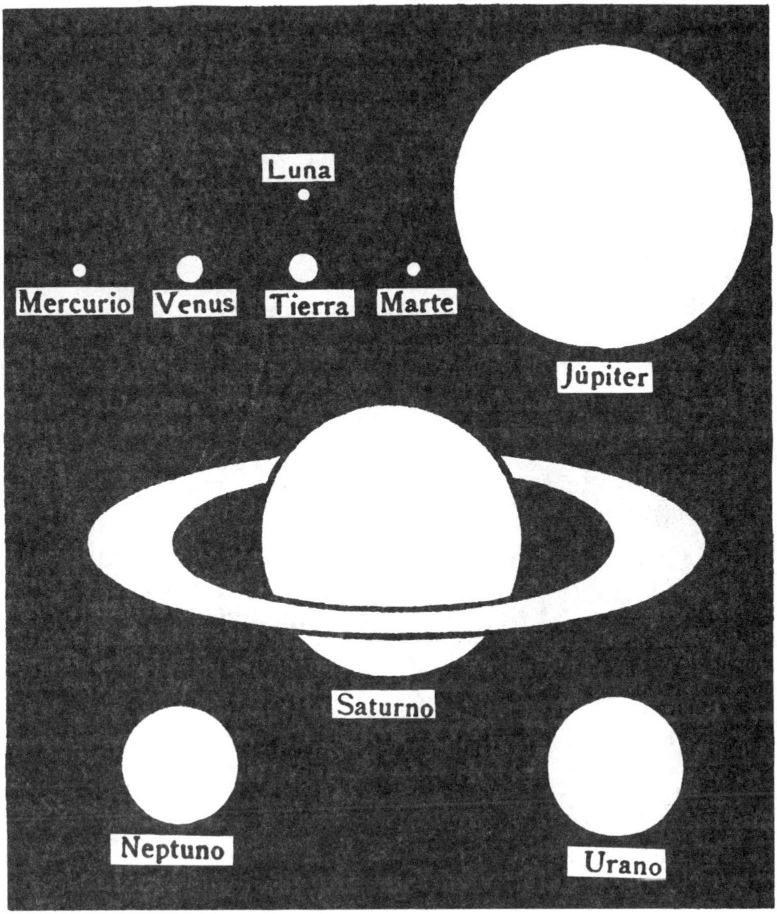

Tamaño comparado de los planetas

que presentan un centro luminoso, seguido, precedido o rodeado de ráfagas luminosas, que reciben los nombres de *cola, cabellera* o *barba.*

Los cometas se dividen en *periódicos* y *no periódicos*, según que su reaparición esté o no, bien comprobada.

El número de cometas es inmenso; pero sólo se conocen *diez y ocho* cuya reaparición sea bien conocida.

Ejercicio práctico del primer año. — Dibujar una circunferencia de tres centímetros de radio, y en ella, desde el centro, una línea, en dirección norte, otra noroeste, otra sur y otra suroeste, poniendo letras indicadoras.

Ejercicio práctico del segundo año. — Dibujar un rectángulo reducido representativo del solar de la escuela: hacer partir de él líneas con flechas indicadoras de los puntos cardinales, diciendo la calle, casa o edificio más próximo a la escuela que correspondan a dichos puntos.

LECCIÓN IV

El Sol

26. **El Sol.** — El *Sol* es una estrella fija que ocupa el centro de nuestro sistema planetario.

27. **Diámetro del Sol.** — El *diámetro* del Sol es *ciento diez veces* mayor que el de la Tierra.

28. **Tamaño.** — El *volumen* del Sol es cerca de *millón y medio* de veces mayor que el de la Tierra.

Si la tierra tuviera el tamaño de una bola de billar, el Sol sería una gran esfera de 5 metros de diámetro.

29. **Radio del Sol.** — El *radio* del globo solar tiene una longitud como el duplo de la distancia que media entre la Tierra y la Luna.

Distintas fases de una mancha solar

30. **Distancia de la Tierra.** — El Sol dista de la Tierra unos *148 millones* de Km. Esta distancia es tan enorme, que un tren exprés, sin parar un solo minuto, tardaría más de *trescientos años* para ir de la Tierra al Sol.

31. Movimientos del Sol. — El Sol tiene *movimiento de rotación* sobre su eje, dando una vuelta completa en 25 días y 13 horas. Este movimiento ha podido estudiarse por las manchas oscuras que aparecen en su disco.

El Sol tiene, además, un *movimiento rectilíneo* hacia el punto del cielo que ocupa una constelación llamada Hércules, moviéndose con una velocidad de 4,860 kilómetros por minuto, arrastrando con él todos los planetas, satélites y cometas que giran a su alrededor.

32. **Velocidad de la luz solar.**—La luz del Sol tarda en llegar a la Tierra *ocho minutos y diez y ocho segundos.*

33. **Necesidad del Sol.** — El Sol es, para nosotros, una fuente inagotable de luz y de calor. Es tan necesario a la Tierra, que sin él no podrían vivir los hombres, los demás animales ni las plantas.

Ejercicio práctico del primer año. — Croquis del término municipal: situar en él el pueblo.

Ejercicio práctico del segudo año. — Croquis del término municipal: situar en él el pueblo, los barrios anejos o algunos grupos de población aislados.

LECCIÓN V

Sobre los movimientos de la Tierra

34. **Movimientos de la Tierra.**—La Tierra, como todo planeta, tiene dos movimientos principales: el de *rotación,* sobre su eje, y el de *traslación,* alrededor del Sol.

35. **El movimiento de rotación.** — La Tierra efectúa el movimiento de rotación con gran rapidez pues da una vuelta completa cada 24 horas.

Esta velocidad es de unos 500 metros por segundo, comparable a la de una bala de cañón.

36. **Efectos del movimiento de rotación.** — A causa del movimiento de rotación, resultan el *día* y la *noche.*

El Sol no puede iluminar, al mismo tiempo, todos los puntos del globo terrestre; sino, tan sólo, los que están vueltos hacia él, es decir, la mitad de la tierra, *que tendrá día,* mientras que en la otra mitad *reinará la noche.*

37. **El movimiento de traslación.** — La Tierra efectúa el movimiento completo de traslación, en 365 días y 6 horas aproximadamente.

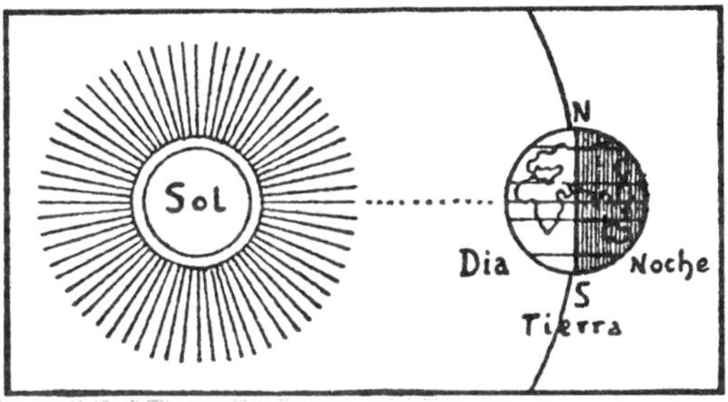

El Sol, iluminando un hemisferio terrestre

Cómo la órbita que describe la Tierra cuando gira en torno del Sol, esto es, la *eclíptica,* es una elipse y el Sol está fijo en uno de sus focos, resulta que la distancia de nuestro planeta al Sol no es siempre la misma: la distancia mayor se llama *afelio,* y la menor, *perihelio.*

38. **Efectos del movimiento de traslación.**—El movimiento de traslación da lugar a las *estaciones,* que son las cuatro partes del año durante cada una de las cuales la Tierra recorre la cuarta parte de su órbita.

39. **Las estaciones.** — Las estaciones son cuatro: *primavera, verano, otoño* e *invierno.*

Las diferencias notables de temperatura que observamos al pasar de una estación a otra, son producidas por la perpendicularidad u oblicuidad con que los rayos del Sol caen sobre los hemisferios: cuando es *verano* en el hemisferio Norte, es *invierno* en el hemisferio Sur; cuando es *primavera* en el hemisferio Norte, es *otoño* en el hemisferio Sur.

40. **El calor del verano y el frío del invierno.**—En

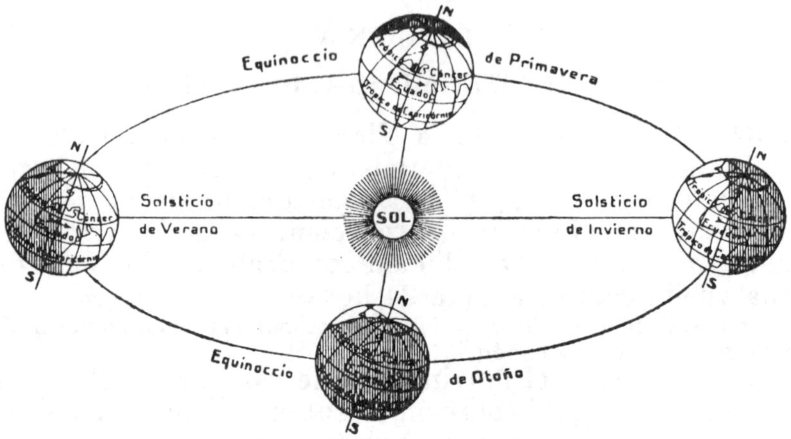

Las estaciones

verano sentimos *calor,* porque los rayos del Sol caen perpendicularmente sobre nuestro hemisferio; en invierno sentimos *frío,* porque los rayos del Sol caen muy oblicuamente sobre el hemisferio en que vivimos.

41. **Equinoccios y solsticios.** — En el año hay dos *equinoccios* y dos *solsticios.* Los equinoccios tienen lugar en 21 de marzo y 24 de septiembre, e indican la *entrada de la primavera* y *del otoño,* respectivamente; los solsticios se verifican en 22 de junio y 22 de diciembre, y señalan la *entrada del verano* y *del invierno,* respectivamente también.

Ejercicio práctico del primer año. — Croquis del términuo municipal: señalar en él los principales caminos.

Ejercicio práctico del segundo año. — Croquis del término municipal: señalar en él los caminos, las corrientes de agua y las alturas de interés.

LECCIÓN VI

Puntos, líneas y círculos de la esfera

42. **Eje de la Tierra.** — *Eje* de la Tierra es la recta imaginaria que, pasando por el centro de nuestro planeta, corta la superficie de éste en dos puntos opuestos llamados *polos*: polo *ártico, boreal* o *Norte* y polo *antártico, austral* o *Sur.*

Es el diámetro alrededor del cual se supone que la Tierra gira.

El eje de la Tierra está inclinado con respecto a la eclíptica, formando con ella un ángulo de 23 grados y 28 minutos. Si fuese perpendicular a ella, el calor sería siempre igual en todas partes durante las épocas del año, disminuyendo progresivamente desde el Ecuador hacia los polos, donde el frío sería mayor que ahora, y en el Ecuador la vida resultaría dificilísima, por el calor abrasador que allá reinaría.

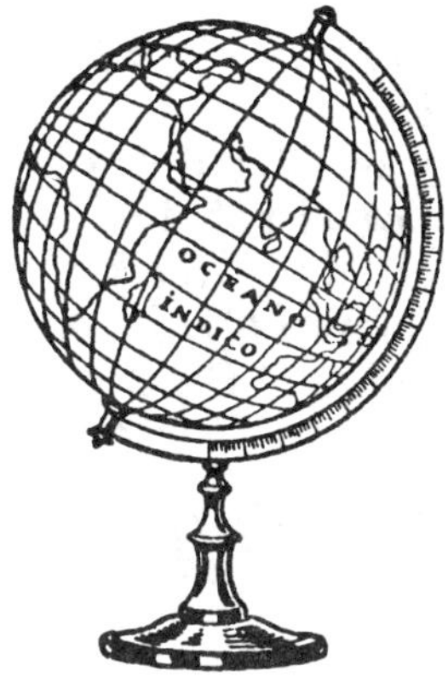

El globo terrestre

43. **El Ecuador.** — El *Ecuador* es un círculo máximo perpendicular al eje de la Tierra, que divide a ésta en dos partes iguales llamadas *hemisferios:* hemisferio *boreal* o *norte* y hemisferio *austral* o *sur.*

44. **Paralelos.** — Los paralelos son círculos menores paralelos al Ecuador, que dividen la Tierra en dos porciones desiguales, y van decreciendo del Ecuador a los polos.

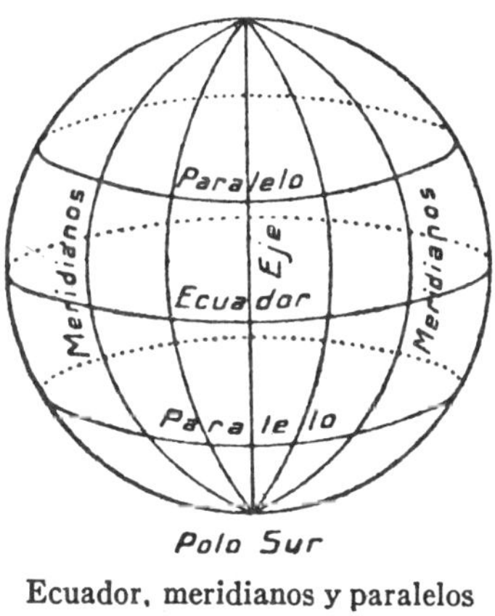

Ecuador, meridianos y paralelos

45. **Los meridianos.**—Se llaman *meridianos* los círculos máximos perpendiculares al Ecuador, que pasan por los polos y dividen la esfera en dos hemisferios: hemisferio *oriental* y hemisferio *occidental.*

Los meridianos y los paralelos sirven para determinar los puntos de la Tierra.

46. Los trópicos. — Se llaman trópicos dos círculos paralelos imaginados uno en cada hemisferio, situados a 23°, 28' del Ecuador. El del Norte se llama trópico de *Cáncer,* y el del Sur, trópico de *Capricornio.*

47. Los círculos polares. — Los *círculos polares* son dos círculos paralelos, uno en cada hemisferio, situados a 23°, 28' del polo respectivo. El del Norte se llama *círculo polar ártico,* y el del Sur, *círculo polar antártico.*

48. **Horizonte visible.** — Se llama *horizonte visible,* el círculo que vemos en derredor nuestro cuando nos hallamos en paraje despejado, y en cuyos límites parece que se tocan la Tierra y el cielo.

Este horizonte se presenta tanto mayor, cuánto más elevado se halla el observador y más llano es el terreno.

49. **Zonas terrestres.** — Los trópicos y los círculos polares dividen la superficie de la Tierra en cinco zonas: la *tórrida,* comprendida entre los dos trópicos; la *templada del Norte,* limitada por el trópico del Cáncer y el Círculo polar ártico; la *templada del Sur,* limitada por el trópico de Capricornio y el Círculo polar antártico; la *glacial del Norte,* comprendida entre el Círculo polar ártico y su polo, y la *glacial del Sur,* comprendida entre el Círculo polar antártico y el polo correspondiente.

En la zona tórrida, viven toda clase de fieras, animales dañinos y los pájaros e insectos más variados y vistosos; como el *elefante,* el *tigre,* el *león,* el *cocodrillo, serpientes venenosas,* los *monos,* el *pájaro mosca,* el *ave del paraíso,* etc.

En las zonas templadas, viven los animales útiles al hombre, como el *buey,* el *caballo,* el *carnero,* la *cabra,* el *perro,* los *pavos* y *gallinas,* etc.

En las zonas glaciales, viven animales de pieles apreciadas, como el *oso,* el *reno,* la *marta,* el *castor,* etc.

Ejercicio práctico del primer año. — Trazar, con el mapa a la vista, el contorno del partido judicial a que pertenece el pueblo del niño que haga el trabajo: situar el pueblo en el partido.

Ejercicio práctico del segundo año. — Croquis del partido judicial: situar las cinco poblaciones más importantes del mismo.

LECCIÓN VII

La orientación

50. **Los puntos cardinales.** — Los puntos cardinales o principales, de la Tierra son: el *Norte,* el *Sur,* el *Este* y el *Oeste.*

Manera de orientarse

51. **El Este.** — *Este* es el lugar del horizonte por donde sale el Sol. El Este también se llama *Oriente* y *Levante.*

52. **El Oeste.**—*Oeste* es la parte del horizonte por donde se pone el Sol. El Oeste también se llama *Occidente* o *Poniente.*

53. **El Sur.** — *Sur* es la parte horizontal situada enfrente de nosotros, si miramos el Sol a las *doce* del día. El Sur se llama también *Mediodía.*

54. **El Norte.** — *Norte* es la parte del horizonte opuesta al Sur. El Norte también se llama *Septentrión.*

55. **Orientarse.** — *Orientarse* es determinar la situación de los puntos cardinales.

56. **Manera de orientarse.** — Para orientarse, nos pondremos con los brazos abiertos, de manera que el derecho señale el lugar hacia donde sale el Sol: a mano derecha tendremos el Este; a la izquierda, el Oeste; a la espalda, el Sur, y frente a nuestra cara, el Norte.

Brújula

Para orientarse de noche, búsquese la *estrella Polar,* que es la más brillante de la Osa menor, la cual señala siempre la dirección del Polo norte.

También podemos valernos de una brújula, cuya aguja movible se pone siempre en las *direcciones* Norte y Sur.

57. **Puntos intermedios.** — El punto intermedio entre el Norte y el Este se llama *Noroeste* o *Nordeste;* el intermedio entre el Norte y el Oeste, *Noroeste;* el intermedio entre el Sur y el Este, *Sureste,* y el intermedio entre el Sur y el Oeste, *Suroeste.*

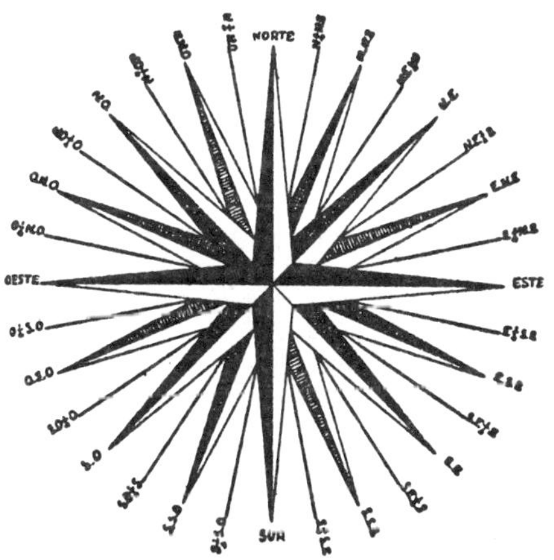

Rosa de los vientos

Si volvemos a marcar otros puntos intermedios entre los *ocho* que ya conocemos, y luego hacemos lo mismo entre los *diez y seis* que resultan, tendremos los *treinta y dos* rumbos o vientos que constituyen la rosa de los vientos.

Ejercicio práctico del primer año. — Trazar el contorno del partido judicial: señalar las corrientes de agua principales.

Ejercicio práctico del segundo año. — Croquis del partido judicial: señalar los ríos y fuentes interesantes.

LECCIÓN VIII

La Luna

58. **La Luna.**—La *Luna* es el satélite de la Tierra; acompaña a ésta en su movimiento en torno del Sol.

59. **Distancia de la Tierra.** — La Luna dista de la Tierra unos 384,000 kilómetros.

Un hombre, andando 50 km. cada día, tardaría unos *24 años* para ir de la Tierra a la Luna; un aeroplano, marchando a 100 kilómetros por hora, tardaría unos *cinco meses.*

La Luna no tiene atmósfera, y, por lo mismo, no hay en ella animales ni vegetales: es un cuerpo celeste sin vida.

60. **Diámetro.** — El diámetro de la Luna es de 3,480 kilómetros, próximamente la cuarta parte del diámetro de la Tierra.

61. **Superficie.** — La superficie de la Luna es unas *trece veces menor* que la de la Tierra.

62. **Volumen.** — La Luna es unas *cincuenta veces menor* que la Tierra.

63. **Paisaje de la Luna.** — La *superficie* de la Luna presenta largas cadenas de montañas altísimas y gran número de *cráteres* gigantescos, que forman cavidades circulares vastísimas.

Paisaje lunar

64. **Movimientos de la Luna.**—La Luna, como todos los astros, tiene dos movimientos principales: *rotación* y *traslación:* el de *rotación,* sobre su eje, y el de *traslación,* en torno de la Tierra.

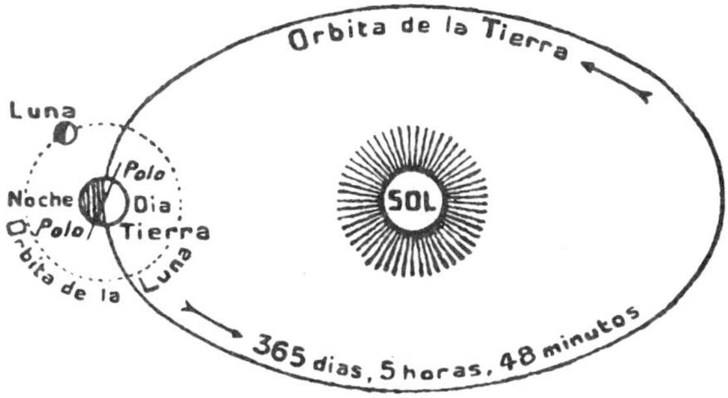

El Sol, la Tierra y la Luna

En ambos movimientos emplea igual tiempo, por cuya razón nos presenta siempre el mismo hemisferio: emplea 27 días y 8 horas, llevando mayor velocidad que la de una bala de cañón.

65. **Fases de la Luna.**—*Fases* de la Luna son los diferentes aspectos en que se presenta a nuestra vista. Estas fases son cuatro: *Luna nueva* o *novilunio, cuarto creciente, luna llena* o *plenilunio,* y *cuarto menguante.*

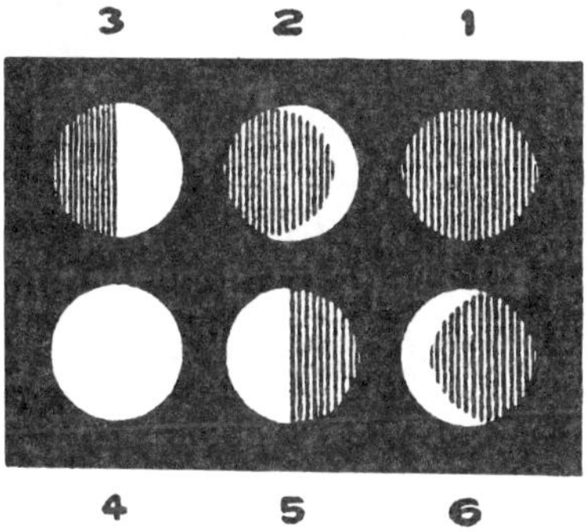

Fases de la Luna

66. **Explicación de las fases de la luna.** — La *luna nueva* se verifica cuando la Luna pasa entre el Sol y la Tierra, pues entonces no vemos la parte iluminada.

La *luna llena* se verifica cuando la Tierra queda entre el Sol y la Luna; entonces vemos toda la parte iluminada, presentando un disco de luz.

El *cuarto creciente* se verifica entre la luna nueva y la llena; entonces vemos la mitad del disco iluminado, que tiene sus extremos hacia la izquierda.

El *cuarto menguante* se verifica entre la luna llena y la nueva: entonces se ve también la mitad del disco iluminado, pero sus extremos están hacia la derecha.

67. **Duración de cada fase.** — Cada fase dura, aproximadamente *siete días y medio.*

Ejercicio práctico del primer año. — Copiar el contorno del partido judicial: señalar las elevaciones del suelo más notables.

Ejercicio práctico del segundo año. — Dibujo del partido judicial: señalar los términos orográficos.

LECCIÓN IX

Eclipses y mareas

68. **Eclipse.** — Se llama *eclipse*, la privación de luz que experimenta un cuerpo, por la interposición de otro que le oculta el que le da la luz.

Todo cuerpo opaco que recibe la luz de un foco luminoso, produce detrás de sí un espacio obscuro, que se llama *sombra*.

La sombra que producen los astros tiene la forma de un cono inmenso, y cuando un astro penetra en este cono de sombra, se **eclipsa.**

Observando el grabado, si S es el Sol y D E la Tierra, la **sombra producida por nuestro mundo es el cono D C E, y el cono truncado D A B E, donde no llegan todos los rayos del Sol, es otra sombra menos obscura llamada *penumbra*. El principio del eclipse se llama *inmersión*, y el momento de la salida, *emersión*.**

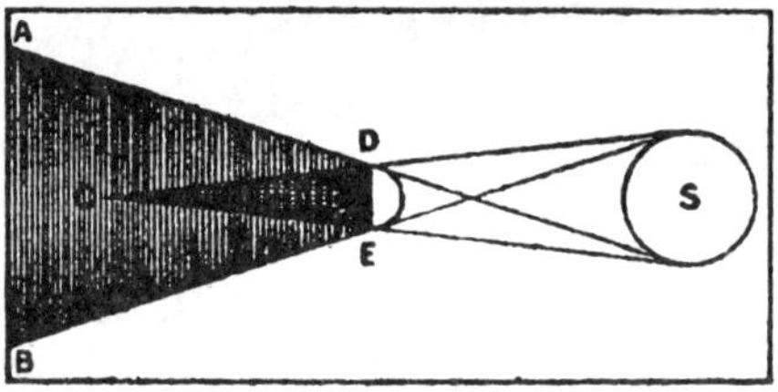

Sombra y penumbra

69. **Clases de eclipses.** — Nos interesan los ***eclipses de Sol*** y los ***eclipses de Luna***.

70. **Eclipse de Sol.** — Hay ***eclipse de Sol,*** cuando la Luna se pone entre el Sol y la Tierra.

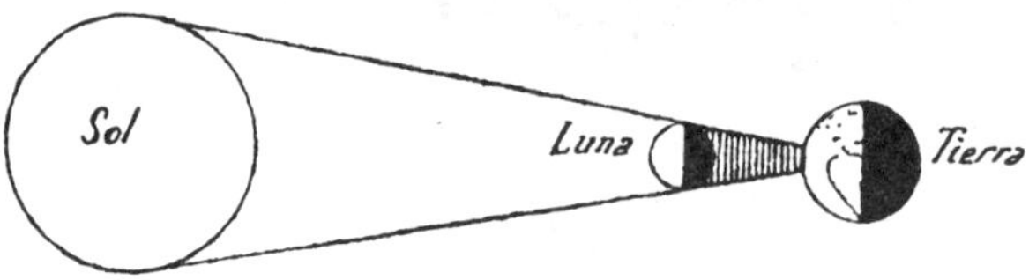

Eclipse de Sol

Los eclipses de Sol pueden ser *totales, parciales* y *anulares*, según que se obscurezca todo el Sol, una parte de él o su centro.

71. **Eclipse de Luna.**—Hay ***eclipse de Luna,*** cuando la tierra se pone entre el Sol y la Luna.

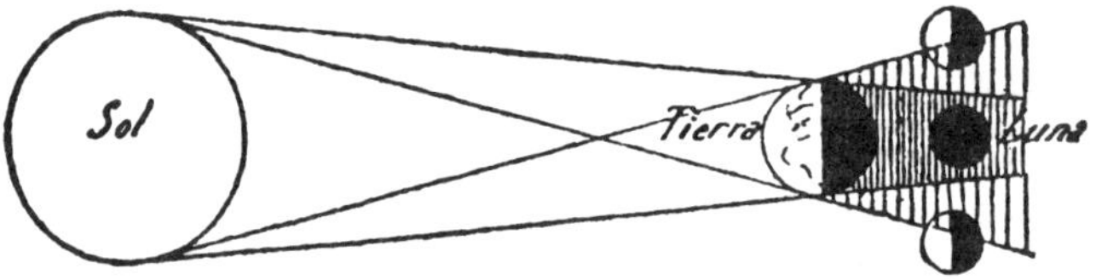

Eclipse de Luna

El eclipse de Luna puede ser *total* o *parcial*, pero nunca anular. Para que el eclipse se produzca, es necesario que los tres astros estén en línea recta.

72. **Mareas.** — Las *mareas* son movimientos alternativos y periódicos de las aguas del mar, cuyo nivel *sube* o *baja* a causa de ellos.

73. **Causas que produce las mareas.**—La *causa* que produce las mareas, es la atracción que ejerce la Luna, más débil que la del Sol, sobre la superficie de la Tierra.

La parte sólida resiste, sin moverse, esta atracción; pero las aguas de los mares se elevan con facilidad. La subida de las aguas se llama *flujo*, y el grado máximo de elevación, *pleamar;* el descenso se llama *reflujo*, y la menor altura, *bajamar.*

74. **Corrientes marinas.** — *Corrientes marinas* son movimientos constantes de las aguas del océano. Las principales corrientes son dos *polares* y una *ecuatorial.* Las dos primeras llevan las aguas frías de los polos hacia el Ecuador; la otra, llamada *del Golfo*, lleva las aguas calientes del Ecuador, de Oeste a Este.

Ejercicio práctico del primer año. — Croquis del partido judicial: indicar las principales vías de comunicación.

Ejercicio práctico del segundo año. — Dibujo del partido judicial: con signos convencionales, indicar las vías férreas, carreteras y líneas telegráficas entre la capital del partido y las cinco poblaciones más importantes del mismo.

LECCIÓN X

Latitudes y longitudes geográficas

75. **División del Ecuador y los meridianos.**—Tanto el *Ecuador* como los *meridianos*, son círculos máximos, que se dividen en 360 partes iguales llamadas *grados;* cada grado se subdivide en 60 partes iguales llamadas *minutos*, y cada minuto, en 60 partes iguales llamadas *segundos.* (6º—6'—6"). La longitud de *un grado* es de 111'111 kilómetros aproximadamente.

76. **Latitud de un lugar.** — *Latitud* de un lugar, es la distancia de este lugar al Ecuador, contada en grados de meridiano. Si el lugar está en el hemisferio norte, tendrá *latitud norte* o *boreal*, y si está en el hemisferio sur, tendrá *latitud sur* o *austral.*

La latitud norte se cuenta desde 0º a 90º, desde el Ecuador al polo Norte, y la latitud sur se cuenta también desde 0º a 90º, desde el Ecuador al polo Sur. De esto se deduce que todos los pueblos situados en el Ecuador tienen *cero grados* de latitud, y que la de los polos es *noventa grados.*

También se deduce que todos los pueblos que están en un mismo paralelo tienen la misma latitud.

77. **Longitud de un lugar.** — *Longitud* de un lugar es la distancia de este lugar a un meridiano *fijo*, conta-

da en grados del Ecuador. Si el lugar se halla situado a la derecha del meridiano fijo o *primer meridiano*, tendrá *longitud oriental*, y si lo está a la izquierda, tendrá *longitud occidental*.

La longitud oriental se cuenta desde 0° a 180°, e igualmente, la occidental.

Como *primer meridiano*, se toma hoy el que pasa por Greenwich (léase *Grinuich)*.

De esto se deduce que todos los pueblos que están situados en un mismo meridiano, tienen la misma longitud.

También se deduce que todos los pueblos que están en el primer meridiano, tienen *cero grados* de longitud.

78. **Para qué sirven las latitudes y longitudes.** — Las latitudes y longitudes *sirven* para fijar y determinar la posición de un lugar o punto sobre la superficie de la Tierra.

La longitud nos dice el meridiano en que se encuentra el lugar, y la latitud, el paralelo. La intersección del meridiano y el paralelo, señala el punto en que el lugar se halla situado en la superficie terrestre.

Ejercicio práctico del primer año. — Producciones animales, vegetales y minerales en el partido judicial.

Ejercicio práctico del segundo año. — Fauna, flora, gea y clima del partido judicial.

LECCIÓN XI

De los mapas o cartas geográficas

79. **Qué es un mapa.**—Se llama *mapa*, la representación, en un plano, de toda la Tierra o parte de ella.

80. **Clases de mapas.**—Hay mapas *universales, generales, topográficos, orográficos, hidrográficos, hipsométricos* y *batimétricos*.

El mapa se llama *universal* o *mapundi*, cuando representa toda la superficie de la Tierra.

Se llama *general*, cuando representa una parte de la Tierra o una nación.

Se llama *topográfico*, si representa una corta extensión de terreno.

Se llama *orográfico*, cuando representa el sistema de montañas de una porción de territorio.

Se llama *hidrográfico*, cuando representa todas o parte de las aguas del mar o de las aguas continentales.

Se llama *hipsométrico*, si representa las alturas o altitudes sobre el nivel del mar.

Se llama *batimétrico*, cuando representa las profundidades del mar.

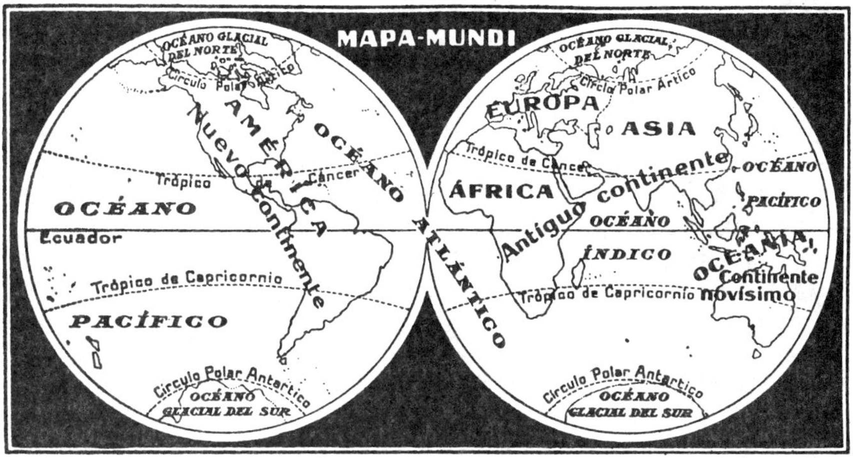

81. **Los puntos cardinales en los mapas.** — En los mapas, el Norte se supone *arriba;* el Sur, *abajo;* el Este, a la *derecha,* y el Oeste, a la *izquierda.*

82. **La latitud en los mapas.** — En los mapas, las *latitudes* se expresan por números escritos al Este y al Oeste.

Para hallar la latitud de un lugar, se halla este lugar en el mapa; se sigue con la vista el paralelo del lugar, y a derecha e izquierda del mapa se leerá la latitud que el lugar tiene.

83. **La longitud en los mapas.** — En los mapas, las longitudes se expresan por números escritos en las líneas que limitan el mapa al Norte y al Sur del mismo.

Para determinar la longitud de un lugar, se halla este lugar en el mapa; se sigue con la vista el meridiano del lugar, y en las líneas que limitan el mapa al Norte y al Sur, se leerá la longitud que el lugar tiene.

84. **Hallar un lugar en el mapa, conociendo la latitud y la longitud del lugar.** — Para determinar un lugar en el mapa, buscaremos su latitud en las líneas del Este y del Oeste del mismo, y su longitud, en las líneas límites del Norte y del Sur; el punto en que se cortarán el paralelo y el meridiano correspondientes, será el lugar deseado.

Ejercicio práctico del primer año. — Copiar el contorno del mapa del de la provincia. — Situar en el dibujo el partido y en él, la población del niño que haga el trabajo.

Ejercicio práctico del segundo año. — En el mapa de la provincia, situar los partidos, y en el partido en que reside el niño situar las poblaciones más importantes del mismo.

GEOGRAFÍA FÍSICA

LECCIÓN XII

La superficie de la Tierra

85. **Superficie de la Tierra.**—La superficie de nuestro mundo está dividida en parte *sólida*, como las rocas, las montañas, y en parte *líquida*, como los mares.

86. **Proporción en que se halla la parte sólida con la líquida.** — Aproximadamente, la parte sólida de la Tierra ocupa la cuarta parte de su superficie, y los mares, los demás, o sea, las tres cuartas partes.

La corteza terrestre, en unas partes se ahonda y deprime para formar las cuencas de los mares, y en otras se levanta para formar los continentes, las islas, las montañas, las mesetas y las llanuras. También está sujeta a muchos cambios, debidos a causas *externas* e *internas*. Son causas externas, la acción constante de las aguas, vientos, las nieves y las mareas, que varían la forma de los terrenos, socavan las rocas y originan derrumbamientos. Las causas internas se reducen al calor central, al que se atribuyen los terremotos, las erupciones volcánicas y las aguas termales.

Se ha comprobado que, por cada 33 metros de profundidad, la temperatura aumenta *un grado*.

87. **Continente.** — *Continente* es una gran extensión de terreno que se puede recorrer sin pasar el mar.

Los continentes son tres: el *Antiguo*, el *Nuevo* y el *Novísimo*. El antiguo continente lo forman *Europa, Asia* y *África;* el nuevo, las *Américas*, y el novísimo, la *Oceanía.*

88. **Isla.** — *Isla* es una porción de tierra rodeada de mar. La agrupación de islas se llama *archipiélago.*

Un cabo

89. **Península.** — *Península* es una extensión considerable de tierra rodeada de agua por todas partes menos por una, que la une a un continente y se llama *istmo.*

España y Portugal forman la península *Ibérica;* el istmo lo forman los Pirineos, que unen la tierra firme con el continente.

90. **Cabo.** — *Cabo* es una porción de tierra que penetra en el mar; si la porción de tierra es muy elevada, se llama *promontorio.*

91. **Marisma.** — Se llama *marisma* al terreno bajo que se inunda con las aguas del mar.

92. **Dunas.** — Las *dunas* son pequeños montes de arena formados por los vientos, en las costas y en los desiertos.

Ejercicio práctico del primer año. — Croquis del mapa de la provincia: señalar las principales corrientes hidrográficas.

Ejercicio práctico del segundo año. — Dibujar el mapa de la provincia: señalar el curso de los ríos. — Gráficos de las longitudes de éstos.

LECCIÓN XIII

Las tierras altas y las tierras bajas

93. **Tierras altas y tierras bajas.** — Se llaman *tierras altas,* las que se elevan 500 o más metros sobre el nivel del mar. Entre ellas hay las *montañas,* los *valles,* las *cañadas,* los *puertos,* las *mesetas* y los *volcanes.*

Se llaman *tierras bajas* las que se elevan menos de 500 metros sobre el nivel del mar. Entre ellas se consideran las *vegas,* los *páramos,* las *estepas,* los *desiertos* y los *arenales.*

94. **Montañas.** — Las elevaciones considerables de la corteza terrestre, forman las *montañas.*

Las montañas poco elevadas se llaman *cerros, colinas, lomas, collados, altozanos* y *montículos.*

La reunión de montañas enlazadas se llama *cordillera,* y las cordilleras de poca elevación toman el nombre de *sierras.*

La parte más baja de una montaña es su *pie;* la parte lateral forma la *ladera,* y la más elevada es la *cima* o *cumbre.*

Una montaña

95. **Valle.** — La llanura comprendida entre dos montañas, se llama *valle,* y si el valle es estrecho y prolongado, forma una *cañada.*

96. **Puerto.** — *Puerto* es la depresión del terreno entre dos montañas, que se utiliza para el paso. Si el puerto es estrecho y largo, se llama *desfiladero.*

97. **Meseta.** — Las llanuras más o menos extensas en la cumbre de una montaña, se llaman *mesetas*.

Volcán en erupción

Volcán apagado

98. **Volcán.** — *Volcán* es un montaña que arroja humo, cenizas y algunas veces, minerales fundidos, llamados *lava*. La boca de un volcán se llama *cráter*.

99. **Vega.** — Se llama *vega* la llanura fértil y extensa.

100. **Páramo.** — La llanura elevada, sin cultivo, menos extensa que la meseta y dañada por todos los vientos, se llama *páramo*.

101. **Estepa.** — Las planicies salitrosas y casi desprovistas de vegetación, se llaman *estepas*.

Caravarana atravesando un desierto

102. **Desierto.** — Los desiertos son grandes extensiones arenosas, sin agua ni vegetación. Allí donde brota el agua, nace la vegetación y se forma un *oasis*, que viene a ser como una isla en el desierto. El animal más útil para recorrer los desiertos, es el *camello*.

103. **Arenales.** — Las tierras bajas y arenosas se llaman *arenales*.

Ejercicio práctico del primer año. — Croquis del mapa de la provincia: señalar en él los principales accidentes orográficos.

Ejercicio práctico del segundo año. — Dibujo de mapa de la provincia: señalar, orientándolas, las montañas principales. — Gráfico de las mayores alturas, comparadas con la más próxima al lugar y conocida del niño.

LECCIÓN XIV

Aguas marítimas y continentales

104. **El Océano.**—Las grandes extensiones de agua salada que bañan los continentes, se llaman *océanos.*

Los océanos son cinco: el *Océano Pacífico* o *Grande Océano,* que es el mayor y más profundo de todos y está situado entre América, Asia y Australia.

El *Océano Atlántico,* entre América, Europa y África.

El *Océano Índico,* entre África, Asia y Australia.

El *Océano Glacial Ártico* y el *Océano Glacial Antártico,* situados alrededor de los polos Norte y Sur, respectivamente.

Los océanos se dividen en *mares,* más pequeños y numerosos, que reciben el nombre de las tierras que bañan; también se llaman *mediterráneos.*

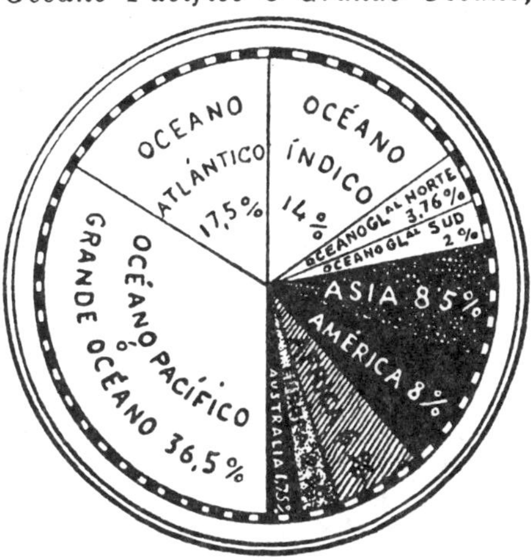

Gráfica demostrativa de la extensión comparada de los grandes mares y de las partes del mundo

105. **Lago.** — *Lago* es una regular extensión de agua rodeada de tierra. Los lagos pequeños se llaman *lagunas.*

106. **Costa o litoral.** — La parte de tierra bañada por el mar, se llama *costa* o *litoral.*

107. **Golfo.** — *Golfo* es una porción regular de agua de mar que penetra en la tierra.

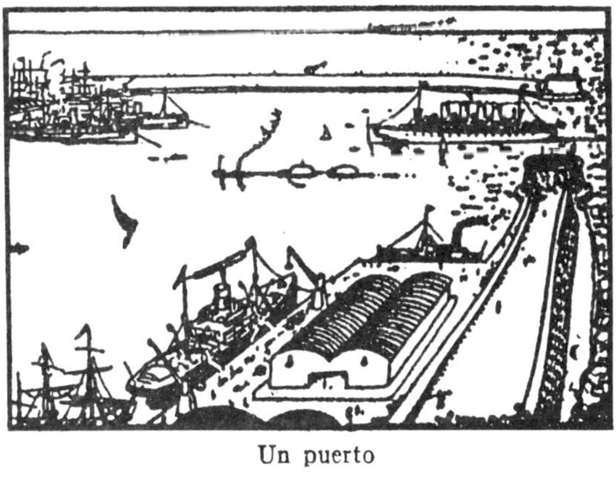

Un puerto

108. **Bahía.** — *Bahía* es un golfo pequeño.

109. **Puerto.** — *Puerto* es un lugar de la costa, al que se acercan los buques para cargar y descargar géneros.

110. **Estrecho.**

— Un brazo de mar entre dos tierras es un *estrecho.*

111. **Fuente.** — Se llama *fuente* o *manantial,* el lugar de la tierra donde brota el agua.

112. **Arroyo.** — *Arroyo* o *riachuelo* es la pequeña y tranquila corriente de agua que sale de una fuente.

113. **Torrente.** — *Torrente* es la impetuosa corriente de agua que discurre sobre la tierra.

114. **Río.**—*Río* es la corriente continua y considerable de agua que discurre sobre la tierra.

Río navegable

Los ríos desembocan en el mar, en un lago o en otro río. El punto en que desembocan se llama *desembocadura.* El río que desemboca en otro río se llama *afluente,* y el punto en que se juntan las aguas de los dos ríos, se denomina *punto de confluencia.*

Las aguas de los torrentes y de los arroyos forman los ríos.

115. **Cuenca.** — *Cuenca* de un río es el terreno que, por su pendiente natural, le dirige las aguas de lluvia.

116. **Cauce.** — Se llama *cauce, álveo* o *lecho,* el canal por donde discurren las aguas de un río.

Las orillas de los ríos se llaman *riberas.*

Los ríos suelen ser fuentes de riqueza de las comarcas que atraviesan, porque riegan los terrenos, facilitan el transporte de mercaderías y mueven máquinas que dan lugar a varias industrias.

Hay algunos ríos que, por la profundidad de sus cauces y el gran caudal de sus aguas, son *navegables.*

Ejercicio práctico del primer año. — Croquis de la provincia: señalar las principales vías de comunicación.

Ejercicio práctico del segundo año. — Dibujo del mapa de la provincia: señalar las vías férreas y las carreteras. — Gráfico comparativo de las longitudes de esas redes con relación a las del partido en que reside el niño.

LECCIÓN XV

Meteoros aéreos y meteoros acuosos

117. **Meteoros.** — Se llaman *meteoros,* los fenómenos que se verifican en la atmósfera.

Hay meteoros *aéreos, acuosos, luminosos* y *eléctricos.*

La atmósfera, esto es, la capa de aire que rodea la Tierra, es absolutamente necesaria para la vida de los animales y de las plantas. Su espesor es desconocido; pero se supone superior a 80 kilómetros. El aire que respiramos se compone, aproximadamente, de 21 partes de *oxígeno*, 79 de *nitrógeno* y una pequeña cantidad de *ácido carbónico* y *vapor de agua*.

118. **Meteoros aéreos.**—La velocidad con que el aire atmosférico, o el *viento*, es puesto en movimiento, da lugar a todos los *meteoros aéreos*.

La principal causa productora del viento, es la desigualdad de temperatura que da el calor del sol a diferentes lugares de la tierra.

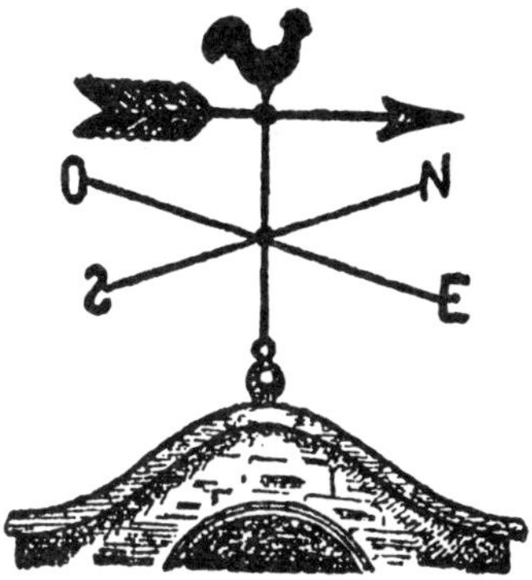

Una veleta

La dirección de los vientos se aprecia por medio de las *veletas*.

En cuanto a la *velocidad*, los vientos toman los siguientes nombres:

La atmósfera se dice que está en *calma*, si el viento lleva una velocidad de 0 a 0'50 metros por segundo.

Se llama *brisa*, si la velocidad es de 0'50 a 4 metros por segundo.

Se llama viento *moderado*, si la velocidad es de 4 a 7 metros por segundo.

Se llama *fresco*, si es de 7 a 11 metros por segundo.

Se llama *viento fuerte*, si la velocidad es de 11 a 17 metros por segundo.

Se llama *tempestuoso*, si es de 17 a 28 metros.

Se llama *huracán* o *ciclón*, si es de 28 metros en adelante por la repetida unidad de tiempo.

119. **Las trombas.**—*Las trombas* o *mangas* son masas de vapores que se elevan, con movimiento giratorio y fuerza tal, que pueden arrancar los árboles y derribar las casas, y suelen ir acompañadas de ruídos y relámpagos. Cuando se sitúan sobre el mar, levantan sus aguas, y los marinos procuran deshacerlas a cañonazos.

Un huracán

120. **Utilidad de los vientos.**—Los vientos son muy útiles, porque purifican la atmósfera y activan el desarrollo de la vegetación.

121. **Nombres de los vientos.** — Los vientos toman el nombre del punto cardinal de que soplan: así, se llaman *viento Norte, viento Sur, viento Este, viento Oeste.* También toman los nombres de los puntos intermedios de la *rosa de los vientos.*

122. Meteoros acuosos. — Son meteoros acuosos las *nubes,* las *nieblas,* la *lluvia,* el *rocío,* el *sereno,* la *escarcha,* la *nieve,* el *granizo* y los *glaciares* o *heleros.*

123. Las nubes. — Las *nubes* son grandes masas de vapor de agua que flotan en la atmósfera, y son producidas por la evaporación que se verifica constantemente en las aguas de la tierra y de los mares.

124. La niebla. — Las *nieblas* son nubes tan bajas que tocan la tierra.

125. La lluvia. — La *lluvia* es producida por las nubes que se resuelven en gotas de agua al atravesar regiones frías de la atmósfera.

126. **El rocío.**—El *rocío* es producido por el enfriamiento que experimenta, por la noche, la capa de aire que toca los cuerpos.

127. **La escarcha.** — Cuando el rocío se hiela, resulta la *escarcha.*

128. **El sereno.** — El *sereno* o *relente,* que suele notarse a la caída de la tarde y durante las primeras horas de la noche, es producido por el enfriamiento que experimentan las capas bajas de la atmósfera, al ponerse el sol.

129. La nieve. — La *nieve* no es otra cosa que el vapor de agua congelado de las nubes, cuando la temperatura de ésta desciende bajo *cero grados,* y cae en forma de copos.

130. El granizo.—El *granizo* y la *piedra,* que caen, casi siempre, en verano y durante el día, consisten en gotas de agua que se han congelado antes de llegar a la tierra.

131. **Los glaciares.** — Los *glaciares* son extensos campos de nieve que se forman cuando la nieve que cae no puede fundirse por persistir las bajas temperaturas. Cuando el terreno es muy inclinado, el glaciar resbala como un gran río de hielo sobre la superficie de la tierra.

Ejercicio práctico del primer año. — Productos naturales y productos industriales de la provincia.

Ejercicio práctico del segundo año. — Producciones de la provincia en los tres reinos de la naturaleza. — Productos industriales. — Importaciones y exportaciones.

LECCIÓN XVI

Meteoros luminosos y eléctricos

132. **Meteoros luminosos.** — Entre los meteoros luminosos, hay los *crepúsculos*, el *arco iris*, los *parhelios* o *paraselenes*, los *halos* o *coronas*, el *espejismo* y los *fuegos fatuos*. Casi todos los meteoros luminosos son debidos a la *refracción* de la luz.

133. Los crepúsculos. — Los *crepúsculos* son debidos a la refracción de la luz, y consisten en la claridad que aparece antes de salir el Sol y después de haberse puesto. El de la mañana se llama *matutino*, y el de la tarde, *vespertino*.

134. El arco iris. — El *arco iris* es una inmensa franja de colores que aparece en la atmósfera, producida por la descomposición de la luz del Sol, al atravesar las gotas de agua de lluvia.

Igualmente se descompone la luz del Sol, cuando atraviesa un prisma triangular de cristal.

La luz solar se descompone en los siete colores siguientes: *rojo, anaranjado, amarillo, verde, azul claro, azul oscuro* y *violado*.

135. Los parhelios. — Los *parhelios* o *paraselenes* son debidos a la refracción de la luz, y consisten en producir la ilusión de que se ven una o más imágenes del Sol o de la Luna.

136. **Halos o coronas.** — El *halo* o *corona* consiste en un círculo luminoso con los colores del arco iris, que se ve rodeando el Sol o la Luna, cuando estos astros están próximos a nuestro horizonte visible.

137. **El espejismo.** — El *espejismo* consiste en la ilusión óptica de que se ven invertidas las imágenes de los objetos en las playas arenosas, como si estuvieran situados sobre las aguas quietas de un lago.

138. **Los fuegos fatuos.** — Los *fuegos fatuos* son exhalaciones luminosas que se suelen ver en los cementerios y lugares pantanosos, producidos por un gas que se produce en la descomposición de las materias orgánicas.

139. Meteoros eléctricos. — Son *meteoros eléctricos:* el *trueno*, el *relámpago*, el *rayo*, el *fuego de San Telmo* y la *aurora boreal*.

140. El trueno. — *Trueno* es el ruído producido por una gran descarga eléctrica, que se produce en la atmósfera.

141. **El relámpago.** — *Relámpago* es la chispa eléctrica que se produce entre dos nubes cargadas de electricidad.

142. **El rayo.** — *Rayo* es la chispa eléctrica que va de una nube a la tierra.

El rayo

El rayo cae siempre sobre los objetos elevados, y de aquí la gran necesidad de que, en días de tempestad, no nos coloquemos en campanarios, torres, debajo de los árboles, etc. El rayo destroza cuanto halla a su paso, y no pocas veces incendia los edificios.

Para preservar los edificios de los efectos de la chispa eléctrica, se utilizan los *pararrayos*, colocándolos en la parte más elevada de las casas.

143. **El fuego de San Telmo.**—El *fuego de San Telmo* o *helena*, es una ráfaga de luz que se suele observar en lo más alto de los palos de los buques, en las puntas de las veletas y pararrayos, etc., producida por la electricidad de la tierra, que es atraída por la de una nube.

144. **La aurora boreal.** — *Aurora boreal* es una inmensa luz de colores que aparece en las regiones polares de la Tierra, iluminándolas durante las noches de sus largos inviernos. Créese que las auroras boreales son producidas por la electricidad.

Ejercicio práctico del primer año. — En el croquis de la provincia, señalar con fajas de color los sitios templados y los más fríos.

Ejercicio práctico del segundo año. — En el mapa de la provincia, señalar con fajas de color, las zonas más secas, las más húmedas, las más cálidas y las más frías.

LECCIÓN XVII

GEOGRAFÍA POLÍTICA

La especie humana.—Vínculos sociales.—El gobierno

145. **Unidad de la especie humana.**—Todos los hombres que pueblan la Tierra, forman una sola especie: el *género humano.*

Las diferencias en el color, el cabello, la configuración del cráneo, las facciones y la estatura, se explican por el clima, el género de vida, los alimentos, la educación, la cultura, etc., etc.

146. **Vínculos sociales.** — Las principales causas o *vínculos sociales* que unen al hombre con sus semejantes, son la *raza*, la *religión* y el *lenguaje.*

147. **Razas humanas.** — Los seres humanos se dividen en cinco ***razas*** **principales: la *blanca,* la *negra,* la *amarilla,* la *cobriza* y la *malaya.***

La raza *blanca* vive en Europa, América, el Occidente de Asia y el Norte de África; es la más civilizada y sobresale por su inteligencia.

La raza *negra* vive en el Sur, Centro y Occidente de África, en América del Norte y en algunas islas de la Oceanía.

La *amarilla* vive en el Oriente de Asia, principalmente en la China y el Japón, en el extremo norte de Europa y América y en el Norte de Oceanía.

Raza blanca

Raza negra

La *cobriza* o *americana* se conserva todavía en las montañas de América y en la Patagonia.

La *malaya* ocupa el Sur de Asia y la Oceanía.

148. **La religión.** — *Religión* es el conjunto de creencias acerca de Dios.

Las religiones se dividen en dos clases: el *monoteísmo* y el *politeísmo*. El monoteísmo comprende los religiosos que adoran a un solo Dios, y el politeísmo, los que adoran muchos dioses.

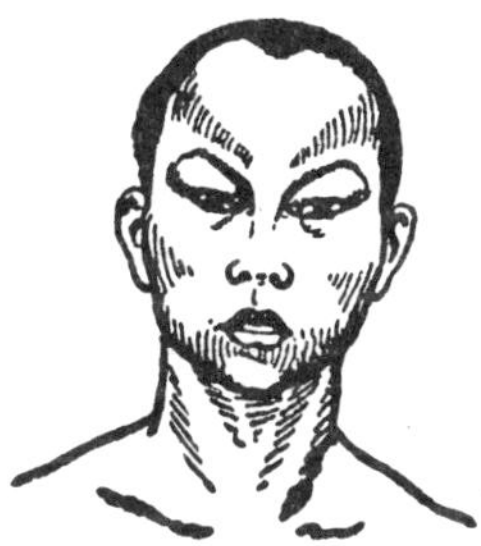

Raza amarilla

Los *cristianos,* los *mahometanos* y los *judíos* son monoteístas; el *fetichismo,* el *sabeísmo,* el *brahmanismo,* el ***budismo*** **y el *lamismo,* son religiones politeístas.**

Raza cobriza

La religión cristiana se subdivide en: *católica, protestante* y *cismática.*

En Europa, las religiones católica y protestante son las que cuentan con mayor número de fieles.

149. El lenguaje — El *lenguaje* es la facultad de expresar nuestros pensamientos por medio de la palabra.

Se hablan, en el mundo, más de 800 idiomas. Los más hablados son: el ***chino,*** el ***inglés,*** el ***castellano,*** el ***francés,*** el ***alemán*** **y el *ruso.***

Raza malaya

150. **El Gobierno.** — *Gobierno* es el ejercicio de la autoridad. El *Gobierno* de una nación dicta las leyes y se encarga de que estas sean cumplidas.

El gobierno reviste dos formas principales: la *republicana* y la *monárquica.*

El gobierno es republicano, cuando el poder superior reside en varias personas, quienes eligen al jefe superior de la nación que toma el nombre de *Presidente de la República.*

El gobierno es monárquico, cuando el poder superior reside en una sola persona que se llama *rey, emperador, sultán,* etc.

En las repúblicas *democráticas,* el poder reside en el pueblo y éste, por el sufragio, lo delega en el *Parlamento.*

151. **Confederación.**—*Confederación* es la nación formada por varios *Estados,* regidos por un gobierno único.

152. **Colonias.** — Los territorios dominados por un estado y situados fuera de él, se llaman *colonias.*

Ejercicio práctico del primer año. — Monumentos principales de la provincia.

Ejercicio práctico del segundo año. — Principales monumentos históricos, artísticos y religiosos de la provincia, dibujando una alegoría sobre los mismos.

LECCIÓN XVIII

GEOGRAFÍA POLÍTICO-DESCRIPTIVA

Europa. — Generalidades

153. **Europa.** — *Europa* se halla situada en la parte N-O. del Antiguo Continente. Es la más pequeña de las cinco partes del mundo; pero es la más civilizada y rica y la más poblada.

154. **Extensión y población.** — La superficie de Europa mide unos 10 millones de kilómetros cuadrados y está poblada por más de 450 millones de habitantes, casi todos de raza blanca.

155. **Límites.** — Europa limitada al N. con el Océano Glacial Ártico; al E., con Asia y el mar Caspio; al S., con el mar Mediterráneo y el Negro, y al O., con el Océano Atlántico.

156. **Mares, golfos y estrechos.** — Los principales mares, golfos y estrechos de Europa son los siguientes:

Al Norte, el *Océano Glacial Artico*, que forma el mar *Blanco.*

Al Oeste, el *Océano Atlántico*, que forma el mar del *Norte*, el cual, por los estrechos de *Kattegat, Skager-Rack* y *Sun*, penetra hacia el interior, formando el mar

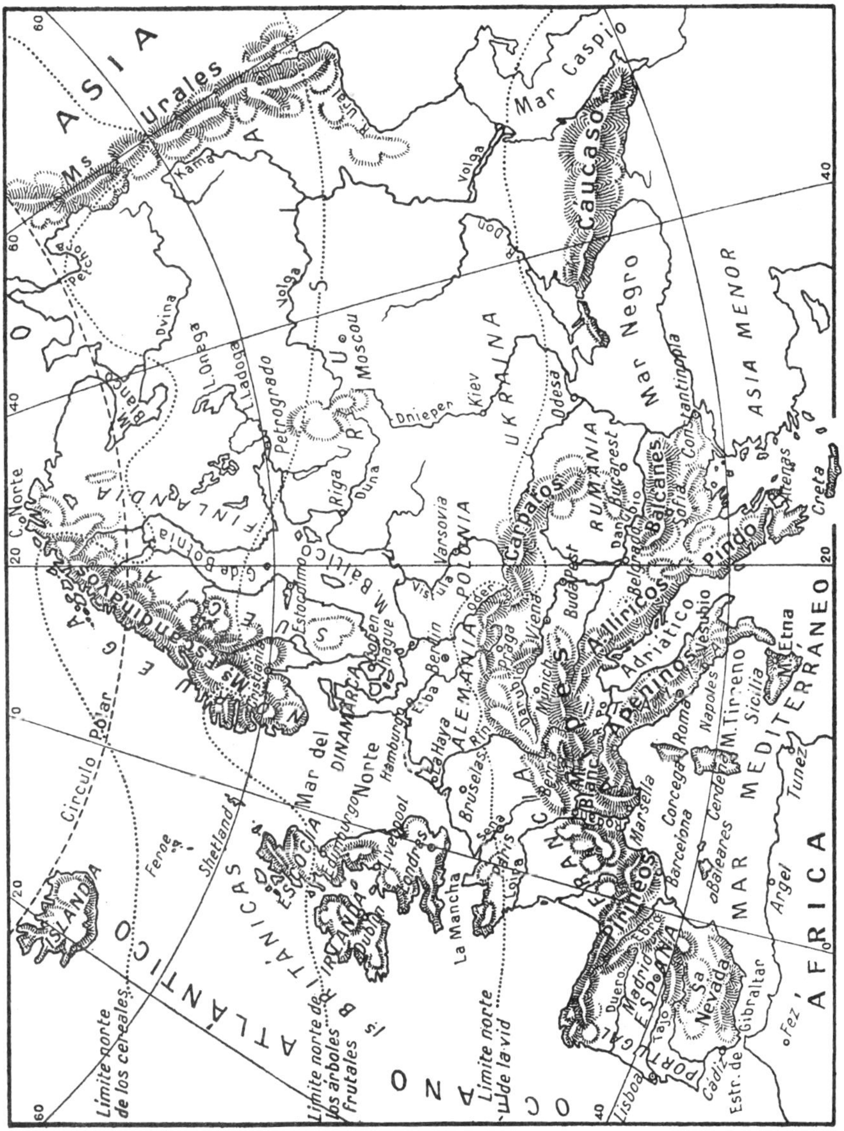

Mapa físico de Europa

Báltico, con los golfos de *Botnia, Finlandia* y *Riga.* El canal de *Kiel,* abierto por los alemanes, comunica el mar Báltico con el del Norte.

En el Atlántico, se forman el canal de la *Mancha,* entre Inglaterra y Francia, y el de *San Jorge,* entre Irlanda e Inglaterra; el golfo de *Vizcaya* o mar *Cantábrico,* entre España y Francia, y el estrecho de *Gibraltar,* entre España y África.

Al Sur, el mar *Mediterráneo,* que forma los golfos de *Valencia, Lyón* y *Génova;* el estrecho de *Bonifacio,* entre Córcega y Cerdeña; el golfo de *Nápoles;* el estrecho de *Mesina,* entre Sicilia e Italia; el golfo de *Tarento;* el mar *Adriático,* y los golfos de *Venecia* y *Trieste;* el mar *Jónico* y el golfo de *Lepanto;* el mar *Egeo,* que forma el golfo de *Salónica;* el estrecho de los *Dardanelos,* que comunica con el mar de *Mármara,* por el que se pasa al mar *Negro* siguiendo el canal de *Constantinopla,* y los mares *Caspio* y *Azof.*

157. **Cabos.**—**Los cabos más notables de Europa son: el *Norte,* en la Escandinavia; el *Skagen,* en Jutlandia; el *Lands-End,* en Inglaterra; el *Hogue,* en Francia; el *Finisterre* y el de *Tarifa* en España; el de *San Vicente,* en Portugal; el *Espartivento,* en Italia, y el de *Matapán,* en Grecia.**

158. **Penínsulas. — Las principales penínsulas europeas son: la *Escandinavia,* formada por Suecia y Noruega; la *Jutlandia,* en Dinamarca; la *Ibérica,* que constituye España y Portugal; la *Itálica,* formada por Italia; la de *Morea,* en Grecia y la de *Crimea,* en el mar Negro.**

159. **Lagos. — Los lagos europeos son más numerosos en el Norte que en el Sur; los más notables son: los de *Wéner, Weter* y *Melarn,* en la Escandinavia; *Ladoga, Onega* y *Peipús,* en Rusia; los de *Constanza, Leman, Neufchatel* y *Zurich,* en Suiza; los de *Como, Mayor* y *Garda,* en Italia.**

Ejercicio práctico del segundo año. — El idioma en la provincia: refranes, canciones.

Ejercicio práctico del segundo año.—El idioma en la provincia: refranes, canciones, leyendas. — Variaciones en la expresión según las comarcas.

LECCIÓN XIX

Generalidades de Europa. — Clima. — Producciones. Industria. — Comercio

160. **Ríos.** — Los ríos más caudalosos de Europa son: el *Petchora,* el *Mezén,* el *Duina* y el *Onega,* que van al mar Blanco; el *Niemen,* el *Vístula* y el *Oder,* que

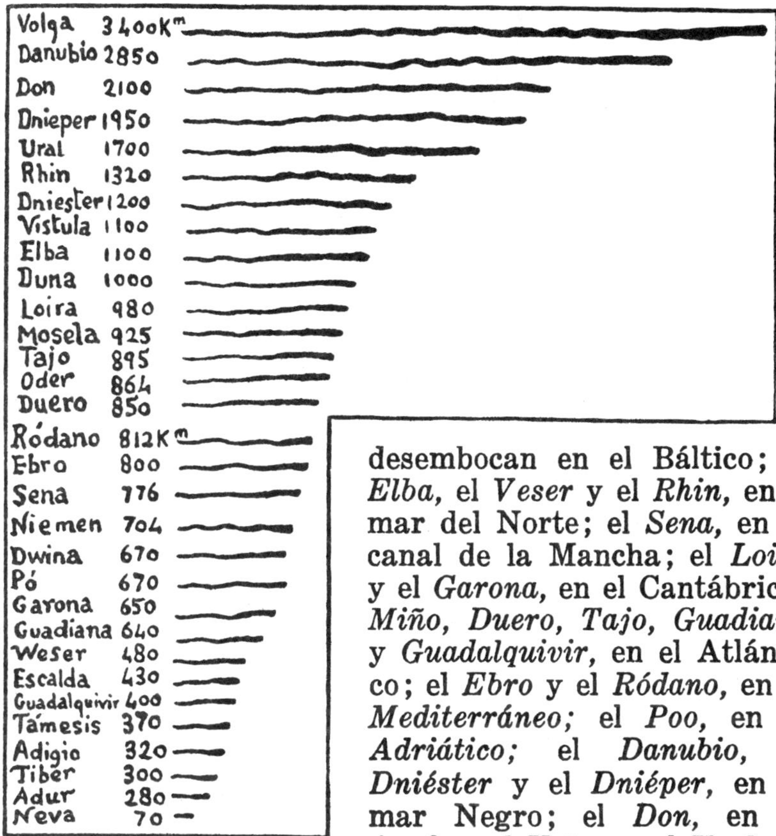

Gráfico demostrativo de las longitudes comparadas del curso de los principales ríos de Europa

desembocan en el Báltico; el *Elba*, el *Veser* y el *Rhin*, en el mar del Norte; el *Sena*, en el canal de la Mancha; el *Loira* y el *Garona*, en el Cantábrico; *Miño, Duero, Tajo, Guadiana* y *Guadalquivir*, en el Atlántico; el *Ebro* y el *Ródano*, en el *Mediterráneo;* el *Poo*, en el *Adriático;* el *Danubio*, el *Dniéster* y el *Dniéper*, en el mar Negro; el *Don*, en el Azof, y el *Volga* y el *Ural*, en el mar Caspio.

161. **Islas.**—Las *islas* más importantes de Europa son: la de *Nueva Zembla*, en el Océano Glacial Ártico; las de *Islandia, Spitzberg, Feroe, Seetland, Británicas, Hébridas* y *Orcadas*, en el Atlántico; las de *Zelanda, Fionia, Falster, Laaland, Gotland, Oesel, Dago* y *Aland*, en el Báltico; las *Baleares, Córcega, Cerdeña, Elba, Sicilia, Malta, Lípari, Jónicas* y *Cícladas*, en el Mediterráneo.

162. Montañas. — Los montes más notables de Europa son los *Escandinavos* o *Dofrines*, que accidentan la península Escandinava; los *Vosgos* y *Cevenes*, en Francia; los *Alpes*, en Suiza; los *Pirineos*, entre España y Francia; los *Ibéricos*, que corren por España de Norte a Sur; los *Apeninos*, en la península italiana; la

Selva Negra, en Alemania; los *Cárpatos*, en Alemania y Austria; los *Balkanes*, en Turquía; los *Urales*, que limitan Europa y Asia; los del *Cáucaso*, al Sur de Rusia.

163. **Volcanes.** — Entre los Volcanes europeos, citaremos: el *Etna*, en la isla de Sicilia; el *Vesubio*, en Nápoles; el *Estrómboli* y el *Vulcano*, en las islas de Lípari; el de *Teide*, en Canarias, y el de *Hecla*, en la isla de Islandia.

164. **Clima.** — El *clima* de Europa es extremadamente frío en las elevadas regiones de los Alpes, de los Escandinavos, de Sierra Nevada y de los Pirineos, y al Norte de Rusia. En las demás regiones es, por lo general, benigno debido a la latitud, a la corriente del Golfo y a las brisas del mar.

165. **Producciones.** — En Europa se hallan todas las producciones de los climas templados, recogiéndose en abundancia: *cereales* y *patatas*, en Francia, España, Austria y Rusia; variedad de *frutas* y excelentes *vinos*, en Francia, España, Italia y Austria; *cáñamo* y *lino*, en los estados centrales; *algodón, dátiles, caña de azúcar* y *arroz*, en las naciones del Sur.

Gráfico demostrativo de la producción de vino en el mundo

166. **Industria.**—Siendo Europa la más civilizada y rica de las cinco partes del mundo, es natural que en ella tengan su cuna todas las industrias y que se desarrollen con el mayor esplendor. Alemania, Francia, Inglaterra, Austria, Italia, España, Suiza y Bélgica, van a la cabeza del movimiento industrial de la humanidad.

167. **Comercio.** — El desarrollo poderoso de la industria, las muchas líneas marítimas y los numerosos kilómetros de ferrocarriles, cables submarinos, telégrafos y teléfonos, permiten que el comercio europeo, tanto de *exportación* como de *importación*, sea el más rico de las cinco partes del mundo.

Ejercicio práctico del primer año. — Centros de enseñanza en la provincia, para niños y para hombres.

Ejercicio práctico del segundo año. — Centros de enseñanza en la provincia: literarios, artísticos y religiosos; de primera y segunda enseñanza.

LECCIÓN XX

Estados de Europa

168. **Los estados de Europa.** — Hay en Europa *cinco grandes potencias, veintidós estados de segundo orden* y *cuatro territorios independientes.*

169. **Las grandes potencias.** — Las grandes potencias son el *Reino Unido de la Gran Bretaña* o *Inglaterra, Francia, Italia, Alemania* y *Rusia.*

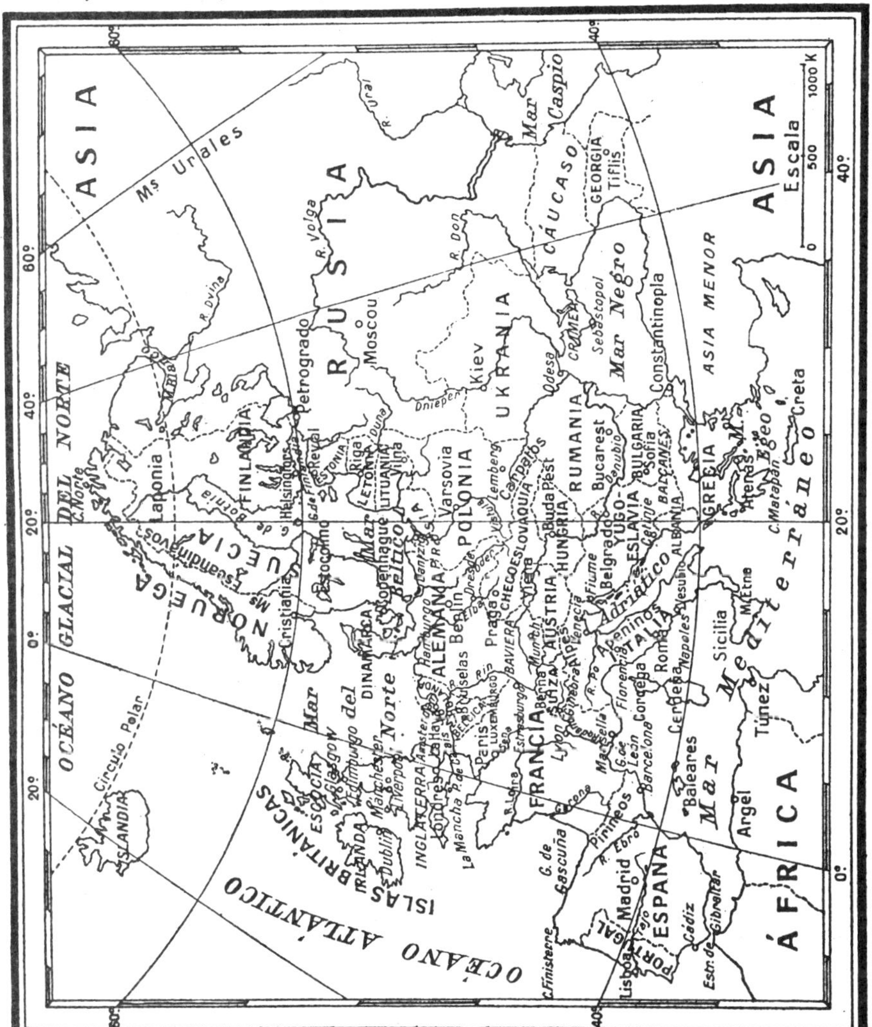

Mapa político de Europa

170. **Inglaterra.** — INGLATERRA tiene 315,000 kilómetros cuadrados y unos 50 millones de habitantes, de religión protestante e idioma inglés; su capital es *Londres.*

Inglaterra es potencia sumamente culta y comercial, y en ella florecen todas las industrias. Posee las minas de hulla más ricas del mundo, y sus colonias son importantísimas: en Asia posee la *India;* en África, *Egipto* y *El Cabo;* en América, el *Canadá,* y en la Oceanía, *Australia.* Sus ciudades más notables son la *capital* (8 millones de hab.) la población mayor de Europa, *Edimburgo, Liverpool, Manchester, Glasgow, Birmingham, Cambridge,* etc. Recientemente la gran isla de *Irlanda* ha casi conseguido la independencia; su capital es *Dublín.*

171. **Francia.** — FRANCIA posee 550,986 kilómetros cuadrados y más de 40 millones de habitantes, católicos y de lengua francesa. Su capital es *París,* emporio de la civilización, del progreso del arte y de la moda.

Francia es una nación muy comercial e industriosa: produce maquinaria, tejidos, productos químicos, armas, perfumes, etc., y su agricultura es floreciente: sus célebres vinos de *Champaña* se beben en todo el mundo. Posee muchas colonias: en África, *Argelia, Túnez, Madagascar* y la *Senegambia;* en Asia, la *Cochinchina.* Sus ciudades más notables son: la *capital* (3 millones de hab.), *Lyón, Burdeos, Marsella, Estrasburgo, Metz, Reims, El Havre,* etc.

172. **Italia.** — ITALIA tiene 310,000 kilómetros cuadrados y más de 38 millones de habitantes, católicos y

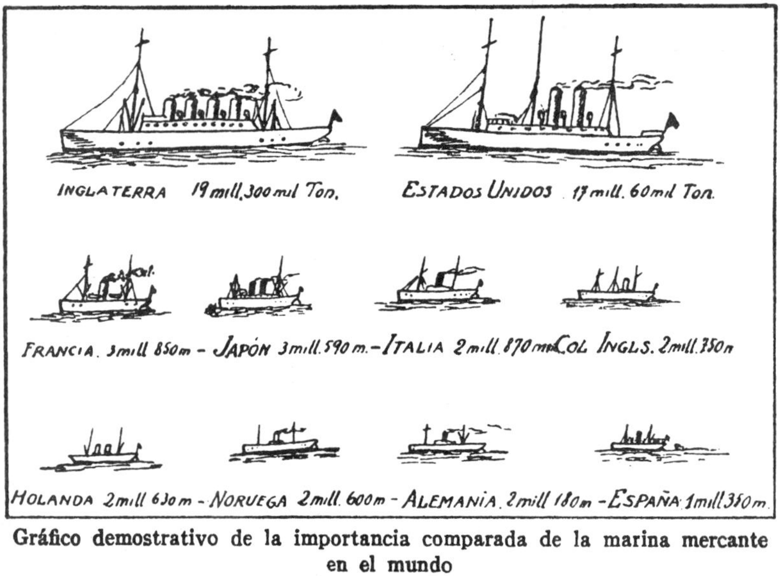

Gráfico demostrativo de la importancia comparada de la marina mercante en el mundo

de idioma italiano; su capital es *Roma*, residencia del Papa y centro mundial de las Bellas Artes.

La nación *italiana* desarrolla mucho comercio y tiene floreciente industria, así como los mármoles más hermosos del mundo; extrae hierro y azufre, y cosecha ricos vinos. Le pertenecen las islas de *Sicilia* y *Cerdeña*, y tiene en África las colonias de *Trípoli* y *Eritrea*. Son poblaciones notables la *capital* (538,000 hab.), *Venecia, Milán, Florencia, Nápoles, Génova, Turín, Trieste*, etc.

173. **Alemania.** — ALEMANIA posee 472,000 kilómetros cuadrados y más de 59 millones de habitantes, que profesan el protestantismo y hablan el alemán; su capital es *Berlín*.

Alemania es una nación muy culta, de gran comercio y la más industriosa del mundo, singularmente en maquinaria, productos químicos, fundiciones metalúrgicas, cerveza, etc. Sus poblaciones más notables son la *capital* (más de 3 millones y 1/2 de habitantes), *Hamburgo, Colonia, Munich, Stutgart, Dresde*, etc.

174. **Rusia.** — RUSIA reúne unos 4 millones y medio de Km. cuadrados, con una población de 150 millones de habitantes, de religión cismática e idioma ruso; su capital es *Leningrado* (antes llamada *Petrogrado)*.

Rusia produce muchos cereales, pieles, maderas, etc., y sus poblaciones más notables son la *capital* (2 millones de habitantes), *Moscou, Odessa, Vladimir, Astrakán*, etc.

175. **Estados de segundo orden.** — Los estados europeos de segundo orden son: *España, Suecia, Finlandia, Noruega, Polonia, Rumanía, Yugoeslavia, Grecia, Checoslovaquia, Bulgaria, Portugal, Hungría, Austria, Suiza, Dinamarca* (sin Islandia), *Holanda, Bélgica, Albania, Estonia, Letonia* o *Latvia, Lituania* y *Ukrania*.

176. **Territorios independientes.** — Son territorios independientes: *Luxemburgo* (2.500 Km. cuad. y 230 mil habitantes), capital Luxemburgo; *Andorra* (452 kilómetros cuadr. y 5,000 hab.), capital San Julián; *República de San Marino* (Italia) (60 Km. cuad. y 11,000 hab.), capital San Marino; *Principado de Mónaco* (1 1/2 Km. cuadrados y 15,000 hab.), capital Mónaco.

Ejercicio práctico del primer año. — Provincias de la región: situar la del niño con respecto a cada una de las demás.

Ejercicio práctico del segundo año. — Provincias de la región: gráfico comparativo de su extensión tomando por tipo la del niño.

LECCIÓN XXI

Europa. — Estados de segundo orden

177. **España.** — ESPAÑA tiene 507,000 Km. cuad. y 21 millones de habitantes.

178. **Suecia.** — SUECIA (448,000 Km. cuad. y unos 6 millones de hab.), capital *Estocolmo,* ciudad culta; religión protestante; idioma sueco.

Comercia en maderas, hierro y pesca salada. Poblaciones importantes: la *capital, Upsala, Halsmstad, Malmoe, Goteborg,* etc.

179. **Finlandia.** — FINLANDIA (377,000 Km. cuad.; 3 millones de hab.), capital, *Helsingfors;* religión protestante; idioma finlandés.

Comercio más importante, la pesca salada. Poblaciones notables: la *capital, Abo, Viborg, Hango, Kotka,* etc.

180. **Noruega.** — NORUEGA (323,000 Km. cuad. y 2 y medio millones de hab.), capital *Oslo* (antes llamada *Cristianía);* religión protestante; idioma sueco.

El principal comercio consiste en maderas, cobre, hierro, ganados y pesca salada. Poblaciones importantes: la *capital, Bergen, Arendal, Cristiansand,* etc.

181. **Polonia. — POLONIA (300,000 Km. cuad.; 15 millones de hab.), capital *Varsovia;* religión católica; idioma polaco.**

Cosecha cereales abundantes, cáñamo, lino, patatas y mucho ganado. Poblaciones importantes: la *capital, Cracovia, Posen, Bresláu,* etc.

182. **Rumanía. — RUMANÍA (298,000 Km. cuadr.; 15 y medio millones de hab.), capital *Bucarest;* religión cismática; idioma rumano.**

Terreno fértil; produce trigo, cebada, avena, patatas, tabaco, etcétera; riqueza de aguas minerales. Su puente de *Chermavoda,* sobre el Danubio, es el más largo del mundo. Poblaciones notables: la *capital, Galatz, Jassi, Pitesti, Constanza,* etc.

183. **Yugoslavia.** — YUGOSLAVIA, constituída por ***Servia, Bosnia, Montenegro, Esclavonia*** **y** ***Croacia*** **(250 mil km. cuad.; 12 millones de hab.), capital** ***Belgrado;*** **religiones católica y cismática; idiomas** ***servio, croata,*** **etc.**

Produce muchos cereales, cáñamo, ganado, muchas ciruelas, vino, seda y miel. Poblaciones notables: la *capital, Agram, Serajevo, Banga, Palanka,* etc.

184. **Grecia.** — Grecia (200,000 km. cuad.; 8 millones de hab.), capital *Atenas;* religión cismática; idioma griego.

Grecia, cuna principal de la civilización europea, posee gran número de islas fértiles y pobladas, como las del *Archipiélago*, *Eubea*, *Corfú*, *Cefalonia*, *Zante*, *Cícladas*, etc.; produce tejidos, cerámica, plata, plomo, cinc, cobre, buenos vinos, cereales, muchos frutos y las célebres pasas de Corinto. Ciudades notables: la *capital*, *Patras*, *Corinto*, *Lepanto*, *Pireo*, *Nauplia*, *Esparta*, *Tebas*, etc.

185. Checoslovaquia. — CHECOSLOVAQUIA, formada por la *Moravia* y la *Bohemia* (140,000 km. cuadrados; 13 y medio millones de hab.), capital *Praga;* religión católica; idioma checo.

País fértil y bien cultivado, que produce hulla, muchos cereales y legumbres, remolacha, lino, cáñamo; posee fundiciones de hierro, grandes fábricas de tejidos de lino, lana y algodón, azúcar, cristalería, joyería, porcelana, papel, productos químicos, etc. Poblaciones importantes: la *capital*, *Brunz*, *Komotay*, *Pilsen*, *Saaz*, etcétera.

Ejercicios prácticos del primer año. — Croquis de la región: límites de la misma: extensión y población.

Ejercicio práctico del segundo año.—Dibujar el mapa de la región: gráfico comparativo de su extensión y población, comparándola con la del partido en que reside el niño.

LECCIÓN XXII

Europa. — Estados de segundo orden

186. Bulgaria. — BULGARIA (98,000 Km. cuadrados; 4 y medio millones de hab.), capital *Sofía;* religión cismática; idioma búlgaro.

Bulgaria produce cereales, maderas, buenos pastos y ganadería. Principales ciudades: la *capital*, *Rutschuk*, *Varna*, *Filipópolis*, *Slivno*, *Chumla*, etc.

187. Portugal. — PORTUGAL (92,000 Km. cuadrados; 6 y medio millones de hab.), capital *Lisboa;* religión católica; idioma portugués.

Posee en África las colonias de *Mozambique*, *Angola*, *Guinea*, las islas de *Cabo Verde;* nación agrícola y de futura riqueza minera; cosecha abundantes y ricos vinos, cereales, cáñamo y aceite. Ciudades importantes: la *capital*, *Oporto*, *Braga*, *Vizeo*, *Coímbra*, *Evora*, *Castellobranco*, etc.

188. Hungría. — HUNGRÍA (87,000 Km. cuadrados; 8 millones de hab.); capital *Budapest;* religión católica; idioma húngaro.

En su centro forma una vastísima y fértil llanura; produce el mejor trigo del mundo, cáñamo, lino, remolacha, todos los cereales, ganadería muy importante y abundante vino. Poblaciones notables: la *capital*, *Sregedín*, *Szabalka*, *Presburgo*, *Debreczín*, *Hodmero*, etc.

189. Austria. — AUSTRIA (84,100 Km. cuadrados; 6 y medio millones de hab.), capital *Viena;* religión católica; idioma alemán.

Suelo fértil, que produce cereales, patatas, buenos vinos, muchos pastos; posee ganadería, minerales, gran comercio e industria floreciente; nación de gran cultura. Poblaciones notables: la capital, *Lemberg, Graz, Linz,* etc.

190. **Suiza.** — SUIZA es una confederación de 22 cantones (41,300 Km. cuadrados; 4 millones de hab.); capital *Berna;* religión católica y protestante; idiomas francés, italiano, alemán y romancho.

Suiza es una nación montañosa, muy culta, industriosa, comercial y pintoresca; tiene lagos maravillosos; extrae hierro y níquel; sus principales industrias son los tejidos, la relojería y la fabricación de quesos y mantecas. Sus principales ciudades son: la *capital, Zurich, Lucerna, Ginebra, Basilea,* etc.

191. **Dinamarca.** — DINAMARCA (sin *Islandia)* (38 mil kilómetros cuadrados; unos 3 millones de hab.); capital, *Copenhague;* religión protestante; idioma danés.

Le pertenecen las islas de *Seeland, Fionia, Féroe* y otras; produce buenos pastos, animales domésticos, gran cantidad de cáñamo, lino, cereales, patatas y buenos frutos. Poblaciones notables: la *capital, Bornholm, Randers, Soroe, Odensea,* etc.

192. **Holanda.** — HOLANDA o PAÍSES BAJOS (34,000 kilómetros cuadrados; 6 y medio millones de hab.); capital *La Haya;* religión católica y protestante; idioma holandés.

Gran parte de su territorio ha sido arrebatado al mar, del que se defiende mediante potentes diques; produce ricos pastos, cereales y renombrado ganado vacuno, cuya leche da origen a una producción de queso de fama mundial. Son poblaciones importantes, la *capital, Amsterdam,* residencia del Gobierno; *Utrech, Rotterdam, Croninga, Harlem,* etc.

193. **Bélgica.** — BÉLGICA (29,000 Km. cuadrados; unos 8 millones de hab.), capital *Bruselas;* religión católica; idioma francés.

Bélgica, es nación culta, industriosa y comercial: produce tejidos, blondas, maquinaria, etc. Poblaciones notables: la *capital, Amberes, Gante, Brujas, Malinas, Ostende, Iprés,* etc.

194. **Albania.** — ALBANIA (26,000 Km. cuadrados; 1 y medio millones de hab.); capital *Durazzo;* país montañoso.

Ciudades importantes: la *capital, Skodra, Janina, Antivari,* etc.

195. **Estonia.** — ESTONIA (44,000 Km. cuadrados; 1 millón y medio de habitantes); capital *Revel;* país muy llano, al que pertenecen las islas *Dago* y *Oesel.*

196. **Letonia.** — LETONIA o LATVIA (51,000 Km. cuadrados; 2 millones de hab.); capital *Riga.*

197. **Lituania.** — LITUANIA (50,000 Km. cuadrados; 2 millones y medio de hab.) ; capital *Kovno.*

198. **Ukrania.** — UKRANIA (510,000 Km. cuadrados; 35 millones y medio de hab.) ; capital *Kiev;* país muy fértil que produce muchos cereales y ganado.

Ejercicio práctico del primer año. — Croquis de la región: señalar en él las principales corrientes hidrográficas.

Ejercicio práctico del segundo año. — Dibujar el mapa de la región: hidrografía.—Gráfico de las longitudes de los ríos, tomando por base el más conocido del niño.

LECCIÓN XXIII

España

199. **Situación de España.** — *España* se halla situada al SO. de Europa y forma, con Portugal, la *península Ibérica.*

200. **Extensión y población.** — España tiene de extensión superficial 507,000 kilómetros cuadrados, es decir, unas veinte veces menor que Europa, poblados por más de 21 millones de habitantes.

201. **Límites de España.**—España *limita* al N. con el mar Cantábrico, Francia y la República de Andorra; al E., con el mar Mediterráneo; al S., con el mismo mar Mediterráneo, el estrecho de Gibraltar y el Océano Atlántico; al O., con Portugal y el Océano Atlántico.

Los tres mares que bañan España, le dan 2,125 kilómetros de costas, que favorecen su comercio en gran manera.

202. **El suelo.** — La agricultura es la principal fuente de riqueza de España; pero sus rendimientos no son considerables, debido a la falta de una dirección moderna y a no aprovechar el agua debidamente.

203. **Minas, industria y comercio.** — El suelo español encierra en abundancia los *metales* más diversos: plomo, hierro, cobre, plata, mercurio, etc.

La *industria española* es floreciente en muchas provincias: fundiciones de metales, maquinaria, tejidos, pesca salada, mobiliario, etc., etc.

El *comercio*, tanto exterior como interior, ha aumentado considerablemente en pocos años.

204. **Cabos, golfos y estrechos.** — *Cabos* principales: Los de *Peñas, Finisterre, Tarifa, Gata, Palos* y *Creus.*

Cabos de segundo orden: *Machichaco, Ortegal, Estaca de Vares, Toriñana, Trafalgar* y *San Antonio.*

Golfos más notables: el de *Gascuña,* el de *Cádiz,* el de *Valencia* y el de *Rosas.*

El *estrecho de Gibraltar* separa España de África.

205. **Islas.** — España posee las islas *Baleares*, en el Mediterráneo y las *Canarias*, en el Océano Atlántico.

206. **Vertientes y ríos.** — El suelo español ofrece *tres vertientes*, dirigidas hacia los *tres mares* que ba-

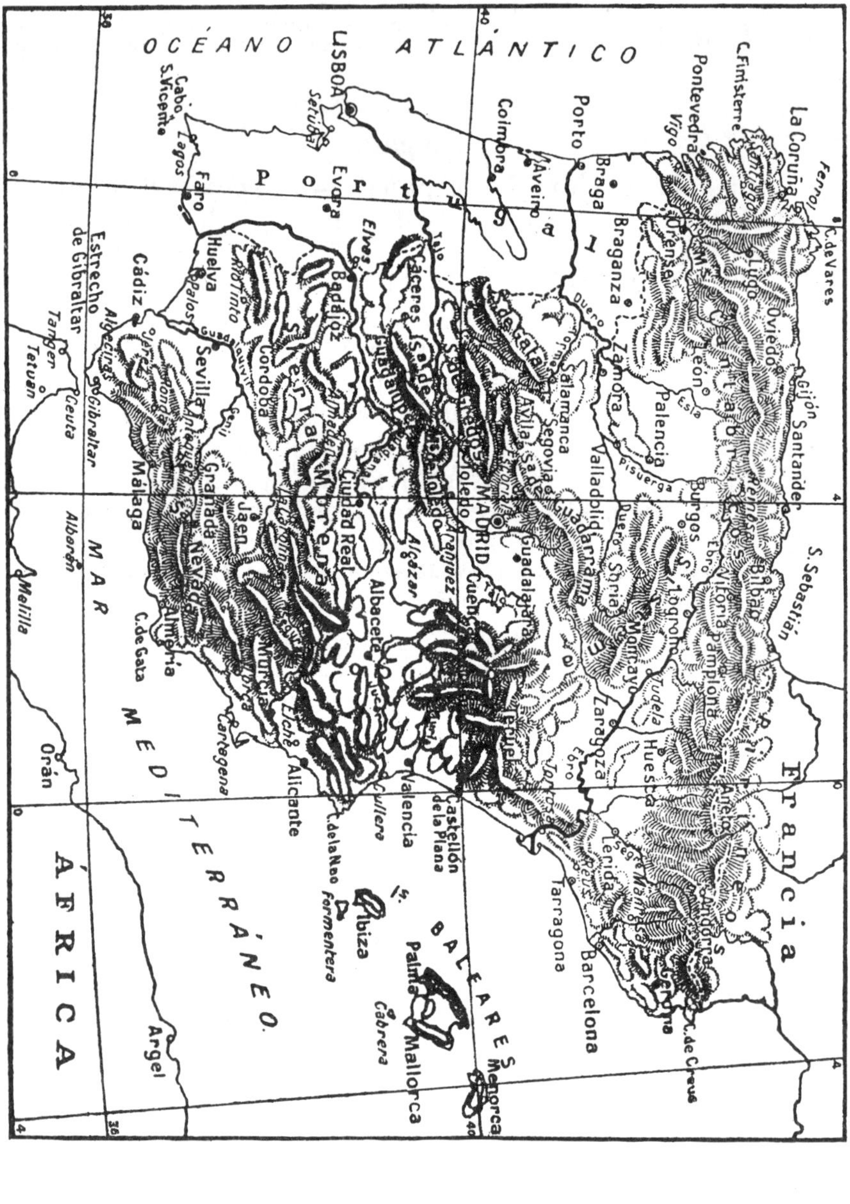

Mapa físico de España

ñan la Península: la *Cantábrica,* la *Atlántica* y la *Mediterránea.*

La vertiente *Cantábrica,* que es la más estrecha, tiene los siguientes ríos: el *Bidasoa,* el *Nervión* y el *Nalón.*

Por la vertiente *Atlántica* corren el *Miño,* el *Duero,* el *Tajo,* el *Guadiana,* el *Tinto,* el *Guadalquivir* y el *Guadalete.*

La vertiente *Mediterránea* tiene los siguientes: el *Segura,* el *Júcar,* el *Turia,* el *Ebro,* el *Llobregat,* el *Besós* y el *Ter.*

El *Miño* nace en Fuente Miña, provincia de Lugo, sirve de límite entre España y Portugal, después de 275 Km. de curso.

El *Duero* nace en la sierra de Urbión (Soria), y desemboca cerca de Oporto, después de un curso de 800 Km.

El *Tajo* nace en la sierra de Molina (Teruel), y desagua en Lisboa, habiendo recorrido 912 Km.

El *Guadiana* nace en las lagunas de Ruidera (Albacete), y desemboca en Ayamonte, habiendo seguido un curso de 820 Km.

El *Guadalquivir* nace en la sierra de Alcaraz (Jaén), y desagua en Sanlúcar de Barrameda, después de haber recorrido 579 Km.

El *Ebro* nace en Fontibre (Santander), y desemboca en los Alfaques, siendo su curso de 870 Km.

El *Ter* nace en los Pirineos, provincia de Gerona, baña los inmortales muros de esta ciudad y desemboca frente las islas Medas, habiendo recorrido un curso de 175 Km.

Ejercicio práctico del primer año. — Croquis del mapa de la región: señalar en él los principales accidentes orográficos.

Ejercicio práctico del segundo año. — Dibujar el mapa de la región y señalar en él las montañas. — Gráfico de alturas en relación con la de una colina próxima al lugar del autor del trabajo y bien conocida de él.

LECCIÓN XXIV

España

207. **Cordilleras de España.**—Seis *cordilleras* recorren la Península Ibérica: la *Pirenaica,* la *Ibérica,* la *Carpetana,* la *Oretana,* la *Mariánica* y la *Penibética.*

La *Pirenaica* se extiende desde el cabo de Creus, al E., al de *Finisterre,* al O.; la *Ibérica* o *Celtibérica,* parte de Reinosa y sigue la Península de N. a S., hasta el cabo de Gata; la *Carpetana* o *Cordillera Central* arranca de la Ibérica, separa las dos Castillas, León y Extremadura, y se interna en Portugal; la *Oretana* o *Montes de Toledo,* corre por Castilla la Nueva y Extremadura; la *Mariánica* o *Sierra Morena,* separa Castilla la Nueva de Andalucía, y la *Penibética* o *Sierra Nevada,* parte de la Ibérica y corre desde el cabo de Gata hasta la punta de Tarifa.

Las alturas mayores de España se hallan en los Pirineos y Sierra Nevada, en la que el *Pico de Mulhacén* alcanza 8,900 metros sobre el nivel del mar.

208. **Lagunas.** — Las principales lagunas españolas son: la *Gallocanta,* en Zaragoza; la *Albufera,* en Valencia; el *Mar Menor,* en Murcia; las de *Ruidera,* en Albacete, y la de *Janda,* en Cádiz.

209. **Puertos de mar.** — Los *puertos de mar* de mayor importancia son el de *Barcelona,* el de *Tarragona,* el de *Valencia,* el de *Cartagena* y el de *Málaga,* en el mar Mediterráneo; los de *Cádiz, Vigo, La Coruña* y el *Ferrol,* en el mar Atlántico, y los de *Gijón, Santander* y *Bilbao,* en el Cantábrico.

210. **Principales vías férreas.** — Los ferrocarriles principales son los siguientes:

1.º El de *Madrid a Francia,* por Irún.

2.º El de *Madrid a Francia,* por Barcelona.

3.º El de *Madrid a Cartagena,* con ramales a Valencia y Alicante.

4.º El de *Madrid a Cádiz,* con ramales.

5.º El de *Madrid a Portugal,* por Badajoz.

6.º El de *Madrid a La Coruña,* con ramales a Santander y Asturias.

211. **Principales carreteras.** — Las carreteras de primer orden son seis: la de *Madrid a Francia,* la de *Aragón,* la de *Valencia,* la de *Andalucía,* la de *Extremadura* y la de *La Coruña.*

212. **Canales de riego.** — Los canales más notables son: el *Imperial de Aragón,* que toma sus aguas del río Ebro; el de *Castilla,* que las toma del río Pisuerga; el de *Isabel II,* que las recibe del río Lozoya y abastece a Madrid.

213. **Ciudades más importantes.** — Las ciudades españolas de mayor importancia son: *Madrid, Barcelona, Zaragoza, Valencia, Murcia, Málaga, Sevilla, Granada, Cádiz, La Coruña, Burgos, Valladolid, San Sebastián, Santander, Bilbao, Oviedo,* etc., etc.

214. **Clima.** — El *clima* de España es frío en las altas mesetas de Castilla; es caluroso en el Sur; bastante templado en las costas, y variable en el centro.

215. **Religión, idioma y gobierno.** — La *religión* de la mayoría de los españoles es la ***Católica Apostólica Romana.***

El idioma es el *español;* pero también se hablan el *catalán,* el *vascuénce,* el *gallego,* el *valenciano* y el *mallorquín.*

El gobierno de España es republicano.

216. La capital. — La capital de España es la villa de *Madrid,* donde reside el Gobierno.

Ejercicio práctico del primer año. — Croquis del mapa de la región: indicar en él las principales vías de comunicación.

Ejercicio práctico del segundo año. — En el mapa de la región: indicar las redes de ferrocarriles y carreteras. — Gráfico comparativo de una y otra en relación con las del partido a que pertenece el niño.

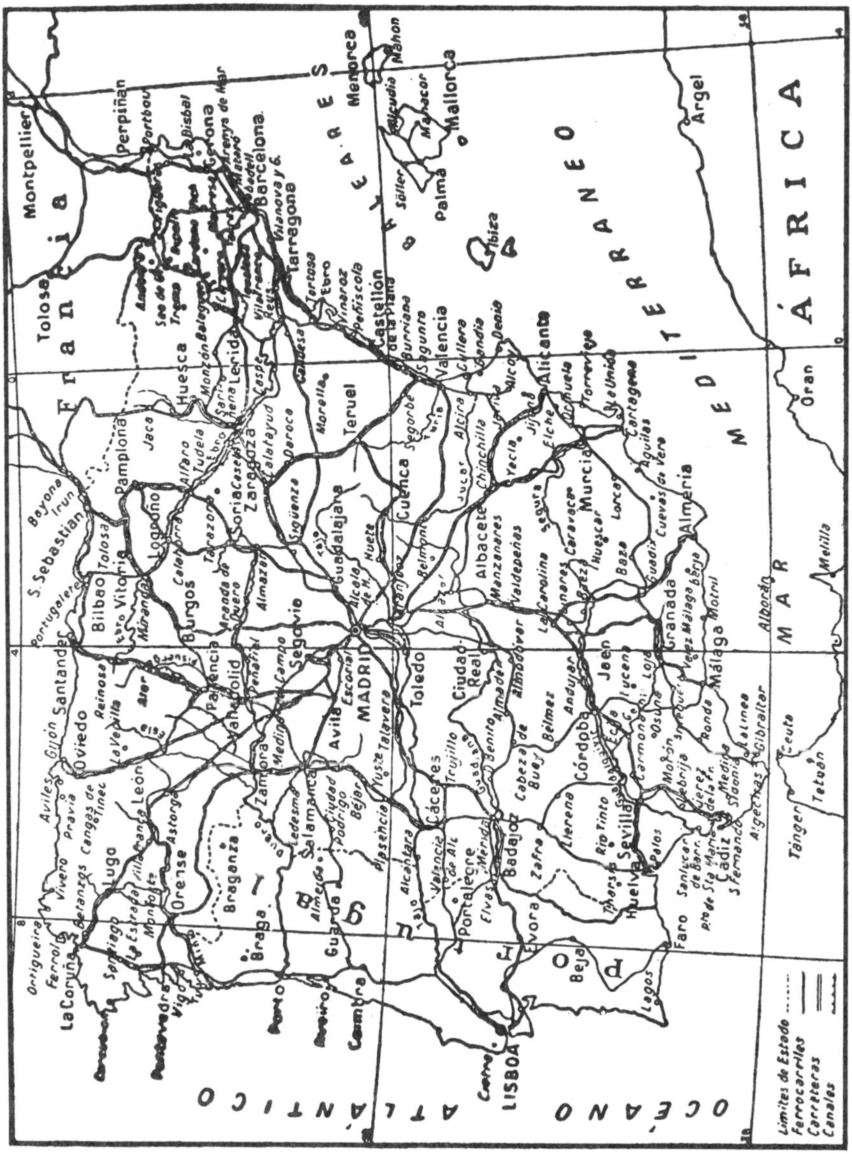

Mapa de carreteras y ferrocarriles de España

LECCIÓN XXV

Las regiones españolas. — Cataluña y Valencia

217. **Regiones de España.** — **España se divide en *quince regiones*, subdivididas en *cincuenta provincias*, de las que 47 son *peninsulares* y 3, *adyacentes*.**

218. **Regiones peninsulares.** — **Las antiguas *regiones peninsulares* son: *Cataluña, Valencia, Murcia, Andalucía, Castilla la Nueva, Extremadura, León, Galicia, Asturias, Castilla la Vieja, Provincias Vascongadas, Navarra* y *Aragón*.**

219. **Regiones adyacentes.** — **Las *regiones adyacentes* están constituídas por las islas *Baleares* y las islas *Canarias*.**

220. **Cataluña.** — La región de CATALUÑA está dividida en cuatro provincias: *Barcelona, Tarragona, Gerona* y *Lérida.*

Cataluña es una región culta, industriosa y comercial y donde la agricultura y la ganadería representan una riqueza cuantiosa; los talleres de maquinaria; las fábricas de tejidos de hilo, algodón, seda y lana; los productos químicos; los metales y la hulla dan origen a una industria pujante y a un comercio floreciente.

La provincia de BARCELONA tiene por capital la ciudad del mismo nombre, ciudad rica, floreciente y hermosa, con uno de los mejores puertos del Mediterráneo.

Sus poblaciones más notables son la *capital* (más de 820,000 habitantes), *Badalona, Mataró, Tarrasa, Sabadell, Manresa, Igualada, Vich,* etc.

La provincia de TARRAGONA es agrícola y ganadera: cosecha mucho vino, cereales, aceite, almendras, avellanas, legumbres, y tiene muchísimas fábricas de tejidos de seda, lana, algodón, papel, curtidos, etc. Su capital es la ciudad del mismo nombre, con excelente puerto, y son poblaciones notables la *capital* (28,000 habitantes), *Reus, Tortosa, Valls, Vendrell,* etc., etc.

La provincia de GERONA, cuya capital es la ciudad del mismo nombre, es agrícola, ganadera y desarrolla buen comercio y fabricación de tejidos de varias clases y de papel. Guarda el tesoro de la antigua *Ampurias*, y son poblaciones importantes la *capital* (20,000 hab.), *Figueras, Ripoll, Olot, Puigcerdá, San Feliu de Guixols, La Bisbal, Santa Coloma de Farnés,* etc., etc.

La provincia de LÉRIDA, tiene por capital la ciudad del mismo nombre; desarrolla gran riqueza agrícola y ganadera; tiene buenas fábricas, particularmente de electricidad. Sus poblaciones

notables son la *capital* (más de 38,000 hab.), *Cervera, Balaguer, Seo de Urgel, Solsona, Tárrega, Tremp,* etc.

221. **Valencia.** — La región de VALENCIA comprende tres provincias: *Valencia, Alicante* y *Castellón de la Plana,* cuyas capitales llevan, respectivamente, el nombre mismo de la provincia.

La región valenciana es rica y encantadora, por lo cual se le llama *El Jardín de España;* es una región culta, comercial e industriosa en grado sumo. La fertilidad de su suelo produce frutos abundantes y deliciosos, la *naranja* sobre todo, que tiene renombre en toda Europa; cereales, arroz, legumbres, vino excelente, maíz, cáñamo, cacahuetes, etc., etc. Su fabricación es abundante y variada.

La provincia de VALENCIA, tiene clima delicioso; es rica, alegre, culta, y su puerto tiene gran importancia comercial. Guarda la inmortal *Sagunto,* y sus poblaciones más importantes son la *capital* (240,000 hab.), *Gandía, Játiva, Liria, Alcira, Carcagente, Cullera,* etc., etc.

La provincia de ALICANTE tiene agricultura floreciente en alto grado, y su huerta, regada por el pantano de *Tibi,* es rica y próspera. Tiene mucha industria, singularmente de tejidos y sus poblaciones notables son la capital (64,000 hab.), *Elche,* con su bosque de palmeras; *Alcoy,* con sus renombradas fábricas de paños; *Denia, Orihuela, Villena, Torrevieja* con sus ricas salinas, *Villajoyosa,* etc.

La provincia de CASTELLÓN DE LA PLANA, posee llanuras extensas y fértiles, pobladas de naranjos, limoneros y granados, donde la agricultura y la ganadería ofrecen bienestar. Tiene fábricas de tejidos de lana, algodón, lino, sedas, y también fabrica aguardientes y papel. Sus poblaciones notables son la *capital* (más de 34,000 hab.), *Segorbe, Morella, Vinaroz, Villarreal, Burriana,* etc.

Ejercicio práctico del primer año. — Fauna y flora de la región.

Ejercicio práctico del segundo año. — Fauna, flora, gea y clima de la región. — Productos importados y exportados.

LECCIÓN XXVI

Murcia y Andalucía

222. **Murcia.** — La región de MURCIA comprende dos provincias, *Murcia* y *Albacete,* cuyas capitales llevan el mismo nombre que sus provincias respectivas.

El suelo de esta región es montañoso y tiene vegas, valles y llanuras bien regadas y feraces; la agricultura y la ganadería son sus fuentes de riqueza, aunque abundan los minerales y las aguas medicinales, sobre todo las de *Archena* y *Fortuna.*

Mapa político de España

La provincia de MURCIA halla en el cultivo de la tierra, singularmente en sus feraces huertas, alegría y bienestar. Vino, aceite, seda, todos los cereales, pimienta, azafrán, etc., se cosechan en abundancia. Poblaciones importantes: la *capital* (más de 141,000 hab.), *Cartagena, Lorca, La Unión, Yecla, Mazarrón, Jumilla,* etc.

La provincia de ALBACETE forma una vasta meseta de suelo montañoso y accidentado, con vegas fértiles, extensas y bien regadas; es agrícola y cría mucho ganado. Sus poblaciones más importantes son la *capital* (más de 31,000 hab.), *Almansa, Hellín, Chinchilla, Alcaraz,* etc.

223. **Andalucía.** — La región *andaluza* comprende ocho provincias, cuyas capitales llevan su nombre de la respectiva: *Almería, Granada, Málaga, Cádiz, Huelva, Sevilla, Córdoba* y *Jaén.*

ANDALUCÍA es una extensa y pintoresca región, que puede compararse a un jardín inmenso, a un vergel continuado, donde la agricultura y la ganadería florecen en sus fértiles vegas y planicies, y el comercio y la industria se desarrollan en no pocas poblaciones.

ALMERÍA es una provincia de clima delicioso, donde los naranjos, los limoneros, los granados, las palmeras y demás frutales producen mucho; también produce vino, esparto, aceite, caña, miel, avellanas, etc., y abundan las minas de hierro, plata, cobre, plomo, etc. Poblaciones notables: la *capital* (más de 53,000 habitantes), *Adra, Cuevas de Vera, Berja, Huercal-Overa, Dalías,* etc.

La provincia de GRANADA tiene suelo muy feraz y bien regado, que produce cereales, legumbres, lino, cáñamo, vino, remolacha, caña-miel, aceite y frutos abundantes. Son ciudades importantes: la *capital* (más de 118,000 hab.), que guarda la maravillosa *Alhambra, Alhama, Guadix, Baza, Loja, Santafé, Motril,* etc.

MÁLAGA es una provincia muy montañosa y de clima excelente; produce todos los frutos en abundancia, caña de azúcar, vino y pasas de fama europea, aguas medicinales, los famosos aguardientes de Ojén, etc., etc. Son ciudades principales: la *capital* (más de 188,000 hab.), *Ronda, Antequera, Marbella, Vélez-Málaga, Archidona,* etc.

La provincia de CÁDIZ tiene clima primaveral, suelo muy fértil, abundantes pastos, mucho ganado, extensos olivares, vino abundante y bueno y puertos de mucho comercio, sobre todo el de la capital. Sus ciudades principales son la *capital* (77,000 habitantes), *Jerez de la Frontera, San Fernando, Sanlúcar de Barrameda, Puerto de Santa María, Tarifa, Algeciras,* etc.

HUELVA es una provincia montañosa; tiene muchos y variados frutales, ganadería, vinos, aceites, gran riqueza minera, (como la de Riotinto), salazones, astilleros, fundiciones, etc. Además de la *capital* (más de 34,000 hab.), *Moguer, Tharsis, Palos, Alamonte, Niebla,* etc.

La provincia de SEVILLA la constituye en gran parte, una llanura muy extensa, y en la parte montañosa hay riqueza minera y buena agricultura; fundiciones metalúrgicas, fábricas de tejidos, curtidos, conservas y perfumerías. Son poblaciones importantes la hermosa *capital* (210,000 hab.), con sus monumentos; *Morón, Constantina, Marchena, Lora del Río, Lebrija, Cazalla,* etc.

CÓRDOBA es provincia de suelo muy feraz, que rinde frutos, cereales, vinos, aceites y buenos pastos, que alimentan mucha ganadería; minas de hierro y cobre; fábricas de conservas, etc. Sus poblaciones más notables son la *capital* (más de 73,000 habitantes), que conserva la famosa *Mezquita, Lucena, Cabra, Baena, Montilla, Bélmez, Castro del Río,* etc.

La provincia de JAÉN es montañosa; criaderos de hierro, plomo, cobre, plata, que constituyen gran riqueza, como sucede en *Linares, Las Navas* y *La Carolina;* produce vino, aceite, cereales y frutas. Sus poblaciones notables: la *capital* (más de 33,000 habitantes), *Linares, Baeza, Andújar, Alcalá la Real, Martos, Marmolejo,* etc., etc.

Ejercicio práctico del primer año. — Los vientos dominantes en la región: nombres especiales que reciben.

Ejercicio práctico del segundo año.—Los vientos dominantes en la región: nombres que reciben y como influyen en la vida de los animales y de las plantas.

LECCIÓN XXVII

Castilla la Nueva y Extremadura

224. **Castilla la Nueva.** — CASTILLA LA NUEVA comprende cinco provincias, cuyas capitales llevan, respectivamente, los nombres de las mismas: *Madrid, Toledo, Ciudad Real, Cuenca* y *Guadalajara.*

Esta extensa región que ocupa la meseta central de la Península Ibérica, correspondió, en otro tiempo, al reino de Toledo; en ella tiene asiento el maravilloso *Monasterio del Escorial.*

La provincia de MADRID tiene montes elevadísimos y posee aguas medicinales de gran valor, como las de *Carabaña* y *Loeches,* de crédito europeo; tiene vegas feraces como las de *Aranjuez;* produce cereales, vinos, aceite, etc. Son ciudades importantes la *capital,* que también lo es de España (780,000 hab.), rica en monumentos, palacios, jardines y museos; *Aranjuez, Alcalá de Henares,* cuna de *Cervantes; Getafe; Torrelaguna,* etc.

La provincia de TOLEDO es montañosa en su parte septentrional y meridional, con valles y dehesas muy fértiles, y en el centro y sureste tiene llanuras y vegas riquísimas. Sus principales ciudades son la *capital* (más de 25,000 hab.), rica en célebres monumentos y por la fama de su fabricación de armas blancas y joyería; *Talavera de la Reina,* famosa por su cerámica; *Puebla de Montalbán, Orgaz, Ocaña,* etc.

La provincia de CIUDAD REAL es la tercera de España por su extensión; casi toda ella está enclavada en las dilatadas llanuras de *La Mancha;* produce cereales, vino, aceite, ganadería, hierro y plomo. Son poblaciones importantes la *capital* (19,000 habitantes), *Valdepeñas,* por sus renombrados vinos; *Almadén,* por sus célebres minas de azogue, las mejores del mundo; *Almagro, Alcázar de San Juan, Almodóvar del Campo, Manzanares,* etc.

CUENCA es una provincia montañosa, agrícola y ganadera; y en la cima de una montaña, en extensa planicie, posee la *Ciudad Encantada,* verdadera maravilla de la Naturaleza. Sus principalas poblaciones son la *capital* (13,000 hab.), *Belmonte, Minglanilla, Huete,* etc.

GUADALAJARA es una provincia agrícola: cosecha cereales, cáñamo, vinos, aceites y las ricas y afamadas mieles de la *Alcarria.* Son poblaciones importantes la *capital* (unos 14,000 hab.), *Sigüenza, Brihuega, Pastrana, Cogolludo,* etc.

BADAJOZ es, como *Cáceres,* una provincia agrícola y ganadera y la de mayor superficie de España; tiene dehesas extensísimas, que producen ricos pastos y cosecha cereales, aceite y vino. Son poblaciones importantes la *capital* (38,000 hab.), *Mérida,* por sus monumentos romanos; *Jerez de los Caballeros, Fregenal de la Sierra, Don Benito, Medellín,* etc.

225. **Extremadura.** — La región EXTREMEÑA se divide en dos provincias: *Cáceres* y *Badajoz,* cuyas capitales llevan, respectivamente los mismos nombres. Es una región muy fértil, esencialmente agrícola y ganadera por excelencia.

CÁCERES es una provincia absolutamente ganadera y bastante agrícola que produce cereales, vino, aceite y abundantes frutos; fabrica tapones de corcho, chorizos y jamones en gran cantidad. Son poblaciones notables la *capital* (24,000 hab.), por sus numerosos palacios medievales; *Alcántara,* con su magnífico puente romano sobre el *Tajo,* construído por Trajano; *Coria, Plasencia, Trujillo, Logrosán, Montánchez,* etc.

Ejercicio práctico del primer año. — Monumentos principales en la región.

Ejercicio práctico del segundo año. — Monumentos más notables de la región: artísticos, históricos y religiosos.

LECCIÓN XXVIII

León, Galicia y Asturias

226. **León.** — La región de LEÓN está dividida en cinco provincias, cuyas capitales llevan, respectivamente, el nombre de las mismas: *León, Zamora, Salamanca, Valladolid* y *Palencia.*

LEÓN es una provincia cuya parte occidental es montañosa y muy fértil, que cosecha cereales, vino, aceite en abundancia; la parte meridional tiene extensas y feraces planicies, que rinden gran cantidad de cereales y legumbres, lino y vinos recomendables; en el centro, posee anchurosas y fértiles vegas. Sus principales poblaciones son la *capital* (unos 22,000 hab.), con magníficos monumentos; *Astorga, Ponferrada, Sahagún, Villafranca del Bierzo,* etc.

ZAMORA es provincia muy montañosa y de las más fértiles de la Península, pues produce vino abundante y superior; abundantísimos cereales, lino, patatas, los mejores garbanzos del mundo y muchísimos pastos. Sus principales poblaciones son la *capital* (18 mil hab.), la monumental y rica ciudad de *Toro, Benavente, Alcañices, Fuentesaúco,* célebre por sus garbanzos, etc.

SALAMANCA es provincia de suelo muy feraz y abundante en aguas medicinales; posee bastante industria, como las bayetas, mantas y jergas de *Ledesma* y los celebrados paños de *Béjar;* cosecha ricos y abundantes vinos, aceites y cereales. Son poblaciones notables, la *capital* (33,000 hab.), por sus monumentos y antigua Universidad; *Ciudad Rodrigo, Béjar, Alba de Tormes,* con el sepulcro de *Santa Teresa,* etc.

VALLADOLID es una provincia constituída por una gran llanura, de tierra feracísima apta para toda clase de cereales, legumbres, lino, cáñamo, vinos, numerosos ganados, y también desarrolla industrias importantes. Sus principales poblaciones son la *capital* (77,000 hab.), que antiguamente lo fué de España, notable por su cultura y numerosos y valiosos monumentos; *Medina del Campo, Medina de Rioseco, Peñafiel, Simancas, Tordesillas,* etc., y el pueblecillo de *Villalar,* en cuya plaza fueron decapitados los grandes patriotas *Bravo, Padilla* y *Maldonado.*

PALENCIA es una provincia agrícola, que tiene una parte montañosa y otra de extensas planicies muy fértiles llamadas *Tierra de Campos,* verdaderos *graneros de Castilla,* regadas por el *Canal de Castilla.* Sus industrias principales son la fabricación de harinas y mantas de lana, y tiene por poblaciones notables la *capi-*

tal (20,000 hab.), *Dueñas, Saldaña, Carrión de los Condes, Paredes de Nava*, etc.

227. **Galicia.** — La región de GALICIA comprende cuatro provincias: *Coruña, Lugo, Orense* y *Pontevedra*, cuyas capitales llevan, respectivamente, sus nombres.

Galicia es una región tan pintoresca, que se la llama la *Suiza Española;* posee valles feraces y rías encantadoras.

CORUÑA es una provincia montañosa y agrícola, que produce cereales, vino, frutos, ganados y maderas. Construye embarcaciones, sala pescado y fabrica objetos navales. Sus principales poblaciones son la *capital* (62,000 habitantes), con puerto excelente y de gran comercio; *El Ferrol*, plaza fuerte y puerto magnífico; *Santiago de Compostela*, con Universidad Literaria; *Betanzos, Noya, Ortigueira*, etc.

LUGO es provincia muy montañosa,. agrícola y con industria de fábricas de curtidos, pesca salada, conservas y alguna fundición de hierro. Sus poblaciones más notables son la *capital* (29,000 habitantes), *Mondoñedo, Vivero, Rivadeo, Quiroga*, etc.

ORENSE es provincia de suelo desigual; produce cereales, vino, lino, abundantes pastos, cáñamo, aceite, gran riqueza de minerales y abundantes aguas medicinales. Son poblaciones notables la *capital* (18,000 hab), *Ribadavia, Celanova, Verín, Carballino, Allariz*, etc.

PONTEVEDRA tiene una costa de 248 Km., con rías deliciosas, como las de *Vigo, Arosa* y *Pontevedra;* produce cereales, aceite, legumbres, lino, frutas, mucha ganadería y realiza buen comercio de exportación. Tiene riqueza de aguas medicinales, y sus poblaciones más notables son la *capital* (más de 25,000 hab.), *Vigo*, con puerto de primer orden; *Túy, Bayona, Villagarcía, Redondela, Carril, Cambados, Mondariz*, etc.

228. **Asturias.** — ASTURIAS es una región constituída por una sola provincia, la de *Oviedo*, cuya capital es la ciudad del mismo nombre.

Asturias tiene la gloria de ser la cuna de la Reconquista de la patria; es provincia muy montañosa; tiene grandes criaderos de hulla; minas de hierro, cobre, azogue, cobalto, jacintos, cristal de roca, etc., y aguas curativas tan famosas como las de ***Borines***. Es provincia agrícola de primer orden, desarrolla multitud de industrias florecientes, y sus principales poblaciones son la *capital* (más de 69,000 habitantes) ; *Gijón* y *Avilés*, con excelente puerto; *Trubia*, con sus grandes fundiciones de cañones; *Mieres*, con fundiciones y minas de carbón; *Luarca, Langreo*, etc.

Ejercicio práctico del primer año. — El idioma en la región: refranes, canciones.

Ejercicio práctico del segundo año. — El idioma en la región: refranes, canciones, leyendas.—Analogía y diferencias con respecto al modo de hablar en el pueblo del niño.

LECCIÓN XXIX

Castilla la Vieja y Provincias Vascongadas

229. Castilla la Vieja. — **La región de CASTILLA LA VIEJA se divide en seis provincias: *Santander, Burgos, Logroño, Soria, Segovia* y *Ávila,* cuyas capitales llevan los nombres de sus respectivas provincias.**

***Castilla la Vieja* es montañosa, con alturas formidables; es agrícola y comercial; rica en criaderos de minerales y abundante en aguas medicinales.**

SANTANDER es una provincia rica y próspera así en comercio como en industria: fábricas de salazones, escabeches, aguardientes, licores, harinas, tejidos y curtidos; refinerías de azúcar y petróleo; fundiciones metalúrgicas, etc., etc. Entre sus importantes poblaciones descuellan la *capital* (70,000 hab.), bella y culta, con excelente puerto y encantadoras playas; *Santillana del Mar,* con monumentos medievales y la célebre habitación prehistórica la *Cueva de Altamira; Santoña, Castro-Urdiales, Laredo, San Vicente de la Barquera,* etc.

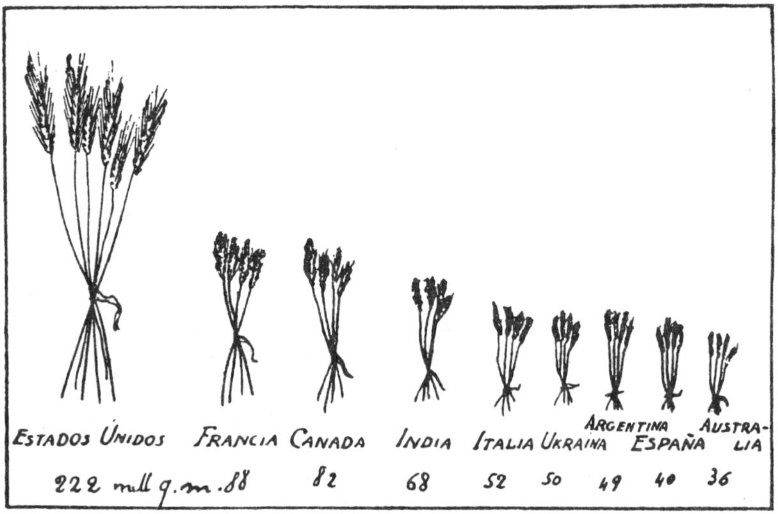

Gráfico demostrativo de la producción de trigo del mundo

BURGOS es una provincia montañosa, fría y de clima húmedo; la agricultura rinde cereales abundantes y buena ganadería; también se obtienen cera y miel y se fabrican quesos y curtidos; es una provincia histórica y rica en monumentos. Sus principales centros de población son la *capital* (más de 32,000 hab.), *Miranda de Ebro, Aranda de Duero, Briviesca, Castrogeriz,* etc.

LOGROÑO es una provincia de suelo fértil, que produce cereales, legumbres, vinos excelentes y mucha ganadería. *La Rioja,* dilatadísima llanura que se extiende al Norte y al Este, es una de las comarcas más fértiles de España. Las principales poblaciones son la bella *capital* (27,000 hab.), con monumentos importantes y notable fabricación; *Haro, Nájera, Santo Domingo de la Calzada, Calahorra, Alfaro, Arnedo,* etc.

SORIA es una provincia que forma una elevada meseta; produce pastos exquisitos, que alimentan mucho ganado; cosecha muchos cereales y legumbres, vino, cáñamo, lino, azafrán, etc. Sus poblaciones más notables son la *capital* (8,000 hab.), *Osma, Burgo de Osma, Agreda, Almazán,* etc.

SEGOVIA es provincia esencialmente agrícola y ganadera; sus poblaciones más notables son la *capital* (más de 16,000 hab.), con su sobercio *Alcázar,* el grandioso *Acueducto* romano y soberbios monumentos medievales; *San Ildefonso,* con el magnífico sitio *La Granja, Cuéllar, Riaza,* etc.

ÁVILA presenta dos regiones muy diferentes: la del Norte, seca, arenosa, llana y sin vegetación; la del Sur, arenosa y con valles fértiles, que dan buenas cosechas de cereales y legumbres. Sus principales centros de población son la *capital* (14,000 habitantes), con sus sorprendentes murallas y hermosos monumentos; *Arévalo, Piedrahita, Madrigal de las Altas Torres, Arenas de San Pedro,* etc.

230. Provincias Vascongadas. — Las PROVINCIAS VASCONGADAS son tres: *Vizcaya,* capital Bilbao; *Álava,* capital Vitoria; *Guipúzcoa,* capital San Sebastián.

Todo respira, en esta privilegiada región, patriotismo, laboriosidad, cultura y riqueza, honradez y bienestar.

VIZCAYA es la provincia vascongada de mayor importancia; es la más poblada, rica y floreciente. Sus montañas constituyen un gran tesoro mineral; todas las industrias tienen vida floreciente, y las fundiciones y altos hornos desarrollan un comercio de esplendor. Sus principales poblaciones son la *capital* (de 115,000 habitantes), bella, culta, con puerto concurridísimo; *Portugalete* y *Bermeo,* con hermosos puertos; *Balmaseda, Durango, Deusto, Baracaldo, Guernica,* guardadora del *árbol sagrado,* etc., etc.

ÁLAVA es la provincia vascongada de mayor extensión y menos poblada, es de suelo muy fértil y bien regada; obtiene grandes rendimientos agrícolas; tiene minas de plomo y carbón e industria de tejidos, loza y curtidos. Sus principales poblaciones son la *capital* (35,000 hab.), *Amurrio, La Guarda,* etc.

GUIPÚZCOA es una montaña continuada regada por numerosos ríos; tiene minas de cobre, plomo y barita y aguas curativas tan renombradas como las de *Cestona, Santa Águeda* y *Arechavaleta;* muchos cereales y legumbres, lino y frutos abundantes; fábricas de papel, de armas de fuego y fundiciones de metales y joyería. Sus poblaciones más notables son la bella *capital* (62,000 habitantes), con sus alegres y concurridas playas, hermosos paseos y ricos teatros y palacios; *Tolosa, Lasarte, Vergara, Zarauz, Oñate, Rentería, Eibar,* etc., etc.

Ejercicio práctico del primer año. — Riqueza de la región: agricultura, industria y comercio de la misma.

Ejercicio práctico del segundo año. — Riqueza de la región: importancia de los productos agrícolas e industriales. — Industria pecuaria.

LECCIÓN XXX

Navarra y Aragón

231. Navarra. — La región de NAVARRA está formada por una sola provincia, cuya capital es la ciudad de *Pamplona.*

La parte septentrional es sumamente montuosa y de clima frío; la meridional es llana y fértil y de clima bastante templado. Abundan aquí las aguas medicinales, como atestiguan los balnearios de *Belascoaín* y *Betchú;* las minas de hierro, plomo y cobre, y el suelo rinde cosechas abundantísimas de trigo, maíz, lino, aceite, cáñamo, vinos, legumbres, toda clase de frutos y muchos pastos, que dan origen a mucha ganadería, sobre todo caballar, de fama reconocida. No es provincia comercial; pero de industria floreciente, singularmente las siderúrgicas, como acreditan las muchas fundiciones de hierro, cobre y plomo. Las principales poblaciones son la *capital* (33,000 hab.), *Tafalla, Tudela, Estella, Puente la Reina, Peralta,* etc., etc.

232. Aragón. — La REGIÓN ARAGONESA la constituyen tres provincias: *Zaragoza, Huesca* y *Teruel.*

Aragón es tierra de generosidad, de sencillez, de patriotismo y de nobleza; la historia de esta región honra en gran manera a nuestra patria.

ZARAGOZA es una provincia de suelo muy variado, en el que abundan las minas de hierro, cobre, plomo, azufre, mármoles y jaspes, sal gema y aguas medicinales tan renombradas como las de *Alhama, Tiermas, Monasterio de Piedra, Calatayud, Fuentes de Ebro*, etc.; cosecha bastantes cereales, legumbres, cáñamo, lino y vinos tan renombrados como el de *Cariñena;* la industria también es importante, como lo prueban las fábricas de hilados y tejidos, harinas, papel, azúcar de remolacha, pastas alimenticias, jabón, conservas, muebles, espejos, etc., y las fundiciones de metales. Sus principales poblaciones son la hermosa *capital* (142,000 hab.), con sus monumentos renombrados y su inmortal historia; *Calatayud, Tarazona,* la histórica *Caspe, Ateca, Borja, La Almunia, Daroca,* etcétera.

HUESCA es una provincia muy montañosa, con alturas muy elevadas, como los picos de *Aneto*, el de *Maladeta*, el de *Monte Perdido* y el *Lardana*, que alcanza más de 3,300 metros sobre el nivel del mar; es provincia agrícola. Tiene las famosas aguas medicinales de *Panticosa*. Sus poblaciones más importantes son la *capital* (14,000 hab.), *Barbastro, Fraga, Monzón, Jaca, Benabarre*, etc.

TERUEL, como Huesca, es provincia de suelo montañoso; el olivo, la vid, los cereales, el azafrán y la ganadería son sus mayores elementos de riqueza. Los centros de población más importantes son la *capital* (más de 12,000 hab.), la histórica ciudad de *Albarracín, Alcañiz*, etc.

Ejercicio práctico del primer año. — Trazar el contorno del mapa de España. — Límites, extensión y población.

Ejercicio práctico del segundo año. — Dibujar el contorno de España: gráfico comparativo de su extensión y población con respecto a la provincia del niño.

LECCIÓN XXXI

Provincias adyacentes. — Colonias

233. **Provincias adyacentes.**—España tiene tres provincias adyacentes, formadas, respectivamente, por el archipiélago de las islas *Baleares* y el de las *Canarias*.

234. **Las islas Baleares.**—La provincia de BALEARES está constituída por las islas de este nombre, que son *Mallorca, Menorca, Ibiza, Formentera, Cabrera* y algunos islotes sin importancia. Su capital es *Palma,* en la isla de Mallorca, que es la mayor de todas.

Clima y suelo hacen de estas islas una región privilegiada. Los cereales y las legumbres; el vino, el aceite, las naranjas, los almendros, los algarrobos, las higueras y demás frutales, rinden cosechas abundantes, singularmente en la isla de MALLORCA, cuya ganadería es también muy importante; las fábricas de tejidos, las fundiciones y el comercio a que da lugar su excelente puerto, completan el bienestar que disfrutan sus habitantes. Las poblaciones más notables de Mallorca son la hermosa *capital* (78,000 hab.), con sus ricos monumentos; *Artá* y *Manacor*, con sus grutas maravillosas; *Inca, Sóller, Esporlas, Porreras, Felanitx*, etc.

La isla de MENORCA ofrece interesantes monumentos prehistóricos, y sus poblaciones más notables son *Mahón*, con su inmenso y seguro puerto, y *Ciudadela*.

235. Las islas Canarias. — Las provincias de Canarias están formadas por las islas así llamadas que son *Tenerife, Gran Canaria, Palma, Fuerteventura, Lanzarote, Hierro, Gomera* y trece o catorce islotes inhabitados. Sus capitales son *Santa Cruz de Tenerife* y *Las Palmas*, aquélla en la isla de *Tenerife*, que es la mayor, la más rica y más poblada. En su centro se eleva el volcán llamado *Pico de Teide*. Los antiguos llamaron a estas islas *Afortunadas*, y ciertamente que lo son, porque reina allí una primavera continua.

Su suelo es montuoso, volcánico y quebrado, y presenta una vegetación exuberante. Cereales, legumbres, miel, patatas, lino, aceite, azúcar, café, tabaco, vino, dátiles, guayabas, cocos, plátanos, etc., y mucha ganadería.

Las poblaciones importantes son *Santa Cruz de Tenerife*, (más de 76,000 hab.), con puerto seguro y moderno; *La Laguna, La Orotava, Las Palmas, Guía, Teror, Galdar, Santa Cruz de la Palma, Los Llanos*, etc.

236. Colonias. — España tiene en África las siguientes colonias: al N. O., frente a las islas Canarias, *Río de Oro* o *Sáhara español*, parte del gran desierto africano, de 700,000 Km. de extensión, que tiene alguna región, como la de *Adrar*, que cría mucho ganado vacuno y cabrío, y rinde pieles, lanas, marfil y polvo de oro; en la costa norte, *Ceuta, Melilla*, y las islas *Peñón de Vélez de la Gomera, Alhucemas* y *Chafarinas*, al O., el *Territorio del Muni*, y en el golfo de Guinea, las islas de *Fernando Poo, Annobón, Corisco* y *Elobey*.

Ejercicio práctico del primer año. — Croquis del mapa de España: señalar los principales núcleos montañosos.

Ejercicio práctico del segundo año. — Dibujo del contorno de España: señalar las cordilleras. — Gráfico de las principales alturas comparadas con la de la montaña más conocida del niño.

LECCIÓN XXXII

Asia. — Geografía física

237. **Situación de Asia.** — El *Asia* se halla situada en el hemisferio Norte, y es la primera parte del mundo que habitaron los hombres.

Su topografía ofrece grandes contrastes: el Norte es sumamente frío y el Sur, muy caluroso; tiene llanuras inmensas y montañas elevadísimas y desiertos extensos. Está poblada por la raza amarilla.

238. **Límites.** — El Asia *limita* al N., con el Océano Glacial Ártico; al E., con el Océano Pacífico; al S., con el Océano Índico, y al O., con Europa y los mares Negro, Mediterráneo y Rojo.

239. **Extensión y población.** — El Asia es, aproximadamente, cuatro veces más extensa que Europa: tie-

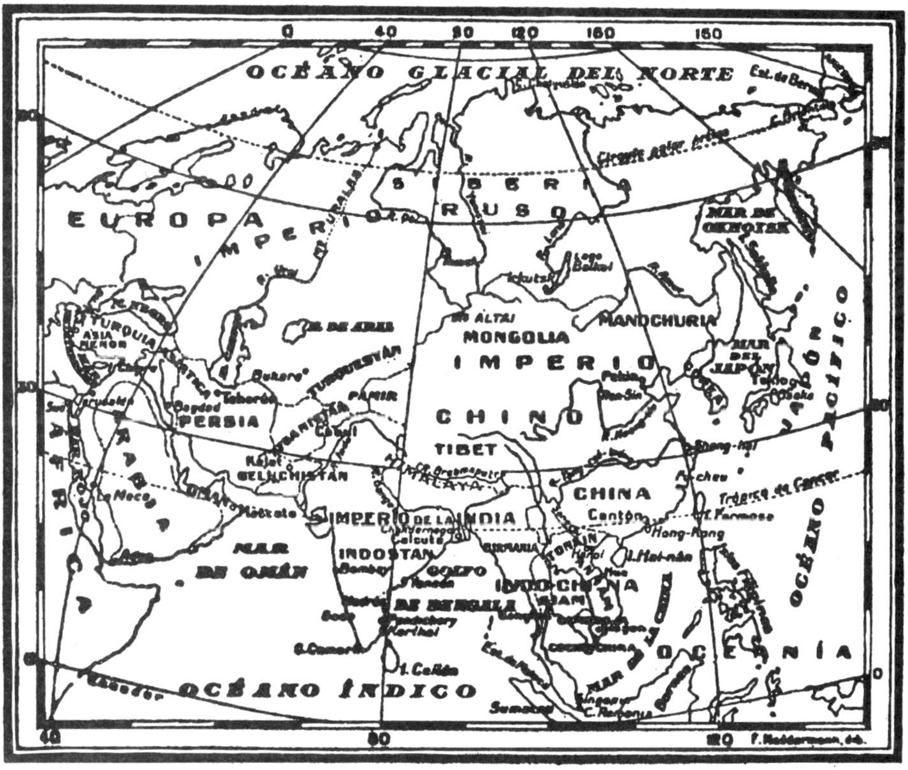

Mapa de Asia

ne unos 44 millones de kilómetros cuadrados y una población que se calcula superior a 830,000,000 de habitantes.

240. **Mares, golfos y estrechos.** — En el Océano Glacial, se forman el mar de *Kara*, el golfo de *Obi* y el estrecho de *Behring*, entre Asia y América; en el Océano Pacífico, los mares de *Behring*, *Okotsk*, del *Japón*, el *Amarillo* y de la *China;* el estrecho de *La Perouse*, el de *Corea* y el de *Formosa;* el golfo de *Petchilí*, el de *Tonkín* y el de *Siam*. En el Océano Índico, se encuentran el estrecho de *Malaka*, el golfo de *Bengala*, el estrecho de *Palk*, el golfo de *Omán*, el estrecho de *Ormuz*, el golfo *Pérsico*, el estrecho de *Bab-el-Mandeb*, el mar *Rojo* y el canal de *Súez*, que comunica con el *Mediterráneo*.

241. **Cabos.** — Los *cabos* más importantes de Asia son: el *Norte*, el *Oriental*, el de *Romanía*, el *Comorín* y el de *Ras-el-Gat*.

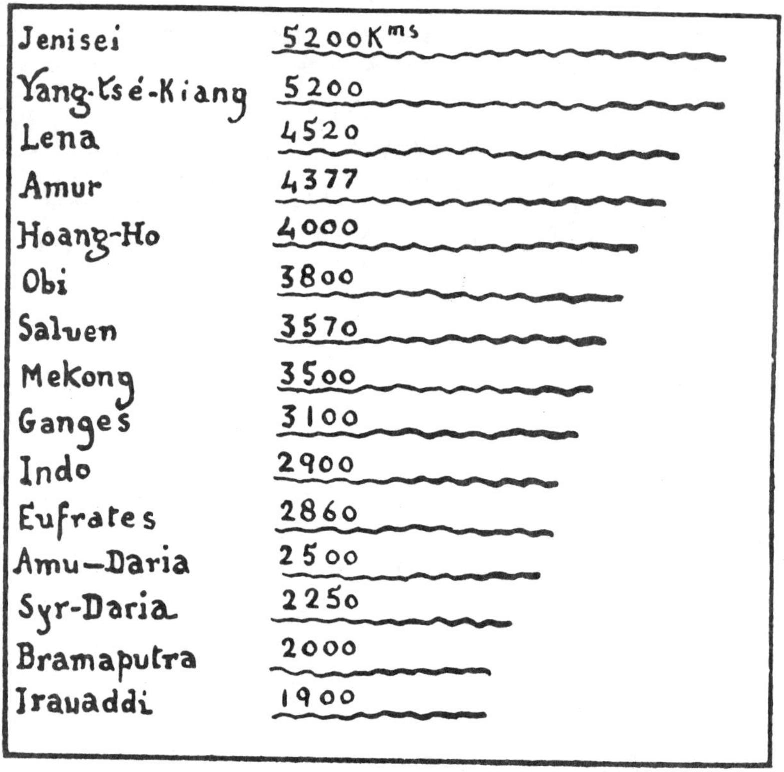

Gráfico demostrativo de las longitudes comparadas del curso de los principales ríos de Asia

242. **Islas.** — Las *islas* más importantes de Asia son las de *Nueva Siberia*, las *Kuriles*, la de *Terrakai*, las del *Japón*, *Yeso*, *Formosa*, *Hainán*, *Ceilán*, *Maldivas*, *Laquedivas* y *Chipre*.

243. **Ríos.** — Los ríos asiáticos más importantes son: el *Obi*, el *Jenisei*, el *Lena*, el *Amur*, el *Amarillo*, el *Meekongs*, el *Ganges*, el *Brahamaputra*, el *Indo*, el *Éufrates* y el *Tigris*.

244. **Penínsulas.** — Las *penínsulas* de Asia, son la de *los Samoyedos*, la de *Kamtchatka*, la de *Corea*, la de *Cambodge*, la del *Indostán*, la de *Arabia*, la de *Malaca* y la del *Asia Menor*.

245. **Lagos.** — Los principales *lagos* de Asia, todos salados, como restos de grandes mares, son: el *Caspio*, el *Aral*, el *Balkhach*, el *Baikal*, los del desierto de *Gobi* y el *mar Muerto*.

246. **Montañas.** —En Asia existen los montes más elevados de la Tierra; los principales son: al Norte, los *Montes Celestes*, los de *Albai*, el *Kara-Korum*, (8,620 metros); al Este, en el Tibet, el *Kuen-Lun* (7,720 m.); la cordillera del *Himalaya*, al S. del Tibet, en la que el monte *Everest* alcanza 8,840 m. sobre el nivel del mar; los de *Korasán*, en Persia; los de *Alburs*, al S. del mar Caspio; el *Ararat*, en Armenia; el *Cáucaso* y el *Tauro*, en Turquía.

Ejercicio práctico del primer año. — Croquis del mapa de España: hidrografía.

Ejercicio práctico del segundo año. — Dibujar el mapa de España y señalar en él los principales ríos: gráfico de las longitudes de los mismos tomando por tipo el río más conocido del niño.

LECCIÓN XXXIII

Asia. — Geografía política

247. **Estados de Asia.** — Los *estados* de Asia son los siguientes:

Al Norte, la SIBERIA, cuyas capitales o poblaciones más importantes son *Irkutsk* y *Tomsk*.

El Este, la CHINA, capital *Pekín;* el JAPÓN, capital *Tokío*, y COREA, capital *Seul*.

Al centro, el TURQUESTÁN, capital *Tachkent;* PERSIA, capital *Teherán;* AFGHANISTÁN, capital *Kabul*, y BELUCHISTÁN, capital *Kelat*.

Al Sur, la INDIA o INDOSTÁN, colonia de Inglaterra capital *Delhi;* la INDO-CHINA, que comprende: BIRMANIA, colonia inglesa, cap. *Rangoón;* SIAM, cap. *Bankog;* la COCHINCHINA, colonia francesa, cap. *Saigón*.

Al oeste, ARABIA, cap. *La Meca;* SIRIA, capital *Damasco;* ANATOLIA o TURQUÍA ASIÁTICA, cap. *Esmirna;*

PALESTINA o TIERRA SANTA, cap. *Jerusalén;* ARMENIA, capital *Erzerum,* y CAUCASIA, capital *Tifflis.*

248. **Datos interesantes sobre los estados de Asia.** — La mitad, aproximadamente, de Asia, pertenece a los estados de Europa.

Siberia es un país frío, pobre y poco poblado; posee el *ferrocarril transiberiano,* que es una de las líneas férreas más largas del mundo.

La *China* es un país antiquísimo y rico en arroz, seda, te, legumbres, tabaco, algodón, azúcar, y su industria produce riquísima porcelana; tiene buenos criaderos de hulla. Se le calculan más de 11 millones de kilómetros cuadrados y una población superior a 400 millones de habitantes.

El *Turquestán* tiene unos 12 millones de habitantes; tiene clima agradable y terreno muy feraz, que produce cereales, café y opio; cría mucho ganado, sobre todo de lana, caballos y camellos. Su industria produce tejidos de seda, lana y algodón; tapices, cueros finos y es rico en minerales.

Persia tiene unos 9 millones de habitantes; su suelo es muy feraz y produce frutos exquisitos, cereales, arroz, vino, azúcar, tabaco, opio y algodón. Su industria produce ricos tejidos de seda, de pelo de cabra y camello, cueros y armas blancas.

El *Japón* posee unos 58 millones de habitantes, se compone de más de 3,000 islas; se le llama *Imperio del Sol Naciente;* su capital tiene buen puerto y es un buen centro científico y muy industrial. Sus ciudades principales son *Osaka, Kioto, Yokohama, Nagasaki,* etc. Le pertenecen la isla de *Formosa* y la península de *Corea* y *Puerto Arturo.*

El *Afghanistán* tiene unos 6 millones de habitantes; es país montañoso, que produce muchísimos cereales, singularmente maíz.

La *India* o *Indostán* tiene unos 300 millones de habitantes; su terreno es feracísimo y produce muchísimos cereales, trigo sobre todo, arroz, legumbres, opio, café, azúcar, algodón, tabaco y especiería; minas de diamantes y piedras preciosas. Abundan los animales más grandes y feroces, como elefantes, dromedarios, rinocerontes, leones, tigres.

La *Arabia* posee unos 5 millones de habitantes; es muy arenosa y de clima cálido y terreno estéril; produce azúcar, gomas, incienso, mirra, opio y el famoso café de Moka.

Ejercicio práctico del primer año. — Croquis del mapa de España: señalar las regiones.

Ejercicio práctico del segundo año. — Dibujo del mapa de España: señalar las regiones. — Gráfico de su extensión y pablación con respecto a la región que vive el niño.

LECCIÓN XXXIV

África. — Geografía física

249. **Situación de África.** — El ÁFRICA se halla situada al Sur de Europa, parte en el hemisferio Norte, y parte, en el hemisferio Sur.

Es el continente menos conocido, pues en su interior hay extensas regiones no explotadas. Su clima es cálido en el Norte y en el Sur, y tropical, en el centro. El Norte está poblado por los *bereberes*, de *raza blanca*, y el resto, por pueblos de *raza negra*, muchos de ellos en estado salvaje.

250. **Límites.**—África confina al Norte con el mar Mediterráneo; al Este, con el mar Rojo y el Océano Índico; al Sur y al Oeste, con el Océano Atlántico.

251. **Extensión y población.** — El África es, aproximadamente, tres veces mayor que Europa: tiene unos 30 millones de kilómetros cuadrados, que se calculan poblados por más de 200 millones de habitantes.

252. **Mares, golfos y estrechos.** — Al N., el mar Mediterráneo forma los golfos de *Sidra* y *Cabes* y se une con el mar *Rojo* por el canal de Súez; al E., el estrecho de *Bab-el-Mandeb,* que comunica el mar *Rojo* con el golfo de *Aden,* y el canal de *Mozambique;* al O., el gran golfo de *Guinea.*

253. **Cabos.**—Los *cabos* africanos más notables son el *Blanco,* el *Bon* y el *Espartel,* al Norte; el de *Guardafuí* y el *Delgado,* al Este; los de *Agujas* y *Buena Esperanza,* al Sur; el *Blanco* y el *Verde,* al Oeste.

254. **Islas.** — Las islas más importantes de África son: las de *Socotora, Madagascar* y *Borbón,* al Este; las de la *Ascensión, Santa Elena, Fernando Poo, Annobón* y *Corisco,* en el golfo de Guinea; las de *Cabo Verde, Canarias, Azores* y *Madera,* al Oeste; las *Chafarinas* y otras pequeñas, al Norte.

255. **Ríos.** — Los *ríos* africanos más caudalosos son el *Nilo,* el *Senegal,* el *Gambia,* el *Níger,* el *Congo* y el *Zambeza.*

256. **Lagos.** — La región de los *lagos* se halla en el centro y Sureste de África; los más notables son el *Tchad,* el *Ngami,* el *Tsana,* el *Alberto Nyanza,* el *Victoria Nyanza,* el *Eduardo,* el *Tanganika,* el *Bemba* y el *Niasa.*

257. **Desiertos.** — África es el país de los grandes desiertos, arenales inmensos que se extienden en diferentes regiones, ocupando más del 36 por ciento de su superficie: el más importante es el de *Sáhara*, muy cálido, que es el mayor del mundo, pues su extensión es casi igual a la de Europa. Un viento llamado *simún* levanta sus arenas, formando colinas y sepultando a los viajeros. Su vegetación es muy escasa, y sólo se encuentran, de vez en cuando, grupos de vegetación con algún manantial, formando pequeños *oasis*. En este desierto abundan los leones, los tigres, panteras, elefantes y otros animales feroces. Lo pueblan tribus nómadas, que viajan en caravanas.

258. **Montañas.**—Las *montañas* africanas son poco conocidas. Al Norte, la cordillera del *Atlas;* en el centro las de *Ahgar*, *Tasill*,

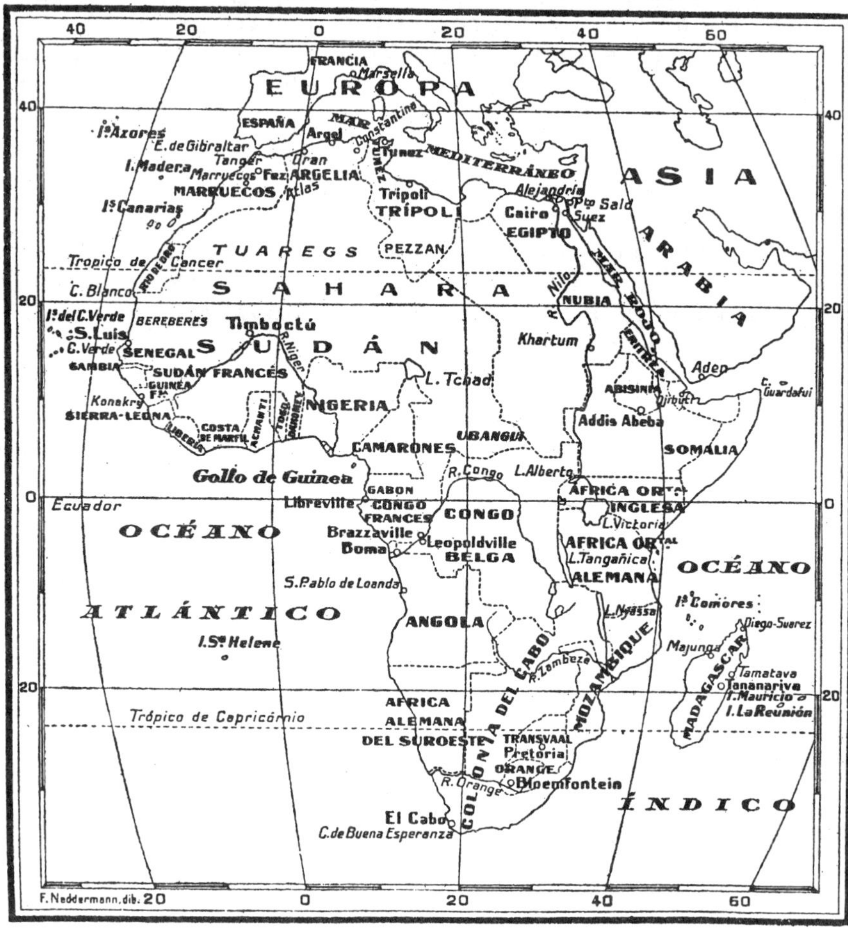

Mapa de África

Tunimo, Tibestí y *Djebel-Marrah;* al Oeste, *Sierra Leona, Kenia* y *Kilimandjaro.*

Ejercicio práctico del primer año. — Copiar a la vista del mapa, los meridianos y paralelos trazados en el de España.

Ejercicio práctico del segundo año. — Copiar el trazado de meridianos y paralelos de un buen mapa de España. — Decir las provincias que están en el mismo meridiano y paralelo que tiene la del niño.

LECCIÓN XXXV

África. — Geografía política

259. **Estados de África.** — Los estados africanos pueden dividirse en *estados independientes* y *posesiones europeas.*

260. **Estados independientes.** — Los estados africanos independientes son:

Al Norte, MARRUECOS, capital *Fez,* donde España y Francia hacen sentir su influencia.

Al Este, ETIOPÍA, capital *Addis-Abeba.* Este país se moderniza considerablemente y con rapidez.

Al Oeste, la república de LIBERIA, capital *Monrovia.*

261. **Posesiones europeas.** — Pertenecen a Francia: ARGELIA, capital *Argel;* TÚNEZ, SENEGAL, GUINEA, COSTA DEL MARFIL, DAHOMEY, CONGO francés, la isla de MADAGASCAR y la COSTA DE LOS SOMALÍS.

La región más rica y poblada es *Argelia.*

Pertenecen a Inglaterra: GAMBIA, SIERRA LEONA, COSTA DE ORO, LAGOS, NIGERIA, ÁFRICA AUSTRAL, ÁFRICA OCCIDENTAL, SUDÁN ANGLO-EGIPCIO, EGIPTO, SOMALILANDIA y numerosas islas del Atlántico y Océano Índico.

Pertenecen a Bélgica: el ESTADO LIBRE DEL CONGO.

Pertenecen a Portugal: las islas de CABO VERDE, la GUINEA PORTUGUESA, las islas del PRÍNCIPE y de SANTO TOMÁS, ANGOLA, BENGUELA y ÁFRICA ORIENTAL PORTUGUESA.

Pertenecen a Italia: TRÍPOLI, ERITREA y COSTA DE LOS SOMALÍS.

Pertenecen a España: CEUTA, MELILLA, PEÑÓN DE VÉLEZ DE LA GOMERA, islas de ALHUCEMAS y CHAFARINAS, RÍO DE ORO o SÁHARA ESPAÑOL; las islas de FERNANDO POO, ANNOBÓN, CORISCO, ELOBEY y el TERRITORIO DEL MUNI.

262. **Datos interesantes.** — La mayor parte de los territorios que pertenecen a Europa, están aún por explorar, y la aclimatación de los europeos es muy penosa. *Marruecos* tiene de extensión,

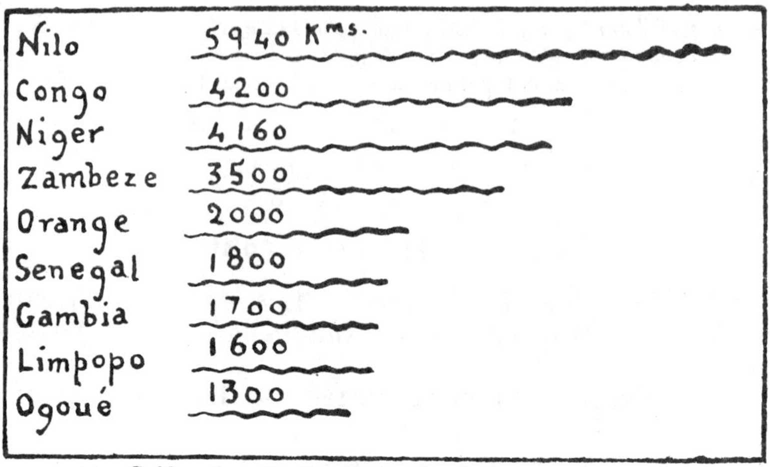

Gráfico demostrativo de las longitudes comparadas de los principales ríos de África

aproximadamente, una quinta parte más que España. Su clima es caluroso, sobre todo al Este y al Sur, donde el calor es insoportable. El suelo es abundante en hierro, cobre y plomo, y produce cereales en abundancia, aceite, patatas, café, algodón, naranjas y dátiles; cría mucha ganadería, sobre todo caballar. La industria consiste en tapices, tejidos de seda, tafiletes y arneses.

Argelia es la colonia más rica y poblada por unos 6 millones de habitantes; es abundante en productos agrícolas. Su capital tiene puerto de mucho comercio. Las colonias del *África Austral* son las más ricas y adelantadas; son autónomas y famosas por sus *minas de diamantes;* su capital es *Capetown.*

El *Egipto,* tiene por capital *El Cairo;* su población es de unos 12.000,000 de habitantes; su suelo es muy feraz: produce cereales, algodón, azúcar, dátiles, lino, cáñamo, tabaco, y cría mucha ganadería; produce tejidos de seda y algodón y muchas drogas; su comercio es muy importante. Es rico en monumentos y restos artísticos de un pasado muy remoto, sobresaliendo las colosales pirámides que se construyeron para tumbas de sus reyes.

Ejercicio práctico del primer año.—Citar los pueblos que estén en el mismo meridiano del pueblo del niño.—Id. pueblos que tengan diferente meridiano. —Relación de estos datos con la hora que deben señalar en cada caso los relojes.

Ejercicio práctico del segundo año. — Relación que hay entre la latitud de un lugar y el clima del mismo: causas que modifican esta relación. — Calcular aproximadamente la distancia entre la capital de la provincia en que reside el niño y otra capital situada en el mismo pueblo, teniendo en cuenta solamente los grados de meridiano que las separan.

LECCIÓN XXXVI

América. — Geografía física

263. **Situación de América.** — El *continente americano* o *Nuevo Mundo,* se extiende de Norte a Sur de la Tierra.

264. **Límites.**—América *confina* al N. con el *mar de Bering*, el *Océano Glacial Ártico* y el *mar de Baffin;* al E., con el *Océano Atlántico;* al S., con el *Océano Glacial Antártico*, y al O., con el *Océano Pacífico*.

América es unas 4 veces mayor en superficie que Europa; extendiéndose de N. a S., disfruta de todos los climas. En su parte O., aparece bordeada por la elevada cordillera de los Andes, extendiéndose todas sus dilatadas llanuras en dirección al Atlántico, a donde van a verter tambien sus aguas los ríos más caudalosos de este continente (San Lorenzo, Missíssipí, Amazonas, Río de la Plata).

Mapa de América

265. **Extensión y población.** — América tiene una superficie aproximadamente cuatro veces mayor que la de Europa; su población se eleva a unos 213 millones de habitantes.

266. **División del continente.** — El continente americano se divide en tres partes: *América del Norte, América del Centro* y *América del Sur.*

267. **Mares, golfos y estrechos.** — En América se hallan el mar de *Baffin,* el estrecho de *Davis* y el de *Hudson,* el golfo de *San Lorenzo,* el mar de las *Antillas,* los golfos de *Méjico* y *Darién;* los canales de *Yucatán* y *Panamá,* el estrecho de *Magallanes,* los golfos de *Panamá* y *California* y el estrecho de *Bering.*

268. **Cabos.**—Los principales cabos de América son el de *Farewel,* en la Groenlandia; el *Sable,* en La Florida; el *Caloche,* en el Yucatán; el de *Gracias a Dios,* en Nicaragua; el de *San Roque,* en el Brasil; el de *Hornos,* en la Tierra de Fuego; el *Blanco,* en

Gráfico demostrativo de la longitud comparada del curso de los principales ríos de América

el Perú; el de *San Lucas*, en California, y el *Occidental*, en el estrecho de Bering.

269. **Penínsulas.** — Son *penínsulas* de América, la del *Labrador*, la de *La Florida* y la del *Yucatán*, al Este; la de *California* y de *Alaska*, al Oeste.

270. **Islas.**—Las *islas* americanas de mayor importancia son: las de *Terranova*, las *Bermudas*, las *Lucayas*, las *grandes Antillas (Cuba, Puerto Rico, Santo Domingo* y *Jamaica)*, las *pequeñas Antillas*, el *archipiélago de Magallanes*, la *Nueva Georgia*, las de *Sandwich*, las de *Chiloe*, *Galápagos*, *Revillagigedo*, *Vaucouver*, *Príncipe de Gales* y *Aleutinas*.

271. **Ríos.**—Los *ríos* más caudalosos de América son el *San Lorenzo*, el *Mississipí*, el *Misuri*, el *Río Grande*, el *Magdalena*, el *Orinoco*, el *Amazonas* y el de la *Plata*, formado por el *Paraná*, el *Paraguay* y el *Uruguay*.

El *Amazonas* es el río más caudaloso del mundo; tiene cerca de 6,000 kilómetros de curso, más de 200 afluentes, unos 3 kilómetros de anchura, muchos más en su desembocadura, y es navegable en más de 3,000 kilómetros.

272. **Lagos.** — Los *lagos* americanos de mayor extensión son: en el Norte, el *Superior*, el *Hurón*, el *Michigán*, el *Erié* y el *Ontario*, cuya comunicación forma la célebre catarata del Niágara; en la América central, el *Nicaragua* y el *Managua*, y en la del Sur, el *Maracaibo* y el *Titicaca*.

273. **Volcanes.** — En América hay muchos *volcanes:* los más notables son: en la parte Norte, el *Orizaba* y el *Jorullo;* en la Central, el *Agua*, y en la del Sur, el *Pichincha*, el *Chimborazo* y el *Cotopaxi*.

274. **Montañas.** — Las *cordilleras* más notables de América son: en la del Norte, las montañas *Roquizas*, o *Pedregosas*, las de *Alleghanys*, *Sierra Madre* y *Sierra Blanca;* en la del Sur, la gran cordillera de los *Andes*, que tiene muchos volcanes y las alturas mayores del mundo, después del Himalaya.

Ejercicio práctico del primer año.—Fauna, flora y clima de España.
Ejercicio práctico del segundo año.—Fauna, flora, gea y clima de España

LECCIÓN XXXVII

América. — Geografía política de la del Norte y de la Central

275. **Regiones y estados de la América del Norte.** — En la América del Norte, se hallan ALASKA, notable por sus ricas minas de oro, cobre y estaño, que pertenece a los Estados Unidos: su capital es *Nueva Arcán-*

gel; GROENLANDIA, que pertenece a Dinamarca; el CANADÁ (9 millones de hab.), colonia autónoma de Inglaterra, capital *Ottawa;* los ESTADOS UNIDOS (106 millones de hab.), capital *Washington,* y MÉJICO (17 millones de hab.), capital *Méjico.*

Los *Estados Unidos* constituyen una gran nación, de tanta superficie, casi, como la de toda Europa, muy culta, muy rica y muy próspera. Su suelo produce, en abundancia, cereales, tabaco, algodón, caña de azúcar, vino y muchos pastos, que alimentan a numerosa ganadería, singularmente caballos, cerdos, bueyes y carneros; su riqueza minera es incalculable, sobre todo en hulla, petróleo, hierro y mercurio. Su industria es floreciente en alto grado, sobre todo en maquinaria, tejidos de lana y algodón, armas, papelería, etc., y su comercio supera a toda ponderación. Son poblaciones importantes la *capital* (438,000 hab.), con hermosos monumentos y buen puerto; *Nueva York* (más de 5 millones y medio de hab.), el puerto más comercial del mundo; *Chicago* (unos 3 millones de hab.), gran centro ferroviario, de donde entran y salen más de 1,000 trenes cada día; *Filadelfia* (unos 2 millones de hab.), gran centro científico, literario, industrial y comercial; *Boston,* centro agrícola y fabril; *Baltimore, San Luis,* etcétera.

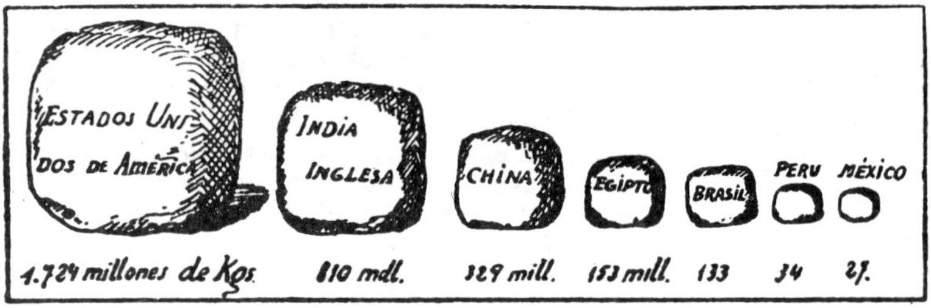

Gráfico demostrativo de la producción comparada del algodón en el mundo

Méjico posee una riqueza portentosa en minas de hierro, cobre, plomo, oro, plata, azufre y hulla; su industria es notable sobre todo en minería y talleres de metalurgia; produce azúcar, café, cacao, vainilla, frutas, etc. Sus poblaciones notables son la *capital, Querétaro, Cuernavaca, Guadalajara, San Luis, Campeche,* etcétera.

176. **Estados de la América Central.**—En la América del Centro, hay los siguientes estados: GUATEMALA (2 millones de hab.), capital *Nueva Guatemala;* EL SALVADOR (1 millón y medio de hab.), capital *San Salvador;* HONDURAS (más de medio millón de hab.), capital *Tegucigalpa;* NICARAGUA (700,000 hab.), capital *Managua;* COSTA RICA (medio millón de hab.), capital *San José de Costa Rica;* PANAMÁ (250,000 hab.), capital *Panamá.*

Los estados de América Central tienen suelo muy fértil, que produce cacao, café, tabaco, algodón, gomas, plantas medicinales, maderas finas, etc.

277. **Estados de las Antillas.** — En las Antillas se hallan CUBA (unos 3 millones de hab.), capital *Habana;* HAITÍ (más de millón y medio de hab.), capital *Puerto Príncipe;* REPÚBLICA DOMINICANA (más de medio millón de hab.), capital *Santo Domingo.*

Las repúblicas de *Haití* y *Dominicana* se reparten la isla de *Santo Domingo.*

La isla de *Jamaica* es colonia de Inglaterra.

La isla de *Puerto Rico* (más de 1 millón de hab.), es la mayor de las Antillas después de Cuba, y pertenece a los Estados Unidos.

Ejercicio práctico del primer año.—Idioma oficial de España: otros idiomas. — En el croquis del mapa de España, pintar las regiones de idioma no oficial.

Ejercicio práctico del segundo año.—El idioma español: naciones que lo hablan.—Gráfico comparativo de la importancia de los idiomas que se hablan en España en relación a los habitantes que lo hablan.

LECCIÓN XXXVIII

América. — Geografía política de la del Sur

278. **Estados de la América del Sur.** — En la América del Sur, hay los estados siguientes:

En el Norte, COLOMBIA (unos 6 millones de habitantes), capital *Santa Fe de Bogotá;* VENEZUELA (2 millones y medio dc hab.), capital *Caracas;* ECUADOR (2 millones de hab.), capital *Quito;* el PERÚ (7 millones y medio de hab.), capital *Lima;* las GUAYANAS, que son tres: la *inglesa,* capital *Georgetown;* la *holandesa,* capital *Paramaribo;* la *francesa,* cuya capital es *Cayena.*

Colombia tiene una riqueza mineral incalculable: oro, plata, platino, cobre, hierro, mercurio, piedras preciosas: diamantes, amatistas, esmeraldas, rubíes, etc.

Venezuela produce cacao, algodón, azúcar, café, añil, cereales y mucha ganadería.

Ecuador produce oro, plata, piedras preciosas, cobre, aluminio, azufre, mucha madera, algodón, frutos riquísimos y plantas medicinales.

El *Perú* produce algodón, cereales, café, cacao, cochinilla, caña de azúcar, cocos, bálsamo, ricas maderas y gran abundancia de minerales, especialmente oro, plata y cobre.

En el centro se hallan el BRASIL (30 millones y medio

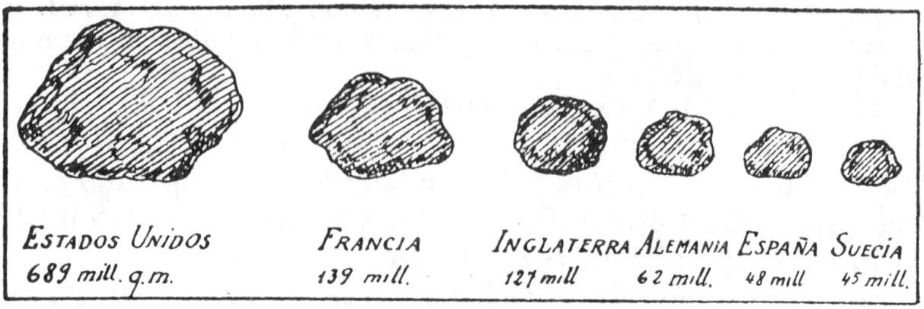

Gráfico demostrativo de la producción de hierro en el mundo

de hab.), capital *Río Janeiro,* y BOLIVIA (3 millones de habitantes), capital *Sucre.*

El *Brasil* es país rico en metales preciosos, cobre, platino, hierro y piedras finas, diamantes y topacios principalmente; produce tabaco, café, cacao, arroz, plantas tintóreas y medicinales y cría mucho ganado caballar, vacuno y de cerda; abundan las serpientes venenosas, enormes boas, insectos dañinos, monos, papagayos, loros, etc.; es un país esencialmente agrícola.

Bolivia tiene llanuras muy fértiles que producen azúcar, algodón, café, cacao, plátanos, bananas, etc.; explota minas de oro, plata y níquel.

En el Sur, se hallan CHILE (cerca de 4 millones de habitantes), capital *Santiago;* la ARGENTINA (más de 8 millones y medio de hab.), capital *Buenos Aires;* PARAGUAY (más de un millón de hab.), capital *Asunción;* URUGUAY (1 millón y medio de hab.), capital *Montevideo.*

Chile es abundante en minas de oro, plata, cobre, hierro, hulla, etcétera; es nación esencialmente agrícola: produce abundantes cereales, excelente vino y frutas exquisitas, pero su riqueza mayor es la ganadería; sus lanas, cueros, carnes y buenos caballos dan lugar a un gran comercio.

La *República Argentina* tiene llanuras inmensas, como la *Pampa,* cubiertas de pastos, que alimentan numerosísima ganadería; su riqueza minera consiste en oro, plata, cobre, bismuto, azufre y hulla; cosecha cereales, arroz, azúcar, café, tabaco y muy estimadas maderas. Su ganadería da lugar a un comercio muy activo. Esta nación ha prosperado mucho en los últimos años. Sus poblaciones principales son la *capital* (más de un millón y medio de habitantes), con hermosos edificios y gran puerto de comercio inmenso; *Rosario, La Plata, Córdoba, Tucumán, Panamá, Corrientes, Mendoza,* etc.

Paraguay y *Uruguay* son naciones principalmente agrícolas.

Ejercicio práctico del primer año. — Trazar en el mapa de España un itinerario desde la capital de la provincia en que reside el niño a Madrid. — Medios de comunicación. — Distancias.

Ejercicio práctico del segundo año. — Trazar en el mapa de España varios itinerarios desde la población en que reside el niño a las capitales de provincia más importantes. — Distancias.

LECCIÓN XXXIX

Oceanía. — Geografía física

279. **Situación de Oceanía.** — OCEANÍA está situada en el Océano Pacífico, entre las costas occidentales de América y las meridionales y orientales de Asia.

Se compone de un gran número de islas, entre las cuales figura la gran isla de *Australia.*

Casi todas las islas oceánicas pertenecen a Inglaterra, Francia, Estados Unidos de América, Holanda y Portugal.

280. **Extensión y población.** — Oceanía tiene una superficie que se aproxima a unos 9 millones de kilómetros cuadrados, con una población de casi 9 millones de habitantes.

281. **División geográfica.**—*Geográficamente,* Oceanía se divide en MALASIA, que ocupa el lado occidental; MELANESIA, que ocupa todo el suroeste; MICRONESIA, que ocupa la parte más septentrional, y POLINESIA, que es la parte más oriental.

282. **Mares.** — Son mares de Oceanía: el de *Célebes,* el de la *Sonda,* el del *Coral,* el de *Timor* y el de *Java.*

Mapa de Oceanía

283. **Golfos.** — Son *golfos* de Oceanía el de *Carpentaria* y el de *San Vicente.*

284. **Estrechos.** — Son *estrechos* oceánicos: el de la *Sonda,* el de *Malaca,* el de *Macasar,* el de *Torres,* el de *Bas* y el de *Cook.*

285. **Cabos.** — Son *cabos* de Oceanía: el *Achem* en la isla de Sumatra, y el *York,* en *Australia.*

286. **Ríos.** — Los *ríos* de Oceanía son cortos y caudalosos: los más notables son el *Murra,* el *Darling* y el *Victoria,* en Australia.

287. **Lagos.** — Los *lagos* oceánicos de mayor extensión son el *Torréns,* el *Amadeo* y el *Eyre,* en Australia, y el *Tempo,* en Nueva Zelanda.

288. **Montañas.** — Los montes oceánicos más importantes son: el *Pico de Guillelma,* en Nueva Guinea; los *Alpes del Sur,* en Nueva Zelanda; los *Alpes Azules,* en Australia, y el *Ofir,* en Sumatra; el de *Cristal,* en Borneo, y el monte *Apo,* en Filipinas.

289. **Datos interesantes.** — El suelo montuoso de Oceanía produce oro, singularmente en Australia; hierro, cobre y diamantes, y rinde buenos productos agrícolas, como arroz, trigo, legumbres, café, azúcar, tabaco, canela, especias, naranjas y gran cantidad de maderas finas; en Australia abundan los árboles gigantescos.

Las islas de Oceanía, son, por lo general, altas y volcánicas.

Ejercicio práctico del primer año.—Croquis del mapa de Europa.—Dígase la situación de España con respecto a Portugal, a Francia y a Italia.

Ejercicio práctico del segundo año.—Copiar el contorno del mapa de Europa.—Gráfico de su extensión y población tomando por tipo la de España.

LECCIÓN XL

Oceanía. — Geografía política

290. **Malasia.** — La MALASIA, o país de los malayos, se compone del archipiélago de la *Sonda,* la isla de *Borneo,* las *Célebes,* las *Molucas* y las *Filipinas.*

El archipiélago de la *Sonda* comprende, entre otras, las islas de *Sumatra, Java, Flores* y *Timor.*

Sumatra, produce oro, cobre, hierro, petróleo, café, algodón, añil, canela y maderas finas.

Java (35 millones de hab.) posee riquísimas minas.

Borneo es la isla mayor del archipiélago; tiene ricas minas de oro y brillantes.

Célebes y Molucas se distinguen por su abundancia de maderas finas.

Las islas *Filipinas* (10 millones de hab.) de mayor importancia son *Luzón, Mindanao, Panay, Mindoro,*

Samar y *Negros*. Producen en abundancia arroz, legumbres, trigo, café, tabaco, azúcar, algodón y muchas maderas finas.

291. **Melanesia.**—Las principales islas de la MELANESIA son: las de *Australia, Tasmania, Nueva Guinea, Nueva Caledonia*, el *Archipiélago de Bismark*, las *Nuevas Hébridas*, etc.

Australia, es una isla grandísima, cuya extensión llega a los _dos tercios_ de Europa. Forma con la isla de _Tasmania_ la _Confederación Australiana_ (más de 6 millones de hab.), cuya capital es _Bombela_. Su suelo es muy rico en minerales de oro, plata, hierro, hulla, cobre y estaño; produce cereales, vino, azúcar, café, algodón, etc. Sus ciudades principales son la _capital, Sidney, Melbourne, Adelaida, Newcastle_, etc.

292. **Micronesia.** — Las islas más notables de la MICRONESIA son las *Marianas*,

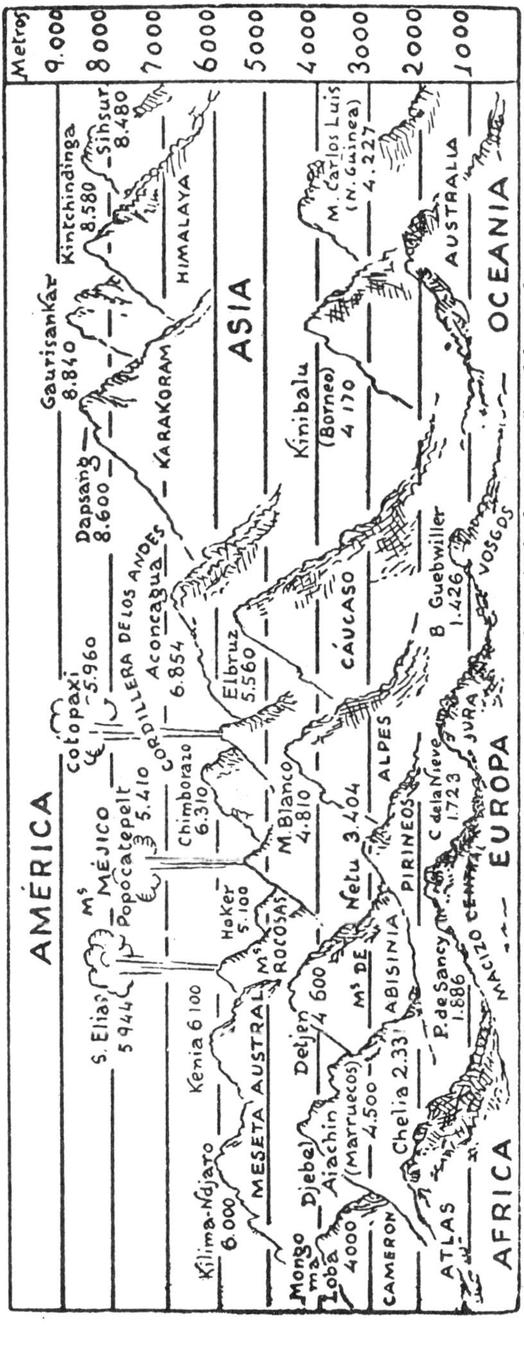

Gráfico demostrativo de la elevación comparada de las principales montañas del mundo

las *Palaos,* las *Corolinas, Marshall, Gilbert,* etcétera.

293. **Polinesia.** — Las islas más importantes de la POLINESIA son las de *Sandwich,* capital *Honolulú; Samoa, Tonga, Tahití, Cook, Marquesas, Pomotú, Nueva Zelanda,* etc.

La *Nueva Zelanda* es un grupo de islas grandes muy pintorescas, ricas en oro, con varios volcanes, geiseres y lagos en ebullición. Forman una colonia muy adelantada cuya capital es *Wellington.*

294. **División política de la Oceanía.** — Desde el punto de vista político, Oceanía se divide así:

Posesiones inglesas: Confederación Australiana, Nueva Zelanda, archipiélago de Viti, Nueva Guinea Británica, el archipiélago de Tonga, parte de Borneo y las que fueron *posesiones alemanas;* pues aunque hayan sido puestas bajo la jurisdicción de la *Liga de las Naciones,* pueden considerarse de hecho como colonias inglesas. Son las siguientes: Archipiélago de Marshall, Marianas, Palaos, Carolinas y Bismark; Nueva Guinea Alemana y parte del archipiélago de Samoa.

Posesiones francesas: Los archipiélagos de Nueva Caledonia, de la Sociedad, las Marquesas, Pomotú, Gambier, Nuevas Hébridas y otras menores.

Posesiones norteamericanas: Los archipiélagos de Filipinas y Hawai y las islas de Tutuila y Manua del archipiélago de Samoa, y la de Guam, del de las Marianas.

Posesiones portuguesas: Las islas de Timor y Kambing.

Ejercicio práctico del primer año. — Croquis del mapa de Europa: señalar en él un itinerario para ir de la capital de la provincia del niño a Lisboa, a París y a Roma.

Ejercicio práctico del segundo año. — En el mapa de Europa, señalar varios litinerarios fijando en cada uno las distancias aproximadas desde la capital de la provincia en que vive el niño.

Historia de España

EDAD ANTIGUA

LECCIÓN I

Preliminares. — Tiempos primitivos

1. **Historia de España.** — *Historia de España,* es la exposición verdadera de los acontecimientos memorables de nuestra Patria.

2. **Su división.** — La Historia de España se divide en cuatro partes: *Historia de la Edad Antigua, Historia de la Edad Media, Historia de la Edad Moderna* e *Historia Contemporánea.*

3. **Historia Antigua.** — La Historia Antigua de España comprende *desde los tiempos más remotos, hasta la invasión de los bárbaros del norte,* año 409.

4. **Historia de la Edad Media.** — La Historia de la Edad Media comprende *desde la invasión de los bárbaros del norte, hasta el reinado de los Reyes Católicos,* es decir, desde el año 409 al 1479.

5. **Historia Moderna.** — La Historia de la Edad Moderna comprende *desde el reinado de los Reyes Católicos, hasta la guerra de la Independencia,* esto es, desde el año 1479 al 1808.

6. **Historia Contemporánea.** — La Historia Contemporánea de España comprende desde la guerra de la Independencia, hasta nuestros días.

7. **Los españoles primitivos.**—Los españoles primitivos vivían en chozas o cavernas y cubrían su cuerpo con las pieles de los animales que cazaban, tallaban la piedra, de la que construían las hachas, los cuchillos, las sierras y demás objetos de que se servían.

8. **Iberos, celtas y celtíberos.** — Unos 200 años antes de Jesucristo, llegaron a la Península los *iberos,* y más tarde, los *celtas,* y de la fusión de ambos pueblos resultaron los *celtíberos.*

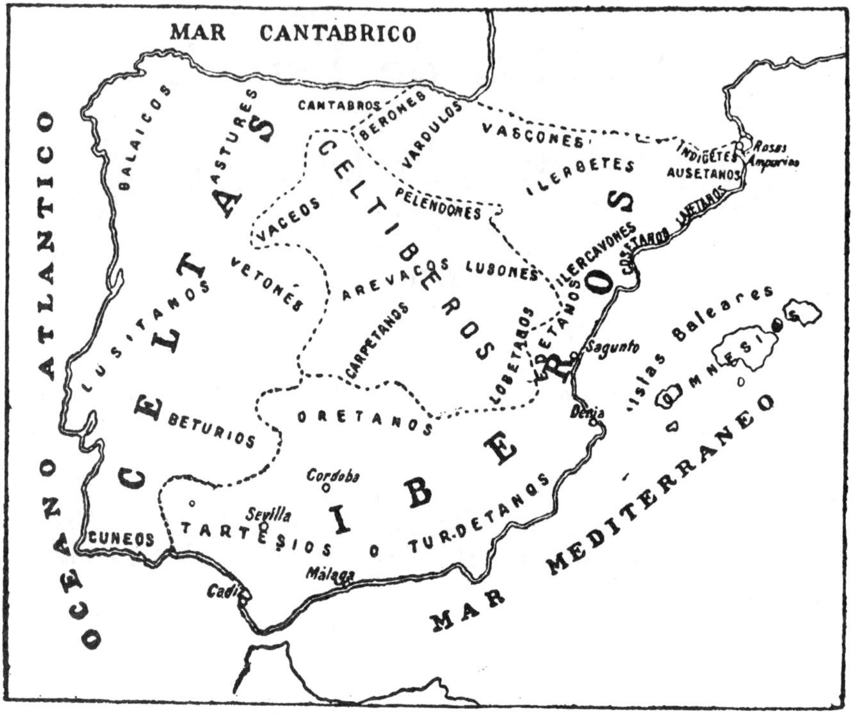

Mapa de la España primitiva

Iberos y celtas procedían de Asia, y llegaron a España después de larga peregrinación a través de Europa. Los iberos ocuparon el Este y el Sur, y los celtas, el Norte y el Oeste.

Ambos pueblos constituían una raza enérgica, vigorosa y amante de su independencia. Vivían en cabañas agrupadas, y se dedicaban a la agricultura, al pastoreo y a la caza; trabajaban el hierro y el cobre, y cubrían su cuerpo con telas de algodón, que las mujeres hilaban y tejían.

Iberos y celtas guerrearon durante larguísimo tiempo, y por fin, la mezcla de unos con otros dió lugar a un tercer pueblo, el celtíbero, que ocupó la parte central de la Península.

9. **Monumentos megalíticos.**—De estos remotísimos tiempos proceden los *monumentos megalíticos,* como los *dólmenes,* los *menhires,* los *trilitos,* etc., construídos con grandes piedras sin labrar. Los *monumentos ciclópeos* se atribuyen a los iberos y a los celtas.

LECCIÓN II

Los fenicios y los griegos

10. **Los fenicios.**—Unos 1,200 años antes de Jesucristo, los *fenicios* llegaron a España. Vinieron por mar, y procedían de la Fenicia o Canaán, pequeña región del Asia Menor.

Los fenicios eran un pueblo ilustrado, industrioso y comercial, que extendió su activo comercio por las costas del Mediterráneo, vendiendo a los naturales del país las preciadas manufacturas de Tiro y de Sidón, ciudades principales de la Fenicia. De ellos aprendieron los españoles muchas industrias, la navegación, la escritura, la aritmética, la construcción de embarcaciones, el laboreo de las minas, el uso de la moneda, las utilidades de la lana, el conocimiento de la estrella Polar, el cultivo de la vid, etc.; dieron a conocer el *papiro* para escribir, y fundaron varias ciudades, como Cádiz, Algeciras, Málaga, Motril, Córdoba, Sevilla, etc.

Embarcación fenicia

11. **Qué más debemos a los fenicios.** — También debemos a los fenicios el conocimiento de muchas prácticas agrícolas, la industria salinera, la cerámica, la fabricación del vidrio y del aceite y el nombre que lleva nuestra patria, pues cambiaron el de *Iberia,* que recibió de los *iberos,* por el de *España,* que es el que ha prevalecido.

12. **Carácter de los fenicios.** — El pueblo fenicio era codicioso y avaro, hasta el extremo de que todo le parecía lícito con tal de realizar buenas ganancias.

Los celtíberos desconocían el valor de la plata y del estaño, y cedían a aquellos mercaderes grandes cantidades de estos metales a cambio de manufacturas vistosas y otros objetos de escaso valor.

13. **Los griegos.** — Unos 700 años antes de Jesucristo, cuando todavía estaban los fenicios en España, llegaron a ella los *griegos,* por mar, procedentes de las colonias griegas de Rodas, Samos y Fócea, y se establecieron al Este de la Península.

14. **Objeto de los griegos.** — Los griegos eran rivales de los fenicios en la navegación y comercio del Mediterráneo; al venir a España, sólo les guió un fin comercial.

Los griegos fundaron varias poblaciones, siendo las principales Rosas, Ampurias, Denia, Sagunto y otras, tanto en la Península como en las Baleares. Las colonias griegas contribuyeron en gran manera al progreso de la cultura española.

Embarcación griega

Vivían independientes, y se gobernaban por la forma republicana, estableciendo todas las colonias una verdadera federación.

Escultura griega

15. **Griegos y celtíberos.** — Pronto se verificó la fusión de griegos y celtíberos; los sangrientos dioses fenicios fueron substituídos por las creencias religiosas de los griegos, y el idioma griego no tardó a ser la lengua de los celtíberos, y se iniciaron en las letras, las ciencias y las artes, que tanto cultivaba el pueblo griego.

LECCIÓN III

España cartaginesa

16. **Consecuencia de la dominación fenicia.** — La crueldad, la avaricia y el afán desmedido de dominación que emplearon los fenicios, unos 500 años antes de Jesucristo, motivaron un alzamiento general de los celtíberos que hubiera concluído por el exterminio de sus opresores.

17. **Auxilio de los fenicios.** — Cuando los fenicios vieron su causa en peligro, pidieron auxilio a sus hermanos de raza los cartagineses.

18. **Los cartagineses.** — Los *cartagineses* procedían de Cartago, colonia fenicia del norte de África, cerca de Túnez.

19. **Llegada de los cartagineses.** — Con el auxilio de los cartagineses, pronto quedó sofocada la rebelión de los celtíberos.

Loc cartagineses, hermanos, al fin, de los fenicios, se cobraron, con exceso, el servicio prestado, quedándose con todas las posesiones fenicias de la Península.

20. **Resolución de Cartago.**—Para resarcirse de las pérdidas sufridas en su última guerra contra los romanos, Cartago resolvió apoderarse de España, 238 años antes de Jesucristo.

21. **Amílcar Barca.** — Los ejércitos cartagineses llegaron a España al mando del prestigioso general *Amílcar Barca,* quien extendió pronto su dominación por Andalucía, Alicante, Valencia y Cataluña, y a quien se atribuye la fundación de Barcelona.

Soldado cartaginés

Los españoles opusieron resistencia a la invasión cartaginesa, sublevándose a las órdenes de Indortes y de Istolacio, que fueron vencidos y crucificados; pero poco después los cartagineses perdieron una batalla, en la que se cree que el mismo Amílcar pereció.

22. **Asdrúbal.** — Al morir Amílcar Barca, su yerno *Asdrúbal* tomó el mando de las tropas cartaginesas; continuó con fortuna la obra de Amílcar, y fundó a Cartagena, que luego fué capital de la España cartaginesa y centro de su importantísimo comercio.

El mando de Asdrúbal duró menos de dos años, pues fué asesinado por Tago, esclavo de un prisionero lusitano.

23. **Aníbal.** — Muerto Asdrúbal, el senado cartaginés proclamó por jefe al joven *Aníbal,* hijo de Amílcar Barca, a quien la Historia reconoce como el general más famoso de la antigüedad.

Aníbal

24. **Hechos inmortales de Aníbal.**—Aníbal, después de someter a algunas provincias del interior de la Península, puso sitio a la ciudad de Sagunto, colonia griega aliada de Roma, y la destruyó; arrasó a Ampurias; pasó los Pirineos; pasó los Alpes, y llevó la guerra al corazón de la misma Italia, derrotando a los romanos en cuatro memorables batallas.

Aníbal odiaba mortalmente a los romanos, que eran enemigos irreconciliables de Cartago. Al sitiar a Sagunto, se propuso provocar a Roma. Sagunto esperó en vano el auxilio de su poderosa aliada; pero el auxilio no llegó, y, abandonada a sus propias fuerzas, sin amparo de nadie, hambrienta y desesperada, tomó una resolución que ha inmortalizado su nombre en la Historia: amontonó en la plaza pública sus muebles, ropas y tesoros; hizo con ella una inmensa hoguera; las mujeres, los viejos y los niños se suicidaron, y los hombres salieron a morir, luchando hasta no quedar uno con vida.

25. **Consecuencias de la destrucción de Sagunto.**—Cuando Roma tuvo noticia de la destrucción de Sagunto, declaró la guerra a Cartago; mandó a España ejércitos poderosos, y los cartagineses fueron arrojados de nuestro suelo, en el año 201 antes de Jesucristo.

LECCIÓN IV

La dominación romana

26. **División de la península por los romanos.**—Los romanos dividieron la península en dos provincias, que eran gobernadas por pretores: la *Citerior,* cuya capital era Tarragona, y la *Ulterior,* que la tenía en Cádiz.

27. **Períodos de la dominación.** — La dominación romana abraza dos períodos: *el de la guerra de la independencia* y *el de la paz o sumisión a Roma.*

La dominación duró más de 6 siglos. El primer período comprende 186 años: desde la expulsión de los cartagineses, hasta la sumisión de los españoles, conseguida por Augusto, año 19 después de Jesucristo; el segundo período abraza 428 años; comprende desde Augusto hasta la invasión de los bárbaros del Norte.

Durante el segundo período, los españoles se dedican a las letras y a las artes, influyen poderosamente en el gobierno y civilización de Roma, y España abraza el cristianismo.

28. **Quiénes se distinguieron por la independencia.**—Durante la guerra de la independencia, resaltan, principalmente, las hazañas de *Viriato* y *Sertorio* y la ciudad de *Numancia.*

Asesinato de Viriato

29. **Viriato.**—*Viriato* era pastor lusitano que, horrorizado de la crueldad y rapacidad con que los dominadores procedían, levantó un ejército, derrotó repetidas veces a los romanos y les obligó a firmar un tratado ver-

gonzoso, por el cual Roma reconocía la independencia de Extremadura y buena parte de Castilla.

Viriato murió asesinado en su propia tienda mientras dormía, por tres de sus generales vendidos a los romanos. Cuéntase que cuando los asesinos se presentaron para recibir el precio de su infamia, el pretor les contestó mirándoles con desprecio: "Roma no premia a los traidores".

30. **Sertorio.** — *Sertorio* fué un astuto y valiente general romano que, deseoso de vengarse del gobierno de Roma, vino a España y, poniéndose al frente de los nacionales, derrotó muchísimas veces a los romanos. Como Viriato, fué asesinado por su lugarteniente Perpena, vendido a los romanos.

Al morir Sertorio, los españoles se quedaron sin un general entendido que les guiara, y casi toda la Península se sometió a Roma. Los astures y los cántabros fueron los últimos que opusieron resistencia a los pretores.

31. **Numancia.** — *Numancia* era una ciudad situada cerca de Soria, donde, después de la muerte de Viriato, los fugitivos de su ejército hallaron hospitalidad.

32. **Lealtad de Numancia.** — Roma pretendió que Numancia le entregara a los soldados que habían luchado a las órdenes del gran Viriato; pero los numantinos se negaron a ello, porque así se lo exigía su lealtad.

33. **Destrucción de Numancia.** — Habiéndose negado los numantinos a las inicuas exigencias de los romanos, éstos pusieron sitio a la ciudad, y después de catorce años de resistencia increíble, emulando la heroicidad de Sagunto, prefirieron morir antes que rendirse a sus crueles enemigos.

Último día de Numancia

Después de la destrucción de Numancia siguió un largo período de paz, que terminó con la venida de Sertorio a España.

LECCIÓN V

Consecuencias de la dominación romana
Nacimiento de Jesús

34. **Poderío de Roma.** — Los romanos, que habían heredado la civilización y culto de los griegos, llegaron a constituír el pueblo más poderoso y culto del mundo antiguo.

En los 614 años que duró la dominación de Roma en España, nuestra Patria progresó en gran manera, así en agricultura, como en industria, comercio, artes, ciencias y letras.

35. **Vías de comunicación.** — Los romanos construyeron caminos admirables: uno de ellos, llamado *vía Augusta,* salía de Roma y pasaba por Gerona, Barcelona, Tarragona, Zaragoza, León y Galicia; otra vía unía las ciudades de Córdoba, Sevilla, Jerez y Cádiz; otras varias, ponían en comunicación las ciudades más importantes y distanciadas de la Península.

36. **Acueductos.**—Los romanos construyeron acueductos sorprendentes, que admiramos todavía, como los de Segovia y Tarragona.

Acueducto de Segovia

37. **Arcos de triunfo, circos, puentes y templos romanos.**—En muchas provincias españolas se conservan arcos de triunfo; ruinas de baños, fosos, palacios y circos; templos que erigían a sus falsos dioses, y no pocos vestigios que demuestran la altura que llegó a alcanzar la civilización romana.

38. **La agricultura.** — El suelo español rindió durante la dominación, una cantidad fabulosa de trigo, cebada y otros cereales, de tal manera, que se llamaba a España *el granero de Roma.*

Cultivaron la vid y obtuvieron vinos excelentes; nuestro aceite era abundante y el mejor del mundo, y la cochinilla de Andalucía, para hacer el tinte de púrpura, se llegó a pagar a precios fabulosos.

Tantos y tan ricos productos dieron lugar a un comercio muy activo, que se verificaba, principalmente, por los puertos de mar de Cádiz, Málaga, Cartagena, Tarragona y Barcelona.

Arco de Bará

39. **Artes y oficios.**—En tiempo de los romanos, las artes y los oficios tuvieron vida tan próspera, que dieron a España la más alta reputación.

En Asturias, Galicia y Cataluña había grandes fábricas de tejidos de hilo; Játiva, Mérida y Córdoba, las tenían de manteles, servilletas y pañuelos; Tarragona, Córdoba y Mérida, eran notables en herrerías y alfarerías; las minas se explotaron con gran actividad, y los soldados no empleaban otras armas que las fabricadas en Calatayud.

40. **La lengua latina.**—La *lengua latina* fué el idioma nacional de los españoles, pues los romanos la impusieron hasta como idioma popular.

Templo romano de Mérida

Tanto llegó a influir España en la cultura y civilización de Roma, que, a fines del imperio romano, los mejores poetas, prosistas, pensadores y satíricos; los más grandes agrónomos y geógrafos, eran naturales de la Península.

41. **Nacimiento de Jesús.**—Reinando en Roma el emperador Octavio César Augusto, nació en Belén *Nuestro Señor Jesucristo.*

42. **El Evangelio en España.**—Santiago el Mayor y San Pablo, predicaron en España la salvadora doctrina de Jesús.

Españoles célebres de la Edad Antigua

Séneca.—Filósofo y moralista

San Dámaso.—Papa

Marcial.—Poeta satírico

Lucano.—Poeta y orador

Columela.—Agrónomo

San Gregorio.—Téologo

Quintiliano.
Célebre escritor

Silvio Itálico.—Literato

Pomponio Mela
Geógrafo

Osio.—Obispo de Córdoba

Prudencio.—Poeta

Orosio.—Escritor

EDAD MEDIA

LECCIÓN VI

Dominación visigótica

43. **Fin de la dominación romana.**—La dominación romana terminó en el siglo V de Jesucristo, con la invasión de los *bárbaros del Norte.*

Los bárbaros eran pueblos salvajes que, procedentes del Asia, vivían en las montañas del Norte de Europa. Se conocen con los nombres de *suevos, vándalos, alanos, godos* o *visigodos* y *hunos.* Al invadir la Península saquearon y destruyeron lo mejor que hallaron a su paso. Los *hunos* eran, seguramente, los más feroces y rudos; iban vestidos de pieles, bebían la sangre de los caballos, comían la carne cruda, y en la lucha lanzaban rugidos espantosos. Su jefe, el sangriento *Atila,* llamado el *azote de Dios,* decía orgulloso que *donde pasaba su caballo no volvía a crecer la hierba.*

44. **Reparto de la Península.**—Los suevos se establecieron en Galicia; los vándalos, al Sur, en Andalucía; los alanos, al Oeste, en Portugal, y los godos o visigodos, al Noreste, es decir, en Cataluña.

45. **Períodos que comprende la dominación visigótica.**—La dominación de los godos duró 302 años y comprende dos períodos: el primero, de 177 años, comprende *desde la invasión hasta Recaredo;* el segundo, de 125 años, *desde Recaredo hasta la venida de los árabes.*

Con la invasión de los bárbaros retrocedió la cultura de los españoles, y las costumbres experimentaron un cambio absoluto. Durante el segundo período, florecieron las letras, y España llegó a ser la nación más culta de Europa.

46. **Los visigodos.** — Los visigodos constituían la raza menos salvaje de los bárbaros, porque los prisioneros que habían hecho a los romanos antes de penetrar en España, les habían enseñado a leer y escribir y a conocer algo el Cristianismo.

47. **Visigodos y romanos.**—Los visigodos se aliaron con los romanos, a fin de arrojar de la Península a los demás bárbaros; pero una vez hubieron dominado a los suevos, a los vándalos y a los alanos, los visigodos supieron hacerse dueños de todo el país conquistado.

48. **Carácter de la monarquía visigótica.** — Los reyes visigóticos eran *electivos,* y no, *hereditarios,* por

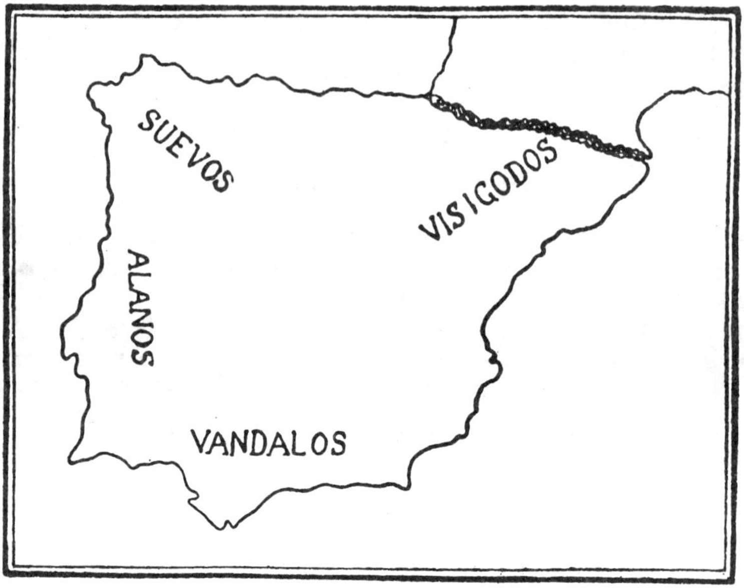

Establecimiento de los bárbaros del Norte

cuya razón se atentaba con frecuencia contra la vida del soberano, para arrebatarle la corona.

49. **Principales reyes godos.** — Los reyes godos fueron 33; pero los más notables son *Ataúlfo, Walia, Teodoredo, Eurico, Leovigildo, Recaredo, Sisebuto, Suintila, Wamba* y *Don Rodrigo.*

LECCIÓN VII

Reyes godos

50. **Ataúlfo.**—*Ataúlfo,* fué el primer rey godo: había saqueado a Roma; casó con Gala Placidia, hermana de Honorio, emperador de los romanos; se apoderó de la España Tarraconense; sentó su corte en Barcelona, y fué asesinado por su sucesor *Sigerico,* dos años después (años 414-417).

Ataúlfo

Sigerico fué también asesinado siete días después de haber subido al trono.

51. **Walia.** — *Walia* guerreó contra

los vándalos y alanos; hizo la paz con Roma, que le cedió tierras francesas, y fijó su corte en Tolosa (Francia). (417-420).

Teodoredo

52. **Teodoredo.**—Reinando *Teodoredo*, los vándalos abandonaron Andalucía y pasaron al África; murió gloriosamente en la batalla de los Campos Cataláunicos, donde fué derrotado Atila, el terrible *azote de Dios*, caudillo de los hunos. (420-451).

53. **Eurico.** — *Eurico* subió al trono después de haber asesinado al antecesor, su hermano *Teodorico*, y publicó el primer código de leyes que tuvieron los godos, llamado *Código de Eurico*, que contribuyó a la cultura de su pueblo. (469-484).

Eurico

54. **Leovigildo.**—*Leovigildo* fué el primer rey godo que usó insignias reales, y como los godos profesaban la religión *arriana* y supo que su hijo *Hermenegildo* se había convertido al catolicismo, le desterró a Valencia y después a Tarragona, en una de cuyas cárceles sufrió el martirio. La corte de los reyes era ya la ciudad de Toledo. (572-586).

Recaredo

55. **Recaredo.** — *Recaredo* fué el primer rey godo que se hizo católico, seguramente por consejo de su tío, el obispo San Leandro. (586-601).

56. **Sisebuto.** — *Sisebuto* protegió las letras y las artes; fué muy religioso, y publicó un decreto expulsando a los judíos, acto que fué censurado por San Isidoro, arzobispo de Sevilla. (612-621).

Suintilla

57. **Suintila.** — *Suintila* fué un buen rey; quiso convertir en hereditaria la corona de los godos, que seguía siendo electiva; una sublevación de los magnates le privó del trono, pero no, de la vida. (621-631).

58. **Wamba.**-*Wamba* rehusó la corona cuando fué elegido rey; pero le obligaron a aceptarla con amenazas de muerte; gobernó con energía y honradez, y destruyó la escuadra de los

Don Rodrigo

árabes, que por primera vez intentaron desembarcar en España. (672-680).

59. **Don Rodrigo.** — *Don Rodrigo* descuidó los intereses de la nación; el malestar se hizo general, y los árabes invadieron el suelo español, acabando con la monarquía visigótica. (709-711).

LECCIÓN VIII

Sobre la denominación visigótica

60. **Primeras consecuencias.** — En los comienzos de la dominación visigótica, la civilización y la cultura del pueblo español experimentaron un notable retroceso, y las costumbres y las instituciones un cambio verdaderamente radical.

61. **Influencia de la cultura romana.** — A medida que se acentuó la paz, los visigodos, poco a poco, empezaron a despojarse de su rudeza y a aceptar las creencias religiosas, el idioma y el derecho de los romanos y a sentir afición a las letras.

62. **La agricultura y la industria.**—El florecimiento agrícola que tuvo España durante la dominación romana, jamás se vió en tiempo de los godos, y otro tanto sucedió con la industria y el comercio, por más que se trabajaban los metales y el cristal y se tejían el lino y la lana.

Iglesia visigótica de San Juan Bautista, de Baños, contruída por Recesvinto

63. **Las artes.** — Entre las bellas artes, la única a que se dedicaron los godos con afición fué la arquitectura. La música fué cultivada por el clero, como elemento importante de las ceremonias religiosas.

64. **Abolición de las castas.** — Los visigodos abolieron la odiosa *ley de castas,* que siempre fué permanente entre los romanos. La importancia del hombre la hallaban sólo en el valor personal, porque todos eran soldados.

65. **Abolición de la esclavitud.** — Otra de las grandes mejoras que establecieron los visigodos fué la *abolición de la esclavitud.*

66. **Dignificación de la mujer.** — Los godos dignificaron a la mujer en gran manera, considerándola en lo que merece por su debilidad y como esposa y madre.

67. **Otros aciertos de los visigodos.**—Los visigodos desterraron la corrupción de los romanos; acabaron con el paganismo y aceptaron buena parte de su administración y sus buenas leyes; establecieron la igualdad de todos los hombres ante la ley, y quisieron que los jueces fuesen responsables de la justicia que administraban.

68. **La instrucción.**—Cuando Sisebuto subió al trono, se empezó a prestar alguna atención a la cultura del pueblo; la Iglesia creó escuelas y seminarios, y la ilustración del clero llegó a ser muy superior a la del resto de Europa: la Iglesia era la única depositaria del saber.

69. **San Isidoro.** — Entre los españoles ilustres de aquella época, sobresale *San Isidoro,* arzobispo de Sevilla, que fué admiración del mundo por su virtud y sabiduría.

San Isidoro

70. **Qué debe España a los visigodos.**—Los visigodos legaron a España estas tres bases en qué se fundamentó la nueva sociedad española: el *Catolicismo,* la *Nacionalidad* y la *Monarquía.*

LECCIÓN IX

Dominación musulmana

71. **La invasión árabe.** — Reinando Don Rodrigo, que fué el último de los reyes godos, los árabes desembarcaron en la Península.

72. **Batalla del río Guadalete.** — Don Rodrigo salió

al encuentro de los árabes; ambos ejércitos se encontraron cerca del río Guadalete, y después de tres días de lucha desesperada, los visigodos fueron derrotados.

Batalla del Guadalete

El jefe de los moros era Tarik, quien empezó en seguida la conquista de la Península; poco tiempo después, Muza desembarcó en Algeciras con 18,000 musulmanes y continuó la obra de Tarik.

Créese que Don Rodrigo halló la muerte en la batalla del Guadalete.

73. **Duración de la dominación musulmana.** — La dominación musulmana duró 781 años; desde la batalla del Guadalete, año 711, hasta la rendición de Granada a los Reyes Católicos, en 1492.

Mapa de España durante el Gobierno de los Emires

74. **Períodos que comprende la dominación.** — La dominación de los moros en España puede dividirse en tres períodos: 1.º *Gobierno de los Emires;* 2.º, *Gobierno de los Califas;* 3.º, *Reinos árabes independientes.*

75. **Gobierno de los Emires.** — Durante *cuarenta y cinco años,* los árabes de España fueron gobernados por *Emires,* nombrados por el Califa de Damasco.

El Emir Abderramán

Dividieron España en cuatro regiones, y el gobierno de cada una estaba confiado a un *Valí,* que dependía del Emir o gobernador general. El más notable de los emires fué *Abderramán,* que llevó la Media Luna hasta Poitiérs (Francia), y en una batalla perdió la vida.

76. **Gobierno de los Califas.** — El gobierno de los Califas duró *doscientos setenta y cinco años;* y empieza con la creación del Califato de Córdoba.

Durante este período, el poder mahometano de España llega a tal grado de riqueza y esplendor, que los soberanos de la tierra se disputaban el honor de su amistad; las letras, las ciencias y las artes brillaron en grado sumo, y la cultura del pueblo fué tan general, que era raro hallar un hombre que no supiera leer y escribir en los verdaderos dominios del Califato.

77. **Reinos árabes independientes.** — Desapareció el Califato de Córdoba, y durante *cuatrocientos sesenta y un años,* se crean y desaparecen reinos árabes, cada vez menos fuertes y poderosos, hasta que, en 1492, con la caída del reino moro de Granada, se hunde para siempre el dominio musulmán en nuestra Patria.

LECCIÓN X

El Califato de Córdoba

78. **Creación del Califato.**—Una revolución arrojó del trono de Damasco a la dinastía de los Omeyas, cuyos individuos fueron perseguidos y exterminados; sólo se salvó el joven *Abderramán,* de 21 años, que huyó al África y después pasó a la Península para aceptar el trono de un Califato independiente del de Damasco.

La desmoralización de los Emires de España hacía mucho tiempo que había creado un disgusto general, y los moros notables de Córdoba se apresuraron a llamar al fugitivo Abderramán, para ofrecerle la representación de un Califato independiente. Aceptó

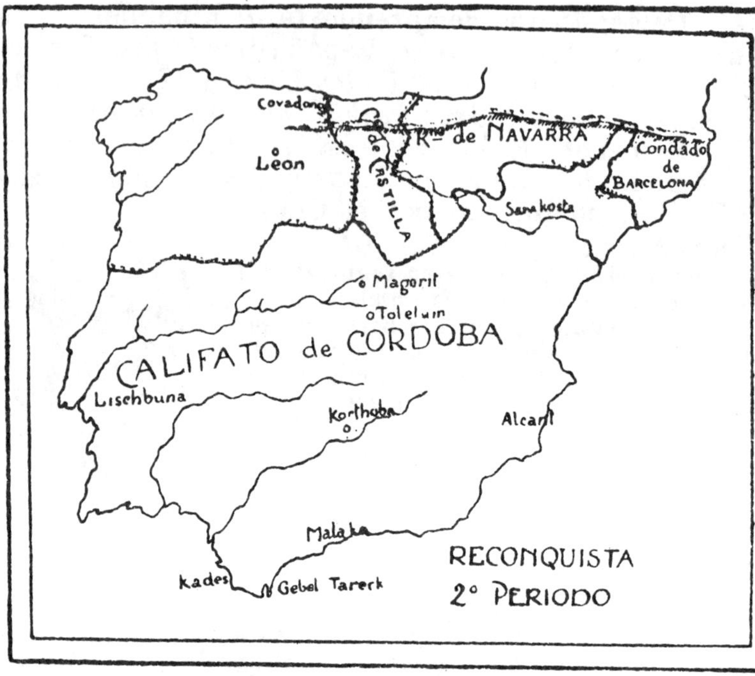

Mapa de España durante el Califato

el joven Omeya; ahogó en sangre las rebeliones de la Península; venció a las fuerzas que vinieron de Damasco para someterle, y la creación del Califato de Córdoba fué un hecho realizado. Abderramán era poeta, hombre de ilustración y protegió las ciencias y las letras; murió en Mérida el año 788, habiendo tratado a los cristianos con mucha consideración.

Abderramán I

79. **Califas principales.** — En los 275 años que duró el Califato de Córdoba, hubo *veinticuatro* califas, siendo los principales *Abderramán I, Abderramán III* y *Alhakén II.*

Abderramán III

80. **Abderramán III.**—El más notable de los reyes moros o Califas españoles fué *Abderramán III,* en cuyo tiempo y en el de su hijo *Alhakén II,* el Califato de Córdoba llegó a un grado supremo de cultura y esplendor.

Abderramán III fué un monarca sabio, bueno y de corazón nobilísimo; hizo mucho por la ilustración de los moros; levantó soberbios edificios; fué muy tolerante con los cristianos, a quienes dió cargos públicos, y en su tiempo prosperaron la agricultura, las letras, las ciencias y las artes.

81. **Alhakén II.** — *Alhakén II* sucedió a su padre Abderramán III, a quien trató de imitar; fué muy tolerante con los cristianos y protegió en gran manera la agricultura, las letras, las ciencias y las artes.

82. **Almanzor.**—Al morir Alhakén II, le sucedió su hijo de once años *Hixén II*, bajo la tutela de *Almanzor*, el caudillo mahometano más famoso, que fué, de hecho, el verdadero Califa; peleó en 52 campañas contra africanos y españoles, llevando la devastación por todos los reinos cristianos. Al fin, unidos los reyes de Castilla, León y Navarra, le derrotaron en Calatañazor, y, herido y avergonzado, murió en Medinaceli.

Almanzor

83. **Fin del Califato.** — Muerto Almanzor (1) empezó la decadencia del Califato de Córdoba, que al fin cayó en manos de los *berberiscos*, hordas salvajes y refractarias a toda cultura, y, destrozado por la anarquía y la guerra civil, las provincias se constituyeron en reinos independientes.

LECCIÓN XI

Reinos de Taifas (2). — **Influencia de la dominación árabe**

84. **Reinos de Taifas.** — Las pequeñas soberanías que se formaron sobre las ruínas del Califato de Córdoba, se conocen con el nombre de *Reinos de taifas*, esto es, de bandería o caudillaje.

Sólo dominaba a estos reyezuelos la ambición de ensanchar sus reducidas fronteras, y convirtieron la España árabe en teatro de luchas sangrientas, que, al fin, solamente contribuyeron a debilitar el poder musulmán y a favorecer a los cristianos.

85. **Reinos de taifas más notables.**—Los reinos de taifas que adquirieron mayor importancia fueron los de *Sevilla, Córdoba, Granada, Málaga, Toledo, Murcia, Jaén, Valencia* y *Zaragoza.*

---

(1) En lenguaje árabe, la palabra *Almanzor* significa *el Victorioso.*

(2) En lengua árabe, la voz *taifas* significa *compañía, cuadrilla, comitiva, tribu, kábila,* etc.

La Alhambra de Granada

La historia de estos reinos carece de verdadera importancia, y sus hechos más notables están íntimamente unidos a los de los reinos cristianos, esto es, a los de la *reconquista* del suelo español.

86. **Carácter de los árabes.** — Los árabes son indolentes y melancólicos, pero de imaginación impresionable y fogosa; la menor contrariedad les abate, y acometen las empresas más difíciles con resolución y extraordinaria valentía; son astutos, hipócritas y vengativos, y sufren con aparente resignación todas las humillaciones, mientras puedan conseguir el objeto que se proponen.

87. **Influencia de la cultura española.** — Pronto los moros reconocieron la superior cultura del pueblo español; la apreciaron y admiraron, y a esta causa se debió, seguramente, que fuesen tolerantes y respetuosos con los españoles.

88. **Ilustración que alcanzaron los árabes.** — Los árabes se aficionaron tanto a la sabiduría, que, durante la época del Califato, Córdoba llegó a ser el centro intelectual de Europa; crearon escuelas, academias y bibliotecas, y las eminencias de todo el mundo acudían a la corte de los califas, para estudiar los adelantos del pueblo moro en todos los ramos del saber.

89. **La arquitectura árabe.** — Los moros fueron arquitectos admirables. La nota característica de sus construcciones fueron los arcos de herradura y lobulado, las columnas, el adorno sorprendente de las paredes interiores, el hermoso y complicado dibujo de sus creaciones, esmaltadas de oro, rojo y azul; las inscripciones, los mosaicos y la austeridad de los exteriores, que apenas tenían huecos.

90. **Agricultura, industria y comercio.** — La agricultura y la industria florecieron en alto grado, distinguiéndose en la forma de los riegos, que hacen todavía

La Mezquita de Córdoba

la riqueza de las huertas de Valencia y Murcia, y durante la época del Califato su comercio fué muy activo, sobre todo en el mar Mediterráneo.

91. **Las costumbres.** — En sus luchas intestinas, se ensañaban con los vencidos: les cortaban la cabeza, que clavaban en los muros de las ciudades y en los paseos; fueron muy inclinados al lujo; sus aficiones caballerescas dieron origen a desafíos personales, y se cree que se deben a ellos las carreras de caballos y la lidia de toros bravos.

LECCIÓN XII

La Reconquista

92. **Después de la batalla del Guadalete.**—Los cristianos que no quisieron someterse al dominio de los árabes y no pocos que habían escapado con vida de la derrota del Guadalete, se refugiaron en las montañas de León, Galicia, Asturias y Provincias Vascongadas.

93. **La Reconquista.** — Se conoce con el nombre de *Reconquista,* el espacio de tiempo comprendido entre la **invasión de los árabes, en el año 711, y su total expulsión, en 1492: la *Reconquista* duró, pues, cerca de *ocho siglos.***

94. Períodos en que puede dividirse la Reconquista. — La Reconquista puede dividirse en cinco períodos: 1.º, *Monarquía de Asturias;* 2.º, *Monarquía de León;* 3.º, *Monarquía de Castilla y León;* 4.º, *Separación de Castilla y León;* 5.º, *Unión definitiva de Castilla y León.*

95. **Sucesos principales del primer período.** — El primer período de la Reconquista comprende tres sucesos memorables: *la fundación del reino de Asturias, la fundación del reino de Navarra* y *la fundación del condado de Barcelona.*

96. **Fundación del reino de Asturias.** — Siete años después del desastre de Guadalete, Don Pelayo derrotó a los moros en la famosa batalla de Covadonga, después de la cual fué proclamado rey.

Don Pelayo

Borrados, ante el común peligro, los odios de raza entre godos y españoles, se funden en un solo pueblo cristiano y juran vencer o morir por la religión y la Patria; reconocen por caudillo a Don Pelayo; éste les organiza para la lucha, y, cuando los moros se deciden a exterminar a aquel puñado de héroes, hallan una derrota vergonzosa en los alrededores de la gruta de Covadonga.

97. **Reyes más notables de Asturias.** — Después de Don Pelayo, los reyes de Asturias más notables son: Alfonso I, Alfonso II, Ordoño I y Alfonso III.

Alfonso I

Alfonso I, yerno de Don Pelayo, luchó sin cesar, llegando a dominar una cuarta parte de España; Alfonso II tomó a Lisboa; extendió su reino hasta el Tajo, y su reinado fué duradero y glorioso; Ordoño I ganó a los moros la sangrienta batalla de Clavijo, que es uno de los hechos de armas más notables de la Reconquista; Alfonso III, hijo y sucesor de Ordoño I, llevó sus armas hasta el Guadiana e incorporó muchas tierras a su corona.

98. **Fundación del reino de Navarra.** — Al mismo tiempo que Don Pelayo, las Provincias Vascongadas y Navarra, o sea la *Vasconia,* que nunca había sido sometida, da el grito de independencia; los indomables vascos eligen por jefe a Garci-Jiménez, pelean con ardor asturiano y echan los cimientos del reino de Navarra.

Wifredo *el Velloso*

99. **Fundación del Condado de Bar-**

celona.—Auxiliados por los franceses, los catalanes empiezan a batallar contra los sarracenos, casi al mismo tiempo que Asturias y Navarra. Cataluña consigue pronto hacerse independiente de Francia, y su primer conde-rey *Wifredo* el *Velloso*, arremete contra los moros y crea un estado floreciente y respetado de los demás pueblos.

LECCIÓN XIII

Monarquía de León

100. **Origen del reino de León.**—La monarquía de Asturias había ensanchado considerablemente sus fronteras, y trasladó su corte a León, a fin de que la capital de su reino estuviese más en el centro de sus dominios.

El reino de León es, por tanto, el mismo reino de Asturias: sólo ha cambiado de nombre. El primer soberano que se tituló *Rey de León*, fué *García I*, que sólo reinó tres años, hijo de Alfonso III *el Grande*, de Asturias. (La monarquía de León comprende desde el año 914 al 1037).

101. **Reyes más notables.**—Los reyes de León más notables son Ordoño II, Ramiro II y Alfonso V *el Noble*.

Ordoño II batalló con suerte y valentía contra los moros, fortificó buena parte de la ribera del Duero y edificó la nueva Catedral de León, cediendo para ello su propio palacio.

Ordoño II

Ramiro II derrotó a Abderramán III en varios encuentros, se apoderó de la plaza de Madrid y llevó sus armas victoriosas hasta Toledo.

Alfonso V el Noble se dedicó a reparar los daños causados por las correrías de Almanzor y emprendió la conquista de Portugal, muriendo en el sitio de Viseo (Portugal).

Ramiro II

102. **Importancia de la monarquía de León.**—Los reyes de León trabajaron sin descanso en la santa obra de la *Reconquista*, y en el período más difícil de la misma, por cuanto el Califato de Córdoba era poderoso: Abderramán III y Almanzor parecía que iban a acabar con los reinos cristianos, y, a pesar de todo esto, el Califato se desmorona cuando la monarquía de León se extiende uniéndose a Castilla.

103. **Progresos notables de aquella época.** — Durante el gobierno de los reyes de León, se celebraron Cortes; se concedieron fueros y privilegios a los pueblos; se crearon los municipios; las industrias y las artes tuvieron prosperidad, y aumentó la riqueza pública.

104. **Juicio muy honroso.** — Dice un historiador notable, que, si bien es verdad que la monarquía de Asturias creó la Patria, la de León creó la nacionalidad.

Alfonso V
el Noble

105. **El Condado de Castilla.**—El terreno situado en la prolongación oriental del reino asturiano-leonés, tomó el nombre de *Castilla* por los muchos castillos y fortalezas que en él se levantaron al iniciarse la Reconquista, para impedir las correrías de los moros, y este territorio, dependiente del reino de León, fué gobernado por *Condes,* jefes militares de autoridad casi soberana. Uno de estos condes fué *Fernán González,* que rompió completamente los vínculos que le unían con León, erigiéndose en *Condado Independiente.*

LECCIÓN XIV

Monarquía de Castilla y León

106. **Origen del reino de Castilla.** — Al morir uno de los soberanos del Condado de Castilla, heredó el condado su hermana D.ª Elvira, casada con Sancho III, rey de Navarra, quien, al fallecer, lo transmitió ya con el título de *reino* a su hijo Fernando I. Tal es el origen del *Reino de Castilla.*

107. **Unión de Castilla y León.** — El primer rey de Castilla, Fernando I, lo fué también de León por su matrimonio con Doña Sancha, heredera de la corona de este reino. (1037).

La monarquía de Castilla y León comprendía Castilla, León, Galicia y Asturias.

108. **Reyes más notables.**—Entre los monarcas más notables de Castilla y León, deben citarse: Fernando I *el Grande,* Sancho II *el Fuerte,* Alfonso VI y Alfonso VII.

109. **Fernando I.** — *Fernando I el Grande* organizó su reino, reconquistó buena parte de Portugal e hizo

tributarios suyos a los reyes moros de Badajoz, Zaragoza y Sevilla.

Fernando I

Después dirigió sus armas contra Valencia; pero cayó enfermo y se retiró a León, donde murió. Al morir tuvo la debilidad de dividir el reino, repartiéndolo entre sus cinco hijos: dió Castilla a Don Sancho; León, a Don Alfonso; Galicia, a Don García; la ciudad de Zamora, a su hija Doña Urraca, y la ciudad de Toro, a su hija Doña Elvira.

110. **Sancho II.** — *Sancho II*, rey de Castilla, declaró la guerra a su hermano Alfonso, rey de León, a quien destronó; luego desposeyó a su hermano García del reino de Galicia y a su hermana Elvira, de la ciudad de Toro.

Sancho II

En poco más de tres años, Sancho II reinó sobre todos los dominios de su padre. Después sitió a Zamora para arrebatarla a su hermana Doña Urraca; pero fué vilmente asesinado por un traidor llamado Bellido Dolfos, que salió de la ciudad y fingió pasarse al enemigo.

111. **Alfonso VI.** — *Alfonso VI* fué el sucesor de su hermano Sancho II. Guerreó contra los moros, reconquistó a Toledo, y murió de pena, porque en la batalla de Uclés pereció su único y hermoso hijo el infante Don Sancho con siete condes que le acompañaban.

112. **Alfonso VII.** — *Alfonso VII* sujetó a muchos nobles descontentos y revoltosos, y guerreó con gran fortuna contra los moros.

113. **El Cid.**—Durante el reinado de Alfonso VI, se distinguió notablemente un guerrero castellano llamado Rodrigo Díaz de Vivar, conocido por el *Cid Campeador*, que es considerado como el héroe más grande de la Reconquista.

El Cid Campeador

LECCIÓN XV

Separación de Castilla y León. — Reyes de Castilla. — Reyes de León. — Unión definitiva de Castilla y León

114. **Cuánto duró la separación de Castilla y León.** — La separación de Castilla y León duró desde el año 1157 al 1230, habiendo sido este período el más glorioso del tiempo de la Reconquista.

115. **Cómo se verificó la separación.** — Al morir Alfonso VII, cometió el error político de repartir sus estados entre sus dos hijos, dando a Sancho el reino de Castilla, y a Fernando, el de León.

116. **Reyes más notables de Castilla.** — Los monarcas más notables de Castilla fueron *Alfonso VIII* y *Doña Berenguela.*

Alfonso VIII

117. **Alfonso VIII.** — *Alfonso VIII* tenía sólo 15 años cuando subió al trono; peleó contra la morisma, recuperó las plazas que durante su minoridad le había arrebatado el rey de Navarra, y aniquiló a los moros en la célebre batalla de las *Navas de Tolosa.*

La batalla de las Navas de Tolosa fué un golpe mortal para los sarracenos. La iglesia la conmemora el día 16 de julio, con el nombre de *Triunfo de la Santa Cruz.*

118. **Doña Berenguela.**—Al morir Alfonso VIII, le sucedió su hijo *Enrique I;* pero habiendo fallecido a los 14 años de edad, las Cortes nombraron reina de Castilla a su hermana *Doña Berenguela,* esposa de Alfonso IX rey de León.

Doña Berenguela

119. **Reyes de León.**—Durante los 73 años que duró la separación de León y Castilla, en León reinaron dos monarcas: *Fernando II* y *Alfonso IX.*

120. **Fernando II.** — *Fernando II,* que había heredado la corona de León al morir su padre Alfonso VII, sostuvo una guerra con el rey de Portugal, que se propuso extender sus fronteras; fundó a Ciudad Rodrigo, y batalló valerosamente contra los moros.

121. **Alfonso IX.** — *Alfonso IX,* hijo y sucesor de Fernando II, casó con Doña Berenguela, hermana de Enrique I de Castilla; fué un monarca valeroso e ilustrado, que guerreó denodadamente contra los moros.

El Papa disolvió el matrimonio de Alfonso IX con Doña Berenguela, a causa del parentesco que existía entre los esposos; pero legitimó su prole.

122. **Unión definitiva de Castilla y León.**—Del matrimonio de Alfonso IX de León con Doña Berenguela de Castilla, había nacido *Fernando III,* que unió definitivamente los reinos de Castilla y León.

123. **Fernando III.**—*Fernando III, el Santo,* o San Fernando, pasó su vida guerreando contra los moros, a los que tomó las ciudades de Córdoba, Sevilla, Jerez y Cádiz, y fué dueño de casi toda Andalucía.

Durante el reinado de San Fernando, la monarquía castellana llegó a un alto grado de esplendor; se iniciaron reformas que años después tuvieron gran desarrollo y proporcionaron bienestar y riqueza pública. Fué muy piadoso; la Iglesia le declaró *Santo.*

Fernando III, *el Santo*

LECCIÓN XVI

Navarra. — Aragón

124. **Origen del reino de Navarra y Aragón.** — El *origen* del reino de Navarra y Aragón es uno de los puntos más obscuros de la Historia de España.

Se cree que el primer rey o caudillo fué *Garci-Jiménez,* allá por los años 750; el segundo rey fué *Iñigo Arista;* después aparece *Sancho II Abarca,* y, después de otros, *Sancho III, el Grande,* que ensanchó el reino notablemente, agregando a él el Condado de Castilla, por su casamiento con Doña Elvira, hija y heredera del conde Don García.

Sancho III, *el Grande*

125. **División del reino de Navarra.** — Al fallecer Sancho III *el Grande,* en el año 1035, repartió el estado entre sus hijos dando a su primogénito *García* el reino de Navarra; a *Fernando,* Castilla; a *Ramiro,* Aragón, y a *Gonzalo,* los condados de Sobrarbe y Ribagorza.

Castilla y Aragón se erigen entonces en reinos independientes.

126. **Unión de Navarra y Aragón.**—García IV, rey de Navarra, quiso reconstituír la unidad del reino, desmembrado por su padre Sancho *el Grande,* y, al efecto, se propuso destronar a su hermano Fernando, rey de Castilla; pero murió en una batalla, y su hijo y sucesor fué muerto por un bastardo. Los navarros, entonces, dieron la corona al rey de Aragón, Sancho Ramírez, formando Navarra y Aragón una sola monarquía, por espacio de medio siglo.

127. **Separación de Navarra y Aragón.** — Al morir *Alfonso I, el Batallador,* rey de Navarra, volvieron a separarse Navarra y Aragón; Navarra puso en el trono a *García Ramírez IV,* y Aragón, a *Ramiro II, el Monje.*

128. **Otros reyes notables de Navarra.**—A García Ramírez IV le sucedió *Sancho VI, el Sabio,* que estuvo en guerra con Castilla.

Sancho VII, el Fuerte, que tomó parte en la batalla de las Navas de Tolosa.

Juana I, que casó con Felipe IV, el Hermoso, hijo y sucesor del rey de Francia, pasando Navarra a formar parte de la monarquía francesa.

Juana II, en cuyo tiempo Navarra recobró la independencia.

Carlos II, el Malo, que llevó a cabo una famosa expedición de navarros a Oriente.

Carlos III, el Noble, que se distinguió por su rectitud y fama de justiciero.

Blanca I, casada con Don Juan, hijo de Don Fernando de Antequera, rey de Aragón, que adquirió el título de rey de Navarra con el nombre de *Juan I.*

Catalina, casada con *Juan de Abrit,* últimos reyes de Navarra, que fueron destronados por Fernando el Católico, quedando Navarra incorporada para siempre a la monarquía de Castilla, en 1841.

LECCIÓN XVII

Reyes de Aragón

129. **El primer rey de Aragón.** — *Ramiro I,* hijo de Sancho III, *el Grande,* rey de Navarra, fué el primer soberano del reino de Aragón.

Luchó contra los sarracenos, y murió gloriosamente al intentar apoderarse de *Graus,* en 1063.

Aragón, en sus principios, formó con Navarra un solo Estado; comenzó a existir, como nación independiente, al morir *Sancho III el Grande,* de Navarra, que dejó el territorio aragonés a su hijo Ramiro.

130. **Sancho Ramírez.** — *Sancho Ramírez,* hijo y sucesor de Ramiro I, sucumbió gloriosamente en el sitio de Huesca y dejó a su reino engrandecido con la anexión voluntaria de Navarra.

131. **Alfonso I, el Batallador.**—*Alfonso I, el Batallador,* es uno de los monarcas más grandes de la Reconquista, pues derrotó a los infieles en *veintinueve* batallas; les tomó muchas plazas, entre ellas Zaragoza, y murió en el sitio de *Fraga,* en 1134.

Alfonso I, *el Batallador*

132. **Ramiro II, el Monje.**—*Ramiro II, el Monje,* era hermano del *Batallador,* y a su reinado se atribuye la célebre tradición de *La campana de Huesca.*

Al morir *el Batallador,* Ramiro era monje de un convento en Narbona; dícese que los nobles le ridiculizaban llamándole *El Rey Cogulla;* que Ramiro hizo decapitar a los más revoltosos, y que colocó sus cabezas en una bóveda a manera de campana, para que el escarmiento *sonara* mucho.

La Campana de Huesca

Doña Petronila, hija y heredera de Ramiro II, casó con *Berenguer IV,* conde de Barcelona, dejando así preparada la unión de Aragón y Cataluña.

133. **Alfonso II.** —Del matrimonio de Berenguer IV con Doña Petronila, nació *Alfonso II,* que reunió en su frente las coronas de Aragón y Cataluña.

Además, la monarquía catalano-aragonesa poseía territorios transpirenaicos, entre ellos la Provenza y el Rosellón.

134. **Jaime I el Conquistador.**—*Jaime I el Conquistador* es uno de los soberanos más grandes de nuestra Historia: conquistó las islas Baleares, invadió el reino de Valencia, tomando varias plazas y la capital; auxi-

lió desinteresadamente a Fernando III, rey de Castilla, e hizo feudatario de Aragón al rey moro de Túnez. Falleció en 1276.

Jaime I, *el Conquistador*

Jaime el Conquistador fué además de guerrero, gran legislador, buen literato y excelente poeta; escribió la *Crónica* de su reinado y rechazó exigencias que en el orden político le hizo el Papa. Cometió, sin embargo, la grave falta de desmembrar el gran Estado por él fundado, pues dejó Aragón y Cataluña a su primogénito *Pedro III, el Grande,* y las Baleares y los territorios ultrapirenaicos, a su hijo *Jaime II.*

135. **Pedro III el Grande.**—*Pedro III el Grande* obligó a su hermano Jaime II, rey de Mallorca, a ser feudatario de Aragón; fué proclamado rey de Sicilia; estuvo en guerra con Francia, y el Papa le excomulgó; pero Don Pedro triunfó, y en todas partes fué respetado y temido el nombre de Aragón.

136. **Pedro IV.** — *Pedro IV, el Ceremonioso,* conquistó las Baleares y se apoderó del Rosellón y la Cerdeña; ocupó el trono de Sicilia, y después lo cedió a su hijo Don Martín.

137. **Juan II.** — *Juan II* hizo objeto de grandes persecuciones a su hijo el *Príncipe de Viana,* ídolo de los catalanes, por cuya causa, aunque por poco tiempo, Cataluña llegó a separarse de Aragón.

138. Expedición a Oriente. — Terminada la guerra de Sicilia, catalanes y aragoneses mandados por *Roger de Flor y Berenguer de Entenza,* realizaron, en 1303, una expedición a Oriente, a fin de auxiliar al emperador de Constantinopla, que se hallaba amenazada por los turcos. Las hazañas de estos caudillos son inmortales en la Historia.

Roger de Flor

LECCIÓN XVIII

Cataluña

139. **La Reconquista de Cataluña.**—Casi al mismo tiempo que Pelayo iniciaba la Reconquista en Covadonga, el valeroso *Otger* la emprendía en Cataluña y no tardó en verla realizada con el auxilio de Carlomagno

y de su hijo Ludovico Pío, fundador de la *Marca Hispánica,* en el año 822.

140. **La Marca Hispánica.** — El nuevo estado llamado *Marca Hispánica* (1) lo formaban las tierras catalanas arrebatadas a los moros y otras ultrapirenaicas; su capital fué Barcelona.

Este estado era gobernado por condes dependientes de los reyes de Francia; pero, a no tardar, Cataluña conquistó su independencia y proclamó a *Wifredo el Velloso,* en quien principian los *Condes-Reyes.* Este primer Conde fundó los grandiosos monasterios de *Ripoll* y *Montserrat.*

Monasterio de Ripoll

141. Borrell I, Suniario y Borrell II.—A la muerte de Wifredo el Velloso, le sucedió su hijo *Borrell* I, a quien sucedió *Suniario,* y a éste, *Borrell II,* en cuyo tiempo Almanzor se apoderó de Barcelona, teniendo que refugiarse Borrell en las vertientes del Pirineo (año 884).

142. Otros condes muy notables. — Merecen sin-

---

(1) La palabra *Marca,* de donde viene el título nobiliario de *Marqués,* se deriva de la voz alemana *mark,* que significa *frontera.*

gular mención los condes *Ramón Berenguer I, el Viejo, Ramón Berenguer III, el Grande,* y *Ramón Berenguer IV.*

Ramón Berenguer I

143. **Ramón Berenguer I.** — *Ramón Berenguer I, el Viejo,* arrebató a los moros las plazas de Lérida y Tortosa; se apoderó de casi todo el Rosellón, y, unido al *Conde de Urgel,* continuó gloriosamente la obra de la Reconquista.

Al morir este ilustre Conde, en 1077, gobernaron, simultáneamente, sus dos hijos Ramón Berenguer II, *Cabeza de Estopa,* y Ramón Berenguer III, que por ambición mató a su hermano, por lo cual se le llamó *Berenguer el Fratricida,* quien, abrumado por el remordimiento, abdicó en su sobrino *Ramón Berenguer III, el Grande.*

144. **Los Usatges.** — Ramón Berenguer I dió a Cataluña el famoso Código de leyes titulado *Los Usatges,* recopilación de los usos y costumbres del pueblo catalán, que contribuyó a debilitar el poder de los *señores feudales* y a exaltar la autoridad de los Condes Reyes.

Ramón Berenguer III

145. **Ramón Berenguer III el Grande.** — En tiempo de *Ramón Berenguer III, el Grande,* Cataluña llegó al cenit de su grandeza: agregó a sus dominios la Provenza; guerreó contra los sarracenos, y fué gran protector de las letras. Falleció en 1131.

Ramón Berenguer IV

146. **Ramón Berenguer IV.** — A Berenguer *el Grande* le sucedió su hijo *Ramón Berenguer IV,* que casó con *Doña Petronila,* hija y heredera de Ramiro II el Monje, rey de Aragón, llevándose así, a cabo, la unión de Aragón y Cataluña.

LECCIÓN XIX

Reyes más notables de Castilla y León

147. **Principales reyes de Castilla y León.** — Los reyes más notables de la monarquía castellano-leonesa,

además de *Fernando III, el Santo,* (1) son *Alfonso X el Sabio, Sancho IV el Bravo, Alfonso XI el Justiciero, Pedro el Cruel, Enrique II, Juan I, Juan II* y *Enrique IV el Impotente.*

Alfonso X

148. **Alfonso X el Sabio** (1252-1284). — El cetro de San Fernando lo heredó su hijo *Alfonso X, el Sabio,* que conquistó a Jerez, Cádiz, Niebla y otras plazas del reino moro de Sevilla, y agregó a sus estados el reino de Murcia, conquistado con la generosa ayuda de su suegro, Jaime I de Aragón. Por su ilustración, fué un hombre superior a su época.

149. **Sancho IV el Bravo** (1284-1295). — *Sancho IV, el Bravo,* fué muy valeroso e ilustrado; heredó la corona de su padre Alfonso X, y continuó la guerra contra los moros, tomándoles la ciudad de *Tarifa,* cuya defensa confió a *Alonso Pérez de Guzmán,* que recibió el sobrenombre de *El Bueno,* por haber preferido la muerte de un hijo suyo, antes que entregar la plaza a los enemigos de su rey.

Guzmán, el *Bueno*

150. **Alfonso XI** (1312-1350). — *Alfonso XI,* guerrero y legislador insigne, derrotó a los moros en la memorable batalla del río *Salado,* después de la cual los moros perdieron toda esperanza de sojuzgar nuevamente a España.

151. **Pedro el Cruel (1350-1368).** — ***Pedro I,* por sobrenombre *el Cruel,* fué hombre de carácter impetuoso y colérico, que tomó horribles venganzas contra sus enemigos; por otra parte, muchos le llaman *el Justiciero* y le juzgan como un modelo de justicia y rectitud. Su hermano bastardo *Enrique, Conde de Trastamara,* le disputó la corona sin cesar, y conducido un día, D. Pedro, con engaño, a la tienda del de Trastamara, fué muerto por éste a puñaladas.**

Pedro, *el Cruel*

152. **Enrique II (1368-1379). — *Enrique II* es llamado *el Bastardo* y también el *Fratricida* y *el de las Mercedes,* por las muchas que concedió a los nobles y al pueblo, a fin de atraér-**

(1) Nos hemos ocupado de *Fernando III,* el *Santo,* en la *Lección XV.*

selos a la corona; de este modo pudo conjurar las reclamaciones del rey de Portugal y del *Duque de Lancáster,* casado con una hija de don Pedro, que alegaban sus derechos al usurpado trono.

153. **Juan I** (1379-1395). — El cetro del *Fratricida* pasó a su hijo *Juan I,* quien, para obtener la amistad del rey de Portugal, pidió, para su heredero, la mano de la hija única de aquél, *Doña Beatriz;* pero habiendo enviudado el rey de Castilla, contrajo matrimonio con la prometida de su hijo, y casó éste con *Doña Catalina,* hija del Duque de Lancáster, acallando así las pretensiones de éste. Los esposos fueron los primeros que llevaron el título de *Príncipes de Asturias.*

154. **Juan II** (1406-1454).—*Juan II* no fué hombre de gobierno; aficionado a la poesía, hizo de su corte un verdadero Parnaso, y entregó el gobierno a su favorito *Don Alvaro de Luna,* a quien, al fin, hizo decapitar por acusaciones falsas de los nobles y de la reina.

Alvaro de Luna

155. **Enrique IV.** — Al morir Juan II, subió al trono de Castilla su hijo *Enrique IV, el Impotente,* hombre de poco carácter, que se indispuso con los nobles, los cuales ofrecieron la corona a su hermana, la infanta *Doña Isabel,* que se negó a aceptarla mientras viviera su hermano. Doña Isabel casó con el infante *Don Fernando de Aragón.*

LECCIÓN XX

España, durante la Reconquista

156. **La sociedad.** — En la sociedad española que comenzó a formarse desde los primeros momentos de la Reconquista, merecen atención preferente las siguientes instituciones: la *Monarquía,* la *Iglesia,* la *Nobleza* y el *Pueblo.*

157. **La Monarquía.** — Desde el principio, la monarquía tendió a hacerse *hereditaria,* porque la forma *electiva* que tenía la del pueblo godo, había sido continuo semillero de ambiciones y crímenes.

158. **La Iglesia.** — La *Iglesia* ejerció una influencia poderosa en la obra de la Reconquista, porque el sentimiento religioso era, entonces, más grande que el sentimiento patrio; la Iglesia, por otra parte, fué el arca santa que salvó toda la cultura antigua: las letras entonces hallaron en el clero un amoroso guardador.

159. **La Nobleza.**—Durante la Reconquista, la *Nobleza* fué el brazo fuerte de la Monarquía, y no siempre fué dócil a ella: se componía de *Ricos-homes, Duques, Marqueses, Condes, Hidalgos, Caballeros* e *Infanzones.*

160. **El Pueblo.** — El pueblo, o estado llano, estaba constituído por la masa general de los ciudadanos, que se llamaban *siervos* o *villanos:* **trabajaba la tierra y debía hallarse constantemente a la disposición de los *señores.***

161. **El feudalismo. — La tierra se hallaba dividida en *villas,* que venían a ser lo que ahora son los municipios, y pertenecía a los *señores.***

Los *señores* eran dueños de las *vidas* y *haciendas de los villanos,* y su poder era tan extraordinario, que muchas veces se rebelaban contra el mismo rey: **esta organización social se llamaba *feudalismo.***

Iglesia de San Pedro.—Gerona. (Arte románico)

162. **La propiedad.** — Había tres clases de propiedad: de *realengo,* o del monarca: de *abolengo,* o de la Iglesia, y de *solariego,* o de los nobles.

163. **Las contribuciones.** — La nobleza y el clero no pagaban contribuciones: los villanos o siervos debían pagar todos los impuestos y otras contribuciones especiales que a menudo imponían el clero y la nobleza.

164. **Los fueros.** — A fin de interesar a todos en la Reconquista, los reyes concedían grandes privilegios a sus súbditos y a los pueblos. Estos privilegios se llamaban *fueros,* que limitaban el poder de los señores feudales y fueron el origen de las futuras libertades.

165. **Las Cortes.** — Las *Cortes* venían a ser un consejo de los

reyes: al principio, sólo tenían representación en ellas la nobleza y el clero; más tarde, el pueblo también estuvo representado en ellas.

166. **Agricultura, industria y comercio.**—**En los comienzos de la Reconquista, la guerra fué la única ocupación de los españoles. Trabajaban las tierras en tiempo de paz y tomaban las armas para defender a sus reyes y señores. La agricultura, la industria y el comercio fueron adquiriendo importancia y desarrollo, a medida que disminuían las exigencias de la guerra. En el siglo XIII el comercio catalán ya era esplendoroso, y Barcelona, uno de los primeros puertos mercantiles del Mediterráneo.**

Catedral de León. (Estilo ojival o gótico)

167. **La ilustración.**—Hasta el siglo XIII la inmensa mayoría de las personas no sabía leer ni escribir. **El lujo, las justas y torneos, la caza y las grandes fiestas eran la única ocupación de los reyes y de la nobleza.**

168. **Las supersticiones. — A consecuencia de la gran ignorancia que reinaba, la gente creía en las más ridículas supersticiones: frecuentes apariciones, mal de ojo, brujas, duendes, etcétera.**

169. **La arquitectura. — En los siglos XI, XII y parte del XIII, predominó el estilo** *románico;* desde mediados del siglo XIII a últimos del XVI, dominó el *ojival* o *gótico;* a mediados del siglo XVI, empezó a desarrollarse el arte *mudéjar,* combinación del árabe y del gótico.

Españoles célebres de la Edad Media

Juan de Mena
Poeta (1412-1456)

Raimundo Lulio
Filósofo (1235-1315)

Ausías March
Poeta (siglo xv)

San Vicente Ferrer
Teólogo y orador (1357-1419)

Alonso de Madrigal,
(El Tostado).
Teólogo (1409-1454)

S. Raimundo de Penyafort
Filósofo (1175-1275)

Juan Fivaller
Político (falleció en 1427)

Marqués de Santillana
Poeta (1398-1458)

Pedro López de Ayala
Historiador y poeta (1332-1407)

Arnaldo de Villanueva
Médico (murió en 1313)

San Hermenegildo
Mártir (murió en 585)

Gil de Albornoz
Cardenal (1300-1367)

EDAD MODERNA

LECCIÓN XXI

Los Reyes Católicos

170. **Unión de Aragón y Cataluña a Castilla.— (1479).**—Aragón y Cataluña se unieron a Castilla, por casamiento de *Isabel I de Castilla* con *Fernando V de Aragón.* Ambos esposos son llamados los *Reyes Católicos.*

Los Reyes Católicos

Al fallecer Enrique IV el Impotente, rey de Castilla, la corona de este reino pasó a su hermana *Isabel I* juntamente con su esposo *Fernando V* de Aragón. Las leyes de Aragón excluían del trono a las mujeres, y Don Fernando pretendió gobernar por sí solo; pero convinieron ambos cónyuges que todos los documentos llevarían sus firmas, armas y bustos de los dos, con la leyenda: "*Tanto monta, monta tanto — Isabel como Fernando*".

171. **Hechos más notables del reinado de los Reyes Católicos.** — Los hechos más memorables del gobierno de los Reyes Católicos son tres: *la toma de Granada, el descubrimiento de América y las conquistas de Nápoles y Navarra.*

Los Reyes Católicos enseguida se dedicaron a poner orden a la administración; crearon la *Santa Hermandad* para castigar a los malhechores; prohibieron a los nobles la edificación de nuevos castillos, y establecieron el *Tribunal del Santo Oficio* para llevar a cabo la unidad religiosa, que empezó a ejercer sus funciones en Sevilla, quemando vivos a gran número de judíos, acusados entonces de grandes crímenes.

172. **Conquista de Granada.** — El reino de Granada era el último estado que los moros conservaban en la Península; los Reyes Católicos se apoderaron de todos sus pueblos y ciudades y pusieron sitio a la capital, que se rindió al cabo de ocho meses (1492).

Durante el asedio, se incendió el campamento de los cristianos, y Fernando e Isabel decidieron levantarlo de piedra, surgiendo en pocas semanas, con asombro de los moros, la ciudad de *Santafé.*

173. **Descubrimiento de América.** — El año 1492 fué venturoso para los Reyes Católicos: al mismo tiempo que caía en su poder el último baluarte de la morisma, Cristóbal Colón, navegante italiano, hijo de Génova, descubría a América, con la protección que nuestra patria le facilitó.

Cristóbal Colón

Colón salió del puerto de Palos de Moguer (Huelva) en Agosto de 1492, y en Octubre del mismo año, después de penosa travesía, descubría las islas de San Salvador. Regresó a España y ofreció a los Reyes algunos indios, pájaros, metales preciosos procedentes de aquellas tierras; hizo tres viajes más, y descubrió otras islas y el Nuevo continente. Tales descubrimientos despertaron no pocas ambiciones que amargaron la vida del ilustre navegante, quién murió pobre y casi olvidado en Valladolid, en 1506.

174. **Conquista de Nápoles (1503).**—El rey de Francia, Carlos VIII, se había hecho proclamar rey de Nápoles, y España envió allá a Gonzalo Fernández de Córdoba, que arrojó a los franceses y colocó en el trono al rey legítimo; renovó el francés sus pretensiones, y Fernández de Córdoba conquistó nuevamente el reino de Nápoles, que quedó incorporado a la corona de España.

El Gran Capitán

Tan gloriosos hechos de armas, valieron a Gonzalo Fernández de Córdoba el título de *Gran Capitán*.

175. **Juana, la Loca.**—A la muerte de Doña Isabel, fué proclamada reina de Castilla su hija *Doña Juana, la Loca*, casada con *Felipe, el Hermoso*, Archiduque de Austria. Don Fernando se encargó de la regencia hasta la llegada de su yerno. Murió éste al cabo de pocos meses, y se encargó de la regencia el *Cardenal Cisneros*.

Don Fernando volvió a hacerse cargo de la Regencia, y conquistó a Orán, Túnez y Trípoli, y agregó a Castilla el reino de Navarra.

Don Fernando falleció en 1516; dejó la corona a su nieto *Carlos de Austria*, y encomendó la regencia al Cardenal Cisneros.

176. **El Cardenal Cisneros.** — El Cardenal *Francisco Giménez de Cisneros*, es una de las figuras más ilustres de nuestra Historia, por su sabiduría y grandes dotes de gobernante.

LECCIÓN XXII

Casa de Austria. — Reinado de Carlos I

177. **Carlos I (1516-1556).** — *Carlos I* fué el primer rey de la Casa de Austria: era hijo de Doña Juana, *la Loca,* y de Felipe, *el Hermoso,* y contaba diez y seis años de edad cuando falleció su abuelo Don Fernando.

Carlos I había nacido en Gante (Bélgica), y cuando vino a España desconocía el idioma, nuestras costumbres y nuestras leyes; reunió Cortes para prestar juramento y los Procuradores le suplicaron que no diese cargos públicos a los extranjeros y que guardase a su infortunada madre cuantas atenciones y cuidados su estado merecía.

Carlos I

178. **Hechos más notables del reinado de Carlos I.**—Los hechos más notables del reinado de Carlos I son la sublevación de los Comuneros, las guerras con Francia, las expediciones al África y las conquistas en América.

179. **El trono de Alemania.** — Dos años hacía que Carlos I era rey de España, cuando falleció Maximiliano, Emperador de Alemania, su abuelo paterno, y fué elegido para sucederle: por esta razón se le conoce con los nombres de Carlos I de España y V de Alemania.

Para los gastos de su coronación pidió recursos a las Cortes, que se reunieron en Santiago y La Coruña, las que concedieron, al fin, el subsidio y aprobaron el nombramiento del Cardenal Adriano, extranjero, para regir el trono durante su ausencia, así como la concesión de varios importantes destinos entre los ambiciosos flamencos que formaban su Corte.

Juan de Padilla

180. **Los comuneros (1521).** — Al ver la desconsideración con que Carlos I trataba las cosas de España, sobrevino la sublevación llamada de los *Comuneros de Castilla,* cuyos principales jefes fueron el toledano *Juan de Padilla,* el segoviano *Juan Bravo* y el salmantino *Francisco Maldonado,* que fueron derrotados en los campos del pueblo de Villalar: quedaron prisioneros y al día siguiente murieron decapitados.

181. **Guerras con Francia.** — El rey de Francia Francisco I había pretendido la corona de Alemania que ceñía Carlos I, y ambos monarcas se reclamaban mutuamente varios estados de

Flandes y de Italia; esto encendió la guerra entre ambos monarcas, cuyos ejércitos pelearon en España y en Italia.

182. **Batalla de Pavía** (1525). — En la memorable batalla de *Pavía* (Italia), cayó prisionero Francisco I, que fué traído a Madrid, donde permaneció un año prisionero.

183. **Saqueo de Roma** (1527). — El Papa Clemente VII había formado una liga contra el rey de España y Emperador de Alemania, liga a que se unió Francisco I; entonces las tropas españolas y alemanas se dirigieron contra Roma, que tomaron por asalto, saqueando templos y palacios, y el Papa se hizo fuerte en un castillo del cual logró fugarse.

184. **Expediciones al África** (1535).—*La costa del África* era guarida de piratas y estaba bajo el dominio del célebre corsario *Barbarroja*, quien, después de hacerse dueño de Argel y Túnez, amenazaba el litoral de España e Italia. Carlos I preparó una gran flota y se apoderó de Túnez; más adelante llevó a cabo otra expedición contra Argel, y una gran tempestad dispersó la escuadra.

185. **Las conquistas en América.**—Durante el reinado de Carlos I, los españoles continuaron los descubrimientos y conquistas en América: *Hernán Cortés*, con un puñado de valientes, conquistó a Méjico, y *Pizarro* y *Alvarado* realizaron la del Perú, quedando ambos imperios sujetos al dominio de España.

Hernán Cortés

Francisco Pizarro

186. **Abdicaciones de Carlos I** (1556).—Achacoso, viejo y lleno de melancolía, Carlos I abdicó la corona de España y de los Países Bajos en su hijo *Felipe II*, y la de Alemania en su hermano Fernando, retirándose él al monasterio de *Yuste*, en Extremadura, donde acabó sus días.

187. **Juicio acerca de Carlos I.** — En el reinado de Carlos I, España fué la primera nación del mundo, pues abrazaba casi la octava parte de las tierras conocidas.

LECCIÓN XXIII

Reinado de Felipe II

188. **Hechos más notables del reinado de Felipe II** (1556-1598). — Los hechos más memorables del reina-

do de *Felipe II*, fueron las batallas de San Quintín y de Lepanto, la conquista y anexión de las islas Filipinas, las guerras con Flandes e Inglaterra; la anexión de Portugal, y la abolición de los fueros aragoneses.

Felipe II

189. Batalla de San Quintín (1557). — Los españoles derrotaron completamente a los franceses en la memorable *Batalla de San Quintín.*

Felipe II heredó de su padre Carlos I la guerra con Francia, que disputaba a España el reino de Nápoles; Felipe preparó un poderoso ejército que tomó la fuerte e importantísima plaza francesa de San Quintín y ganó la batalla de este nombre, una de las más encarnizadas de los tiempos modernos. La guerra continuó y cesó, por fin, por el casamiento de Felipe II con *Isabel de Valois*, hija del rey de Francia.

190. El monasterio del Escorial.—En memoria de la gloriosa batalla de San Quintín, Felipe II hizo edificar el grandioso monasterio de San Lorenzo del Escorial, llamado *octava maravilla del mundo.*

Este gran monumento es, a la vez, palacio y basílica, panteón de los reyes y convento, museo y biblioteca, la más rica en manuscritos arábigos.

191. Batalla de Lepanto (1571).—España, Roma y Venecia alarmadas por el poder de los turcos, formaron una poderosa escuadra que los derrotó completamente.

D. Juan de Austria

Miguel de Cervantes

La batalla naval de Lepanto es la más memorable de cuantas registra la Historia; en ella figuró y perdió la mano izquierda el inmortal *Cervantes*, por cuya razón se le llama *El Manco de Lepanto.* Mandaba la triple escuadra *Don Juan de Austria*, hermano bastardo de Felipe II, e iba de segundo jefe el *Marqués de Santa Cruz*, el más ilustre de los marinos españoles.

192. Anexión de las islas Filipinas (1568). — Por este tiempo, Felipe II confió al prudente *Legazpi* la exploración y conquista de las islas *Filipinas*, que habían sido descubiertas por Magallanes, y quedaron anexionadas a España.

193. **Causa principal de las guerras con Flandes.** —La causa principal de las guerras con *Flandes* o *Países Bajos,* fué haberse propuesto Felipe II acabar con el protestantismo, que se había extendido en todo el país.

Legazpi

Estableció allá un tribunal semejante al de la *Inquisición;* los flamencos formaron una *liga,* dirigida por los condes de *Egmont* y *Horn* y el *Príncipe de Orange,* de quienes Felipe II no escuchó las quejas, y la *Liga* se presentó en abierta rebelión.

194. **Independencia de los Países Bajos** (1598). — **Después de una guerra larga y sangrienta, en la que España gastó cuantiosos tesoros y la vida de miles de sus heroicos hijos, hubo de reconocer** la independencia de los Países Bajos.

Felipe II envió a Flandes a varios generales, entre ellos al *Duque de Alba,* que decapitó, entre otros, a los condes de Egmont y Horn; después, cedió la corona de los Países Bajos a su hija *Isabel,* casada con un archiduque de Austria; pero los flamencos, acaudillados por el hijo del Príncipe de Orange, *Mauricio de Nassau,* continuaron la guerra hasta haber obtenido la independencia absoluta de su patria.

LECCIÓN XXIV

(CONTINUACIÓN DE LA ANTERIOR)

Reinado de Felipe II

195. **Guerra con Inglaterra** (1588).—Felipe II quiso vengarse de Inglaterra, porque su reina Doña Isabel había favorecido en gran manera la insurrección de los Países Bajos, y al efecto, equipó una escuadra numerosa y formidable, que recibió el nombre de *Armada Invencible;* pero fué deshecha por las tempestades.

La mayor parte de los buques que se salvaron de la tempestad, fueron destrozados por los barcos ingleses, mandados por el célebre marino y corsario Drake, protegido por la reina. Mandaba la flota española el *Duque de Medina Sidonia,* soldado muy valiente, pero marino inexperto. Cuando Felipe II tuvo noticia del desastre, se limitó a decir friamente: "Yo no envié mis barcos a luchar con los elementos".

196. **Consecuencias de la catástrofe de la Invencible (1596).—La desgracia de la pérdida de la Armada Invencible abatió el poder naval de España; la escuadra inglesa atacó las posesiones españolas y puso sitio a La**

Coruña, pero tuvo que levantarlo ante el heroísmo de sus defensores.

María Pita

En la defensa de La Coruña se inmortalizó la célebre *María Pita*. Después, la escuadra inglesa desembarcó en Cádiz, saqueando y destrozando la ciudad. Desde entonces, el poder naval de Inglaterra ha sido superior al de las demás naciones del mundo.

197. **Anexión de Portugal** (1580).— Habiendo fallecido sin sucesión el rey de Portugal, Felipe II, como pariente suyo, fué designado para heredar la corona del reino lusitano.

La designación del monarca español la hizo una junta de letrados; pero los portugueses se negaron a incorporarse a Castilla. Entonces Felipe II envió allá un buen ejército al mando del *Duque de Alba*, y después de una breve campaña, Portugal y sus colonias caían en poder del monarca español, realizándose la unidad nacional de la Península Ibérica.

Duque de Alba

198. **Antonio Pérez.** — *Antonio Pérez*, secretario particular y confidente de Felipe II, se hallaba enemistado con el monarca, y fué reducido a prisión; logró escaparse de la cárcel y se refugió en Aragón, su país natal, amparado por los *fueros aragoneses.*

Antonio Pérez

199. **Acusación contra Antonio Pérez.** — Acusado de herejía Antonio Pérez, Felipe II hizo que se le sacara de la cárcel del *Justicia* y fué conducido a los calabozos de la Inquisición. Con tal motivo, se produjo un gran motín en Zaragoza; Pérez recobró la libertad, y pudo escapar a Francia.

200. **Ejecución de Lanuza.** — Al saber Felipe II que Antonio Pérez había conseguido refugiarse en Francia, las tropas del rey cayeron sobre Zaragoza, prendieron a *D. Juan de Lanuza, Justicia mayor* de Aragón, y poco después, sin formación de causa, el ilustre aragonés moría decapitado.

201. Abolición de los fueros de Aragón. — El absolutismo de Felipe II no podía avenirse con las libertades aragonesas; vulne-

ró los *fueros* con la ejecución del honrado Lanuza, y, poco después, decretó su abolición.

202. **Juicio que merece Felipe II.** — No fué afortunado como su padre; gastó mucha sangre y riquezas en guerras desastrosas, y aunque sus armas obtuvieron victorias brillantísimas (San Quintín, Lepanto, etc.), y supo sostener la causa del Catolicismo en Europa, conservando en España la paz de las conciencias, se inició en su reinado la decadencia de nuestra patria.

LECCIÓN XXV

Felipe III — Felipe IV — Carlos II

203. **Felipe III** (1598-1621). — A Felipe II le sucedió su hijo Felipe III, hombre bueno, sí; pero apático e indomable, sin ninguna condición para gobernar.

Entregó el gobierno al *Duque de Lerma,* que lo compartió con *Don Rodrigo Calderón,* y ambos sólo pensaron en enriquecerse. Rodrigo Calderón murió decapitado, y el Duque de Lerma hubo de restituír al tesoro de la nación buena parte de lo que había defraudado.

204. **Hechos más notables durante el reinado de Felipe III.**—Los hechos más notables durante el reinado de Felipe III, fueron la expulsión de los *moriscos* y la guerra en los Países Bajos y en Alemania.

Felipe III

205. **Expulsión de los moriscos** (1609).—Por haberse descubierto una vasta conspiración de los moriscos, fueron expulsados y embarcados para África más de un millón.

Los *Moriscos* eran moros bautizados que se habían quedado en España después de la Reconquista; vivían diseminados, ocupando en las ciudades barrios separados que se llamaban *morerías;* se dedicaban a la agricultura, al comercio y a varias industrias. Su expulsión fué una gran pérdida en el orden económico, porque desaparecieron no pocas industrias, muchos lugares quedaron despoblados y grandes extensiones productivas se convirtieron en eriales. En el social y político, algunos la creen necesaria.

206. **Guerra en los Países Bajos y Alemania.** — A pesar de la pobreza del país, Felipe III continuó la guerra en los Países Bajos y envió un ejército a Alemania para auxiliar a los católicos en la guerra de religión llamada de *los treinta años.*

207. **Juicio acerca del reinado de Felipe III.** — Durante el reinado de Felipe III, España caminó rápidamente hacia su ruína y decadencia.

208. **Felipe IV (1621-1665).**—A Felipe III le sucedió su hijo *Felipe IV*, tan incapaz para gobernar como había sido su padre.

Todas sus aficiones fueron para las artes y la literatura, la disipación y los placeres. Entregó la dirección del Estado al *Conde Duque de Olivares*, que fué otra desgracia para España.

209. **Hechos más notables del reinado de Felipe IV.** — **Los hechos más notables del reinado de Felipe IV, fueron las guerras de Flandes y Francia y las rebeliones de Portugal, Nápoles y Cataluña.**

Su padre había concertado con los flamencos una tregua de *doce* años, concluída la cual continuó la guerra hasta que se les dió la independencia (1648); las luchas con Francia concluyeron entregando al francés todos los territorios de allende los Pirineos (1659); la guerra con Portugal duró 28 años, recabando la absoluta independencia de España (1668), y los disturbios de Nápoles y Sicilia se acabaron a costa de grandes sacrificios.

210. **La rebelión en Cataluña (1640).** — Durante unos *catorce* años, Cataluña, apoyada por Francia, vivió en abierta rebelión, porque no se respetaban sus legítimos privilegios.

211. **Juicio acerca del reinado de Felipe IV.—Felipe IV, igualmente que su padre, fué una desgracia para España, pues continuó rodando hacia su ruína.**

Carlos II

212. **Carlos II (1665-1700).**—A Felipe IV le sucedió su hijo *Carlos II*, de cuatro años de edad, bajo la regencia de su madre *Doña María de Austria*, que entregó el gobierno a su confesor el jesuíta *Nithard*, austriaco.

213. **Mayoridad de Carlos II.** — Carlos II fué siempre un infeliz, débil de cuerpo y espíritu; vivió enfermizo, y padeciendo ataques nerviosos, se creyó que estuviese poseído del demonio, por lo que se le llamó el *Hechizado*. Murió sin sucesión y, por consejo del Papa y de notables jurisconsultos, legó la corona a *Felipe de Borbón, Duque de Anjou* y nieto de Luis XIV de Francia.

214. **Juicio acerca del reinado de Carlos II.** — **El reinado de Carlos II completó nuestra ruína y decadencia: dice un historiador que, a su muerte, no había en España casi ni un navío, ni un general, ni un sabio, ni un político.**

Españoles célebres de la Edad Moderna

Ercilla
Poeta (1533-1595)

Ribera
Pintor (1588-1656)

Calderón de la Barca
Autor dramático (1600-1681)

Quevedo
Filósofo (1580-1645)

Murillo
Pintor (1618-1682)

Jovellanos
Autor dramático (1744-1810)

Solís
Historiador (1610-1686)

Feijoo
Literato (1701-1764)

Campomanes
Político (1723-1802)

Jorge Juan. Geógrafo
y matemático (1714-1773)

Cavanilles
Botánico (1745-1804)

Goya
Pintor (1746-1828)

LECCIÓN XXVI

España durante los Reyes de la Casa de Austria

215. **Poderío y decadencia.**—Grande es el contraste que ofrece España durante los reinados del primero y del último de los monarcas de la Casa de Austria: *Carlos I* dejó a su sucesor el Estado más rico y poderoso del mundo, y *Carlos II*, una nación pobre y moribunda.

Las causas principales que determinaron la decadencia de España, fueron las siguientes:

La expulsión de los árabes, de los judíos y de los moriscos, que disminuyó la población y empobreció la agricultura, la industria y el comercio.

El absolutismo y la centralización, que ahogaron las iniciativas individuales y mataron la vida de las regiones.

La política de los reyes, que, soñando en el dominio del mundo, sólo procuraron guerras desastrosas.

El afán de riquezas, que produjo una gran emigración al Nuevo Mundo.

Lope de Vega

216. **Las costumbres.** — En tiempos de Carlos I, predominaron la ostentación y la magnificencia; durante el reinado de Felipe II, dominó una gran austeridad; después las costumbres se relajaron de tal modo, que el trabajo manual era tenido como una deshonra, y la vagancia, la miseria, la suciedad imperaban en todas las clases sociales.

El lenguaje ordinario se hizo soez y repugnante; las gentes se trataban sin respeto y consideración; las principales ciudades se hallaban infestadas de gente de mal vivir, y en el mismo Madrid, la inmundicia se hallaba amontonada en las calles.

217. **La propiedad.**—La *propiedad*, efecto del feudalismo y como sucedía en todos los pueblos de Europa, era patrimonio de pocos: los nobles y la Iglesia poseían la mayor parte; pagaban ínfimos tributos o gozaban de exacción completa, pesando sobre el pueblo todos los impuestos.

Velázquez

218. **El gobierno.**—El gobierno era absoluto en toda su puerza: las Cortes se convocaban

muy de tarde en tarde, disminuyendo cada día su importancia, y los procuradores o diputados tenían más limitada su libertad.

En favor de la casa de Austria, sin embargo, hay que mencionar la conquista y pacífica posesión de la América del Sur y las admirables leyes de Indias en favor de aquellas razas indígenas.

Luis Vives

219. **La ilustración.** — La dominación de la Casa de Austria, tan funesta en el orden político y en el económico, constituye el *Siglo de Oro* de las letras y las artes españolas.

Herrera

En estas épocas florecieron pedagogos como *Juan Luis Vives* y *Pedro Ponce de León;* físicos, como *Blasco de Garay;* médicos, como *Vallés* y *Miguel Servet;* filósofos, como *Fray Luis de León;* poetas, como *Garcilaso de la Vega, Herrera el Divino, Rioja, Ercilla, Valbuena* y *Quevedo;* autores dramáticos, como *Lope de Vega, Calderón de la Barca, Tirso de Molina, Moreto, Alarcón* y *Rojas;* novelistas, como *Cervantes;* historiadores, como el *P. Mariana;* oradores, como *Fray Luis de Granada;* pintores, como *Velázquez, Murillo, Zurbarán* y *Ribera;* escultores, como *Berruguete, Montañés* y *Alonso Cano;* arquitectos, como *Herrera;* músicos, como el maestro *Victoria,* etc., etc.

LECCIÓN XXVII

Casa de Borbón — Reinado de Felipe V — Luis I

220. **Felipe V** (1700-1746). — Al fallecer Carlos II, en virtud del testamento que otorgó, la corona de España pasó a la casa de Borbón, francesa, cuyo primer rey fué el *Duque de Anjou,* proclamado con el nombre de *Felipe V.*

221. **Guerra de Sucesión.** — A Felipe V le disputó la corona el *Archiduque Carlos, de Austria,* apoyado por Alemania, Inglaterra y otras naciones, dando lugar a una lucha que duró *trece años* y que se conoce con el nombre de *Guerra de Sucesión.*

Los ingleses desembarcaron en nuestras costas y se apoderaron por sorpresa de Gibraltar — que no nos ha devuelto todavía —. Las tropas del Archiduque llegaron a apoderarse de Madrid; pero fueron derrotadas en las batallas de *Almansa* y *Villaviciosa.*

El Archiduque Carlos heredó la corona de Alemania, y entonces cesó la guerra, firmándose el tratado de *Utrech*.

Felipe V

222. **El tratado de Utrech** (1713).— Por el tratado de Utrech, Felipe V fué reconocido rey de España, aunque renunciando sus derechos a la corona de Francia.

La guerra de sucesión costó a España la pérdida de Gibraltar, Menorca, Nápoles, Sicilia, Cerdeña, el Milanesado, Toscana y cuanto restaba en los Países Bajos.

223. **Resistencia de Cataluña y Baleares.** — Cataluña y las islas Baleares se habían declarado abiertamente por el Archiduque Carlos, y se negaron a reconocer a Don Felipe.

Las tropas de Felipe V cayeron sobre Barcelona, y después de un terrible asedio y repetidos asaltos, penetraron en la ciudad el día 11 de septiembre de 1714, siendo Cataluña castigada con la pérdida de sus fueros y privilegios y sometida a un régimen de terror.

224. **La Ley Sálica.** — Una vez Felipe V se hubo afianzado en el trono, publicó la *Ley Sálica*, que excluía de la corona a las mujeres y era contraria a las costumbres españolas.

225. **Abdicación de Felipe V (1724).** — Disgustado, abatido, presa de gran melancolía, Felipe V abdicó la corona en su hijo Luis I, y se retiró al sitio real de *La Granja* o *San Ildefonso*, que él había mandado edificar.

226. **Luis I.** — A los siete meses de ocupar el trono, *Luis I* murió de viruela, por cuyo motivo Don Felipe volvió a encargarse del poder.

Luis I

227. **Recuperación de Nápoles y Sicilia.** — Después de breve y gloriosa campaña, los españoles se apoderaron de Nápoles y Sicilia, siendo *Don Carlos*, hijo de Felipe V, reconocido rey de las Dos Sicilias.

228. **Juicio acerca del reinado de Felipe V.** — Felipe V fué un soberano ilustrado y amante de la cultura del pueblo: mejoró la administración y la hacienda pública; organizó el ejército, la marina y la enseñanza y, durante su reinado, España volvió a figurar entre las naciones europeas de primer orden.

La agricultura y la industria merecieron su atención; creó los arsenales del Estado; fundó las Reales Academias; corrigió muchísimos abusos, y autorizó la publicación de periódicos.

LECCIÓN XXVIII

Reinados de Fernando VI y Carlos III

229. **Fernando VI (1746-1759).**—A Felipe V le sucedió su segundo hijo *Fernando VI*, uno de los monarcas más buenos, nobles y pacíficos que ha tenido nuestra Patria.

Fernando VI

Dedicó toda su atención a fomentar la cultura y los intereses materiales del país.

En esta obra de reconstitución nacional, le auxilió poderosamente su gran ministro el *Marqués de la Ensenada*, bajo cuya administración se fundaron los *Pósitos* o almacenes de trigo para facilitar la siembra a los labradores pobres; se crearon los *Montes de Piedad* en las grandes capitales para matar la usura; y se abrieron canales, se construyeron caminos, se crearon no pocos centros de enseñanza, y se fomentaron en gran manera la agricultura, la industria y el comercio.

Marqués de la Ensenada

230. **Fallecimiento de Fernando VI.** — Fernando VI, de carácter melancólico, sufrió un golpe rudísimo al perder a su esposa Doña Bárbara de Braganza; se retiró en un castillo, y falleció, dejando recuerdo imperecedero de su breve reinado.

231. **Carlos III (1759-1788).** — A Fernando VI, le sucedió su hermano *Carlos III*, rey de las Dos Sicilias, cuya corona abdicó en su hijo Fernando.

Pronto se granjeó Carlos III la simpatía de los españoles; pues, entre otras medidas que fueron bien recibidas, hay que contar el haber devuelto a Cataluña buena parte de los fueros que le arrebató Felipe V.

Carlos III

232. **Desacierto de Carlos III.**—Fué un desacierto de Carlos III el haber firmado un tratado con Francia, que se llamó *Pacto de familia*, por el que España se vió envuelta en dos guerras, contra Inglaterra y Portugal.

Las flotas inglesas se apoderaron de la Habana y de Manila, que fueron recuperadas a cambio de La Florida, pérdida que Francia compensó cediendo a España la Luisiada Meridional.

Como resultado de la segunda guerra, recuperamos La Florida y la isla de Menorca, que aun conservaba Inglaterra, la isla de Fernando Poo y demás posesiones del Golfo de Guinea, que pertenecían a Portugal.

233. **Beneficios del reinado de Carlos III.** — Carlos III, durante la paz, levantó grandes edificios en Madrid y provincias; trabajó sin cesar por la riqueza pública; protegió la cultura y muchas industrias, y fomentó la marina, que llegó a su mayor poderío.

234. **Motín de Esquilache** (1776). — ***Esquilache,*** ministro de Carlos III, intentó prohibir el uso de la capa larga y el sombrero chambergo, lo cual no pudo conseguir, pues el pueblo se amotinó y pudo conseguir que el rey le destituyera y desterrara.

235. **Expulsión de los jesuítas** (1767).—Carlos III, influído, seguramente, por su ministro el *Conde de Aranda,* expulsó a todos los individuos de la *Compañía de Jesús,* creada por San Ignacio de Loyola, que ha producido tantos hombres eminentes. Igual resolución tomaron los gobiernos de Inglaterra y Portugal, y el mismo Papa, Clemente XIV, decretó la supresión de la Compañía, que más tarde fué restablecida.

Conde de Aranda

236. **Juicio acerca del reinado de Carlos III.** —Carlos III se preocupó de la riqueza del país, siguió los consejos de sus ministros y fomentó, cuanto pudo, la enseñanza, la agricultura, la industria, las ciencias y las artes.

LECCIÓN XXIX

Reinado de Carlos IV

237. **Carlos IV** (1788-1808).—A Carlos III le sucedió su hijo *Carlos IV,* hombre de buenas intenciones, pero que carecía de las condiciones necesarias para gobernar.

El gobierno de la nación pasó a manos de su favorito *Don Manuel Godoy,* personaje funesto para España. Habiendo entrado en palacio como guardia de Corps, fué protegido por la reina, *Doña María Luisa,* y llegó a alcanzar las más altas dignidades.

238. **Guerra con Francia.**—La revolución había destronado en Francia al rey Luis XVI, que murió en un

patíbulo. Entonces España se alió con Inglaterra, y declararon la guerra al pueblo francés.

Carlos IV

Los franceses derrotaron a nuestras tropas en el Rosellón, penetraron en la Península y se apoderaron de algunas plazas, en vista de lo cual España pidió la paz, que se firmó en Basilea, siéndonos devueltas las plazas tomadas, pero cediendo a Francia la isla de Santo Domingo. El vergonzoso resultado de esta guerra valió a Godoy el título de *Príncipe de la Paz.* (1795).

239. **Desaciertos de Godoy.** — Poco tiempo después de haber tenido que entregar a Francia la isla de Santo Domingo, Godoy firmó un tratado con aquella nación, a consecuencia del cual hubimos de sostener una guerra con Inglaterra, guerra que colmó la desgracia de España.

240. **Batalla de Trafalgar.** — Napoleón era ya jefe supremo de Francia; declaró la guerra a Inglaterra, y la armada española hubo de unirse a la francesa, siendo ambas destrozadas por la escuadra británica en la batalla naval de Trafalgar, donde inmortalizaron sus nombres nuestros marinos *Churruca* y *Gravina* (1805).

Gravina

Churruca

En la memorable batalla de Trafalgar, perdieron su vida Gravina y Churruca, y también pereció en ella el gran almirante *Nelson,* el marino más ilustre que ha tenido Inglaterra.

El desastre de Trafalgar acabó con el poder marítimo de España.

241. **Astucia de Napoleón.** — Portugal era aliado de Inglaterra, y Napoleón, para penetrar fácilmente en España, convino con Carlos IV, por mediación de Godoy, en el destronamiento del rey de Portugal y la entrada en España de las tropas francesas a fin de dirigirse contra el rey lusitano.

Conociendo el César francés la influencia de Godoy sobre la familia real española, se aseguró la amistad del favorito, prometiéndole, para él y su descendencia, la creación del Principado de los Algarbes, importante región portuguesa.

242. **Invasión francesa** (1807).—Con el pretexto de

pasar a Portugal, los ejércitos franceses penetraron en España y se apoderaron arteramente de Figueras, Barcelona, Pamplona, San Sebastián y Madrid.

243. **Actitud de la familia real.** — Al descubrir los planes alevosos de Napoleón, Carlos IV y su familia pensaron embarcar para las posesiones españolas de América. Esta noticia hizo estallar la indignación pública contra Godoy; el pueblo se amotinó, y a duras penas el favorito pudo salvar la vida (1808).

244. **Abdicación de Carlos IV.** — A consecuencia del motín contra Godoy, Carlos IV abdicó la corona en su hijo *Fernando VII*.

245. La familia real, a Francia.—A los pocos días de haber abdicado Carlos IV, la familia real española y el Príncipe de la Paz salieron para Bayona (Francia) llamados por Napoleón, que se ofreció a intervenir en sus discordias, pues Carlos IV había declarado nula su abdicación, diciendo que había cedido a la violencia.

246. Juicio acerca de este reinado. — El reinado de Carlos IV y el gobierno de Godoy fueron funestos para España, pues trajeron la invasión francesa, y la prosperidad y cultura del país experimentaron notable retroceso.

LECCIÓN XXX

Estado y civilización de España en el siglo XVIII

247. Qué distinguió los reinados de los primeros Borbones. — La nota que distinguió los reinados de los cuatro primeros reyes de la casa de Borbón, fué el afán desmedido de absolutismo y centralización; pero favorecieron el desarrollo de la agricultura, de la industria, del comercio y de la cultura del país.

Fueron más absolutos que los de la casa de Austria: abolieron los fueros de Cataluña, Aragón, Valencia y Mallorca; prescindieron completamente de las Cortes, y disminuyeron los privilegios de la Iglesia.

248. **Obras públicas.**—Durante el reinado de Carlos III, se terminaron los canales de riego de Aragón y de Tauste; se hizo el importantísimo pantano de Lorca; se construyó el puerto de los Alfaques; se levantaron grandes edificios, y se destinaron cuantiosas sumas a la construcción y recomposición de caminos y puentes.

249. **Las costumbres.** — Con el advenimiento de los Borbones, las costumbres españolas experimentaron una radical transformación.

Españoles célebres de la Edad Moderna

El Padre Marchena
Franciscano

El Cardenal Mendoza
Hombre de Estado (1423-1495)

Francisco de Rojas
Diplomático

El Padre de las Casas
Filántropo (1474-1566)

Vasco Núñes de Balboa
Navegante (1475-1517)

Antonio de Leiva
Militar (1840-1536)

A. de Nebrija
Gramático (1444-1522)

A. Berruguete
Escultor (1840-1559)

A. de Bazán
Marino (1526-1558)

El Padre Mariana
Historiador (1536-1623)

Teresa de Jesús
Literata (1515-1582)

Alejandro Farnesio
Militar (1545-1593)

Se ennobleció el trabajo manual, considerándole justamente como fuente de dignidad y riqueza; se persiguió la mendicidad y la vagancia; se instituyeron premios al trabajo y la virtud; se prohibió el lujo desmedido, y, entre otras cosas, las guerras se hicieron menos crueles.

250. **La ilustración.** — Los intereses morales de la nación no fueron olvidados por los cuatro primeros monarcas de la casa de Borbón: fundaron gran número de escuelas, seminarios conciliares, seminarios para maestros, Reales Academias, Museos, Bibliotecas, Observatorios Astronómicos, Jardines Botánicos y otros centros de instrucción.

Con tales medios de cultura se formaron botánicos eminentes, médicos reputadísimos, físicos ilustres, geógrafos, matemáticos, etc., muchos sabios, en fin, que honraron el nombre de España, así en Europa como en América.

251. **Las letras.** — Aunque las letras no florecieron como las ciencias, se fundaron algunos periódicos y revistas, que difundieron los adelantos de otras naciones y destruyeron no pocas preocupaciones populares.

Brillaron algunos poetas, autores dramáticos, fabulistas eminentes, historiadores, algún novelista, críticos reputados y algunas mujeres, entre ellas la doctora *Doña Isidra de Guzmán y La Cerda,* la única dama a quien ha admitido en su seno la Academia de la Lengua.

252. **Las artes.** — En las Bellas Artes, se operó el mismo renacimiento que en las letras: brillaron algunos pintores, entre ellos el inmortal *Goya;* hubo algunos escultores notables, y tampoco faltaron arquitectos que supieran imprimir a sus creaciones belleza y severidad.

HISTORIA CONTEMPORANEA

LECCIÓN XXXI

Guerra de la Independencia

253. **Carlos IV y Fernando VII.** — Ocupada la península por las tropas francesas, Carlos IV y Fernando VII quedaron en Bayona (Francia) prisioneros de Napoleón.

254. **El Dos de Mayo.** — La salida del resto de la familia real para Francia indignó al pueblo de Madrid, que se sublevó furiosamente contra la guarnición francesa el día *Dos de Mayo,* entablándose una lucha deses-

perada, que costó la vida a los oficiales de artillería *Daoíz* y *Velarde* y al teniente de infantería *Don Jacinto Ruíz.*

255. **Levantamiento general.**—El *Dos de Mayo* de 1808, fué el principio de la *Guerra de la Independencia.*

Daoíz

Velarde

Todas las provincias se levantaron contra el invasor; en todas partes se aprestaron para la lucha, siendo cada español un soldado dispuesto a sacrificarse por la patria. Inglaterra y Portugal se unieron a España, y el *Duque de Wellington* vino a mandar las fuerzas de esta triple alianza.

256. **Batalla de Bailén.** — La primera victoria conseguida por los españoles fué la gran batalla de Bailén, en la que el general Castaños demostró a Europa que Napoleón no era invencible.

En esta batalla tuvieron los franceses más de 2,200 muertos y 20,000 prisioneros. Un hermano de Napoleón, *José I,* que había sido nombrado rey de España y se hallaba ya en Madrid, abandonó la capital, pero el mismo Napoleón vino a reinstalarle, derrotando a nuestro ejército en varias acciones.

257. **Zaragoza y Gerona.** — Las ciudades de Zaragoza y Gerona sufrieron sitios largos y difíciles, que inmortalizaron sus nombres en la Historia.

Palafox

Álvarez de Castro

La defensa de Zaragoza estaba encomendada al general Palafox y la de Gerona, al general Álvarez de Castro. Los franceses perdieron muchos miles de soldados en ambos sitios, y sólo consiguieron adueñarse de ellas cuando el hambre y las enfermedades hubieron reducido ambas ciudades a poco menos que un cementerio.

528. **Batallas principales.**—Después de la de Bailén, las batallas más importantes ganadas a los franceses fueron las de Talavera, Arapiles, Vitoria y San Marcial.

En la batalla de *Talavera* (1809), los franceses tuvieron muchos centenares de muertos y heridos.

En la de *Arapiles* (1812), murieron tres generales franceses y el general en jefe quedó herido.

En premio de esta acción, las Cortes concedieron a Wellington el Toisón de Oro.

En la de *Vitoria* (1813), los franceses perdieron 8,500 hombres, 150 piezas de artillería y un rico botín. El rey José I huyó a Francia.

En la de *San Marcial*, los franceses experimentaron nueva y tremenda derrota; los españoles penetraron en Francia, llegando victoriosamente hasta Bayona.

259. **Fin de la guerra.** — En vista de tantas derrotas, Napoleón firmó un tratado reconociendo a Fernando VII como rey de España.

La *Guerra de la Independencia* duró *seis años* y costó a Francia la pérdida de 300,000 hombres.

260. **Los guerrilleros.** — Los *guerrilleros* fueron un factor muy importante de la guerra de la Independencia, porque atacaron siempre sin tregua ni piedad al invasor. Los más notables fueron *Espoz y Mina, El Empecinado* y *El cura Merino.*

261. **Gobierno de España durante la guerra.** — Durante la guerra de la Independencia, hubo en España dos poderes: el usurpador y el legítimo. Este último estaba constituído por una *Junta Central* que se instaló primero en Aranjuez y Madrid, después pasó a Sevilla, y por último, a la Isla de León, donde se formó un Consejo de Regencia, que convocó Cortes, las que se reunieron en Cádiz en 1810 y laboraron la Constitución de 1812, la primera que tuvo España.

LECCIÓN XXXII

Reinado de Fernando VII

262. **Fernando VII (1808-1833).** — *Fernando VII* no merecía que el pueblo español se sacrificara durante los seis años que duró la guerra de la Independencia; pues durante su cautiverio, no sólo abdicó la corona de España en Napoleón, sino que felicitaba a éste por sus victorias y por haber cedido a su hermano José la corona que él ciñó algunos días por abdicación de su padre Carlos IV.

Fernando VII

Fernando VII regresó a España a principios de 1814, habiendo sido recibido por el pueblo con entusiasmo delirante.

263. **Primeros actos de Fernando VII.** — Desde Francia dirigió un manifiesto al pueblo español, prometiendo que aborrecía el absolutismo y que aceptaba la Constitución; pero enseguida que hubo pisado el territorio español, disolvió las Cortes, procesó a los Diputados y abolió el régimen constitucional.

264. **Consecuencias de los actos del rey.** — Enseguida se formaron dos partidos políticos: *constitucional* uno y *absolutista* otro, iniciándose una serie de revueltas, que fueron muy funestas para la Patria.

265. **Levantamiento de 1820.**—A principios de 1820, una sublevación dirigida por el coronel Riego obligó a Fernando VII a jurar la Constitución de 1812.

General Riego

Las tropas que se hallaban acantonadas en Andalucía para ir a América, a fin de sofocar una insurrección de nuestras colonias, se sublevaron proclamando la Constitución de Cádiz; fueron secundadas por otras, y el rey no tuvo más remedio que substituír el régimen absoluto por el régimen constitucional.

266. **Intervención extranjera** (1823). — Fernando VII odiaba la Constitución, y tuvo medios de provocar una intervención extranjera. Al efecto, 100 mil franceses vinieron a España al mando del Duque de Angulema, y el rey de España fué reintegrado en su autoridad absoluta.

El Empecinado

El célebre ministro Calomarde se ensañó con los liberales, muriendo después de atroz martirio el ilustre general Riego y el valiente *Empecinado*, que tantas veces había expuesto su vida defendiendo al ingrato Fernando VII.

267. **Pérdida de las posesiones de América.** — Aprovechándose de las discordias que había en España, todas las colonias de América se sublevaron contra la metrópoli, y vencidas nuestras tropas en la decisiva batalla de *Ayacucho*, quedó asegurada su independencia.

Sólo quedaron para España, allá en América, las islas de Cuba y Puerto-Rico: pero los Estados Unidos empezaron a fomentar en

Cuba el espíritu de emancipación, originando los primeros alzamientos que habían de acabar un día con la pérdida total de aquellas Antillas.

268. **Muerte de Fernando VII** (1833). — Antes de fallecer Fernando VII, derogó la ley *Sálica,* promulgada por Felipe V, para que la corona de España pudiera ser heredada por su hija Isabel.

269. **Juicio acerca del reinado de Fernando VII.**—Fernando VII no fué merecedor de los grandes sacrificios que España se impuso luchando por la independencia. Su reinado lo constituye una serie de ingratitudes, torpezas, persecuciones y horrores que sólo contribuyeron a empobrecer la Patria y a detener su civilización.

LECCIÓN XXXIII

Reinado de Isabel II

270. **Isabel II** (1833-1868). — A Fernando VII le sucedió su hija *Isabel II,* que sólo contaba tres años de edad, bajo la regencia de su madre Doña María Cristina.

Isabel II

271. **Guerra carlista.** — El infante Don Carlos, tío de Isabel II, le disputó el trono, estallando una guerra civil, que comenzó en las Provincias Vascongadas, porque la cuestión de los fueros se identificó con la causa carlista.

En esta guerra civil, no se ventilaba solamente el mejor derecho a reinar, sino también la forma política que debía darse al país, pues Doña Isabel simbolizaba el régimen constitucional y Don Carlos representaba el absolutismo.

272. **Matanza de frailes.**—Mientras la guerra civil tomaba incremento, se presentó en Madrid, por primera vez, el cólera morbo, que hizo estragos; y como se lanzara la noticia calumniosa de que los frailes habían envenenado las aguas, el populacho asaltó los conventos y asesinó a cuantos halló en ellos.

Alarmados los católicos al ver en peligro la vida de los ministros de la Iglesia, se inclinaron muchos al lado del carlismo, imprimiendo a la guerra civil un carácter religioso que la hizo más empeñada y duradera.

273. **Extinción de las comunidades religiosas.**—El partido liberal, que sostenía a la reina niña, se divi-

dió en dos bandos: el *Moderado* y el *Progresista*. Triunfante este último, reunió Cortes Constituyentes, que acordaron, entre otras medidas radicales, la extinción de las Comunidades religiosas.

También acordaron la desamortización eclesiástica; la supresión de los *Diezmos* y *Primicias* que cobraba la Iglesia, y que los gastos de Culto y Clero fuesen pagados por el Estado.

274. **Teatro de la guerra carlista.**—La guerra civil tomó gran incremento en las provincias Vascongadas, Navarra y Cataluña, hasta el punto de estar poco menos que equilibradas las fuerzas liberales y las carlistas.

275. **Convenio de Vergara** (1839). — Bastante aniquilado el carlismo, Maroto, en nombre de Don Carlos, y Espartero, representando las fuerzas leales, celebraron el convenio de Vergara, abrazándose ambos generales y las tropas de uno y otro bando, después de *siete años* de luchas encarnizadas.

276. **Fin de la guerra civil** (1840). — Después del abrazo de Vergara, las hostilidades continuaron algunos meses: pero pronto brilló el iris de paz, quedando Doña Isabel dueña del trono.

277. **Pronunciamiento de 1840.** — Pocos meses después de concluída la guerra civil, toda España se pronunció contra la reina Gobernadora, porque ésta, inclinándose a la política de los moderados, había sancionado una nueva ley de Ayuntamientos.

278. **Abdicación de Doña María Cristina.** — Doña María Cristina, al ver la protesta del país entero contra su gestión, abdicó la regencia en el general Espartero, que era jefe del partido *progresista.*

279. **Pronunciamiento de 1843.** — Contra la regencia de Espartero se levantaron los *moderados* de Madrid y estallaron otras insurrecciones, para sofocar las cuales el regente hizo bombardear a Barcelona y Sevilla; pero triunfante el movimiento de 1843, el regente fué depuesto y se vió obligado a emigrar.

El general Espartero

LECCIÓN XXXIV

Reinado de Doña Isabel II. — Continuación

280. **Mayoridad de Doña Isabel** (1843). — Al abandonar el poder el partido progresista, las Cortes declararon mayor de edad a Doña Isabel, cuando la joven reina contaba sólo *trece* años.

281. **Gobierno de Narváez.**-Durante la administración de Narváez, se introdujeron reformas y se dictaron leyes que constituyeron una gloria del partido moderado.

Se creó la *Guardia Civil,* que acabó con el bandolerismo; se creó el *Plan de Estudios,* que fué la base de la organización moderna de la enseñanza; se creó el *Código Penal,* y se inauguraron los primeros ferrocarriles de España.

282. **Guerra de África** (1859).—La guerra de África fué un suceso inesperado, que vino a poner una tregua en las luchas políticas.

283. **Sus causas.** — Algunas cábilas inmediatas a la plaza de Ceuta, infirieron grandes agravios a España, y el Emperador de Marruecos se negó a darnos las debidas satisfacciones.

General O'Donnell

284. **Declaración de guerra.** — España declaró la guerra a Marruecos, siendo O'Donnell, presidente del Gobierno y Ministro de la guerra, el jefe del ejército expedicionario.

Las primeras batallas que se libraron en los *cinco meses* que duró la campaña, fueron la de los *Castillejos,* la de *Cabo Negrón,* la de *Tetuán* y la de *Wad-Ras,* todas favorables a nuestras armas. El general Prim se cubrió de gloria en esta lucha, recibiendo el título de *Marqués de los Castillejos.*

285. **Fin de la guerra de África** (1860).—La guerra de África terminó con el tratado de Wad-Ras, por el que se impuso a Marruecos una indemnización de 400 millones de reales y la cesión de algunos territorios a España.

286. **Expedición a Méjico.** — Méjico había inferido agravios a nuestra bandera, y se envió allá una expedición para pedir la satisfacción merecida. El jefe superior de la expedición fué el valiente general *Marqués de los Castillejos,* quien se acreditó de hombre de Estado y recibió la satisfacción completísima que España merecía.

287. **Guerra del Pacífico** (1866). — Algunos atentados contra súbditos españoles, produjeron una guerra con las repúblicas de Chile y Perú.

Méndez Núñez

288. **Valparaíso y el Callao.**—La Armada española, al mando de *Méndez Núñez,* bombardeó los puertos de Valparaíso y el Callao, cubriéndose de gloria y consiguiendo que el nombre de España fuese respetado.

Méndez Núñez, en aquella memorable ocasión pronunció estas famosas palabras, que la Historia ha recogido: "*España quiere más honra sin barcos, que barcos sin honra*".

289. **Insurrección en Madrid.** — El general Prim era jefe del partido progresista y promovió una insurrección que ensangrentó las calles de Madrid.

El jefe de la unión liberal, que había sofocado aquella insurrección, tuvo que ceder el gobierno a los moderados, y resentido por ello, formó con los progresistas y demócratas una coalición para destronar a la reina.

LECCIÓN XXXV

La Revolución de Septiembre

290. **Revolución de Septiembre.**—Se llama así, porque en dicho mes del año 1868, la escuadra española, surta en la bahía de Cádiz y dirigida por el brigadier *Topete,* inició el movimiento insurreccional que destronó a Doña Isabel II.

291. **Factores de la Revolución de Septiembre.** — Los jefes de la revolución que destronó a Doña Isabel, fueron el general *Prim,* el general *Serrano, Duque de la Torre,* y el brigadier *Topete.*

General Prim

Al iniciar Topete el movimiento insurreccional, la ciudad de Cádiz abrió sus puertas al general Prim, que se hallaba en uno de los buques sublevados, y el general Serrano vino de Canarias, donde se hallaba desterrado.

292. **Batalla de Alcolea.**—Pocos días después, el general Serrano derrotó a las tropas del Gobierno, mandadas por el marqués de Novaliches, en el puente de Alcolea.

General Serrano

Doña Isabel se hallaba veraneando en San Sebastián; viendo a todo el país levantado contra ella, abandonó el territorio español internándose en Francia.

293. **Juicio acerca del reinado de Doña Isabel II.** — Durante el reinado de Doña Isabel II, las luchas políticas y los pronunciamientos militares perturbaron constantemente a la nación, causándole daños muy considerables; pero también es cierto que se realizaron grandes adelantos materiales y que el nivel de la cultura nacional se elevó a gran altura.

294. **Plan de los iniciadores de la revolución de Septiembre.**— El plan de los iniciadores de la revolución de Septiembre, parece no tenía otro objeto que obtener la abdicación de Doña Isabel en su hijo el príncipe *Alfonso*, que, por ser de menor edad, quedaría bajo la regencia de su tío el *Duque de Montpensier*.

295. **Gobierno provisional.** — Inmediatamente después de la revolución de Septiembre, se formó un *Gobierno Provisional*, presidido por el Duque de la Torre.

296. **Cortes Constituyentes.** — El Gobierno Provisional reunió Cortes Constituyentes, que nombraron Regente de la nación al Duque de la Torre, Presidente del Consejo de Ministros al general Prim y formaron la constitución democrática de 1869.

297. **Disturbios.** — Durante la regencia del Duque de la Torre, hubo muchos disturbios, y la destronada reina abdicó sus derechos al trono de España en su hijo el príncipe Don Alfonso.

Los republicanos se alzaron en armas, en Andalucía y Cataluña; los carlistas se levantaron en el Norte; en muchas ciudades ocurrieron sangrientos motines con motivo de las quintas, y la insurrección de Cuba y Puerto-Rico, que ya había estallado antes de la revolución, tomó gran incremento.

LECCIÓN XXXVI

Amadeo I

298. **Amadeo I** (1870-1873). — Las Cortes Constituyentes de 1868, proclamaron rey de España a *Don Amadeo de Saboya*, hijo de Víctor Manuel, rey de Italia.

Amadeo I

El partido republicano promovió grandes disturbios en Zaragoza, Málaga, Valencia y otras poblaciones, alzándose contra la nueva monarquía, pero el movimiento fué sofocado.

299. **Asesinato del general Prim.** — La noche del día 28 de diciembre de 1870, regresaba del Congreso el general Prim, cuando su coche fué detenido, en la calle del Turco, por hombres armados que dispararon sobre el Marqués de los Castillejos, hiriéndole mortalmente.

300. **Llegada de los Reyes.**—*Don Amadeo de Saboya* y su esposa *Doña María Victoria* llegaron a Madrid

el día 2 de enero de 1871; juró ante las Cortes la Constitución de 1869 y fué proclamado rey de España con el nombre de *Amadeo I*.

301. **Consecuencias de la muerte del general Prim.** — La muerte del glorioso general Prim, fué una gran desgracia para España, pues privó al nuevo soberano de su más firme sostén.

Don Amadeo, varón caballeroso y de grandes prendas personales, comprendió pronto que le sería imposible afianzar en sus sienes la corona de España; pues se agitaban contra él los republicanos, los carlistas y los partidarios del príncipe Alfonso, hijo de Doña Isabel II, en quien ella ya había abdicado; ardía en Cuba la guerra separatista, y los mismos hombres políticos que le sostenían, se hallaban divididos.

302. **Atentado contra Don Amadeo y su esposa.** — Los Reyes se dirigían a palacio por la calle del Arenal, cuando fueron objeto de un criminal atentado, disparándose sobre el carruaje que conducía a Don Amadeo y Doña María Victoria, quienes salieron milagrosamente ilesos.

303. **Abdicación de Don Amadeo.** — Viendo Don Amadeo que no ceñía la corona con el beneplácito de los españoles, creyéndose impotente para hacer de España la nación próspera y feliz que él deseaba, el día 11 de febrero de 1873 envió a las Cortes un solemne y respetuoso mensaje, abdicando el trono de la nación por sí y por sus hijos. Al día siguiente partió la familia real para Lisboa, donde embarcó para Italia.

LECCIÓN XXXVII

La República

304. **Proclamación de la República** (1873-1874). — Leído en el seno de la *Asamblea Nacional* el mensaje de Don Amadeo, abdicando la corona, las Cortes admitieron la dimisión y proclamaron la República.

Figueras

Las Cortes tomaron el siguiente acuerdo: "La Asamblea Nacional asume todos los poderes y declara como forma de gobierno la República, dejando a las Cortes Constituyentes la organización de esta forma de gobierno".

305. **Primer Presidente de la República.** —Fué nombrado presidente de la República *Don Estanislao Figueras,* quien, abrumado por los motines, turbulencias y luchas

de todo género, al cabo de poco tiempo dejó el poder y se fué al extranjero.

306. **Segundo presidente de la República (11 de junio).**—Al dejar la presidencia de la República el señor Figueras, fué elegido para tan alto cargo *Don Francisco Pi y Margall,* quien tampoco fué más afortunado que el Presidente anterior, y presentó la renuncia del cargo antes de un mes de haber tomado posesión de él (8 de julio).

Pi y Margall

Los valores públicos bajaron extraordinariamente; la prensa publicaba artículos tremendos y caricaturas reprensibles; la guerra civil tomaba proporciones alarmantes en España y en las Antillas, y Cartagena se había proclamado en cantón independiente.

307. **Tercer presidente de la República.** — Al cesar en el cargo de Presidente el Sr. Pi y Margall, fué elegido *Don Nicolás Salmerón y Alonso,* quien presentó la dimisión del cargo en el mes de Septiembre, por negarse a firmar algunas sentencias de muerte, ordenadas por los tribunales de justicia.

Salmerón

Salmerón fué más afortunado que el Presidente anterior, pues logró la derrota de los cantonales de Andalucía y Valencia y el restablecimiento de la disciplina militar; sólo Cartagena continuaba independiente.

308. **Cuarto y último presidente de la República.**—El día 7 de septiembre, *Don Emilio Castelar* aceptaba la presidencia de la República, dando pruebas de gran patriotismo y desinterés.

Castelar

Decretó una quinta extraordinaria sin redención a metálico; firmó penas de muerte, necesarias para restablecer la disciplina militar; propuso al Papa el nombramiento de algunos prelados para sedes vacantes, y reorganizó el cuerpo de Artillería.

309. **Grandes contrariedades.** — Los cantonales hacían correrías con la escuadra de Cartagena entrando en varias poblaciones, exigiendo tributos y aprovechándose de fondos de Aduanas y municipales, por lo que dichos

buques fueron declarados piratas; fué apresado, cerca de la isla de Cuba, un buque norteamericano que conducía gran cantidad de material de guerra para los insurrectos cubanos, y el general gobernador de Cuba mandó fusilar a muchos tripulantes. Los Estados Unidos protestaron de lo hecho, y hubo que devolverles el buque y dar a aquella nación una satisfacción completa.

310. **Dimisión del Sr. Castelar.** — Abriéronse las Cortes, y las diferentes fracciones del partido republicano hicieron una ruda oposición al gobierno del señor Castelar. Rendido éste por tantas contrariedades, firmó e hizo que se diese lectura al documento siguiente: "El Presidente del Poder ejecutivo presenta respetuosamente a las Cortes la dimisión de su cargo".

311. **El día 3 de Enero.**—El general Pavía, capitán general de Madrid, rodeó el Congreso con tropas de infantería y artillería; pidió al Presidente que los Diputados evacuaran la Cámara; fuerza armada penetró en el Parlamento y disparó al aire; los Diputados se dispersaron y así acabó la República española.

312. **Poder Ejecutivo de la República.** — Al día siguiente, el general Pavía reunió a los personajes políticos de los diferentes partidos, y constituyó un gobierno llamado *Poder Ejecutivo de la República,* presidido por el general Serrano.

LECCIÓN XXXVIII

Reinado de Alfonso XII

313. **Proclamación de Alfonso XII** (1874-1885). — El día 18 de diciembre de 1874, el general *Martínez Campos* proclamó por rey de España a *Don Alfonso XII,* en los campos de Sagunto.

El general Martínez Campos se hallaba de acuerdo con valiosos personajes militares y civiles. Ni siquiera el Duque de la Torre, Presidente del *Poder Ejecutivo de la República,* hizo la menor resistencia a la proclamación, y al nuevo día siguieron el mismo ejemplo el Capitán General de Madrid y el ejército que peleaba en el Norte contra los carlistas. El Duque de la Torre marchó a Francia, y *Don Antonio Cánovas del Castillo* se hizo cargo de la Presidencia del Consejo de Ministros.

Martínez Campos

314. **Llegada de Don Alfonso.** — Don Alfonso de Borbón — en quien su Madre Doña Isabel había abdicado sus derechos a la co-

rona — llegó a Barcelona el día 9 de enero de 1875, e hizo su entrada en Madrid, el día 14 del mismo mes.

315. **Don Alfonso, al Norte.** — D. Alfonso visitó el teatro de la guerra civil en el Norte; asistió a algunas batallas, y la guerra carlista empezó a decaer aquel mismo año.

Contribuyó, considerablemente, a la terminación de la guerra civil, el hecho de que el general carlista Don Ramón Cabrera reconociera a Don Alfonso y publicara un manifiesto, aconsejando a sus correligionarios que depusieran las armas. Al año siguiente, 1876, Martínez Campos conseguía la completa pacificación interior de España.

Alfonso XII

316. **Abolición de los fueros de las Vascongadas** (1876). — Como castigo por el apoyo que las Provincias Vascongadas habían dado al carlismo, el gobierno presentó y fué aprobada una ley suprimiendo casi todos sus fueros.

Desde entonces, dichas provincias contribuyen a los gastos de las contribuciones y al servicio militar, conservando, sin embargo, algo de su autonomía administrativa.

317. **Fin de la guerra de Cuba** (1878). — Dos años después de concluída la guerra carlista, Martínez Campos terminaba la insurrección cubana por medio de un tratado, conocido por el nombre de *Paz del Zanjón.*

318. **Matrimonios de Alfonso XII.** — En 1878, Don Alfonso celebró matrimonio con su prima *Doña María de las Mercedes,* hija de los Duques de Montpensier, de la cual enviudó a los cinco meses, y en 1879, casó en segundas nupcias con *Doña María Cristina de Hapsburgo,* archiduquesa de Austria.

319. **Muerte de Alfonso XII.** — Don Alfonso padecía una maligna enfermedad, que recrudeció y acabó con la vida del desgraciado monarca, a los veintiocho años de edad.

Cánovas del Castillo

Práxedes Mateo Sagasta

Don Alfonso falleció en el Pardo en 25 de noviembre de 1885, dejando dos hijas de su segundo matrimonio: Doña María de las Mercedes y Doña María Teresa.

320. **Juicio acerca del reinado de Alfonso XII.**—Las calamidades que afligieron a España durante el reinado de Alfonso XII, revelaron su gran corazón. Su reinado fué de paz y de amor, dedicado por entero al bien y la prosperidad de la Patria.

321. **Cánovas y Sagasta.** — Dos políticos eminentes trabajaron con Alfonso XII para conseguir el resurgimiento de España: Don Antonio Cánovas del Castillo y Don Práxedes Mateo Sagasta, jefes, respectivamente, de los partidos conservador y liberal.

LECCIÓN XXXIX

Don Alfonso XIII

322. **Alfonso XIII.**—A Don Alfonso XII le sucedió en el trono su hijo póstumo *Alfonso XIII,* que vino al mundo en 17 de mayo de 1886.

323. **Doña María Cristina.**—Al fallecer Don Alfonso XII, se hizo cargo de la Regencia su viuda *Doña María Cristina,* dama virtuosa y abnegada, que se consagró a la vida y educación del tierno infante que el Cielo le enviaba.

El gobierno de Doña María Cristina fué modelo de previsión y sabiduría, pues procuró por todos los medios afianzar a su hijo en el trono de San Fernando.

Doña María Cristina

324. **Guerra de Cuba.** — Estalló nuevamente la guerra separatista en la isla de Cuba, merced al apoyo de los Estados Unidos, que pretendían que España reconociera la independencia de la isla, lo que ocasionó un conflicto entre nuestra nación y aquella poderosa república.

325. **Guerra de Filipinas.** — Los Estados Unidos de América consiguieron también que el archipiélago de Filipinas se rebelara contra España, resultando de todo ello que nuestra nación declarase la guerra a aquella república norteamericana.

326. **Fin de estas guerras.**—El fin de estas guerras no pudo ser más desastroso: nuestras escuadras fueron destruídas por las norteamericanas en Cavite y Santiago de Cuba, y España se vió obligada a pedir la paz.

En 1899, se firmó el tratado de París, en virtud del cual la isla de Puerto-Rico y todas las Filipinas pasaron a ser propiedad de los Estados Unidos, y la isla de Cuba conseguía la independencia.

Españoles célebres del período contemporáneo

Argüelles.—Orador y hombre de estado (1776-1844)

Balmes
Filósofo (1810-1848)

Quintana
Poeta (1752-1857)

Lafuente
Historiador (1806-1866)

Rosales
Pintor (1836-1870)

Moyano
Político (1809-1890)

Zorrilla
Poeta (1817-1893)

Verdaguer
Poeta (1845-1903)

Costa.—Sociólogo y filósofo (1846-1911)

Echegaray.—Ingeniero y autor dramático (1833-1916)

Pérez Galdós
Novelista (1840-1920)

Ramón y Cajal
Histólogo. 1850

Las Marianas, Carolinas y Palaos, las vendió España en 1889 al imperio Alemán. Así concluyó el poder colonial de España.

327. **Mayoridad de Alfonso XIII.**—El día 17 de mayo de 1902, D. Alfonso cumplió diez y seis años de edad, encargándose entonces de la gobernación del Estado.

328. **Casamiento de Don Alfonso XIII.**—En 31 de mayo de 1906, Don Alfonso contrajo matrimonio con la princesa *Victoria Eugenia,* perteneciente a la familia real de Inglaterra.

Alfonso XIII

329. **La Semana Sangrienta.**—Se llama *Semana Sangrienta,* al movimiento ocurrido en Cataluña para protestar del embarque de soldados reservistas para la guerra del Rif, protesta que se convirtió en revolución que dirigió todos sus ataques a conventos e iglesias, resultando muchos destruídos.

330. **La Dictadura.** — Los Gobiernos monárquicos a duras penas podían ir afrontando los problemas, más apremiantes cada día. El general Primo de Rivera sublevóse en Barcelona contra la política imperante, y el Rey, desligándose de su condición de Rey constitucional, le confió una Dictadura, que duró desde Septiembre de 1923 a Enero de 1930.

Niceto Alcalá Zamora, primer presidente de la República

Manuel Azaña, segundo presidente de la República

331. **La República.** — A consccucncia de la pérdida de las libertades cívicas durante tantos años, el pueblo exteriorizó su protesta contra el Régimen en unas elecciones municipales celebradas el día 12 de abril de 1931. Y el día 14 fué proclamada en toda España la *República española,* en medio de un entusiasmo muy grande y sin que se produjera ningún desmán.

332. **Gobierno de la República.** — Formóse un gobierno presidido por D. Niceto Alcalá Zamora, el cual fué substituído luego por D. Manuel Azaña pasando el Sr. Zamora a ser el Primer Presidente de la República.

332 a. **La Constitución de la República.** — Las Cortes Constituyentes elaboraron la Constitución de la República, la cual fué aprobada con fecha de 9 de diciembre de 1931.

LECCIÓN XL

Estado y civilización de España durante el período contemporáneo

333. **Patriotismo.** — Es indudable que la guerra de la Independencia demostró el gran patriotismo del alma nacional. Si hubo españoles intelectuales que abrazaron la causa de Napoleón, no fué, seguramente, por desamor a España: ha de suponerse que su actitud fué debida al conocimiento que tenían de lo que la Patria podía esperar de Fernando VII, que bien demostró no merecer la sangre que el pueblo vertió luchando por su corona.

333 a. **El régimen constitucional.**—El absolutismo y la libertad se disputaron, con gran empeño, el régimen político de la Patria; pero las ideas nuevas hicieron rápidamente su camino; pronto la Constitución de 1812 se creyó que era deficiente, y se discutieron y aprobaron las de 1837, 1845, 1856, 1869 y 1876.

334. **Progreso material.** — El progreso material de la nación ha sido considerable, durante el período contemporáneo: una extensa red de ferrocarriles y carreteras cruza todas las provincias; se han construído canales y se cimentaron los faros; el telégrafo transmite la palabra escrita a los lugares más distantes, y una extensa red telefónica permite que la palabra hablada llegue hasta los pueblos menos importantes.

El carbón de piedra y los mármoles se explotan en gran cantidad; las minas de hierro, cobre, plomo, plata y estaño han recibido notable impulso, dando lugar a la creación de industrias nuevas; las obras públicas han transformado, en pocos años, muchas poblaciones, y en todas partes se nota el gran deseo de producción.

335. **Agricultura, industria y comercio.** — Con la guerra de la Independencia, los campos quedaron poco menos que abandonados; mas últimamente la agricultura se ha modernizado bastante con el empleo de los abonos químicos y maquinaria, que ha venido a substituír, con gran ventaja, a la fuerza animal en la práctica de las labores.

La industria también experimentó gran retroceso: muchas fábricas fueron destruídas, y la paralización del comercio fué general; pero años después la fabricación ha resurgido potente en muchas regiones, y el comercio ha sido considerable.

336. **Ilustración.** — La invasión napoleónica trastornó la enseñanza e inició en ella una decadencia que continuó todo el reinado de Fernando VII.

En tiempo de María Cristina, se reformó la primera enseñanza.

Poco después se crearon las escuelas de párvulos, los Institutos de segunda enseñanza y bibliotecas públicas provinciales.

En 1857, Don Claudio Moyano publicó una ley general de instrucción pública, vigente todavía.

Este abandono en que durante más de medio siglo se ha tenido a escuelas y maestros, ha tenido por consecuencia la enorme proporción con que los analfabetos figuran aún, por desgracia, en las estadísticas españolas.

Los estudios científicos experimentaron completa paralización, a principios del último siglo; su rendimiento ha sido lento; en cambio, la producción literaria puede calificarse de brillante.

337. **Bellas Artes.** — En arquitectura, los estilos árabe y gótico u ojival descuellan en estos últimos años, a falta de un nuevo estilo, si bien, en general, predomina un carácter industrial y utilitario; la pintura y escultura tienen reputados cultivadores, y también la música, sobre todo la *zarzuela,* tiene maestros inspirados y eminentes.

338. **La labor principal de la República.** — La República ha intensificado la labor cultural, creando numerosas escuelas e institutos de 2.ª enseñanza e incrementando las bibliotecas públicas y escolares.

339. **Las Ciencias.** — España va incorporándose al concierto de los pueblos cultos, como lo prueba el hecho de que se celebran aquí Congresos universales de diferentes especialidades científicas.

Ciencias Físicas, Químicas y Naturales

FÍSICA

LECCIÓN I

Propiedades de los cuerpos

1. **Propiedades generales de los cuerpos.** — Las *propiedades generales* de los cuerpos son la *extensión*, la *impenetrabilidad*, la *porosidad*, la *compresibilidad*, la *elasticidad*, la *divisibilidad*, la *densidad*, la *inercia*, la *movilidad* y la *gravedad*.

2. **La extensión.**—La *extensión* es la propiedad que tiene todo cuerpo de ocupar una parte del espacio.

3. **La impenetrabilidad.** — Se llama *impenetrabilidad* a la imposibilidad de que dos cuerpos ocupen a la vez un mismo lugar en el espacio.

4. **La porosidad.** — *Porosidad* es la propiedad que tienen los cuerpos de presentar entre sus partículas espacios vacíos llamados *poros*.

5. **Compresibilidad.** — *Compresibilidad* es la propiedad que tienen los cuerpos de disminuír de volumen, por efecto de una fuerza. La compresibilidad es una consecuencia y una prueba de la porosidad.

6. **Elasticidad.** — *Elasticidad* es la propiedad que tienen los cuerpos de recobrar su forma o volumen, cuando cesa la fuerza que los hizo cambiar.

7. **La divisibilidad.** — *Divisibilidad* es la propiedad en virtud de la cual se pueden obtener de los cuerpos trocitos o partes pequeñas.

8. **La densidad.** — Se llama *densidad*, la propiedad que tienen los cuerpos de reunir en poco volumen gran cantidad de materia.

9. **Inercia.** — *Inercia* es la incapacidad que tienen los cuerpos de cambiar por sí solos, su estado de reposo o de movimiento.

Plomada

10. **Movilidad.** — Se llama *movilidad,* a la propiedad que tienen los cuerpos de poder cambiar de lugar en el espacio.

11. **La gravedad.**—Se llama *gravedad,* la fuerza de *atracción* que ejerce la Tierra sobre todos los cuerpos. Esta fuerza la señala la *plomada.*

12. **Gravitación universal.** — *Gravitación universal* es la fuerza de atracción que mantiene en *equilibrio* a los astros todos del Universo.

Ejercicios orales.—Obsérvese que todo cuerpo, por pequeño que sea, tiene volumen, y, por tanto, debe ocupar una porción de espacio, que es lo que constituye su *extensión* o *volumen.*—Para hacerse cargo de la *impenetrabilidad,* téngase presente como la silla, por ejemplo, que uno ocupa, no la puede ocupar otro, sin que el primero se levante. — Si un vaso está completamente lleno de agua, al echar en él un cuerpo cualquiera, se derramará una cantidad de líquido cuyo volumen será igual al del cuerpo.—Se comprenderá la *porosidad* recordando la salida del sudor por los poros de la piel y como ciertos botijos rezuman el agua que contienen; expónganse fenómenos de porosidad realmente sorprendentes, como el que tapando herméticamente una botella y sumergiéndola en el mar, al cabo de cierto tiempo se sacará llena de agua, etcétera.—La *compresibilidad* se comprenderá recordando los efectos de las prensas y observando como un litro de aire, por ejemplo, comprimiéndolo fuertemente puede reducirse a menos de una cuarta parte de su volumen.—Recordando la facilidad como una goma vuelve a su tamaño ordinario al cesar la fuerza que la estiraba, se ve claramente la *elasticidad.* — Nada más fácil que hacerse cargo de la *divisibilidad:* todos los cuerpos pueden reducirse a trozos tan pequeños como se quiera. — Cítense casos portentosos, como, por ejemplo, que un pedacito de alcanfor y un grano de almizcle estén meses y años desprendiendo partículas olorosas sin perder su peso, etc. — Háblese de la *inercia,* dígase que un cuerpo en reposo permanecerá en tal estado hasta que una fuerza la mueva, que un cuerpo en movimiento continuará moviéndose en la misma dirección y velocidad si no hay una fuerza que lo acelere o lo detenga. Háblese de la *fuerza de la inercia,* en virtud de la cual, si un caballo a escape, por ejemplo, se para de pronto, el jinete será lanzado hacia delante, etc.—Dígase que la *gravedad* es la fuerza que hace caer los cuerpos: dígase que la dirección de la fuerza de gravedad se reconoce por la *plomada.* Muéstrese la plomada.

LECCIÓN II

De las fuerzas.—Centro de gravedad.—El equilibrio

13. **Fuerza.** — Es una fuerza, toda causa capaz de producir o modificar el estado de movimiento o de reposo de un cuerpo.

Para que un cuerpo que está en *reposo* se ponga en *movimiento,* se necesita una fuerza, y para que un cuerpo que está en *movimiento se pare* o ponga en *reposo*, también es necesaria una fuerza.

14. Qué hay que estudiar en toda fuerza.—**En toda fuerza hay que considerar cuatro cosas: el *punto de aplicación*, la *dirección*, el *sentido* y la *intensidad*.**

15. Punto de aplicación. — *Punto de aplicación* de una fuerza, es el punto sobre el cual la fuerza actúa.

El *punto de aplicación*, está en las varas del carro, donde se supone el animal; la *dirección*, es la que el animal lleva, indicada por la flecha; el *sentido*, es hacia adelante, y la *intensidad*, es el esfuerzo que debe hacer la caballería para mover el carro

16. Dirección y sentido. — *Dirección* y *sentido* de una fuerza, son los que tiende a seguir el punto de aplicación.

El *punto de aplicación*, es el en que el hombre pone sus manos para empujar; la *dirección* está indicada por la recta, y el *sentido* es hacia adelante; y la *intensidad*, es el esfuerzo que el hombre debe hacer para mover la caja

17. Intensidad.—***Intensidad* de una fuerza es el empuje con que la fuerza actúa.**

Las fuerzas se representan, gráficamente, por flechas: la longitud de la flecha indica la *intensidad* de la fuerza; la línea, su *dirección;* la punta de la flecha, su *sentido,* y la parte opuesta a la punta se considera como el *punto de aplicación.*

18. Fuerza resultante. — Cuando dos o más fuerzas actúan sobre un mismo punto, se llama *fuerza resultante* a la fuerza única equivalente a las *concurrentes* en dicho punto.

La *resultante* de dos fuerzas *concurrentes,* es la diagonal del paralelogramo construído sobre estas fuerzas.

Las fuerzas C A y C B concurrentes en el punto C, tendrán por resultante la fuerza C D, diagonal del paralelogramo construído sobre las dos fuerzas dadas, C A y C B.

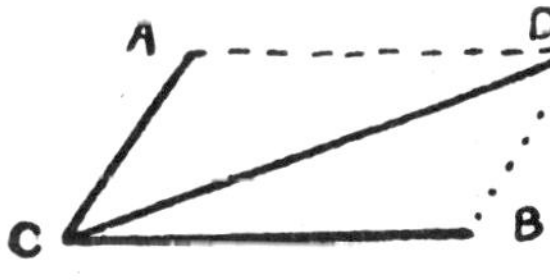

Resultado de fuerzas concurrentes

19. Centro de gravedad. — Sobre cada una de las *moléculas* de que se compone la masa de un cuerpo, *la gravedad imprime una fuerza.*

Centro de gravedad de un cuerpo es el punto de aplicación de la fuerza resultante de todas las fuerzas que la gravedad imprime sobre el cuerpo.

20. **Determinación del centro de gravedad.** — Para determinar el centro de gravedad de un cuerpo, basta suspenderle dos veces de un hilo por puntos distintos, y el punto de intersección de las prolongaciones de ambos hilos, será su centro de gravedad.

21. **Equilibrio.—Un cuerpo está en equilibrio cuando se halla en reposo, por actuar sobre él fuerzas iguales que se contrarrestan.**

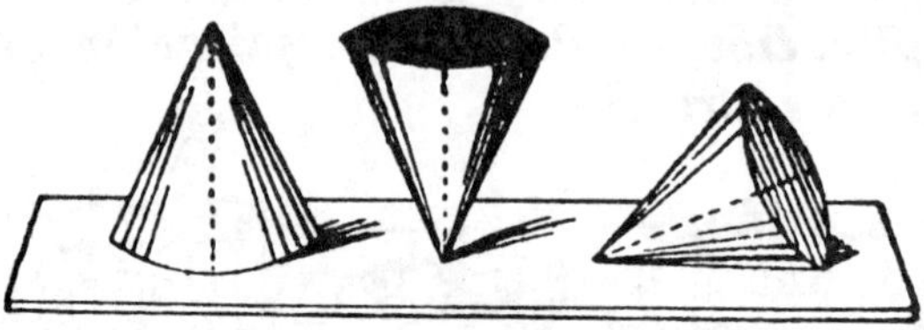

Clases de equilibrio

22. Clases de equilibrio. — El equilibrio puede ser *estable, inestable* e *indiferente.* Un cono, por ejemplo, se halla en equilibrio *estable*, cuando *descansa sobre su base;* en equilibrio *inestable,* cuando se *sostiene sobre su cúspide,* y en equilibrio *indiferente,* cuando *descansa sobre su lado.*

Ejercicios orales.—Se comprende fácilmente que un cuerpo permanecerá en reposo hasta que una fuerza le ponga en movimiento; pero parece no se ve tan claro que una bola de billar, por ejemplo, permanezca siempre en movimiento si alguna fuerza no la detuviera. Obsérvese que las fuerzas que la detienen son, sobre todo, el rozamiento y la resistencia del aire. — Dígase que la unidad que se emplea para medir las fuerzas en el kilogramo; de manera que, si con 40 Kg. de peso hacemos equilibrio a una fuerza, este peso será su medida.—Dígase que para medir las fuerzas, se emplean unos instrumentos llamados *dinamómetros.*—Dígase que todo cuerpo que se mueve cambia de lugar en el espacio y que el camino que recorre se llama *trayectoria.*—Explíquese que hay cuerpos que se mueven, a pesar de no verlos cambiar de lugar, como sucede con la Tierra, lo cual es debido a que nosotros formamos parte de este movimiento terrestre.—Háblese del movimiento *rectilíneo* y del *curvilíneo.*—Dígase que si atamos una piedra o una bola de madera a un cordel y le hacemos dar vueltas, observamos que, a medida que aumenta la velocidad, el cordel se va poniendo más tirante, y notamos el esfuerzo que debemos hacer con nuestra mano para contrarrestar el emuje que ejercen la piedra o la bola hacia fuera. Dígase que entonces nos hallamos en presencia de dos fuerzas opuestas: la de la piedra o bola, que tiende a alejarse del centro de rotación, y se llama *fuerza centrífuga,* y la de nuestra mano, que obliga a la piedra o bola a dirigirse hacia el centro del movimiento, y se llama *fuerza centrípeta.*

Experimento.—*Colóquese un vaso casi lleno de agua atado a un cordel, y hágasele dar vueltas rápidas (se verá como el agua no se derrama).*

LECCIÓN III

Estados, peso y caída de los cuerpos.—El péndulo

23. **Estados de los cuerpos.** — Todos los cuerpos se pueden presentar en tres diferentes estados: el *sólido,* el *líquido* y el *gaseoso.*

24. **Cuerpo sólido.** — Un cuerpo se halla en estado *sólido*, cuando conserva la forma que le ha dado la naturaleza o la mano del hombre, como una *piedra*, un *sombrero*.

25. **Cuerpo líquido.** — Un cuerpo se halla en estado *líquido*, cuando tiene la forma que le da la vasija que lo contiene, como el *agua*, el *vino*, el *alcohol*.

26. **Cuerpo gaseoso.** — Un cuerpo se halla en estado *gaseoso*, cuando se dilata por sí mismo, como el *aire*, el *gas del alumbrado*.

Los líquidos y los gases toman el nombre de *fluidos*.

27. **Fuerzas moleculares.** — Entre las *moléculas* que constituyen la materia, existen dos fuerzas *opuestas: una de atracción, que tiende a unir las moléculas*, y se llama *cohesión*, y otra, la *repulsión, que tiende a separarlas.*

Cuando la atracción es mayor que la repulsión, el cuerpo es sólido; cuando la repulsión es igual o aproximada a la cohesión, el cuerpo es líquido, y cuando la repulsión domina a la cohesión, el cuerpo es gaseoso.

28. Peso de un cuerpo. — *Peso* de un cuerpo es la presión que ejerce sobre la superficie horizontal en que se apoya. La unidad de peso es el *gramo*.

También podemos decir que *peso* de un cuerpo es la resultante de todas las fuerzas que la gravedad imprime a sus moléculas, es decir, la fuerza con que la Tierra le atrae.

Todos los cuerpos son *pesados*.

29. Peso absoluto y relativo.—*Peso absoluto* de un cuerpo, es el esfuerzo que hay que hacer para sostenerlo, y *peso relativo*, es el peso que tiene referido al de otro cuerpo, v. g.: 2 kg.

30. Caída de los cuerpos. — La caída de los cuerpos es un efecto de la *gravedad*.

Todos los cuerpos, al caer, siguen la dirección vertical, señalada por la plomada.

Todos los cuerpos, *en el vacío*, caen con la misma velocidad.

Si una bola, por ejemplo, cae, en el aire, con mayor rapidez que un pedazo de papel, la causa es debida a la resistencia del aire que el papel ha de vencer.

31. Los espacios recorridos. — Los *espacios totales recorridos* por un cuerpo que cae, son proporcionales a los cuadrados de los tiempos empleados en recorrerlos.

Es decir, que si una piedra cae desde lo alto de una torre, durante el *primer segundo* recorrerá la distancia de unos 4'90 metros; en *dos segundos*, habrá recorrido 4'90 × 2^2 metros; en *tres segundos*, 4'90 × 3^2 metros, etc.

32. **Las velocidades.** — Las velocidades adquiridas por un cuerpo que cae, son proporcionales a los tiempos. Es decir que, a *doble tiempo*, caerá con *doble velocidad;* a *triple tiempo*, con *triple velocidad;* etc.

33. **Péndulo.** — Péndulo, es todo cuerpo que puede oscilar alrededor de un punto de suspensión.

Las pequeñas *oscilaciones* del péndulo son de igual duración, y la duración de las oscilaciones es independiente de la materia que constituye el péndulo.

Ejercicios orales.—Dígase que el calor contribuye en gran manera a dar *estado* a los cuerpos.—Recuérdese que el agua, por ejemplo, a *cero* grados de temperatura se convierte en hielo, y a *cien* grados hierve y pasa al estado de vapor. — Recuérdese que la fuerza de gravedad actúa sobre todas y cada una de las moléculas que constituyen la masa de un cuerpo, y dedúzcase de ello que el peso de un cuerpo es el resultado de la acción de la gravedad.—Dígase que el peso de los cuerpos *no es constante:* cuanto más se eleva el cuerpo sobre el nivel del mar, *tanto menor es su peso.* — En los polos de la Tierra, los cuerpos pesan más que en el Ecuador.—Pesar un cuerpo no es más que medir su peso. — No se confunda el peso de un cuerpo expresado en la acepción ordinaria de *pesar*, con el peso específico de los cuerpos. — Háblese del *peso específico* y recuérdese lo que es. — Hágase memoria de las formas para determinar el *peso del cuerpo*, el *volumen* y la *densidad.*

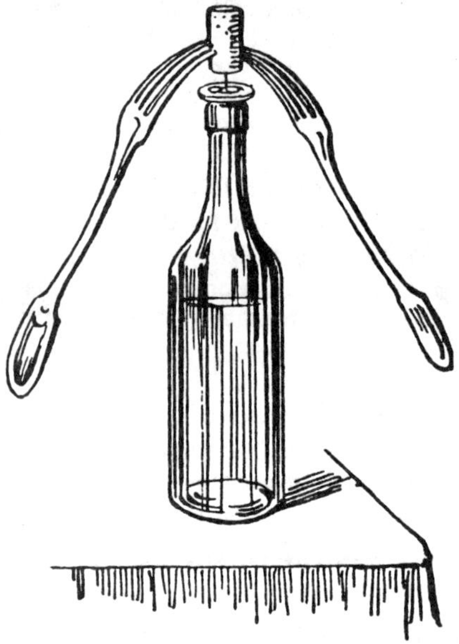

Experimento de equilibrio. — Tómense un tapón de corcho, dos tenedores y un alfiler: clávense los tenedores en el tapón, uno frente al otro, y clávese también el alfiler en la base del tapón casi hasta la cabeza. Dispóngase enseguida todo este sistema de modo que la cabeza del alfiler descanse sobre una moneda de a diez céntimos que se habrá colocado de plano, sobre la boca de una botella, y cuando el equilibrio esté bien asegurado, imprímase a uno de los tenedores un movimiento de rotación, sin que se produzca sacudida alguna.

LECCIÓN IV

Las máquinas

34. **Máquinas.** — Las *máquinas* son instrumentos con los cuales se transmiten o modifican las fuerzas y sus velocidades.

Las máquinas *no producen fuerza;* por el contrario, gastan siempre alguna cantidad de ella.

35. **Qué debe estudiarse en toda máquina.**—En toda máquina debe estudiarse la *resistencia* y la *potencia.*

Resistencia es la fuerza que se ha de equilibrar o superar.

Potencia es la fuerza que se emplea para equilibrar o superar a la *resistencia.*

36. **Palanca.**—*Palanca* es una barra rígida que puede moverse alrededor de un punto, llamado *punto de apoyo.* También hay que ver en toda palanca la *potencia* y la *resistencia.*

Palanca

37. **Géneros de palancas.** — Hay palancas de *primer género,* de *segundo género* y de *tercer género.*

Son de *primer género,* aquéllas en las cuales el *punto de apoyo se halla situado entre la potencia y la resistencia,* como las tijeras, las tenazas.

Son de *segundo género,* las que tienen la *resistencia entre la potencia y el punto de apoyo,* como los fuelles, las carretillas de mano.

Son de *tercer género,* las que tienen la *potencia entre la resistencia y el punto de apoyo,* como las pinzas, las extremidades del hombre.

38. **Balanza.** — *Balanza* es una palanca de primer género, de *brazos iguales,* que lleva en sus extremos dos platillos y sirve para pesar las cosas.

Balanza

39. **Método de dobles pesadas.**—Con una mala balanza, pueden hacerse pesadas exactas. Para ello, se pone en un platillo el cuerpo cuyo peso se desea saber, y en el otro platillo, perdigones u otro cuerpo pesado, hasta hacer el equilibrio; entonces se quita el cuerpo y, en su lugar, se ponen pesas

hasta que la balanza quede en el fiel. Estas pesas indican el peso del cuerpo.

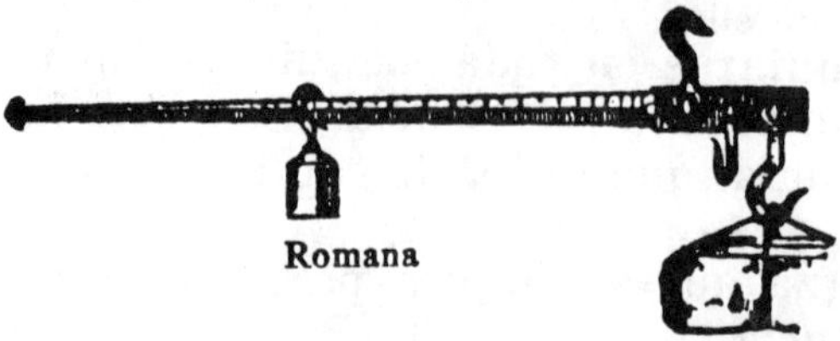

Romana

40. Romana.— *Romana* es una palanca de primer género de *brazos* desiguales.

41. Báscula. — *Báscula* es una combinación de dos palancas de brazos desiguales, que se emplea para apreciar grandes pesos.

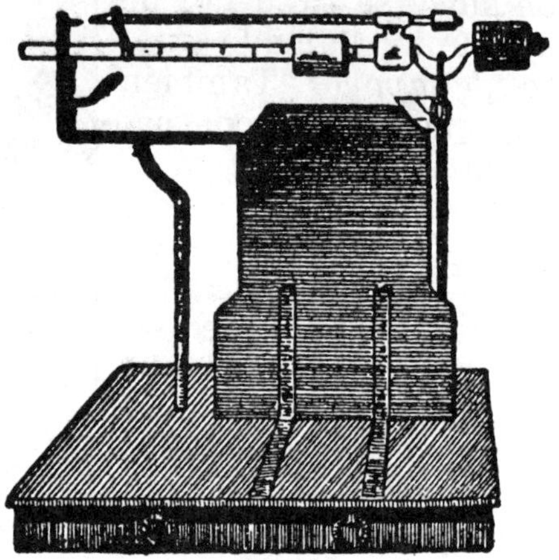

Báscula

42. Torno. — ***Torno*** **es un cilindro que gira alrededor de un eje, en el cual se arrolla una cuerda, la cual lleva en su extremo un cuerpo pesado, que es la resistencia. Combinado con una o más poleas, el torno se llama** ***grúa.***

43. Plano inclinado. — ***Plano inclinado*** **es el que forma con el horizonte un ángulo mayor que 0 grados y menor que 90.**

44. **Cuña.** — *Cuña* es un prisma triangular que se introduce en los cuerpos para partirlos.

45. Tornillo. — *Tornillo* es un cilindro cuya superficie está recorrida por un plano inclinado dispuesto en forma de ***hélice.***

Torno

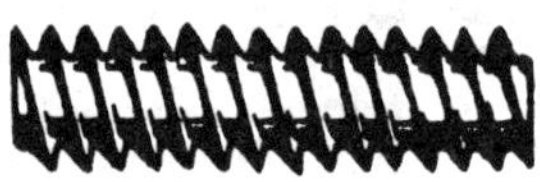

Tornillo

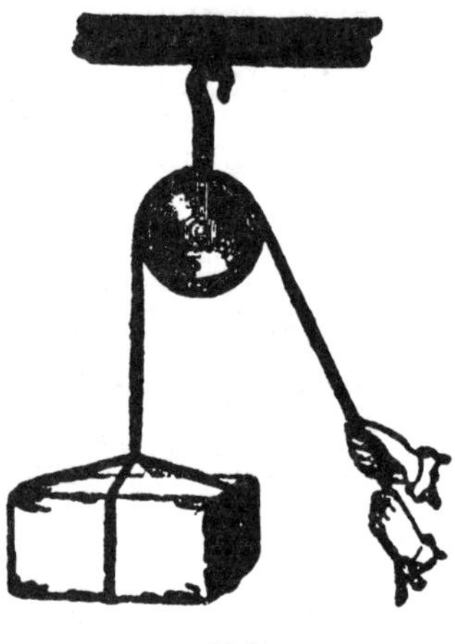

Polea

46. **Polea.** — *Polea* es una rueda que gira alrededor de su centro y que en su parte convexa lleva una canal llamada *garganta*, por la cual pasa una cuerda.

Ejercicios orales. — Hágase discurrir sobre la verdad manifiesta de que las máquinas gastan fuerza (el rozamiento).—Háblese de la resistencia y la potencia de toda máquina.—Hágase poner varios ejemplos de cada género de palancas.—Con una balanza a mano, hágase discurrir sobre los *brazos*, los *platillos* y el *fiel*.—Dígase que para averiguar si una balanza es exacta, no hay más que poner un cuerpo en uno de sus platillos y pesas en el otro platillo, hasta que la balanza esté en el fiel; inviértase entonces la operación poniendo las pesas en el platillo en que el cuerpo estaba y, ésta, en el de las pesas. Si entonces la balanza continúa en el fiel, es exacta, y, en caso contrario, no.—Háblese de la romana y de las básculas para la determinación de grandes pesos.—Háblese del torno; de la grúa; de la antigüedad del plano inclinado y de su gran utilidad, pues los romanos y los griegos era la única máquina que conocían.—Háblese del tornillo y de su pieza inseparable, la *tuerca*.—Háblese de la gran utilidad de la polea y de la cuña en las necesidades grandes que realizan en los oficios y en la vida doméstica.

Experimento.—*Disponiendo de una balanza, enseñar la manera de hacer dobles pesadas y comprobar cómo, haciéndolo así, hay más exactitud.*

LECCIÓN V

Presión y equilibrio de los líquidos

47. **Presión de los líquidos.** — La presión ejercida sobre un líquido en equilibrio, se transmite en todas direcciones.

Si suponemos el aparato de la figura 1 lleno de agua, sucederá que la presión que hagamos sobre el agua del cuerpo pequeño, se hará perceptible en la del grande, de manera que, para equilibrar la presión ejercida en A, deberemos oponer igual presión sobre cada una de las circunferencias iguales marcadas por puntos. De

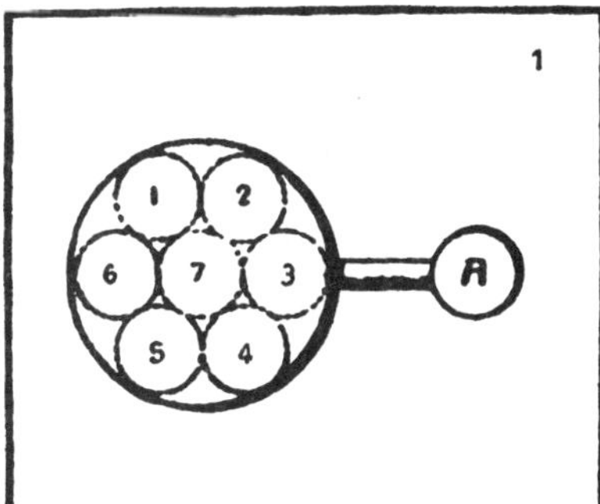

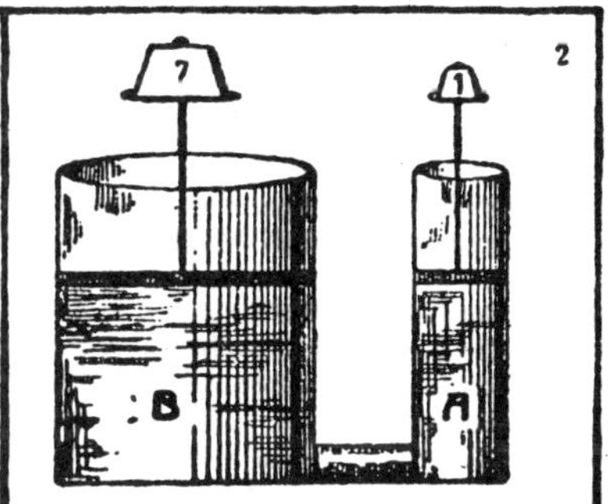

consiguiente, y según se ve en el grabado 2, un peso de un *kg.* colocado en el punto A equilibrará un peso de 7 *kg.* colocado, sobre el agua de B. En este principio se funda la *prensa hidráulica.*

48. **Prensa hidráulica.** — *Prensa hidráulica* es un aparato destinado a producir grandes presiones con esfuerzo relativamente pequeño.

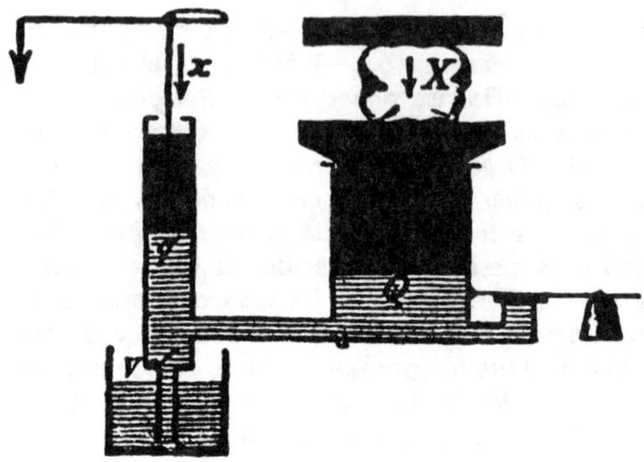

Prensa hidráulica

Una presión relativamente pequeña ejercida en el émbolo menor, desarrollará una presión enorme en el émbolo mayor.

49. **Superficie de un líquido en equilibrio.** — La superficie de un líquido es siempre horizontal.

En la horizontalidad del agua en equilibrio, se funda el *nivel de aire.*

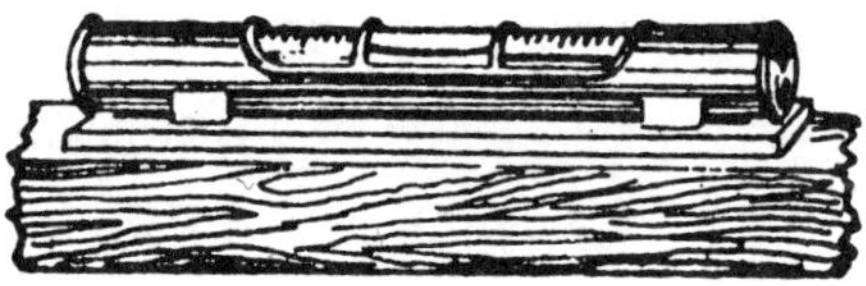
Nivel de aire

50. **Presión de un líquido en el fondo de los vasos.** — La presión que ejerce un líquido sobre el fondo del vaso que lo contiene, es igual al peso de una columna líquida cuya base sea la del vaso, y cuya altura sea la distancia del fondo a la superficie del líquido.

51. **Empuje de los líquidos.** — Todo objeto sumergido en un líquido, es empujado hacia arriba con una fuerza igual al peso del líquido desalojado por el objeto.

De aquí el que *todo un cuerpo sumergido en un líquido, pierda de su peso una cantidad igual al peso del líquido que desaloja.*

52. **Cuerpos flotantes.** — Los cuerpos flotan cuando desalojan un volumen de líquido cuyo peso es mayor que el suyo.

53. **Por qué flotan los buques.**—Los buques flotan porque el peso de su casco y carga es inferior al peso del agua que desalojaría *todo el casco del buque.*

El peso del buque y de la carga es siempre igual al peso del agua que desaloja el casco, y, por esta razón, a mayor carga, mayor ha de ser el volumen de agua desalojada y el *buque se hunde más.*

54. **Vasos comunicantes.** — Si tenemos dos o más

vasos o tubos que se comuniquen entre sí y se pone agua en uno de ellos, el agua sube a una misma altura en todos los demás tubos.

55. **Surtidores.**–Un surtidor no es más que la unión de dos tubos que se comunican entre sí.

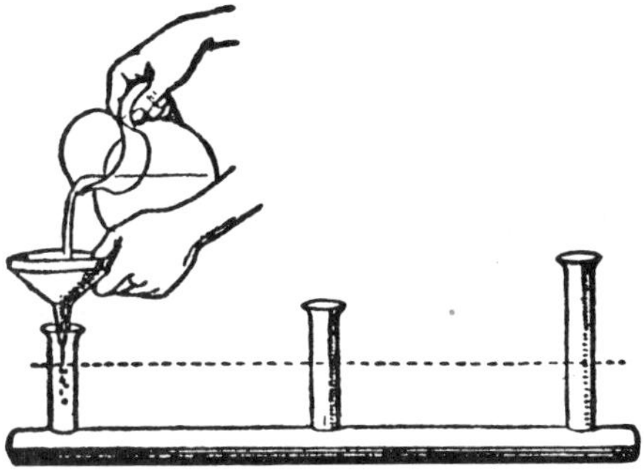

Tubos comunicantes

Si el agua del surtidor no llega a la misma altura del depósito, es debido a que el agua, al subir, roza con el aire y ha de vencer, además, la resistencia de las gotas que caen.

56. **Equilibrio de líquidos superpuestos.** — Cuando se mezclan, *sin disolverse*, dos o más líquidos de densidad distinta, se colocan en la vasija que los contiene en relación a sus densidades: los más densos, debajo; los menos densos, encima.

Ejercicios orales.—Háblese de la *prensa hidráulica* y de sus variadas aplicaciones industriales.—Háblese del nivel de aire y de su utilidad y empleo.—Tómense 2, 3 ó 4 vasos de fondo aproximado y de anchuras distintas: póngase en todos, aproximadamente, igual altura de agua y hágase observar como la presión que el peso del agua ejerce, es en todos igual en su fondo.—Explíquese la causa a que obedece el hecho de que una piedra, por ejemplo, dentro del agua, cuesta menos de sostenerla que fuera de ella. — Dígase que todos los cuerpos pueden flotar y no sólo el corcho y la madera, como muchos creen, sino que pueden flotar igualmente cuerpos de hierro, de porcelana, etcétera, pero que han de estar huecos para que desalojen la cantidad de agua necesaria; y que un cuerpo que no flote en el agua puede flotar en un líquido más pesado, pues una barrita de hierro macizo flota en el mercurio. — Explíquese la causa por qué flotan los buques.—Dígase que los submarinos se fundan en estos principios. Dígase que los buques submarinos tienen doble casco: estando el buque en la superficie, puede hundirse llenando de agua el doble casco con lo cual aumenta su peso y se hunde manteniéndose en equilibrio a una profundidad dada, y cuando desea elevarse, expulsa el agua del doble casco por medio de bombas.

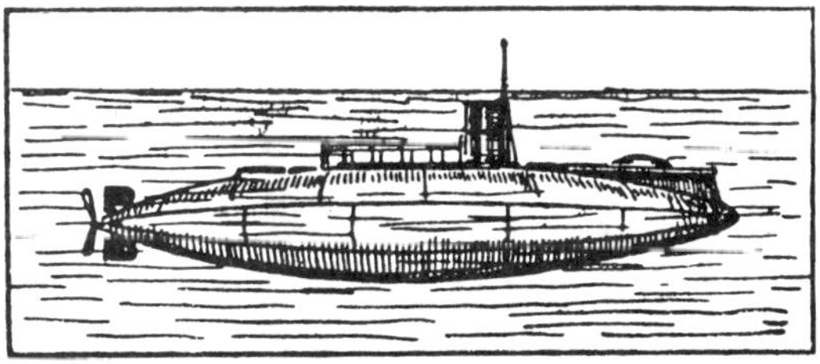

Un submarino

Experimento.—*Tómese, en cantidades aproximadamente iguales, tres o cuatro líquidos de densidades distintas, como* MERCURIO, VINAGRE, ACEITE DE OLIVA *y* ALCOHOL; *éhense en un frasquito de cristal; agítese el frasco y déjese después en reposo. Entonces se verá como los líquidos se depositan uno sobre otro en orden a sus densidades, es decir, en el fondo del recipiente se depositará el* MERCURIO; *sobre este el* VINAGRE; *encima de éste, el* ACEITE *y sobre éste se depositará el* ALCOHOL.

LECCIÓN VI

Los gases. — La presión atmosférica

57. Gases.—**Se llaman** ***gases*** **los cuerpos que llenan por completo las vasijas que los contienen. Las propiedades principales de los gases son la** ***compresibilidad*** **y la** ***expansibilidad.*** **El aire** ***atmosférico*** **es un gas.**

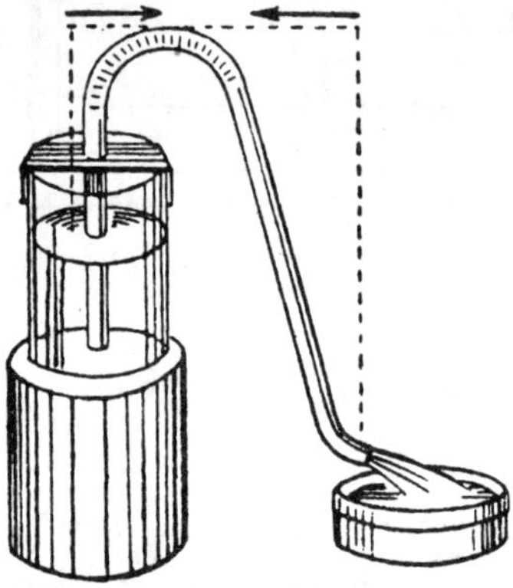

Sifón

58. El aire es pesado. — **El aire es pesado, como lo son todos los demás cuerpos de la naturaleza.**

Si el aire no fuese pesado, esto es, si no estuviese sometido a la fuerza de atracción de la tierra, se esparciría por el espacio, en virtud de la fuerza de expansión que posee. Al nivel del mar, el peso del aire que rodea la tierra, es de más de un *kilogramo* por cada centímetro cuadrado de superficie.

59. Efectos de la presión atmosférica.—**La presión atmosférica es la causa que hace subir el agua por las** ***bombas*** **y** ***sifones.***

60. Medida de la presión atmosférica. — **La presión atmosférica se mide por medio de unos aparatos llamados** ***barómetros.***

61. Clases de barómetros.—**Hay dos clases de barómetros: de** ***mercurio*** **y** ***metálicos.***

Barómetro de metal

Los de *mercurio* consisten en un tubo de vidrio encorvado, lleno de mercurio, en el cual las *variaciones* de altura de este líquido se transmiten a un

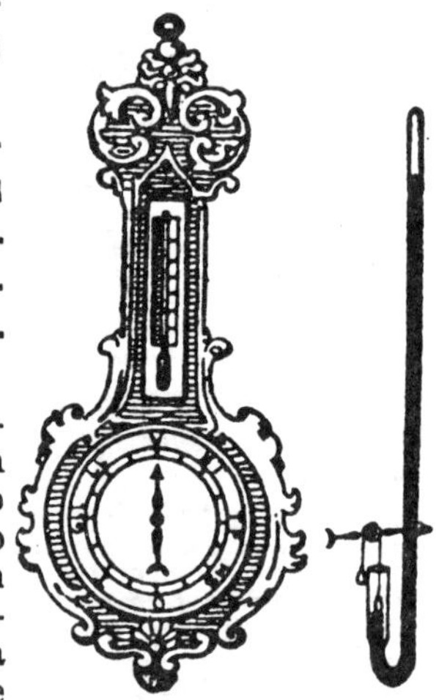

Barómetro de mercurio

flotador; van a una polea, y ésta mueve una aguja que señala en un cuadrante las indicadas *variaciones*.

62. **Bombas.** — Las *bombas* son aparatos destinados a elevar el agua, utilizando la presión atmosférica.

63. **Clases de bombas.**—Hay tres clases de bombas: *aspirantes, impelentes* y *aspirantes-impelentes*.

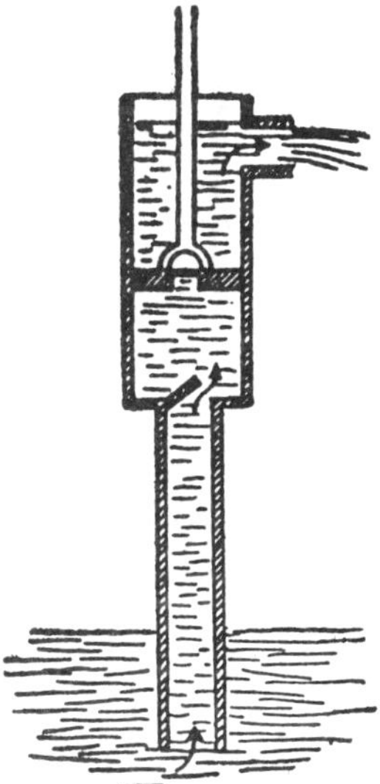

Bomba aspirante

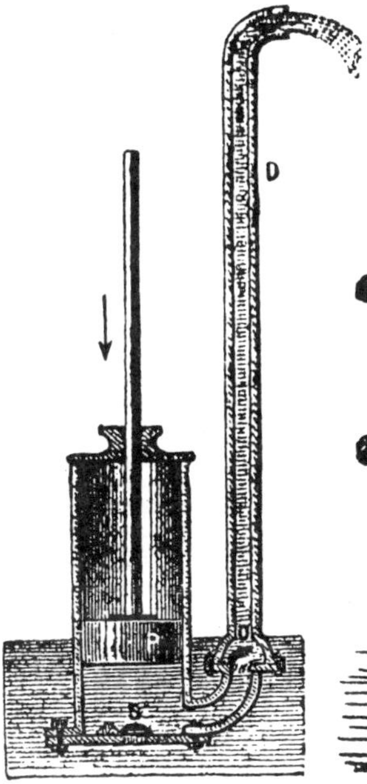

Bomba impelente

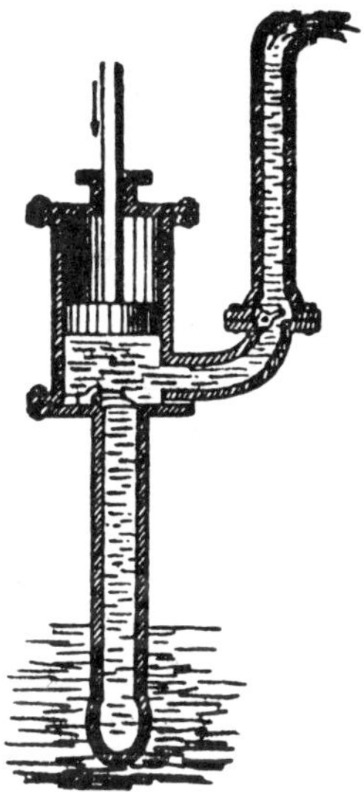

Bomba aspirante-impelente

La bomba *aspirante* consta de un cilindro hueco, dentro del cual se mueve otro macizo y de poca altura que, ajustándose exactamente al primero, sube o baja movido por una palanca. El cilindro macizo se llama *émbolo* o *pistón*. Además esta bomba lleva dos válvulas, una en la base del cilindro hueco y otra en el émbolo, las que se abren de abajo a arriba.

La bomba *impelente* se diferencia de la aspirante en que el émbolo no tiene válvula, y de uno de los lados del cilindro hueco sale un tubo con una válvula que se abre de dentro hacia fuera.

La *aspirante-impelente* es la misma impelente, con el aditamento de un tubo de aspiración, por el que sube el agua desde el depósito al cilindro hueco.

Ejercicios orales.—Dígase que el peso del aire se prueba fácilmente pesando una esfera de cristal hueca o una botella, primeramente vacía de aire y luego llena de él, y se verá la diferencia de peso. — Dígase que la presión atmosférica se manifiesta en todos sentidos: de arriba a abajo, de abajo a arriba y lateralmente.—Háblese de las bombas y de su funcionamiento: dígase que la aspirante sólo puede elevar el agua a 10 metros y que la impelente la eleva a mayor altura.

Experimento.—Para probar que la presión atmosférica se ejerce de arriba a abajo, tómese un vaso de agua y un tubito, una pajuela si se quiere, e introdúzcase en el agua: verificando la succión desaparecerá el aire del tubito, y el agua subirá a la boca por efecto de la presión de la atmósfera, que actúa sobre el agua. — Para demostrar cómo la presión se ejerce de abajo a arriba, se toma en una mano un vaso completamente lleno de agua: se tapa con una hoja de papel que se sujeta con la otra mano, y en esta disposición, se invierte: se retira entonces la mano, y se ve que el agua no cae.—Háblese de la pipeta.—Dése a conocer la máquina neumática.—Para probar la presión lateral, háblese de los ***hemisferios de Magdeburgo.***

Al hacer la succión, el agua se eleva por el tubito

LECCIÓN VII

Navegación aérea

64. **Globos aerostáticos.** — Son *globos aerostáticos,* unos aparatos o recipientes que, llenos de un gas menos pesado que el aire, se destinan a elevarse en la atmósfera.

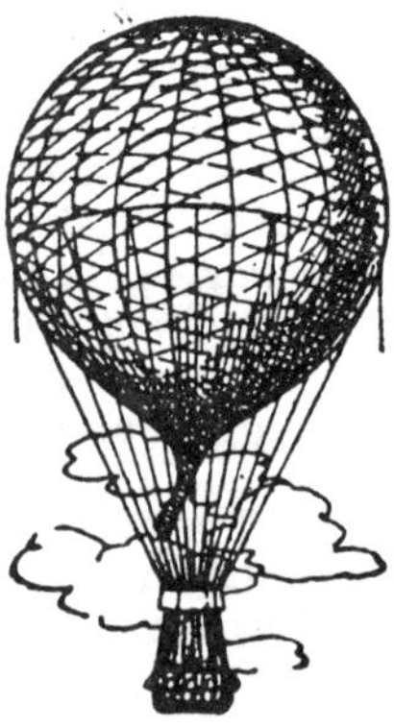

Un globo

Téngase presente que, como en los líquidos, *todo cuerpo sumergido en un gas* (aire) *pierde de su peso una parte igual al peso del gas que desaloja.*

Para que un globo se eleve, es, pues, condición indispensable que pese menos que el aire que desaloja. La diferencia entre el peso total del globo y el del aire desalojado, se llama *fuerza ascensional.*

Los globos se contruyeron de papel, de tafetán engomado, seda barnizada, lona, etc., protegidos por una red envolvente de cuerda, de la cual pende una barquilla.

65. **Empleo de los globos.** — Los globos se han empleado, hasta ahora, para hacer investigaciones científi-

cas, y actualmente ya se hace uso de *dirigibles* para el transporte de pasajeros y mercancías.

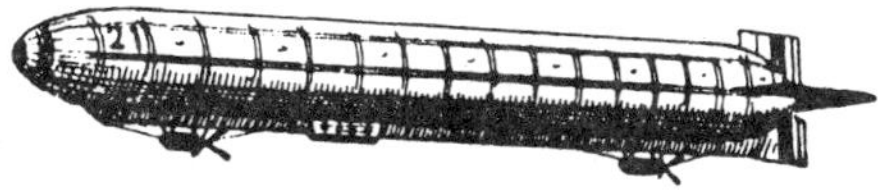

Globo dirigible

66. **Dirección de los globos.** — Se ha conseguido poder *dirigir* los globos en el aire, de modo parecido a como se dirigen los buques en el mar.

67. **Aeroplanos.** — Los *aeroplanos* disputan a los globos y dirigibles el dominio del aire. Son más pesados

Un aeroplano

que el aire atmosférico, y utilizan la resistencia de éste como punto de apoyo.

Los aeroplanos llevan motores **ligeros y muy poderosos. Se fundan en el mismo principio** que las *cometas;* **de manera que el aeroplano no es más que un cometa muy grande, que se eleva y avanza rápidamente, merced a la fuerza del motor. Tan grande es su velocidad que se ha logrado obtener velocidades superiores a 500 kilómetros por hora.**

Ejercicios orales.—Dígase que los globos fueron inventados por los hermanos Montgolfier en 1873, quienes los llenaban de humo y aire caliente; después se han empleado el gas del alumbrado, el hidrógeno o el helio. —Dígase que el globo lleva una *válvula*, que el aeronauta abre a voluntad cuando quiere que el globo descienda; *sacos de arena*, llamados *lastre*, que el aeronauta arroja cuando quiere subir más; un *paracaídas*, en forma de un gran paraguas, y varios aparatos para hacer observaciones, como termómetros, higrómetros, brújula, anteojos, etc. Háblese de algunas ascensiones, como la de Gay Lussac en 1804, que llegó a 7,000 metros de altura, corriendo su vida serios peligros, y la de Glaisher y Coxwell, que en 1862 alcanzaron 10,000 metros, faltando poco para que murieran. — Háblese del gran perfeccionamiento que en estos últimos años ha alcanzado la aviación, por cuanto se han establecido líneas regulares entre Francia e Inglaterra, entre Francia y el norte de África, entre Madrid y Barcelona y otras varias, en las cuales los accidentes son rarísimos.

Experimentos.—Construír aerostatos de papel, y proceder a su elevación.

LECCIÓN VIII

El calor

68. **Calor.** — El calor es la causa a que atribuímos las sensaciones de *calor* y *frío*.

69. **Efectos del calor.** — El calor produce en los cuerpos varios fenómenos, siendo los principales la *dilatación* y los *cambios de estado*.

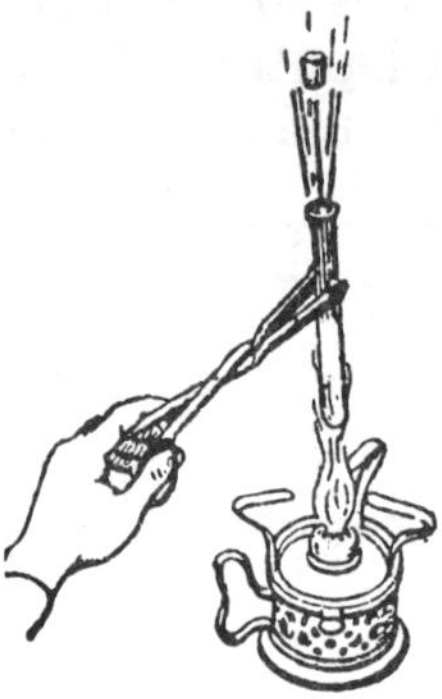

La fuerza del vapor de agua, encerrado en el tubo, hace saltar el tapón

70. **Dilatación.** — Por la acción del calor, los cuerpos aumentan de tamaño, es decir, se *dilatan*.

Todos los cuerpos se dilatan: los que se dilatan más son los gases; siguen a éstos los líquidos, y los sólidos son los que se dilatan menos.

71. **Temperatura.** — *Temperatura* es la intensidad del calor apreciada en un momento dado.

72. **Termómetro.**—Los instrumentos destinados a apreciar las temperaturas, son los *termómetros*.

Los termómetros se construyen, ordinariamente, de *mercurio* o de *alcohol*, y se fundan en la dilatación de los líquidos.

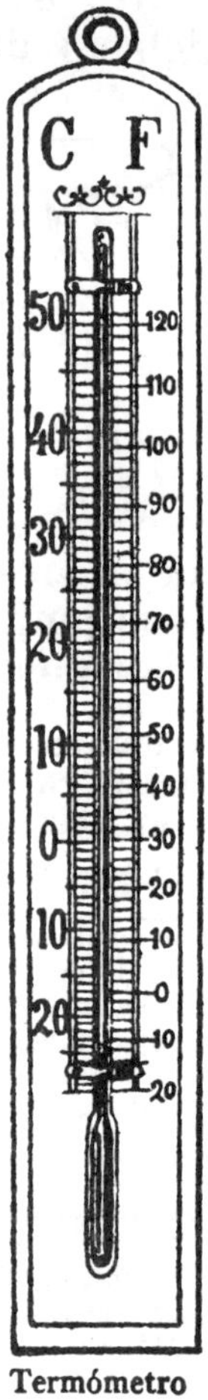

Termómetro

73. **Cuerpos buenos y malos conductores.** — Hay cuerpos que ofrecen fácil paso al calor, y se llaman *buenos conductores;* otros dejan pasar el calor con dificultad, y se llaman *malos conductores*.

La percusión. A medida que los golpes se repiten, el hierro y el martillo se calientan

El hierro y, en general, todos los metales, son buenos conductores del calor, y las maderas, el serrín, las plumas, las piedras, malos conductores.

74. **Fuentes de calor.**—Son *fuen-*

tes de calor, en primer término, el sol, el calor natural de la tierra, la percusión, la combustión, etc.

75. **Propagación del calor.** — Los rayos de calor se propagan en línea recta.

76. **El calor y la vida.** — El calor es indispensable para la vida; sin el calor solar, la vida cesaría en la Tierra.

Ejercicios orales.—Háblese de la necesidad de conocer la dilatación: dígase como las llantas de hierro se colocan en las ruedas, dilatándolas por el fuego; la colocación de carriles en las vías férreas, dejando entre cada dos carriles un pequeño espacio a fin de que no se encorven por el calor; la necesidad de dejar baldíos los cristales de las vidrieras; etc., etc.—Dilatación de los sólidos: el *anillo de Gravesande.*—Háblese de la importancia de los termómetros y de las diferentes escalas termométricas.—Manera de reducir los grados de una escala a otra. — Háblese de los cuerpos conductores del calor y de los malos conductores. — Por qué se ponen mangos de madera a los objetos que van al fuego a menudo. — Calor del sol y central de la tierra. — Cómo aumenta la temperatura al descender a minas y a pozos muy hondos.—Dígase como no hay vida en los polos por la falta de calor.

Experimento.—Tómese una vejiga y ciérrese fuertemente, procurando quede aire en su interior, caliéntese sirviéndose de una lámpara de alcohol. Se verá como hincha a medida que se calienta y cómo, por último, se rompe, lo que prueba la dilatación de un gas (aire atmosférico).

LECCIÓN IX

El calor

(Continuación)

77. **Cambios de estado.** — El calor es la causa que produce en los cuerpos los *cambios de estado,* o sea el paso de uno a otro de los tres estados físicos: *sólido, líquido* o *gaseoso.*

El hielo, con auxilio del calor, se convierte en agua, pasando de sólido a líquido, y el agua, calentada, se convierte en vapor, pasando así de líquido a gas.

78. **Fusión.** — Se llama *fusión* el paso de un cuerpo de sólido a líquido, por la acción del calor.

El plomo, la cera, el hielo, etc., se funden fácilmente; pero otros cuerpos, como el hierro, el oro, el platino, necesitan altas temperaturas para fundirse.

79. **Solidificación.**—*Solidificación* es el paso de un cuerpo de líquido a sólido, por la disminución o pérdida de calor.

El agua, perdiendo calor, se congela.

80. **Disolución.**—*Disolución* es la transformación de un sólido en líquido, mediante la acción de otro líquido.

La sal, el azúcar, la goma, se disuelven en el agua, que es su disolvente.

81. **Cristalización.** — *Cristalización* es la solidificación de un cuerpo en forma de cristales, que toman, a menudo, formas geométricas.

La cristalización del azúcar se obtiene disolviéndolo, primero, en agua caliente y dejándola enfriar después.

82. **Ebullición.** — *Ebullición* es el cambio tumultuoso de un líquido a gas en forma de burbujas, que nacen en el fondo del líquido y van a reventar en su superficie.

Todos hemos visto agitarse el agua que hierve en un puchero.

83. **Evaporación.**—*Evaporación* es el cambio tranquilo de un líquido a gas, verificado lentamente en la superficie del líquido.

Por *evaporación* se secan los baches de agua que forman las lluvias en los caminos, y constantemente se elevan de la tierra a la atmósfera grandes cantidades de agua por *evaporación.*

84. **Condensación.** — *Condensación* es el cambio de *vapor* a líquido.

La resolución del vapor de agua en líquido *(la lluvia)* es un ejemplo de condensación.

85. **Destilación.** — *Destilación* es la evaporación y condensación sucesiva de un líquido.

Se emplea para separar substancias disueltas en un líquido, para la fabricación de esencias, para purificar el agua, en la obtención de alcoholes, etc.

La destilación se verifica en unos aparatos llamados *alambiques.*

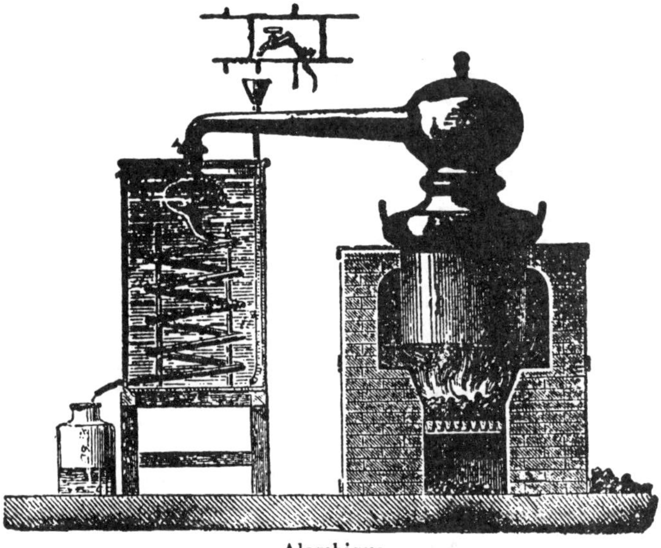

Alambique

Ejercicios orales. — Recuérdense los tres estados del agua, la causa que los determina y la facilidad con que pasa el agua de un estado a otro. —Dígase que, por ley general, todos los cuerpos se *funden;* pero algunos, como las maderas, las telas, el papel, etc., se libran de la fusión, porque se descomponen antes de fundirse.—Dígase que todo cuerpo se funde a una temperatura constante, que se llama *punto de fusión,* y que durante la fusión su temperatura se mantiene constante. Asimismo los líquidos hierven a una temperatura constante, que se llama *punto de ebullición.*—Recuérdese que si durante la ebullición la olla o marmita en que el agua hierve no está herméticamente tapada, durante la ebullición la temperatura no aumenta, y que, para que la temperatura del agua pase de 100°, es preciso que el recipiente esté tapado herméticamente.—La marmita de Papin.— Recuérdese la fuerza del vapor de agua y su destino a mover las máquinas más potentes, como por ejemplo, las locomotoras.—Recuérdese la resistencia que deben tener las paredes de los recipientes en que el agua hierve, por la gran fuerza *expansiva* del vapor.

LECCIÓN X

La luz

86. **La luz.** — La *luz* es la causa o agente que nos permite ver las cosas.

87. **Cómo se propaga la luz.**—La luz marcha siempre en línea recta.

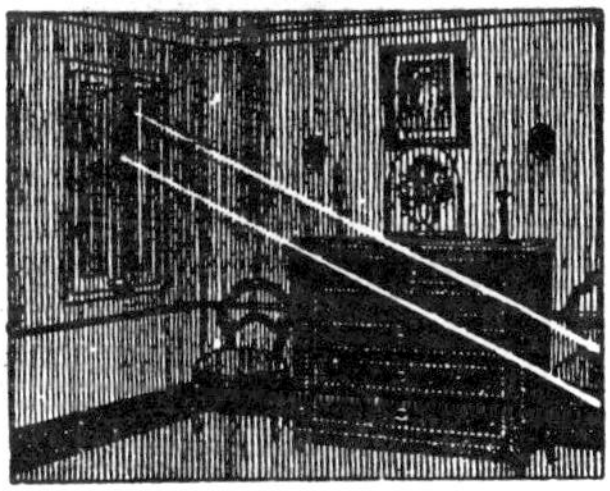

La luz marcha siempre en línea recta

88. **Velocidad de la luz.** — Un rayo de luz tardaría, poco más o menos, la *séptima parte de un segundo* en dar la vuelta a la Tierra, y llega desde el Sol a nosotros en unos *ocho minutos.* Se propaga con una velocidad de *300,000 kilómetros* por *segundo.*

89. **Cuerpos luminosos.** — Cuerpos *luminosos* son aquellos que producen luz, como el sol, una vela, etc.

90. **Cuerpos transparentes.** — Cuerpos *transparentes* son los que dejan pasar la luz fácilmente, como el vidrio, el cristal.

91. **Cuerpos traslúcidos.** — Cuerpos traslúcidos son aquéllos que sólo dejan pasar un poco de luz, como el papel, un cristal esmerilado, etc.

92. **Cuerpos opacos.** — Cuerpos *opacos* son los que no dejan pasar la luz, como las piedras, las maderas, etc.

93. **Sombra y penumbra.** — *Sombra* es el espacio

privado *totalmente* de luz que queda en un cuerpo opaco iluminado, y *penumbra* es el espacio del mismo cuerpo privado *parcialmente* de luz.

94. **Intensidad de la luz.** — *Intensidad* de la luz es la mayor o menor iluminación que produce un foco luminoso.

95. **Reflexión de la luz.** — *Reflexión* de la luz es el retroceso que experimenta un rayo luminoso, al chocar con una superficie pulimentada.

Reflexión de la luz

96. **Refracción de la luz.**—Se llama *refracción* de la luz, el cambio de dirección que experimenta un rayo luminoso, cuando pasa oblicuamente de un medio a otro de diferente densidad.

Refracción de la luz

97. **Descomposición de la luz.** — **Cuando un rayo de luz blanca atraviesa un prisma de cristal de caras no paralelas, la luz se descompone en siete colores, por este orden: *rojo, anaranjado, amarillo, verde, azul, añil* y *violado.***

Ejercicios orales.—Háblese de la asombrosa velocidad de la luz y de la enorme distancia a que el sol se halla de la Tierra.—Háblese de la inmensidad del espacio, teniendo en cuenta que la luz de ciertas estrellas tarda centenares de años en llegar a la Tierra.—Enséñense, prácticamente, la sombra y la penumbra.—Háblese de la reflexión de la luz y de su aplicación al alumbrado de ciertas escaleras.—Dígase que cualquier superficie pulimentada es un espejo.—Espejos de cristal planos, convexos y cóncavos, y háblese de las imágenes en ellos.—Háblese de la descomposición de la luz blanca; de la producción del *arco iris*, y de la recomposición de la luz por el disco de Newton.—Dígase la causa a que son debidos los colores que presentan las cosas.—Explíquese en qué consiste el *microscopio* y sus aplicaciones.—El *telescopio* y sus aplicaciones.—La *cámara obscura.*—La *linterna mágica.*—Háblese de la *fotografía.*—El *espejismo.*

Experimentos. — Descomposición de un rayo de luz por el prisma de cristal.—Funcionamiento del disco de Newton.

LECCIÓN XI

El sonido

98. **Sonido.** — **Llámase *sonido* a la causa que produce en nosotros la sensación de *oír.***

99. **Producción del sonido.** — El sonido es producido por las *vibraciones de las moléculas de los cuerpos.*

100. **Transmisión del sonido.** — El sonido debe ser transmitido por algún cuerpo elástico. Ordinariamente, es el aire el cuerpo elástico que lo conduce a nuestro oído.

Los líquidos, como el agua, y los sólidos, como la madera, transmiten también el sonido. En el vacío, el sonido no se propaga.

101. **Cómo se propaga el sonido.** — El sonido se propaga en el aire libre en forma de ondas concéntricas, llamadas *ondas sonoras.*

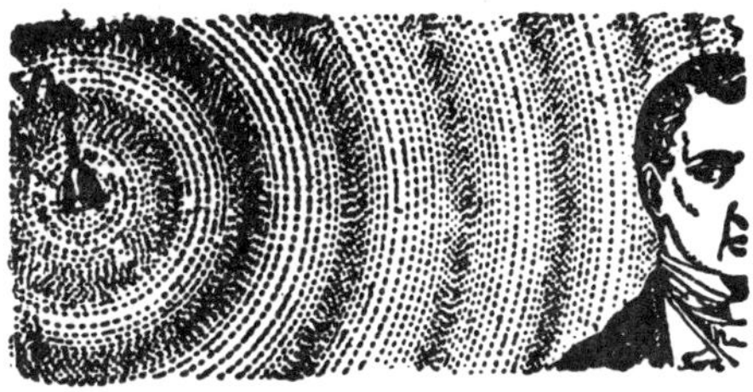

Propagación de las ondas sonoras

Las ondas sonoras pueden compararse a las que producen una piedra, cuando se la echa en un estanque de aguas tranquilas. Si la onda sonora es recogida por nuestro oído, entonces *oímos;* si no llega al oído, *no oímos.*

102. **Velocidad del sonido.** — El sonido se propaga en el aire con una velocidad de 340 metros por segundo.

En el agua, se propaga con una velocidad *cuatro veces mayor,* y en los sólidos también la velocidad es mayor que en el aire.

103. **Reflexión del sonido.** — Cuando las ondas sonoras encuentran un obstáculo, el sonido se *refleja,* esto es, retrocede.

104. **El eco.** — El *eco* es producido por la reflexión que experimentan las ondas sonoras, al chocar con un obstáculo.

105. Cualidades del sonido. — **No todos los sonidos nos parecen iguales, y distinguimos unos de otros por la *intensidad,* el *tono* y el *timbre.***

106. Intensidad. — **La *intensidad* del sonido es su *fuerza,* y según sea ella, los sonidos son *débiles* o *fuertes.***

107. El tono. — **El *tono* depende del número de vibraciones, y según sea éste, los sonidos son *graves* o *agudos.***

108. El timbre.—***Timbre* del sonido es la cualidad por la cual podemos distinguir el objeto que lo produce.**

Ejercicios orales.—Háblese de la diferencia que existe entre *sonido* y *ruído.* El sonido es *agradable,* y el ruído, no.—Hágase comprender cómo en todo sonido hay *producción* del mismo, *transmisión* y *percepción.*—Explíquese en qué consiste la *vibración,* poniendo como ejemplo el movimiento de vaivén de una cuerda de guitarra.—Si se dispone de máquina neumática, hágase ver cómo el sonido, en el vacío, no se propaga.—Háblese de la velocidad con que el sonido se propaga, y compárese con la de la luz. Obsérvese lo que ocurre cuando presenciamos, a distancia, el disparo de un arma de fuego, pues primero vemos el chispazo y algo después oímos la detonación, y ambas cosas se han producido a un mismo tiempo.—La reflexión del sonido; el eco; ecos múltiples.—El *tono;* tono que producen las cuerdas que vibran, según sean cortas o largas.—Dígase que por el *timbre* de la voz distinguimos a las personas y, sin verlos, distinguimos unos instrumentos de otros, como una guitarra y un cornetín.—Háblese del fonógrafo y del gramófono.

LECCIÓN XII

Electricidad

109. **La electricidad.** — Se desconoce la *naturaleza* de la electricidad. Es un fluido que solamente se conoce por sus efectos.

110. **Producción de electricidad.**—Si frotamos fuertemente con un paño una boquilla de ámbar, una barra de lacre o una varilla de vidrio, el ámbar, el lacre y el vidrio atraen y sostienen unos pedacitos de papel: se hallan *electrizados.*

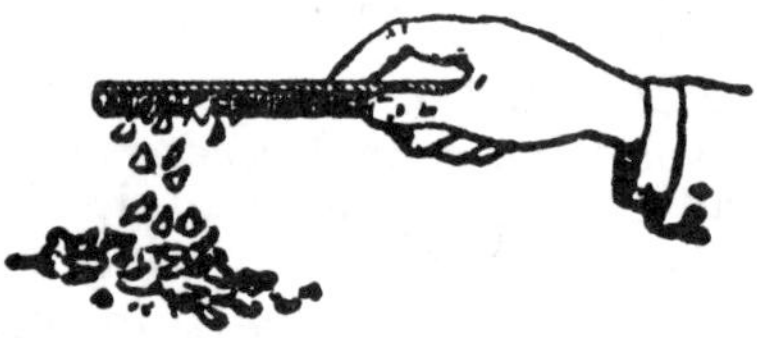

Después del frotamiento, la boquilla de ámbar atrae pedacitos de papel

111. **Los cuerpos, según den o no fácil paso a la electricidad.**—Según den o no fácil paso a la electricidad, los cuerpos se dividen en *buenos conductores* y *malos conductores.*

Son buenos conductores el plomo, el cobre, la plata, el cuerpo humano, etc.; son malos conductores la seda, el vidrio, la madera seca, etc.

Experimento para probar que dos electricidades *positivas* o *negativas* se repelen, y que una *positiva* y otra *negativa* se atraen

112. **Clases de electricidad.** — Hay dos clases de electricidad: *positiva* y *negativa.* La positiva se representa por el signo + y la negativa, por el signo —.

113. **Electricidades de igual naturaleza y de naturaleza distinta.**—Dos cuer-

pos cargados de electricidad positiva o negativa, se *repelen*, y si uno lo está de fluido positivo y el otro, de fluido negativo, se *atraen* fuertemente.

114. **Electricidad por influencia.**—La electricidad de un cuerpo puede comunicarse a otros cuerpos, sin necesidad de contacto; cuando esto sucede, se llama *electrización por influencia.*

115. **Distribución de la electricidad en los cuerpos conductores.** — En los cuerpos buenos conductores, la electricidad se distribuye de una manera desigual, según la forma exterior que presentan. En los terminados en punta, la electricidad afluye a la punta, escapándose por ella.

La electricidad fluyendo por las puntas

116. **El rayo.**—La tierra es un gran depósito de electricidad. Cuando la electricidad de la tierra se halla en presencia de una nube cargada de electricidad contraria, se unen ambas electricidades, produciendo, generalmente, una explosión: la chispa es el *rayo;* la detonación, el *trueno.*

117. **El pararrayos.** — Los *pararrayos* son aparatos destinados a encauzar los rayos que caen a la tierra, y no consisten en otra cosa que en una sencilla aplicación del poder de las puntas.

Ejercicios orales.—Dígase que todos los cuerpos se electrizan; pero unos lo hacen con mayor facilidad que otros.—Explíquese cómo, aunque se diga que hay electricidad *positiva* y electricidad *negativa*, el fluido es uno solo, que es el *éter*, y que éste, cuando se halla *condensado* en un cuerpo, produce la *electricidad positiva* y cuando se halla enrarecido, o sea en pequeña cantidad, produce la *electricidad negativa*. Se considera como *positiva* la electricidad desarrollada en el ámbar y en el vidrio por el frotamiento con un paño, y como *negativa*, la desarrollada igualmente en el lacre o la resina.—Dígase que entre los átomos del éter existe una gran repulsión y que ello explica la electricidad por *influencia*.—Explíquese cómo en determinados días, se observa una llama en las puntas de los palos de los buques, y en las puntas de las veletas de los campanarios o las torres, la cual es debida a un gran escape de electricidad.—Recuérdense los efectos desastrosos del rayo y cómo podemos precavernos de ellos.—Háblese de la influencia de los pararrayos y de su gran conveniencia.

LECCIÓN XIII

Electricidad

(Continuación)

118. **Electricidades estática y dinámica.**—La electricidad se llama *estática,* si se considera en equilibrio o reposo, y *dinámica,* si se la considera en movimiento, pasando de unos cuerpos a otros en forma de corriente.

119. **Máquinas eléctricas.**—*Máquinas eléctricas* son aparatos destinados a producir electricidad, por medio del frotamiento.

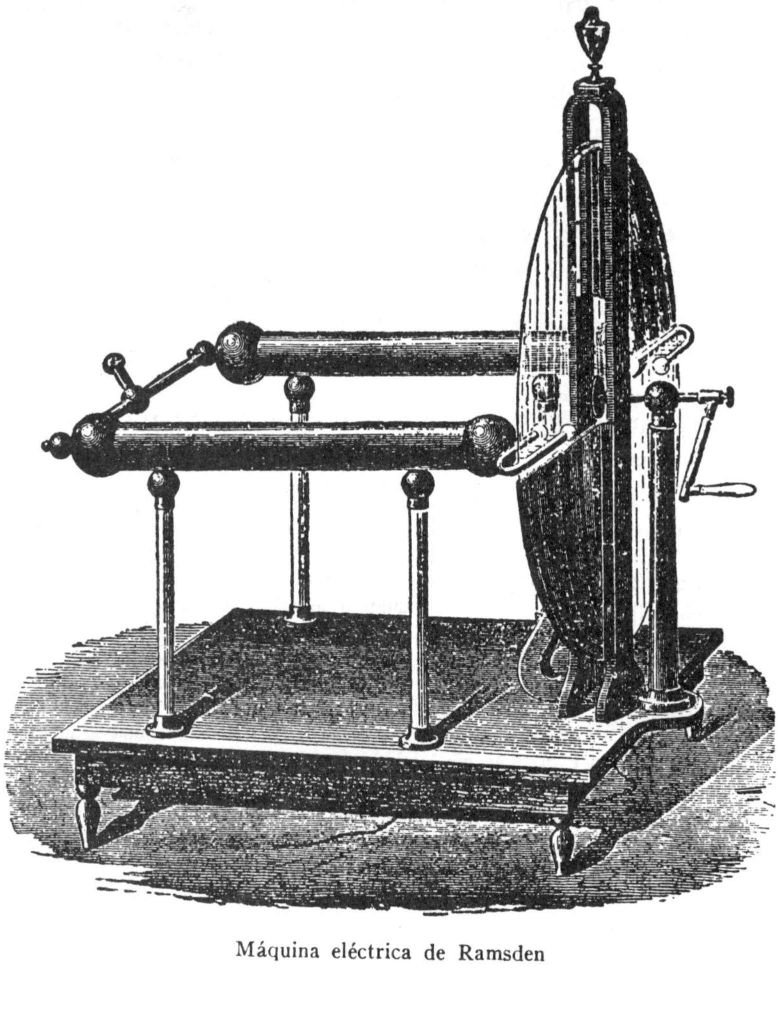

Máquina eléctrica de Ramsden

120. **Pilas eléctricas.** — *Pilas eléctricas* son pequeños aparatos destinados a producir electricidad.

121. **Pila de Volta.**—*Volta* fué el físico que construyó la primera pila, con la que se verificaron los primeros experimentos sobre la electricidad dinámica.

Máquina eléctrica de Wimshurst

La pila de *Volta* consta de una serie de rodajas de *zinc, cobre* y *paño* en la siguiente disposición: rodaja de cobre y rodaja de zinc, soldadas; rodaja de paño impregnada de agua acidulada (1) otro par de rodajas de cobre y zinc; otra rodaja de paño, y así sucesivamente, es decir, en un polo o extremo, una rodaja de cobre, y en el otro polo, una de zinc; uniéndolos por un

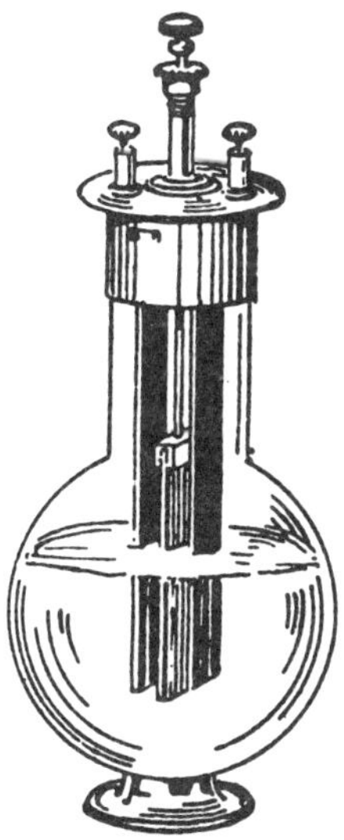

Pila de bicromato

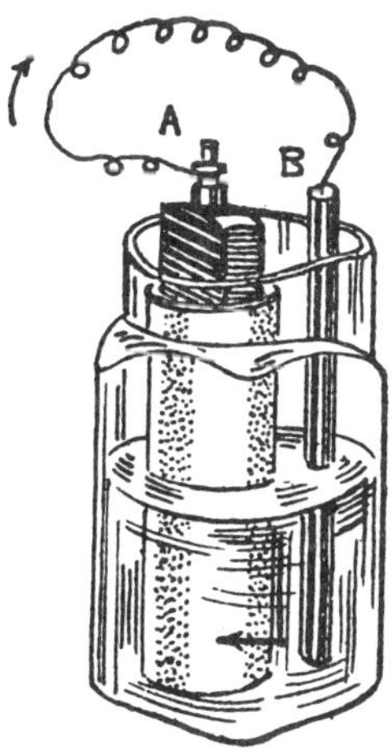

Pila Leclanché

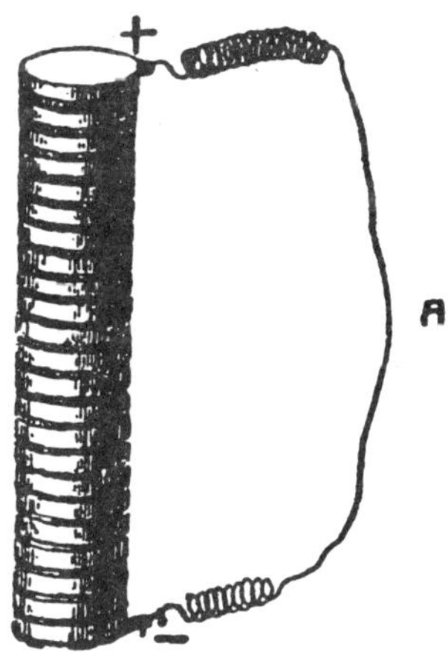

Pila de Volta

(1) Agua acidulada es la que contiene algún ácido en disolución, generalmente el *clorhídrico* o el *sulfúrico*.

alambre o *reóforo* se produce la corriente eléctrica, *que va del cobre al zinc.*

122. **Pila de Leclanché.**—La pila de *Leclanché* consta de un vaso prismático que lleva en su interior una barra de zinc y un vaso poroso relleno de carbón pulverizado y *peróxido* de manganeso, y en el vaso exterior se echa una disolución de *sal amoníaco.*

123. Pila de bicromato. — La pila de *bicromato de potasa* consiste en una botella de vidrio que encierra una disolución de 100 partes de agua, 10 de *bicromato de potasa* y 5 de ácido sulfúrico, y en la cual se colocan dos láminas de carbón y una de zinc en medio de ellas.

124. Polarización de una pila. — *Polarización* de una pila, es la cesasión de su corriente eléctrica.

125. Aplicación de las pilas eléctricas.—Las pilas eléctricas se emplean generalmente para el funcionamiento del *telégrafo,* del *teléfono* y de los *timbres eléctricos,* pudiendo producir también *luz eléctrica.*

Ejercicios orales. — Utilizando una máquina de Ramsden, de Wimshurst u otra semejante, prodúzcase el fluido eléctrico.—Dígase que, en las pilas, la electricidad se produce mediante *fenómenos químicos.* — Háblese de la gran importancia de las pilas, por su manejo facilísimo, por la baratura con que la electricidad se obtiene y por el gran servicio que prestan. —Dígase que, cuando la corriente se debilita o cesa, el fenómeno es, seguramente, debido a la *polarización* de la pila, lo cual es producido por los cuerpos que dentro de ellas se producen y que, arrastrados por la misma corriente interior, se depositan sobre los metales e impiden el paso de la electricidad.—Dígase que las pilas modernas tienen todas un cuerpo *despolarizante,* destinado a recoger los cuerpos producidos que podrían impedir la corriente.—Háblese de la *electrólisis,* o sea de la descomposición de los cuerpos por medio de la electricidad.—Háblese de la *batería eléctrica.*

Experimento. — *Electrizar una persona.* — Se coloca la persona sobre un banco o taburete con pies de cristal; pone una mano en el colector de la máquina eléctrica primera que hemos dado al principio de esta lección, y se hace funcionar la maquinaria. Momentos después pueden obtenerse chispas del cuerpo de la persona electrizada.

LECCIÓN XIV

Electricidad

(Continuación)

126. **Magnetismo.** — El *magnetismo* trata de las propiedades y fenómenos de los *imanes.*

127. **Imanes.** — Llámanse *imanes* los cuerpos que tienen la propiedad de atraer ciertos metales, como el hierro, el níquel, etc.

128. **Clases de imanes.**—Hay dos clases de imanes: *naturales* y *artificiales.*

129. **Imán natural.** —*Imán natural* o *piedra imán,* es un *óxido de hierro* que tiene la propiedad de atraer al hierro, al acero, al níquel, etc.

130. **Imán artificial.**—*Imán artificial* es una barra de hierro, generalmente en forma de herradura, a la que se ha comunicado la propiedad de los imanes naturales.

Imán artificial

131. **Polos de un imán.**—Son *polos* de un imán, los puntos del mismo en que la atracción es mayor. Se designan con los nombres de *polo Norte* y *polo Sur.*

Si imantamos una barra de acero y la echamos sobre un montón de limaduras de hierro, veremos que éstas se adherirán en mucho mayor número en los extremos de la barra, quedando limpia de limaduras en el centro, lo cual prueba que en los extremos, es decir *en los polos*, la fuerza de atracción es mayor.

Disposición de las limaduras de hierro sobre una barra imantada

132. **Atracciones y repulsiones magnéticas.**—En los imanes, dos polos de *igual* nombre se *repelen,* y dos polos de distinto nombre se *atraen.*

133. **Aguja imantada.** — Una aguja imantada, móvil sobre un pie, tiende siempre a orientarse en la dirección Norte-Sur de la Tierra.

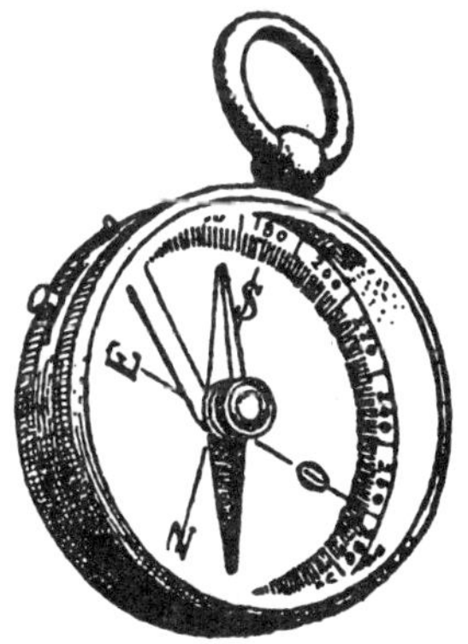

La brújula

Como que la tierra obra como un gran imán, si sobre aquélla disponemos de una aguja imantada, el polo norte de la aguja será *repelido* por el del mismo nombre de la Tierra y *atraído* por el polo sur de ésta.

Electro-imán

134. **La brújula.** — La *brújula* no es más que una aguja imantada que gira libremente sobre un

eje, orientándose siempre en la dirección Norte-Sur.

135. **Maneras de imantar.**—Las principales maneras de imantar son dos: por *frotación* y por *corriente eléctrica.*

Frotando con un imán un cuerpo susceptible de imantarse, dicho cuerpo estará pronto imantado.

Rodeando una barra de hierro con un hilo conductor de corriente eléctrica, forrado de seda, cuando pasa la corriente se tiene un imán de mucha fuerza llamado *electro-imán.*

Ejercicios orales.—Dígase que los cuerpos que son atraídos por los imanes, se llaman *cuerpos magnéticos.*—Dígase que antes se estudiaba el magnetismo como cosa distinta e independiente de la electricidad, pero hoy se sabe que ambos fenómenos obedecen a la misma causa y que el magnetismo no es más que una modalidad de las corrientes eléctricas.—Dígase que el hierro *dulce,* o hierro puro, se imanta instantáneamente por la acción de otro imán o por ciertas corrientes eléctricas; cuando el imán se aparta o la corriente cesa, el hierro dulce pierde inmediatamente la imantación.—Dígase que el acero tarda en adquirir la imantación; pero que, en cambio, la conserva durante mucho tiempo, por cuya razón los imanes artificiales se construyen de acero.—Recuérdese la importancia de la brújula para orientarnos con facilidad y su necesidad absoluta en la navegación.—Dígase como el electro-imán es una prueba evidente de la identidad entre el magnetismo y la electricidad, y que la invención del electro-imán ha aumentado en gran manera las aplicaciones de la electricidad.—Dígase que los electro-imanes se aplican, entre otras cosas, a la telegrafía, en los timbres eléctricos; en los motores, etc., etc.

LECCIÓN XV

Electricidad

(Continuación)

136. **El telégrafo eléctrico.** — El *telégrafo* tiene por objeto transmitir la palabra escrita a grandes distancias, mediante corrientes eléctricas.

Todo telégrafo consta de cuatro partes: una *pila* productora de electricidad; un *hilo* metálico conductor de la corriente; un aparato trasmisor o *manipulador,* y un aparato *receptor.*

Una de las más modernas aplicaciones de la electricidad y una de las más portentosas es la *telegrafía sin hilos,* que transmite la palabra escrita *sin necesidad de hilo conductor.*

137. **Timbres eléctricos.** — El *timbre eléctrico* es un aparato muy conocido de todos, por su uso frecuente en las instalaciones domésticas.

138. **El teléfono.** — El *teléfono* es un aparato que transmite la voz humana a grandes distancias.

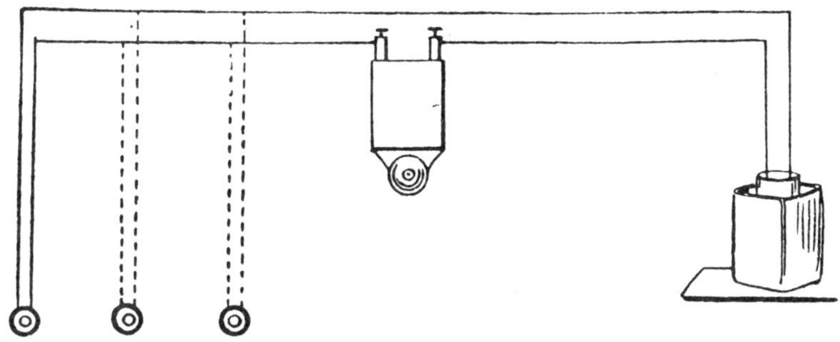

Esquema de la instalación de un timbre eléctrico con sus tres llamadores

Todo *teléfono* consta de tres partes: *aparato transmisor*, un *hilo* metálico conductor de la corriente y un aparato *receptor*.

Otra aplicación muy reciente y portentosa de la electricidad, es la *telefonía sin hilos*, que transmite la palabra hablada *sin necesidad de hilo conductor*.

139. Luz eléctrica. — La *luz eléctrica* es una de las aplicaciones más generalizadas y conocidas de la electricidad.

Lámpara de filamento metálico

Las *lámparas de incandescencia* consisten en bombillas de cristal, cerradas herméticamente, en las que se ha hecho el vacío. En ellas, la corriente eléctrica pasa por un finísimo hilo de platino, que se pone incandescente, despidiendo una luz muy fija y muy intensa.

140. Los rayos X. — Los llamados *rayos X* son otra de las sorprendentes y modernas aplicaciones de la electricidad, por el gran servicio que prestan a la ciencia.

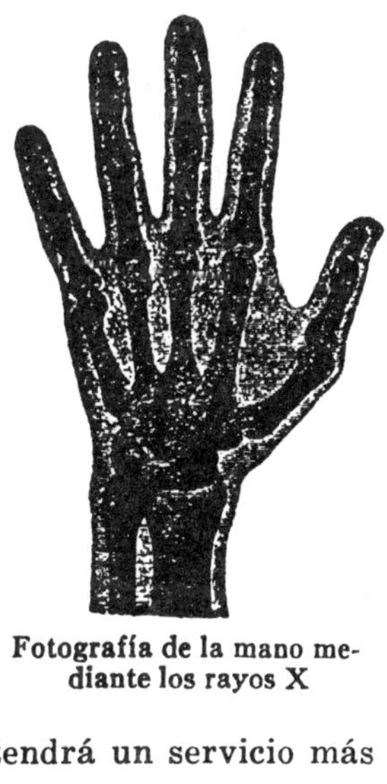

Fotografía de la mano mediante los rayos X

Los *rayos X* atraviesan la carne y no atraviesan los huesos ni otros cuerpos extraños introducidos en el cuerpo humano, permitiendo la fotografía de unos y otros a través de los tejidos carnosos.

141. Motores eléctricos. — Los *motores eléctricos* son unas máquinas en las cuales la corriente eléctrica se transforma en movimiento y, por tanto, en fuerza y trabajo.

142. **Locomoción eléctrica.** — Además del gran incremento tomado por las líneas de tranvías eléctricos se procede actualmente a la *electrificación* de muchas líneas férreas, con lo cual se obtendrá un servicio más rápido y más cómodo en los ferrocarriles.

Ejercicios orales.—Háblese de la notoria importancia del telégrafo eléctrico en las necesidades y conveniencias de los hombres.—Pondérese el portentoso invento.—Descubrimiento de la telegrafía sin hilos, y háganse notar los supremos beneficios que proporciona a la navegación singularmente.—Hágase notar la sencillez de las instalaciones de timbres eléctricos y háblese de las comodidades que en la vida doméstica proporciona una instalación.—Háblese de la importancia del teléfono y del asombro que representa el teléfono sin hilos.—Pondérense las grandes sorpresas que la ciencia reserva a la humanidad.—Pondérese el gran servicio de la luz eléctrica, de su comodidad, limpieza y rapidez, comparándola con el gas del alumbrado, con el petróleo y el aceite.—La electricidad en la calefacción y en la cocción.—Háblese del interés supremo que los rayos X tienen en la ciencia de curar.—Háblese del gran valor de los motores eléctricos en la industria, por la fuerza que desarrollan y su escaso volumen.—Grandes servicios que los tranvías eléctricos proporcionan y lo que representa la electrificación de las vías férreas.—Háblese de los *funiculares*, todos eléctricos, y cómo permiten salvar las grandes pendientes.

Experimento.—Instalación de un timbre eléctrico.

QUÍMICA

LECCIÓN XVI

De la Química. — Los cuerpos

143. **Objeto de la Química.** — *Química* es la ciencia que estudia la composición de los cuerpos y las causas que alteran esta composición.

144. **Fenómeno químico y fenómeno físico.** — Son *fenómenos químicos* los que cambian por completo el aspecto y las propiedades de los cuerpos en que se producen, sin que vuelvan a adquirirlos, y *fenómenos físicos* son los que no alteran la naturaleza de los cuerpos en que se producen.

Son fenómenos químicos la *oxidación*, la *torrefacción*, la *combustión*, etc., y fenómenos físicos, la *dilatación*, la *vibración*, la *congelación*, la *producción de electricidad* y *de calor*, etc.

145. **División de los cuerpos.** — Los cuerpos se dividen en *simples* y *compuestos.*

146. **Cuerpos simples.** — Son *cuerpos simples* los que no se han podido descomponer en otros, como el *hierro*, el *oro*, la *plata*, el *azufre*, etc.

147. **Cuerpos compuestos.**—Son *cuerpos compuestos* los formados por la unión de dos o más cuerpos simples, como el *agua*, el *almidón*, el *cristal*, la *sal de Madrid*, etc.

148. **Combinaciones y mezclas.** — Hay gran diferencia entre una *mezcla* y una *combinación.*

Una *mezcla no cambia* la naturaleza de los cuerpos, y se hace en una proporción cualquiera; es un *fenómeno puramente físico.*

Una *combinación cambia* la naturaleza de los cuerpos, y se hace en proporciones determinadas; es un *fenómeno químico.*

149. **El agua.**—El *agua* es una combinación de dos gases: se compone de dos partes de *hidrógeno* y una de *oxígeno.*

150. **El aire.** — El *aire* atmosférico es una mezcla de dos gases: de cada 100 partes de aire, hay 21 de *oxígeno* y 79 de *nitrógeno* aproximadamente.

Ejercicios orales.—Dígase que generalmente no ofrece dificultades la distinción del fenómeno *físico* del fenómeno *químico:* si el cuerpo en que el fenómeno se produce cambia y no puede recobrar el *estado que antes tenía, lo que antes era,* el fenómeno producido en el cuerpo será de naturaleza química, y si, después de producido el fenómeno, el cuerpo *vuelve a ser lo que antes era,* el fenómeno producido será físico. — La *combustión,* por ejemplo, será, un fenómeno químico, puesto que, después de quemada una madera, jamás volverá a ser lo que era, y la *ebullición,* v. g., será un fenómeno físico, puesto que el agua, después de haber hervido, vuelve a ser lo que era antes, esto es, *agua.*—Dígase que hay cuerpos que los hombres no han podido descomponer en otros, o bien, cuerpos que, *por sí solos,* no pueden dar lugar a un fenómeno químico, tales como el carbón, el hierro, el azufre, la plata, el oro, el mercurio, el plomo, el zinc, el estaño, el aluminio, el yodo, y casi todos los gases de la atmósfera: a estos cuerpos los químicos los han llamado *simples;* los cuerpos simples pueden combinarse con otros para formar cuerpos *compuestos,* como por ejemplo, el cloro y el sodio que, unidos, forman la sal común.—Háblese del agua; recuérdese su necesidad absoluta para la vida de animales y plantas; háblese de las medicinales y termales y de sus condiciones para ser *potable.*—Háblese del aire atmosférico; de su absoluta necesidad en la naturaleza; aire viciado; aire enrarecido.

LECCIÓN XVII

De los cuerpos simples

151. **División de los cuerpos simples.**—Los cuerpos simples se dividen en *metaloides* y *metales.*

El hidrógeno, el oxígeno, el nitrógeno, el azufre, son *metaloides;* el oro, la plata, el níquel, el mercurio, son *metales.*

Hay un metaloide líquido; que es el *bromo;* otros son sólidos, como el *azufre* y el *carbono;* otros son gaseosos, como el *hidrógeno,* el *oxígeno,* el *nitrógeno.*

Hay también metales gaseosos, como el *helio;* hay uno líquido, el *mercurio;* pero la mayoría son sólidos, como el *calcio,* el *platino,* el *manganeso,* etc.

Los metaloides, por regla general, son malos conductores del calor y de la electricidad, y, en cambio, los metales son buenos conductores de esos agentes.

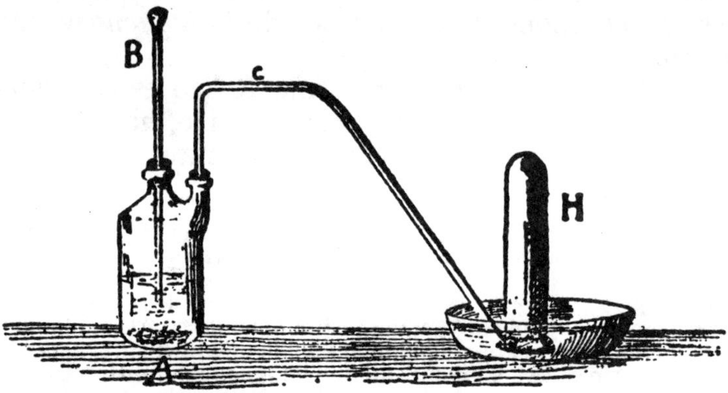

Aparato para obtener hidrógeno. — **Échese en el vaso A agua y limaduras de zinc; colóquense los tubos B y *c*, para conducir este último el hidrógeno a la probeta H, que se habrá llenado de agua y puesto invertida en el agua de una jofaina.** Por el embudo B se irá echando ácido sulfúrico, y se formará hidrógeno, que se recogerá en la probeta H.

152. El hidrógeno. — El *hidrógeno* es un metaloide gaseoso, sin color (incoloro), sin sabor (insípido) y sin olor (inodoro); es *catorce veces* menos pesado que el aire atmosférico, y por esta razón se utiliza para llenar los globos aerostáticos.

El hidrógeno, unido al oxígeno, forma el *agua;* unido al carbono, forma los *hidrocarburos,* y unido al carbono y al oxígeno, entra en la composición de muchísimos cuerpos orgánicos.

153. Obtención del hidrógeno.—Se obtiene el hidrógeno por la acción del ácido sulfúrico sobre el zinc.

154. El hidrógeno no sirve para la combustión.—El hidrógeno no sirve para la combustión, es decir, que una vela encendida, en su atmósfera se apaga.

155. El hidrógeno es inflamable. — El hidrógeno es un gas inflamable. Si se inflama una mezcla de aire e hidrógeno, se produce una explosión y se obtiene agua.

156. **El grisú.**—El *grisú* es un gas parecido al hidrógeno, *por lo inflamable,* que se forma en el interior de las minas de carbón de piedra.

Explosión de *grisú* en una mina de carbón de piedra

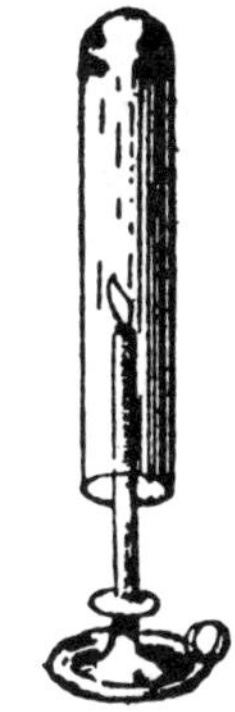

En una atmósfera de hidrógeno, una vela encendida se apaga

157. **El yodo.**—El *yodo* es un metaloide sólido, de color rojo violáceo.

158. **La tintura de yodo.**—La *tintura de yodo* tan usada en medicina, es la disolución del yodo en el alcohol.

159. **La combustión.**—La *combustión* no es otra cosa que la combinación del oxígeno con otros cuerpos, con desprendimiento de calor.

Ejercicios orales.—Dígase que la palabra hidrógeno quiere decir *productor del agua;* que mezclado con el aire o el oxígeno produce una explosión detonante.—Dígase que, al obtenerlo, conviene no recoger las primeras burbujas que salen del aparato productor, por ir mezclado con el oxígeno que llenaba el aparato, y ser muy fácil producirse una explosión si, descuidadamente, se le acerca una cerilla encendida. Mezclado con el oxígeno, se emplea para producir temperaturas muy elevadas.—Háblese del grisú y de las precauciones que deben tomar los trabajadores en las minas de hulla; máxime siendo el grisú, como el hidrógeno, inodoro.

LECCIÓN XVIII

El ácido carbónico. — El agua

160. **Acido carbónico.** — El *ácido carbónico* es un gas inodoro que no es bueno para ser respirado: por esto ha quitado la vida a millares de personas.

161. **Causas que producen ácido carbónico.** — Producen ácido carbónico la *fermentación de la cerveza y la del vino, la combustión del carbón vegetal principalmente, la respiración de los animales y también,* en ciertos lugares, *sale de la Tierra* en gran cantidad.

162. **Aplicaciones del ácido carbónico.** — El ácido carbónico se emplea, disuelto en agua, en la fabricación de las llamadas *aguas de Seltz* o aguas carbónicas (sifones, gaseosas, etc.).

163. **Carbón natural y artificial.**—El *carbón natural* (la *hulla* y la *antracita)*, se ha formado por la descomposición de los vegetales sepultados en el interior de la Tierra en épocas remotísimas. Son *carbones artificiales* el *carbón vegetal,* el *coke,* el *negro de humo* y el *negro animal.*

164. **El agua.** — Ya se sabe que el *agua es una combinación, compuesta de dos volúmenes o partes de gas hidrógeno por cada volumen o parte de gas oxígeno.*

165. **Filtración del agua.**—*Filtrar* el agua, es separar de ella las substancias que la enturbian, como el barro, y a veces seres vivientes vegetales y animales que lleva en suspensión y que no se observan por su extremada pequeñez.

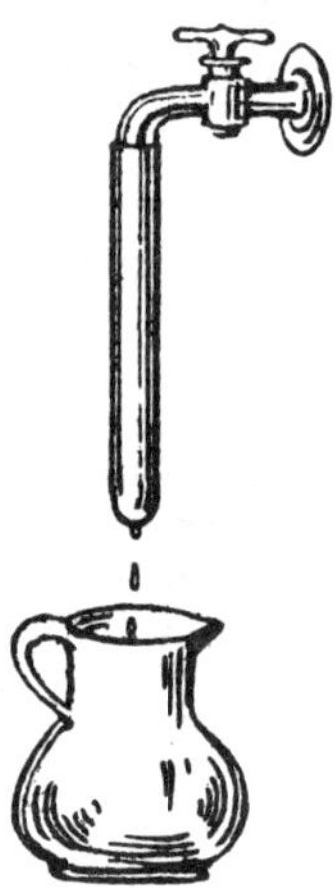
Bujía Chamberland

166. **Descomposición del agua.** — El agua se descompone fácilmente con el aparato llamado *voltámetro.*

Entre otros *filtros*, puede emplearse el llamado *bujía Chamberland*, que es de porcelana, el cual deja salir el agua gota a gota, limpia de *microbios* y de toda otra clase de impurezas.

Para obtener agua químicamente *pura*, se *destila* en un alambique.

El *voltámetro* consiste en un vaso de cristal, atravesado en su fondo por dos alambres de platino, que se ponen en comunicación con los dos polos de una pila eléctrica. Sobre los hilos de platino, se colocan dos tubos de cristal invertidos y llenos de agua acidulada.

Se echa agua acidulada en el vaso; se colocan en él los dos tubos, dispuestos sobre los hilos de platino, y se hace pasar por éstos una corriente eléctrica. En seguida el agua desciende de los dos tubos, y éstos se llenan de gases: el recogido en el tubo que corresponde al hilo negativo, ocupa doble volumen

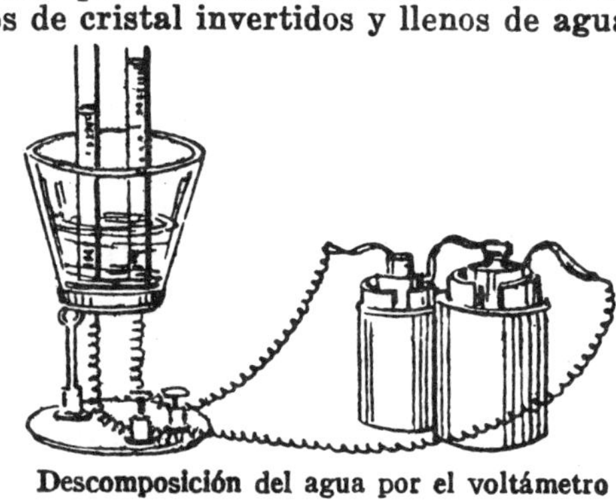
Descomposición del agua por el voltámetro

que el otro. **Estos dos gases son *hidrógeno* el primero y *oxígeno* el segundo,** lo que prueba que el *agua es un compuesto de dos volúmenes de hidrógeno y uno de oxígeno.*

Ejercicios orales.—Háblese de los efectos terribles que el ácido carbónico produce en la vida.—Recuérdese, al efecto, cuanto se ha dicho sobre este gas en el *grado elemental* de esta ENCICLOPEDIA, página 318. Háblese de las causas que lo producen, de los cuidados que exigen la fermentación del vino y el uso de los braseros.—Háblese de la hulla, de cómo se produjo en épocas remotísimas y de las substancias que proporciona: *gas de alumbrado, alquitrán, ácido fénico, colores, perfumes,* etc.—Carbones naturales y artificiales.—Dígase que el ácido carbónico sale de la tierra, en varios lugares en gran cantidad, como sucede en Italia, cerca de Nápoles, en la llamada *Gruta del perro,* y en Gerona, en los lugares conocidos por *Fuente de la Pólvora* y *Fuente del Hierro.* Explíquese la diferencia que hay entre *filtrar* el agua y *destilarla.*

Experimento.—Construír un *voltámetro* y ejercítese en la descomposición del agua.

LECCIÓN XIX

El azufre.—El aire atmosférico.—La sal.—El fósforo

167. **El azufre.** — El *azufre* es un metaloide sólido, de color amarillo, que, quemado, despide mal olor.

El azufre entra en la composición del ***sulfato de hierro*** o caparrosa verde y del ***sulfato de cobre*** o **caparrosa azul.**

168. **El aire. — Ya se sabe que el** *aire atmosférico es una mezcla* gaseosa muy compleja, formada, aproximada y principalmente, de 21 partes de oxígeno y 79 de nitrógeno.

Obtención del nitrógeno

169. **El nitrógeno.** — El *nitrógeno* no es respirable: todos los animales perecen en una atmósfera de este gas. **En el aire atmosférico tiene por objeto moderar la acción demasiado enérgica del oxígeno.**

El nitrógeno es elemento indispensable para la vida de animales y plantas. Forma también parte de la mayoría de los explosivos, como la dinamita, la pólvora.

170. **Obtención del nitrógeno. — Se introduce una campana de cristal, boca abajo, en un recipiente con agua, en la que sobre un pedazo de corcho, se ha colocado un poco de fósforo. Se enciende éste, y combinándose con el fósforo el oxígeno del aire de la campana,** después de la combustión queda en la campana **un gas, que es el *nitrógeno.***

171. **El oxígeno.**—El *oxígeno,* mediante la respiración, mantiene nuestra vida; pero, respirado *puro,* no mezclado con el nitrógeno, los animales pierden la vida.

172. **Aire enrarecido.**—Se dice que el aire se halla *enrarecido* en un local, cuando no existe en él la cantidad de este fluido que naturalmente el local puede contener.

173. **Aire viciado.** — El aire se halla *viciado* en un local, cuando se ha alterado o corrompido con otro u otros gases, la composición natural del fluido.

Unas salinas

174. **Liquefacción del aire.**—El aire atmosférico se *liquida* sujetándolo a grandes enfriamientos.

175. **La sal.**—En la naturaleza existe un metal llamado *sodio,* parecido a la plata, que arde al echarle al agua, y este mineral es el principal componente de la *sal común.* Científicamente, se llama a la sal *cloruro de sodio.* Principalmente, se halla en las aguas del mar.

176. **El fósforo.** — El *fósforo* es un metaloide sólido, blanco, de olor a ajos, fácilmente *inflamable* e insoluble en el agua.

Ejercicios orales.—Insístase y hágase comprender que el aire atmosférico es una *mezcla,* pues aun cuando se halle *viciado, siempre es aire.*—Se dice que de cada 100 partes 70 son de nitrógeno y 21 de oxígeno, porque dada la gran magnitud de la atmósfera, todas las *desecaciones* que en la Tierra se produzcan, influyen tan poco en ella que *puede decirse* que la composición del aire no queda alterada.—Dígase que, respirando oxígeno puro, puede decirse que los animales morirían por *exceso de vida.*—Dígase que, vulgarmente, se comprenden los calificativos *viciado* y *enrarecido* aplicados al aire.—Dígase que la causa del *enrarecimiento es la poca presión,* como sucede en las regiones elevadas de la atmósfera.—Dígase que el aire se *liquida* actualmente con facilidad y que se aplica a las *cámaras frigoríficas,* para obtener barrenos de seguridad y en otras muchas cosas importantes. Háblese de la sal; dígase que, además del mar, se encuentra en la naturaleza formando rocas y aun montañas, como en Cardona, esto es, la *sal gema.* Háblese de las salinas.—Háblese del *fósforo* y de su importancia; dígase que es luminoso en la obscuridad y que, expuesto a la luz del sol y al abrigo del aire, cambia el color blanco por el rojo.—El fósforo es un veneno.—Dígase que el fósforo se halla en nuestro organismo formando parte del cerebro, de los nervios y de los huesos.

Experimento.—Obtener el nitrógeno.

LECCIÓN XX

Los metales

177. **Los metales.**—Los *metales* son cuerpos simples brillantes y pesados, buenos conductores del calor y de la electricidad. Se encuentran en la tierra mezclados con otros cuerpos, generalmente a grandes profundidades.

Son metales el *oro,* la *plata,* el *hierro,* el *plomo,* el *aluminio,* el *cobre,* el *platino,* el *zinc,* el *estaño,* el *mercurio,* el *sodio,* etc.

178. **El oro.** — El *oro* es un metal de color amarillo, brillante y fácil de reducir a láminas delgadísimas.

El oro se encuentra en pequeñas cantidades o *pepitas* en las arenas de algunos ríos y también, en minas, como en el Transwaal y California.

179. **La plata.**—La *plata* es un metal de color blanco y brillante, que se encuentra en la Naturaleza en estado nativo y combinado formando distintos cuerpos; se puede reducir fácilmente a láminas delgadísimas y a hilos muy finos.

Los Estados Unidos de América, Méjico y Australia son los países más productores de este metal.

180. **El platino.**—El *platino* es un mineral blanco y muy difícil de fundir. Actualmente, es el metal más caro.

Se le encuentra principalmente en Rusia, en los Montes Urales, y recientemente se le ha hallado también en España, en la Sierra de Gredos.

181. **El hierro.**—El *hierro* es un metal de color grisáceo, y, por sus propiedades y dureza, tiene infinitas aplicaciones industriales.

Se encuentra en mucha abundancia y raras veces libre.

182. **El plomo.**—El *plomo* es un metal gris azulado, muy brillante y de poca dureza.

Tiene infinitas aplicaciones y abunda en la Naturaleza.

183. **El cobre.** — El *cobre* es un metal de color rojo y brillante.

Al aire seco no se oxida; pero sí, con la humedad, formando el *cardenillo,* que es muy venenoso.

Las minas de cobre de *Río Tinto* en España, son importantísimas.

184. **El acero.**—El *acero* no es más que hierro fundido con una pequeña cantidad de *carbono,* esto es, con carbón bien puro.

185. **El bronce.**—El *bronce* se obtiene fundiendo de 70 a 90 partes de cobre, con 30 a 10 partes de estaño.

186. **El latón.** — El *latón* se obtiene fundiendo dos partes de cobre y una de zinc.

187. **El mercurio.**—El *mercurio* es el único metal líquido que existe, de color blanco de plata, muy brillante.

Con las minas de *Almadén*, España ocupa el primer lugar en la producción mundial del mercurio.

Ejercicios orales.—Háblese de la importancia del *oro* como metal monedable y de su aplicación a la fabricación de objetos de lujo, como sortijas, pendientes, pulseras, etc., etc.—Háblese de la facilidad con que se reduce a láminas muy finas y de la aplicación de éstas al dorado.—Háblese de los buscadores de oro.—Dígase que la *plata* es universalmente empleada, como el oro, para la acuñación de moneda y que se añade cobre al oro y a la plata a fin de darles mayor dureza.—La plata empleada en la fabricación de objetos de lujo de uso doméstico.—Dígase que los hilos de *platino* son insustituíbles para la fabricación de buenas lamparillas eléctricas; empleo del platino en joyería.—Háblese del *hierro* y de su importancia industrial, que le hace el metal más útil de la Naturaleza.—Importancia del *plomo* como elemento industrial. — El *cobre* y su aplicación.—El *estaño*.—El *acero;* manera de templarlo y cualidades que reúne después de templado.—El *bronce* y su aplicación a la fabricación de campanas y cañones de artillería.—El *latón* y sus muchas aplicaciones industriales.—El *mercurio* y su aplicación a la fabricación de termómetros, etc., etc.

HISTORIA NATURAL

LECCIÓN XXI

Generalidades. — Los seres de la Naturaleza

188. **Historia Natural.**—La *Historia Natural* estudia la Tierra como astro y los seres que la constituyen y pueblan.

La ciencia que estudia la Tierra como cuerpo celeste se llama *Astronomía,* y las que se ocupan de los seres que la constituyen y pueblan son la *Geología,* la *Zoología,* la *Botánica* y la *Mineralogía.*

189. **Clases de seres.**—Hay dos clases de seres: *orgánicos* e *inorgánicos.* Son orgánicos los que tienen vida, esto es, los *animales* y los *vegetales;* son inorgánicos los que no tienen vida, como los metales y las piedras.

190. **Los reinos de la Naturaleza.**—Los seres de la Naturaleza pueden considerarse divididos en tres reinos: del *reino animal,* como el hombre, el caballo; del *reino vegetal,* como el pino, el trigo; del *reino mineral,* como el hierro, una piedra.

191. **La Geología.** — La *Geología* estudia la formación de la Tierra y la disposición de los materiales que la forman.

192. **La Zoología.** — La *Zoología* se ocupa del estudio de los animales.

193. **La Botánica.** — La *Botánica* estudia los vegetales.

194. **La Mineralogía.** — La *Mineralogía* se ocupa de los minerales.

195. **Clases de animales.** — Existen dos clases de animales: los *vertebrados* y los *invertebrados.*

196. **Animales vertebrados.** — Son animales *vertebrados,* los que tienen huesos y sangre roja, como el *hombre,* el *gato.*

197. **Animales invertebrados.** — Son *invertebrados,* aquellos animales que no tienen huesos, como la *abeja,* el *mosquito.*

198. **División de los vertebrados.** — Los animales vertebrados se dividen en cinco clases: *mamíferos, aves, reptiles, anfibios* y *peces.*

199. **Necesidades de la vida.**—Para *vivir,* el hombre y los demás animales necesitan, cuando menos, DIGERIR, RESPIRAR y que la SANGRE CIRCULE por su cuerpo.

Ejercicios orales.—Explíquese la diferencia que existe entre los seres *orgánicos* y los *inorgánicos.*—Pónganse muchos ejemplos.—Cítense órganos de los animales y de los vegetales.—Animales *vertebrados* e *invertebrados;* por qué se llaman así unos y otros: cítense muchos de ambas clases.—Háblese de los tres reinos de la naturaleza.—Háblese de la Astronomía, de la Geología, de la Zoología, de la Botánica y de la Mineralogía.—Explíquense las diferencias que caracterizan y distinguen a los *mamíferos,* las *aves,* los *reptiles* y los *peces.*—Qué animales son *anfibios:* qué significa la voz *anfibio.*—Háganse comprender las causas por las cuales los animales tienen necesidad, para vivir, de *digerir, respirar* y que la *sangre circule* por las distintas partes del cuerpo.

LECCIÓN XXII

Funciones nutritivas. — La digestión

200. **Funciones nutritivas.** — La *digestión* de los alimentos, la *respiración* del aire y la *circulación de la sangre,* son *funciones de nutrición.*

201. **La digestión.** — La *digestión* es una función en virtud de la cual los alimentos se convierten en principios que pueden nutrir al individuo.

202. **Aparato digestivo.**—El aparato de la digestión se compone de la *boca,* el *esófago,* el *estómago,* los *intestinos* y de ciertas *glándulas.*

203. La boca. — La *boca*, contiene la *lengua* y los *dientes*.

204. La lengua. — La lengua ayuda a *deglutir* los alimentos después de masticados, dando las sensaciones de *sabor* y *temperatura*.

205. Los dientes.—Los *dientes* están destinados a triturar y moler los alimentos, reduciéndolos a una pasta, que es luego fácilmente atacable por los *jugos digestivos*.

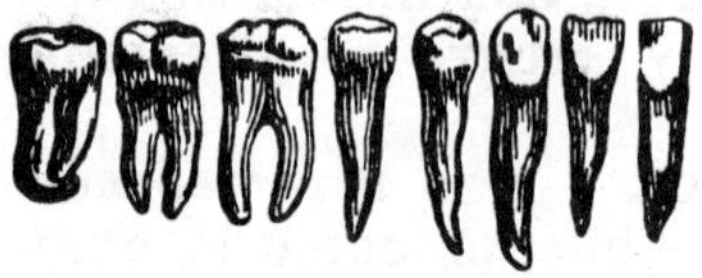

Dientes del hombre

Los dientes son de tres clases: *incisivos, caninos* y *molares*. El hombre adulto posee 32 piezas dentarias: 8 incisivos, 4 caminos y 20 molares.

206. El esófago. — El *esófago* es un tubo que pone en comunicación la parte posterior de la boca con el estómago.

207. El estómago.—El *estómago* es un saco de paredes musculosas, de unos *veinticinco* centímetros de diámetro, y su capacidad viene a ser de *un* litro.

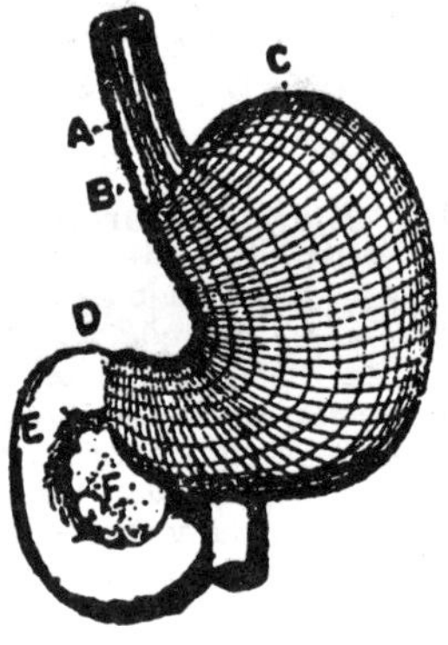

A, esófago; *B*, cardias; *C*, estómago; *D*, píloro; *E*, intestino delgado; *F*, páncreas

En el hombre adulto, el esófago suele tener de 22 a 23 centímetros de largo por unos 2 $^1/_2$ centímetros de diámetro.

El estómago comunica con el esófago por un orificio llamado *cardias*, y con los intestinos por medio de una válvula llamada *píloro*, y está dotado de movimientos musculares que tienen por objeto amasar y revolver los alimentos en él depositados, para hacerlos fácilmente atacables por los *jugos estomacales*.

208. Las glándulas.—Para que se pueda verificar la digestión, es necesaria la acción sobre los alimentos de ciertos jugos que *segregan* las *glándulas*.

Principalmente, estos jugos son los segregados por las glándulas *salivares*, el *páncreas*, la *bilis*, los *jugos estomacales* y los *jugos intestinales*.

Ejercicios orales.—Explíquese que las funciones que en el hombre se verifican pueden agruparse en dos clases: *funciones de nutrición y funciones de relación*. Dígase que las primeras tienden a la conservación del individuo, y las segundas son aquéllas por las cuales el hombre se pone en relación con el mundo exterior.—Explíquese cómo las primeras son, sobre todo, la ***digestión***, la ***absorción***, la ***circulación***, la ***respiración*** y la ***secreción***. Dense ideas generales de ellas, prometiendo que se ampliarán después.

Explíquese cómo la ***nutrición*** repara las pérdidas que la vida ocasiona constantemente.—Háblese de la boca, llamando la atención sobre la ***lengua*** y los ***dientes***.—Explíquese cómo por la lengua conocemos el sabor y la temperatura de las cosas que se comen.—Explíquese la gran utilidad de los dientes y dedúzcase la suprema necesidad de la higiene de estos órganos, pues, si se come mal, el hombre digiere mal y no se nutre bien, resultando de todo ello terribles enfermedades.—Explíquense las funciones de las piezas dentales: *cortar, desgarrar* y *moler*.—Háblese de la ***primera dentición***.—La *muela del juicio*.—Dense a comprender las partes de un diente: *corona, cuello* y *raíz*. — Explíquense los cuidados que exige una *buena digestión*.—Háblese de las funciones de relación: el ***movimiento*** y la *acción de los sentidos*, explicando cómo nos ponen en relación con el mundo exterior.

LECCIÓN XXIII

La digestión

(Continuación)

209. **Los intestinos.**—Los *intestinos* forman una especie de canal, de diámetro variable en su trayecto, y miden unos *doce metros de longitud.*

210. **División de los intestinos.**—Por la desigualdad de su diámetro, los intestinos se dividen en *delgado* y *grueso.*

El intestino delgado comprende tres porciones, que se llaman *duodeno, yeyuno* e *íleon.*

El intestino grueso comprende también tres porciones, denominadas *ciego, colon* y *recto*, terminando este último en el *ano.*

211. **Actos que comprende la digestión.**—La digestión comprende los actos siguientes: la *prehensión*, la *masticación*, la *insalivación*, la *deglución*, la *quimificación*, la *quilificación*, la ***absorción*** y la ***expulsión***.

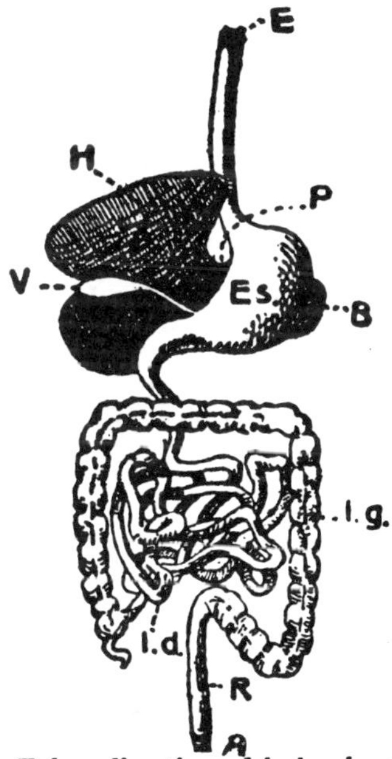

Tubo digestivo del hombre: *E*, esófago; *Es*, estómago; *Id*, intestino delgado; *Ig*, intestino grueso; *R*, recto; *A*, ano; *H*, hígado; *V*, vejiga de la hiel; *B*, bazo, y *P*, páncreas

212. Prehensión, masticación e insalivación. — La *prehensión* de los alimentos es el acto de llevarlos a la boca; los dientes verifican la *mastica-*

ción, y la *insalivación* tiene lugar mientras la masticación se verifica.

213. **La deglución.** — Por los movimientos de la lengua y el paladar, los alimentos después de masticados, son *deglutidos*, pasando por el esófago y llegando al estómago, donde se verifica la *quimificación* o digestión primera.

214. **La quimificación.** — La quimificación es la digestión estomacal: ésta se realiza mediante el *jugo gástrico* segregado por numerosas glándulas que tapizan las paredes del estómago.

215. **La quilificación.** — La *quilificación* es la digestión intestinal, realizada merced al jugo intestinal.

216. **La absorción.** — El *quilo* es absorbido en buena parte por los *vasos quilíferos* del intestino delgado. Los principios asimilados en el intestino son llevados a la sangre.

217. **Los restos de la digestión.** — Los restos de la digestión o sea la parte que no es apta para ser asimilada, va siguiendo por el intestino grueso para ser oportunamente expulsada al exterior.

Ejercicios orales.—La longitud que alcanzan los intestinos en cada animal está en consonancia con su alimentación: los herbívoros los tienen muy largos: los carnívoros mucho más cortos.—Regiones del intestino delgado y del grueso.—Masticación de los alimentos.—Importancia higiénica de masticar bien lo que se come.—De no hacerse así, el estómago se ve obligado a dar un rendimiento superior al normal y enferma.—La deglución de los alimentos: es un acto involuntario, así que los alimentos han pasado el paladar.—La *quimificación.* — La *quilificación.* — No todos los alimentos son igualmente digestibles ni permanecen en el estómago el mismo tiempo: unos se digieren más fácilmente y antes que otros. — La *absorción.*—Los restos de la digestión se expulsan al exterior.

LECCIÓN XXIV

La circulación

218. **La circulación.** — El recorrido que realiza la sangre a través del organismo, se llama *circulación.*

La sangre, a su paso por los tejidos, cede a las células de éstos los principios nutritivos que contiene y se apropia a la vez de los productos de eliminación para expelerlos al exterior.

219. **La sangre.** — La sangre es un líquido viscoso, de color rojo en el hombre y en los mamíferos; consta de dos partes: una líquida o plasma y otra sólida, constituída por innumerables y pequeñísimos *glóbulos.*

220. Los glóbulos.—Existen en la sangre dos clases de glóbulos: los glóbulos *rojos* o *hematíes* y los glóbulos *blancos* o *leucocitos*.

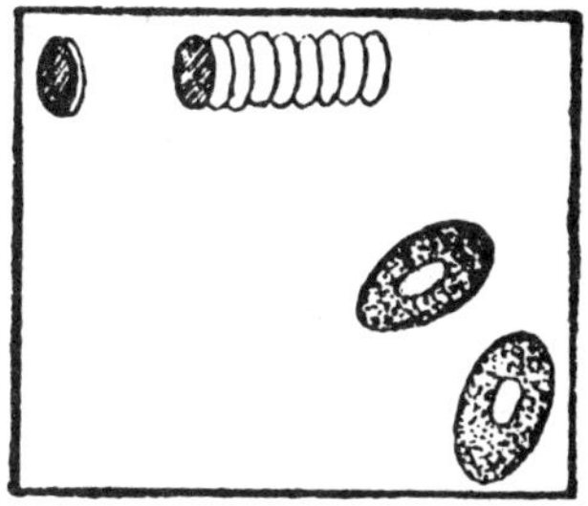

Glóbulos de la sangre

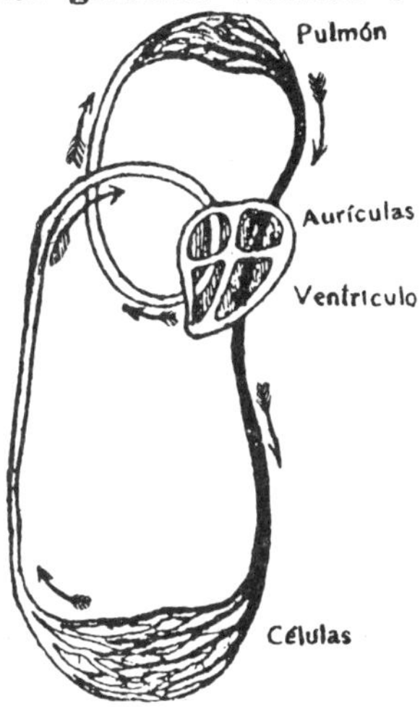

Esquema de la circulación en los mamíferos

221. El corazón.—Para que la marcha de la sangre pueda realizarse, poseemos el *corazón*, el cual, mediante sus contracciones y dilataciones, regulariza y mantiene la circulación de la sangre.

El movimiento de contracción del corazón se llama *sístole* y el de dilatación, *diástole*.

222. Aurículas y ventrículos. — El corazón está dividido, mediante tabiques fibrosos, en cuatro cámaras: las dos superiores se llaman *aurículas* y las dos inferiores, *ventrículos*. Las aurículas no se comunican entre sí, como tampoco los ventrículos; pero sí la aurícula y el ventrículo de cada lado del corazón.

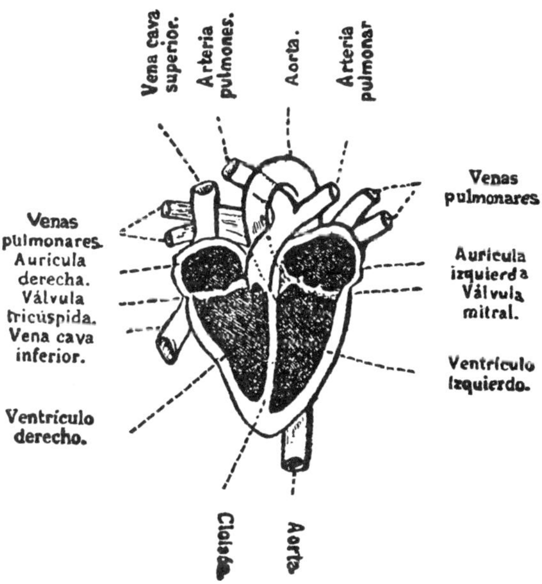

Corte esquemático del corazón (visto de frente)

223. Las arterias.—Las arterias son vasos o conductos que llevan la sangre que *sale* del corazón: las dos arterias

principales son la *aorta*, que parte del ventrículo izquierdo, y la *pulmonar*, que sale del derecho.

224. **Las venas.** — Las venas son los vasos que conducen la sangre que va al corazón: las venas que afluyen a este órgano son las *cavas*, que desembocan en la aurícula derecha, y las *pulmonares*, que lo hacen en la izquierda.

Ejercicios orales.—Compárese la circulación de la sangre a la circulación del agua en una huerta para el riego de las plantas.—El color rojo de la sangre es debido a los glóbulos rojos o hematíes.—En los casos de anemia, ésta es producida por la disminución de la cantidad de glóbulos rojos que normalmente existen en la sangre.—Compárese la acción del corazón a la de un motor: este órgano impulsa la sangre hasta las regiones del cuerpo más distantes del corazón.—Explíquese la marcha que sigue un borbotón de sangre desde el ventrículo izquierdo, pasando por la aorta y yendo hasta los capilares para ceder a las células sus principios nutritivos, cargarse de los productos de secreción o eliminación de dichas células, y, convertida en sangre *venosa*, se vierte en la aurícula del corazón por las venas *cavas:* pasa al ventrículo derecho, de él va a los pulmones por la *arteria pulmonar;* se arterializa u oxigena allí, y, convertida de nuevo en sangre arterial, va a la aurícula izquierda por las *venas pulmonares;* se vierte luego en el ventrículo y vuelve a seguir indefinidamente el mismo curso hasta la muerte.

LECCIÓN XXV

La respiración

225. **La respiración.** — Mediante la respiración, la sangre impurificada por el trabajo de las células del organismo, expele estas impurezas al ambiente y se apropia de oxígeno del aire: es decir, se convierte en *sangre arterial.*

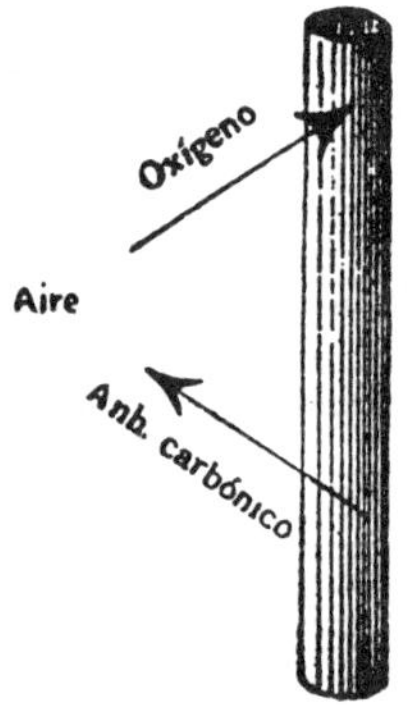

Conversión de la sangre venosa en arterial

226. **La respiración en los animales.**—Unos animales respiran por toda la superficie de su piel, como los gusanos; otros, mediante unos conductillos o *tráqueas*, como los insectos; otros respiran por *branquias*, como los peces, y otros respiran por pulmones, como los mamíferos.

227. **Cómo respiramos.**—El hombre y los mamíferos en general, respiran mediante la entrada de aire en sus pulmones *(inspiración)* y mediante la consiguiente salida del mismo *(espiración)*.

Durante la inspiración, la caja torácica se ensancha o dilata; en la espiración se contrae.

228. Hematosis.—**Los cambios gaseosos que se realizan en la sangre al llegar ésta a los pulmones, originan la *hematosis* o arterialización de la misma mediante la incorporación de oxígeno y la expulsión de anhídrido carbónico.**

229. **La asfixia.** — **El aire puro nos alimenta por el oxígeno que nos cede; si respiramos aire impuro, nuestra sangre no puede oxigenarse y nos envenena: tal es el origen de la *asfixia*.**

230. Los pulmones.—Los pulmones son a manera de dos sacos de tejido delicadísimo, alojados en la cavidad torácica, y entre los cuales está situado el corazón. Por ellos se ramifican finísimas terminaciones arteriales y venosas.

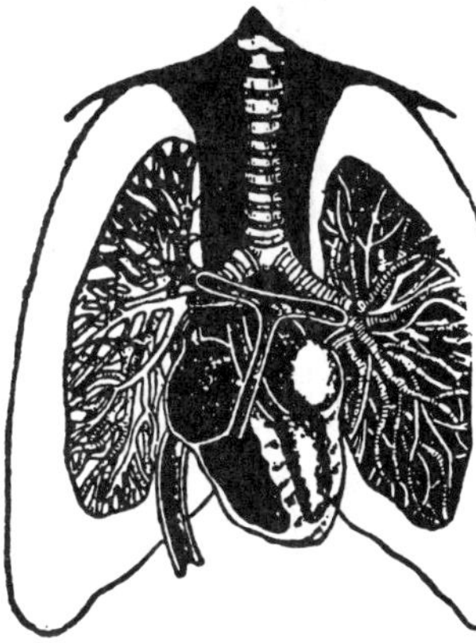

Los pulmones

231. **Las pleuras.** — **Los pulmones van envueltos por unas membranas llamadas *pleuras*, que ofician a manera de estuche, y que impiden que los choques o los excesos de calor o frío puedan dañar el delicado tejido pulmonar.**

232. Conjunto del aparato respiratorio.—**El aparato respiratorio del hombre consta, en conjunto, de las fosas nasales y boca, por las cuales penetra el aire; de la *tráquea* o *traquearteria;* de los *bronquios,* que son ramificaciones de la tráquea, y de los *pulmones,* que pueden considerarse como finísimas ramificaciones de los bronquios.**

Ejercicios orales. — Cuéntense cuántas *inspiraciones* se realizan normalmente por minuto en un individuo sano.—Mediante una pajita y agua de cal, filtrada, pruébese que nuestro aliento contiene anhídrido carbónico. —El hombre, además de respirar por sus pulmones, respira también por los *poros* de su piel.—En muchos animales la respiración cutánea es muy importante.—Si embadurnamos con barniz la piel de una rana, ésta no tardará en morir de asfixia, porque le habremos impedido su respiración cutánea.—Los peces respiran por branquias, que son unas laminillas de tejido muy fino, situadas generalmente en cavidades a ambos lados de la cabeza; por estas láminas se ramifican los pequeños vasos arteriales y venosos, y el cambio gaseoso de la respiración se realiza por intermediación del agua.—El agua lleva en disolución cierta cantidad de oxígeno, que es el que aprovechan los peces para respirar.—La ballena, que no es un pez, sino un mamífero, saca muy a menudo su hocico para respirar plenamente el oxígeno del aire.

LECCIÓN XXVI

Las secreciones

233. **Las secreciones.**—Mediante las secreciones, la sangre, que ha ido cargándose de substancias nocivas al discurrir por los tejidos, las expulsa al exterior.

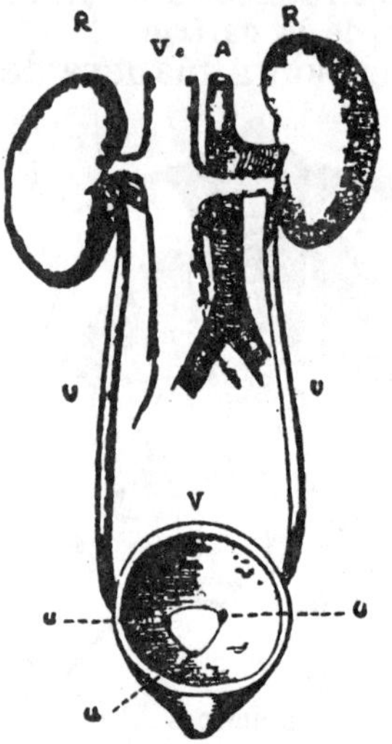

Conjunto del aparato urinario.—*R*, riñones; *U*, uréteres; *V*, vejiga; *u*, crificio del canal evacuador; *Vc*, vena *cava; A*, arteria *aorta*

234. **Su utilidad.** — Si alguna de las secreciones del cuerpo no funciona bien, éste se carga de substancias nocivas y enfermamos.

235. **Principales secreciones.** — Entre las secreciones importantes hay que citar la *orina,* el *sudor* y las *lágrimas;* son también secreciones la *bilis* y el *jugo pancreático.*

237. **Los riñones.**—Los riñones son dos **glándulas**, de tamaño aproximadamente como el puño, y están situados junto a la columna vertebral y uno a cada lado, próximamente a la altura de la cintura.

236. La orina. — La orina elimina del cuerpo principalmente una substancia llamada *urea.* Los *riñones* son los filtros en que se recoge la orina al ser separada por ellos de la sangre.

238. **El sudor y las lágrimas.**—Mediante estas dos secreciones, el cuerpo elimina pequeñas cantidades de urea y algunas sales, entre ellas cloruro sódico o sal común.

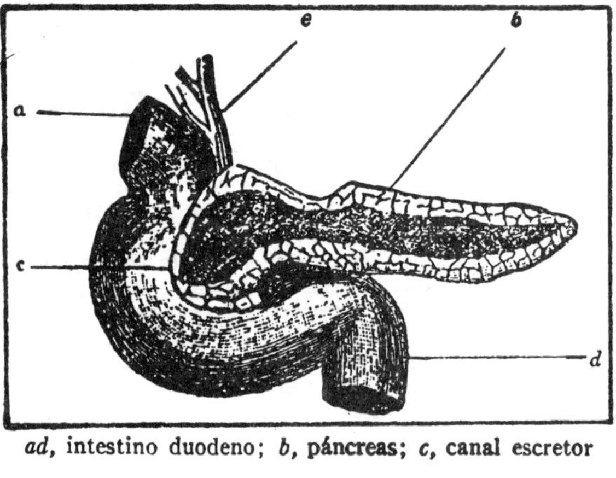

ad, intestino duodeno; *b*, páncreas; *c*, canal escretor

239. **La bilis.** — La *bilis* procede de la llamada vejiga de la hiel, situada en

el hígado: esta secreción se vierte en el intestino delgado, cuando los alimentos pasan por allí convertidos en quimo, y su objeto es hacer absorbibles las grasas que los alimentos puedan contener.

240. **El jugo pancreático.** — Este jugo se vierte también en el intestino; procede del páncreas y su objeto parece que es análogo al que realiza la saliva al impregnar los alimentos.

241. **Otras secreciones.** — Existen en el organismo otras secreciones, cuyo papel en la economía no es del todo conocido; algunas parece que ejercen una acción activadora o estimulante de las funciones.

Ejercicios orales. — La acción de la saliva en la boca convierte las substancias feculentas en azúcar: tómese una miga de pan y déjese en la boca todo el tiempo posible; se notará que va volviéndose dulce, por realizarse la conversión de que hablamos. — La orina es la secreción más abundante.—No siempre la orina es normal, constituyendo las anormalidades en ella otras tantas enfermedades.—Cuando se depositan en la vejiga o depósito de la orina concreciones calizas, originan los *cálculos* o *mal de piedra* si son de tamaño algo regular, y las *arenillas*, si son comparables a arena muy fina.—La abundancia de albúmina en la orina es debida a la enfermedad llamada *albuminuria*, y la abundancia relativa de azúcar, a la *diabetis*.—Estas enfermedades requieren para su curación o alivio un régimen alimenticio adecuado.—La secreción del sudor aumenta con las temperaturas altas: es como una defensa del organismo para preservarse de los rigores excesivos del calor.

LECCIÓN XXVII

Los huesos y los músculos

242. **Los huesos y los músculos.** — Los huesos y los músculos permiten el movimiento de los animales. Los huesos son órganos pasivos en los movimientos: los músculos los accionan.

243. **Esqueleto.**—El conjunto de huesos de un animal forma su *esqueleto*. El esqueleto constituye como un armazón interior o eje que sirve de sostén a todos los órganos.

244. **Los huesos.** — Los huesos están constituídos por parte orgánica y por parte mineral: en los niños pequeños, predomina la primera sobre la segunda; en los huesos de los ancianos, las sales minerales predominan.

245. **Los músculos.** — Existen ciertos músculos que

movemos según nuestra voluntad, como los del brazo, de la pierna, etc.; pero otros no dependen, en sus movimientos, de nuestra voluntad, como los del estómago e intestinos, los del corazón, etc.

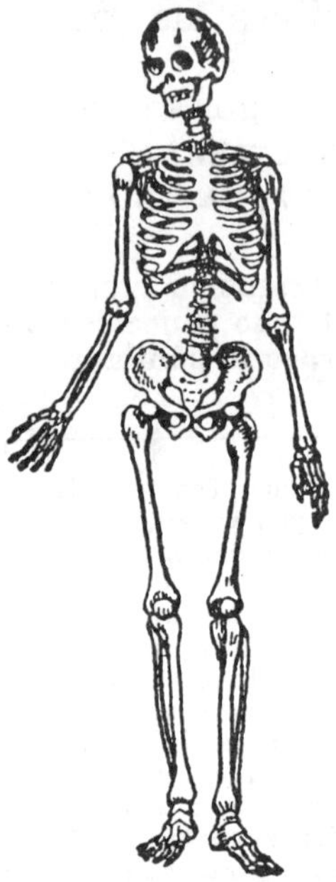
Principales huesos del esqueleto del hombre

246. Los tendones. — Los músculos se fijan en los huesos mediante unos cartílagos, semejantes a cuerdas, que se llaman *tendones*.

247. **Las articulaciones.** — Los huesos se articulan unos con otros. Estas articulaciones son las que permiten los movimientos; así la articulación del codo, permite doblar el brazo; la de la rodilla, doblar la pierna.

248. **La sinovia.**—Las articulaciones de los huesos, como las de las máquinas, necesitan una substancia oleosa que las lubrifique, a fin de que disminuya en ellas el rozamiento y el movimiento pueda ejecutarse mejor. Esta grasa lubrificadora de las articulaciones, se llama *sinovia*.

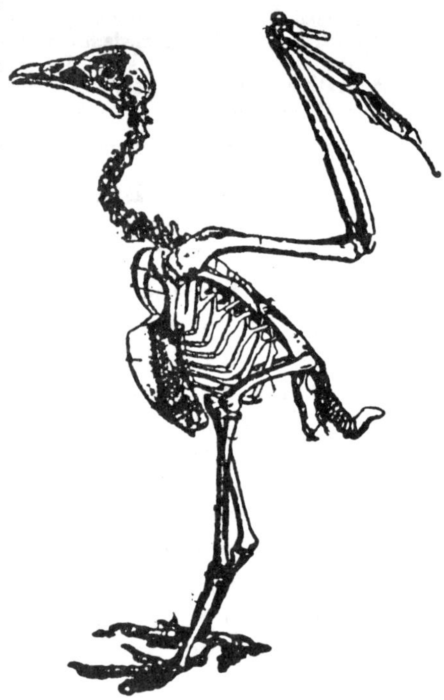
Esqueleto de un ave

249. **Huesos principales de la cabeza.** — Los huesos que forman el cráneo son: 1 *frontal,* 2 *parietales,* 2 *temporales,* 1 *occipital,* 1 *esfenoides,* 1 *etmoides.* En la cara, conviene citar: los *pómulos,* que forman las mejillas, los *nasales,* los *maxilares superiores* y el *maxilar inferior.*

250. **Huesos principales del tronco.**—Además de la *columna vertebral,* constituída por numero-

sas vértebras, existen en el tronco la *clavícula*, el *esternón*, las *costillas* y los huesos de la *pelvis*.

251. **Huesos de las extremidades.** — Los huesos de las extremidades superiores son: el *húmero*, el *cúbito* y el *radio*, los huesos de las muñecas y las *falanges* de los dedos.

Los huesos de las extremidades inferiores son: el *fémur*, la *tibia* y el *peroné*, los huesos del pie y las *falanges* de los dedos.

Ejercicios orales.—Obsérvese que los huesos del pollo, conejo, etc., no son macizos; son huecos; en su interior existe la llamada *médula del hueso*. Los huesos huecos son principalmente los de las extremidades, y son huecos porque así ofrecen resistencia mayor. Pasa con ellos como con las columnas de hierro que sostienen los edificios, que se hacen huecas porque ofrecen resistencia mayor que macizas.—Obsérvese como la disposición del esqueleto de un animal determina, en gran parte, la forma exterior de éste. Los huesos son muy duros y hay que emplear un gran esfuerzo para romperlos. La curación de las fracturas de huesos es más rápida y fácil en los jóvenes que en los ancianos, porque los tejidos del hueso tienen mayor fuerza de reconstitución en los primeros. — Obsérvense varias articulaciones y los variados movimientos que en cada una pueden ejecutarse.—Recuérdense los huesos del esqueleto del hombre.

LECCIÓN XXVIII

El sistema nervioso

252. **El sistema nervioso.**—Los músculos y los huesos no serían suficientes para realizar los movimientos si no existiera otra causa que los provocara: esta causa es la acción del *sistema nervioso*.

El desarrollo del sistema nervioso es uno de los factores que determinan la superioridad de los animales: los animales inferiores apenas si tienen algunos rudimentos de sistema nervioso; el hombre, el ser más perfeccionado de todos, tiene un sistema nervioso muy complicado.

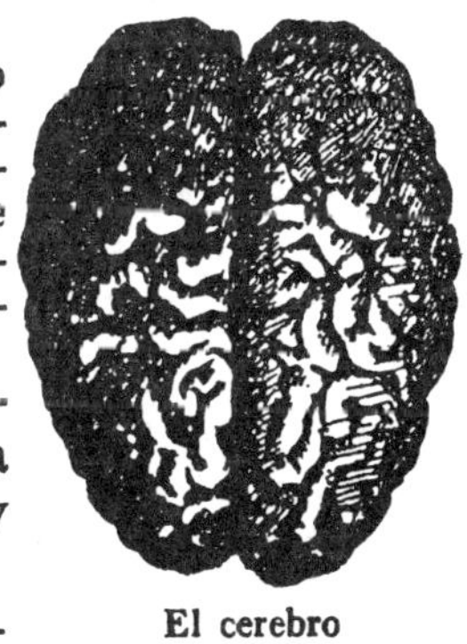

El cerebro

253. **Elementos del sistema nervioso.** — Los elementos del sistema nervioso son las *células nerviosas* y los *nervios*.

254. **Centros nerviosos.**—La aglomeración de muchas células nerviosas determinan un centro nervioso. En el hombre, los centros nerviosos son el *encéfalo* y la *médula espinal*.

255. **Los nervios.** — Los nervios son los que estable-

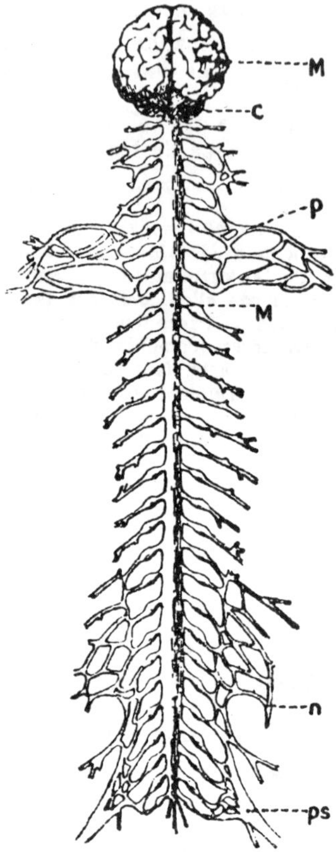

Conjunto del cerebro y médula espinal: *P*, nervios del brazo: *n*, nervios de las piernas.

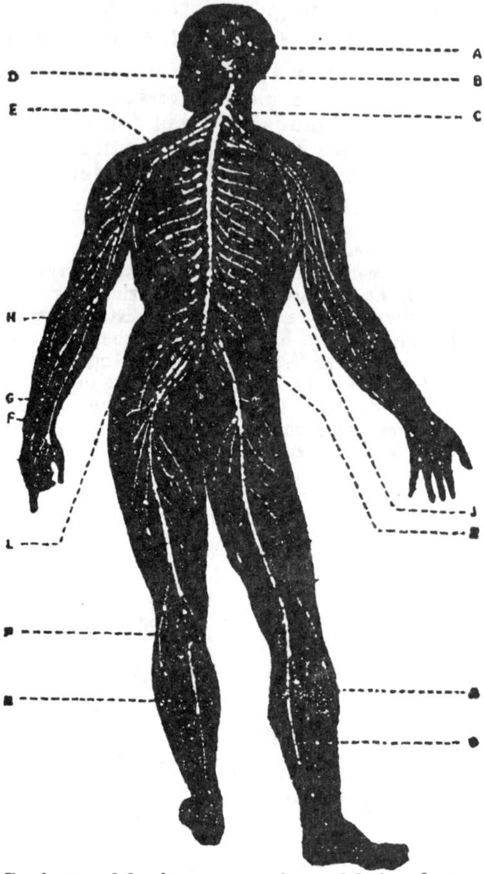

Conjunto del sistema nervioso del hombre: *A*, cerebro; *B*, cerebelo; *C*, médula espinal; *G*, nervio cubital; *H*, nervio cutáneo externo del brazo; *J*, *nervios* intercostales; *K*, plexo femoral; *L*, plexo ciático; *M*, nervio tibial; *O*, nervio safeno externo.

cen las relaciones entre los centros nerviosos y los órganos: son a manera de cordones comparables a los hilos telefónicos y telegráficos.

256. **Funciones del sistema nervioso.** — El sistema nervioso, excitando los músculos, hace que se contraigan, y como arrastran tras de sí a los huesos, se origina el movimiento; el sistema nervioso rige, además, el funcionamiento de todos los órganos, y preside en el hombre las funciones de la inteligencia: es el medio de que el alma humana se vale para relacionarse con el mundo exterior y para percibir las sensaciones.

257. Los sentidos. — Mediante los sentidos nuestra inteligencia percibe las propiedades de los cuerpos que nos rodean; todas las sensaciones son llevadas desde el órgano que las *recibe* hasta el cerebro que las *percibe,* por mediación de los nervios.

258. **Los sentidos en los animales.** — Algunos animales tienen ciertos sentidos muy desarrollados: las águilas tienen muy fina la vista; las hormigas tienen muy finas las sensaciones tactiles en sus *antenas;* los perros perciben mucho ciertos olores, lo cual les hace muy buenos para la caza.

259. **Los sentidos del hombre.** — El hombre tiene los cinco sentidos que todos sabemos: la *vista,* el *oído,* el *tacto,* el *gusto* y el *olfato.*

Ejercicios orales.—El cerebro es el centro de las sensaciones que percibimos del mundo que nos rodea; la médula espinal recibe las impresiones de los órganos internos de nuestro cuerpo; por mediación de la médula estas sensaciones nos llegan al cerebro.—El encéfalo consta de tres partes principales: el *cerebro,* el *cerebelo* y el *bulbo.* El encéfalo constituye el centro nervioso más importante; le sigue en importancia la médula espinal.—Muchos animales (moluscos, insectos, etc.) no llegan a tener centros nerviosos lo suficientemente importantes para que se les pueda considerar como centros; estos centros menos importantes, diseminados generalmente por el cuerpo y en comunicación unos con otros por filetes nerviosos, se llaman *ganglios.* Nuestro cuerpo tiene también ganglios, que se relacionan o comunican con el sistema nervioso propiamente dicho. Obsérvese la diferencia que existe entre el órgano que *recibe* la impresión y el cerebro que *percibe* la impresión.

LECCIÓN XXIX

Los mamíferos

260. Los mamíferos.—Los mamíferos son animales con esqueleto *(vertebrados),* tienen respiración pulmonar, su cuerpo está recubierto de pelos y las hembras amamantan a sus hijos.

Casi todos los mamíferos tienen cuatro patas conformadas para la marcha: algunos, sin embargo, son voladores, como los murciélagos, y otros son acuáticos, como las ballenas.

261. Clasificación de los mamíferos. — Los mamíferos se agrupan en varios órdenes, que se llaman: *bimanos, cuadrumanos, fieras, quirópteros, roedores, solípedos, paquidermos, rumiantes, cetáceos* y *sirenios.*

262. Bimanos. — El orden de los *bimanos* (dos manos) comprende el *hombre,* que es el mamífero de más superior organización.

Por el alma racional infundida por Dios en un cuerpo en el momento de la creación, el hombre fué hecho a imagen y semejanza de Dios y colocado sobre todos los demás seres del mundo visible.

263. **Los cuadrumanos.**—Los cuadrumanos son los *monos:* tienen generalmente la cara limpia de pelo; algunos poseen cola prensil, de la cual se valen para colgarse de los árboles y balancearse para saltar de un árbol a otro; viven en África, América, Borneo, etc. Algunos son de tamaño igual o mayor que el hombre *(orangután, gorila, chimpancé).*

León

264. **Las fieras.**—Estos mamíferos tienen garras muy robustas y dientes muy afilados; son en general muy temibles, y es notable su fuerza y agilidad. Entre las fieras se cuentan los *leones,* los *tigres,* los *osos,* los *lobos* y también nuestros amigos los *perros* y los *gatos.*

Tigre

265. **Los quirópteros.** — Son mamíferos voladores: no es que precisamente tengan alas; pero poseen una membrana, a manera de una vela, que une sus extremidades superiores con las inferiores y que utilizan como un ala. Entre los quirópteros podemos mencionar los *vampiros* y los *murciélagos.*

Cebra

266. **Los roedores.** — Son pequeños mamíferos que no dejan nunca quietas sus mandíbulas, siendo por ello grandes los estragos que causan en su actividad destructora. Son roedores las *ratas* y los *ratones,* los *conejos* y las *liebres.*

267. **Los solípedos.** — Estos animales tienen pezuñas que les recubren los pies, como el *caballo*, la *cebra*, el *asno*.

268. **Los paquidermos.** — Los paquidermos se caracterizan por tener su piel gruesa y consistente; entre ellos hay los *rinocerontes*, los *elefantes*, el *cerdo*, el *jabalí*, etc.

269. **Los rumiantes.** — Estos mamíferos se caracterizan por ser herbívoros y por hacerse volver a la boca, para mascarlos debidamente, las hierbas que primeramente ingieren sin apenas mascar. Por esto se les ve mover las mandíbulas casi constantemente. Podemos citar entre ellos el *buey*, la *cabra*, el *camello*, la *oveja*, el *bisonte*, etc.

270. **Los cetáceos y los sirenios.** — Estos mamíferos son acuáticos y su cuerpo tiene forma de pez. Entre ellos hay los *delfines*, las *ballenas*, el *pez-sirena* y pocos más.

Estómago de un rumiante.

Ejercicios orales.—Explíquense algunas cosas curiosas o pintorescas de los monos; dígase si se ha visto algún mono amaestrado. Los grandes monos, cuando se les molesta o ataca, repelen la agresión furiosamente.—Los quirópteros (murciélagos) no deben mirarse con precaución como una equivocada tradición popular les muestra, sino con simpatía, pues son animales que destruyen grandes cantidades de insectos perjudiciales a la agricultura.—Las *fieras* son muy temibles cuando están hambrientas; pero cuando no, pueden domesticarse: se han dado casos de leones que han seguido a su dueño como perros fieles.—Los *roedores* causan mucho daño en los sembrados y en las casas; las ratas y ratones, además de los perjuicios que causan en este aspecto, deben combatirse porque suelen ser vehículos de transmisión de muchas enfermedades contagiosas.—El caballo y el asno prestan innumerables servicios al hombre.—Háblese de la curiosa digestión de los rumiantes; dígase los servicios que algunos rumiantes nos prestan.—Háblese de la leche de las vacas y de las cabras.

LECCIÓN XXX

Las aves

271. **Las aves.**—Las aves tienen el cuerpo cubierto de plumas y nacen de un huevo.

272. **Clasificación de las aves.** — Las aves se agrupan en varios órdenes: las *prehensoras*, las *rapaces*, las *gallináceas*, las *palomas*, las *zancudas*, las *corredoras*, las *palmípedas* y los *pájaros*.

273. **Las prehensoras.** — Estas aves se llaman así

porque pueden coger los objetos valiéndose de sus patas: tienen el pico fuerte y encorvado. Entre ellas hay los *loros*, los *periquitos*, las *cotorras*, etc.

El poseer la lengua carnosa, hace que puedan articular sonidos que se asemejan a las palabras.

274. **Las rapaces.** — Estas aves tienen el pico muy robusto y las patas muy fuertes; se alimentan de la carne de sus presas. Son rapaces los *buhos*, los *buitres*, las *águilas*, etc.

Buho

275. **Las gallináceas.**—Las gallináceas tienen poco vuelo; el hombre las utiliza mucho para su alimentación. Entre ellas hay las *gallinas*, los *faisanes*, las *perdices*, los *pavos*, etc.

Tórtola

276. **Las palomas.**—Estas aves se parecen mucho a las gallináceas. Entre ellas podemos citar las *palomas domésticas* y las *mensajeras*, y las *tórtolas*.

277. **Las zancudas.**—Las zancudas tienen muy largas las patas: viven en balsas y lagunas de poco fondo. Son zancudas las *becadas*, las *cigüeñas*, las *grullas*, etc.

278. **Las corredoras.** — Como indica su nombre, estas aves se caracterizan por correr con preferencia a volar, lo cual hacen difícilmente. Su género de vida hace que sus patas se desarrollen mucho en tamaño y fuerza. Son corredoras el *avestruz*, el *ñandú* y el *casuario*.

Son las aves de tamaño mayor.

Gaviota

279. **Las palmípedas.** — Las palmípedas tienen sus patas cortas y unidos sus dedos por una membrana; pasan buena parte de su vi-

da en el agua. Entre ellas hay los *patos*, los *cisnes*, los *gansos* y las *gaviotas*.

280. **Los pájaros.** — Son numerosas las especies de pájaros: unos se alimentan con preferencia de granos y otros, de insectos; su tamaño es generalmente pequeño, y los hay en África y América con plumaje muy vistoso (los *colibrís*). Son pájaros los *gorriones, ruiseñores, jilgueros, mirlos, canarios,* etc.

Gorrión

281. Los nidos. — Las aves construyen sus guaridas aprovechando pajitas, barro, tierra, etc.; algunas de estas construcciones resultan muy pintorescas y confortables.

Ejercicios orales. — **Indíquese las características de las aves.—Las** prehensoras: **dígase si se ha visto alguna de estas aves y si articulaba alguna palabra; dígase también de qué color eran sus plumas.—Las rapaces:** dígase como estas aves se echan sobre sus presas; **algunas águilas** arrebatan los corderos de sus rebaños, disputándolos al pastor que las defiende.—Las gallinas: alimentación y costumbres de las gallinas. — Los huevos de gallina y su utilidad en la alimentación humana.—**Háblese de** las palomas: es curiosa la orientación que logran las palomas mensajeras. —Las zancudas: abundancia de estas aves en los sitios pantanosos y en las riberas poco profundas de algunos ríos.—Las corredoras: dígase dónde viven el avestruz, el ñandú y el casuario.—Las palmípedas: háblese de la grasa segregada por las plumas de estas aves, que las impermeabiliza.— Los pájaros: utilidad de los mismos; conveniencia de que no se destruyan sus nidos ni sus crías.—**Dígase si se han visto nidos de pájaros y** cómo eran.

LECCIÓN XXXI

Los reptiles, los anfibios y los peces

282. **Los reptiles.**—Estos vertebrados tienen sangre fría y su cuerpo recubierto de escamas. Son reptiles las *tortugas*, los *lagartos* y las *culebras*.

283. **Las tortugas.**—Las tortugas o *quelonios* se caracterizan por tener cuatro patas, un pico parecido al de las aves y dos corazas, una en el pecho y otra en la espalda, que por su unión forman como una concha.

Tortuga *carey*

Algunas especies de tortugas viven en tierra firme; otras viven en el agua de los ríos, y las de mayor tamaño y más apreciadas son maríti-

mas. Se aprovechan de ellas sus placas córneas que constituyen la substancia llamada *concha.*

284. **Los lagartos.** — Los lagartos o *saurios* tienen cuatro extremidades cuerpo y cola muy alargados y coloración verdosa de la piel.

Caimán

Existen también animales parecidos a los lagartos pero de gran tamaño y muy voraces, llegando incluso a atacar al hombre: tales son los *cocodrilos,* de África y de América, los *caimanes,* de América, los *gaviales,* de Asia.

285. **Las culebras.** —Las culebras son reptiles que carecen de extremidades: algunas, como las víboras, tienen la mordedura sumamente venenosa; otras, como las *pitones,* llegan a alcanzar longitudes de hasta unos 12 metros.

Gavial

Las *víboras* son de pequeño tamaño y se las encuentra por nuestros campos o bosques aunque, afortunadamente, no con abundancia.

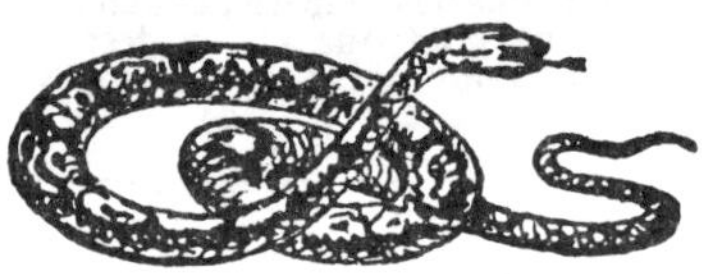

Serpiente *boa* (reptil)

286. **Los anfibios.** — Los anfibios no tienen el cuerpo recubierto de escamas y se parecen algo a los reptiles; su nombre alude a que, cuando pequeños, respiran por *branquias* y cuando adultos, por *pulmones.*

287. **Algunos anfibios.** — Son anfibios las *ranas,* los *sapos* y las *salamandras.*

Rana

288. **Los peces.** — Los peces viven siempre en el agua; tienen el cuerpo cubierto de *escamas* y respiran por branquias durante toda su vida.

289. **Clases de peces.** — Hay peces que tienen su esqueleto cartilaginoso y otros que lo tienen óseo.

290. **Algunos peces.** — Entre los peces de esqueleto cartilaginoso deben mencionarse el *tiburón*, muy voraz, y las *rayas*. Entre los peces de esqueleto óseo, que son los más, tenemos las *anguilas*, los *arenques*, la *trucha*, el *salmón* e innumerables especies más.

Ejercicios orales.—Las tortugas terrestres andan con mucha lentitud: abundan en las Baleares y pasan las temporadas de más frío enterradas en el suelo y como aletargadas.—Los lagartos no deben destruírse, porque se alimentan de insectos perjudiciales a la agricultura.—Los cocodrilos viven en las riberas de los grandes ríos; son animales que parecen aletargados, pero es grande su ferocidad: atacan a menudo al hombre, que, muchas veces, sucumbe a sus ataques.—Las víboras comunican el veneno virtiéndolo por un conductillo de sus caninos: este veneno es muy enérgico.—Los peces poseen una vejiga llamada *vejiga natatoria*, que utilizan para mantenerse en el seno del agua y para subir o bajar; obra en ellos como un verdadero aparato hidrostático.—Díganse especies de peces que se conozcan: utilidad de los peces en la alimentación del hombre.

LECCIÓN XXXII

Animales invertebrados

291. **Animales invertebrados.**—Los animales invertebrados no tienen *esqueleto;* su sangre no es roja y sus formas, muy variadas.

Abeja

292. **Clases de animales invertebrados.** — Son animales invertebrados los *artrópodos*, los *gusanos*, los *moluscos*, los *espongiarios* y los *infusorios*.

293. **Los artrópodos.** — Estos animales tienen patas articuladas y su cuerpo presenta, en general, tres regiones perfectamente delimitadas: *cabeza, tórax* y *abdomen*.

Araña

294. **Principales artrópodos.** —Son artrópodos los *insectos*, los *crustáceos* y las *arañas*.

295. **Los insectos.** — Estos animalitos son numerosísimos: unos, favorables a la agricultura y otros la perjudican mucho, como los *pulgones* y la *filoxera*.

296. **Las abejas.** — Las abejas son

insectos muy interesantes. Viven muchos **individuos en una misma** *colmena;* **las** *obreras* **son las que elaboran la cera y la miel.**

297. **Las mariposas.**—Las mariposas son insectos muy interesantes por la belleza de sus alas; antes de ser mariposas han sido *orugas* y *crisálidas*. Estos cambios que experimentan los insectos antes de llegar a su estado último, se llaman *metamórfosis*.

298. **Los crustáceos.** — Los crustáceos tienen un caparazón duro que les protege. Son crustáceos la *langosta* y el *cangrejo de mar,* los *langostinos,* las *cochinillas de humedad,* etc.

299. **Las arañas.** — Las arañas hilan delicadas telas: abundan en los establos, en los jardines y en los sitios resguardados.

300. **Los gusanos.** — Los gusanos tienen el cuerpo alargado y cilindrico o en forma de cinta. Son gusanos la *tenia* o *lombriz solitaria,* las *lombrices* y las *sanguijuelas.*

Caracol

301. **Los moluscos.**-Los moluscos tienen el cuerpo *blando* y muchos van provistos de caparazón calizo. Son moluscos las *almejas,* las *ostras,* los *caracoles,* los *pulpos* y los *calamares.*

Algunos, no obstante, alcanzan tamaño de medio centímetro o algo más, como los ***foraminíferos,*** **protegidos por un caparazón calizo.**

302. **Los espongiarios y pólipos.** —**Estos animales son acuáticos, y se parecen a las plantas, por lo cual se les llaman** ***zoofitos*** **o animales-plantas. Entre ellos hay las** ***esponjas*** **comunes, las** ***hidras,*** **los** ***corales,*** **las** ***medusas,*** **etc.**

303. **Infusorios.—Estos animales, que son abundantísimos, son de tamaño tan pequeño que sólo pueden ser observados al microscopio.**

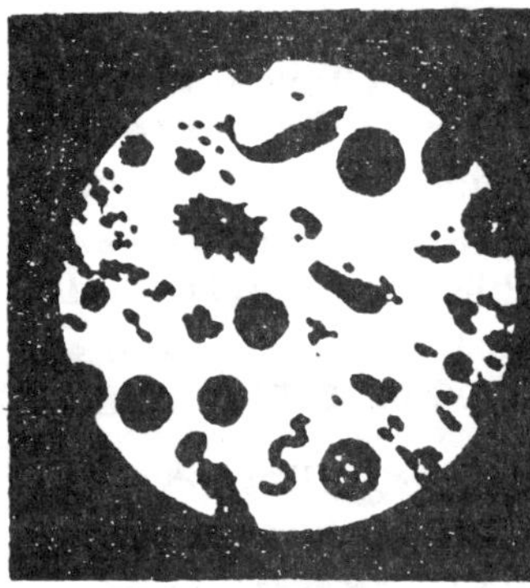

Infusorios en una gota de agua

Ejercicios orales. — Dígase qué animales invertebrados conocen los alumnos de la clase.—De entre ellos, cuáles son antrópodos, cuáles gusanos, cuáles moluscos.—Dígase si se conocen algunos insectos, dónde se les ha visto, cuáles son sus costumbres.—¿Han visto los niños el escarabajo pelotero acarreando las bolas de estiércol que tan trazudamente hace? — Explíquese como las abejas construyen el panal y de qué manera elaboran la miel sacándola de las flores.—Dígase si se han visto salir de la tierra las lombrices al acercarse una tormenta.—Cómo son las esponjas: lo que se aprovecha de las esponjas es sólo lo que podríamos considerar como el esqueleto de las mismas.—La pesca de las esponjas marinas es una verdadera industria y bastante lucrativa.—Si se dispone de un microscopio, obsérvense los infusorios de una gota de agua.

LECCIÓN XXXIII

Botánica. — Los vegetales

304. **La Botánica.**—La *Botánica* se ocupa del estudio de los vegetales o plantas.

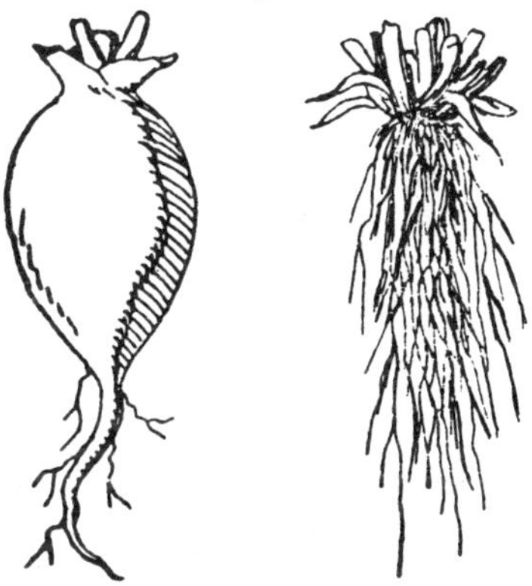

Raíces

305. **Partes de un vegetal.** — Los vegetales de alguna complicación constan de *raíces, tallo, ramas* y *hojas.* Muchos tienen *flores* y muchos dan *frutos.*

306. **La raíz.**—La raíz es la parte del vegetal que, generalmente, se hunde en la tierra. La raíz, además de servir de sostén, al vegetal, le sirve para extraer del suelo los principios que le nutren.

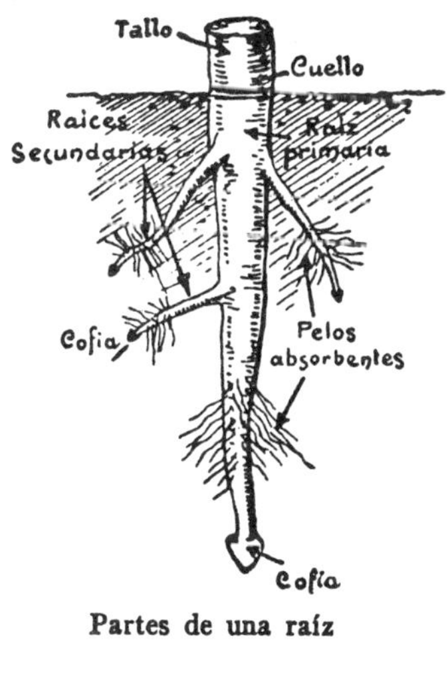

Partes de una raíz

Las raíces tienen formas variadas: de pelos, de tubérculos, de husos, etc.

307. **El tallo.** — El *tallo* o *tronco* es la parte aérea del vegetal; de él salen las *ramas,* y de éstas, las *hojas* y las *flores.*

308. **Corte del tallo.** — Si cortamos un tallo en sección, veremos que en el mismo existen varias capas concéntricas distintas: la más exterior se llama *corteza,* la media, *madera,* y la central, *médula.*

309. **Empleo de los tallos.** — Los tallos tienen muchas aplicaciones: los de la encina, haya, pino, abeto, etc.; se emplean para construír edificios y

muebles; la corteza de la encina que da el corcho, se utiliza para la elaboración de tapones; la corteza de la canela se emplea en confitería, y la de la quinina, en medicina.

310. Funciones de las plantas. — Las plantas se *nutren* mediante sus raíces; por sus tejidos circula la *savia;* respiran por sus hojas, y segregan varias gomas y resinas.

Corte del tronco de un árbol

311. La función clorofílica. — La *clorofila* es la substancia que da el color verde a las plantas. Para formarse la clorofila, precisa el *concurso de la luz;* por esta causa las plantas pierden su color verde cuando se mantienen largo tiempo en la obscuridad.

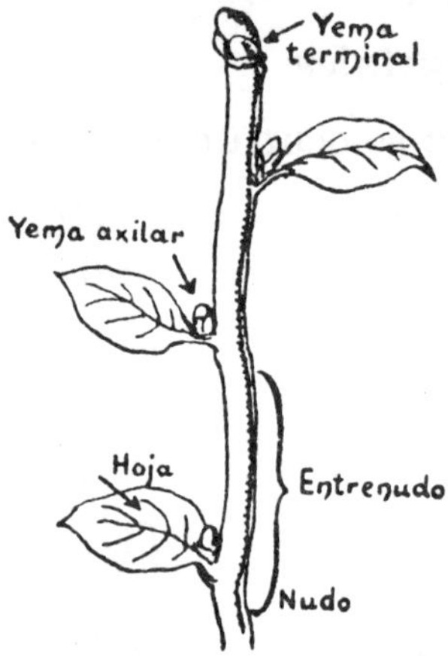

Un tallo

La clorofila, *bajo la acción de la luz,* descompone el anhídrido carbónico que expelen las plantas al respirar, y fija en ellas el carbono; esta acción ha recibido el nombre de *función clorofílica.*

312. La savia.—La *savia* sube por vasos conductores desde las raíces a las partes más elevadas del vegetal. El movimiento más intenso de la savia se realiza en la primavera y en otoño; en invierno queda la circulación de la savia casi paralizada: por esta razón se aprovecha esta estación para *podar* los árboles, pues la savia no se derrama por las heridas.

Ejercicios orales.—Según el tamaño que alcanzan las plantas, se llaman vulgarmente *árboles, arbustos* o *hierbas.*—El movimiento anual de la savia va elaborando, cada año, una capa de madera: por esta razón, en muchos árboles, al cortar un tronco en sección, pueden contarse fácilmente los años que tienen, cuyo número corresponde al número de círculos que presenta la zona de madera.—Las plantas respiran igual que los animales; los que dicen que respiran de manera distinta, es que confunden la *respiración* de las plantas con su *función clorofílica*—Háblese de los *abonos* y de la conveniencia de suministrarlos a las plantas.—Con el empleo adecuado de abonos, puede acrecentarse mucho el rendimiento de las cosechas. — Pónganse ejemplos de plantas interesantes por sus flores.—Idem por sus frutos.—Dígase qué plantas sirven de adorno en los jardines de nuestra población.

LECCIÓN XXXIV

Las hojas, las flores y los frutos

313. Las hojas. — Las *hojas* son expansiones del vegetal insertas en las ramas; generalmente tienen color verde.

314. Sus formas. — Son variadas las formas de las hojas, según las plantas: el roble las tiene en forma de *lóbulos;* las cañas, las tienen *lineares;* los plátanos, *palmeares;* las acacias, compuestas por varias hojitas, etc.

Planta con hojas, flores y frutos

315. Duración de las hojas. — — Hay plantas que pierden cada año sus hojas, por marchitarse éstas con el frío, como los plátanos, acacias, almendros, etc.; y otras plantas guardan sus hojas por tiempo mayor, como los pinos, las palmeras, etc.

Las primeras se llaman plantas de hojas caedizas; las segundas, plantas de hojas perennes.

316. Las flores.—Las *flores* son los aparatos de reproducción de muchas plantas. Muchas de ellas tienen hermosos colores.

Cuando en una planta hay flores masculinas y femeninas, se llama *monoica;* cuando sólo las hay de una clase, *dioica.*

317. Partes de la flor. El cáliz. — Las flores constan, por lo común, de *cáliz, corola, estambres* y *pistilos.* El *cáliz* es la especie de estuche en que se aloja la flor; está formado por uno o varios *sépalos* y tiene, casi siempre, color verde.

Corola

318. La corola.—La *corola* es lo llamado vulgarmente *flor.* La forma y disposición de los *pétalos* sirve mucho para clasificar una planta.

Las flores que carecen de corola se llaman *apétalas.*

319. **Los estambres.**—Los *estambres*, situados en el centro de la corola y afectando la forma de unos bastoncillos, son los órganos masculinos de la flor; en su porción terminal existe el *polen.*

320. **Los pistilos.** — Los *pistilos* constituyen los órganos femeninos de la flor. La parte más inferior y abultada del pistilo se llama *ovario.*

321. **El fruto.** — El ovario, fecundado y maduro, da origen al *fruto.* El fruto presenta forma peculiar en cada planta; consta de una parte central o semilla, germen de otra planta, y de otra parte envolvente, más o menos carnosa, llamada *pericarpio.*

322. **Clases de frutos.** — Los frutos pueden ser *carnosos*, como la uva, el melón, el albaricoque, etc., y *secos*, como la fresa y el higo, en los cuales los frutos son únicamente los pequeños granitos que contienen los receptáculos a los cuales vulgarmente llamamos, en conjunto, frutos.

Ejercicios orales.—Las hojas: obsérvense sus nerviaciones; obsérvese también que las dos caras de una hoja son desiguales: una es más áspera al tacto que la otra y algo menos verde.—Cójanse varias flores y váyanse separando los *pétalos*, los *sépalos*, los *estambres* y los *pistilos.* — Con un cortaplumas, pártase un ovario por mitad.—En una almendra, muéstrense los cotiledones (que son cada una de las dos porciones en que la almendra se divide) y obsérvese el *embrión*, que es la parte de la almendra que dará origen a la nueva planta.—Díganse clases de frutos que se conozcan; cuáles se prefieren; cuáles son más digestibles (uvas, ciruelas, manzanas, etc.): cuáles lo son menos (melón, sandía, higos, etc.).— Cítense algunas plantas ornamentales por la belleza de sus flores (las orquídeas, las rosas, las camelias, las gardenias, etc.).

LECCIÓN XXXV

Plantas sin flores. — Los pinos

323. **Plantas sin flores.**—Entre las plantas sin flores tenemos los *hongos*, las *algas*, los *musgos* y los *helechos.*

Hongo

324. **Los hongos.** — Los *hongos* no tienen color verde. Viven en terrenos ricos o sobre los troncos de los árboles. Algunos son comestibles y otros, muy venenosos. Debemos tener mucho cuidado en examinarlos antes de cocerlos.

325. **Las algas.** — Las *algas* son parecidas a cintas: viven en el agua o en sitios muy húmedos; muchas viven en el mar; algunas tienen color verde, otras azulado y otras pardo.

Pequeñísimas algas son las que producen en el hombre las enfermedades del tifus, difteria, y tuberculosis.

326. Los musgos.—Los *musgos* son plantas que carecen de raíces y de flores: viven en sitios húmedos y a veces sobre las rocas; su tamaño es muy pequeño.

Son musgos las plantas empleadas en la confección de los belenes, que tanto carácter dan a las fiestas de Navidad.

Helecho

327. Los helechos.—Los *helechos* son plantas enteramente verdes. Sus hojas son de un tejido muy delicado; habitan en los sitios húmedos y humbríos.

328. Su tamaño. — Actualmente tienen los helechos un tamaño de 1 m. aproximadamente; pero en épocas antiquísimas alcanzaban gran desarrollo. Los depósitos de bosques enteros de estas plantas, sepultados en el seno de la tierra como resultado de algún cataclismo geológico, han originado, con el tiempo, los yacimientos de *hulla*.

Pino

329. Los pinos. — Los *pinos* son plantas con flores, aunque éstas no se hagan vistosas por sus colores. Los pinos tienen sus hojas en forma de agujas.

330. Plantas afines a los pinos. — Son plantas afines a los pinos, los *abetos*, los *cipreses* y la gigantesca *sequoia americana*.

Existen ejemplares de *sequoia*, que alcanzan una altura de unos 100 metros.

Ejercicios orales.—Cítense plantas sin flores.—Los hongos: díganse algunas especies de *hongos comestibles*; dígase si se conoce alguna especie de *hongo venenoso* y qué características tiene.—Las algas: si nuestra población es marina, dígase si existen zonas con muchas algas en nuestras costas.—Los musgos: como son; dígase si se desarrollan en los alrededores de nuestra población.—Los helechos: su tamaño actual. Háblese del gran desarrollo que alcanzaron en otras épocas de la vida de la tierra, como resultado de ser probablemente la atmósfera de la tierra más rica en humedad y en anhídrido carbónico de lo que es en la actualidad.—Los pinos: cítense plantas afines. Dígase para qué se utilizan los pinos.

LECCIÓN XXXVI

Plantas con flores

331. **Plantas con flores.**—Las plantas con flores se llaman, en general, *fanerógamas*. Según que su semilla tenga *uno* o *dos* cotiledones, se llaman, respectivamente, *monocotiledóneas* y *dicotiledóneas*.

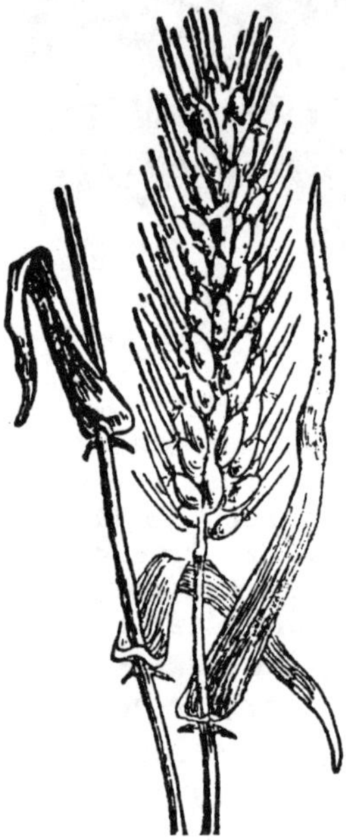

Trigo

Palmera

332. **Plantas monocotiledóneas.**—Estas plantas tienen generalmente sus hojas con las nerviaciones paralelas, como la *caña*.

333. **Algunas plantas monocotiledóneas.** — Son plantas monocotiledóneas el *trigo*, la *palmera*, el *azafrán*, la *caña de azúcar*, el *maíz*, el *centeno*, el *arroz*, etc.

334. **Plantas dicotiledóneas.** — Estas plantas tienen generalmente sus hojas con las nerviaciones radiales, como el *plátano*, el *castaño*. Son plantas dicotiledóneas el *olivo*, la *patata*, el *nabo* y muchísimas más.

La vid

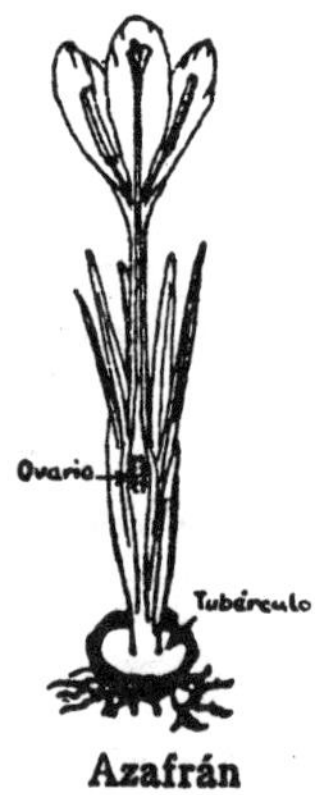

Azafrán

335. Su clasificación. — Es muy grande el número de plantas dicotiledóneas; se clasifican atendiendo preferentemente a la forma de las corolas de sus flores: las que presentan sus pétalos soldados o unidos entre sí, se llaman *gamopétalas;* las que los tienen separados, *dialipétalas.*

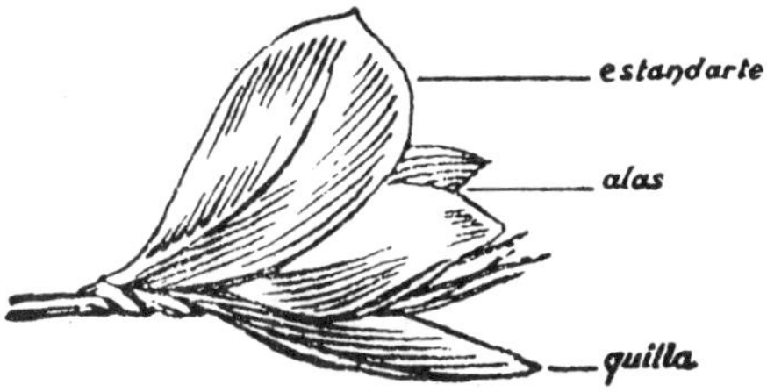

Flor de retama

Amapolas

336. **Algunas dicotiledóneas gamopétalas.** — Son plantas pertenecientes a esta agrupación, la *patata,* el *olivo,* el *alcornoque,* la *ortiga,* el *roble,* las *begonias.*

337. **Algunas dicotiledóneas dialipétalas.** — Son plantas dicotiledóneas dialipétalas la *retama,* las *amapolas,* las *coles,* las *rosas,* los *manzanos, perales, nísperos,* las *alcachofas,* la *vid, etc.*

Ejercicios orales.—Dígase si se conocen muchas plantas con *flores.*—Sepárense en una almendra, luego de mondada, los dos *cotiledones.*—Obsérvese en una almendra el *germen* del futuro vegetal.—Según el número de cotiledones que tiene su semilla, dígase cómo se llaman las plantas *fanerógamas.*—Háblese de la importancia del *trigo* para nuestra alimentación; dígase si se da bien y si se cultiva mucho en nuestras comarcas. —Si no se cultiva mucho trigo, dígase qué planta o plantas se cultivan más.—Háblese de la *caña de azúcar;* de qué otra planta se obtiene también azúcar en cantidad (de la remolacha).—Cítense plantas dicotiledóneas *gamopétalas* o *monopétalas.*—Idem plantas *dialipétalas* o *polipétalas.* —Háblese de los árboles frutales.—Id. de algunas plantas de adorno.

LECCIÓN XXXVII

Mineralogía. — Los terrenos

338. **Mineralogía.** — Además de animales y vegetales, la Tierra está constituída por seres *inertes* o sin vida orgánica: tales son las piedras y los minerales.

339. **Distinción entre mineral y piedra.** — En rigor, no cabría tal distinción; pero se llaman *minerales* a los ejemplares pequeños, y con preferencia metálicos, de las rocas terrestres, y llamamos *piedras* a las grandes masas de tierra inerte que constituyen la parte firme de la tierra.

340. Clases de minerales. — Hay minerales en los cuales predomina el sílice; otros en los cuales predomina la plata, el mercurio, el plomo, el cobre, el hierro, etc.

341. Minerales silíceos. — Son éstos los más numerosos, y cuando afectan formas cristalizadas o geométricas, constituyen varias piedras finas: la *esmeralda*, el *granate*, el *topacio*, etc.

342. Minerales de plata. — En España se hallan minerales de plata en Hiendalaencina. Algunas veces suele haber pequeñísimas cantidades de plata en algunos minerales de plomo.

343. Minerales de mercurio. — El más vulgar es el *cinabrio*, de color rojo vivo.

344. Minerales de plomo.—Las *galenas* o sulfuros de plomo, son los más vulgares: estos minerales pesan mucho.

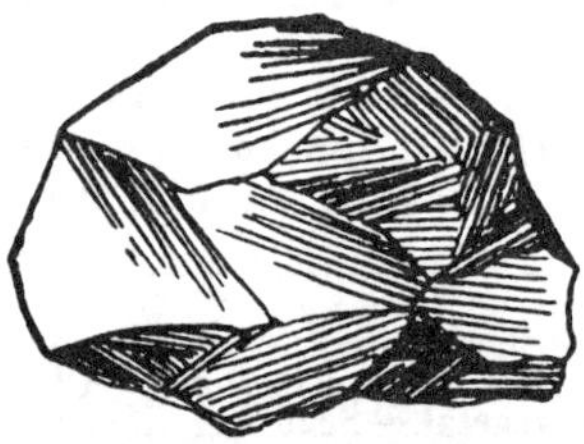

Un cristal de roca

Un alto horno

345. Minerales de hierro y cobre.—El mineral de hierro más abundante es la *pirita*, que es el sulfuro de hierro. Cuando aparece mezclado con sulfuro de cobre, se llama *calcopirita*.

Las piritas de hierro se benefician en los Altos Hornos; es decir, se extrae de ellas la cantidad que tienen de metal.

Ejercicios orales.—Dígase si nuestra comarca es rica en minerales. —Dígase si existen en ella minas en explotación y en caso afirmativo, qué minerales se extraen.—A qué se destina el mineral que se extrae.—Para qué sirve la plata (para construír monedas, vajillas y objetos artísticos).—Utilidad del plomo.—En España existen las minas de mercurio más importantes del mundo (las de Almadén).—Es peligroso el trabajo en las minas, y en las de mercurio más aún, por los vapores que se desprenden, los cuales son muy venenosos.—Importancia del hierro: usos a qué se destina.—Dígase si en nuestra comarca existen yacimientos de hierro, y, caso de existir, si hay altos hornos para beneficiarlo. — Indíquense las regiones de España más ricas en mineral de hierro (Bilbao, Santander, Oviedo y Teruel).

LECCIÓN XXXVIII

Las piedras. — La estratificación

346. **Las rocas.** — De las rocas que constituyen la corteza terrestre, unas se han ido formando en el seno de las aguas, por *sedimentación* o *poso*, y otras han salido *fundidas* del interior de la tierra.

347. **Las piedras.** — Las piedras que constituyen a veces las grandes masas que llamamos rocas, son *calizas* las unas; otras, *silíceas*, y algunas, *volcánicas*.

348. **Piedras calizas.** — Son piedras calizas, la *creta*, el *mármol* y la *piedra de sillería*.

349. **Piedras silíceas.** — Estas piedras tienen mayor dureza que las calizas. Son rocas silíceas el *pedernal*, el *ágata*, el *cuarzo*.

350. **Piedras volcánicas.** — Las piedras volcánicas más vulgares son las *lavas:* son piedras negruzcas, muy porosas y ligeras.

351. **Estratificación.**—Las diferentes clases de terrenos, principalmente los de origen sedimentario, aparecen formando capas superpuestas unas de otras.

352. **Estratos.**—Cada una de estas capas de terreno se llama también *estrato*. Cuando los estratos aparecen paralelos entre sí, la estratificación se llama *concordante;* cuando los estragos aparecen alterados en su paralelismo, los estratos se llaman *discordantes*.

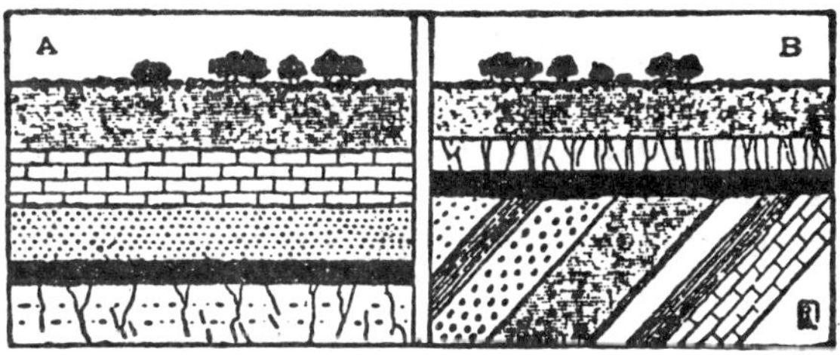

A, estratificación concordante; *B*, íd. discordante

Los estratos concordantes son signo de que el lugar que los tiene ha estado durante un largo período de tiempo en reposo geológico; los estratos discordantes indican que el terreno que los contiene ha sido teatro de importantes agitaciones terrestres.

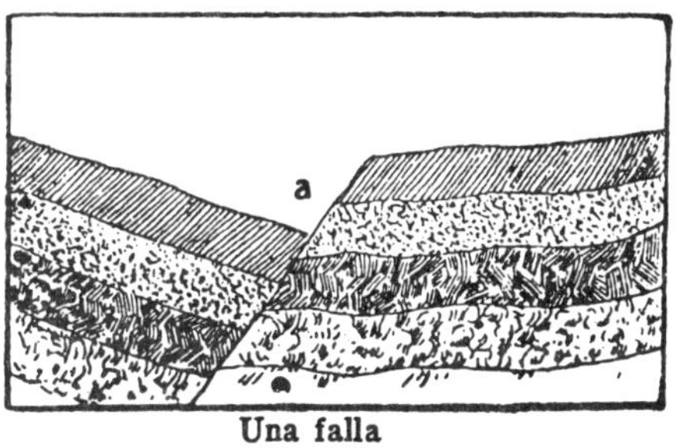

Una falla

253. **Fallas.** — *Falla* es

la quebradura formada cuando, por efecto de un transtorno geológico, se produce una rotura en un sitio determinado, y la parte de terreno a un lado de dicha quebradura se hunde con relación a la otra parte del terreno.

Ejercicios orales.—Dígase si las rocas de los montes más cercanos a nuestra población son calizas o no; obsérvese si en dichas montañas se ve la disposición de las capas de terreno o estratos (si una trinchera corta la montaña para dar paso a una carretera o a un ferrocarril, podrá verse perfectamente la disposición de estas capas).—Dibújese una estratificación concordante.—Id. una discordante.—Id. una falla. — Obsérvese como los terrenos calcáreos son en general pobres en vegetación; ello es debido a que son poco húmedos y a que las raíces de las plantas hallan dificultad en ahondar por ellos.

LECCIÓN XXXIX

Los fósiles y las edades geológicas

354. **Los fósiles.**—Los restos o los ejemplares completos de animales o vegetales, petrificados en el espesor de los terrenos o las rocas, se llaman *fósiles*. Estos *fósiles* corresponden a animales o vegetales que vivieron sobre la tierra en períodos de tiempo muy remotos.

355. **Los terrenos.** — Los terrenos pueden haber sido formados bien por sedimento o poso de las substancias terrosas en el seno de las aguas, bien por haber salido fundidos del interior ígneo de la tierra: los primeros son los llamados terrenos *sedimentarios* o de origen ácueo; los segundos son los llamados *ígneos*.

356. **Las capas de sedimentación.** — Estas capas alcanzan a veces centenares de metros de espesor: solamente en períodos de millares de años pueden haberse realizado tan enormes *sedimentaciones*.

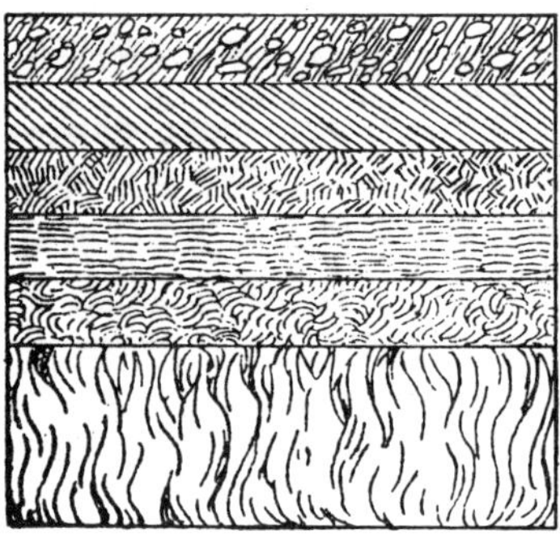

1. Terrenos de aluvión. — Los que pisa el hombre.
2. Terrenos terciarios. — Vivían los grandes mamíferos.
3. Terrenos secundarios.-Vivían enormes reptiles y peces.

(1–3: Terrenos de origen ácueo)

4. Terrenos primarios. Había bosques enormes. La hulla.
5. Terrenos cristalizados. El granito.
6. Fuego central.

Capas de terrenos que forman la corteza terrestre

357. **Características de los terrenos.** — Los fósiles que se encuentran en el espesor de estas capas de sedimentación sirven para poder calcular la época remotísima de su formación.

358. **Clases de terrenos.**—Los terrenos de sedimentación, de los más antiguos a los de formación más moderna, se llaman, respectivamente, terrenos *primarios, secundarios, terciarios, cuaternarios* o *modernos.*

359. **Los cataclismos geológicos.—Si la vida de la tierra fuera absolutamente tranquila, los terrenos más antiguos o primarios, se hallarían siempre muy profundos, y dispuestos encima de ellos los secundarios, los terciarios y los modernos; pero los cataclismos geológicos, alteran, muchas veces, esta disposición de las capas, levantando las profundas y hundiendo las superficiales.**

360. **Fósiles que caracterizan algunos terrenos.—Unos crustáceos llamados *trilobites* y los yacimientos de *hulla* caracterizan los terrenos primitivos. Los moluscos *ammonites*, caracterizan los terrenos secundarios, como así mismo los grandes reptiles, por ejemplo, el *ictiosauro*. En el período *terciario* aparecen los *caballos* y los *elefantes*, y en el período cuaternario, aparece el *hombre* sobre la Tierra.**

El ictiosauro

Ejercicios orales.—Dígase si los niños hán encontrado algún fósil en alguno de sus paseos en los alrededores de la población: véase como está petrificado.—Algunas veces no son precisamente fósiles lo que se encuentra en las rocas, sino impresiones fósiles, o sea especie de ***moldes*** que corresponden al hueco que, al descomponerse, fué dejando en el terreno el animal sepultado.—Dígase si los terrenos de los alrededores de nuestra población son de origen *ígneo* o *ácueo*.—Cómo los cataclismos geológicos alteran el paralelismo y la disposición de las capas de los terrenos.—Dígase en qué consisten estos cataclismos (volcanes, terremotos, fallas, hundimientos de cavernas subterráneas).—Fósiles que caracterizan los terrenos primarios.—Idem los secundarios.—Idem los terciarios.

LECCIÓN XL

Los agentes geológicos como causas del relieve terrestre

361. **Los agentes geológicos.**—El aspecto de la tierra en su relieve (sus valles, sus montañas, curso de sus ríos, etc.) no se mantiene siempre igual; los agentes geológicos, obrando continuamente sobre la superficie terrestre, van modificando poco a poco su aspecto.

Un volcán en actividad

362. **Principales agentes.**—Los agentes geológicos que van laborando continuamente y realizando estos cambios de aspecto de la superficie terrestre, son el *agua*, los *volcanes*, los *terremotos* y los *seres vivos*.

363. **Acción del agua.** — El agua socava el lecho y las márgenes de los ríos, y va acumulando hacia la parte baja de las cuencas, tierras que arrastra de las montañas. El agua que se filtra, fragua cavernas subterráneas, que a veces se hunden produciendo verdaderas catástrofes.

364. **Acción de los volcanes.** — Los volcanes vienen a ser como respiraderos por los cuales se manifiesta la actividad interna de la tierra. Las corrientes de lava, al solidificarse, rellenan valles, forman montañas, cambian el curso de los ríos, etcétera.

365. **Acción de los terremotos.** — Los terremotos, cuando son muy intensos, producen efectos

Un terremoto

muy desastrosos: asolan comarcas enteras; producen profundas grietas y simas, y a veces son causa de que desaparezcan islas enteras.

366. **Los seres vivos.** — Los seres vivientes también laboran en esta destrucción y sucesiva edificación de la tierra: las raíces de las plantas agrietan los terrenos y las rocas; los pólipos y las algas silíceas edifican nuevas islas, y las conchas calcáreas de innúmeros animales marinos, van edificando nuevas rocas en el seno de los mares.

Ejercicios orales.—El aspecto exterior de nuestra comarca, de nuestro continente y, por ende, de la Tierra, va sufriendo constantemente pequeñas modificaciones que a la larga alteran profundamente su aspecto exterior: el mar retrocede en unos puntos y avanza en otros; las altas montañas van limando sus asperezas y haciéndose más bajas; los valles van rellenándose unos y ahondándose más otros; puede decirse, en rigor, que ningún día de la Tierra es igual.—Si pasa un torrente por los alrededores de nuestra población, en las márgenes del mismo podremos observar el trabajo que sus aguas realizan en las épocas de grandes lluvias.—Dígase si en nuestra comarca existe algún volcán apagado o restos de vulcanismo.—Acción de los seres vivos, tanto vegetales como animales.

Fisiología e Higiene

FISIOLOGÍA

LECCIÓN I

Funciones. — Digestión

1. **Fisiología.** — La fisiología estudia el funcionamiento de los órganos del cuerpo humano.

2. **Función.**—La actividad de un órgano o de varios órganos tendiendo a un mismo fin, se llama *función.*

Así, la actividad del estómago y de los intestinos contribuyendo al fin funcional de la digestión, se llama *función digestiva.*

3. **Clases de funciones.** — En el cuerpo humano se realizan tres clases de funciones: de *nutrición,* de *relación* y de *reproducción.*

Las funciones de *nutrición* determinan el crecimiento y la buena salud de nuestro cuerpo.

Las de *relación* nos permiten ponernos en comunicación con los objetos que nos rodean.

Las de *reproducción* perpetúan la especie.

4. **Principales funciones de nutrición.**—Las principales funciones de nutrición son la *digestión,* la *absorción,* la *circulación,* la *respiración* y la *calorificación.*

También se considera como función de nutrición la realizada por las *secreciones* de las glándulas.

5. **Digestión.** — Mediante la digestión, se convierten en substancias fácilmente asimilables por nuestros tejidos, buena parte de los alimentos que ingerimos, una vez transformados primeramente en *quimo* y luego en *quilo.*

Tubo digestivo del hombre

6. **Dónde se verifica la digestión.**—La digestión se verifica a lo largo del tubo digestivo. Nos alimentamos mediante la ingestión de *alimentos.*

7. **Alimentos.** — **Llamamos *alimentos* las substancias generalmente vegetales o animales que, introducidas en nuestro tubo digestivo, nos proporcionan elementos nutricios para nuestra economía.**

Ejercicios orales.—Cítense algunas de las funciones que se realizan en nuestro organismo.—El estómago ¿de qué función es órgano?—¿Y el corazón?—¿Y los pulmones?—¿Y los riñones?—La nutrición, en los años de infancia, se traduce en crecimiento; en los años de adolescencia, en enfortecimiento del cuerpo; en los años de edad madura se mantiene el cuerpo estacionario, y en la vejez, el cuerpo pierde peso y energías por hacerse la nutrición más débil.—Recuérdense los actos y la marcha general de la digestión; actos mecánicos de la misma (trituración de los alimentos por los dientes y amasamiento de los mismos por los movimientos estomacales).

LECCIÓN II

Absorción. — Circulación

8. **La absorción.**—La *absorción* tiene por objeto incorporar a la sangre todas las substancias asimilables. Se realiza principalmente por los *vasos quilíferos* de los intestinos.

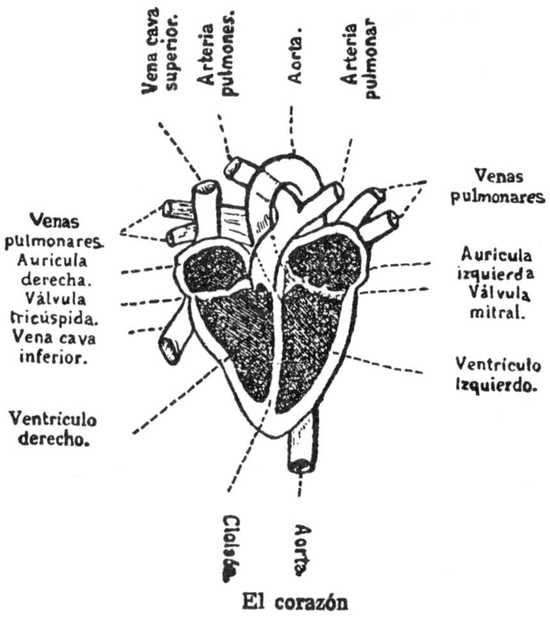

El corazón

9. Absorción cutánea. — La piel, por sus poros, verifica también una absorción de los líquidos o gases en contacto con ella.

10. Absorción pulmonar. — Por los pulmones se realiza una muy importante absorción, incorporándose a la sangre oxígeno del aire.

11. La sangre. — La *san-*

gre es un líquido viscoso y rojo; está constituída por dos partes: una líquida o *plasma* y una sólida o *glóbulos.*

Los glóbulos son de dos clases: los *rojos* o *hematíes* y los *blancos* o *leucocitos.*

12. **Circulación de la sangre.** — La sangre discurre por el cuerpo humano por tubos huecos que se llaman *arterias, venas* y *vasos capilares.* Un órgano impulsor, el *corazón,* la envía hasta las más distantes células de nuestros tejidos. Este movimiento de la sangre a través de nuestro cuerpo, se llama *circulación.*

13. **El corazón.**—El *corazón* es un músculo de paredes muy resistentes; interiormente está hueco y dividido por un tabique fibroso vertical y otro horizontal, en cuatro compartimientos: los dos superiores se llaman *aurículas;* los dos inferiores, *ventrículos.*

14. **Sangre arterial.** — La sangre que en los pulmones se ha apropiado oxígeno del aire, se llama *sangre arterial;* esta sangre se vierte en la aurícula izquierda; de allí pasa al ventrículo, y saliendo por la arteria *aorta, se dirige* a todas las partes del cuerpo.

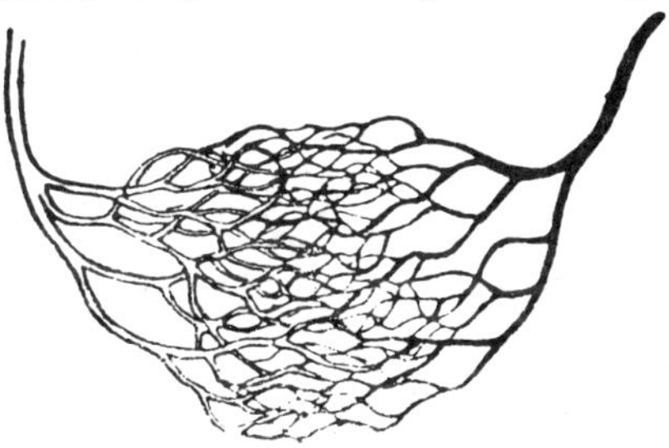

Vasos capilares

15. **Sangre venosa.** — La sangre arterial, una vez ha cedido a los tejidos el oxígeno que contenía y se ha apropiado de éstos el anhídrido carbónico, queda convertida en *sangre venosa;* las venas *cavas* recogen toda la que va al corazón, vertiéndola en la aurícula derecha, de allí pasa al ventrículo, y sale del corazón en dirección a los pulmones por la *arteria pulmonar.*

Las arterias conducen la sangre que *sale* del corazón; las venas conducen la sangre que se *dirige* al corazón.

Ejercicios orales.—Si no mediara la absorción y la asimilación, nuestra sangre se iría empobreciendo gradualmente, pues como cede a los tejidos los principios nutritivos que contiene, si éstos no se fueran renovando la sangre debería cederlos todos: sería una situación insostenible para nuestro organismo.—La absorción cutánea y la pulmonar son muy importantes: si se nos cerraran todos los poros de la piel no tardaríamos en enfermar; si se nos suprimieran los cambios gaseosos que realizamos en nuestros pulmones, no tardaríamos en morir. — El corazón realiza una fuerza impulsora realmente enorme: basta tener en cuenta, para hacernos cargo de ello, que el corazón late unas 70 ó 80 veces por minuto, y que se necesita un esfuerzo considerable para empujar, a cada latido, toda la masa de sangre en nuestras arterias.

LECCIÓN III

Respiración. — Secreción. — Calorificación

16. **Respiración.**—Mediante la función *respiratoria,* la sangre *venosa* o mala que llega a los pulmones, se apropia oxígeno del aire que respiramos, y se vuelve otra vez buena o *arterial.*

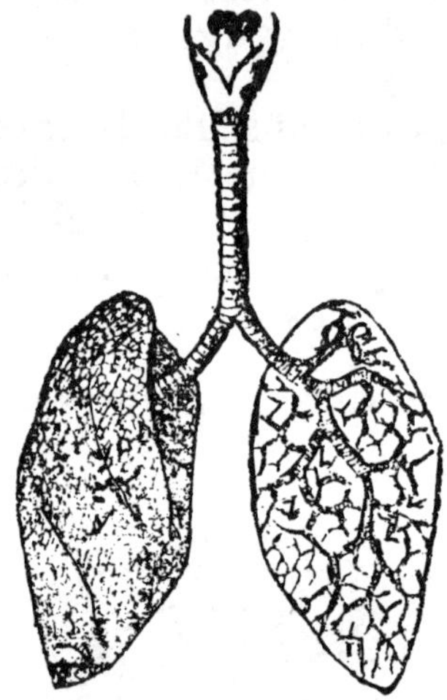

Aparato respiratorio del hombro: el pulmón de la derecha aparece cortado mostrando los bronquios

La sangre arterial tiene un color rojo más intenso que la venosa.

17. **Inspiración y espiración.** — La entrada del aire en nuestra cavidad torácica se llama *inspiración,* y la salida del mismo se llama *espiración.*

En la inspiración, la cavidad torácica se dilata; en la espiración, la cavidad torácica se contrae.

18. **La hematosis.**—Llámase hematosis o sanguificación, la transformación que sufre la sangre al convertirse de venosa en arterial mediante el oxígeno del aire.

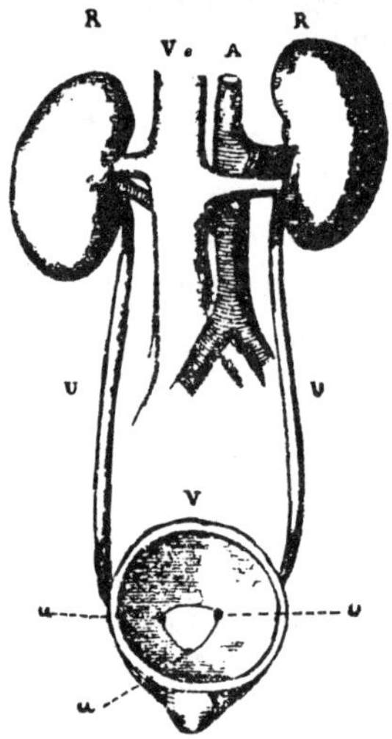

Aparato urinario

19. Cantidad de aire que entra en los pulmones. — A cada inspiración entra en nuestros pulmones, aproximadamente, medio litro de aire; en las inspiraciones profundas entran hasta dos o tres litros. El hombre sano respira unas 18 veces por minuto.

20. **Secreción.**—Mediante la función *secretora,* diversas glándulas que existen en nuestro cuerpo separan de la sangre substancias que la impurifican.

21. **Principales secreciones.**—Las secreciones principales son la de los riñones, o sea la *orina,* la *saliva,* el *sudor* y las *lágrimas.*

También se llaman secreciones las substancias segregadas por el *hígado* (la bilis), por el *páncreas*, *bazo*, etc.

22. **Calorificación.** — La actividad de las funciones que se verifican en nuestro cuerpo mantiene a éste a una temperatura de unos 37 grados.

Los ejercicios violentos la hacen aumentar algo; cuando esta temperatura pasa de 37'5 grados, nuestro organismo sufre *fiebre*.

Ejercicios orales.—Recuérdense otras maneras de respiración diferentes a la del hombre (la respiración en los peces mediante *branquias;* la respiración en los insectos mediante *tráqueas)*.—Hágase una inspiración y una espiración, y compruébese como la cavidad torácica se dilata y se contrae, respectivamente. — La *hematosis* es una transformación química que se opera en la sangre, mediante la cual se elimina de la misma el anhídrido carbónico que la impurifica (el cual pasa al exterior en el acto de la espiración) y queda incorporado a la sangre el oxígeno del aire (el cual pasa a las células para mantener su actividad vital).—El papel de las secreciones es importantísimo; si una secreción se nos paralizara, no tardaríamos en enfermar.—Para mantener nuestro cuerpo a un grado de calor conveniente, nos valemos de las prendas de vestir; en verano usamos poca ropa para facilitar la salida del calor de nuestro cuerpo; en invierno usamos mucha ropa para que las capas de aire que el traje y las prendas interiores inmovilizan, sirva de aislador y preserve nuestro calor del cuerpo para que no se pierda por irradiación.

LECCIÓN IV

Funciones de relación. — El esqueleto

23. **Funciones de relación.**—Mediante las llamadas funciones de *relación*, nos ponemos en comunicación con nuestros semejantes y con los objetos que nos rodean.

24. **Principales funciones de relación.** — Son funciones de relación los *sentidos*, los *movimientos*, la *inervación* y la facultad de hablar o *fonación*.

25. **El movimiento.** — El movimiento es la función por la cual el hombre, y muchos animales también, pueden cambiar de lugar. El movimiento puede realizarse merced a los *huesos*, *músculos* y *nervios*.

26. **Los huesos.** — Los huesos constituyen las palancas de los movimientos. El conjunto de los huesos del hombre se llama *esqueleto*, y forma en nuestro organismo un andamiaje interior y rígido.

27. **Regiones que comprende el esqueleto.** — El esqueleto humano comprende tres *regiones:* la *cabeza*, el *tronco* y las *extremidades*.

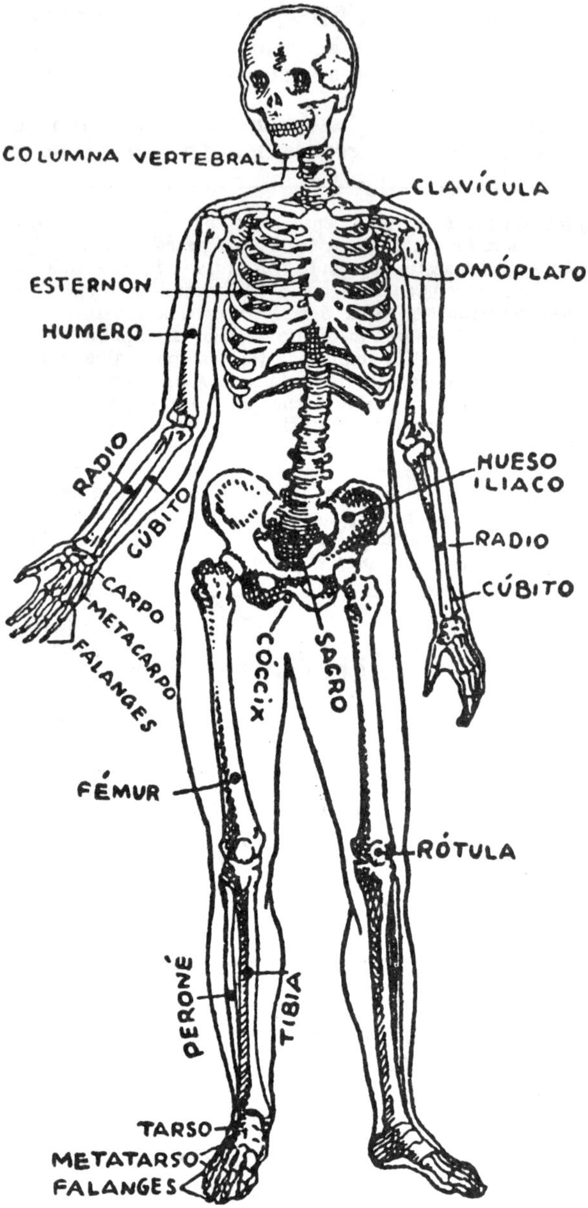

Esqueleto humano

28. **La cabeza.** — La cabeza comprende el *cráneo* y la *cara.*

29. **Huesos del cráneo.**—Los huesos del cráneo son: un *frontal,* que constituye la frente; dos *parietales,* que cierran la bóveda craneal por la parte superior; dos *temporales,* que forman las regiones laterales de la oreja; un *occipital,* que forma la nuca; un *esfenoides* y un *etmoides,* que cierran la caja craneal por la parte inferior.

30. **Huesos de la cara.** — En la cara tenemos: los *nasales,* que forman la nariz; los *pómulos,* que constituyen las mejillas; los *unguis,* en la parte inferior de los ojos; los *maxilares superiores;* los *palatinos,* que cierran la bóveda del paladar; el *maxilar inferior,* y el hueso *vómer,* que sostiene la laringe.

31. **Huesos del tronco.** — En el tronco tenemos los siguientes huesos: el *esternón,* que es un hueso plano situado en la parte anterior y central del pecho; las *clavículas,* que van del esternón hasta los hombros; los *omóplatos,* que son dos huesos triagulares y planos, situados en la parte superior de la espalda; la *columna vertebral,* formada por 32 *vértebras,* y las *costillas,* muchas de las cuales se unen por delante al esternón y por detrás se unen todas a la columna vertebral.

32. **Las extremidades superiores.** — Los huesos de las extremidades superiores son: el *húmero,* que forma el brazo; el *cúbito* y el *radio,* que forman el antebrazo, y el *carpo,* el *metacarpo* y los *dedos,* que son las tres regiones de huesos que se consideran en la mano.

La clavícula y el omóplato pueden considerarse como formando parte de las extremidades superiores, ya que estos dos huesos constituyen el hombro.

33. **Las extremidades inferiores.** — Las extremidades inferiores comprenden: la *pelvis* o *bacinete,* que es donde se articula el *fémur,* o hueso de la cadera; los dos huesos de la pierna, que son la *tibia* y el *peroné;* el de la rodilla, que es la *rótula,* y los del pie, que comprende, como la mano, tres zonas de varios huesos pequeños: estas zonas se llaman *tarso* (parte posterior del pie y talón), *metatarso* (parte media del pie) y *dedos.*

Ejercicios orales. — Mediante las funciones de relación, nos movemos, vemos, oímos, gustamos, olemos y tocamos los objetos; elaboramos ideas y las asociamos.—Las funciones de relación son, pues, las que más claramente muestran la superioridad del hombre sobre todos los otros seres de la creación.—Los huesos están constituídos por substancia gelatinosa y substancia mineral; están envueltos por una membrana llamada *periostio,* que los nutre; por el interior del hueso existen unos canalitos de diámetro muy pequeño, por los cuales pasan finísimos vasos sanguíneos.—Los huesos tienen formas especiales; unos son largos y huecos, como el *fémur,* la *tibia,* el *húmero;* otros son planos y anchos, como el *esternón,* y otros son planos cortos, como los dedos del *carpo,* del *metacarpo,* del *tarso* y del *metatarso.*

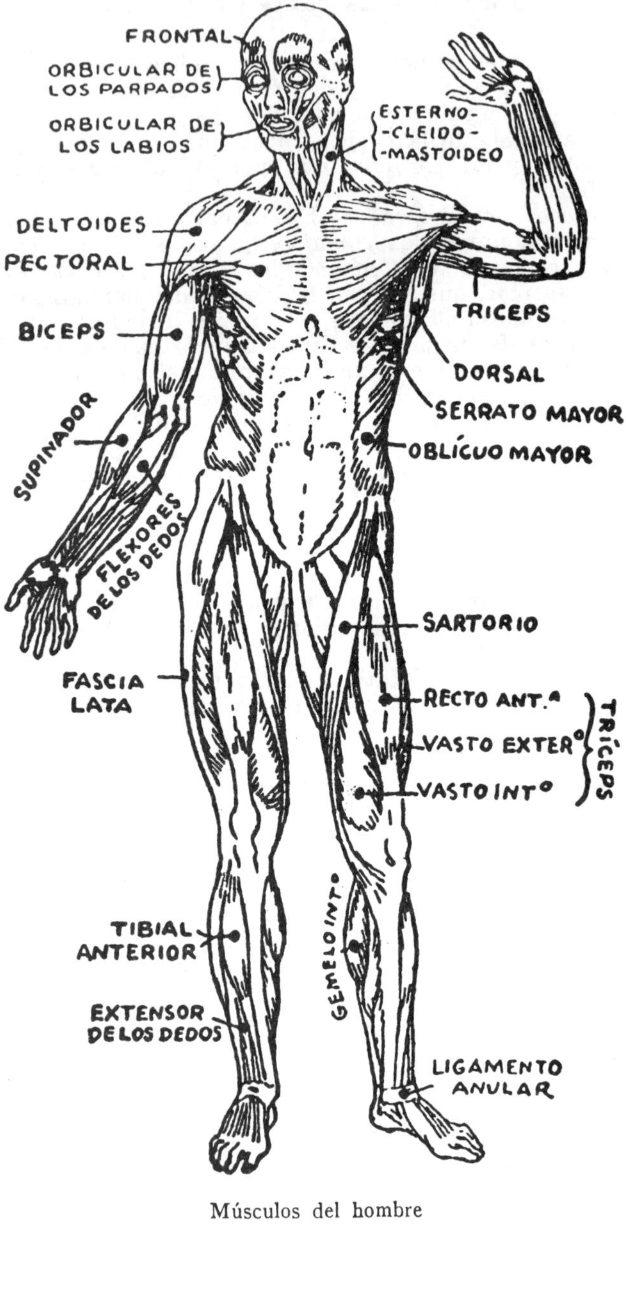

Músculos del hombre

LECCIÓN V

Los músculos. — El movimiento

34. **Los músculos.** — Los *músculos* forman lo que ordinariamente llamamos *carne:* son los órganos activos de los movimientos.

35. **Contractilidad muscular.**—Mediante una excitación nerviosa, los músculos pueden contraerse, ensanchándose y acortándose, y así mueven los huesos.

36. Inserción de los músculos en los huesos. — Los músculos que provocan los movimientos, se insertan en dos huesos que se articulan; una inserción permanece fija y la otra es la que se mueve.

37. **Algunos músculos de la cabeza.** — Entre ellos el *frontal*, que nos permite fruncir las cejas; los *orbiculares de los párpados*, que nos permiten abrir y cerrar los ojos, y los *orbiculares de la boca.*

38. **Algunos músculos del tronco.**—El *pectoral* está situado como indica su nombre, formando el pecho; el *dorsal*, constituye la espalda; el *serrato mayor* y los *intercostales*, están situados en los costados; los *glúteos* forman las nalgas.

39. Músculos de los brazos. — En los brazos existen, entre otros, el *bíceps* y el *tríceps braquial*, el *supinador* del brazo y los *flexores* y *extensores* de los dedos.

40. Músculos de las piernas. — En las piernas tenemos el *sartorio*, los *vastos*, los *gemelos*, que forman la pantorrilla, y a continuación de los gemelos, el *tendón de Aquiles*, que termina en el talón.

41. **Movimientos.** — El hombre puede realizar toda suerte de movimientos, merced a los numerosos músculos que posee. Cuando se mueven muchos músculos y nuestro cuerpo cambia de lugar, realizamos un movimiento de *locomoción.*

42. **Locomoción.** — Los movimientos de locomoción realizados por el hombre, son la *marcha*, la *carrera*, el *salto* y la *natación.*

Andando podemos recorrer unos 5 Km. por hora; corriendo podemos recorrer unos 12 Km.

Ejercicios orales.—Los músculos constituyen lo que vulgarmente llamamos *carne;* pero no se infiera de esto que los individuos más gordos sean los más musculosos, puesto que en rigor no es así: la gordura la da la grasa y no el músculo.—Las terminaciones de los músculos que se unen a los huesos, se llaman *ligamentos;* obran como verdaderas cuerdas.—Los músculos nos permiten la gran variedad de movimientos que podemos ejecutar.—Las variadas posiciones que podemos adoptar con carácter estable, se llaman *actitudes:* son actitudes el estar en pie, el estar sentado, de rodillas, sobre un pie, tendidos, etc. En las actitudes, muchos de nuestros músculos están en reposo.

LECCIÓN VI

El sistema nervioso

43. **La inervación.**—Hay un sistema, en nuestro organismo, que mantiene y regulariza la actividad de todos los órganos: tal es el llamado *sistema nervioso.*

44. **Su importancia.**—El sistema nervioso es el centro de todas las actividades de nuestro organismo; preside, además, las funciones de nuestra inteligencia.

45. **Centros nerviosos.** — El centro nervioso principal es el *cerebro* o *encéfalo,* y, en cierto modo subordinado a él, existe otro centro importante, la *médula espinal.*

46. **Encéfalo.** — El encéfalo es una gran masa de substancia nerviosa alojada en el interior del cráneo.

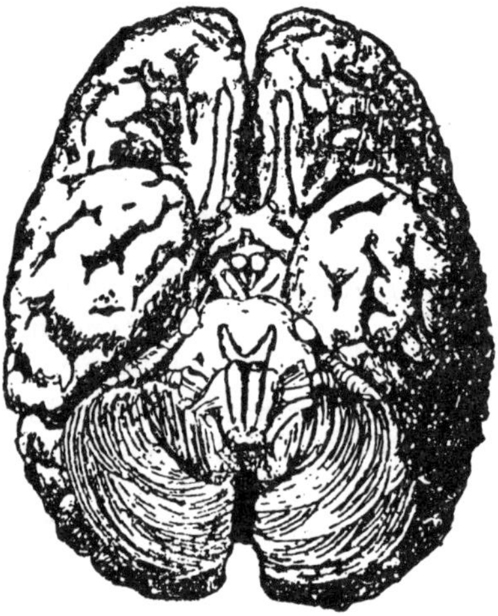

El encéfalo

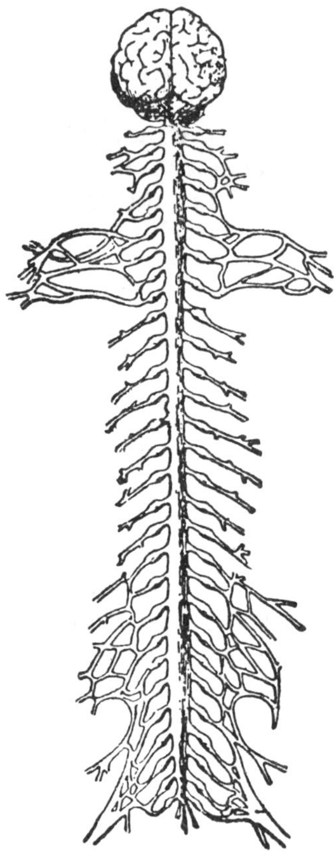

Médula espinal

47. **Su disposición.** — **El encéfalo está rodeado por tres membranas, que se llaman** ***meníngeas,*** **cuyo objeto es proteger la delicada substancia nerviosa. El cerebro comprende tres partes o regiones: el** ***cerebro,*** **el** ***cerebelo*** **y el** ***istmo del encéfalo.***

48. **Substancia blanca y substancia gris.** — **El cerebro aparece exteriormente constituído por células nerviosas de color** ***grisáceo;*** **interiormente está formado por una substancia más dura y de color más** ***blanco.***

49. **La médula.** — La médula forma un grueso cordón nervioso, alojado en la columna vertebral.

Contrariamente que en el cerebro, la médula es *blanca* exteriormente y *gris* en su interior.

50. **Los nervios.**—Los nervios son cordones de substancia nerviosa, los cuales relacionan los centros nerviosos con los distintos órganos de nuestro cuerpo.

51. **Nervios craneales y nervios espinales.** — **Los nervios que salen del encéfalo se llaman** ***craneales,*** **entre los cuales figuran los que reciben las impresiones de nuestros sentidos. Los nervios que parten de la médula se llaman** ***espinales,*** **que se dirigen a todas las partes del cuerpo.**

52. **Nervios sensitivos, motores y mixtos.** — **Hay nervios que comunican al cerebro las sensaciones de los órganos, y se llaman** ***nervios sensitivos;*** **los que comunican a los molúsculos las órdenes de movimiento que ordena el cerebro, se llaman** ***motores,*** **y los que ofician a veces como sensitivos y otras veces como motores, son los** ***mixtos.***

Ejercicios orales.—La *inervación* es la más importante de las funciones que se verifican en nuestro cuerpo, porque ella las preside todas.—El cerebro es el órgano más delicado: para resguardarlo bien, está alojado en la cavidad del cráneo: el cerebro es el medio de que se vale nuestra alma para recordar, elaborar ideas y relacionar estas ideas.—Para aumentar la superficie de la substancia gris cerebral, el cerebro aparece formando unas rugosidades que se llaman *circunvoluciones;* existen también en él unos surcos profundos que dividen el cerebro en *lóbulos,* y un surco más profundo lo divide por mitad en dos *hemisferios cerebrales.*—La médula preside el funcionamiento de las funciones de la vida vegetativa o animal.—Cuando nos hacen una presión en los dedos, el nervio sensitivo que va de los mismos al cerebro, transmite a éste la sensación recibida; si la presión nos molesta, entonces el cerebro ordena al nervio motor que tiene sus terminaciones en la mano, que retire este órgano.

LECCIÓN VII

La vista

53. **La visión.**—Mediante la *visión,* podemos conocer el *tamaño,* la *forma* y el *color* de los objetos que nos rodean y apreciar la *distancia* a que se hallan de nosotros.

54. **Órganos de la visión.**—Los órganos de la visión son los *ojos,* los cuales están alojados en las *órbitas,* que son unas cavidades óseas situadas en la cara.

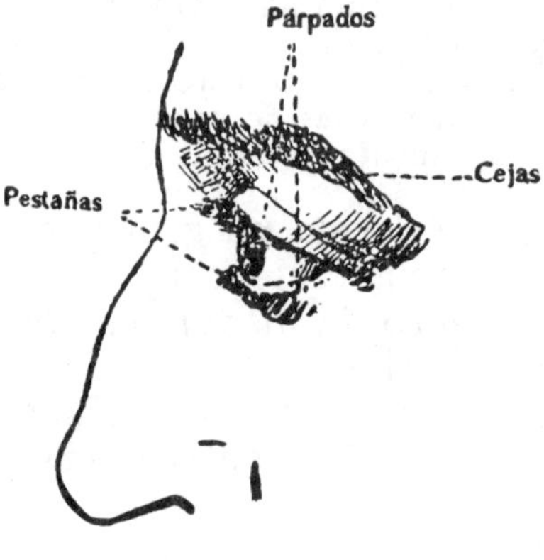

Ojo humano

55. **El globo del ojo.** — El *globo del ojo* es casi esférico; por su parte anterior tiene un círculo más o menos oscuro, llamado *iris,* agujereado en su centro *(pupila).* Por esta pequeña abertura entra en el ojo la luz.

Cuando hay mucha luz, unos músculos disminuyen la abertura de la pupila para que entren en el interior del ojo pocos rayos luminosos; cuando la luz es débil, los músculos en cuestión agrandan la pupila para que entre la mayor cantidad posible de rayos luminosos.

56. **El cristalino y los humores.** —Detrás de la pupila existe el *cristalino,* que afecta la forma de una lente biconvexa y que concentra los rayos de luz que han atravesado la pupila. Unos humores que llenan el globo del ojo, acaban de concentrar los rayos luminosos antes de llegar a la *retina.*

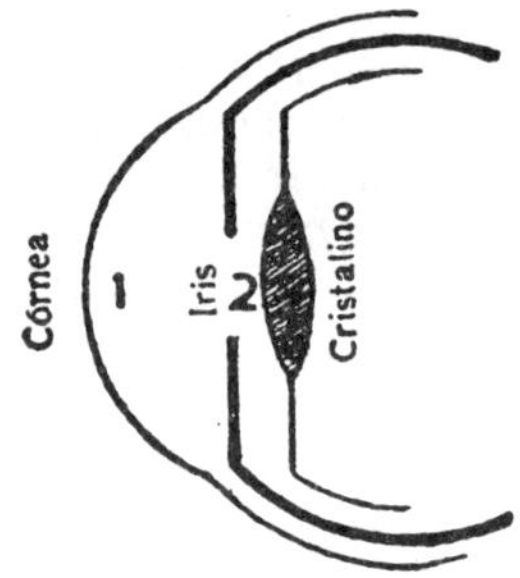

Globo del ojo

57. **La retina.** — La *retina* es la parte *sensible* del ojo. Consiste en una membrana que tapiza el fondo del globo ocular; en esta membrana existen las verdaderas células sensibles, y la impresión que sobre ellas ejerce la luz, la transmite el nervio *óptico* al cerebro.

La admirable disposición de los elementos de que consta el ojo, y en general, la organización toda de nuestro cuerpo, demuestra, evidentemente, la infinita sabiduría de nuestro Supremo Hacedor.

58. Visión normal. — Una vista es *normal* cuando a unos 25 centímetros se pueden leer los caracteres ordinarios de tipo de imprenta: si hay que alejar el periódico o el libro para ver, es que la vista está cansada o se padece *presbicie.* Si hay que acercarse mucho al impreso para ver bien, es que se padece *miopía.*

Ejercicios orales.—Los ojos son órganos muy delicados y exigen toda suerte de cuidados así que notemos en su funcionamiento algo anormal.—Buena parte de las afecciones o defectos de la visión se corrigen actualmente con el empleo de lentes apropiados.—Cuando el cristalino se hace opaco, se padece una *catarata;* esta afección se cura operando el cristalino.—Cuando se nos irrite la conjuntiva, o membrana que recubre interiormente los párpados, debemos lavarnos los ojos con agua boricada, y si así no cede enseguida la inflamación, será conveniente consultar a un oculista sin tardar. En los ojos, cualquier cosa tiene importancia, pues son estos órganos muy delicados.

LECCIÓN VIII

El oído

59. **El oído.** — El *oído* nos da a conocer la naturaleza de los sonidos y su mayor o menor intensidad.

60. **El aparato auditivo.** — El aparato auditivo del hombre está alojado en el espesor del hueso temporal; la parte externa del oído forma el llamado *pabellón de la oreja.*

61. **Oído medio.** — A continuación del pabellón de la oreja, que recoge y concentra las ondas sonoras, existe, hacia el interior de la misma, una pequeña cámara, en la cual una membrana tensa, llamada *tímpano*, vibra al recibir las ondas sonoras; existe además una *cadena de huesecillos* que transmite al oído interno las vibraciones del tímpano.

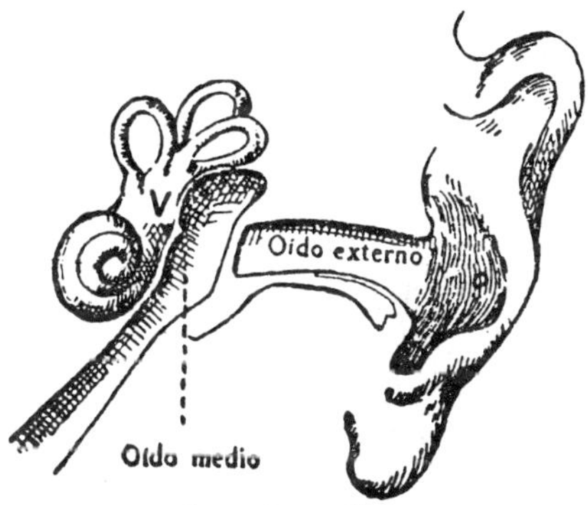

Aparato auditivo

62. **Oído interno.**—El *oído interno* es un órgano muy delicado: en él acaban las finísimas terminaciones del *nervio acústico,* las cuales reciben las sensaciones sonoras, que transmiten, a su vez, por el nervio, al cerebro.

63. **La sordera.** — La *sordera* es la dificultad o la imposibilidad de poder oír.

Los niños que nacen sordos, como que no pueden oír las palabras que se les enseñan, no aprenden a articularlas; son estos desgraciados los llamados *sordo-mudos.*

Ejercicios orales.—La parte exterior del oído es la más voluminosa, pero la menos delicada.—En el conducto que comunica el pabellón con el oído medio, se deposita una especie de grasa llamada *cerumen.*—La abundancia y resecamiento del cerumen puede producir una sordera temporal; pero el taponamiento que en tal caso se produce, puede saltar al exterior mediante la inyección, con una pera de goma, de agua tibia arrojada con presión suficiente.—Las lesiones del oído interno son muy difíciles de curar, por la delicadeza y suma complejidad que esta parte del oído presenta.—Los huesos de la cadena de huesecillos del oído medio se llaman *martillo, yunque, lenticular* y *estribo;* el *martillo* se aplica contra la membrana del tímpano, y el *estribo* comunica con el oído interno.

LECCIÓN IX

El olfato, el gusto y el tacto

64. **El olfato.**—El *olfato* nos da a conocer los olores que exhalan los cuerpos.

65. **Las fosas nasales.**—El órgano del sentido del olfato es la membrana que tapiza la pared interna de las *fosas nasales;* esta membrana se llama *pituitaria.*

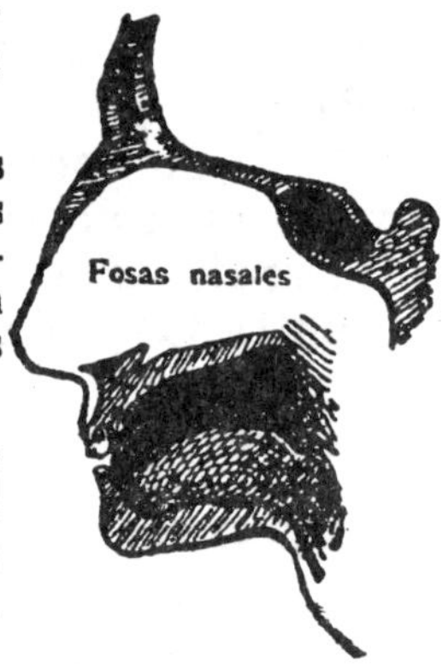

Órganos del olfato y del gusto

66. **Los olores.**—Créese que los cuerpos olorosos desprenden tenuísimas partículas de su substancia: estas partículas, al disolverse en la humedad de la pituitaria, son las que impresionan las fibras sensoriales del olfato.

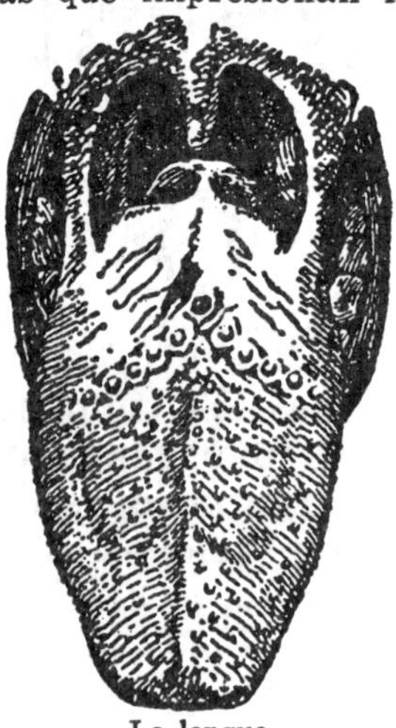
La lengua

67. **El gusto.** — Mediante el *gusto* apreciamos el *sabor* de las cosas. Su órgano es la *lengua.*

68. **Substancias sápidas e insípidas.** — Llamamos *sápidas* aquéllas substancias que, al disolverse en la saliva, nos proporcionan una sensación gustatoria, ya sea agradable, ya desagradable; como el azúcar, la sal; substancias *insípidas* son aquéllas que no nos producen sensación gustatoria, como el *yeso.*

69. **La lengua.**—La lengua es un órgano musculoso que nos ayuda a deglutir; en su superficie existen, diseminadas, las células o *papilas gustatorias.*

70. **El tacto.**—El tacto nos proporciona sensaciones de extensión, forma, peso y temperatura de los objetos que examinamos.

71. **El órgano del tacto.**—La *piel,* en toda su extensión, aprecia las impresiones tactiles; pero es mucho más sensible a estas impresiones en ciertas zonas de nuestro cuerpo (pulpejos de los dedos, plantas de los pies).

En el espesor de la piel existen las células tactiles, que no son más que una especie de pequeñísimas placas en las cuales termina una ramificación de un nervio sensitivo.

Ejercicios orales.—El sentido del olfato no está igualmente desarollado en todos los hombres: unos lo tienen más fino o agudizado que otros; unos individuos son más sensibles a ciertos olores que otros. — Las partículas olorosas que desprenden los cuerpos son muy tenues: los hay, como el almizcle, que desprenden olor durante mucho tiempo sin perder apenas peso.—Los ciegos tienen el sentido del tacto extraordinariamente desarrollado: parece que se dan cuenta de los obstáculos aún antes de haberlos tocado.—En la lengua, las papilas gustatorias no están distribuídas uniformemente por toda su superficie, sino que abundan más en los lados y en la punta de la misma.—El olfato y el gusto están en el comienzo de las vías digestivas, a fin de que podamos rechazar fácilmente los alimentos en malas condiciones de conservación.

LECCIÓN X

La voz

72. **La fonación.** — La *fonación* es el acto de producirse la voz en la laringe, merced a la corriente de aire espirado de los pulmones.

73. **Las cuerdas vocales.**—La voz se produce por la vibración de las *cuerdas vocales.*

Los órganos de la boca y la mayor o menor abertura de ésta, modifican el sonido que se produce en la laringe.

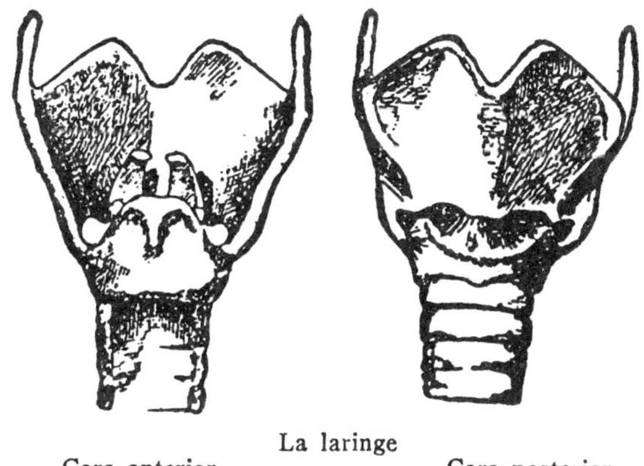

La laringe

Cara anterior — Cara posterior

74. **La laringe.**—La *laringe* es un ensanchamiento de la tráquea situada en la parte an-

terior del cuello; forma dos gruesos repliegues que son las llamadas *cuerdas vocales.*

75. **Sonidos graves y agudos.** — Según que vibren muy aprisa o muy despacio, las cuerdas vocales dan origen, respectivamente, a sonidos *agudos* y a sonidos *graves.*

76. **Producción de las vocales.** — El sonido de la *a*, al ir cerrando la abertura de los labios, va convirtiéndose sucesivamente en *e*, *i*, *o* y *u*.

77. **Producción de las consonantes.** — Modificando el sonido con los labios, producimos la *p* y la *b*; modificándolo con la lengua, la *s*; modificándolo con la garganta, la *j* y la *g*, etc.

Ejercicios orales.—La voz es la función más excelsa que realiza el hombre; mediante ella exterioriza sus pensamientos y se relaciona con sus semejantes.—Los individuos que hablan en un sonido muy agudo, se dice que tienen voz de *tenores;* los que lo hacen en un sonido bajo, se llaman *bajos;* la voz de *barítono* viene a ser una intermedia entre las dos anteriores.—En las mujeres estas diferencias de voz se llaman de *tiple*, para la más alta, y de *contralto* para la intermedia entre las de tiple y tenor. —Los cantantes deben cuidar de su laringe muy prolijamente, evitando las irritaciones y los enfriamientos, muy fáciles de producirse cuando las cuerdas vocales están fatigadas después de una sesión de canto. El hablar tiene sus defectos: estos se llaman, según sea el defecto, *ceceo, gangueo, tartamudez, premiosidad* (dificultad en el enlace de unas palabras con otras).

HIGIENE

LECCIÓN XI

78. **La Higiene.**—La higiene nos da reglas y consejos para conservar nuestra salud.

79. **Causas que influyen en la salud.** — En la conservación de nuestra salud influyen varias causas: unas, *internas* o dependientes del propio individuo (como son la edad, el temperamento, su relativa robustez o debilidad); otras, *externas* (el aire, el clima, la humedad), y otras, *morales* (alegría, tristeza y melancolía)

80. **Causas principales que influyen en la salud.**— Estas causas son principalmente las siguientes: las condiciones de los *alimentos* y *bebidas* que tomamos; las del *aire* que respiramos; el *trabajo* que hacemos; el *aseo* con que cuidamos nuestro cuerpo, y las *impresiones morales* que recibimos.

81. **Higiene privada.**—La Higiene, en cuanto da reglas y preceptos para la conservación de la salud del individuo, se llama *higiene privada.*

Una inspección de higiene en un puerto o frontera

82. **Higiene pública.**—Cuando las prescripciones de la higiene son de carácter general o encaminadas a defender una comarca o nación de la invasión de una epidemia, entonces la higiene se llama *pública.*

83. **A quién conviene el conocimiento de las prescripciones higiénicas. — El conocimiento de las prescripciones higiénicas conviene a todos, pues a cada uno nos interesa sobre manera la conservación de nuestra salud.**

Ejercicios orales.—Dedicando unos minutos cada día a cuidados higiénicos, como son el conveniente lavado de nuestro cuerpo y la realización de algunos ejercicios de gimnasia de movimientos, nuestro cuerpo se mantendrá vigoroso y las causas productoras de enfermedad se desarrollarán más difícilmente en él.—Los Gobiernos protegen a sus súbditos de invasiones epidémicas, ejerciendo una escrupulosa vigilancia en los puertos y en las fronteras a fin de impedir la entrada de individuos sufriendo alguna enfermedad contagiosa.

LECCIÓN XII

Los alimentos y bebidas

84. **Los alimentos.** — Llamamos *alimentos* a las substancias que ingerimos para reponer las pérdidas que el vivir ocasiona a nuestro organismo.

85. **Clases de alimentos.** — Hay ciertos alimentos que contienen casi todas las substancias necesarias para vivir, como la *leche;* estos alimentos se llaman *completos.* Los alimentos que contienen una substancia predominante, se llaman *incompletos.*

Hay alimentos *gaseosos,* como el aire; otros, líquidos, como el *agua,* y otros, sólidos, como, las *carnes,* las *verduras,* etc.

86. **Alimentos digestibles y poco digestibles.** — Unos alimentos se digieren más fácilmente que otros: así las carnes blancas

se digieren mejor que las de buey y tocino. Los que tienen el estómago delicado deben comer alimentos fácilmente digeribles.

87. **Cuidados de la alimentación.**—Debemos comer sólo lo *necesario:* los excesos en la comida producen penosas dolencias de estómago e intestinos.

El abuso del alcohol.
Un alcoholizado

Es conveniente masticar bien lo que se come; muchas enfermedades del tubo digestivo tienen por origen una defectuosa masticación, ya por comer excesivamente aprisa, ya por carencia de muelas.

88. **Las frutas.**—Las frutas son poco nutritivas en general, pero muy convenientes cuando están maduras. Deben tomarse, naturalmente, con moderación.

89. **El pan.**—El pan es el alimento por excelencia; el pan frío sienta mejor al estómago que el recién cocido.

90. **Las bebidas.** — La mejor bebida es el *agua.* Si se bebe vino, hágase con toda moderación.

91. **Las bebidas alcohólicas.** — Las bebidas alcohólicas son todas malas: los niños no deben beber cantidad alguna de alcohol, por pequeña que ésta sea.

Ejercicios orales.—Que los niños digan los alimentos preferidos, e indíqueseles cuáles son más nutritivos y cuáles les convienen más.—Un ejercicio violento perturba la digestión; por esto no es conveniente entregarse a juegos movidos inmediatamente después de las comidas; tampoco es bueno entregarse a estudios que reclamen mucha atención. Un ejercicio moderado facilita las digestiones.—Las frutas más nutritivas son las feculentas, como las castañas; otras frutas son preferentemente refrescantes (naranjas, limones).—El agua para la bebida debe ser *potable.*—Se conoce que un agua es potable porque cuece las legumbres y disuelve bien el jabón.

LECCIÓN XIII

Higiene de la digestión y de la circulación

92. **Tiempo entre comida y comida.** — Solemos comer tres o cuatro veces por día: *almuerzo, comida, merienda* y *cena.* Entre comida y comida deben mediar, cuando menos, tres horas, y mejor, cuatro.

83. **Reglamentación de las comidas.**—Es muy conveniente acostumbrar al estómago a comer diariamente a las mismas horas.

94. **Variedad de los alimentos.** — Los alimentos deben ser variados; es decir, debemos comer vegetales, carne, huevos, etc; el predominio de un solo alimento no favorece la conservación de la salud.

Es mala costumbre la de leer el periódico comiendo

95. **Higiene de las comidas.** — Mientras comemos no hemos de preocuparnos de cuestiones importantes; nuestro ánimo conviene que se sienta alegre. Debemos levantarnos de la mesa aún con apetito, pues el comer hasta la *saciedad* predispone a indigestiones.

96. **Higiene de la digestión.**—Después de comer es conveniente descansar media hora o algo más; un corto paseo después de la cena es también una buena costumbre higiénica.

97. **Higiene de la circulación.**—Para la normal circulación de la sangre, conviene que las prendas de vestir no ejerzan presión sobre ninguna parte de nuestro cuerpo.

Por esta causa los corsés son poco convenientes, y, de usarse, conviene que sean poco rígidos y que se lleven poco ajustados.

98. La anemia.—La anemia, o pobreza de sangre, se alivia o cura con paseos al aire libre, buena alimentación y baños de sol.

Ejercicios orales. — Los niños que comen a todas horas, forzosamente tendrán que sufrir muchas indigestiones. — No conviene comer aprisa para inmediatamente salir a jugar: se digiere mucho mejor comiendo despacio, masticando cuidadosamente lo que se come y estando quietecitos una media hora después de haber comido.—Para la buena circulación de la sangre, son convenientes los ejercicios moderados: las prendas de vestir excesivamente ajustadas, las ligas excesivamente tirantes, etc., dificultan la normal circulación de la sangre a través de los tejidos de nuestro cuerpo.

LECCIÓN XIV

El aire. — Higiene de la respiración

99. **El aire.**—Casi tanto como los alimentos que ingerimos, nos sirve el aire de alimento. Lo respiramos por nuestros pulmones y él enriquece nuestra sangre con el *oxígeno* que contiene.

Una habitación con las ventanas abiertas (ventilación)

100. **El aire viciado.**—El aire se vicia cuando varias personas permanecen mucho tiempo en un local cerrado cuando existen cerca de donde nos hallamos substancias en descomposición, cuando encendemos braseros y estufas.

101. La ventilación.—Para respirar aire puro conviene ventilar las habitaciones; es buena costumbre la de dormir con la ventana abierta, cuidando que la corriente de aire no dé directamente a la cama.

Ejercicio al aire libre

102. **Higiene de la respiración.** — Conviene hacer las inspiraciones por la nariz, abrigarnos cuando la temperatura desciende y no exponernos a corrientes de aire cuando estamos cansados.

La temperatura de nuestras habitaciones, conviene que no sea inferior, en invierno, a unos 14° C. Los cambios repentinos de temperatura producen los enfriamientos o resfriados.

103. **Los ejercicios al aire libre.**—Los ejercicios al aire libre provocan una mayor actividad en nuestra función respiratoria y realizan un completo cambio del aire alojado en nuestros pulmones.

Ejercicios orales.—La prueba del gran valor que tiene para nosotros el aire como alimento, es que los que padecen enfermedades pulmonares, como no pueden realizar normalmente los cambios gaseosos en el pulmón y no llega a su sangre la cantidad conveniente de oxígeno, adelgazan progresivamente.—La ventilación de nuestras habitaciones debe hacerse con preferencia cuando dé el sol; la luz del sol es un gran agente desinfectante —Los ejercicios al aire libre, mientras no sean molestos o excesivamente largos, ejercen una acción muy saludable sobre nuestra salud.

LECCIÓN XV

La habitación. — El vestido

104. **La habitación.**—Pasamos buena parte de nuestra vida en las habitaciones de nuestra casa. Nos interesa, pues, muchísimo, que ésta sea *confortable* e *higiénica.*

105. **La casa higiénica.**—La casa higiénica debe tener grandes ventanales, para que penetren en ella la luz y el sol; debe tener alto el techo, y debe estar exenta de humedad.

106. **Cuidados de la habitación.** — Las habitaciones deben mantenerse limpias; no son convenientes en ellas los cortinajes, por constituír verdaderos depósitos de polvo y microbios.

Para la limpieza de las habitaciones, conviene usar aspiradores

Casa higiénica — Casa muy poco higiénica

de polvo con preferencia a cualquier otro sistema. De no usarse éstos, no se barra el suelo sin previamente humedecerlo, y es mejor aún fregarlo y no, barrerlo.

107. **El agua.** — Una de las condiciones esenciales para que sea higiénica una casa, es que tenga abundancia de agua.

La instalación de agua en todas las habitaciones para los lavabos y cuartos de baño y la de inodoros con depósitos de agua, no deberían faltar en ninguna casa, al menos en las que recientemente se hayan construído.

108. **Los vestidos.**—La limpieza de los vestidos conviene hacerla diariamente: las telas de nuestros trajes recogen y guardan multitud de gérmenes, provinentes del polvo de las calles; gérmenes productores, muchos de ellos, de graves enfermedades.

Cada mañana, antes de ponernos el traje, convendrá cepillarlo frente a una ventana abierta para que el polvo vaya al exterior; también es conveniente la limpieza diaria de nuestro calzado. La ropa interior conviene cambiarla a menudo.

Ejercicios orales.—Una habitación es tanto menos higiénica cuanto más recargada está de muebles, tapicerías y cortinajes.—Las paredes *estucadas* son mucho más higiénicas, que las tapiadas o empapeladas, pues sobre el estuco es muy difícil que se quede depositado el polvo.—En las poblaciones rurales es muy buena costumbre la de enjalbegar con cal las habitaciones y fachadas de las casas.—Los trajes no deben llevarse excesivamente ceñidos: si hacen presión sobre algún órgano, el funcionamiento de dicho órgano se resentirá de ello.—Los vestidos nos preservan contra el frío: en invierno son más convenientes los trajes de tonos oscuros, porque absorben más radiaciones caloríficas, y en verano son mejores los de tonos claros, porque les reflejan.

LECCIÓN XVI

Higiene de los movimientos y de las actitudes

109. **Los movimientos.** — No nos damos cuenta de los innumerables movimientos que realizamos cada día; si nos movemos más de lo ordinario, sentimos la sensación de *cansancio*.

110. **El ejercicio.**—Mediante un ejercicio ordenado, podemos aumentar la resistencia de nuestros músculos.

111. **La gimnasia.**—Los ejercicios convenientemente ordenados constituyen la *gimnasia*.

Los ejercicios más saludables son los de movimientos, realizados al aire libre y sin necesidad de aparatos.

Niños practicando ejercicios de gimnasia de movimientos

112. El reposo. — **Después de un ejercicio moderado, nuestro cuerpo siente una sensación de bienestar con el *reposo* o *descanso*. Al sentir la primera sensación de fatiga, debemos suspender todo ejercicio.**

113. El sueño. — El sueño es el descanso por excelencia; durante él, nuestro cuerpo repone las energías perdidas durante el día y nuestra mente descansa del trabajo intelectual realizado.

114. Las actitudes.—Las actitudes son las diferentes posiciones que adopta nuestro cuerpo. La persistencia en una actitud nos fatiga; por esto debemos alternar las actitudes.

El estar todo el día en pie sería para nosotros un verdadero suplicio; pero no nos sentimos fatigados si alternamos dicha actitud con la de la marcha, estar sentados y estar tendidos en la cama.

Algunas actitudes son muy fatigosas por exigir mayor esfuerzo muscular para mantener el equilibrio; por ejemplo, el estar arrodillados o sobre un pie.

Ejercicios orales.—Las excursiones por lugares accidentados nos cansan menos que las caminatas por carretera, porque en las primeras hacemos más variedad de movimientos.—Estas excursiones tonifican nuestros músculos, y realizamos en ellas un verdadero *lavado* de nuestros pulmones.—Al acostarnos, conviene desechar toda suerte de preocupaciones para que el sueño sea reparador.—La mejor actitud para dormir es la de echado sobre el lado derecho.—Hay que cuidar de no adoptar actitudes como la de encorvarse, sentarse ladeado en la mesa, etc., pues ellas pueden ser luego causa de enfermedad y aún de posible deformación.

LECCIÓN XVII

Los baños. — Los juegos

115. **Los baños.**—Para que nuestra piel pueda transpirar bien, es preciso que quitemos de su superficie la grasa, el polvo, etc., que acabarían por obturar los poros: esto se consigue mediante los baños.

Cuarto de baño

116. **Baños templados.**—Los baños de aseo suelen tomarse templados; los baños fríos tonifican más y provocan mayor reacción.

La temperatura para el agua del baño no puede ser superior a unos 24 a 28 grados, a menos que por prescripción facultativa debamos tomarlos a temperatura más elevada.

117. **Duchas.** — El chorro de agua dirigido con fuerza sobre la totalidad de nuestro cuerpo o sobre una región del mismo, se llama *ducha.*

La ducha ejerce una acción tonificadora y estimulante superior al baño; pero no deben tomarse sin previa indicación del médico. Los jugadores de fútbol y tennis suelen tomar una ducha al acabar el juego.

118. **Los juegos.** — Los juegos son saludables ejercicios que desarrollan los músculos y la inteligencia.

Los niños deben jugar, aunque es conveniente que no se abuse del juego, mucho menos de los juegos violentos.

Juego de fútbol

119. **Clases de juegos.** — Hay juegos que se caracterizan por una acción violenta de nuestros músculos,

como el fútbol; otros son más moderados, como el tennis, el remo, y otros son aún más tranquilos, como el croquet.

Cada individuo debe practicar un juego o deporte según su especial manera de ser, pero esto dentro de los prudentes límites de una saludable limitación: todos los excesos son perjudiciales y los de los deportes lo son mucho.

Ejercicios orales.—Los baños provocan una mayor actividad en la circulación periférica de la sangre.—El uso de los baños diarios, pone el organismo a cubierto de los enfriamientos.—El cuarto de baño, en nuestras casas, debería merecer iguales cuidados que el corredor o el salón, pues sin duda podremos lograr mayor salud con la práctica de los baños que con el abuso de las comidas o estando largas horas encerrados entre las suntuosidades de un salón lujoso.—Respecto a los juegos, no es conveniente practicarlos inmediatamente después de comer. — Cítense algunos juegos, y en cada uno de ellos obsérvese qué órganos o parte de nuestro cuerpo pueden adquirir mayor desarrollo.

LECCIÓN XVIII

Higiene de los sentidos. — La vista y el oído

120. **Cuidados que requieren los ojos.** — Para conservar la vista, debemos lavar cuidadosamente nuestros ojos y no restregárnoslos con los dedos.

Nuestros dedos tocan muchos objetos, y con gran facilidad, al llevárnoslos a los ojos, podemos hacerlos portadores de alguna enfermedad.

121. **La luz.**—La luz excesivamente intensa no conviene a la vista; la luz muy poco intensa, fatiga. Es conveniente, pues, graduar bien la luz en nuestras habitaciones.

Podemos hacer menos intensa la luz que entra en nuestra cámara, mediante persianas, toldos o vidrios de color. Si llevamos lentes, podemos disminuír la intensidad de la luz que llega a nuestra retina, usando cristales azules o ahumados.

Un individuo llevando lentes ahumados

122. **La luz artificial.**—Lo ideal sería trabajar siempre con luz natural; pero como esto muy a menudo no es posible, conviene que la luz artificial que utilicemos no oscile.

En este concepto, la luz eléctrica y de gas reúnen mejores condiciones que el petróleo y las bujías.

123. **Cuidados que requiere el oído.**—El oído no requiere tan solícitos cuidados como la vista; pero hay que evitar los ruídos excesivamente fuertes, que podrían romper la membrana del tímpano y producirnos la sordera.

Algunas veces se producen en el oído falsas sorderas, debidas a la formación de un tapón de cerumen; en estos casos, rociando enérgicamente con agua caliente y mediante una jeringa-pera de goma el conducto auditivo externo, desaparece fácilmente dicho obstáculo.

Ejercicios orales.—El pasar rápidamente de la oscuridad a la luz intensa, nos produce una dolorosa impresión en los ojos. — No conviene, pues, someter nuestra vista a estas alteraciones tan intensas de luminosidad.—Es buena costumbre la de velar la excesiva intensidad de las lámparas mediante pantallas de telas coloreadas, preferentemente, de verde o azul.—El mirar directamente al sol nos produce deslumbramiento.—Debemos cuidar escrupulosamente de nuestra vista, pues es un precioso sentido y es órgano muy delicado el de los ojos.

LECCIÓN XIX

Higiene de los sentidos. — Olfato y gusto

124. **Higiene del olfato.**—El órgano del olfato es la membrana *pituitaria* que tapiza las fosas nasales. El olfato es un poderoso auxiliar del gusto. Para conservar el olfato en buen estado, conviene no aspirar perfumes excesivamente intensos.

Un niño sentado a la mesa para comer

Una prueba de lo relacionados que están el gusto y el olfato, es que cuando, a consecuencia de un resfriado, tenemos congestionada la pituitaria, como no podemos percibir los olores que emanan de los manjares, nos hace el efecto, al comer, de que éstos son completamente insípidos.

125. **Higiene del gusto.** — El órgano del gusto es la lengua, y en ella residen las *papilas gustativas* que son las

que nos proporcionan las sensaciones de sabor. Para conservar el sentido del gusto, conviene no comer manjares picantes o excesivamente salados.

El abuso de los condimentos, de la mostaza, pimientas, etc., embota el sentido del gusto.

Es de la mayor importancia el cuidar de *lavarse diariamente* la boca y friccionar con un pequeño cepillo las encías y la dentadura.

126. **Sabores.** — Los sabores que podemos apreciar en los manjares, los referimos a las distintas sensaciones que otros producen; hay manjares dulces, salados, picantes, acres, amargos, acidos, etc.

Cuando no encontramos sabor alguno en un manjar, decimos que es *insípido.*

Ejercicios orales. — Los sentidos del olfato y del gusto nos ponen alerta para preservarnos de la introducción en nuestro tubo digestivo de las substancias en malas condiciones de conservación.—Cuando, a pesar de la repugnancia que un manjar nos ocasiona, insistimos o nos obligan a comerlo, nuestro organismo se defiende de su ingestión produciéndonos *náuseas,* que provocan el *vómito.*—Si no nos lavamos la boca, los pequeños residuos que quedan en el intersticio de los dientes, se pudren, y esta putrefacción favorece la formación de las caries.

LECCIÓN XX

Higiene de la voz

127. **Conservación de la voz.** — Para conservar la *voz,* no debemos exponerla a esfuerzos de ninguna clase. Es un esfuerzo muy malo el querer atacar notas más agudas de lo que permite nuestra laringe.

Un niño cantando su lección de música en el piano

128. **Los licores.** — Los licores ejercen una influencia muy perniciosa sobre la voz; la vuelven áspera y ronca.

129. **La conversación.**—El medio normal en el cual usamos la voz, es en la conversación.

Ésta es saludable siempre, mientras no nos fatiguemos hablando con exceso.

130. **El canto.** — El canto es un buen ejercicio, puesto que robustece las cuerdas vocales y hace adquirir desarrollo a la caja torácica.

131. **Cuidados que requiere el canto.** — Los que se dedican al canto, deben evitar principalmente los costipados; deben evitar también el uso de manjares irritantes y el respirar atmósferas húmedas o muy recargadas de humo. El alcohol es, además, un poderoso enemigo de la buena voz.

132. **El silencio.** — El callar, como todos sabemos, es generalmente buena costumbre, pues siempre vale más escuchar que exponerse a decir alguna inexactitud. Con todo, el silencio prolongado puede perjudicar el organismo, el cual se debilita por insuficiencia de entrada de aire en los pulmones.

Ejercicios orales.—Debemos hacer lo posible para que nuestra voz tenga inflexiones diferentes, pues nada cansa tanto como escuchar una voz monótona, que se expresa siempre en la misma tonalidad.—Es mala costumbre la de acostumbrarse a hablar muy alto; primeramente, porque nos fatigamos innecesariamente, y después, porque fatigamos también a quien nos escucha.—Los cantores tienen cuidados muy prolijos para conservar su voz; beben generalmente bebidas calientes, no beben ninguna clase de licor y se retiran muy temprano a sus habitaciones.—Con los años, las cuerdas vocales parece que se endurecen algo y la voz pierde parte de su modulación, resultando menos agradable al oído.

Agricultura, Industria y Comercio

AGRICULTURA

LECCIÓN I

La Agricultura. — Terrenos

1. **Objeto de la Agricultura.**—*Agricultura* es el arte de cultivar la tierra y criar animales útiles, empleando los medios más adecuados para producir más y mejor, con el menor coste.

2. **Zonas de cultivo.** — Las porciones de tierra en donde predomina el cultivo de una misma planta, forman una misma *zona de cultivo.*

Se consideran, generalmente, 5 zonas de cultivo: zona del *olivo*, zona de la *vid*, zona de los *cereales*, zona de los *prados* y zona de los *bosques*.

3. **Tierra laborable y subsuelo.**—La parte superior del terreno, se cultiva, y donde las plantas tienen sus raíces, se llama *tierra de labor;* la que está debajo de ella es el *subsuelo*.

4. **Formación de la tierra de labor.**—Las tierras laborables se originan por la continuada descomposición de las rocas por los agentes atmosféricos.

Estos detritus, si son arrastrados por las aguas, se mezclan entre sí y con residuos de animales y vegetales, depositándose después en los valles y formando la tierra de labor más fértil.

5. **Composición de la tierra laborable.** — La *tierra laborable* debe contener, aproximadamente, unas 35 ó 36 partes de *arena,* 29 ó 30 partes de *arcilla,* 29 ó 30 partes de *cal* y 4 ó 5 partes de *mantillo* o *humus.*

6. **Clasificación de las tierras laborables.** — Los elementos que predominan en su composición, dan nombres a las tierras de labor. Así éstas pueden ser *arcillosas, calizas, calizo-arenosas, arcilloso-humosas*, etc.

7. **El mantillo.** — Se llama *humus* o *mantillo* a los residuos de la descomposición de los animales y vegetales. Es el *primer alimento* de las plantas por ser fácilmente absorbible por las raíces.

8. **Enmienda.** — *Enmendar* un terreno es echarle arena, arcilla o cal cuando faltan en las proporciones debidas.

9. **Cómo se enmienda un terreno.** — Si próximo a un terreno *arcilloso* pasa un torrente que arrastra *arenas*, pueden aprovecharse sus avenidas para inundar el terreno hasta que tenga la arena necesaria. Puede procederse igualmente si próximo a un terreno *arenoso* pasa un torrente que arrastre *arcillas*. Para *encalar* o dar cal a un terreno que lo necesite, los *escombros* dan excelente resultado.

LECCIÓN II

Las plantas: sus órganos y funciones

10. **Las plantas.**—Son los seres vegetales que nacen, crecen, viven, se desarrollan y alimentan de la tierra y del aire.

11. **Raíz.** — Las *raíces* de una planta crecen hacia dentro de la tierra, son el sostén del vegetal y, por los *pelos absorbentes* en que todas ellas terminan, toman los jugos para alimentarlo.

12. **Sus formas.** — Las raíces presentan distintas formas, y se llaman: *tuberculosas*, cuando son como en la dalia; *fusiformes*, como en la remolacha; *napiformes*, como en los rábanos; *ramosas*, como en los árboles, etc.

13. **Utilidad de las raíces.**—Algunas son *alimenticias*, como las de nabo, zanahoria; otras, *medicinales*, como la del ruibarbo; otras, *tintóreas*, como la de la rubia.

14. **El tallo.**—El *tallo* crece, casi siempre, en el aire y, generalmente, da *ramas, hojas, flores* y *frutos*. Por él y desde la raíz, sube la *savia* que nutre la planta.

15. **Sus clases.**—Los tallos *aéreos*, o que crecen al aire, pueden ser *leñosos*, como el de la encina, o *herbáceos*, como el del trigo. Los *rizomas*, o tallos subterráneos, pueden hincharse y formar *tubérculos*, como la patata, o dar origen a *bulbos*, como la cebolla.

16. **Utilidad de los troncos.**—Algunos sirven de *ali-*

***mento,* como en la cebolla, la patata, la caña de azúcar; otros se utilizan en la *industria,* como el corcho, el palo** campeche; otros muchos dan madera para la *construcción,* como los de los pinos, cedros, hayas. Quemados los troncos al abrigo del aire, nos dan el *carbón vegetal.*

Obtención del carbón vegetal

17. **Flor y fruto.**—En las ramas nacen las *flores,* que después se transforman en *frutos.*

18. Clases de frutos. — Los hay *carnosos,* como la uva, el melocotón, y *secos,* como el trigo, el guisante, la adormidera.

19. **Utilidad de los frutos.** — De los frutos obtenemos las *semillas,* que han de dar origen a nuevas plantas. Muchos frutos son *comestibles.*

20. **Las yemas.** — Las *yemas* o *botones* son abultamientos del tallo o de las ramas, que cada año dan ramas, hojas o flores.

21. Funciones de las plantas. — Las plantas *se nutren* por los líquidos absorbidos por las raíces y que son llevados por la savia a lo largo del tronco y de las ramas. Por las yemas, las plantas *crecen. Respiran* por las hojas, y *se reproducen* por las flores, que dan origen al fruto y a las semillas.

LECCIÓN III

De las labores agrícolas.—Instrumentos de labor

22. **Necesidades de las plantas.** — Las plantas necesitan, para su perfecto desarrollo, *terreno mullido* donde extender sus raíces; *substancias minerales* adecuadas para su alimentación; *humedad,* para que las raíces puedan absorber del suelo los jugos que han de alimentarla; *aire, luz* y *calor* para desarrollarse y dar hojas, flores y frutos.

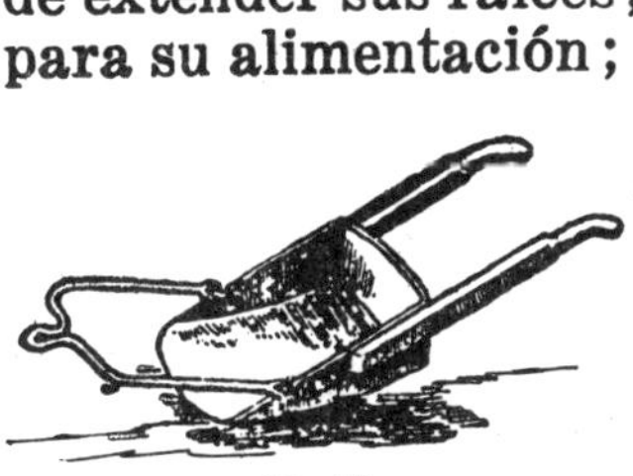
Traílla

23. **Objeto de las labores agrícolas.**—Las labores agrícolas tienen por objeto dejar la tierra mullida y ahuecada para que reciba bien los beneficios del sol, el aire y el agua; mezclar con la tierra los abonos y las semillas; destruír las hier-

bas que perjudican las plantas cultivadas, y obtener la recompensa de los afanes del agricultor.

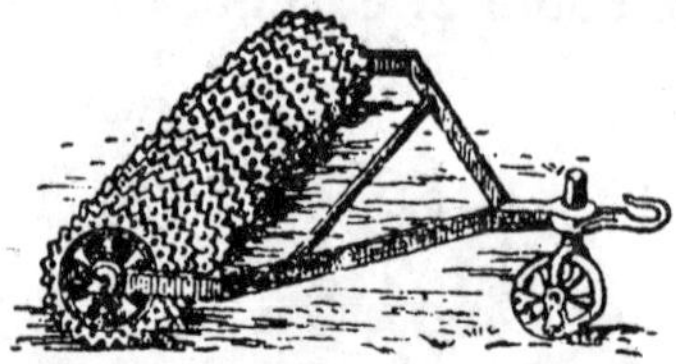

Rodillo

24. **Clases de labores.** — Pueder ser: de *roturación*, de *preparación*, de *siembra*, labores durante *el desarrollo de las plantas* y de *recolección*.

25. **Roturación.** — *Roturar* un terreno es convertirlo de incultivo en cultivable.

26. **Preparación de un terreno.**—Con esta labor se pone el terreno en buenas condiciones para recibir la semilla.

Tiene por objeto mullir el terreno, exponiéndolo a una intensa acción del sol y del aire, mezclándolo después con los abonos necesarios.

27. **Labores durante el desarrollo de las plantas.**—Tienen por principal objeto limpiar el suelo de plantas que comprometerían el desarrollo de las cultivadas, y facilitar el crecimiento y desarrollo de estas últimas.

Las principales son la *escarda* y la *bina* o *escaba*.

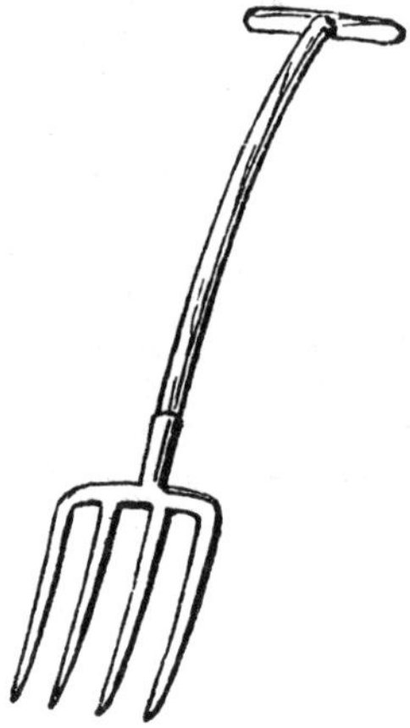

Laya

28. **Escarda.** — Con la *escarda* se limpia el terreno de las plantas que en él crecen espontáneamente y que comprometerían el desarrollo de las cultivadas.

29. **Bina o escaba.** — Durante el crecimiento de las plantas cultivadas, es sumamente conveniente *binar* o *escabar* el terreno, con el objeto de impedir la desecación de la superficie del suelo. Así se facilita la circulación del aire y la filtración de las aguas de la lluvia.

30. **Instrumentos de labor.**—Los principales instrumentos de labor son: el *arado*, la *azada*, el *azadón*, la *pala*, la *laya*, los *binadores*, el *rodillo*, la *hoz*, la *traílla*, las *sembradoras*, las *extirpadoras*, etc.

Arado

31. **La laya.**

— La *laya* se utiliza para las labores profundas, volteando y removiendo el terreno. Se emplea en la roturación y en la preparación.

32. **Los binadores.** — Se emplean en la escarda y en la bina.

33. **La azada.** — También se hace uso de ella en la escarda y en la bina.

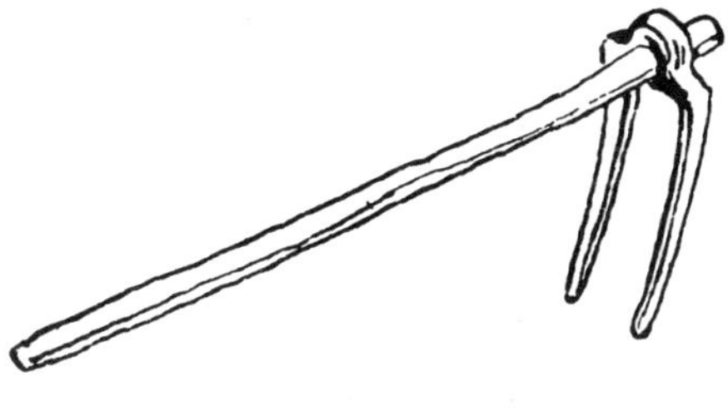

Azada

34. **El arado.** — Los *arados* son los instrumentos más necesarios al agricultor; son arrastrados por caballerías o por tractores, y como con ellos se remueven y voltean las tierras, se emplean en la roturación, en la preparación y aún en la escarda y en la bina.

LECCIÓN IV

Fertilización de los terrenos

35. **Efectos de los cultivos.**—Las plantas, al crecer, abosorben del suelo las substancias minerales necesarias a su desarrollo. Los continuados cultivos de una misma planta acaban por agotar el terreno, haciéndolo improductivo.

36. **Fertilización de los terrenos.** — Puede evitarse el agotamiento de los terrenos y aun aumentar su fertilidad, con el *barbecho*, con la *alternativa de cosechas* y con la adición de *abonos.*

37. **Los barbechos.** — El *barbecho* consiste en dejar descansar la tierra de labor durante medio, uno o más años. Durante el descanso, se dan tres o cuatro labores a las tierras a fin de que se fertilicen con la influencia de los agentes atmosféricos.

No es muy conveniente el barbecho, pues durante el descanso la tierra permanece improductible.

38. **Alternativa de cosecha.** — En la *alternativa* o *rotación de cosechas,* se alterna el cultivo de plantas cuyas raíces vayan a profundidades distintas. Mientras las raíces que quedan someras sólo aprovechan las substancias nutritivas de la capa superficial, las que profundizan se aprovechan de las substancias que han dejado las primeras.

Puede también realizarse la *rotación de cosechas*, alternando el cultivo de plantas *esquilmadoras*, o que empobrecen el suelo, con el de plantas *mejorantes*.

39. **Plantas mejorantes.**—Las plantas leguminosas, como *altramuces, judías, habas, trébol, garbanzos, guisantes, esparceta, lentejas*, etc., reciben el nombre de *plantas mejorantes*, pues como absorben nitrógeno del aire, que queda depositado en sus raíces, con su cultivo queda el terreno enriquecido con nitrógeno.

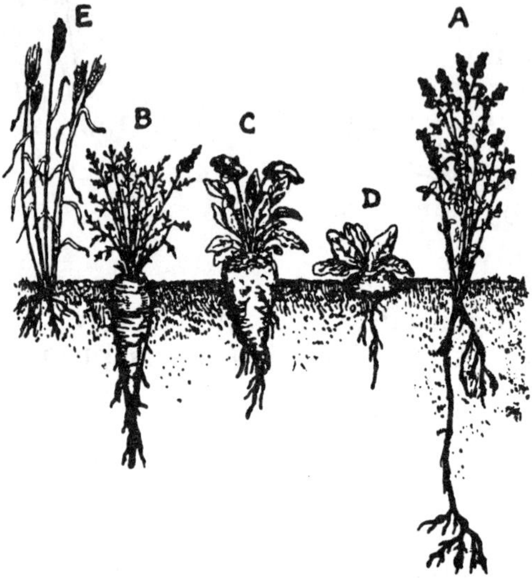

Profundidad de las raíces en diferentes plantas: A, alfalfa; B, zanahoria; C, remolacha; D, rábano; E, trigo

40. **Ventajas de la alternativa de cosechas.** —Con una buena alternativa, la tierra produce sin interrupción, no se agotan sus elementos nutritivos y los frutos son de mejor calidad.

41. **Substancias fertilizantes.** — Se llaman *substancias fertilizantes* de las tierras, aquéllas de que las plantas tienen necesidad para rendir buenas cosechas, tales son: el *nitrógeno*, el *ácido fosfórico* y la *potasa*.

42. **Abonos.**—Reciben el nombre de *abonos* aquellas substancias que, incorporadas al terreno, aumentan la cantidad de substancias fertilizantes que éste posee.

43. **Cuidado que requiere la adición de abonos a un terreno.**— Al añadir abonos a un terreno, han de enterrarse enseguida. Una larga permanencia al aire libre les haría perder sus cualidades fertilizantes.

LECCIÓN V

Abonos orgánicos y abonos químicos. — Estercoleros

44. **Abonos químicos.** — Los principales abonos químicos son los *verdes*, las *deyecciones de los animales* y los *estiércoles*.

45. **Abonos verdes.** — Las leguminosas, como el *altramuz, habas, guisantes, trébol,* etc., enterradas en el mismo lugar donde han crecido y cuando han adquirido un completo desarrollo, constituyen un abono excelente por su gran riqueza en nitrógeno.

46. **Deyecciones de los animales.** — Los que más se usan solos son el *guano* y la *sirle.*

47. **El guano.** — El *guano* está formado por la acumulación de excrementos de ciertas aves marinas que viven en las costas de Chile y Perú.

Es excelente abono para toda clase de cultivos en terrenos fértiles.

48. **La sirle.**—El excremento del ganado lanar, llamado *sirle,* constituye un abono de primera calidad.

49. **El estiércol.**—Llámase *estiércol* a la mezcla de las deyecciones y orina de los ganados con la paja, hojas secas y demás materias que se emplean para cama. Es el abono más importante por su gran poder fertilizante, su aplicación a todos los cultivos y no requerir gasto alguno.

Un estercolero

50. **Estercoleros.**—Son los lugares donde se producen y se conservan en buen estado los estiércoles.

51. **Condiciones de un buen estercolero.**— Un buen *estercolero* ha de estar cubierto y separado de la casa de labor, ser espacioso y tener el suelo impermeable y con una ligera pendiente.

52. **Abonos químicos.** — Los *abonos químicos* son substancias inorgánicas que contienen las substancias fertilizantes en estado fácilmente absorbible por las plantas.

53. **Abonos nitrogenados.** — Los abonos *nitrogenados* dan nitrógeno a las plantas. Los principales son: el *nitrato de sosa,* el *sulfato de amoníaco* y, entre los orgánicos, el *guano.*

Estos abonos producen en las plantas gran *desarrollo herbáceo,* y es necesario su empleo cuando las plantas se presentan raquíticas.

El nitrato de sosa debe darse a las tierras en primavera, *sin mezcla de otro abono,* a voleo o a máquina. El sulfato de amoníaco puede emplearse con otros abonos en otoño e invierno.

54. **Abonos fosfatados.**—Los abonos *fosfatados* dan a las plantas ácido fosfórico. Los principales son: los *superfosfatos de cal,* las *escorias Thomas,* el *fosfato mineral* y el *fosfato de huesos.*

Con abono Sin abono
Cómo influye el abono en el desarrollo del trigo

Los superfosfatos producen efectos inmediatos en las plantas. Los abonos fosfatados pueden emplearse en otoño e invierno, con las labores preparatorias para el cultivo.

55. **Abonos potásicos.**—Los abonos potásicos dan potasa a las plantas. Los principales son: el *sulfato de potasa,* el *cloruro potásico,* la *kainita* y las *cenizas.*

Los abonos potásicos se aplican a las tierras en otoño e invierno, con las labores preparatorias.

LECCIÓN VI

De los riegos

56. **Necesidad del agua.**—El agua es *necesaria* para alimento de las plantas y para disolver las substancias que, absorbidas por las raíces, dan vida al vegetal.

57. **La lluvia y los riegos.** — La *lluvia* es el medio natural para dar humedad a los terrenos; si falta aquélla, y es posible, debe acudirse a los *riegos.*

58. **Importancia de los riegos.** — La sequedad del terreno, tan frecuente en los veranos, puede comprometer el éxito de los cultivos. Los riegos aseguran una buena cosecha.

59. **Terrenos de secano y de regadío.** — Terrenos de *secano* son los que no se pueden regar, y de *regadío,* los que pueden regarse.

Una noria

60. **Cómo se conserva la humedad natural.** — Cuando las labores son bien dadas, las tierras *resisten más la sequía,* porque absorben y conservan mejor el agua de lluvia.

61. **Cuidado que requieren los riegos.** — Los riegos no deben ser excesivos, pues la abundancia de humedad es perjudicial a las raíces, y porque, arrastrando el mantillo, las tierras se empobrecen.

62. **Cualidades del agua de riego.**—Una buena agua para riego ha de ser aireada, no ser excesivamente fría

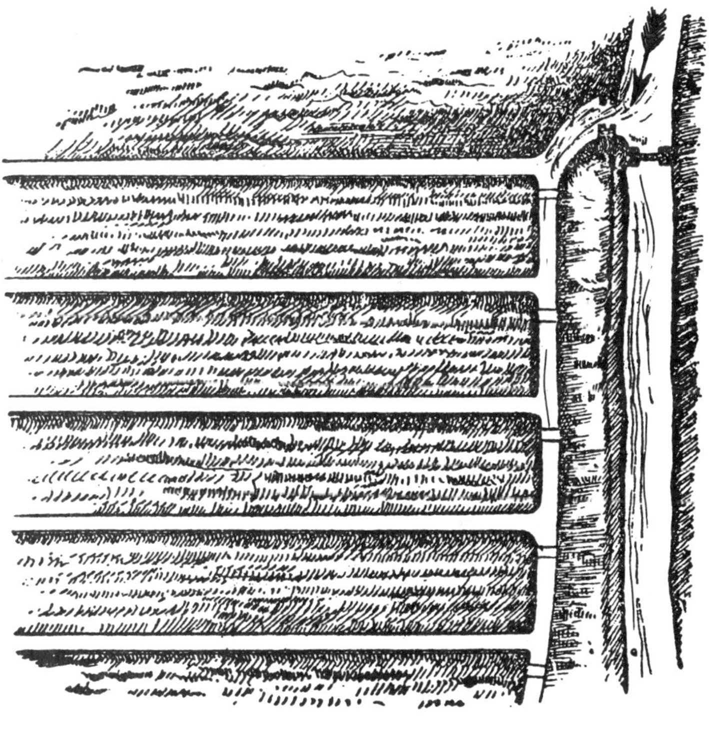

Riego de un terreno por inundación

ni contener sales disueltas en gran cantidad. La mejor agua para el riego es, por lo tanto, la de lluvia.

63. **Horas adecuadas para regar.** — En verano, debe regarse cuando no hace sol, esto es, al amanecer y anochecido, con abundancia de agua; en invierno, al contrario. En primavera, debe regarse con poca cantidad de agua, pero frecuentemente, durante el día; en otoño pocas veces precisa el riego.

64. **Clases de riego.** — Los riegos más usados son: por *inundación,* por *infiltración* y por *aspersión.*

65. **Riego por inundación.** — Se divide la tierra en pequeñas parcelas, por medio de caballones, y se deja que el agua las inunde.

66. **Riego por infiltración.** — Se emplea cuando el agua, al mojar los frutos, puede estropearlos, como en los melones, tomates, etc. En este caso se dejan las plantas sobre caballones un poco altos, permitiendo que el agua sólo inunde los surcos; el agua, infiltrándose, humedece las raíces de las plantas.

67. **Riego por aspersión.**—Es el que se da con manga de riego o con regadera. Se utiliza principalmente en los jardines.

LECCIÓN VII

La siembra y las semillas

68. **La siembra.** — *Preparado* ya el terreno, se procede a la siembra, enterrando en él las *semillas,* germen de la nueva cosecha.

69. **Época de la siembra.** — La época de la siembra varía para cada especie vegetal, y se determina por la temperatura del ambiente y el grado de humedad del terreno que exige el desarrollo del germen.

70. **Profundidad a que debe quedar enterrada la semilla.**—En terrenos sueltos y secos, la semilla puede enterrarse a mayor profundidad, sin que exceda nunca de ocho centímetros; en terrenos compactos y húmedos, la semilla ha de quedar más cerca de la superficie y a una profundidad mínima de dos centímetros.

Sembrador a voleo

71. **Maneras de sembrar.** — Puede sembrarse en *semillero,* a *voleo* o en *líneas.*

72. **Siembra en semillero.**—Las semillas se siembran en una porción de terreno llamado *semillero,*

distinta del campo donde ha de desarrollarse. Ya nacidas las plantas, se *trasplantan* para que alcancen su total desarrollo.

73. **Siembra a voleo.**—En esta manera de sembrar, se lanzan las semillas con la mano, procurando que queden igualmente distribuídas por toda la superficie del terreno. Para enterrar la semilla, se pasa después el rastrillo.

74. **Siembra en líneas.** — Para sembrar en *líneas,* se coloca la semilla en líneas paralelas y algo separadas. Si los granos se depositan en surcos que luego se cubren, la siembra entonces recibe el nombre de a *chorrillo;* si se colocan en el fondo de pequeños hoyos, se llama a *golpes.*

75. **Qué semillas deben elegirse para sembrar.** — Para asegurar su poder germinativo, deben escogerse semillas *recientes,* a ser posible de la cosecha anterior, gruesas y bien formadas.

El labrador que no pone gran cuidado en la elección de semillas, se expone a tener malas cosechas y a perder cuanto ha gastado en las labores de las tierras.

76. **Cuidado que requieren las semillas.**—Para mejor asegurar el éxito de las siembras, las semillas se desinfectan antes de sembrarlas; así, el trigo se *encala,* esto es, se rocía con cal viva disuelta en agua, y los garbanzos se rocían con *sulfato de cobre.*

77. **Recomendación utilísima.** — A fin de disponer de buenas semillas, lo mejor es preparar todos los años una pequeña porción del mejor terreno con buenas labores y excelente abono; sembrarlo de la planta elegida; cultivarla con el mejor esmero, y guardar las semillas para la siembra del año venidero.

LECCIÓN VIII

Los cereales. — El trigo

78. **Los cereales.**—Los *cereales* constituyen la base de la alimentación humana.

79. **El trigo.**—El *trigo* es el más importante de los cereales de España, porque se cultiva en toda la Península.

80. **Variedades del trigo.**—Hay muchas *variedades* de trigo: el *candeal,* el *chamorro,* el *rojal,* el *escanda blanca,* etc., y algunos extranjeros que son de gran rendimiento.

81. **Abonos que el trigo necesita.**—El trigo necesita *estiércol,* que se da a la tierra al practicar las labores preparatorias de la siembra; el *superfosfato de cal,* que se pone al hacer la siembra, y el *nitrato de sosa,* que se echa cuando la planta florece.

82. **Épocas de la siembra.** — **Los *trigos de otoño* pueden sembrarse de septiembre a noviembre, y los de *primavera,* en el mes de marzo.**

83. **Maneras de sembrar el trigo.** — El trigo puede sembrarse a *mano* o a *voleo,* y, preferentemente, con *máquinas sembradoras,* que distribuyen mejor el grano y ahorran tiempo y semillas.

84. **Las escardas. — El trigo necesita, cuando menos, una labor de *escarda,* en primavera.**

85. **La siega.**—La recolección del trigo se hace en los meses de junio y julio, *segando* las plantas con hoces, guadañas o máquinas segadoras.

Con máquinas segadoras, se ahorran dinero, tiempo y trabajo, y la recolección de la mies es muy esmerada.

Trigo

86. **La trilla.** — **La** *trilla* consiste en desgranar las

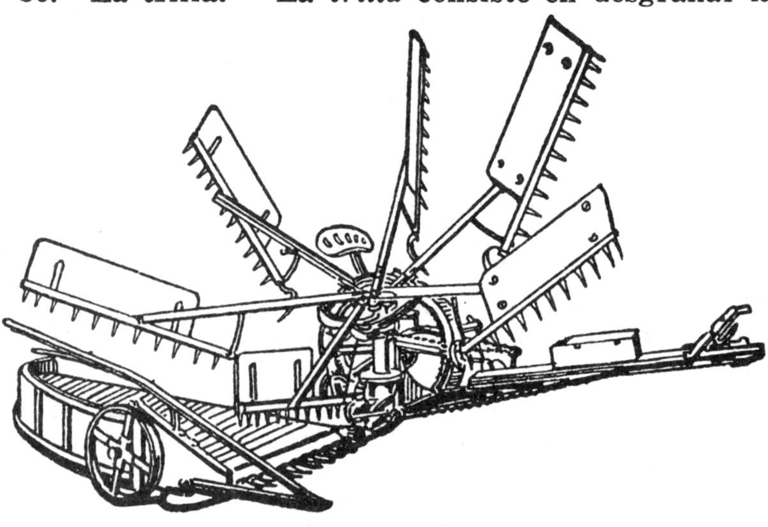

Máquina segadora

espigas, cortar o machacar los tallos, que forman la *paja*, y separar de ésta el grano.

Máquina trilladora

87. **Maneras de trillar.** — La trilla suele hacerse extendiendo las mieses en la *era*, y haciendo pasar ganado por encima de ellas a paso ligero, o arrastrando rodillos provistos de cuerpos cortantes.

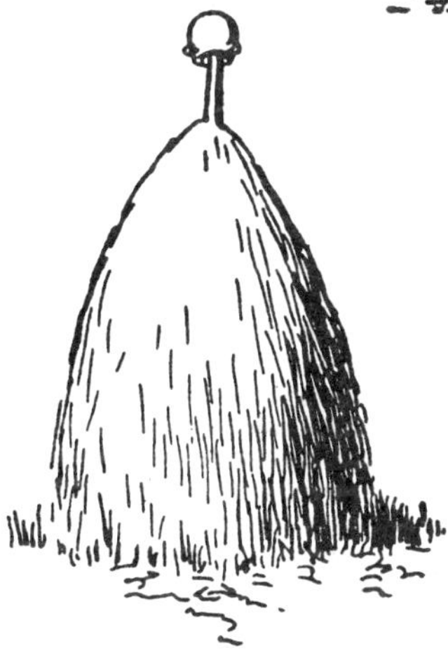

Un pajar

Verificando la trilla con *máquinas trilladoras*, en poco tiempo se desgranan las espigas, se cortan los tallos y queda separado el grano de la paja.

88. Graneros. — El trigo recolectado se guarda en *graneros*. Estos han de ser completamente secos, con pavimentos muy bien embaldosados y con grandes ventanas para que haya abundancia de luz.

89. Pajares. — La paja recogida, que servirá de excelente cama y aún de alimento del ganado, se guarda en *pajares* o *almiares*.

LECCIÓN IX

Otros cereales importantes

90. **Otros cereales.**—Son cereales muy importantes, además del trigo, el *arroz*, el *maíz*, el *centeno*, la *cebada* y la *avena*.

91. **El arroz.** — La importancia del *arroz* se comprende, sabiendo que su consumo es universal.

92. **El terreno para su cultivo.** — Siendo el arroz una planta *acuática*, el terreno para su cultivo ha de ser completamente llano y con poca inclinación, con el objeto de poder encharcar el agua y renovarla con facilidad.

93. **Cultivo del arroz.** — En marzo se siembra en semillero, y se trasplanta en abril, no requiriendo, hasta su recolección, otras labores que algunas escardas. Su abono preferido es el guano, y, en su defecto, sulfato de amoníaco, superfosfato de cal y sulfato de potasa.

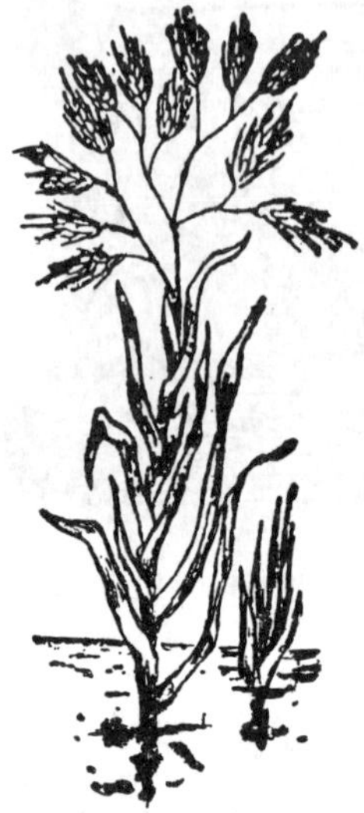

El arroz

94. **Recolección.**—El arroz se *siega* y, después, se *trilla* para separar el grano de la espiga. El grano conserva adherida una película, que se separa por medio del *descascarillador*.

95. **Peligros de su cultivo.**- Si no se cuida mucho, el encharcamiento de las aguas puede originar el desarrollo de *fiebres palúdicas.*

La avena

96. **El maíz.**—El *maíz* es cereal de gran importancia para la alimentación del ganado.

97. **Su cultivo.** — De abril a julio se siembra en líneas y a golpe. Requiere dos o tres escardas, descalzarlo y despuntar a tiempo los tallos. Se bina cuando escasean las lluvias en verano. Necesita mucho estiércol o nitrato de sosa, cloruro de potasa y superfosfato de cal.

Mazorca de maíz

98. **Recolección del maíz.** — Las *mazorcas* se recogen a mano. Ya en la granja, se separan de sus envolventes, se anudan entre sí y se cuelgan en lugares aireados para que se desequen.

99. **El centeno.** — El *centeno* es un cereal de gran

valor en los terrenos pobres y fríos. Su harina, mezclada con la del trigo, da un pan moreno que se conserva tierno muchos días.

100. **La cebada.**—Se emplea la *cebada* en la alimentación del ganado y en la fabricación de la cerveza. También puede utilizarse su harina en la panificación.

101. **La avena.**—En los países fríos, la *avena* substituye a la cebada en la alimentación del ganado.

102. Cultivo del centeno, de la cebada y de la avena. —Estos cereales requieren los mismos cuidados, labores y abonos que el trigo.

LECCIÓN X

Plantas leguminosas

103. **Importancia de las leguminosas.** — Las *leguminosas* dan al labrador legumbres, forrajes y abonos verdes, y su cultivo mejora el terreno.

104. **Abonos preferidos.**—Los abonos preferidos por las plantas leguminosas, son el superfosfato de cal, el sulfato de potasa y el ácido fosfórico.

105. **Legumbres.**—Llámanse *legumbres* aquellas leguminosas que se cultivan por el valor nutritivo de sus granos. Como más importantes citaremos las *habas*, las *judías*, los *garbanzos*, los *guisantes*, las *lentejas* y los *altramuces*.

106. **Las habas.**—Se siembran de septiembre a noviembre. En verde, su fruto es consumido por el hombre, y en seco es un alimento de gran valor para el ganado. Las *habas* son un abono verde de gran poder fertilizante.

107. **Las judías.**—Son legumbres de gran valor nutritivo para el hombre. Las judías se siembran de marzo a junio y son muy exigentes en su cultivo, pues requieren frecuentes escardas y abundantes riegos. Hay judías de *enrame*, que necesitan tutores donde apoyar sus tallos, y otras, las *enanas*, que no lo necesitan.

108. **Los garbanzos.** — Se siembran en primavera y necesitan escardas. Su cultivo es casi exclusivo de nuestra península. El yeso contribuye al desarrollo de los *garbanzos*.

109. Los guisantes. — Se siembran de noviembre a marzo y requieren muy pocas labores. El consumo en verde de los *guisantes*, es exquisito.

Guisantes

110. **Las lentejas.** — Son legumbres muy resistentes a las enfermedades y al clima, y de gran valor nutritivo. Las *lentejas* se cultivan con el garbanzo.

111. **Los altramuces.** — Por su gran desarrollo foliáceo, constituyen los *altramuces* un excelente abono verde. Se siembran de noviembre a marzo y son un buen alimento para el ganado.

112. **Forrajes.** — Las leguminosas forrajeras más importantes son la *alfalfa*, el *trébol* y la *esparceta*.

113. **La alfalfa.**—En los climas cálidos y templados y en terrenos húmedos o que puedan regarse, la *alfalfa* es una planta valiosa para el agricultor, pues su producción alcanza cantidades enormes. Se siembra en primavera o en otoño, y su cultivo requiere pocos cuidados.

114. **El trébol.** — Se siembra en primavera, a voleo y entre los cereales después de una escarda. Es excelente forraje para los climas fríos y templados.

115. **La esparceta.**—La *esparceta* es una forrajera de gran valor por crecer bien en terrenos secos y de muy escasa fertilidad.

LECCIÓN XI

Patatas, cebollas y remolachas

116. **Las patatas.** — Los *tubérculos* de las *patatas* constituyen un alimento nutritivo y saludable.

117. **Variedades de patatas.** — Hay muchas variedades de patatas, siendo las más comunes la *blanca*, la *gallega* y algunas extranjeras, como la *royal kidney*, que son sumamente productivas.

118. **Siembra, terrenos y labores que exigen las patatas.**—Conviene que se siembren las patatas enteras, en líneas o a golpe. Requieren tierras sueltas y labradas a gran profundidad, y necesitan escardas, recalce y, si es posible, algunos riegos.

Patatas

119. **Abonos.**—Las patatas piden *estiércol* abundante, *superfosfato de cal, nitrato de sosa* y *sulfato de potasa.*

120. **Recolección de las patatas.** — Cuando la parte aérea de la planta se marchita y muere, se descubren los tubérculos cavando el suelo con la azada o utilizando el arado.

121. **Conservación de las patatas.** — Las patatas se conservan en *silos.* Los *silos* son zanjas que se abren en la parte más elevada del terreno, y a lo largo de las cuales se abren otras dos zanjas más profundas para recoger las aguas que pudieran filtrarse. En la zanja central se amontonan las patatas, procurando que rebasen la superficie del suelo. Los silos se cubren con tejadillos de paja.

Cebollas

122. **Las cebollas.** — Las *cebollas* son plantas de tallo *bulboso,* y constituyen un alimento muy saludable. Hay muchas variedades.

123. **Cultivo de las cebollas.** — Se siembran en semillero, y luego se trasplantan. La cebolla requiere terrenos sueltos y ricos en mantillo. Sus abonos preferidos son el *estiércol de ganado lanar,* el *orujo de uva, nitrato de sosa, superfosfato de cal* y *fosfato de potasa.*

124. **Recolección.**—En verano o en otoño, según las variedades, se arrancan las cebollas a mano, y se dejan unos días sobre el terreno para que se sequen las hojas. Estas se entrelazan formando manojos o bien, ristras, y se guardan en sitios frescos y secos.

Remolacha

125. **La remolacha.**—La *remolacha* es planta de raíz grande y carnosa; puede ser *azucarera* y *forrajera.*

De la raíz de la primera se extrae azúcar, y la segunda se emplea para la alimentación del ganado.

126. **Su cultivo.** — La remolacha requiere terreno de fondo suelto y exige numerosas labores de escarda y bina. Quiere *estiércol abundante, nitrato de sosa, superfosfato de cal* y *sulfato de potasa.*

127. **Recolección de la remolacha.** — En otoño se recolecta la remolacha a mano, si una gran parte de la raíz se desarrolla al exterior, o bien con el auxilio de la laya.

LECCIÓN XII

Enfermedades y enemigos de algunas plantas

128. **Enfermedades de los cereales.** — Las principales son la *roya*, el *carbón*, la *caries* y el *cornezuelo*.

La *roya* aparece en las hojas, y algunas veces, en los tallos, bajo la forma de pústulas que se transforman más tarde en un polvo rojizo. Disminuye la asimilación, perjudicando la nutrición de la espiga.

El *carbón* y la *caries* se desarrollan en el lugar del grano, que queda substituído por un polvo más o menos obscuro.

El *cornezuelo*, que ataca principalmente el centeno, ocupa también el lugar del grano, presentando la forma de un pequeño cuerno. Mezclado con la harina puede ocasionar enfermedades.

Espiga con cornezuelo

129. **Cómo se evitan estas enfermedades.** — Para evitar estas enfermedades, se humedecen las semillas, antes de la siembra, con *sulfato de sosa*, y se espolvorean con *cal apagada*, removiendo el montón hasta que los granos quedan cubiertos por una capa de cal. En un terreno ya invadido, conviene no sembrar cereales durante uno o dos años.

130. **El gorgojo.**—El *gorgojo* es un insecto muy pequeño que consume la harina de los granos cuando ya están almacenados en los graneros.

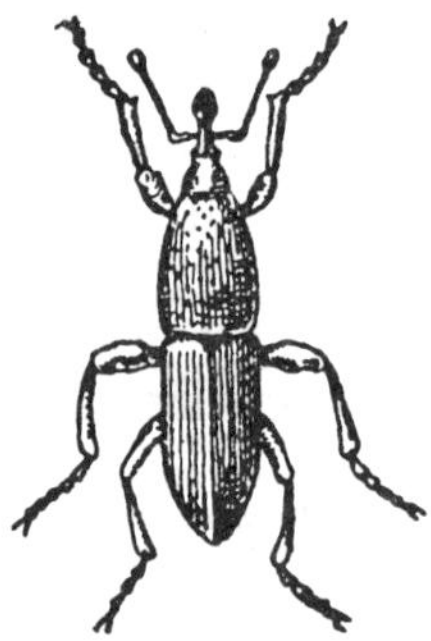

Gorgojo (muy aumentado)

Se destruye el gorgojo mezclando el grano, antes de almacenarlo, con *cal anhidra en polvo*, en la proporción de uno o dos kilos de cal por hectolitro de grano.

Para evitar la rabia, se moja la semilla con *sulfato de cobre*.

131. **La rabia.** — La *rabia* consiste en la rápida desecación de la planta productora del garbanzo.

132. **Los pulgones de las habas.** — Los *pulgones* son insectos que invaden las plantas de las habas, produciendo grandes estragos.

Se evitan sus terribles efectos cortando y quemando la parte superior de las plantas antes que los pulgones se apoderen de ellas.

133. **Enfermedades de la patata.** — Son las principales la *rizadura*, la *gangrena seca* y la *gangrena húmeda.*

Con la *rizadura* las hojas de la planta se arrollan y vuelven amarillas, entorpeciendo la perfecta nutrición de la planta, con lo cual los tubérculos no se desarrollan y acaba la planta por perecer.

La *gangrena seca* altera de tal manera la composición interna del tubérculo, que éste se resiste a toda cocción.

La *gangrena húmeda* consiste en un reblandecimiento del interior del tubérculo, que se transforma en una substancia fluida.

134. Medio preservativo de estas enfermedades.—El principal preservativo de estas enfermedades consiste en elegir para la siembra tubérculos grandes, redondeados y que no hayan germinado.

LECCIÓN XIII

Los árboles. — La poda

135. Los árboles. — Los árboles nos dan sabrosas frutas, maderas para la construcción, calor para el hogar y primeras materias para la industria y la medicina; con sus raíces, afirman las tierras y retienen las aguas de lluvia, asegurando así su aprovechamiento; con su ramaje, nos ofrecen reparadora sombra, purifican la atmósfera, suavizan el ímpetu de los vientos y regularizan las lluvias. Con razón se ha llamado al árbol el *amigo del hombre.*

136. Árboles forestales y de ribera. — Árboles *forestales* son los que crecen en los bosques, y los de *ribera* se desarrollan en terrenos húmedos. Ambas clases de árboles nos proporcionan la mejor madera de construcción.

Los más comunes en nuestros bosques son el *pino*, el *alcornoque*, el *roble*, la *encina* y el *haya*.

Como árboles de ribera, citaremos el *álamo*, el *plátano*, el *olmo*, la *acacia*, el *fresno*, el *sauce*, etc.

137. **Árboles frutales.** — Los de mayor utilidad por la riqueza de sus frutos, son el *peral*, el *manzano*, la *higuera*, el *cerezo*, el *ciruelo*, el *melocotonero*, el *albaricoquero*, el *naranjo*, el *limonero*, el *granado*, el *guindo*, el *membrillero*, etc.

138. **La poda.** — *Podar* un árbol es cortarle ciertas ramas cuyo desarrollo le perjudicaría. La savia que había de nutrir esas ramas, se reparte por las demás, intensificando su desarrollo.

139. **La poda de los frutales.**—Los árboles frutales deben ser podados durante el invierno, con cuya operación se aumenta su vida, producen más y los frutos son de mejor calidad.

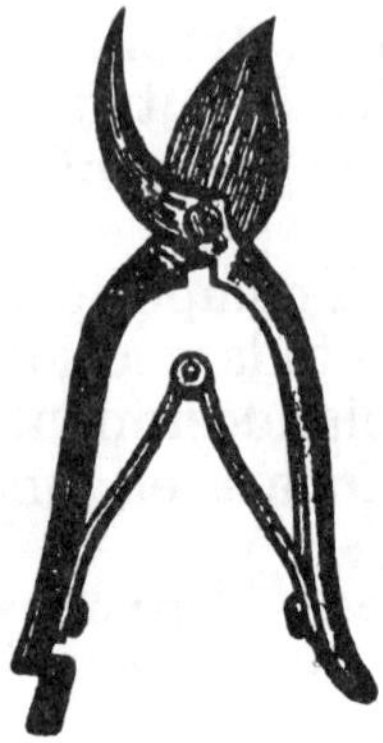

Tijeras de podar

En primavera y verano se cortan las ramas *chuponas* que han nacido y se despuntan los brotes nuevos, si se les quiere dar ramas laterales.

140. **Forma de los frutales.** — Con la poda se hace que el árbol frutal sea *abierto*, para que todos los frutales reciban la acción bienhechora del *aire* y del *sol*. El árbol frutal nunca ha de tener la forma del *ciprés*.

Navaja de podador

141. **Observación referente a la poda.** — Hay frutales en los cuales la poda sólo debe consistir en cortar las ramas secas que puedan tener, alguna otra que, al desarrollarse, dejaría el centro de la copa demasiado lleno y poquísimas más; tales árboles son el almendro, el membrillero, la higuera, el cerezo, el guindo, el melocotonero y el nogal.

142. **Poda necesaria.** — Es una poda necesaria el despuntar los árboles al verificar su plantación, de *noviembre* a *febrero*, para dar vida a las ramas laterales.

143. **Instrumentos de podar.** — Los instrumentos de podar más necesarios son las *tijeras*, la *podadera* y la *navaja*.

LECCIÓN XIV

Multiplicación de los árboles

144. **Multiplicación de los árboles.** — La multiplicación de los árboles puede hacerse por *semilla*, por *ingerto*, por *acodo* y por *estaca*.

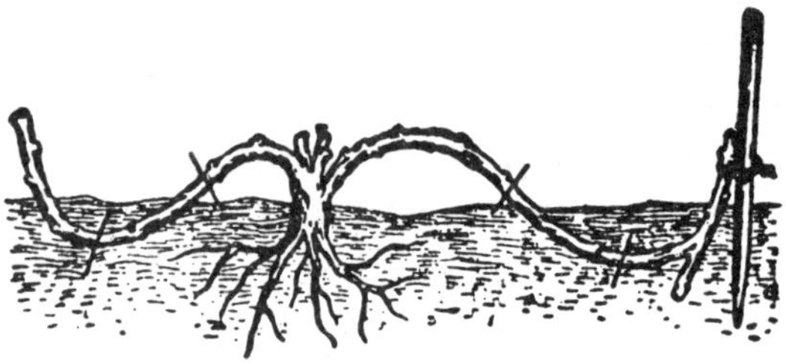

Dos acodos

145. **Multiplicación por semilla.** — A los dos o tres años de haber sembrado las semillas, se trasplantan los arbolitos

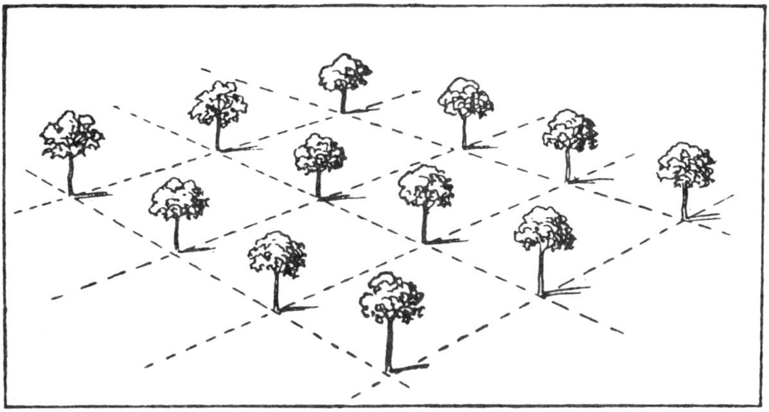

Plantación a *marco real*

a un *vivero,* donde se espera que alcancen el desarrollo suficiente para la *plantación* definitiva.

146. **Plantación.**—Pueden plantarse los árboles cada uno aislado de los demás, o formando todos una sola línea, o en *macizo,* es decir cubriendo toda la superficie de un terreno.

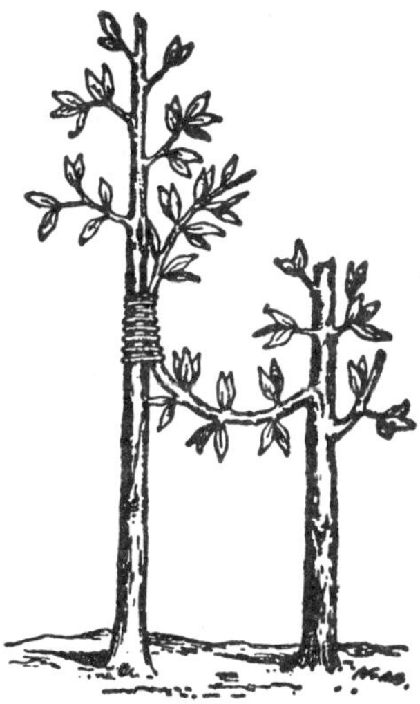

Ingerto de aproximación

Cuando se plantan los árboles en línea y a lo largo de una pared, la plantación recibe el nombre de *en espaldera.*

La plantación en macizo puede ser a *marco real* o a *tresbolillo.*

147. **Cuidados que requiere la plantación. — Dos o tres meses antes de la plantación, se abre un hoyo para cada árbol. Durante este tiempo, la tierra recibe la acción fecundante del aire y del sol.**

Al arrancar el árbol del vivero para su plantación, procúrese conservar la tierra que rodea las raíces. De no ser posible, suprímanse las raíces heridas y colóquese el árbol en el hoyo de modo que las raíces tengan una posición natural.

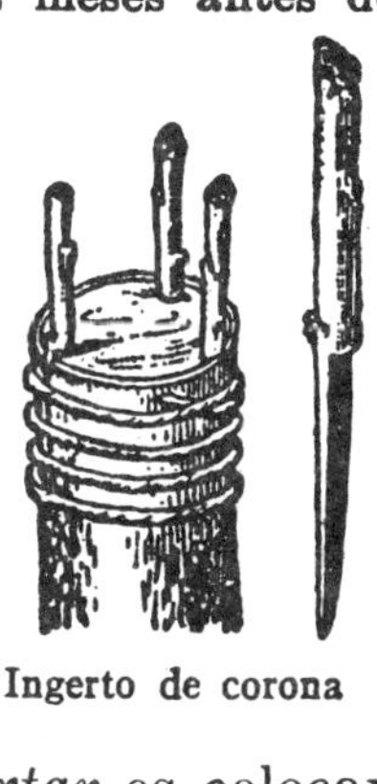

Ingerto de corona

148. **En qué consiste ingertar.**—*Ingertar* es colocar

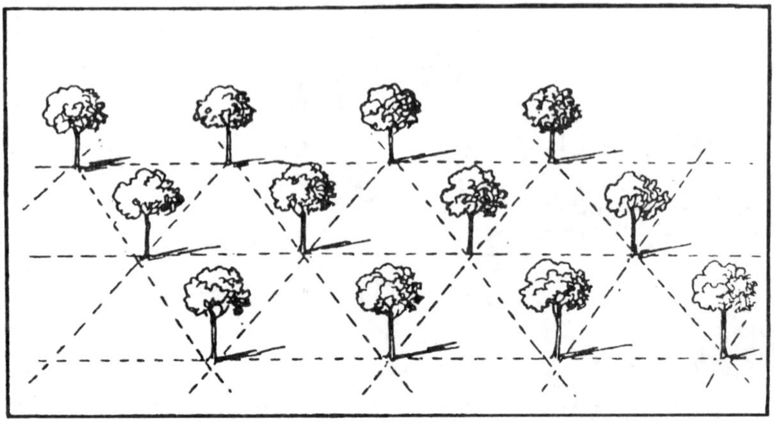

Plantación a *tresbolillo*

un trozo de planta sobre otra, para que viva y crezca con sus jugos. El trozo de planta que se coloca se llama *ingerto,* y la planta que lo recibe se llama *patrón.*

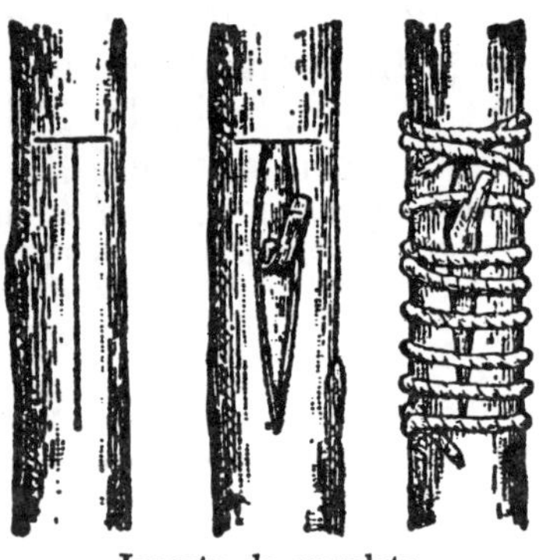

Ingerto de escudete

149. Objeto del ingerto.—El objeto principal del ingerto es la obtención y conservación de frutales escogidos.

150. Clases de ingertos.—Se practican ingertos de *aproximación,* de *púa,* de *corona* y de *escudete.*

Ingerto de púa

151. Condiciones del ingerto. — Para que el ingerto *prenda,* es indispensable que las dos plantas sean análogas y que las capas del ingerto y del patrón coincidan.

152. El acodo.—El *acodo* consiste en enterrar, *sin cortarla del árbol,* una rama con varias yemas, para que eche raíces; cortarla, después, del árbol, y tener un arbolito para plantar.

153. **La estaca.** — La *estaca* consiste en una rama que se pone en el suelo, con varias yemas enterradas y otras en el aire. Las yemas enterradas echan raíces, y las no enterradas, hojas y brotes.

LECCIÓN XV

La vid y sus enfermedades

154. **La vid.** — La *vid,* es un arbusto cuyo fruto es la uva, con la cual se fabrica el vino.

155. **Importancia del cultivo de la vid.** — El cultivo de la vid constituye una de las mayores riquezas de nuestra patria, pues España figura entre las primeras naciones exportadoras de vino. Los vinos más estimados en el extranjero son el *Jerez,* el *Málaga* y la *Malvasía* de Sitjes (Cataluña), entre los de postre, y el *Cariñena,* los de la *Rioja* y el *Priorato,* entre los de mesa.

156. **Clases de vides.** — Hay muchas *variedades* de vides: unas son blancas y otras, tintas; vides del país y vides *americanas, que resisten los ataques de la filoxera.*

157. **Reproducción de la vid.** — La vid se reproduce por *estacas,* por *acodos* y también, *ingertando las vides americanas.*

158. **Plantación de la vid.** — La vid se planta a *marco real* o a *tresbolillo,* disminuyendo la distancia que separa las cepas a medida que nos aproximamos al norte.

159. **Labores de la vid.** — Las viñas requieren tres o cuatro labores cada año, con la azada o el arado, para limpiarlas de malas hierbas; deben *podarse* anualmente; se *despampanan* los tallos y se *previenen* y *combaten* sus enfermedades.

160. **Poda de la vid.** — La poda anual tiene por objeto limitar el número de vástagos que han de producir la cosecha inmediata. Durante los cinco primeros años, la poda tiene importancia extraordinaria, pues con ella se da a la vid la forma adecuada para su cultivo fructífero.

161. **Abonos de la vid.** — Las vides necesitan *estiércol, nitrato de sosa, superfosfato de cal, superfosfato de sosa* y *yeso.*

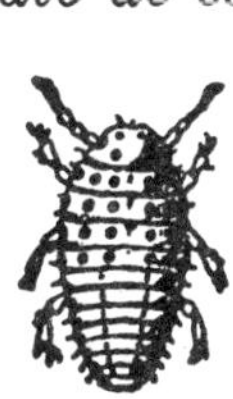

Filoxera alada. (Muy aumentada)

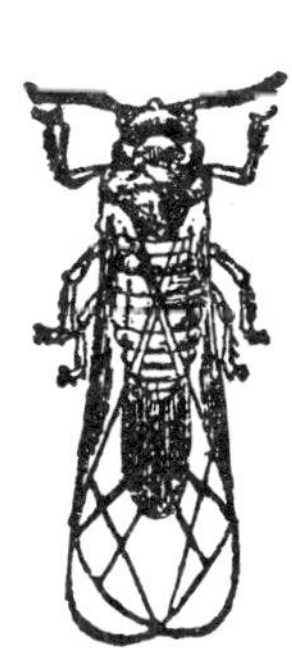

Filoxera hembra. (Muy aumentada)

162. **Enfermedades de la vid.**—Las principales enfermedades de la vid son el *oidium,* el *mildiu,* la *clorosis,* la *filoxera* y la *pirala.*

163. **El oidium.**—El *oidium* es una pequeñísima planta parásita que deja secas las hojas de la vid, y se combate con *azufre sublimado,* azufrando los brotes como medida preventiva, al tener unos diez centímetros de longitud, y luego, a la floración del racimo.

164. **El mildiu.** — El *mildiu* es otra pequeñísima planta parásita, que da a las hojas unas manchas rojizas y amarillas, y se combate rociando varias veces con el *caldo bordelés.*

Pirala de la vid Mariposa. (Muy aumentada)

166. **La filoxera.** — Es un pequeño insecto que ataca las raíces de las vides. Se evitan sus estragos plantando vides americanas e ingertándolas después.

Pirala de la vid. Oruga. (Muy aumentada)

167. **La pirala.** — Se combate destruyendo las larvas de las mariposas que las producen, con *agua hirviendo* o ácido sulfúrico.

LECCIÓN XVI

El olivo y sus enfermedades

168. **El olivo.** — El *olivo* es el árbol que da la *aceituna,* cuyo jugo es el aceite.

169. **Importancia del cultivo del olivo.** — También el cultivo del olivo es de suma importancia para nuestra patria, pues la exportación de aceitunas y de aceite reporta grandes beneficios. Cataluña y Andalucía son las regiones que producen más aceite y de mejor calidad.

170. **Plantación del olivo.** — El olivo se planta a marco real o a tresbolillo, dejando de 10 a 12 metros entre cada dos olivos, por el gran desarrollo que adquiere su copa.

171. **Labores que piden los olivares.** — Dos o tres veces al año, han de darse al olivo labores que remuevan la tierra y la tengan limpia de hierbas, y un año sí y otro no, una poda bien entendida.

172. **Poda del olivo.** — La poda del olivo, que exige sumo cuidado, ha de impedir la formación de una copa muy espesa, a fin de que todos los frutos puedan recibir la acción del sol y del aire. La poda del olivo nunca ha de ser severa.

173. **Abonos del olivo.** — El olivo necesita abundante *estiércol* y, en su defecto, *nitrato de sosa, superfosfato de cal* y *sulfato de potasa.*

174. **Particularidad de la floración.** — Las flores, que luego han de transformarse en aceitunas, salen en los brotes nacidos el año anterior.

175. **Recolección de la aceituna.** — Puede hacerse a *vareo*, es decir, sacudiendo las ramas con una vara, o *a mano*. El vareo no es recomendable, pues pueden destruirse los brotes tiernos que han de producir fruto al año siguiente.

176. **Limpieza del olivo.** — La corteza del tronco y de las ramas gruesas de los olivos viejos, se arruga y salta en escamas, favoreciendo el desarrollo de insectos y de plantas parásitas. Para *limpiar* el olivo, se rascan

Larva Mosca Crisálida

Mosca de la aceituna, su larva, su crisálida. (Muy aumentada)

esas escamas y rugosidades hasta que hayan desaparecido del todo, y se lava la parte herida con *legía fuerte* en la que se ha disuelto previamente una cantidad regular de *cal viva*. Es ésta una excelente operación para vigorizar los olivos viejos.

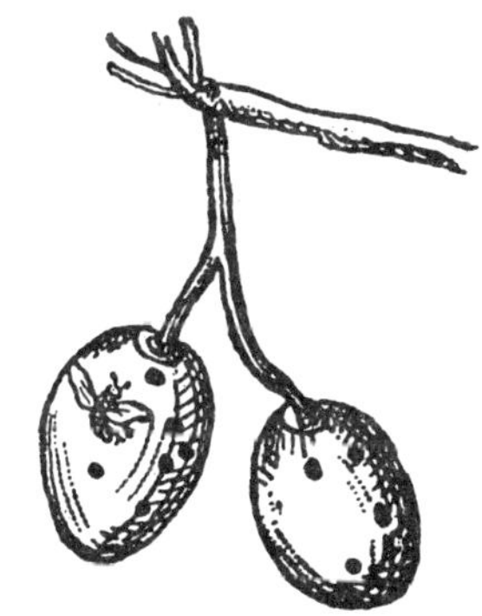

La mosca de la aceituna poniendo un huevo

177. **Enfermedades del olivo.** — Perjudican mucho al olivo el *frío* riguroso y los insectos, tales como la *cochinilla* o *piojo*, la *psilla* o *pulga del olivo*, la *mosca de la aceituna*, la *cantárida* y las *plantas parásitas*.

Psilla o pulga del olivo. (Muy aumentada)

178. **Cómo se combaten las plagas del olivo.**—Se cortan las partes secas por el frío. El *piojo* o *cochinilla* se destruye frotando las ramas con un lienzo basto mojado con vinagre o lechada de cal; la *psilla* o *pulga*, difícil de combatir por su pequeñez, pulverizando las ramas con *nicotina*, al *veinte por ciento;* para la *mosca*, no existe medio recomendado; las *cantáridas*, poniendo lienzos en el suelo, sacudiendo las ramas y recogiendo los animalitos; las *plantas parásitas*, saneando el terreno si fuere húmedo o podando severamente el árbol, a fin de que penetren en él y en abundancia el aire y el sol.

LECCIÓN XVIII

La abeja y el gusano de seda

179. **Las abejas.**—Las *abejas* son insectos que producen *miel y cera.*

180. **La miel.** — El néctar de las flores, libado por las abejas, se transforma en *miel* por la acción de los jugos intestinales de estos insectos.

181. **Cómo viven las abejas.** — Las abejas viven en *colmenas,* y las que ocupan una colmena forman un *enjambre.*

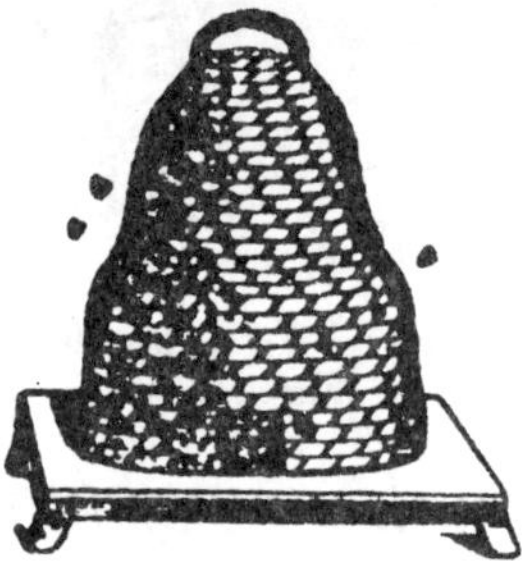

Una colmena

182. **Panales.** — Los *panales* son los tabiques de las colmenas, y los construyen con cera las abejas. Están formados por gran número de pequeñas celdas superpuestas, y en las cuales las abejas depositan la miel.

183. **La cera.** — La *cera* que forma los panales, es un producto elaborado en los anillos abdominales de las abejas.

En las colmenas modernas se ponen panales artificiales de cera. Ahorrando a la abeja el trabajo de producir cera, aumenta la producción de la miel.

184. **Clases de abejas.**—En todo enjambre hay una sola *reina,* que es la encargada de la reproducción; pone al año más de 60.000 huevos. Hay otras abejas, los *zánganos,* que sirven sólo para fecundar la reina, y las *obreras,* que fabrican la cera y la miel.

Abejas obreras

Abeja reina o *hembra*

185. **Cómo se recogen la miel y la cera.**—Para recoger la miel y la cera, en primavera y otoño se *castran* las colmenas, cortando horizontalmente los panales a una profundidad de 10 a 12 centímetros, dejando la suficiente cantidad de miel para que las abejas puedan alimentarse durante el invierno.

186. **El gusano de seda.** — El *gusano de seda* es un insecto que produce lo que su nombre expresa: la *seda.*

El gusano de seda

187. **Cómo se reproduce el gusano de seda.** — El gusano de seda se reproduce por huevos, que se llaman *semilla.*

188. **Avivación de la semilla.**—Para avivar la semilla, se la pone en cajas, en habitaciones cuya temperatura sea, constantemente, de unos 24 ó 25 grados. La avivación dura de *cuatro* a *doce días;* a los cuatro días, la semilla se cubre con una tela de tul, y encima de ella se ponen ramitos de morera que es el alimento de los gusanos.

189. **Desarrollo del gusano.**—Al nacer los gusanos, atraviesan el tul y con gran avidez devoran las hojas de morera. Después se llevan los ramitos y los gusanos a otra habitación de temperatura suave y constante, donde se hayan colocado estanterías y cañizos para poner hojas frescas de morera. Cada gusano pasa por *cinco edades* y *cuatro mudas,* y al terminar la quinta edad, fabrica su *capullo de seda.*

Mariposa del gusano de seda

190. **La seda**—Con vapor de agua se ahoga el gusano que, al salir al exterior, rompería el capullo. La *seda* es un producto segregado por la boca del gusano y que, en contacto del aire, se endurece.

LECCIÓN XVIII

Gallinas, patos, gansos y palomas

191. **Principales aves de corral.** — Las *aves domésticas* que mayores beneficios pueden proporcionar al agricultor, son las *gallinas,* los *patos,* los *gansos* y las *palomas.*

192. **Qué proporcionan estas aves.** — Estas aves ofrecen *carne* muy sabrosa y nutritiva, y las gallinas, además, nos proporcionan *huevos*, alimento completo, de imponderable valor.

193. **Las gallinas.**—Hay varias razas de gallinas españolas: la *catalana del Prat*, muy corpulenta y ponedora; la *castellana negra*, pequeña y ponedora; la *andaluza*, que se distingue por su precocidad.

Gallo y gallina

194. **Qué necesitan las gallinas.**—Las gallinas necesitan gallineros espaciosos y limpios, campo extenso y soleado para sus correrías y abundancia de agua limpia.

195. **Los nidales.** — Los mejores *nidales*, donde las gallinas ponen los huevos, son los de esparto o mimbre. De vez en cuando, los nidales deben sacudirse, lavarse y ponerse a secar al sol.

196. **Reproducción de las gallinas.**—Durante 21 o 22 días, la gallina *incuba* los huevos; después de este tiempo, empiezan a nacer los *polluelos*, que han de retirarse de la madre, guardándolos envueltos en un trapo caliente, 24 horas después de nacer, se devuelven a la madre que ya cuidará de ellos.

197. **Los patos.** — El *pato* es un ave muy fecunda y voraz. Es muy útil a las casas de campo, pues exige muy pocos cuidados y puede engordar muchísimo.

198. **Razas de patos.** — Existen dos razas de patos domésticos que se distinguen por la alzada. La raza grande se desarrolla bien, aún disponiendo de poca agua, es precoz y muy fecunda.

199. **Los gansos.**—El *ganso* es también muy voraz y de alimentación puramente vegetal. Cuan-

Pato

do está bien cebado, con su higado se elabora una pasta sabrosísima llamada *foie gras,* que se vende muy cara.

200. **Razas de gansos.**—Existen muchas variedades de gansos, pero la más estimada para la cría es la llamada *de Tolosa,* raza grande, hermosa y fecunda, por cuya razón se la destina al cebo.

Ganso

201. **Las palomas.** — Las *palomas* domésticas ofrecen carne muy sabrosa, son fecundas y fáciles de criar, por lo que su explotación es de buenos rendimientos.

Paloma doméstica

202. **Variedades de palomas.**—Hay muchísimas variedades de palomas: la *romana,* la *moñuda,* la *calzada,* la *mensajera,* la *rizada,* etcétera. Las grandes son las más fecundas y de sabor más delicado, aunque su reproducción sale cara por no apetecer la libertad y tener que ser alimentada en los palomares.

203. **Reproducción de las palomas.** — Las palomas ponen dos huevos, de los que salen, casi siempre a los 18 días, un macho y una hembra. La incubación y la alimentación de los polluelos son cuidados perfectamente tanto por el padre como por la madre.

LECCIÓN XIX

La ganadería

204. **Principales clases de ganado.** — Las principales clases de ganado que explota el agricultor son: el *ganado caballar, asnal* y *mular,* el *vacuno,* el *de cerda,* el *lanar* y el *cabrío.*

205. **Ganado caballar, asnal y mular.**—Este ganado ayuda al agricultor en sus labores y le da crías y estiércoles.

206. **Los caballos.** — La mejor raza de *caballos de tiro,* es la *percherona,* de Francia, y en *caballos de tiro* son las más estimadas la *inglesa oriental* y la *andaluza.*

Caballo

207. Los asnos. — Tanto el *asno europeo* como el *asno africano* son animales de gran valor por su longevidad, su sobriedad, su paciencia y su fuerza.

Asno

La leche de la burra es un alimento de gran valor nutritivo, propio para enfermos y personas delicadas.

208. Mulas y mulos. — La *mula* procede de la unión del asno y la yegua, mientras que el *mulo* o *macho* nace de la unión del caballo y de la burra.

Tanto la mula como el mulo son animales sobrios, rústicos y muy fuertes.

La mula es muy estimada y preferida al macho, por ser muy noble y muy poco enfermiza.

Mula

209. Ganado vacuno. —El ganado *vacuno* ayuda al labrador y le da crías, carne, pieles y leche, el alimento más importante y del que se obtienen mantecas y quesos.

210. Bueyes y vacas. — Las razas más importantes para el trabajo y el engorde, son la *española* y la *inglesa*. Para la producción de leche son excelentes las vacas *holandesas* y *suizas*.

Buey

211. Ganado de cerda.—El ganado de *cerda* proporciona al campesino crías, estiércoles y carne.

212. **El cerdo.**—Puede decirse que el *cerdo* no tiene desperdicio, **pues todo en él se aprovecha.**

De las muchas razas de cerdos, las más estimadas son, entre las inglesas, la de *York* y, entre las españolas, la *gorda*, que se encuentra principalmente en Extremadura y en las Islas Baleares.

Cerdo

213. **Ganado lanar.**—El ganado *lanar* proporciona, además de la *lana*, crías, leche, carne y el mejor estiércol.

214. Las ovejas. — Existen numerosas razas de *ovejas*, distinguiéndose la *inglesa*, notable por su carne delicada y su vellón liso y abundante; la española *merina*, muy apreciada por sus lanas abundantes, finas y rizadas, y la *churra*, también española, estimada por su carne delicada y ser muy lechera.

Oveja

215. Ganado cabrío. — También nos proporciona crías, leche, carne y buenos estiércoles.

216.—Las cabras. — Se admiten tres razas de *cabras:* la de Europa, la de Asia y la de África. La cabra africana y la europea de los Pirineos, son muy lecheras.

217. **Cuidados que exige el ganado.**—Todo el ganado, sea de la clase que fuere, necesita que sus cuadras estén limpias y aireadas y que su alimentación sea sana, abundante y nutritiva.

Cabra

LECCIÓN XX

Auxiliares del agricultor

218. **Qué auxiliares tiene el agricultor.**—Son grandes auxiliares del agricultor, las *aves insectívoras* y *otros animales* que destruyen no pocos bichos dañinos.

219. **Aves insectívoras.**—Se llaman *aves insectívoras* las que se alimentan principalmente de insectos.

Las aves insectívoras más conocidas son el *gorrión*, la *golondrina*, la *abubilla*, el *ruiseñor*, el *jilguero*, el *aguzanieves*, el *verdecillo*, la *alondra*, el *pardillo*, el *mirlo*, la *oropéndola*, etc.

Abubilla

220. **Acción beneficiosa de estas aves.** — La *abubilla* es el mortal enemigo del grillo, el gran destructor de los tubérculos.

Cigüeña

El *aguzanieves* sigue el curso del arado en busca de los gusanos que asoman en la tierra removida.

El *gorrión*, el *ruiseñor*, el *jilguero*, la *alondra*, la *golondrina*, la *oropéndola*, etcétera, etc., engullen diariamente centenares de insectos que serían el azote de los campos.

Lechuza

221. Prejuicio erróneo. — Es creencia muy extendida entre los campesinos que estas aves, especialmente el gorrión, consumen una parte importante de las cosechas, por lo que se les persigue encarnizadamente. Es este un error fatal, pues el valor de los granos y de las plantas que consumen, es insignificante comparado con los grandes destrozos que producirían los insectos que engullen, de tal manera, que, sin estos animales, se harían imposibles los cultivos. Por esto la ley, velando por los intereses del agricultor, prohibe la destrucción de las aves insectívoras.

Murciélago

222. **Otros aliados del agricultor.** — Son también buenos amigos del agricultor, las *cigüeñas*, las *lechuzas*,

el *buho*, el *mochuelo*, el *murciélago*, el *erizo*, el *topo*, la *rana*, el *sapo*, la *salamandra*, etcétera.

223. **Acción beneficiosa de estos animales.** — La *cigüeña*, es el azote de las culebras.

Topo

La *lechuza*, el *buho* y el *mochuelo*, devoran ratas y ratones.

El *topo* y el *erizo* destruyen gusanos, babosas, grillos, etcétera.

La *rana*, el *sapo* y la *salamandra* devoran insectos varios.

INDUSTRIA

LECCIÓN I

La industria. — Sus clases y elementos

1. **Primeras materias.** — Se llaman *primeras materias* a las substancias que son transformadas por las industrias. *Los minerales, los vegetales y los animales son primeras materias.*

2. **La industria.** — Se llama *industria*, el trabajo en virtud del cual el hombre convierte las primeras materias en objetos de utilidad.

3. **Clases de industrias.** — Las industrias pueden clasificarse en *agrícolas, extractivas, manufactureras, fabriles* y *químicas.*

Son industrias *agrícolas*, la crianza de aves domésticas, el cultivo y preparación del cáñamo, la cría de abejas, la producción de vino y aceite, la producción de leche y sus aplicaciones, etc., etc.

Son industrias *extractivas*, la minería, la pesca, la producción de azúcar y carbón, etc., etc.

Son industrias *manufactureras*, los oficios y algunas artes, la fabricación de jabón, vidrio, ladrillos, etc., etc.

Son industrias *fabriles*, la fabricación de tejidos y automóviles, la fundición de metales, los talleres de maquinaria, etc., etc.

Son industrias *químicas*, la fabricación de abonos, de materias colorantes, de productos farmacéuticos, acero, cristal y curtidos, las refinerías de aceites y petróleo, etc., etc.

4. **Elementos de las industrias.** — Los elementos constitutivos de toda industria son el *capital*, el *trabajo* y la *dirección*.

5. **Capital.** — El *capital* está formado por todo lo necesario para el ejercicio de una industria, es decir, dinero, crédito y maquinaria.

6. **Máquinas.**—Reciben el nombre de *máquinas* todos los aparejos que ayudan al hombre en cualquier trabajo o producción.

7. **Ventajas de las máquinas.** — Las máquinas perfeccionan el trabajo manual, evitan molestias a los operarios, aumentan considerablemente la producción y, por tanto, abaratan los productos elaborados, con lo cual se logra una mayor venta, y, por consiguiente, una mayor cantidad de trabajo.

8. **Trabajo.** — Llámase *trabajo*, a la actividad del hombre aplicada al ejercicio de la industria.

9. **Dirección.**—La parte *directora* de una industria elige y perfecciona los métodos de elaboración y preparación de los productos, cuida de la adquisición de primeras materias y de la venta de la producción, y atiende a la buena administración.

LECCIÓN II

Preparación del cáñamo, el lino y el algodón

10. **Plantas textiles.** — El *cáñamo*, el *lino* y el *algodonero* son plantas *textiles* con cuyas fibras se elaboran hilados y tejidos.

11. **Preparación del cáñamo.**—Se *arrancan* o *siegan* sus tallos, se dejan secar, y luego se *desgranan*. Para destruír la substancia gomosa que une entre sí las fibras textiles y que impide su separación, se someten los tallos al *enriado*, para lo cual se sumergen en depósitos de agua, o mejor, en aguas corrientes, hasta que las fermentaciones que se producen han terminado esa destrucción. Ya enriados y secos los tallos, se someten al *agramado* y al *madejado* para separar de la madera la hilaza; se peinan

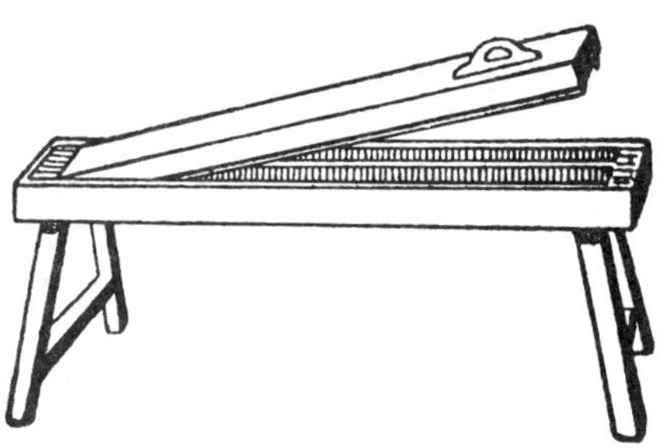

Agramadora

las madejas varias veces, y las fibras quedan en disposición de hilar y tejer.

La semilla del cáñamo es el *cañamón*, de la cual se extrae un aceite muy empleado en la fabricación del jabón, como secante en la pintura y hasta en el alumbrado.

12. **Preparación del lino.** — La preparación del *lino* y la obtención de su fibra, es casi igual a la del cáñamo.

Con lino se fabrican tejidos muy finos y variados.

13. **El algodón.**—La planta textil de mayor importancia es el *algodonero*, en cuyo fruto las semillas están rodeadas por una pelusilla blanca que es el *algodón*.

Fruto del algodonero

Los principales centros de producción del algodón son los Estados Unidos de América. el Brasil y el Indostán.

14. **Separación del algodón.**—Después de la recolección, para separar el algodón de las semillas que envuelve, se secan al sol las masas de algodón; después se colocan sobre unas rejillas contra las cuales frotan cilindros que giran rápidamente y provistos de numerosas púas. Estas, arrastran el algodón a través de las rejillas, quedando así separado de las semillas.

15. **Preparación del algodón.** — Separado el algodón de las semillas, se prensa para formar *balas* y se manda a las fábricas de hilados, donde se le somete al *limpiado*, al *cardado* y al *estirado*.

Con el *limpiado*, que verifica una máquina llamada *diablo*, queda el algodón blanco como la nieve; con el *cardado*, las fibras, que naturalmente están enredadas, se colocan paralelamente, y con el *estirado*, el algodón queda formando mechas y dispuesto para ser hilado y tejido.

LECCIÓN III

Fabricación del aceite de olivas y de jabones

16. **El aceite de olivas.** — La fabricación del *aceite de olivas* comprende tres operaciones: la *recolección del fruto*, la *molienda* y el *prensado*.

17. **Recolección del fruto.** — La *recolección de las aceitunas* debe hacerse a *ordeño*, esto es, a mano, cuando entran en madurez.

18. **La molienda.** — La *molienda* puede hacerse en

molinos de una, dos o más piedras verticales, que giran sobre otra horizontal.

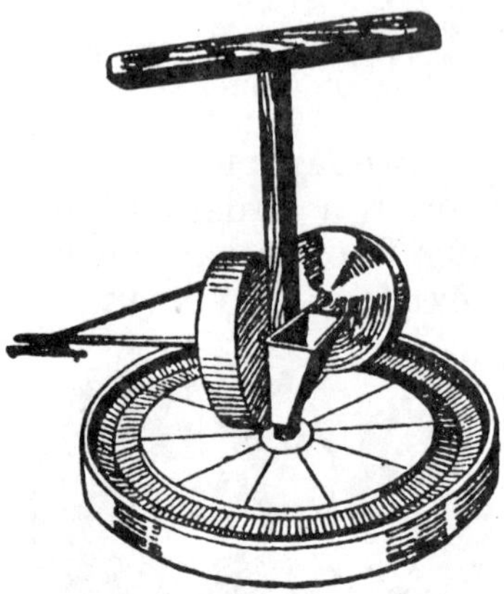

Molino de piedras verticales

19. **El prensado.** — El *prensado* debe hacerse con *prensa.* La pulpa se coloca en serijos de esparto, y estos se someten a la prensa, obteniendo el *aceite de primera calidad,* mezclado con los jugos acuosos de la aceituna, que se deposita en zafras de hoja de lata o tinajas vidriadas. Al cabo de poco tiempo se recoge el aceite, que sobrenada.

Se recoge la pulpa resultante, y se lleva nuevamente al molino para triturarla perfectamente, se mezcla con agua hirviendo, y se prensa, obteniendo entonces el *aceite común.*

20. **Los jabones.** — Los *jabones* están constituídos por la *materia grasa de los aceites* y un álcali, la *sosa* o la *potasa.*

21. **Clases de jabones.**—Fabrícanse muchas clases de jabones: el *duro* o *común,* elaborado con sosa; el *blando,* obtenido con potasa; los de *tocador,* que contienen distintas materias olorosas; los *medicinales,* que pueden contener glicerina, azufre, brea, etc.

22. **Fabricación del jabón común.** — En una caldera de hierro

Fábrica de jabón

se hace servir una disolución de sosa poco concentrada. Cuando está en ebullición, se añade poco a poco el aceite, agitando constantemente el líquido. Se separa la espuma producida y, continuando la ebullición y sin dejar de agitar, se añade más disolución de sosa, pero más concentrada ahora, hasta que se forme una masa homogénea que se irá poniendo cada vez más dura. Se deja luego enfriar esta pasta y queda fabricado el jabón.

23. **Fabricación del jabón de tocador.** — Los *jabones de tocador* se elaboran con jabones *blandos*, que se fabrican de manera análoga a los comunes, pero con disolución de potasa. Estando en fusión, se añaden las materias colorantes y los perfumes, y después se moldean a presión.

LECCIÓN IV

Fabricación del vino y de la cerveza

24. **Cómo se fabrica el vino.** — La fabricación del vino comprende la *vendimia*, la *obtención del mosto*, la *fermentación tumultuosa*, el *primer trasiego*, la *fermentación lenta*, la *clarificación* y el *segundo trasiego*.

25. **Vendimia.**—La *vendimia* es la recolección de las uvas.

Prensa para el estrujado de las uvas

26. **Obtención del mosto.** — El *mosto* se obtiene en los lagares, pisando la uva o por medio de máquinas estrujadoras.

27. **Fermentación tumultuosa.** — Mosto y escobajos se depositan diez o doce días, en tinajas o cubas, donde empieza pronto la *fermentación tumultuosa*, con gran desprendimiento de ácido carbónico.

28. **El primer trasiego.** — Terminada la fermentación tumultuosa, el vino se traslada a otras vasijas.

29. **La fermentación lenta.** — Colocado el mosto en las nuevas vasijas, ya separado del escobajo, continúa la fermentación con *gran lentitud*, durante algunos meses.

30. **Clarificación del vino.**—La clarificación de los vinos turbios y el cuidado que requieren los que deben ser embotellados, consiste en añadirles claras de huevo, cola o gelatina, que arrastran al fondo las materias que enturbian o pueden enturbiar el líquido.

31. **El segundo trasiego.** — Una vez clarificado el vino, se verifica otro trasiego, depositándolo en nuevos envases, que se guardan definitivamente en las bodegas.

32. **Primeras materias para la fabricación de la cerveza.** — La cerveza se elabora con *cebada, flor del lúpulo, buena agua potable* y *levadura.*

33. **Fabricación de la cerveza.** — La fabricación de la cerveza comprende el *maltaje*, la *lupulización* y la *fermentación.*

34. **Maltaje.**—Después de macerada con agua, se extiende la cebada en el suelo, y cuando el grano empieza a germinar, se seca al horno y se muele. La harina obtenida, llamada *malte*, se coloca en cubas de doble fondo a las que se vierte agua hirviendo, agitando bien la mezcla. Después de tres horas de reposo, se recoge el *mosto.*

35. **Lupulización.** — El mosto se hierve con *flor de lúpulo*, y cuando se ha alcanzado la concentración debida, se enfría el líquido muy rápidamente.

36. **Fermentación.**—El líquido enfriado se coloca en cubos de madera, y se le añade *levadura de cerveza*, que origina inmedia-

Cubas de fermentación de la cerveza

tamente una *fermentación tumultuosa* con gran desprendimiento de ácido carbónico. 9 ó 10 días después, se trasiega la *cerveza verde*, así obtenida, a nuevas cubas donde se realiza la *fermentación complementaria*, con producción de espuma que constituye la levadura que servirá para nuevas elaboraciones. Algunos días después, se envasa en botellas o toneles que se guardan en bodegas muy frías, donde, con la *fermentación lenta*, termina la fabricación de la cerveza.

LECCIÓN V

Fabricación de la sidra y extracción de la sal

37. **Qué es la sidra.** — La *sidra* es el líquido resultante de la fermentación del zumo de las manzanas.

38. **Fabricación de la sidra.** — La fabricación de la sidra comprende la *recolección de las manzanas*, la *trituración*, la *obtención del mosto*, la *fermentación* y el *trasiego*.

39. **Recolección de las manzanas.** — La *recolección de las manzanas* se verifica cuando se aproxima su madurez, se desechan las dañadas, y luego se toma igual cantidad de fruto de jugo dulce y de jugo agrio.

40. **Trituración de las manzanas.**—La *trituración* de las manzanas se verifica con mazas de madera, en una artesa de la misma materia, o mejor, empleando máquinas trituradoras.

41. **Obtención del mosto.** — Preparada la pulpa, se lleva a la prensa, y se obtiene el *mosto*, que se recoge en cubas de madera. La masa que queda en la prensa, se mezcla con agua y se vuelve a prensar, obteniendo sidra de inferior calidad.

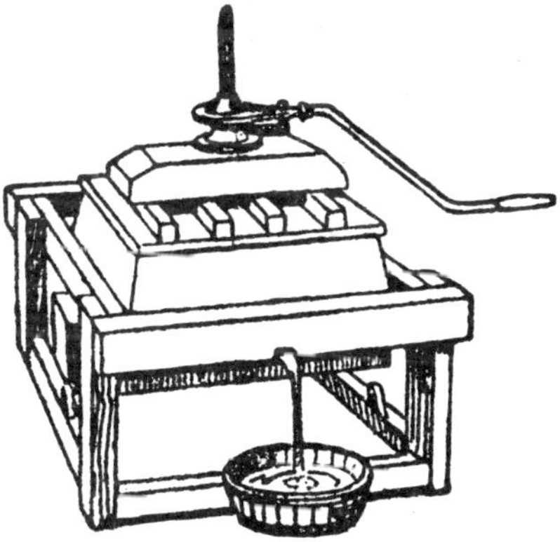
Prensa para la pulpa de manzanas

42. **La fermentación.** — La *fermentación tumultuosa* se verifica en las mismas cubas, y dura tiempo diferente según la temperatura de la bodega.

43. **El trasiego.** — Terminada la primera fermentación la sidra se *trasiega* a otras pipas, como el vino, donde empieza la *fermentación lenta,* y, luego, antes de concluír ésta se embotella.

44. **La sal.**—La *sal* es un alimento necesario al hombre. Abunda mucho en la Naturaleza, encontrándose disuelta en las aguas del mar y de algunos manantiales, y, en estado sólido, formando rocas, en cuyo caso se llama *sal gema,* o mezclada con arcillas y margas.

45. **Aplicaciones de la sal.** — La sal, entre otras aplicaciones, se utiliza en la conservación de carnes y pescados; en la preparación del cloro, del sólido y de la sal amoníaco, y en el curtido de pieles.

46. **Extracción de la sal de las aguas marinas.**—En los terrenos llanos y arcillosos cerca del mar, se abren excavaciones de mucha extensión y poco fondo, y, con diques de la misma tierra, se dividen en compartimientos que comuniquen entre sí, de manera que el agua del mar que entra en el primero, vaya recorriéndolos todos en un orden determinado. Mientras tanto, el calor del sol va evaporando el agua y provocando la precipitación de otras substancias disueltas en el agua del mar.

Unas salinas

En los últimos departamentos, se deposita la sal, que se recoge en grandes montones y que la humedad del aire acabará de purificar.

47. **Extracción de la sal gema.** — La sal gema se explota por medio de minas, como un mineral cualquiera. Las minas de Cardona, en España, son muy importantes.

LECCIÓN VI

Fabricación de manteca, queso y chocolate

48. **Crema de leche.** — La *crema* o *nata* es un producto de la leche, algo amarillo y graso, en la que sobrenada después de algunas horas de ordeñada.

49. **La manteca.** — La *manteca* es la materia grasa de la leche. Es una substancia muy nutritiva.

50. **Elaboración de la manteca.** — Para separar la manteca de la leche, se bate ésta convenientemente en unos aparatos llamados *mantequeras*.

Cada *cien litros* de buena leche de vaca, dan unos *cuatro kilogramos* de manteca.

Mantequera

51. **Clases de mantecas.**—Hay *mantecas blancas* y *amarillas, saladas* y *frescas*.

La manteca *salada*, o sea manteca a la que se ha adicionado sal, se utiliza para guisar. La manteca fresca o sin salar, que puede comerse sola, constituye un exquisito complemento de muchos manjares.

Las mantecas bien lavadas pueden conservarse algunos días.

52. **Fabricación del queso.**—Para fabricar el *queso*, se calienta la leche y se *cuaja* con pistilos de alcachofa silvestre o alguna otra substancia; se coloca el cuajo en un lienzo para comprimirlo, a fin de que deje el *suero;* se le añade alguna sal, y queda hecho el queso.

Los mejores quesos de España son los de Asturias, Mahón, Burgos, la Mancha, Cabrales, Villalón, Santander y otros.

Tostador de cacao

53. **Composición del chocolate. — El *chocolate* es un alimento compuesto de cacao, azúcar y una substancia aromática, generalmente *canela* o vainilla.**

54. **Cómo se fabrica a brazo el chocolate. — Se practica lo siguiente:**

1.° Se *tuesta* el cacao a fuego lento, para desarrollar su aroma y quitar la cáscara.

2.° Se *reduce el cacao a pasta blanda*, moliéndolo a mano en un mortero de hierro o una piedra combada, calentados debidamente, y se repite dos o tres veces esta operación hasta que no quede el menor grano de cacao.

3.° Se añade a la pasta una substancia aromática y el azúcar necesario bien pulverizados por una nueva molienda.

4.° Preparada la mezcla, vuélvese a pasar por la piedra y queda ya elaborado el chocolate. Se distribuyen después en porciones de a media libra, y se coloca en moldes de hoja de lata, de donde se saca cuando está bien seco. La pasta debe ser *blanda* sin ser *fluida*.

LECCIÓN VII

Fabricación de curtidos y de papel a mano

55. **Las pieles.** — Las pieles de bueyes y vacas, caballos, mulos, ovejas, cabras, perros, etc., se transforman en *cuero* por medio del *curtido*.

56. **Materias curtientes.** — Se llaman *materias curtientes* las que hacen imputrecibles a las pieles, y son: para los *cueros*, las cortezas de encina, roble y abedul, el zumaque, las agallas, el salvado, etc., que contienen gran cantidad de *tanino;* y para las *gamuzas* y las *pieles*, el alumbre, la sal marina y las materias grasas.

57. **Cómo se trabajan las pieles.** — La *transformación de las pieles en cueros* comprende la *limpieza*, el *apelambrado*, el *confitado* y el *adobo*.

58. **Limpieza de las pieles.**—Las pieles se ponen en *remojo* en agua durante varios días, para que adquieran flexibilidad y pueda *limpiarse* bien la parte que estaba adherida a la carne.

El curtidor

59. **El apelambrado.**—Después de limpias, se ponen las pieles en una lechada de cal para que destruya los pelos, que se quitarán después completamente frotando las pieles contra la *cuchilla del caballete*.

Entre lavado y lavado, las pieles se secan, golpean y estiran en todos sentidos.

60. **El confitado.**—Con el *confitado* las pieles se *inchan,* para lo cual se ponen en una gran vasija que contenga agua con *tanino* y salvado.

61. **El adobo.** — Hecho todo lo anterior, empieza el adobo de las pieles, que comprende varias operaciones cuya duración es de *ocho, diez* o *más meses.*

62. **Clases de papel.** — Por el modo de fabricarlo, el papel puede ser de *tina*, o elaborado a mano, y *continuo*, o elaborado por medios mecánicos.

63. **Operaciones que comprende la fabricación del papel a mano.**—La fabricación del papel *a mano*, comprende las siguientes operaciones: la *preparación de la pasta*, el *blanqueo*, la *formación de las hojas* y el *encolado*.

64. **Preparación de la pasta.**—Los trapos de hilo y algodón se reducen a pequeños trozos, que se lavan bien en agua fría y, después, con lejía caliente. Ya lavados, por medio de cilindros se deshilan y desmenuzan hasta convertirse en *pasta*.

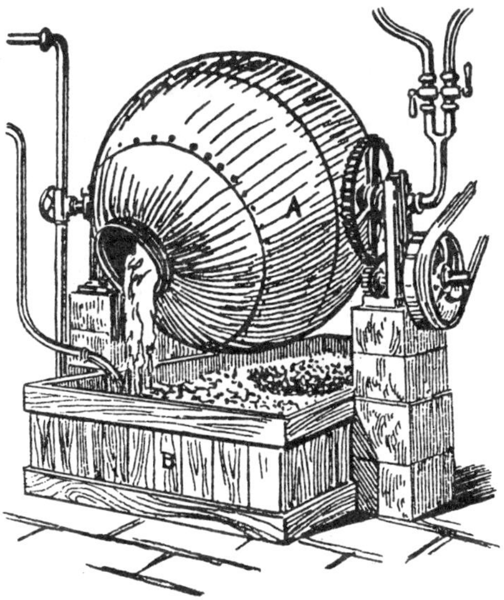

Colador de trapos en la fabricación de papel

65. **El blanqueo.** — El *blanqueo* de la pasta se hace sumergiéndola en *cloruro de cal* y agitando mucho para que quede blanca por igual.

Después de lavada, vuelve a llevarse la pasta a los cilindros para concluír de afinarla.

66. **Formación de las hojas.** — La formación de las hojas de papel se hace recogiendo la mezcla de pasta y agua con un molde, cuyo fondo lo forma una finísima tela metálica.

67. **El encolado.**—El papel así obtenido es muy poroso. Para poder usarlo en la escritura e imprenta, se le da *cola*, sumergiendo las hojas durante pocos segundos en una disolución de *gelatina* con algo de *alumbre*.

LECCIÓN VIII

Fabricación de harinas y del pan

68. **Las harinas.**—Moliendo los granos de los cereales, se obtienen *harinas* de gran valor nutritivo. Las de mayor importancia son las de *trigo* y *centeno*.

69. **Fabricación de la harina de trigo.**—La fabricación de la harina de trigo comprende tres operaciones: la *limpia del trigo*, la *moltura y separación del salvado* y la *clasificación de las harinas*.

70. **Limpia del trigo.**—Con la *limpia,* se separan del trigo los cuerpos extraños que suelen acompañarle. Con una criba llamada *desterronadora,* se separan las impurezas de mayor o menor tamaño que lleva el trigo; con la *tarara,* sepáranse los cuerpos más ligeros que él; con el *deschinador,* se quitan los más pesados; las semillas redondas que todavía quedan, se separan con una cinta metálica con alveolos redondos; en el *desgerminador,* se quita a los granos la película que los recubre, terminando la limpieza con el *cepillado* de los granos.

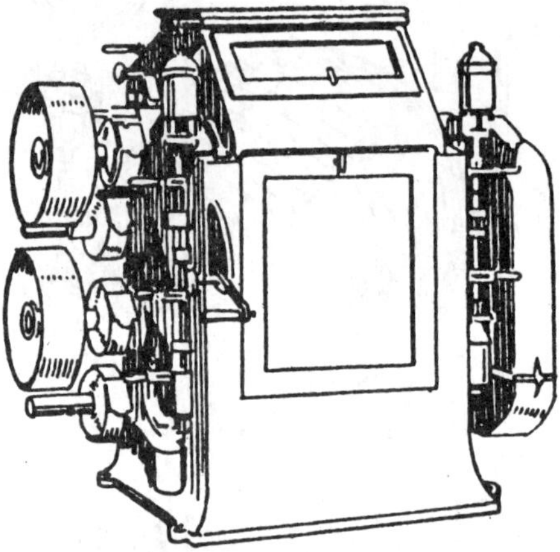
Molino de 4 cilindros

71. **Molturación y separación del salvado.**—Ya limpio el trigo, se humedecen los granos y se *muelen* con *muelas* o *cilindros.* El molino de *muelas* consta de dos piedras planas y redondas, con estrías en su superficie, una de las cuales gira sobre la otra, que está fija. Al pasar por los surcos, el trigo se aplasta y las aristas limpian el *salvado.* Actualmente son preferidos los molinos con cuatro o cinco pares de *cilindros* de hierro, con estrías cada vez más finas y que giran en sentido contrario.

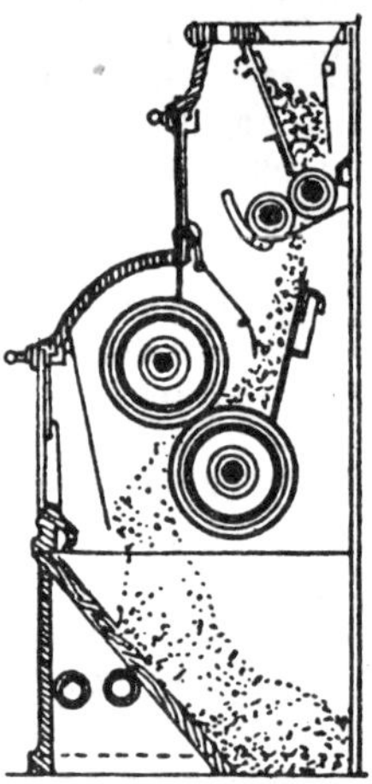
Funcionamiento del molino de cilindros

72. **Clasificación de las harinas.** — El *cernido* o *clasificación de las harinas,* se realiza mecánicamente con aparatos que tamizan las harinas con telas de seda.

73. **El pan.** — El *pan,* alimento de gran valor, se elabora con harina de trigo.

74. **Fabricación del pan.** — La fabricación del pan comprende el *amasado,* la *fermentación* y la *cochura.*

75. **El amasado.**—Para realizar el *amasado* a mano, en una *artesa* se deslíe la harina en agua con la cantidad necesaria de sal.

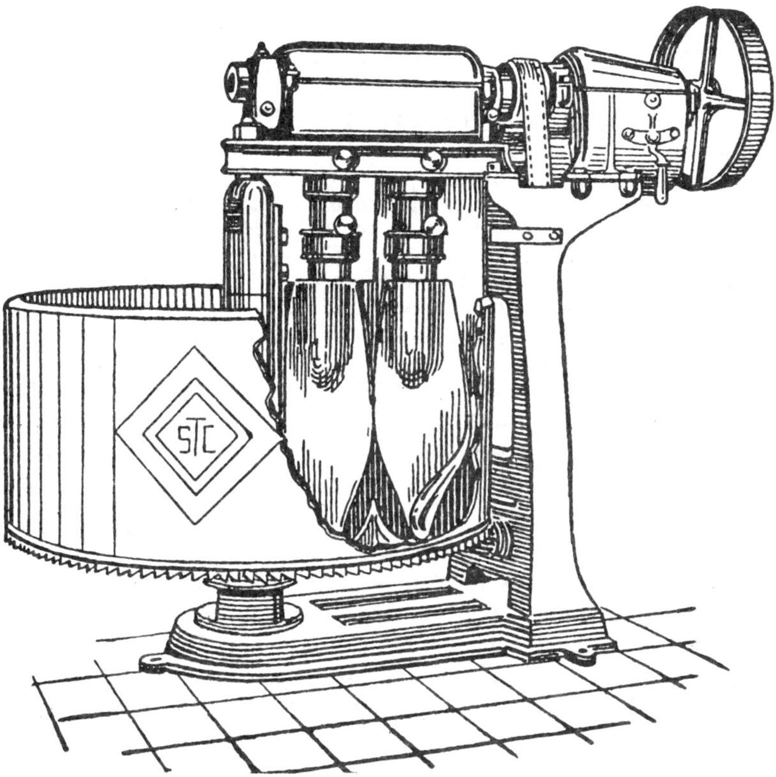

Amasadora mecánica

Se añade luego la *levadura,* cortada a pequeños trozos, y se procura que quede rápidamente incorporada a la harina. Se sigue después trabajando la masa, doblándola varias veces sobre sí misma y lanzando con fuerza parte de ella sobre la artesa y luego, sobre la masa ya trabajada. El amasado se realiza más cómodamente y con mayor rapidez por medio de las *amasaderas* mecánicas.

76. **Fermentación de la masa.** — La masa así elaborada, se cubre con mantas y se deja descansar hasta que se percibe un ligero olor ácido. La masa entonces *fermenta* y se levanta, es decir, se esponja.

77. **Cochura del pan.** — Terminada la fermentación, se separa parte de la masa, que servirá de levadura en otras elaboraciones. El resto se divide en panes, que se *cuecen* en un horno previamente calentado, retirándose del horno cuando tienen un color dorado,

LECCIÓN IX

Obtención del gas del alumbrado

78. **El gas del alumbrado.** — La *destilación seca de la hulla,* o carbón de piedra, produce el *gas del alumbrado*, obteniéndose, como principales productos secundarios, *carbón de cok, alquitrán* y *compuestos amoniacales.*

79. **Obtención del gas del alumbrado.** — La obtención del gas del alumbrado comprende la *destilación de la hulla,* el *lavado del gas,* la *purificación física,* la *purificación química, almacenamiento* y *distribución.*

80. **Destilación de la hulla.** — La hulla se *destila* calentándola en hornos a propósito, llamados *retortas.*

81. **Lavado del gas.**—El gas que se desprende de la hulla en las retortas, pasa por medio de tubos, a un recipiente lleno de agua, llamado *barrilete,* donde, con el *lavado,* sufre el gas su primera purificación.

82. **Purificación física.** — Del barrilete pasa el gas al *órgano,* aparato formado por una serie de tubos verticales donde el gas se enfría condensándose varios productos que lo impurifican. Su purificación física se completa con el *colador de columna de cok,* donde el gas se lava pasando a través de una gruesa capa de cok, mientras caen sobre él finos chorros de agua.

83. **Purificación química.** — Continuando su marcha, el gas atraviesa el *aparato depurador,* gran caja con tabiques agujereados, sobre los cuales se coloca la mezcla depurante, que varía según la naturaleza de la hulla y otras circunstancias.

84. **Almacenamiento y distribución.** — El gas así producido, bueno ya para el consumo, se almacena en grandes campanas de hierro, llamadas *gasómetros,* que, para su completo cierre, se sumergen en agua. De aquí se distribuye el gas por medio de grandes tuberías de hierro y otras menores de plomo.

85. **El carbón de cok.** — Los restos de la hulla después de destilada, constituyen un carbón poroso, llamado *cok,* de gran poder calorífico y de gran utilidad para su empleo en estufas, cocinas, etcétera.

86. **El alquitrán.** — El gas que se produce en las retortas, va impurificado por *vapores de alquitrán,* que se condensan en el barrilete, de donde son recogidos.

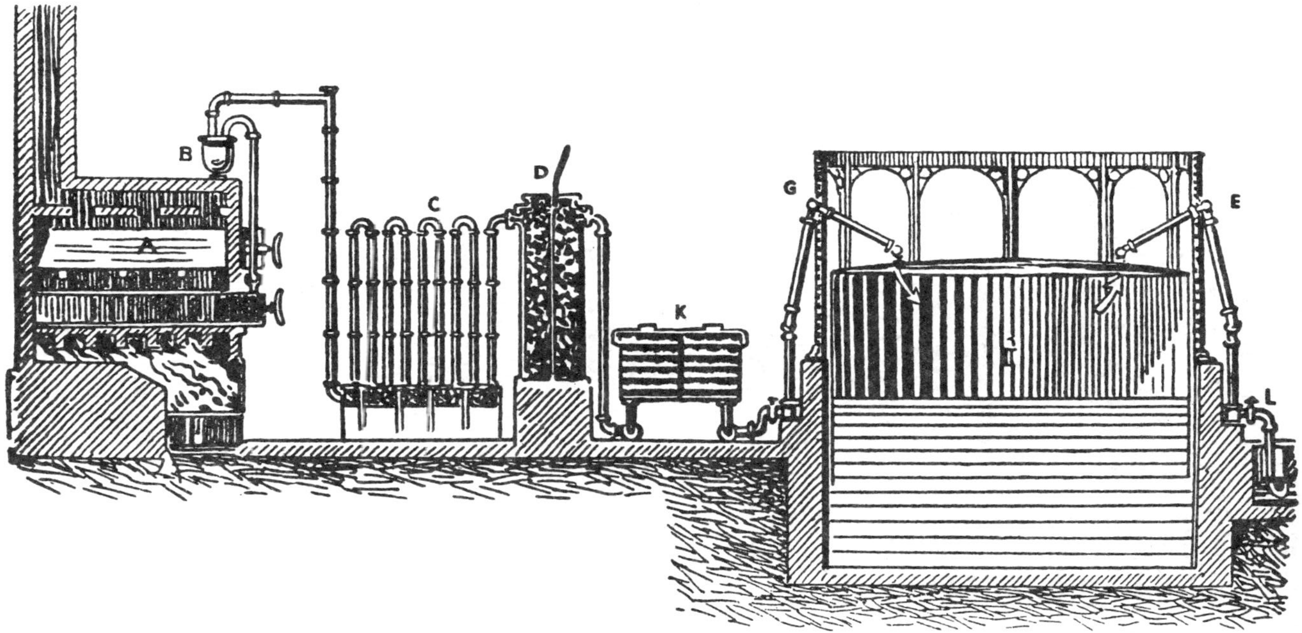

Fabricación del gas del alumbrado
A, retorta; *B,* barrilete; *C,* órgano; *D,* colador de columna de cok; *K,* aparato depurador; *G,* tubo de entrada del gas al gasómetro; *E,* tubo de salida; *L,* tubería de distribución del gas

87. **Valor del alquitrán.** — Para comprender el gran valor de este producto, bastará decir que, de su destilación, se obtienen las primeras materias para la elaboración de perfumes artificiales, anilinas de colores, naftalina, ácido fénico, benzoles, negro de humo para barnices, tintas de imprenta y betunes, asfaltos artificiales, etc., etc.

88. **Compuestos amoniacales.** — Las aguas que lavan el gas en el colador de columna de cok, quedan enriquecidas con *compuestos amoniacales*, que se utilizan para la obtención del amoníaco y de sales amoniacales, preciosas para la agricultura.

LECCIÓN X

Obtención del hierro y del acero

89. **Cómo se presenta el hierro.**—Los *minerales de hierro* están, generalmente, mezclados con cantidades diversas de arcilla, sílice y otras substancias.

90. **Cómo se beneficia el hierro.**—Para *beneficiar* el hierro, o sea, para separarlo de los minerales que lo contienen, se utilizan los *altos hornos*. Para ello, se carga de carbón el horno, y se enciende el combustible. A medida que éste va descendiendo, se vierten al horno capas alternas de mineral y de una substancia *fundente*, que facilita la fusión del hierro. El hierro que *funde* por el calor del fuego, sale en estado líquido por la parte inferior del horno; se recoge y deposita en moldes, y, al enfriarse, se tienen *lingotes de hierro fundido*.

Un alto horno

91. **Naturaleza del hierro fundido.**—El hierro fundido contiene bastante *carbono*, y es duro y quebradizo.

92. **Clases de hierro fundido.** — Si el hierro fundido se enfría lentamente, se obtiene la *fundición gris* o *de molde*. Esta fundición, por ser bastante fluida se emplea en el moldaje de objetos.

Si se enfría con rapidez el hierro fundido, se obtiene la *fundición blanca*, que no sirve para moldear piezas y se utiliza para la obtención del hierro *dulce*.

93. **El hierro dulce.**—El *hierro dulce* puede considerarse como hierro puro; no contiene, por tanto, *carbono*. Es algo blando, se trabaja perfectamente con el martillo y se suelda consigo mismo.

94. **Obtención del hierro dulce.**—Se funde la *fundición blanca* en hornos a propósito, y se inyecta una corriente de aire, que quema el carbono que contiene la *fundición*. Esta, sin el carbono, queda convertida en hierro dulce.

95. **El acero.** — El *acero* es un hierro dulce que contiene pequeñas cantidades de *carbono*. Es muy duro y, con el *temple*, aumentan su dureza y elasticidad.

El acero puede moldearse y, en caliente, se suelda consigo mismo y con el hierro.

96. **El temple.** — El *temple* consiste en calentar el acero a alta temperatura, y enfriarlo rápidamente sumergiéndolo en un líquido.

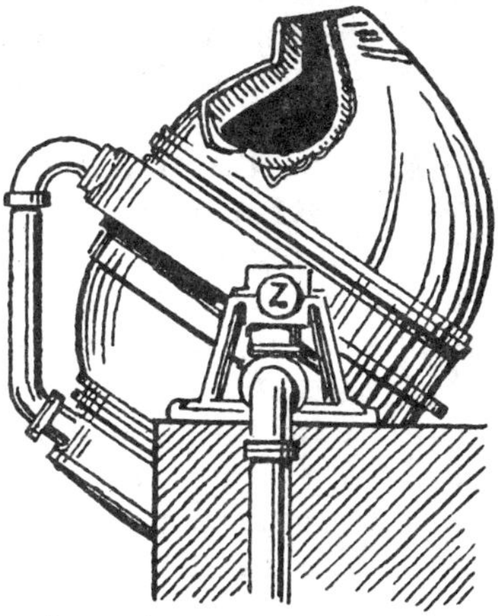

Convertidor Bessemer para la fabricación del acero

97. **Cualidad del temple.** — El temple puede repetidamente perderse y recuperarse. Calentando un acero templado y dejándolo enfriar lentamente, pierde el temple; calentándolo de nuevo y sumergiéndolo bruscamente en un líquido, el temple se recupera.

98. **Obtención del acero.** — Puede obtenerse el acero: por *decarburación*, quitando carbono del hierro fundido por medio de los *convertidores Bessemer;* por *cementación*, añadiendo carbono al hierro dulce, o por el *método mixto*, llamado de Martin-Siemens, fundiendo, en las debidas proporciones, hierro dulce y de fundición.

COMERCIO

LECCIÓN I

El comercio. — Sus clases y propulsores

1. **Idea del comercio.**—Se llama *comercio* al tráfico de comprar, vender o cambiar géneros.

2. **Clases de comercio.** — El comercio puede ser *interior, exterior,* de *importación,* de *exportación,* al *por mayor,* al por *menor, terrestre* y *marítimo.*

3. **Comercio interior.** — El comercio se llama *interior,* cuando los géneros son comprados y vendidos en *plazas* de una misma nación.

4. **Comercio exterior.**—El comercio se llama *exterior,* cuando los géneros son comprados en plazas de una nación y vendidos en plazas de nación distinta.

5. **Comercio de importación.** — El comercio exterior se llama de *importación,* cuando los géneros o mercaderías *vienen* del extranjero.

6. **Comercio de exportación.**—El comercio exterior se llama de *exportación,* cuando las mercaderías se *envían* al extranjero.

7. **Comercio al por mayor.**—El comercio se dice al *por mayor,* cuando sólo se compran o venden *grandes* cantidades de mercaderías.

8. **Comercio al por menor.**—El comercio es al *por menor,* cuando se compran o venden *pequeñas* cantidades de mercaderías.

9. **Comercio terrestre.** — Comercio *terrestre* es el que se realiza utilizando las vías de comunicación o de transporte que hay en la tierra.

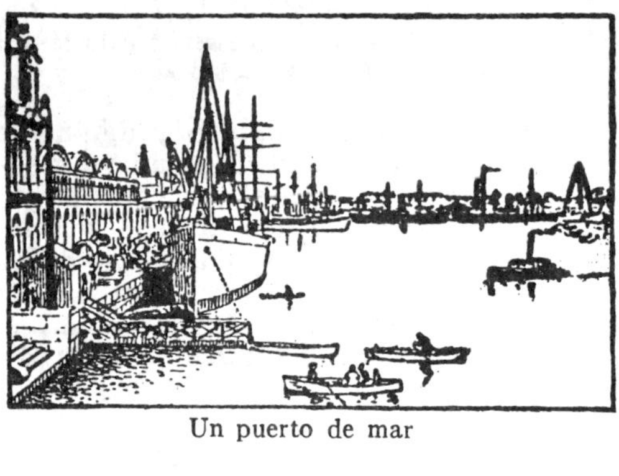

Un puerto de mar

10. **Comercio marítimo.**—Cuando el intercambio de productos se verifica por medio de buques, el comercio se llama *marítimo.*

El comercio marítimo se llama de *cabotaje,* cuando se hace entre puertos de una misma nación, y de *gran navegación,* cuando se realiza entre puertos de distintos estados o de continentes diferentes.

11. **Causas que influyen en el comercio.** — Influyen poderosamente en el comercio de una nación, las *exposiciones,* las *ferias,* los *mercados,* los *ferrocarriles,* las *carreteras,* los *correos,* los *telégrafos,* los *teléfonos,* los *puertos de mar* y las *líneas de vapores.*

12. **Las exposiciones.** — Las *exposiciones* enseñan los productos más variados de la naturaleza y de la industria.

13. **Las ferias y los mercados.**—Las *ferias* y los *mercados* pro-

porcionan el medio de comprar y vender, con facilidad, los productos.

14. **Los ferrocarriles y las carreteras.**—Los *ferrocarriles* y las *carreteras*, facilitan el transporte de las mercaderías y los viajes de compradores y vendedores.

15. **Correos, telégrafos y teléfonos.**—Los *correos*, los *telégrafos* y los *teléfonos*, ponen en comunicación rápida a unos comerciantes con otros, ahorrando empleo de tiempo y los gastos y las molestias de los viajes.

16. **Puertos y vapores.** — Los *puertos* y las *líneas de vapores* facilitan los viajes y el transporte de las mercaderías.

LECCIÓN II

Comerciantes y Compañías o Sociedades mercantiles

17. **Quiénes pueden ser comerciantes.**—Pueden ser comerciantes, todas las personas que tengan 25 o más años de edad.

18. **Clases de comerciantes.** — Según la especie del negocio a que se dedican, los comerciantes se llaman *almacenistas, tenderos, comisionistas, corredores, banqueros, armadores, consignatarios, agentes de transportes*, etc., etc.

19. **Almacenistas.**—Los *almacenistas* se dedican a la venta al por mayor.

20. **Tenderos.**—Los *tenderos* se dedican a la venta al por menor.

21. **Comisionistas.** — Los *comisionistas* compran y venden géneros por cuenta de otras personas.

22. **Corredores.**—Los *corredores* son intermediarios entre el comprador y el vendedor.

23. **Banqueros.**—Los *banqueros* se dedican a operaciones de giro, cambio y descuento; comprar y vender valores por cuenta de otros, etc.

24. **Armadores.** — Son *armadores* los dueños de buques dedicados al transporte de géneros y pasajes de viajeros.

25. **Consignatarios.** — En el comercio marítimo se llaman *consignatarios* a los representantes de los armadores, encargados además de recibir los géneros que han de transportarse.

26. **Agentes de transporte.**—Los *agentes de transporte* son intermediarios entre el público y las compañías transportadoras.

27. **Compañía o sociedades mercantiles.** — *Compañía* o *sociedad mercantil* es un convenio establecido entre dos o más personas para la explotación de un negocio, para lo cual juntan sus capitales, sus industrias o ambas cosas a la vez.

28. **Razón social.** — *Razón social* de una compañía es el nombre adoptado por la misma.

29. **Clases de compañías.** — **Hay tres clases de compañías: *colectivas, anónimas* y *comanditarias*.**

30. **Compañías colectivas.** — Compañías *colectivas* son aquéllas en que todos los socios gozan de los mismos derechos y deberes, siendo cada uno de ellos responsable, con sus personas y bienes, de las operaciones que realiza la sociedad.

31. **Compañías anónimas.** — Compañías *anónimas* son aquéllas cuyo capital se reúne por acciones, y son dirigidas por un consejo de administración que nombran los socios o accionistas. Sólo el capital social responde de las operaciones que realizan estas compañías.

Son anónimas las compañías de ferrocarriles, minas, seguros, navegación, etc.

32. **Compañías comanditarias. — Estas compañías constan de dos clases de socios: socios *directores* y socios *prestamistas* o *comanditarios*. Los socios directores o gerentes, tienen los mismos derechos y deberes que los de las compañías colectivas; los comanditarios sólo están expuestos a perder el capital con que intervienen en la sociedad y, como los directores, perciben de los beneficios en proporción a sus capitales.**

LECCIÓN III

Documentos comerciales

33. **Documentos comerciales más usados.**—Los documentos comerciales de mayor necesidad son las *facturas*, los *recibos*, las *letras de cambio*, los *cheques* y *los pagarés*.

34. **Las facturas.** — Es una *factura*, la nota que el vendedor entrega al comprador, detallando los géneros que le entrega, su precio y valor total.

Según la *Ley del Timbre* vigente, ha de emplearse un talonario para extender las facturas, debiendo reintegrarse cada una con el timbre correspondiente.

35. **Prorrateo de facturas.** — En toda compra o venta de mercaderías suelen originarse gastos, que aumentan el coste de los géneros. La operación en virtud de la cual se determina el valor de una mercadería por razón de su coste y gastos, recibe el nombre de *prorrateo de facturas*.

36. **Los recibos.**—El *recibo* es un documento en el cual el que lo firma, reconoce haber recibido la cantidad que se expresa.

También, según la *Ley del Timbre,* cada recibo ha de llevar el timbre correspondiente a la cuantía de su importe.

37. **Los cheques.** — El *cheque* es un documento por medio del cual una persona ordena a otra, que pague a un tercero cierta cantidad.

El librador de un cheque debe tener la seguridad de que los fondos son disponibles, ya que es un documento que ha de pagarse en el acto de presentarse el cobrador.

El cheque ha de fecharse en letra, y no en cifra.

38. Plazo de validez del cheque.—El cheque ha de ser presentado al cobro dentro de los *cinco días* después de ser extendido, si el que ha de pagarlo reside en la misma población que el librador; dentro de los *ocho,* si ha de pagarse en población distinta, y de los *doce,* si se expidió desde el extranjero.

39. **Los pagarés.** — El *pagaré* es un documento en que el firmante se obliga a pagar la cantidad expresada en un día fijado.

40. Carácter de este documento. — Nuestro *Código de Comercio* **da al pagaré un carácter sumamente serio, y faculta al que lo expide para entregar cantidades a cuenta, que se anotan en el dorso del pagaré. Se extiende en papel del timbre correspondiente a la cantidad que lo constituye.**

Cuando el firmante de un pagaré no atiende a su pago en la fecha fijada, para reclamar su pago ante los tribunales de justicia, es necesario el reconocimiento judicial de la firma de quien lo extendió.

LECCIÓN IV

La letra de cambio

41. **Letra de cambio.** — Llámase *letra de cambio* a un documento extendido en papel del timbre correspondiente, mediante el cual una persona manda a otra que pague a un tercero una determinada cantidad.

42. **Personas que intervienen en la letra de cambio.** —En las letras de cambio intervienen tres personas: el *librador,* que es la persona que manda hacer el pago; el *tenedor,* que es la persona a cuya orden debe hacerse el pago, y el *librado,* que es quien debe pagar la letra.

43. **Plaza libradora y plaza aceptante.** — *Plaza libradora* es la población donde se extiende o *gira* la letra, y *plaza pagadora* o *aceptante,* aquélla en que la letra ha de ser pagada.

La plaza pagadora se expresa anteponiéndole la palabra *sobre.* Así, pues, una letra s/ Madrid, es una letra que ha de ser pagada en esta plaza.

44. **Endoso de una letra.** — *Endosar una letra* es ceder a otra persona el derecho de cobrarla que tiene el tenedor. La letra de cambio es, pues, un documento transferible.

45. **Condiciones del endoso.** — El endoso debe contener:

1.° El nombre y apellido del endosado.

2.° Si el endosante recibe el valor en metálico, géneros, o si lo carga en cuenta del endosado.

3.° La fecha del endoso.

4.° La firma del endosante o de persona autorizada por él en debida forma.

En el segundo caso, antes de la firma se expresará el nombre del endosante.

46. **Forma del endoso.**—Es la siguiente: *Páguese a la orden de Don F. de T., valor recibido en metálico* o *en géneros,* o *cargado en cuenta,* etc.; la fecha y la firma.

47. **Donde se escribe el endoso.**—El endoso se escribe al dorso del documento.

Si los endosos fuesen tantos que no cupiesen en la letra, se le añade un papel en blanco, de igual tamaño, escribiendo el endoso de modo que empiece en la letra y acabe en el papel añadido.

48. **Tomador de una letra.** — *Tomador* de una letra es el que compra una letra al librador o a un cedente. Si la compra al librador, el nombre del tomador figura como tenedor de la letra; si la compra a un tenedor, éste se la endosa.

49. **Aval.**—*Aval* es el acto por el cual una persona afianza el pago de un pagaré, etc., para lo cual escribe al dorso del documento: *Por aval,* fecha y firma.

LECCIÓN V

La letra de cambio

(CONTINUACIÓN)

50. **Vencimiento de una letra.**—*Vencimiento* de una letra, es el día que ha de ser pagada.

51. **Aceptación de letras.** — *Aceptar una letra,* es contraer, por escrito, el compromiso de pagarla el día de su vencimiento.

La aceptación debe indicarse con la palabra *acepto,* o con *acep-*

3.348.581

Modelo de una primera de cambio con endosos

Clase 9.ª

TIMBRE

Núm. [redacted] Valencia 24 de abril de 1931

Por [redacted]

Al quince de junio próximo, se servirá V. pagar por esta primera de cambio, no habiéndolo hecho por la 2.ª o 3.ª, a la orden de los Sres. Barangé e Hijos la suma de [redacted] valor recibido en mercaderías, que sentará V. en cuenta mía según aviso de S. S.

A los Sres. González e Hijo y C.ª
Alicante

Vicente Reguera

1.ª

Páguese a la orden de D. Rodrigo Navarro, valor recibido en numerario de dicho señor.

Valencia, 30 de abril 1931.

Barangé e Hijos

Páguese a la orden de los señores Luján, Alvarado y C.ª, valor en cuenta con dichos señores.

Murcia, 10 mayo 1931.

Rodrigo Navarro

Páguese a la orden de D. Martín Nadal, valor entendido con dicho señor.

Albacete, 26 de mayo 1931.

Luján Alvarado y C.ª

Recibí,

Alicante, 15 de junio de 1931.

Martín Nadal

tamos, si el librado es una sociedad; seguidamente se pondrá la fecha y la firma.

52. **Plazos a que pueden librarse las letras.** — Las letras pueden ser libradas: 1.º, a la vista; 2.º, a uno o más días vista; 3.º, a uno o más meses vista; 4.º, a uno o más días fecha; 5.º, a uno o más meses fecha, y 6.º, a una fecha fija.

53. **Cómo se determina el vencimiento de una letra.** — El vencimiento de una letra *a la vista*, es el acto de la presentación.

El de una *a días* o *meses vista*, el día en que se cumplan los señalados, contándolos desde el día siguiente al de la aceptación, o del protesto por no haber sido aceptada.

El de una letra *a días* o *meses fecha*, el día en que se cumplan los días o meses señalados, desde el día inmediato al de la fecha del giro.

El de una letra *a fecha fija*, es el mismo día señalado.

54. **Observaciones.** — Obsérvese como la aceptación de una letra es *necesaria* cuando su plazo es a días o meses vista, pues de la fecha de la aceptación depende el vencimiento.

Aunque no sea preciso, también se acostumbra a llevar a la aceptación las letras giradas a días o meses fecha y las libradas a fecha fija.

El librador debe mandar aviso al librado cuando gira la letra.

55. **Protesto de letras.**—Cuando el librado se niega a aceptar una letra, el tenedor la entrega a un notario, quien la *protesta por falta de aceptación*. Si llegado el vencimiento, la letra tampoco es pagada, el notario la *protesta por falta de pago*. Una letra protestada surge efecto ante los tribunales de justicia.

56. **Qué significa la expresión "sin gastos".**—Cuando en una letra se lee la expresión *sin gastos*, quiere decir que es deseo del librador o de un endosante el que se devuelva sin protesto de aceptación si no fuese aceptada, y sin protesto de pago si no fuese pagada.

57. **Segundas de cambio, terceras, etc.** — El librador de una letra no puede negar al tomador la expedición de *segundas de cambio*, *terceras* y cuantas le pida, siempre que la petición se haga antes del vencimiento. Esta petición obedece a prevenir el extravío que pueden experimentar en el correo las libradas anteriormente a la que se pide.

Una segunda de cambio es copia literal de la primera, con la sola diferencia de que en vez de decir *por ésta mi primera de cambio*, dirá: *por ésta mi segunda, no siéndolo por la primera*, y si es una tercera, se escribirá: *por ésta mi tercera, no siéndolo por la primera o segunda*.

LECCIÓN VI

Acciones y obligaciones de sociedades anónimas. Fondos públicos

58. **Cómo se forma el capital de una sociedad anónima.** — Al constituírse una sociedad anónima para la explotación de un negocio, las personas en él interesadas suscriben *acciones*.

59. **Acciones.** — Llámase *acción* de una sociedad, al título representativo de un capital interesado en el negocio de la misma. El poseedor de acciones, recibe el nombre de *accionista* de la sociedad.

60. **Desembolso de acciones.**—El capital representado por cada acción, puede ser satisfecho de una sola vez, al constituírse la sociedad, o por partes en épocas distintas.

61. **Dividendos pasivos.** — Se llaman *dividendos pasivos* a las cantidades que se satisfacen en épocas distintas hasta completar el valor de una acción.

62. **Dividendos activos.** — Si la sociedad realiza beneficios, al cabo del año se reparten entre los accionistas. La parte que corresponde a cada acción recibe el nombre de *dividendo activo* o, simplemente, *dividendo*.

63. **Obligaciones.** — Cuando una sociedad desea ampliar un negocio, suele recurrir al préstamo, y emite *obligaciones*. *Obligación* de una sociedad es el título representativo del capital prestado a la misma, y su poseedor se llama *obligacionista*.

64. **Cupones.**—Cada obligación produce anualmente a su tenedor un interés determinado. Para cobrarlo, el obligacionista corta, trimestralmente o semestralmente, de cada obligación, un pequeño documento llamado *cupón*, que puede ser cobrado en las casas de banca.

65. **Diferencia entre acción y obligación.** — El accionista es un *socio* de la compañía, y está sujeto, por tanto, a los beneficios o a las pérdidas que la misma realice. El obligacionista es sólo un *prestamista*, por cuyo préstamo percibe el interés prometido, sean prósperos o adversos los negocios de la compañía.

66. **Valores locales.**—Se llaman *valores locales* las acciones y obligaciones de sociedades legalmente constituídas.

67. **Fondos públicos.**—Cuando un estado no puede atender a los gastos de la nación con el producto de las contribuciones, impuestos y otros ingresos, recurre tam-

bién al préstamo. Los títulos representativos de los valores prestados al Estado por los particulares, reciben el nombre de *fondos* o *efectos públicos.*

68. **Clases de fondos públicos españoles.**—Los fondos públicos españoles son de tres clases: títulos de la *Deuda amortizable,* los de la *Deuda perpetua interior* y los de la *Deuda perpetua exterior.*

69. **Intereses que producen.**—Hay dos clases de Deuda Amortizable: una que produce un interés de 4 % anual, y otra el 5 %. La Deuda Interior y Exterior reditúan el 4 %. Estos intereses se cobran trimestralmente por medio de cupones.

70. **Amortización.** — Tanto las deudas de las sociedades, representadas por las obligaciones, como las del Estado, se extinguen escogiendo por sorteo trimestralmente, las que han de ser pagadas, o sea, *amortizadas.* Los títulos amortizados se pagan según su valor nominal.

LECCIÓN VII

Bolsa y Banca

71. **La Bolsa.**—Las operaciones de compra y venta de acciones, obligaciones y efectos públicos, se realizan en un local a propósito llamado *Bolsa* o *Lonja.*

En España sólo existen tres Bolsas, establecidas en Madrid, Barcelona y Bilbao.

72. **Corredores.** — Las operaciones de Bolsa sólo pueden ser realizadas por un número limitado de personas autorizadas legalmente, que reciben el nombre de *corredores.*

73. **Corretaje. — La cantidad que perciben los corredores por su trabajo, se llama *corretaje.***

74. **Valor nominal y valor efectivo.** — Todo título tiene dos valores: un valor *nominal,* que es el consignado en el documento, y un valor *efectivo,* que es el quc realmente se paga o cobra por su compra o venta.

75. **De qué depende el valor efectivo.** — El valor efectivo de un título dependc del *cambio.*

76. **Cambio del papel.**—Llámase *cambio* a la cantidad en metálico que se cobra o paga por la venta o compra de 100 ptas. nominales o en papel.

77. **Fluctuaciones del cambio y a qué obedecen.**—El cambio varía, es decir, *sube* o *baja.* Cuando hay muchos vendedores de una clase de títulos y pocos compradores, el cambio *baja,* y al revés, cuando hay mucha demanda de ellos y poca oferta, el cambio *sube.*

78. **Cambio a la par.**—Un papel está a la par cuando 100 pesetas nominales valen 100 pesetas en metálico.

79. **Boletines de cambio.** — Los diarios publican unos estados llamados *boletines de cambio,* donde se consignan los cambios a que se han operado el día anterior en Bolsa.

80. **Los Bancos.**—Los *Bancos* o *Casas de banca* son entidades destinadas a fomentar el desarrollo del comercio, facilitando la circulación de los capitales y regularizando el crédito.

81. **Operaciones que realizan los bancos.** — Los bancos hacen posible el cobro y el pago de los créditos y deudas de los comerciantes, *descontando, negociando* y *cobrando* las letras de cambio y los cheques, y facilitan estas operaciones abriendo *cuentas corrientes;* custodian capitales y valores; se encargan de operaciones de bolsa y del pago de cupones, y proporcionan y cambian moneda extranjera. El *Banco de España,* además, cobra y paga por cuenta del Estado y emite los *billetes de banco.*

LECCIÓN VIII

Capital, Inventario y Balances

82. **Qué es el capital.** — En términos comerciales, se llama *capital* el conjunto de valores que posee y debe un comerciante o una sociedad mercantil.

83. **División del capital.** — El captial se divide en *activo, pasivo* y *líquido.*

84. **Capital activo.**—Forman el *capital activo* de una casa de comercio, el dinero, las mercancías, las letras a cobrar, los créditos, los valores del estado, el mobiliario, las fincas, etc., es decir, *todo lo que la casa posee.*

85. **Capital pasivo.** — Forman el *capital pasivo* de una casa de comercio *todo lo que la casa debe.*

86. **Capital líquido.** — El *capital líquido* es la diferencia entre el capital activo y el pasivo.

El capital líquido fija la verdadera riqueza de una casa de comercio.

87. **Qué es inventario.** — *Inventario* de una casa de comercio, es la relación detallada de todo lo que posee y debe, o sea, de su capital.

88. **Partes del inventario.** — El inventario de una casa de comercio consta del *activo* y del *pasivo.*

89. **Activo del inventario.**—Forma el *activo* del inventario, la relación de todo lo que la casa posee, o sea, del capital activo.

90. **Pasivo del inventario.**—Forma el *pasivo* del in-

ventario, la relación de todo lo que la casa debe, o sea, del capital pasivo.

91. **Cuándo debe hacerse el inventario.** — El inventario debe formarse al empezar una casa sus operaciones mercantiles, y al fin de cada ejercicio económico, antes del balance general.

92. **Necesidad del inventario.**—Sin hacer un inventario, *no es posible empezar la contabilidad mercantil de una casa de comercio;* además, por medio del inventario, se sabe la ganancia o pérdida que la casa ha realizado en un tiempo determinado.

93. **Qué es un balance.**—Llámase *balance* al conjunto de operaciones que dan a conocer el estado de la contabilidad.

94. **Clases de balances.** — Existen tres clases de balances: *balance de comprobación, balance de saldos* y *balance general.*

95. **Balance de comprobación.**—Es el que nos permite saber si están bien pasados al Mayor los asientos del Diario.

96. **Balance de saldos.** — Con el *balance de saldos* se prepara la formación del balance general.

97. **Balance general.** — El *balance general* da a conocer el resultado de las operaciones mercantiles de un comerciante, y muestra la verdadera situación de su capital.

LECCIÓN IX

Contabilidad mercantil

98. **Operación mercantil.**—Llámase *operación mercantil* al acto de entregar una persona a otra, un objeto de comercio.

99. **Operación al contado.**—Una operación mercantil es al *contado,* cuando al entregar una persona a otra un objeto de comercio, la primera recibe de la segunda otro objeto de valor equivalente.

100. **Operación a plazo.**—Una operación mercantil es *a plazo,* cuando al entregar una persona a otra un objeto de comercio, la primera no recibe de la segunda otro objeto de valor equivalente.

101. **A quién se llama deudor.**—Se llama *deudor* a todo el que recibe, o *debe.*

102. **A quién se llama acreedor.** — Se llama *acreedor* a todo el que entrega, o *se le debe.*

103. **Asiento.** — Llámase *asiento* a la anotación de una operación mercantil en los libros de comercio.

104. **Débitos.**—*Débitos* de una persona, son las cantidades que *debe.*

105. **Créditos.** — *Créditos* de una persona son las cantidades que *se le deben.*

106. **Cuenta.** — *Cuenta* es el estado demostrativo de los débitos y créditos de una persona.

107. **Partes de una cuenta.** — Toda cuenta consta de *debe* o *cargo* y *haber* o *data.*

108. **Debe o cargo.** — *Debe* o *cargo* de una cuenta es el lado donde se escriben los débitos.

109. **Haber o data.** — *Haber* o *data* de una cuenta es el lado donde se anotan los créditos.

110. **Saldo de una cuenta.** — Llámase *saldo* de una cuenta, a la diferencia entre las sumas del debe y del haber.

111. **Clases de saldos.** — Hay dos clases de saldos: *saldo deudor* y *saldo acreedor.* El saldo es *deudor* si la suma de cantidades del debe es mayor que las del haber; y es *acreedor,* si la suma de créditos es mayor que la de débitos.

112. **Objeto de la contabilidad.** — El objeto de la *contabilidad* es llevar cuenta y razón *exacta* y *clara* de todo el movimiento comercial de una casa.

113. **Movimiento comercial.**—El movimiento comercial de una casa está formado por las entradas y salidas de mercaderías, letras de cambio y otros valores; por cobros, pagos, aceptación de obligaciones a pagar, gastos e ingresos de todo género, etc.

114. **Contabilidad por partida doble.**—En la verdadera contabilidad, que se llama por *partida doble,* se considera la casa dividida en *grupos* o *secciones,* que reciben o entregan en nombre del comerciante como si fuesen personas, es decir, funcionan siendo deudores o acreedores.

115. **Fundamento de la partida doble.** — En la partida doble, se considera a toda cantidad como deudora por algún concepto y acreedora por otro.

116. **Secciones más corrientes en la partida doble.** —Las secciones que generalmente aparecen en la contabilidad de una casa, son las de *Caja, Mercaderías, Personas, Efectos a Cobrar, Efectos a Pagar, Gastos de familia, Gastos de Comercio, Beneficios y Pérdidas, Mobiliario, Capital,* etc., etc.

LECCIÓN X

Libros de Contabilidad

117. **Libros de contabilidad obligatorios.** — Los libros *necesarios* para la contabilidad de una casa de comercio, y que la ley hace *obligatorios,* son el *Diario,* el *Mayor,* el de *Inventarios y Balances* y el *Copiador de cartas y telegramas.* En las Sociedades, además, el libro de *Actas.*

118. El libro Diario. — El libro *Diario* es el más importante de la casa. En él se escriben todas las operaciones comerciales, por orden riguroso de fechas, expresando, en cada asiento, quién es el deudor y quién es el acreedor.

119. **El libro Mayor.** — El libro *Mayor* es un resumen del Diario. Todas las secciones de la casa tienen en él su folio o cuenta, con su correspondiente *Debe* a la izquierda, y su *Haber* a la derecha.

120. **El libro de Inventarios y Balances.** — En este libro se copian los inventarios que hace la casa y los balances de comprobación y saldos que forman parte de un balance general.

121. **Observaciones sobre el inventario.**—El capital líquido de un inventario es el verdadero capital de la casa. Al terminar un ejercicio económico, comparando el capital líquido del inventario con el capital líquido del inventario anterior, la *diferencia es la ganancia* o *pérdida obtenida*, según que el capital líquido del último inventario sea mayor o menor que el del inventario anterior.

Según la ley, sólo es obligatorio escribir en el libro de Inventarios y Balances el primer inventario, el que se hace al comenzar una casa sus operaciones comerciales; sin embargo, es costumbre universalmente establecida el copiar en dicho libro todos los sucesivos inventarios.

122. **Copiador de cartas y telegramas.** — En este libro han de copiarse, por orden de fechas, con incluso la antefirma y firma, todas las cartas comerciales que escribe el comerciante y los telegramas que expide.

123. **Libros de contabilidad auxiliares.**—Son libros *auxiliares* todos los que el comerciante cree convenientes, para su comodidad o para mayor claridad de los libros necesarios.

124. **Principales libros auxiliares.** — Los libros auxiliares más en uso son el de *Caja*, los de *Efectos a Cobrar, a Negociar* y *a Pagar;* el de *Almacén;* el de *Facturas de Compra* y el de *Facturas de Venta*, etc., etc.

125. **Disposición legal referente a los libros obligatorios.**—La ley dispone que los cuatro libros obligatorios han de ser sellados por el Juez municipal. Los libros así sellados, son admitidos por los tribunales, como prueba, en caso de litigio.

Derecho

LECCIÓN I

1. **Derecho.** — Cada estado organizado tiene *Leyes,* dictadas por las autoridades competentes y cuyo cumplimiento es obligatorio para los ciudadanos de dicho país. El conjunto de estas leyes es lo que llamamos *Derecho.*

2. **La ley.**—La *ley* no es otra cosa que un conjunto de reglas de derecho, dictadas para que se desarrolle con orden la vida social de un país.

Alegoría de la Ley

3. **Derechos naturales.** — Hay derechos que forman parte de la manera de ser de todos los hombres, sea cual fuere su nacionalidad; por ejemplo, el derecho a vivir, la legítima defensa, etc.: estos derechos se llaman *naturales.*

4. **Derecho civil.** — Otros derechos quedan determinados por las obligaciones que tiene el hombre como ciudadano de un país: el conjunto de ellos constituye el *derecho civil político* de aquel país.

Este derecho es distinto en cada estado, pero algunos de sus preceptos son comunes a todos los países que están organizados a base de libertad; tales son, entre otros, el derecho a votar, el derecho a la emisión de ideas y el respeto a las ideas de los demás.

5. **Españoles y extranjeros.** — Los *derechos civiles y políticos* pueden ser gozados, en su conjunto, en nuestro país por los españoles; pero no, por los extranjeros.

Son españoles: 1.° Las personas nacidas en territorio español. — 2.° Los hijos de padre o madre españoles aunque hayan nacido fuera de España. — 3.° Los extranjeros que hayan obtenido carta de naturaleza. — 4.° Los que sin ella hayan ganado vecindad en cualquier pueblo de la República. La calidad de español se pierde por adquirir naturaleza en país extranjero y por admitir empleo de otro Gobierno sin licencia del suyo respectivo.

Los extranjeros pueden establecer, en nuestro país, comercios, industrias, pueden casarse y hacer testamento; pero no pueden votar ni ser elegidos para cargos públicos; tampoco pueden ser empleados del Estado, ni militares, ni maestros, etc.

LECCIÓN II

El Matrimonio, la Familia y la Patria potestad

6. **El matrimonio.** — El *matrimonio* es la unión del hombre y de la mujer para constituír un *hogar* y educar a sus hijos.

El matrimonio se considera como *contrato* y como *sacramento.* Como contrato, se obligan los cónyugues a vivir ligados hasta la muerte y a educar los hijos que tuvieren; como sacramento, fué instituído por Jesucristo.

7. **Obligaciones del marido.**—El marido viene obligado a trabajar para el sostenimiento de su esposa e hijos, a defender a ésta y a los hijos y a respetarlos y guiarles.

8. **Obligaciones de la mujer.**—La esposa viene obligada a seguir a su marido a donde éste se establezca, a obedecerle, a no enajenar sus bienes sin el consentimien-

to del marido, o en su defecto, sin cumplir lo que entonces disponen las leyes.

Los deberes morales del matrimonio, iguales para ambos, son la mutua fidelidad y la mutua asistencia.

9. **La familia.**—El origen de la familia es el matrimonio. La familia queda integrada por los padres y los hijos.

10. **Agrupaciones de familias.** — Las agrupaciones de familias dan origen, según sea el número de familias agrupadas, a la formación de *aldeas, pueblos, villas* y *ciudades.*

11. **La patria potestad.**—Se llama *patria potestad,* la autoridad que el padre ejerce sobre sus hijos.

Son *deberes* de los padres: alimentar, educar y dar carrera u oficio a los hijos, y representarles hasta la mayor edad de éstos.

Son *derechos* de los padres: el usufructo de los bienes o del tra-

Es deber de los hijos honrar padre y madre

bajo de los hijos hasta la mayor edad de éstos; la administración de los bienes que éstos pudieran tener, y el obtener auxilios de los hijos en caso de que éstos estén emancipados y los padres imposibilitados de trabajar.

12. **Cuando cesa la patria potestad.**—La patria potestad cesa: 1.º Cuando el hijo llega a la mayor edad, fijada por la ley a los 23 años. 2.º Cuando el hijo contrae matrimonio. 3.º Cuando en virtud de una sentencia se priva a los padres de este derecho.

Si es la madre la que ejerce la patria potestad, por defunción del padre, ésta cesa si contrae nuevo matrimonio.

LECCIÓN III

Testamentos y sucesiones

13. **Testamento.**—Se llama *testamento* el documento mediante el cual una persona dispone, ante un notario, a quienes deben pasar sus bienes después de su muerte.

Pueden hacer testamento los mayores de 14 años, gozando de cabal juicio.

14. **Herencia y heredero.**—El conjunto total de bienes que el fallecido deja a sus sucesor o sucesores, se llama *herencia*. *Heredero* es la persona que entra en posesión de una herencia.

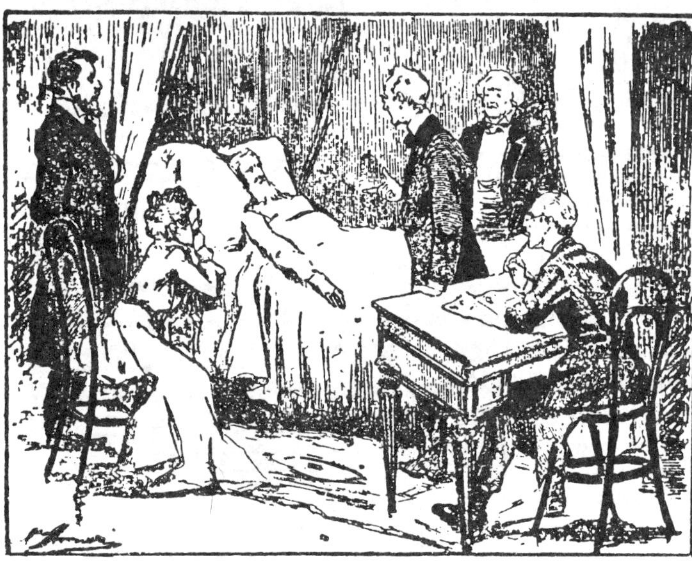

Testamento

15. **Las sucesiones.**—En el derecho hereditario, pueden ser herederos dos clases de personalidades: los *sucesores legítimos* y los *herederos testamentarios.*

16. **Sucesores legítimos.**—Son los herederos forzosos de los bienes del difunto: son sus hijos, cónyugue, padres y hermanos. La parte de herencia que corresponde a los herederos forzosos, se llama *legítima.*

17. **Sucesión testamentaria.**—La *sucesión testamentaria* es aquélla por la cual el testador lega sus bienes a personas que no tienen con él relación de parentesco alguno.

Si esta sucesión se realiza con perjuicio de la sucesión legítima, puede ser anulada a petición de los herederos legítimos.

18. **Desheredación.** — El testador puede desheredar a un sucesor legítimo, cuando éste, por su conducta, se haga acreedor a ello; en este caso, en el testamento deben constar las causas que determinan la desheredación y los tribunales decidirán, si el heredero cree injusta la medida con él tomada.

LECCIÓN IV

Tutores y consejos de familia

19. **La tutela.**—La *tutela* es el ejercicio de la patria potestad por otra persona que no sea el padre, cuando los padres de un menor de edad han fallecido.

20. **Quién la ejerce.**—La tutela corresponde por derecho legal a los parientes más próximos.

21. **Cuándo cesa.**—La tutela ejercida sobre los menores, cesa cuando éstos llegan a la mayor edad.

Al cesar en sus funciones, el tutor debe rendir al menor cuentas de toda su gestión administrativa durante todo el tiempo que ha durado toda su tutoría.

22. **Consejo de familia.** — Por disponerlo así un padre en su testamento, o por conveniencia de los menores, se instituye algunas veces el *consejo de familia,* el cual da posesión al tutor, examina y aprueba las cuentas que éste presenta y vela por los intereses del menor o incapacitado que está sujeto a tutoría.

El tutor necesita la aprobación del consejo de familia para castigar al menor, para recluírlo, para vender sus bienes y para elegirle oficio o carrera.

LECCIÓN V

Derechos políticos

23. **Sociedad humana.**—El matrimonio es el origen de la familia. La *familia* es el elemento constitutivo de la *municipalidad.* Conjuntos de Ayuntamientos forman el partido, la Provincia, la Región y la Nación.

24. **El orden y la autoridad.**—Ni la Familia, ni el Municipio, ni el Estado, pueden existir sin *orden* y sin una *autoridad* que lo imponga.

La primera forma natural de gobierno la ejerce la autoridad del padre en el seno de la familia.

25. **El hombre como ciudadano.**—El hombre, como ciudadano, tiene deberes y derechos políticos.

26. **Derechos políticos.** — Son derechos políticos: la seguridad personal, la inviolabilidad del domicilio, el ser juzgado por tribunal competente, el derecho de asociación y reunión, el de ser elegible para los cargos públicos y el de poder ser nombrado jurado.

27. **Deberes políticos.** — Son deberes políticos: el respeto a las disposiciones del Gobierno y a la propiedad ajena; el de servir a la Patria; el de satisfacer las contribuciones y el del voto.

LECCIÓN VI

La inviolabilidad del domicilio y de la correspondencia. El derecho de seguridad

28. **La inviolabilidad del domicilio.**—La *inviolabilidad del domicilio* consiste en el derecho que tiene todo individuo de que nadie pueda entrar en su domicilio sin su consentimiento, excepto en los casos y en la forma expresamente previstos por la ley.

Para entrar en un domicilio sin el consentimiento del dueño, precisa una orden del Juez. El registro de efectos y papeles debe verificarse siempre a presencia del interesado o de un individuo de su familia.

29. **Allanamiento de morada.** — La entrada en el domicilio de un ciudadano español sin el consentimiento o autorización de éste, da lugar al *allanamiento de morada,* que se castiga con prisión y multa.

30. **La correspondencia.**—La correspondencia goza de la misma inviolabilidad que el domicilio. Toda detención de correspondencia realizada por las autoridades, debe fundarse en razones que se expresarán a la autoridad competente.

31. **El derecho de seguridad personal.** — Ningún español ni extranjero puede ser detenido sino en los casos y en la forma que las leyes prescriben.

Todo detenido deberá ser puesto en libertad dentro de las 24 horas siguientes a la detención, si no resulta culpa contra él. Toda detención se dejará sin efecto o se elevará a prisión dentro de las 72 horas de haber sido entregado el detenido al Juez.

Nadie puede, pues, ser preso ni encarcelado indefinidamente, sin mandamiento especial de un Juez.

LECCIÓN VII

Derechos de propiedad y de elección de oficio o carrera

32. **Derecho de propiedad.**—El *derecho de propiedad* garantiza al ciudadano la posesión de sus bienes; nadie puede ser privado de sus propiedades o bienes sino por mandato de la ley y por causa prevista en ésta.

33. **Garantía de las leyes sobre la propiedad.**—Las leyes garantizan la propiedad, no sólo contra los atropellos de los particulares sino contra un posible abuso por parte de las autoridades.

34. **La expropiación forzosa.** — Cuando para la ejecución de una obra de indudable utilidad pública se requiere la utilización de una propiedad o de parte de ella, puede procederse a su incautación mediante la *expropiación forzosa* y previo pago de su valor.

La expropiación se emplea principalmente para facilitar la construcción de ferrocarriles, caminos, traída de aguas a las poblaciones, reformas urbanas, etc.

Embargo. — El embargo es la privación de parte o de todos los bienes, impuesta por los tribunales para pagar deudas contraídas por el poseedor.

35. **Derecho de elección de oficio o carrera.**—Cada cual es libre de elegir su profesión y de aprenderla como mejor le parezca.

Aunque tal dice la ley, es indudable que, en la mayoría de casos, los padres suelen influír en las decisiones de sus hijos para dedicarse a un oficio o carrera, por la mayor experiencia que éstos poseen. Pero deben tener también presente que el violentar la vocación de sus hijos lleva, generalmente, a muy desagradables resultados.

36. **Los establecimientos de enseñanza.**—El estado sostiene la *enseñanza pública* con Profesores y Maestros y concediendo *becas* o auxilios a los alumnos necesitados. Pero los particulares pueden también dedicarse a la enseñanza y fundar escuelas y colegios, ateniéndose a las disposiciones que los regulan.

LECCIÓN VIII

Derechos de publicidad, de reunión y de asociación

37. **Derecho de publicidad.** — Todo ciudadano español puede publicar libros, folletos, periódicos, etc., emitiendo en ellos libremente sus ideas y opiniones.

Cuando por causas especiales esta libertad, singularmente para la *prensa*, queda suspendida, se dice que entonces se ejerce la *censura*.

Para publicar un periódico, debe comunicarse al alcalde o al gobernador lo menos con cuatro días de anticipación al de la fecha de salida del primer número. Hay que manifestar el nombre, apellidos y domicilio del fundador y del director, los días que se publicará y el establecimiento en que deberán hacerse las tiradas.

38. **Derecho de reunión.**—Los ciudadanos españoles pueden reunirse y celebrar manifestaciones pacíficas, comunicándolo a la autoridad con 24 horas de anticipación.

Se entiende por reunión pública aquélla a la cual asisten más de 20 personas y que se celebra en domicilio distinto del domicilio particular de la persona o personas que la convocan.

Esta libertad de reunión o manifestación cesa cuando se declara el estado de *alarma*.

39. **Derecho de asociación.** — Los ciudadanos españoles pueden agruparse libremente formando socieda-

Derecho de reunión

des, requiriéndose para ello, presentar al gobernador de la provincia, con 8 días de anticipación, el reglamento o estatutos de la asociación.

Cuando se decretan los estados de *prevención* o *alarma*, por causa de trastornos públicos, huelgas, etc., los derechos de reunión y de asociación quedan muy limitados e intervenidos por las autoridades, como también los de emisión del pensamiento, libertad individual e inviolabilidad del domicilio.

LECCIÓN IX

Los Ayuntamientos y la Ley municipal

40. **El municipio.** — La reunión de varias familias origina o forma un *pueblo;* cuando este pueblo es muy grande, se llama *ciudad.* Esta reunión de familias que forman un pueblo, villa o ciudad, constituye un *municipio.*

41. **Término municipal.**—La extensión de un pueblo, villa o ciudad, juntamente con los terrenos no edificados que de él forman parte, se llama *término municipal.*

42. **Ayuntamiento.**—Del seno de los *vecinos* de un pueblo, villa o ciudad, se eligen algunos para administrar los intereses comunales. La reunión de estos representantes del pueblo forma el *Ayuntamiento* o *Concejo.*

El Presidente del Ayuntamiento se llama *Alcalde;* los demás son los *Concejales.* De entre éstos se elije un cierto número, llamados *tenientes de alcalde,* los cuales suplen al alcalde en sus ausencias o enfermedades.

43. **Cómo se eligen los concejales.**—Los concejales se eligen por votación de los vecinos. De entre los concejales se elige el alcalde. En Cataluña es elegible alcalde cualquier ciudadano aunque no sea concejal.

44. **El alcalde.** — El alcalde ostenta la representación del Gobierno, y es jefe de la administración municipal; preside las sesiones municipales, y manda ejecutar los acuerdos adoptados por éstas.

45. **Los fondos o recursos municipales.** — Para atender a los gastos de la administración municipal, los Ayuntamientos cobran ciertas contribuciones y recargos, que son los que forman los *fondos* o *recursos* de que podrá disponer el Ayuntamiento.

46. **Servicios que presta.** — Los Ayuntamientos deben intensificar la vida de las poblaciones, fomentando el desarrollo de sus riquezas naturales, urbanizando las calles, saneando la población y embelleciéndola en lo posible.

LECCIÓN X

Juzgado municipal y Registro civil

47. **Juez municipal.** — En cada Ayuntamiento hay un Juez, llamado *Juez municipal* o *de paz*, cuyas funciones consisten en solventar las demandas sobre pago de deudas, injurias, etc.

48. **Juicio conciliatorio y verbal.**—Se llama *juicio conciliatorio* el celebrado por dos personas ante el Juez municipal, sobre un asunto de derecho civil. Los *juicios verbales* son los que se refieren a deudas, injurias, etc. Cuando los jueces municipales condenan, pueden hacerlo por varios días o imponiendo multas.

49. **Apelación.**—Cuando en un juicio el demandante o el demandado no están conformes con la sentencia que dicta el Juez, manifiestan esta disconformidad llevando el asunto al *Juez de Instrucción* o a la *Audiencia territorial.* Este acto se llama *apelación.*

La apelación debe hacerse dentro del plazo de 3 días después de la sentencia.

50. **Registro civil.** — En los Juzgados municipales se lleva un Registro, en el cual se inscriben diariamente los nombres de los niños nacidos y de las defunciones ocurridas en el término municipal.

Los datos de los Registros civiles se centralizan, en las capitales de provincia, en una *oficina de estadística,* la cual cuida de todo lo referente al *censo de población.*

LECCIÓN XI

Delito. — Juzgado de 1.ª Instancia. — Audiencias

51. **El delito.**—Toda infracción o transgresión grave de la ley, se llama *delito.* En todo ello hay que considerar el autor o *delincuente,* la clase de delito y las *circunstancias* en que se ha cometido.

El autor es responsable cuando ha cumplido 14 años y tiene sus facultades normales. Las circunstancias en que se ha cometido el delito, pueden ser: *eximentes,* o que quitan responsabilidad al autor del delito: *atenuantes,* como el miedo, el estado de embriaguez, etcétera, y *agravantes,* o que aumentan la responsabilidad del autor del delito, como la premeditación, la reincidencia, la nocturnidad, etcétera.

52. **Juzgados de 1.ª Instancia.**—En cada cabeza de partido judicial existe un *Juzgado de 1.ª Instancia,* cuyas funciones se refieren a los asuntos criminales.

Los jueces de 1.ª instancia deben ser abogados, ingresar en la carrera por oposición y son nombrados por el Gobierno.

53. **Audiencias.** — Las *Audiencias provinciales* se ocupan de asuntos relativos a lo criminal. Las Audiencias *territoriales* se ocupan, además, de asuntos civiles (pleitos y juicios).

Vista en una audiencia

54. **Tribunal Supremo.** — En Madrid existe el *Tribunal Supremo,* al cual pasan las apelaciones de las Audiencias y el cual falla en definitiva *(última instancia)* los asuntos y sumarios.

55. **Juicio oral y público.** — El *Juicio oral y público,* es la vista de un proceso en una Audiencia, con asistencia del Tribunal, del reo, de los testigos y, generalmente, del *Jurado.*

Los testigos son las personas que declaran en la vista, ya en favor ya en contra del reo o acusado.

56. **Sentencia.** — El fallo que dicta el Tribunal de Justicia se llama *sentencia.* Esta puede ser *absolutoria* o *condenatoria,* según que absuelva o condene al acusado.

Los jueces de categoría superior que administran justicia y forman el tribunal en las Audiencias, se llaman *magistrados.*

LECCIÓN XII

Gobierno civil. — Diputación provincial

57. **El Gobernador civil.** — Al frente de cada provincia, hay un Jefe superior, llamado *Gobernador civil*, nombrado por el Gobierno.

El Gobernador civil es, además, presidente nato de la Diputación Provincial. En Cataluña, hay un consejero de Gobernación para todo el territorio de la región y los *delegados* en las comarcas o provincias hacen las veces de los gobernadores.

58. **Sus atribuciones.** — Son atribuciones del Gobernador civil, el mantenimiento del orden público, el conceder los permisos para las reuniones públicas, espectáculos y fundación de sociedades, el ordenar el cumplimiento de las leyes a los Ayuntamientos y el perseguir a los delincuentes.

La Guardia civil y los guardias de seguridad dependen del Gobernador civil.

59. **Diputación provincial.** — Esta corporación está constituída por diputados, elegidos por los partidos judiciales de la provincia, y tiene por objeto cuidar de la administración y defensa de los intereses de la provincia.

Cuida especialmente de la Beneficencia, de las escuelas especiales y de la construcción de caminos vecinales.

En Cataluña las diputaciones han sido substituídas por una especie de diputación general, llamada *Generalidad.*

60. **Impuestos provinciales.**—Para el sostenimiento de los servicios, la Diputación arbitra recursos, bien creando impuestos, mediante especial permiso del Gobierno, bien recargando las contribuciones generales del Estado.

61. **El régimen autonómico.** — La constitución del Estado permite que varias provincias se unan en una unidad superior o *región,* con atribuciones autonómicas.

LECCIÓN XIII

El derecho electoral

62. **El derecho electoral.** — Mediante este derecho, los ciudadanos españoles pueden elegir libremente a los

que tienen de representarles en el Congreso de los Diputados, en el Ayuntamiento y en las Diputaciones.

63. **El voto.** — Tienen derecho a votar actualmente todos los hombres y mujeres mayores de 23 años.

Actualmente tienen voto todos los hombres a partir de los 23 años.

64. La lista electoral.—En esta lista figuran las personas con derecho a votar, existentes en el pueblo. El contingente total de los electores de un pueblo o ciudad, forma su *censo electoral.*

Si estando en condiciones para emitir nuestro voto no figuramos en las *listas electorales*, debemos reclamar para que seamos incluídos en ellas.

65. **Los colegios electorales.**—Para facilitar la emisión del voto, los distritos electorales se dividen en *colegios* o *secciones.* En cada colegio o sección se constituye una *Mesa electoral.*

66. La mesa electoral. — La *mesa electoral* está constituída por un Presidente, que es quien recibe las papeletas de votación y las introduce en la *urna;* un *secretario* y varios *interventores,* o representantes de los partidos o agrupaciones que luchan en la elección.

El voto

67. **Candidato y escrutinio.** — El *candidato* es el ciudadano que aspira a que le elijan para un cargo público (diputado o concejal).

El resultado de la elección o sea la suma de votos obtenida por cada candidato en una elección, es lo que se llama *escrutinio.*

LECCIÓN XIV

El Congreso

68. **La labor legislativa. — Las leyes del Estado se estructuran y discuten en el** *Congreso de Diputados.*

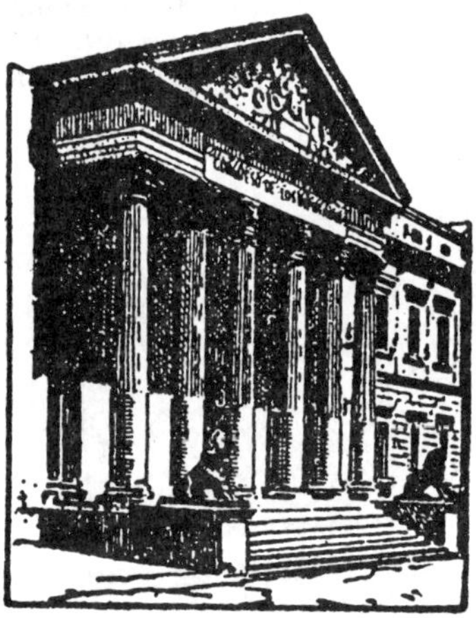

Congreso de los Diputados

69. **Congreso de los Diputados.** — Esta Cámara se llama *Popular,* porque los diputados son elegidos por el pueblo. Para la elección de éstos, se han formado *distritos,* cada uno de los cuales tiene una población de unos 50,000 habitantes.

70. **El Presidente del Congreso.** — Este es elegido por votación entre los diputados: su misión es dirigir y encauzar las discusiones, haciendo cumplir el *reglamento interior* del Congreso.

71. Duración del cargo. — Los diputados se eligen por un período de cinco años; pero es raro que lleguen a ostentar el cargo por tanto tiempo, pues los *cambios de gobierno* muchas veces llevan consigo la *disolución de las Cortes.*

72. **El Tribunal de garantías. — Para velar por que las leyes se ajusten al espíritu de la Constitución funciona en Madrid un Alto Tribunal, llamado de** ***garantías.***

73. **Honorarios de los diputados.** — Los diputados disfrutan de una gratificación mensual de mil pesetas.

74. **Palacio del Congreso.** — Las sesiones de la Cá-

mara de diputados se celebran en Madrid en el *Palacio del Congreso.*

75. **Número de diputados.** — El número de diputados es de unos 470 diputados, precisando para la votación de algunas leyes que voten en favor la mitad más uno.

LECCIÓN XV

Atribuciones del Presidente y de sus ministros

76. **El Presidente.** — El *Presidente de la república* es el jefe supremo del estado español.

78. **Fecha de la proclamación de la República.** — La República española fué proclamada el día 14 de abril de 1931.

78. **Derechos y deberes del Presidente.** — El Presidente tiene derechos y deberes, consignados en la *constitución* o ley fundamental del Estado.

El primer presidente del Gobierno provisional de la República ha sido don Niceto Alcalá Zamora.

79. **Los ministros.**--Los ministros constituyen el *poder ejecutivo* de la nación, puesto que son los encargados de *ejecutar* las leyes aprobadas y hacerlas cumplir.

80. **Número de ministros.** — En España existen diez ministerios, cada uno de ellos a cargo de un ministro; hay también *el Presidente,* que puede a la vez estar encargado de alguna cartera.

Ministerio de Instrucción Pública

81. **Los ministerios.** — Los ministerios son: de *Estado,* o de relaciones diplomáticas con los otros países; de *Gobernación,* que cuida del orden público; de *Hacienda,* que se ocupa de los cobros y pagos del Estado; de *Instrucción Pública y Bellas Artes,* que rige las Escuelas, Colegios, Institutos, Universidades, Museos, Exposiciones, etc.; de *Obras públicas,* que tiene a su cargo las obras públicas; de *Trabajo,* que cuida de las cuestiones obreras, de *Agricultura,* de *Comunicaciones,* que cuida de correos y telé-

grafos, y de *Guerra* y *Marina*, que cuidan, respectivamente, de las fuerzas de tierra y mar.

82. **Su responsabilidad.** — Los ministros son *responsables* de sus actos ante las Cortes.

LECCIÓN XVI

El servicio militar

83. **El servicio militar.**—Es obligación de todos los españoles el defender la Patria con las armas, rechazando toda invasión extranjera. La incorporación a filas se hace, conforme ordena la ley de reclutamiento, a los 21 años de edad.

84. **Tiempo que dura la incorporación.**—La permanencia en filas dura *dos años.* Los soldados que saben leer y escribir y observan buena conducta, tienen derecho a pedir un permiso de 45 días cada semestre.

85. **Los jóvenes de constitución débil.**—Los jóvenes de constitución débil y no aptos, por tanto, a sufrir los rigores de largas marchas, son destinados a oficinas y a servicios auxiliares.

86. **Los hijos de viuda.** — Los hijos de viuda y que con su trabajo subvengan a las necesidades de la familia, quedan exentos del servicio militar.

Cuando son dos o más los hermanos que prestan servicio militar, la Ley les bonifica también, acortándoles el tiempo de permanencia en filas.

87. **Jura de la bandera.** — Los nuevos soldados, al *jurar la bandera,* prestan juramento de fidelidad a la Patria.

La actual bandera española está formada por tres fajas del mismo ancho; la superior, *roja,* la del centro, *amarilla* y la inferior, *morada.*

88. **Las cuotas.**—Los soldados, que sabiendo leer y escribir y la instrucción militar, deseen permanecer menos tiempo en filas, pueden acogerse a la *cuota,* mediante cuyo pago el servicio militar en filas se reduce a 10 meses.

89. **El servicio militar en otras situaciones.**—Una vez cumplido el tiempo del servicio en filas, los mozos pasan a diferentes situaciones de *activo* y *reserva* durante un período de 18 años, al final de los cuales se les expide la *licencia absoluta.*

90. **Organización militar.** — El territorio español está dividido

Columna de infantería en marcha

en *divisiones orgánicas.* Cada división se compone de dos o más brigadas y cada brigada de dos regimientos, con más los servicios auxiliares.

91. **Los regimientos.**—Los regimientos están al mando de un coronel. Los regimientos se dividen en batallones; éstos, en compañías, baterías o escuadrones, y las compañías, en secciones.

LECCIÓN XVII

La Hacienda Pública

92. **Ministerio de Hacienda.**—Así como en una casa particular o comercial, la buena administración que se haga del patrimonio o del negocio es la llave de la prosperidad, así también en el Estado, la buena gestión de la Hacienda es la que marca la prosperidad y riqueza del país.

93. **Cómo recauda fondos el Estado.** — El Estado recauda fondos mediante las *contribuciones,* o sea la parte que, respecto a la riqueza que posee, debe pagar al Estado cada ciudadano.

94. **Contribuciones directas e indirectas.**—Las contribuciones se llaman *directas,* cuando el ciudadano las paga por la cuantía de los bienes que posee o de la industria o comercio que explota; estas contribuciones se

llaman *industrial, rústica, urbana, de utilidad sobre los sueldos,* etcétera.

95. **Contribuciones indirectas.**—Las contribuciones se llaman *indirectas,* cuando la cuantía de su pago no corresponde a la riqueza de quién las paga, por ejemplo, la *renta de tabacos,* las *aduanas,* los *consumos,* etc.

96. **Presupuestos del Estado.** — Las cuentas que formula el ministerio de Hacienda, calculando los ingresos del año y los gastos más aproximados del mismo, forman el llamado *Presupuesto del Estado.*

97. **El superávit y el déficit.** — Cuando los ingresos que percibe el Estado durante el año son superiores a los pagos que realiza durante el mismo, se dice que el presupuesto se salda con *superávit.* En estos casos, la marcha del Estado es próspera y el crédito público se consolida.

Cuando los gastos anuales superan a los ingresos, el presupuesto presenta *déficit.* Si el déficit continúa algunos años, el Estado se empobrece, el crédito público disminuye y la moneda del país pierde valor.

LECCIÓN XVIII

Legislación Obrera

98. **Elementos de producción.**—En toda explotación industrial intervienen tres elementos distintos: el *capital,* el cual es aportado por una o varias personas; la *dirección del negocio,* a cargo de un gerente o de un consejo de dirección, y el *trabajo,* o sea el conjunto de operarios que realizan las distintas labores de la industria en cuestión.

Cada uno de estos elementos tiene indudables derechos sobre la producción, y los Estados, en la actualidad, los reconocen debidamente.

99. **Ministerio del Trabajo.** — Para regularizar las relaciones entre el *capital,* la *dirección* y el *trabajo,* existe en España y en muchas naciones el Ministerio del Trabajo.

100. **La jornada legal.**—La jornada legal es en España la de 8 horas de trabajo.

101. **Ley de accidentes.**—Mediante esta ley, de todos los accidentes que pueden ocurrir a un obrero en su trabajo, se considera responsable al patrono, el cual viene obligado a satisfacer el importe de las curas, a pagar los jornales durante los días que dure la lesión y a indemnizar al operario o a la familia en caso de imposibilidad para el trabajo o defunción, respectivamente.

102. **Ley del descanso dominical.** — Por esta ley se asegura a los trabajadores un descanso no interrumpido de 24 horas, o sea de todo el domingo. Los operarios que, por trabajar en servicios públicos o cuya interrupción en domingo no es posible, no pueden holgar en tal día, disfrutan de un descanso equivalente durante la semana.

103. **Trabajo de mujeres y niños.** — La ley ampara a las mujeres y niños para que no sean destinados a trabajos rudos ni se les obligue a trabajar más horas que las legales de trabajo.

104. **Ley de huelgas.** — Esta ley fija los términos para llegar a una avenencia en los conflictos que pudieran suscitarse entre el capital y el trabajo.

LECCIÓN XIX

Las Relaciones Exteriores

105. **Ministro de Estado.** — El *Ministro de Estado* es el que cuida de las relaciones de España con los demás países del mundo.

106. **Cómo se establecen estas relaciones.**—Las relaciones entre el gobierno español y los gobiernos extranjeros, se establecen mediante los *embajadores*, los *ministros plenipotenciarios* y los *cónsules*.

107. **Funciones del ministro de Estado.**—Este ministerio, además del nombramiento de representantes en el extranjero, cuida de concertar los *tratados de comercio y de alianza*, de expedir pasaportes y de velar por el cumplimiento del *Derecho internacional*.

108. **El Derecho internacional.** — El *Derecho internacional* es un código constituído por todas aquellas leyes que, por su universalidad, son comunes a todos los estados civilizados. Estas leyes tienden a lograr fines comunes de humanidad y progreso.

109. **La Sociedad de las Naciones.**—Esta Sociedad, en la cual intervienen representantes de casi todos los Estados, se ha fundado para hacer que impere sobre todo el mundo un espíritu de justicia, haciendo imposibles, o al menos muy improbables, las guerras. El domicilio de esta Sociedad radica en Ginebra.

110. **Tratados de comercio.**—Los convenios que se establecen entre dos naciones para favorecerse mutuamente el cambio de sus productos, se llaman *tratados de comercio*.

LECCIÓN XX

Deberes para con nosotros mismos

111. **Deberes para con nosotros mismos.** — Además de sus derechos y deberes políticos, tiene el hombre deberes para consigo mismo.

112. **Cuáles son estos deberes.**—Estos deberes son: el cultivo de su inteligencia, el sentimiento de la propia dignidad y la voluntad de que nuestras obras se inspiren en motivos de pureza y rectitud.

113. **A qué norma debemos ajustar nuestros actos.** — Debemos ajustarlos a que tiendan siempre al bien.

114. **Cómo tenderán al bien nuestros actos.** — Inspirándolos en un espíritu de *justicia*, obrando con *prudencia* y no queriendo para los demás el mal que no deseamos para nosotros.

115. **Deberes para con nuestro cuerpo.** — Tenemos el deber de hacer lo posible para conservar nuestra salud, alejándonos de los vicios y causas que pudieran alterarla.

116. **El trabajo.** — Todos tenemos el deber de trabajar: la ociosidad es madre de todos los vicios; el trabajo es fuente de todas las virtudes.

117. **Beneficios del trabajo.** — El trabajo nos proporciona bienestar moral y material: dignifica nuestra vida y nos hace más aptos para orientar nuestra voluntad hacia fines nobles, generosos y elevados.

Hemos de enorgullecernos del trabajo, y hemos de sentir conmiseración por aquellos que lo miran como un castigo o como una penalidad. Hay que trabajar con vocación, con ahinco y con fe. Si todos lo hacemos así, nuestra Patria ocupará, en breve tiempo, el lugar que en justicia le corresponde en el concierto de los grandes pueblos trabajadores.

Educación social

LECCIÓN I

La Urbanidad

1. **La Urbanidad.** — El hombre es un ser racional y, como tal, debe relacionarse con sus semejantes, haciéndose digno de la supremacia que Dios le ha concedido. La dignidad y compostura que debe poner en todos sus actos, es lo que constituye la *urbanidad.*

2. **Qué se obtiene con las prácticas de la urbanidad.** —Con las prácticas de la Urbanidad, logramos mantener con nuestros semejantes, amigables relaciones de armonía y les tratamos con la consideración que se merecen.

3. **La vida social.**—La vida social o de relación con nuestros semejantes, exige de cada uno de nosotros el continuo sacrificio de nuestras conveniencias o comodidades y, a veces, de nuestra voluntad.

Este sacrificio propio debemos ofrecerlo con toda generosidad y contento.

4. **Cosas que se oponen a la urbanidad.**—Si bien el mostrarse amable con todos es una de las principales reglas de urbanidad, cuando esta amabilidad se exterioriza excesivamente, es opuesta a la cortesía. Se oponen también a la cortesía, la *curiosidad* desmedida, la *altanería* y el *orgullo,* y la demasiada *timidez.*

5. **El trato con las personas.** — Debemos tratar a las personas de manera distinta según sea su edad, su sexo y su rango o calidad; pero debemos tratar a todos ellos con afecto, amabilidad y deferencia.

6. **Las tres reglas fundamentales de la urbanidad.** — Deben tenerse bien presentes tres fines: pensar en Dios para amarle y servirle, no ofender a nuestros semejantes, y ser muy exigentes en el cumplimiento de nuestros deberes.

El primer fin, comprende nuestros deberes para con Dios, o urbanidad religiosa; el segundo los deberes para con nuestros semejantes o urbanidad social; el tercero, los deberes para con nosotros mismos, o urbanidad individual.

LECCIÓN II

Deberes para con Dios

7. **El amor a Dios.**—Dios es el autor de nuestra vida; a nadie debemos, pues, con tanta justicia, amor, respeto y veneración.

Dice Fr. Luis de Granada que el "Amar a Dios da grandeza; el reverenciarle, humildad".

8. **Por qué le debemos amar.** — Debemos amar a Dios por que Él es nuestro Criador.

9. **Cómo debemos orar.** — Podemos elevar a Dios nuestras plegarias o rezos; y también, mentalmente, meditar sobre su poder, su pasión y sus enseñanzas.

10. **Las religiones.** — Todas las religiones admiten la existencia de un ser supremo, que es Dios.

La religión es, para el hombre, un freno a sus pasiones y a su ambición.

LECCIÓN III

Deberes para con nosotros mismos

15. **Urbanidad individual.** — Los deberes que tenemos para con nosotros mismos forman, en conjunto, lo que puede llamarse *Urbanidad individual.*

16. **Clases de estos deberes.** — Tenemos deberes para con nosotros mismos, en lo que se refiere a nuestro cuerpo, a nuestra inteligencia y a nuestro corazón.

17. **Deberes físicos.**—Los deberes que tenemos para con nuestro cuerpo, podemos considerarlos como *deberes físicos;* estos son el procurar conservar la salud y evitar todas las circunstancias que pueden perjudicarla.

18. **Cómo se conserva la salud.** — Conservamos la salud mediante el aseo de nuestro cuerpo y de nuestros trajes: con la tem-

planza en el comer y beber, y haciendo un trabajo proporcionado a nuestras energías.

19. **Cómo se pierde la salud.** — Son causas que perjudican la salud, los excesos en el trabajo y en la mesa, la suciedad del cuerpo y de los vestidos y los vicios todos.

20. **La limpieza.** — La limpieza, además de los beneficios que reporta a la salud, contribuye al embellecimiento y elegancia del individuo y produce una mayor estima social del mismo.

Casi siempre, en la escuela, los niños más limpios suelen ser los más estudiosos y aplicados. La suciedad en un niño, denota ya dejadez y menosprecio de sí propio.

LECCIÓN IV

El aseo y la higiene

21. **El aseo del cuerpo.**—Todas las mañanas, luego de levantarnos, nuestros cuidados deben dirigirse a practicar el aseo de nuestro cuerpo. Para ello nos lavaremos la cara y las manos, sin olvidar limpiarnos la boca; nos peinaremos cuidadosamente, y cepillaremos nuestro traje.

Debemos lavarnos los pies con agua tibia, una vez por semana cuando menos.

22. **Los baños.**—Es muy buena costumbre la de bañarse diariamente; pero cuando no se haga así, es conveniente tomar de vez en cuando los llamados *baños de limpieza,* utilizando para ellos el agua algo tibia.

23. **La sobriedad.**—La *sobriedad* o *templanza* es la mejor práctica para conservar la salud. Viene a ser un freno contra el desordenado apetito de comer y de beber.

En opinión de muchos fisiólogos eminentes, ocasiona más enfermedades el exceso de comida o bebida que su falta.

24. **El aseo de los trajes.** — El traje revela ya buena parte de las condiciones morales de quien lo lleva; el traje sucio, roto o desaliñado, es indicio de dejadez, abandono o malas costumbres.

25. **El lujo.** — El lujo indica vanidad y es pernicioso; pero el vestir con cierta elegancia es recomendable, puesto que denota

una mayor estima de sí propio y una mayor consideración para con nuestros semejantes.

La sencillez en el vestir, en los ademanes y en las costumbres, es el más bello adorno para las niñas. En general, cada uno debemos vestir conforme nuestra posición social nos indique, y nunca ser esclavos de la *moda*, que tiraniza.

LECCIÓN V

Deberes para con nuestros estudios

26. **Conveniencia del estudio.** — Debemos dedicarnos al estudio desde niños, porque el saber es el mejor don que podemos ambicionar y atesorar.

La fortuna es veleidosa y podemos fácilmente nacer ricos y morir pobres; pero el saber, difícilmente se pierde y cuántas más cosas útiles sepamos, más consideración mereceremos de nuestros semejantes y más solicitada será nuestra cooperación en las empresas.

27. **A quiénes conviene el estudio.**—El estudio conviene a todos: a los niños y a las niñas; a los pobres y a los ricos. Nada hay tan triste y denigrante para el hombre como la *ignorancia.*

Causa pena ver que existen aún tantas personas que no saben leer y escribir: son a manera de ciegos intelectuales, que no pueden saborear las delicadas e íntimas satisfacciones que nos produce la lectura de las bellas obras.

28. **Las lecciones.** — Los niños deben procurar estudiar bien sus lecciones y distinguirse en clase sabiéndolas bien.

29. El método en el estudio. — Como en todas las cosas, el orden y el método en el estudio constituyen la clave para adquirir conocimientos. Es conveniente estudiar diariamente durante las mismas horas; estudiar primero las lecciones más difíciles, y hacer mentalmente resúmenes de lo estudiado.

El estudiar mucho un día y pasarse luego algunos sin estudiar, es una cosa lamentable que no produce generalmente provecho.

30. **Higiene del estudio.** — No es conveniente estudiar inmediatamente después de las comidas. Las mejores horas para el estudio son las de por la mañana.

LECCIÓN VI

Deberes morales

31. Deberes morales. — Estos deberes son los que nos mueven a encaminar nuestras acciones hacia la *honestidad* y el *bien.*

32. **Las virtudes.** — La continuidad en obrar bien determina en nosotros un hábito, que es la *virtud.*

33. **Defectos que se oponen a la virtud.** — Se oponen a la virtud, el exagerado amor propio, el orgullo y la vanidad.

34. **El orgullo y la vanidad.** — El *orgullo* es motivado por un excesivo amor de sí mismo con desprecio de los demás. La *vanidad* es el defecto de creernos muy superiores a los demás.

35. **La modestia.** — En oposición al orgullo y a la vanidad, hay la *modestia,* virtud que nos convence de nuestra pequeñez y de que lo poco bueno que podemos atesorar es dádiva que nos ha hecho Dios.

La modestia es una virtud altamente recomendable y los niños, como las personas mayores también, valen tanto más cuanto más modestamente se comportan.

36. **La paciencia.**—La *paciencia* es también una saludable virtud; mediante ella, sufrimos las flaquezas y las molestias que pueden ocasionarnos los demás y también las propias flaquezas.

37. **El amor al trabajo.** — El *amor al trabajo* produce en nosotros un sano optimismo; nos hace más agradables a Dios y nos mantiene en mejor salud.

38. **La holganza.**—La *holganza* debilita las fuerzas del cuerpo y las facultades del alma: quien no aprovecha el tiempo se da al ocio, y la ociosidad engendra todos los vicios.

LECCIÓN VII

La envidia.—La calumnia.—La mentira.—La blasfemia

39. **La envidia.** — La *envidia* es una cualidad que causa, al envidioso, alegría por las desgracias ajenas y pena por las dichas de los demás.

40. **Qué denota la envidia.** — La envidia es un defecto que denota la inferioridad moral de quien tan poca parte toma en las dichas y desgracias ajenas.

41. **La calumnia.** — Este vicio aborrecible de la *calumnia,* consiste en atribuír a los demás, acciones, vicios o defectos que no han cometido o no tienen.

No debemos querer escuchar al calumniador, que, tal vez, al hablarnos, robe la fama a nuestros amigos.

42. **La mentira.**—La *mentira* es un vicio abominable; con ella se falta a Dios, que es la Verdad: se falta el mentiroso a sí mismo, porque deja que sus labios se

mancillen con la falsedad, y perjudica a los demás porque trata de engañarles.

43. **El amor a la verdad.** — Debemos decir siempre la verdad; y esto tanto para cumplir el mandamiento de la Ley de Dios que nos lo ordena, como porque nuestra nobleza de alma nos lo demanda.

Diciendo siempre la verdad, nos captaremos el aprecio y la confianza de nuestros semejantes.

44. **La blasfemia.**—Nada denota tanto la mala educación y el poco grado de cultura, como el empleo, en la conversación, de palabras torpes o groseras, que ofendan a Dios.

La palabra, que es un don inestimable, no debe mancharse nunca con el lodo de la mentira o de la blasfemia.

LECCIÓN VIII

Deberes para con la familia y para con la Patria

45. **Deberes para con el prójimo.** — El conjunto de deberes que tenemos para con el prójimo, forma lo que se llama *Urbanidad social.*

Tenemos deberes para con la familia, para con la Patria, y para con la sociedad. Los niños tienen además deberes especiales, a los cuales deben amoldar su *conducta* en el colegio.

46. **Obediencia a los padres.** — Debemos obedecer los mandatos de nuestros padres, ser respetuosos con ellos y atender sus consejos y advertencias.

47. **Relaciones entre hermanos.** — Los hermanos deben tratarse mutuamente con cariño y bondad, asistirse en sus necesidades y guardarse mutuo respeto.

Los pequeños deben obediencia a los mayores, y éstos deben tratar a aquéllos con ternura.

48. **El amor a la Patria.** — El amor a la Patria es uno de los más nobles sentimientos que anidan en el corazón del hombre.

49. Qué es la Patria.—La patria es el país de nuestros padres y el nuestro; es el conjunto de nuestros afectos, de nuestros recuerdos y de nuestros amores.

50. **Deberes para con la Patria.** — Debemos amar a la Patria como a nuestra segunda madre; debemos trabajar por su engrandecimiento, y, si el caso llega, es deber nuestro sacrificar por ella nuestra tranquilidad, nuestros bienes e incluso nuestra vida.

51. **Los sacrificios por la Patria.** — Ya desde los tiempos más remotos de la Historia, los hombres han sentido gozo inmenso en realizar toda clase de sacrificios por la Patria: todos los países tienen legiones de *héroes*, que han ofrendado su vida en defensa de la integridad o la independencia de su Patria.

LECCIÓN IX

Deberes para con los amigos.—La conversación

52. **Deberes para con los amigos.** — Trataremos a nuestros amigos con toda consideración y afecto, y así obtendremos igual trato de ellos.

53. **Los amigos revoltosos.** — Las peleas que a veces se suscitan entre amigos, denotan, cuando menos, incultura. Si un amigo es díscolo y revoltoso, es preferible que nos apartemos de él.

54. **La elección de amigos.**—Es de la mayor importancia el elegir bien nuestros amigos: un buen amigo es un tesoro hallado en la Tierra; un mal amigo puede arrastrarnos a la perdición.

55. **Los juegos.** — En los juegos observaremos estricta lealtad; preferiremos los juegos que no sean peligrosos, y dedicaremos a ellos el tiempo conveniente, pensando que también hay que estudiar y trabajar.

56. **La conversación.** — Comunicamos a los demás nuestras ideas y pensamientos por medio de la palabra. El intercambio de ideas mediante la palabra hablada, origina la *conversación*.

57. **El arte de conversar.** — La conversación es un Arte: hay personas que hablan mejor que otras; unas tienen una conversación más amena; otras la tienen más densa.

58. **Qué cosas hacen agradable la conversación.** — Hacen agradable la conversación el hablar sin afectación y con franqueza, el hablar con la pausa necesaria y el dar a las palabras las inflexiones convenientes.

Para hablar bien, dice un proverbio que es conveniente hablar poco. Pero, sobre todo, hay que tener en cuenta, al hablar, decir cosas que puedan interesar: el hablar por hablar es una cosa detestable y aburrida.

59. **Cosas que hacen desagradable la conversación.** — Hacen desagradable la conversación, el acercarse demasiado a la persona a quien se habla; el mirarla fijamente; el accionar excesivamente los brazos, y sobre todo, el murmurar del prójimo o el hablar de cosas sin interés.

LECCIÓN X

La cortesía en la escuela y en las visitas

60. **La escuela.**—La escuela debe ser mirada con todo cariño, pues en ella es donde se forja nuestra personalidad.

61. **El Maestro.** — Debemos al Maestro respeto, veneración y amor: él cuida pacientemente de ilustrarnos y no descuida, a la vez, de nuestra buena educación.

62. **El buen escolar.**—El niño aplicado y bueno acude a ella con toda puntualidad, estudia bien las lecciones y cumple todos sus deberes. Respeta al maestro y es cariñoso para con sus compañeros.

63. Ventajas de la instrucción.—Un hombre instruído y bien educado, es acogido cariñosamente en todas partes: ante él tiene un brillante porvenir, y la vida tendrá para él muchas complacencias y satisfacciones.

64. **Las visitas.** — Para conservar las relaciones de amistad con las personas de nuestra predilección, suelen hacerse periódicamente las *visitas*.

65. Qué deberá tenerse en cuenta en ellas. — Debe tenerse en cuenta que es más conveniente realizarlas por las tardes; que en ellas guardaremos toda discreción en el hablar, y que no las prolongaremos hasta originar cansancio en los visitados.

Deben evitarse siempre la murmuración, o sea el decir mal del prójimo, la alabanza propia y el empeñarse en hablar constantemente.

LECCIÓN XI

La cortesía en la mesa

66. **En la mesa.** — Es en la mesa donde más pronto y mejor se conocen los modales, educados o no, de las personas.

67. **La limpieza.**—Si la limpieza es siempre conveniente, lo es más en todo cuanto se relaciona con la mesa: antes de sentarnos a ella lavaremos cuidadosamente nuestras manos y asearemos nuestro traje, y ya en la mesa, no tomaremos comida alguna con los dedos, como no sea el pan.

68. **Los manjares.**—No deben mirarse ansiosamente los manjares ni deben tomarse de los mismos cantidades exageradas.

69. **Las conversaciones.** — Durante las comidas debe conversarse; pero alejando siempre los temas que no sean agradables y procurando no hacer chanzas a costa de las personas.

70. **Qué debe evitarse.** — En las comidas debe evitarse: no empezar a comer antes que las personas de más rango que asistan a ellas; no apurar las salsas de los platos; no tomar los manjares con la mano; no soplar la comida para que se enfríe, y no comer haciendo ruído con los carrillos.

71. **Reglas higiénicas.** — Relacionadas con las comidas, ténganse presentes las reglas higiénicas siguientes:

No debe comerse con exceso, ni muchas veces por día. Es más conveniente levantarse de la mesa sintiendo aún apetito, que hacerlo encontrándose harto. No es conveniente entregarse a estudios o trabajos rudos inmediatamente después de comer.

LECCIÓN XII

La cortesía en el paseo y en los espectáculos

72. **El paseo.** — El paseo es el descanso que concedemos a nuestro espíritu al par que fortalecemos nuestros órganos.

La vida sedentaria que se lleva en las ciudades, debe equilibrarse con el paseo, las excursiones o los ejercicios físicos.

73. **La calle.** — La calle es de todos; todos debemos cuidar de transitar por ella con toda corrección, pues a todos ha de beneficiar el orden que en ella impere.

74. **Cómo nos comportaremos al pasar por ellas.** — Tomaremos siempre la acera correspondiente a nuestra derecha; cederemos el paso a los ancianos y a las señoras; no nos pararemos innecesariamente ni miraremos con insistencia a nadie. Si encontramos un conocido, le saludaremos afectuosamente, pero sin detenerle.

75. **Los jardines.**—Al pasar por las plazas, parques o jardines, tendremos el respeto debido a las plantaciones; no arrancaremos flores de los parterres ni estropearemos los jarros, estatuíllas u otros objetos que existan en ellos.

76. **Los espectáculos.** — Los espectáculos recrean nuestros ojos y divierten nuestro espíritu; podemos asistir a ellos mientras no atenten contra la moral o las buenas costumbres.

77. Reglas de cortesía observables en los espectáculos. — En los teatros y cines, debemos estar descubiertos mientras dure la representación; si no hay localidades para todos los asistentes, cederemos nuestro sitio a las señoras o a los ancianos; no aplaudiremos con exageración ni a destiempo, ni daremos muestras de disgusto o de impaciencia golpeando el suelo con los pies.

Si se trata de un concierto, guardaremos un silencio aun más escrupuloso y con toda puntualidad acudiremos al local donde se dé.

Moral Cívica

Lección I

Moral. — La moral nos enseña a hacer el *bien* y a evitar el *mal.*

Como puede considerarse. — La moral puede considerarse bajo diversos aspectos o finalidades dando origen a las denominaciones de *Moral natural, Moral individual* y *Moral social.*

Moral Natural.—Que es la que se basa en los principios de ley natural, o sea de aquel sentido de conciencia por el cual todos los hombres conocen sus acciones buenas y sus malas acciones.

Moral Individual.—Que es la parte de la natural que tiene por objeto regir los deberes del hombre para consigo mismo.

Moral Social. — Que trata de los deberes del hombre para con sus semejantes.

Obrar bien. — Si he hecho un favor a un compañero, si he dicho verdad, si he estudiado la lección y he guardado compostura en clase, he *obrado bien.*

Obrar mal. — Si he perjudicado a un compañero, si he mentido, si no he estudiado la lección y he promovido desorden en la clase, *he obrado mal.*

Moral cívica. — La individual y la social pueden integrarse formando la llamada *Moral cívica.*

Lección II

Derechos y Deberes

Deberes y derechos ciudadanos. — Todos los hombres tienen diferentes *derechos* que el Estado les reconoce, y tienen a la vez diversos *deberes* para con sus semejantes y para con el Estado o nación a que pertenecen.

Los códigos de derecho. — Los derechos que tienen los naturales de un país están recopilados en un código, que se llama *Derecho civil.*

Cada derecho supone un deber. — No debemos entender por derechos el cumplimiento único de nuestra voluntad. Podemos hacer ésta siempre y cuando se ajuste a la Ley y no sea en perjuicio de nadie.

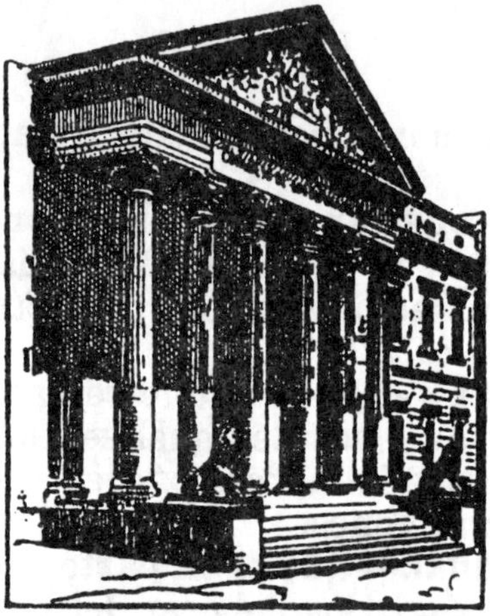

Los diputados, en el Congreso, elaboran la Constitución

La Constitución. — Cada país tiene un código general que es el índice de sus libertades y de los derechos y deberes de sus ciudadanos.

La Constitución vigente en España es la aprobada por las Cortes Constituyentes de la República en fecha 9 de diciembre de 1931.

Lección III

Fundamentos del derecho y de la moral

Necesidad del derecho y de la moral. — Si los hombres no tuvieran otro freno que sus pasiones o su ambición, la vida no saldría de un verdadero estado de barbarie.

El verdadero equilibrio de derechos y deberes.—Hay personas que saben no salirse del marco de sus *derechos* y que cumplen sus *deberes*: pero otras exageran sus derechos y soslayan el cumplimiento de sus deberes.

Hacer el bien. — El hombre conoce el bien y debe practicarlo por la íntima satisfacción de contribuír a su perfección y a la perfección de su país.

Los enfermos encuentran en los hospitales alivio en sus enfermedades y consuelo en sus aflicciones

Principios fundamentales. — Los principios fundamentales de la moral cívica pueden sintetizarse en estos dos:

Practica el bien por propia satisfacción tuya. Haz a los demás lo que desees que los demás hagan contigo.

Principios prohibitivos. — Los principios prohibitivos fundamentales, pueden ser estos dos:

Evita el mal y no lo practiques.

No hagas a los demás lo que no quieras para tí.

Lección IV

Principios de moral natural

Principios de moral natural. — Hay principios que todos los hombres admiten como *buenos* y otros que todos los hombres repudian como *malos.*

Principios buenos. — El amor a todos los hombres, el amor a nuestros padres, el decir la verdad, el amor al estudio, son principios reconocidos universalmente como *buenos.*

Principios malos. — Son actos universalmente reconocidos como *malos*: el matar a un semejante, el robo, la calumnia, la mentira, la holgazanería.

Qué debemos practicar. — Debemos esforzarnos en cumplir los *principios buenos* y en evitar cometer actos comprendidos entre los *principios malos*. De esta manera, la sociedad mejorará moralmente y nosotros habremos contribuído a lograr tal mejora.

Virtudes cívicas. — Podemos considerar como virtudes cívicas: la *prudencia*, la *justicia*, la *fortaleza* y la *templanza* o *dominio de sí mismo*.

LECCIÓN V

Prudencia

Para qué nos sirve la prudencia. — Mediante la prudencia, prevemos y evitamos las faltas y los peligros y procuramos tener buen juicio y moderación.

Virtudes afines. — Son virtudes afines a la prudencia, la *sabiduría*, el *buen sentido*, la *previsión*, la *diligencia*, la *discreción*, la *reserva* y la *paciencia*.

Ejemplos. — El no pasar un río cuando está muy crecido es un acto *prudente:* el pasarlo, con peligro de perecer ahogado, sería un acto *imprudente*. Hacer hoy las cosas y no dejarlo para mañana es acto de *diligencia*. No decir las cosas que pueden ofender a quien nos escuche, es acto de *discreción*.

LECCIÓN VI

Vicios opuestos a la prudencia

A qué llamamos vicio. — Llamamos *vicio* a un defecto o imperfección en las acciones del hombre.

Algunos vicios opuestos a la prudencia. — Entre ellos podemos citar: la *desatención*, la *frivolidad*, la *imprevisión*, la *holgazanería*, la *torpeza* e *imprudencia* y el *escándalo*.

Ejemplos. — Si no guardamos consideración a las personas cometeremos con ellas *desatenciones*. Si no estudiamos o trabajamos, seremos *holgazanes*: si publicamos las faltas de los demás, aun las que no cometen, daremos motivo a escándalo.

En la Escuela aprendemos a ser hombres de provecho

LECCIÓN VII

Justicia. — Las Leyes

A qué llamamos justicia. — Llamamos justicia a la virtud cívica por la cual se da a cada uno lo que le corresponde.

Virtudes afines a la justicia. — Podemos considerar como virtudes afines a la justicia, la *rectitud*, la *laboriosidad*, la *veracidad*, la *buena fé* y la *cortesía*.

La rectitud. — Hemos de encaminar todas nuestras acciones a que sean *justas*. Cada uno debe ser juez riguroso de sus propios actos.

Las Leyes. — Las leyes son las normas o preceptos en los cuales quedan consignados los *derechos* y los *deberes* de los ciudadanos.

Si todos fuéramos justos y buenos parece que serían innecesarias las leyes: pero en rigor no es así, porque entonces quedaría margen al capricho de cada uno para entender una cosa como justa o no justa: como buena o mala.

Clases de Leyes. — Hay *leyes políticas, leyes civiles* y *leyes penales.*

Leyes políticas. — Las leyes políticas se refieren a la manera como se organiza el Estado. Es una ley política la *Constitución.*

Leyes civiles. — Son las que regulan los derechos y deberes de los ciudadanos. La principal de estas leyes es el Código Civil.

Leyes penales. — Son las leyes coercitivas o de sanción para los que no cumplen las demás leyes. La principal de estas leyes es el *Código Penal.*

Cumplir las leyes. — Los ciudadanos, por espíritu de civilidad, ***deben cumplir escrupulosamente las leyes vigentes.***

Atributos de la Justicia

Deber. — Poner ejemplos de *leyes políticas, civiles* y *penales.*

Citar casos en que se falta a alguna de ellas.

Lección VIII

El trabajo

El trabajo. — Todos los hombres han de trabajar en alguna actividad. La ociosidad es perniciosa y, como dice el adagio, es "madre de todos los vicios".

Obreros trabajando en un taller de metalurgia

Cómo hemos de trabajar. — Hemos de poner en los trabajos de nuestro oficio, empleo o carrera, toda nuestra actividad e interés.

La vocación en el trabajo. — No basta con trabajar las horas legales de una manera fría: hay que poner entusiasmo en el trabajo, tendiendo a hacernos más aptos siempre en él.

El descanso después del trabajo. — Si trabajamos con entusiasmo y vocación, el descanso colmará después todos nuestros anhelos de reposo.

Actos contra el trabajo. — No debemos realizar actos contra el trabajo, o sea: no hay que destruír máquinas ni herramientas del trabajo, ni realizar actos de violencia contra los trabajadores.

La paz social. — Hay que procurar que el trabajo

sea estimado y respetado por todos y que patronos y trabajadores sientan, satisfechos, su condición de tales, y se completen y estimen como partes que son de una misma actividad.

Necesidad del trabajo. — **El trabajo dignifica al hombre: la ociosidad le degrada. Todos hemos de trabajar para cumplir una finalidad en nuestra vida.**

Una huelga violenta y lamentable

Deber. — Poner ejemplos de días en qué hemos trabajado. Decir si nos hemos sentido satisfechos. Poner ejemplos de días en que no hemos querido trabajar. Decir si nos hemos sentido como habiendo cumplido nuestro deber: ¿por qué no?

Lección IX

Vicios opuestos a la justicia

Algunos vicios opuestos a la justicia. — Podemos citar, entre ellos, la *ingratitud,* la *mentira,* la *calumnia,* el *robo,* la *envidia,* los *celos* y la *crueldad.*

La ingratitud. — La ingratitud es como un desafecto a un favor recibido.

La mentira. — La mentira es una falta gravísima. La verdad nos dignifica; pero la mentira nos degrada.

La calumnia. — La calumnia es atribuír a alguno una falta que sabemos no ha cometido. Calumniar denota perversidad.

El robo. — El robo es apropiarse de lo que no es nuestro. Este vicio puede degenerar en delito y ser causa de ruína moral y de perdición.

Compadezcamos a los que han caído en tan feo vicio y de ninguna manera nos dejemos arrastrar a él. Vivamos con austeridad pero con la conciencia limpia. Los productos del robo no ocasionan nunca felicidad, sino todo lo contrario.

Lección X

Fortaleza

Fortaleza. — Esta virtud nos comunica fuerza y dignidad en el obrar.

Virtudes afines. — Son virtudes afines a la fortaleza, el *valor,* la *constancia,* el *civismo,* el *optimismo,* la *paciencia,* y el *debido cumplimiento del deber.*

Niños en una Escuela. Si estudian y están atentos, *cumplen bien su deber*

El valor. — Hemos de sentirnos fuertes para afrontar las contrariedades que surgen en la vida. Tal es el *valor.*

El civismo. — Hemos de respetar las autoridades de nuestra nación y las leyes de la misma. Tal es el *civismo.*

El optimismo. — Conviene que nos esforcemos a cumplir nuestro deber de una manera agradable y confiando esperanzados en el éxito: esto es ser *optimista.*

Lección XI

Defectos que se oponen a la fortaleza

Algunos vicios opuestos a la fortaleza. — Son vicios opuestos a la Fortaleza; la *cobardía,* el *orgullo,* la *impaciencia* y el *pesimismo.*

La cobardía. — El hombre debe afrontar la vida valerosamente: hacer lo contrario es signo de *cobardía.*

Ser valiente no quiere decir ser *temerario,* o sea, desafiar el peligro: ni ser *pendenciero,* o sea, provocar a los demás. Antes al contrario, el hombre valiente debe ser tranquilo, sereno, apacible, y no adoptar formas violentas hasta el último extremo.

El orgullo. — El orgullo es un sentimiento exagerado del propio valer. Las personas de verdadero valer son siempre modestas y sencillas.

Los orgullosos son necios, porque los demás conocen bien que aquéllos tan sólo son huecos y presuntuosos.

El pesimismo. — El pesimismo es el desaliento: nace de tener poca confianza en sí mismo.

Lección XII

Templanza

Templanza. — Llamamos templanza al dominio de sí mismo.

Virtudes afines a la templanza. — Son virtudes afines a la templanza, la *sobriedad,* la *tolerancia,* las *buenas maneras,* la *modestia,* la *piedad* y la *compasión.*

Sobriedad. — La sobriedad quiere decir moderación.

Moderación en el comer y beber: en el hablar, en el juzgar a los hombres, etc.

Tolerancia. — La tolerancia quiere decir respeto a las opiniones de los demás. Un pueblo es tanto más civilizado cuanto mayor es su tolerancia.

Modestia. — Hemos de ser humildes: la *soberbia* y la *vanidad* envenenan el corazón.

Compasión. — Hemos de interesarnos y procurar ayudar a los demás en sus desgracias. Los desvalidos, los enfermos, los débiles, merecen nuestra *compasión* y nuestra ayuda.

LECCIÓN XIII

Defectos opuestos a la Templanza

Algunos vicios que se oponen a la Templanza. — Se oponen a la templanza: la *ira*, la *soberbia*, la *vanidad*, la *avaricia*, el *egoísmo* y el *lujo desenfrenado*.

La ira. — La ira y la cólera son estados explosivos que se manifiestan ante una contrariedad.

Los que se dejan dominar por la ira y por la cólera amargan la existencia de sus familiares o de los individuos que tienen que convivir con ellos.

Un niño airado. Hace mal este niño en encolerizarse ante una observación de su mamá: al contrario, debiera atenderla y agradecerla

Los niños no deben jamás encolerizarse: al contrario, serán pacientes, amables y sufridos.

La soberbia. — La soberbia es una estimación desmedida de sí mismo. Es a la vez *orgullo* y *altanería.*

Luis cree siempre que sus problemas son los mejor resueltos; que las lecciones que da son las más sabidas; que él no puede hacer nada mal y que está muy por encima de todos sus compañeros: Luis es un niño *soberbio.*

Luisa quiere vestir mejor que todas sus amigas y se cree mucho más hermosa que ellas, y no quiere ir acompañada de sus amiguitas pobres: Luisa es *vanidosa.*

El egoísmo. — Quien todo lo quiere para sí es un *egoísta.*

Seamos *generosos,* pero nunca egoístas.

El lujo desenfrenado. — Bien está que todos procuremos ir limpios, aseados y, en lo posible, bien vestidos. Pero no se haga del vestir con lujo el único ideal de la vida.

Los niños malos, ingratos o desobedientes, continuarán teniendo tan feos vicios y merecerán la repulsa de todos, aun cuando lleven trajes lujosos. Dice el refrán que "aunque la mona se vista de seda, mona se queda".

Lección XIV

Deberes individuales y sociales

Consecuencias. — De las virtudes y de los vicios indicados anteriormente, podemos deducir que tenemos muchos deberes que cumplir.

Clases de deberes. — Nuestros deberes son de dos clases: unos, para con nosotros mismos, y otros, para con la sociedad, en la cual vivimos.

Deberes para con nosotros. — Nuestros principales deberes con respecto a nosotros mismos, son: la instrucción, la limpieza, el trabajo y la buena fama.

Defectos que se oponen a estos deberes. — Se oponen a la instrucción, la holgazanería; a la limpieza, la suciedad; al trabajo, la ociosidad, y a la buena fama, las malas costumbres.

Dos niños: Uno cuidadoso y otro, desaliñado

LECCIÓN XV

Deberes sociales

Como debemos comportarnos con los demás. — Hemos de ser justos, leales y sinceros. No hemos de querer mal a nadie y hemos de correr en ayuda de nuestro prójimo.

La murmuración.—No debemos murmurar de nuestros semejantes ni contribuír a que cundan calumnias o falsas noticias.

La calumnia es uno de los vicios más perversos: y lo es más, porque de la "calumnia siempre queda algo" y el que es inocente de una imputación que se le hace, no merece "que quede algo" de aquella calumnia que sobre él se ha vertido.

La explotación del débil. — Debemos mirar con horror y con desprecio a quien explota al débil o a quien menosprecia al inferior: todos hemos de mirarnos como verdaderos hermanos que somos en la gran familia humana.

Merecen reprobación los que menosprecian a los criados, a los obreros, a las gentes humildes.

Todos somos iguales, y, como a hermanos, hemos de tratarnos mutuamente.

Job, enfermo, era consolado por sus amigos

Cosas que debemos realizar. — En nuestras relaciones con nuestros semejantes, y siempre que nos sea posible, será bueno que realicemos algunas de las siguientes obras:

Visitar a los enfermos y a los presos.
Consolar a los afligidos.
Socorrer a los necesitados.
Ayudar a los débiles o desgraciados.

LECCIÓN XVI

Deberes para con la familia

La familia. — Nuestra familia es como una célula que nos liga a la sociedad.

El hombre solo se vería desatendido y como perdido en la Humanidad. La familia existe para procurarse sus miembros mutua ayuda y para el cuidado de los hijos.

Nuestros deberes para con la familia. — Hemos de obedecer y venerar a nuestros padres, porque a ellos debemos la vida.

¿Qué sería de los niños si no fueran los cuidados de sus padres, especialmente durante su primer edad? ¿Qué, durante su infancia, si sus padres no los cuidaran, alimentaran y educaran?

La desobediencia a los padres. — Nada denota tan mal corazón en un niño como la desobediencia a sus padres.

Si los padres nos proporcionan **tantas atenciones y cuidados, ¿cómo no hemos de sentir veneración y agradecimiento hacia ellos?**

El hombre encuentra en la familia los más puros afectos

Lección XVII

Deberes para con la Patria

La Patria. — La Patria es la gran familia que nos cobija, nos atiende y nos preserva.

Amor a la Patria. — Debemos amar a nuestra Patria con cariño de verdaderos hijos.

España es una nación heroica, grande, civilizada: por esto hemos de amarla y de venerarla; pero aun cuando no fueran tantos sus hechos gloriosos y sus títulos, también deberíamos amarla igualmente; de la misma manera que un buen hijo ama a su madre, sea ésta hermosa o no lo sea; para un buen hijo, siempre su madre es la mejor; para un buen ciudadano, su Patria es la mejor siempre, porque es la suya.

La Patria nos atiende y defiende. — La Patria defiende nuestras libertades, atiende a nuestra seguridad, protege nuestro trabajo y nos ampara y ayuda siempre.

Cómo debemos servir a la Patria. — A la Patria debemos engrandecerla con todo interés, y, si llega el caso, defenderla con nuestra sangre.

El emblema de la Patria. — El emblema de la Patria es la bandera. Debemos saludarla y venerarla, como representación que es de España.

El Ejército defiende y salvaguarda la Patria

La bandera española tiene tres colores: *rojo, amarillo* y *morado.*

Nuestro pueblo. — Nuestro pueblo, nuestra comarca, nuestra provincia y nuestra región forman nuestra "Patria chica". Hemos de amar a nuestra patria chica, sin menoscabo del amor que debemos a España.

Lección XVIII

Nuestros deberes en el cargo u ocupación que ejerzamos

Deberes en un cargo u oficio. — Cuando desempeñemos un cargo o un oficio, debemos trabajar en él con voluntad y perseverancia.

Una fábrica de tejidos

Deberes de los patronos. — Los patronos deben tratar con solicitud y cariño a sus obreros y subordinados; no exigirles una jornada agotadora y remunerarles el trabajo de una manera justa y adecuada.

La destrucción sistemática de la riqueza y de la industria de un país, no puede producir ningún bien a sus habitantes, pero sí muchos males, al provocar con ello el empobrecimiento y, al final, la ruína del mismo.

Deberes de los obreros. — Los obreros respetarán a sus patronos: trabajarán con interés en sus labores y, aun cuando es deber suyo velar, naturalmente, por sus intereses y mejoras, no deben atentar o destruír los intereses de las empresas.

Un régimen de mutuo amor podría resolver con mayor eficacia

y justicia las cuestiones sociales, que las actitudes intransigentes y violentas.

Deberes de los estudiantes. — Los estudiantes tienen el deber de aprovecharse en sus estudios: deben estudiar con ahinco pues así podrán ser, un día, hombres de provecho.

Estudiando, contribuímos a engrandecer la Patria: porque el día que todos los habitantes de España sean muy cultos, nuestra Patria figurará entre las primeras naciones del mundo, ya que la cultura es una de las cualidades de un pueblo que más se estima.

LECCIÓN XIX

Deberes del ciudadano

El ciudadano. — El hombre o la mujer, en sus relaciones con las leyes de su país, se llaman *ciudadanos*.

Un magistrado de una Audiencia

Deberes del ciudadano español. — El ciudadano español tiene que acatar el Gobierno de la República: debe obedecer las leyes que ésta promulgue y debe contribuir a que reine el orden, el trabajo y la paz en nuestra Patria.

Respeto a las autoridades. — Seremos respetuosos con las autoridades, y nos pondremos a su lado siempre que requieran la ayuda moral o material de los ciudadanos.

Respeto a las leyes. — Respetaremos las leyes, pues, en un pueblo bien regido, es imprescindible el escrupuloso respeto y cumplimiento de la Ley.

Lección XX

Deberes para con los seres de la Naturaleza

Deberes para con la Naturaleza. — El hombre es el ser más perfecto de la Naturaleza: por esta misma causa, tiene que interesarse por los demás seres naturales.

Protección a los árboles. — Los árboles nos proporcionan muchos productos (fibras para tejer nuestros vestidos, maderas para construír nuestras casas y muebles, frutas para nuestra alimentación). Por todas estas causas, hemos de proteger a los árboles, respetarlos y cuidarlos.

Debemos respetar a los animales y a las plantas

Protección a los pájaros. — Muchos pájaros limpian de insectos el aire; otros se alimentan de orugas que infestarían las plantaciones. Por esta acción benéfica para la agricultura, conviene respetar y proteger a los pájaros.

Protección a las flores. — Las flores embellecen los jardines y los parques; embalsaman el ambiente y son encanto para los ojos: debemos respetar y cuidar las flores con toda solicitud.

Lección XXI

Poderes del Estado

Poderes del Estado. — En el Estado hay quien *elabora* las leyes; quien las *hace cumplir* y quien *castiga al que no las cumple.*

Estas tres funciones corresponden a los *tres* poderes del Estado: la elaboración de las leyes, al *poder legislativo;* el hacerlas cumplir, al *poder ejecutivo;* el castigar a quien no las cumple, al *poder judicial.*

Las Cortes. — Las Cortes tienen a su cargo elaborar las Leyes.

El Gobierno. — El Gobierno tiene a su cargo hacer cumplir las leyes aprobadas por las Cortes.

Los Tribunales. — Los Tribunales, o el Poder Judicial, cuidan del castigo de quién no cumple la ley.

El poder moderador. — El poder moderador reside en el Presidente de la República.

Lección XXII

Las relaciones entre los hombres

Los Estados. — Los hombres se han organizado constituyendo estados más o menos extensos y poblados.

España es un Estado: Francia, otro; Alemania, otro; Inglaterra, otro.

Relaciones entre los Estados. — Los estados mantienen entre sí relaciones amistosas: estas relaciones están reguladas en el *código internacional.*

Mutuamente se ayudan los estados para lograr, para sus respectivos nacionales, las ventajas de una amplia colaboración, especialmente en servicios higiénicos, sanitarios, comerciales, etc.

Paz y guerra. — Cuando las relaciones entre los Estados son amistosas y cordiales, reina entre ellos la *paz.* Cuando estas relaciones entre dos o más estados se rompen y se confía a la fuerza la resolución de las diferencias que les separan, se desencadena entre ellos la *guerra.*

La guerra es el mayor azote que puede caer sobre un pueblo. Los Estados deben hacer todo lo posible para no tener que recurrir jamás a la barbarie que representa desencadenar una guerra.

Lección XXIII

Respeto a la libertad y a la independencia

Respetad a los demás. — El hombre civilizado debe respetar a los demás: respetarles en sus ideologías, en sus religiones, en sus opiniones lealmente expuestas.

El 2 de mayo, en Madrid

La libertad. — Este respeto mutuo de todos para todos, es la verdadera libertad. O sea; no hemos de coaccionar nunca el derecho que tienen los demás, a fin de que los demás no coaccionen nuestros derechos.

Respeto a la independencia. — Cada Estado tiene, como supremo bien de su existencia, un fervoroso amor a su independencia. Cada estado debe respetar la independencia de los demás estados.

Por defender la independencia de nuestra patria, nuestros antepasados no perdonaron sacrificio durante la guerra contra Napoleón a principios del siglo XIX.

Patriotismo. — Este amor fervoroso que sentimos los españoles por España es la esencia de nuestro patriotismo. Este patriotismo no excluye, en modo alguno, el amor que conviene sintamos también por todos los pueblos, por toda la Humanidad.

Lección XXIV

Relaciones y solidaridad entre las Naciones

Relaciones entre Estados. — Cada Estado tiene representantes en las capitales de los otros países. Estos representantes se llaman *embajadores* o *ministros plenipotenciarios.*

El imperialismo. — Algunos estados ansian imponerse a los demás por medio de la *fuerza:* en esto consiste el *imperialismo.* Otros estados propugnan para que se establezca una *solidaridad* moral entre los pueblos.

Los imperialismos son los que desencadenan las guerras.

La Sociedad de Naciones. — La Sociedad de Naciones se estableció en 1918 con el propósito de dar garantías mutuas de independencia y de integridad de sus territorios a todas las naciones.

La Sociedad de Naciones se propone evitar la guerra de agresión, la guerra de conquista y el excesivo armamento de las naciones.

La Sociedad de Naciones cuida, además, de la justicia internacional y de procurar el avance de la civilización en los territorios que han sido o son aún colonias.

Esta Sociedad realiza una alta y generosa labor de acercamiento de pueblos y propugna para la *limitación de los armamentos.*

ÍNDICE

ISBN: 84-345-6628-1
Depósito Legal: B. 3975-1999

Impreso por: Cayfosa
Printed in Spain - Impreso en España